"十四五"高等职业教育装备制造大类专业系列教材

湖南理工职业技术学院教材出版基金资助

新能源汽车机械制图与CAD技术

张清小　文　星◎主　编

王建春　滕　东
黄致勇　刘　勇◎副主编

中国铁道出版社有限公司
CHINA RAILWAY PUBLISHING HOUSE CO., LTD.

内容简介

本书是“十四五”高等职业教育装备制造大类专业系列教材之一，主要包括认知和应用制图的基本知识，识读和绘制点、线、面的投影，识读和绘制基本立体的投影，识读和绘制组合体的三视图，绘制立体的轴测图，识读和绘制机件的常用表达视图，识读和绘制机械常用件和标准件的表达视图，识读和绘制零件图，识读和绘制装配图，AutoCAD 机械图样的绘制，新能源汽车关键零部件机械图样的绘制等内容。

本书采用 AutoCAD 2021 辅助机械零部件的识读和绘制，以提高学习效率。另外，本书还特别注重将劳动教育、课程思政及职业素养与技术技能培养相结合，着重培养学生的创新思维、创业实践能力及团队协作、精益求精的工匠精神，以充分发挥专业课程的育人作用。

本书适合作为高等职业院校新能源汽车技术、智能网联汽车技术等专业教材，也可作为高等职业教育及成人教育院校机械设计制造类、自动化类、汽车制造类等相关专业制图课程的教学用书，或作为机械工程制图 CAD 中级绘图员职业技能等级证书考试、全国大学生先进成图技术与产品信息建模创新大赛的培训辅导参考资料，或供有关工程技术人员参考。

图书在版编目(CIP)数据

新能源汽车机械制图与 CAD 技术 / 张清小，文星主编.
北京 ：中国铁道出版社有限公司，2024. 9. --（“十四五”高等职业教育装备制造大类专业系列教材）.
ISBN 978-7-113-30922-0

Ⅰ. U469.7

中国国家版本馆 CIP 数据核字第 2024S6X657 号

书　　名：新能源汽车机械制图与 CAD 技术
作　　者：张清小　文　星

策　　划：何红艳　　　　**编辑部电话：**(010)63560043
责任编辑：何红艳　包　宁
编辑助理：郭馨宇
封面设计：刘　颖
责任校对：刘　畅
责任印制：樊启鹏

出版发行：中国铁道出版社有限公司(100054，北京市西城区右安门西街 8 号)
网　　址：https://www.tdpress.com/51eds/
印　　刷：天津嘉恒印务有限公司
版　　次：2024 年 9 月第 1 版　2024 年 9 月第 1 次印刷
开　　本：787 mm × 1 092 mm　1/16　**印张：**19.25　**字数：**469 千
书　　号：ISBN 978-7-113-30922-0
定　　价：59.00 元

前　言

本书以培养新能源汽车装配调试岗位及检修岗位中的机械零件图和部件装配图的识读能力为目的，参考了机械工程制图职业技能等级（中级）证书的考核标准、全国大学生先进成图技术与产品信息建模创新大赛的竞赛标准、专升本机械制图课程的考核标准，紧密围绕“汽车机械制图与CAD技术”的课程标准，将岗位标准、课程标准、技能竞赛标准、证书考核标准、专升本课程的考试标准中的基础性、共性部分提炼、总结归纳出来形成主体内容。

本书依托北京卓创至诚技术有限公司、比亚迪汽车工业有限公司、吉利汽车集团、全国大学生先进成图技术与产品信息建模创新大赛组织委员会，致力于创建“岗课赛证升相融通”的教材内容体系。其中：

“岗”对应的是新能源汽车整车和关键零部件装配制造车间中的工艺安装与调试岗。教材始终坚持以学生为主体、以新能源汽车的安装调试岗位的工作任务为主线，充分体现任务驱动、工学结合的岗位特点。

“课”对应的是新能源汽车技术专业中的“汽车机械制图与CAD技术”这门课程。在教学内容的选择上始终坚持围绕这门课的课程标准来展开。

“赛”则是以全国大学生先进成图技术与产品信息建模创新大赛的大纲为基础，将大赛的竞赛题、训练题库采用内容拓展的形式有机融合到教材的内容体系中去，以满足学有余力的学习者的学习和训练需求。

“证”则是对接北京卓创至诚技术有限公司的“机械工程制图职业技能等级中级证书”的考核评价标准，将考证的基本技能训练内容融入教材内容体系中，将考评的题库以网络教学资源课后训练题的形式发布在课程的网络教学资源空间中，以供考证者选用。

“升”则是对标专升本课程“机械工程制图”的考试标准，将基础性的、共性的知识和技术融入教材，专升本特有的差异化的知识或技术则以网络教学资源的形式提供给需要者，以满足专升本学生的学习需求。教材配套的所有教学和学习资源可以从中国铁道出版社教育资源数字化平台（https://www.tdpress.com/51eds/）下载。

本书紧紧围绕新能源汽车生产制造和检测维修车间中的装配和检修岗位中的机械零部件的识读能力，以新能源汽车中的关键零部件电机、电机控制器、动力电池包的识图和绘图来组织内容，具有较强的针对性和适用性。而作为与本纸质教材配套的网络教学资源，则以模块化的形式设置为"专升本模块""技能竞赛模块""1+X职业技能等级考证模块""课后技能强化训练模块"，以满足不同学习者分类分层的学习需求。

本书由张清小、文星任主编，由王建春、滕东、黄致勇、刘勇任副主编。具体编写分工如下：项目一至项目三由文星编写，项目四和项目五由滕东编写，项目六和项目七由王建春编写，项目八和项目九由黄致勇编写，项目十和项目十一由张清小、刘勇编写，全书由张清小统稿。

本书在编写过程中参考了大量图书和论文，在此对相关图书和论文的作者致以诚挚的谢意。

由于编者水平有限，再加上时间仓促，书中难免存在不足和疏漏之处，恳请读者批评指正。

编　者

2024年4月

目录

项目一

认知和应用制图的基本知识

工程图样是工程技术领域用以准确表达产品结构、尺寸大小及技术要求的图。在新能源汽车工程技术领域，设计者通过工程图样表达设计意图、描述汽车零部件；汽车零部件的制造者依据工程图样了解设计要求、组织制造并装配；使用者能通过工程图样了解零部件的结构和特性，从而对汽车零部件进行正确的维修和维护保养。工程图样是工程技术领域进行技术交流的共同语言，具有严格的规范性，学习和掌握制图的基本知识和基本技能，是正确绘制和识读工程图样的基础。本项目主要学习国家标准《技术制图》和《机械制图》中有关图幅、比例、字体、图线和尺寸标注等基本知识，介绍尺规绘图和CAD绘图工具的使用及简单平面图形和复杂平面图形的绘制技能。

学习笔记

知识结构图

- 认知和应用制图的基本知识
  - 机械制图国家标准
  - 尺规绘图工具的使用
  - 计算机绘图工具的使用
  - 简单平面图形的绘制
  - 复杂平面图形的分析与绘制

学习目标

知识目标

1. 掌握机械制图国家标准中图幅、图线、比例、字体的基本规定；
2. 掌握机械制图国家标准中尺寸标注的基本规定；
3. 认识尺规绘图工具及使用方法；
4. 掌握平面二维图形的作图方法和步骤，圆弧连接的基本原理；
5. 掌握CAD软件的基本操作方法。

能力目标

1. 会正确书写文字、字母和数字；

学习笔记

2. 能正确使用常用的尺规绘图工具和仪器；
3. 会分析二维平面图形的尺寸和线段；
4. 能按照所给的平面图形，应用尺规和CAD软件工具准确绘制图形。

素质目标

1. 培养学生严格遵守国家标准的习惯；
2. 培养学生认真负责的工作态度和严谨细致的工作作风；
3. 培养学生自主学习的能力；
4. 培养学生的劳动意识，及团结协作和敢于竞争的精神。

任务一　认知工程图样中的国家标准

任务描述

图1-1所示为新能源汽车中使用的一款制动踏板支架图，图中不仅包含由不同线型组成的反映制动踏板支架形状结构的多种视图，还包括反映其大小的尺寸视图、标题栏、文字说明等方面的内容。任务要求指出图中应用了哪些机械制图的基本规定和国家标准。

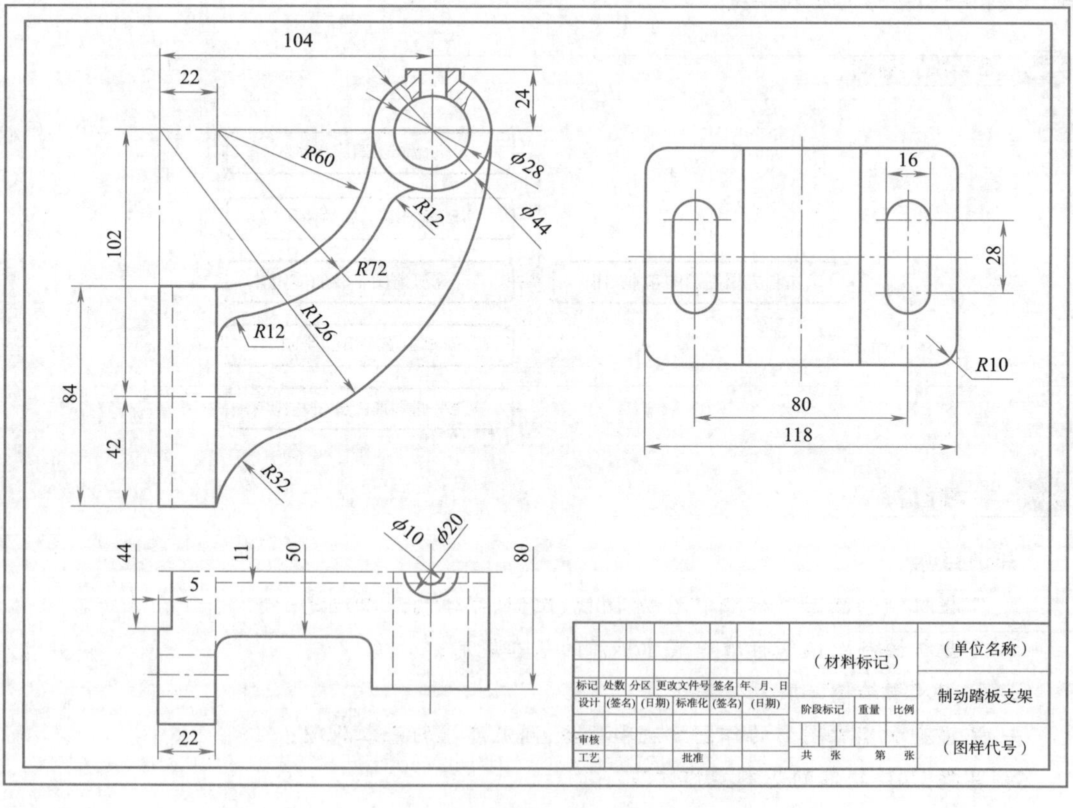

图1-1　新能源汽车制动踏板支架图

相关知识

学习笔记

一、《技术制图》和《机械制图》国家标准概念及其表示方法

1.《技术制图》和《机械制图》国家标准概念

《技术制图》和《机械制图》国家标准是我国颁布的一系列关于绘制和识读机械图样的重要技术标准，这些标准对机械图纸的幅面、格式、字体、图线、尺寸标注及作图比例等机械图样的表示方法作出了严格、统一的规定。

2.《技术制图》和《机械制图》国家标准的表示方法

《技术制图》和《机械制图》国家标准中每个标准均用一个专用的标准代号表示，如《技术制图　图纸幅面和格式》使用代号 GB/T 14689—2008 表示，其中 GB 是“国标”两个汉字汉语拼音的缩写，是国家标准的代号；T 用来表示该标准为推荐性标准；14689 则为该标准的编号；2008 表示该标准是 2008 年颁布实施的，如果标准代号中没有年份代号则表示该标准为最新颁布实施的国家标准。

二、图纸幅面和图框格式的相关规定

在绘制机械图样时，图样中的图纸幅面和图框格式应符合国家标准《技术制图　图纸幅面和格式》(GB/T 14689—2008)的相关规定。

1. 图纸幅面

图纸幅面指的是图纸宽度(breadth，B)与长度(length，L)组成的图面大小。绘制技术图样时应优先使用表 1-1 中的基本幅面作为图纸幅面。

表 1-1　基本幅面

幅面代号	A0	A1	A2	A3	A4
$B \times L$	841 × 1 189	594 × 841	420 × 594	297 × 420	210 × 297
a	25				
c	10			5	
e	20		10		

必要时，允许选用图 1-2 所示的由基本幅面的短边成整数倍增加后所得的加长幅面。图 1-2 中粗实线为首选的基本幅面，细实线为表 1-2 中作为第二选项的加长幅面，虚线则为表 1-3 中作为第三选项的加长幅面。绘图时，图纸可以采用短边水平放置的竖放或长边水平放置的横放模式。

表 1-2　作为第二选项的加长幅面

幅面代号	A3 × 3	A3 × 4	A4 × 3	A4 × 4	A4 × 5
$B \times L$	420 × 891	420 × 1 189	297 × 630	297 × 841	297 × 1 051

学习笔记

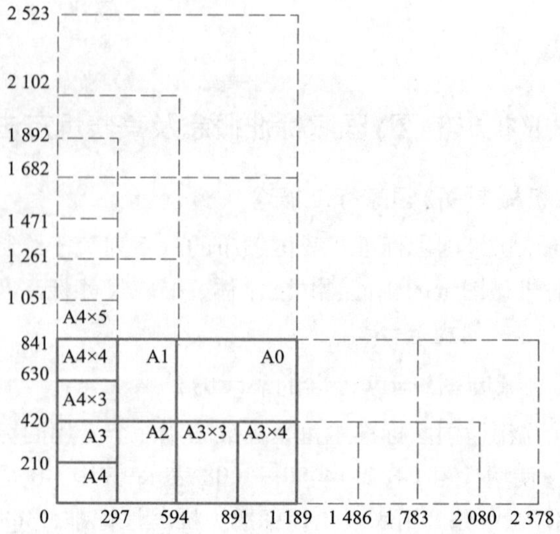

图 1-2　图纸的幅面(单位:mm)

表 1-3　作为第三选项的加长幅面

幅面代号	图面大小($B \times L$)	幅面代号	图面大小($B \times L$)
A0 ×2	1 189 ×1 682	A3 ×5	420 ×1 486
A0 ×3	1 189 ×2 523	A3 ×6	420 ×1 783
A1 ×3	841 ×1 783	A3 ×7	420 ×2 080
A1 ×4	841 ×2 378	A4 ×6	297 ×1 261
A2 ×3	594 ×1 261	A4 ×7	297 ×1 471
A2 ×4	594 ×1 682	A4 ×8	297 ×1 682
A2 ×5	594 ×2 102	A4 ×9	297 ×1 892

2. 图框格式

图纸上限定绘图区域的线框称为图框。在图纸上必须用粗实线画出图框,图框格式分为不留装订边和留有装订边两种,但同一机械产品的图样只能采用其中的一种格式。不留装订边的图纸,对应的图框格式如图 1-3 所示;留有装订边的图纸,对应的图框格式如图 1-4 所示,尺寸按表 1-1 规定绘制。

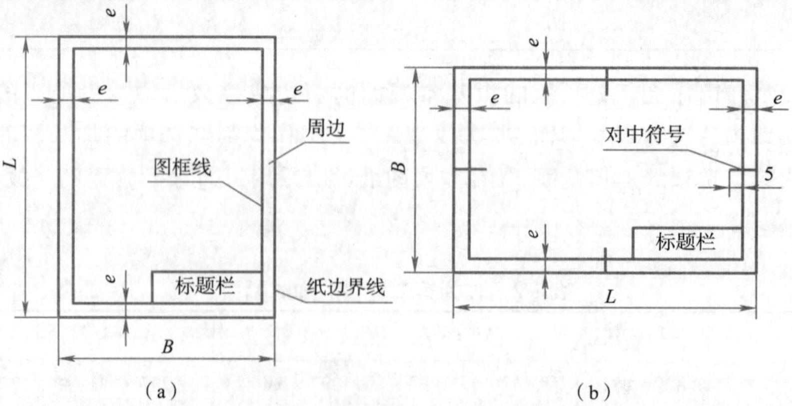

图 1-3　不留装订边的图框格式

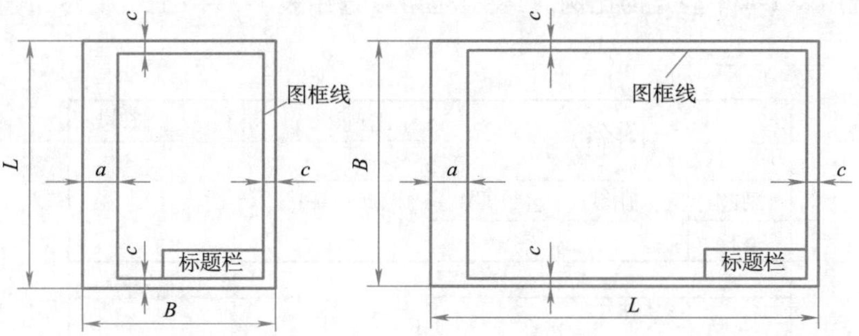

图 1-4　留有装订边的图框格式

为了使图样复制和缩微摄影时定位方便，应在图纸各边的中点处分别画出对中符号，对中符号用粗实线绘制，线宽不小于 0.5 mm，长度从纸边界线开始伸入图框内约 5 mm，如图 1-3(b)所示。对中符号的位置误差应不大于 0.5 mm。当对中符号处于标题栏范围内时，则对中符号伸入标题栏内的部分应省略不画。

三、标题栏、比例和字体

1. 标题栏

每张图纸都必须有标题栏，标题栏用于表示图样的名称、图号、材料、设计单位和有关人员的签名等内容，标题栏的填写内容、格式及尺寸由国家标准《技术制图　标题栏》(GB/T 10609.1—2008)规定，如图 1-5 所示。标题栏应位于图纸的右下角。

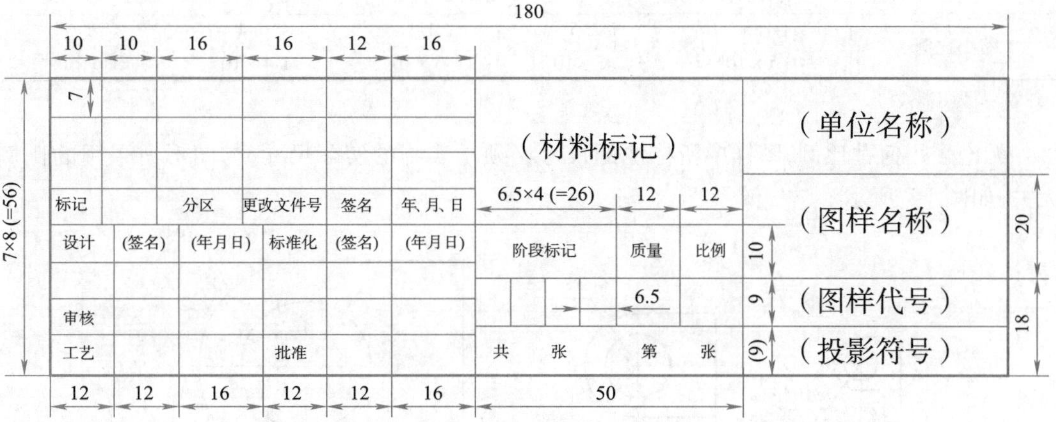

图 1-5　国家标准规定的标题栏格式

为了便于学习，在制图作业练习时可对标题栏进行简化，具体格式可根据学习者的实际情况而定，图 1-6 所示为参考练习用标题栏格式。

2. 比例

比例是指图样中图形与其实物相应要素的线性尺寸之比。国家标准《技术制图　比例》(GB/T 14690—1993)把绘图比例分为三类，其中将比值为 1 的比例称为原值比例，即 1∶1；比值大于 1 的比例称为放大比例，如 2∶1；比值小于 1 的比例称为缩小比例，如 1∶2。绘制图样时，应优先选用表 1-4 中规定的比例，必要时也可以选用表 1-5 中的比例，尽量选用 1:1 的原值比例。

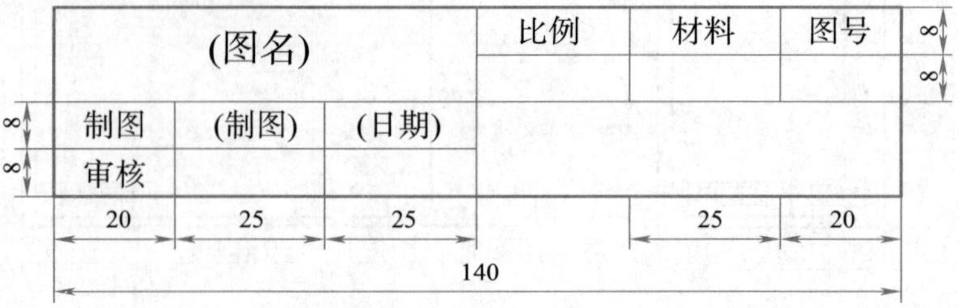

图 1-6　练习用简化的标题栏格式

表 1-4　优先选用的绘图比例系列

种　类	比　例		
原值比例	1:1		
放大比例	5:1 5×10^n:1	2:1 2×10^n:1	 1×10^n:1
缩小比例	1:2 1:2 $\times10^n$	1:5 1:5 $\times10^n$	1:10 1:1 $\times10^n$

注：n 为正整数。

表 1-5　绘图比例系列二

种　类	比　例				
放大比例	4:1 4×10^n:1	2. 5:1 2.5×10^n:1			
缩小比例	1:1. 5 1:1. 5 $\times10^n$	1:2. 5 1:2. 5 $\times10^n$	1:3 1:3 $\times10^n$	1:4 1:4 $\times10^n$	1:6 1:6 $\times10^n$

注：n 为正整数。

无论采用何种比例，图样中所标注的尺寸必须是实物的实际尺寸，与图形所采用的比例无关，如图 1-7 所示。

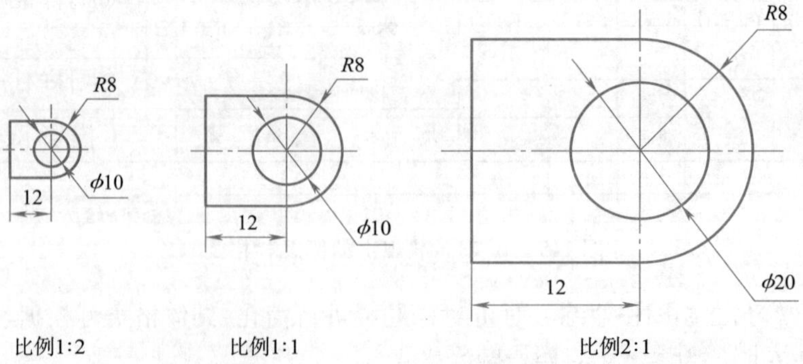

图 1-7　同实物不同比例绘制的图样

绘制同一物体不同的视图时，应采用同一比例，并将采用的比例统一填写在标题栏的比例栏中。当某个视图必须采用不同的比例进行绘制时，相应的比例可标注在视图名称的下方或右侧，如 $\frac{I}{2:1}$、$\frac{A—A}{5:1}$ 等。

3. 字体

字体是指图样中的文字、字母和数字的书写形式。图样中的字体应采用国家标准《技术制图　字体》(GB/T 14691—1993)和《机械工程 CAD 制图规则》(GB/T 14665—2012)中规定的字体。

标准中规定了书写字体的基本要求：

(1)字体工整、笔画清楚、间隔均匀、排列整齐。

(2)汉字应写成长仿宋字，并按国家规定的简化字书写。

(3)字母和数字可写成斜体，即字头向右倾斜，与水平基准线成75°或直体，但同一张图样上，只允许使用一种形式的字体。

字号即字体的高度 h，单位是 mm，字号的公称尺寸系列为 1.8 mm、2.5 mm、3.5 mm、5 mm、7 mm、10 mm、14 mm、20 mm 八种。汉字的高度 h 不应小于 3.5 mm，字宽一般为 $h/\sqrt{2}$，可近似看成宽/高为 2/3。各种常用字体的书写示例见表 1-6。

表 1-6　常用的字体

类型	书写示例	
长仿宋体汉字	10 号	字 体 工 整 、笔 画 清 楚 、间 隔 均 匀 、排 列 整 齐
	7 号	字 体 工 整 、笔 画 清 楚 、间 隔 均 匀 、排 列 整 齐
	5 号	字 体 工 整 、笔 画 清 楚 、间 隔 均 匀 、排 列 整 齐
	3.5 号	字 体 工 整 、笔 画 清 楚 、间 隔 均 匀 、排 列 整 齐
阿拉伯数字	正体	0123456789
	斜体	*0123456789*
拉丁字母	大写正体	ABCDEFGHIJKLMNOPQRSTUVWXYZ
	小写正体	abcdefghijklmnopqrstuvwxyz
罗马数字	正体	Ⅰ Ⅱ Ⅲ Ⅳ Ⅴ Ⅵ Ⅶ Ⅷ Ⅸ Ⅹ
	斜体	*Ⅰ Ⅱ Ⅲ Ⅳ Ⅴ Ⅵ Ⅶ Ⅷ Ⅸ Ⅹ*

四、图线

国家标准《技术制图　图线》(GB/T 17450—1998)规定了绘制各种图样的 15 种基本线型，根据基本线型及其变形，《机械制图　图样画法　图线》(GB/T 4457.4—2002)中规定了 9 种图线，其名称、线型、主要用途和应用实例等见表 1-7 和图 1-8。

图线的宽度应根据图形的大小和复杂程度，在下列数系中选取：0.13 mm、0.18 mm、

学习笔记

0.25 mm、0.35 mm、0.5 mm、0.7 mm、1 mm、1.4 mm、2 mm。汽车机械图样中的图线一般采用两种宽度，分别称为粗线和细线，其宽度之比为 2∶1。通常情况下，粗线宽度采用 0.5 ~ 0.7 mm，细线宽度采用 0.25 ~ 0.35 mm。

表 1-7　图线的形式及应用

代码	名称	线型	宽度	主要用途
01.1	细实线		$d/2$	尺寸线、尺寸界线、剖面线、过渡线、指引线和基准线、重合断面的轮廓线等
	波浪线		$d/2$	断裂处边界线、视图与剖视图的分界线
	双折线		$d/2$	
01.2	粗实线		d (0.5 ~ 2 mm)	可见棱边线、可见轮廓线、相贯线等
02.1	细虚线	2~6　1~2	$d/2$	不可见棱边线、不可见轮廓线
02.2	粗虚线		d	允许表面处理的表示线
04.1	细点画线	10~20　2~3	$d/2$	对称中心线、轴线、分度圆(线)、孔系分布的中心线、剖切线
04.2	粗点画线		d	限定范围表示线
05.1	细双点画线	10~20　3~4	$d/2$	相邻辅助零件的轮廓线、可动零件的极限位置的轮廓线、轨迹线等

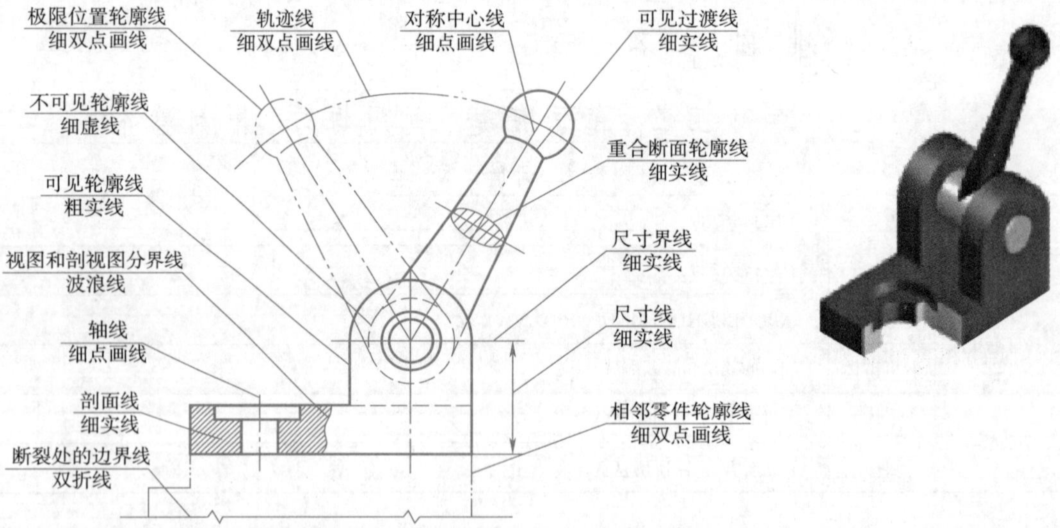

图 1-8　图线的应用

在绘制图样时，应该根据图线的用途正确选用相应图线，并应符合各种图线的宽度要求和线素的长度要求。图线的画法要点如下：

(1) 同一图样中同类型图线的宽度应一致，虚线、点画线及双点画线中各自线段的长短、间隔长度应大致相等，如图 1-9(a) 所示。

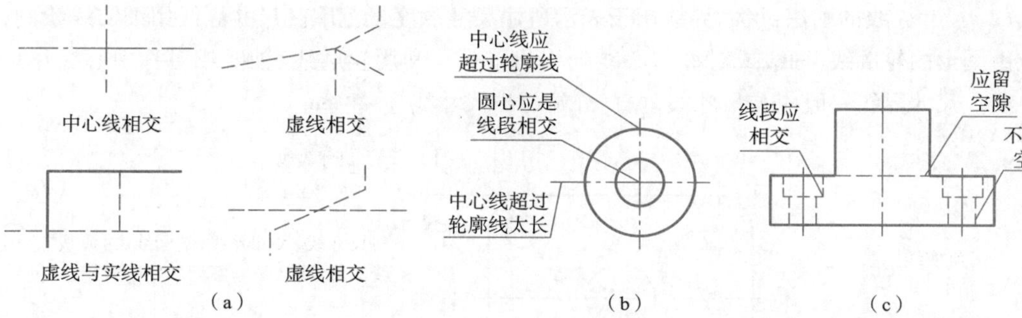

图 1-9　图线的画法要点

（2）两条平行线之间的距离应不小于粗实线的两倍宽度，其最小间隙不得小于 0.7 mm。

（3）绘制圆的对称中心线时，圆心应为长画的交点，细点画线和细双点画线的首末两端应是长画，而不是点画。

（4）当图形较小，绘制细点画线和细双点画线有困难时，可用细实线代替。

（5）图线之间的相交、相切应以画相交或相切，细虚线、细点画线、细双点画线与其他线相交时不应穿“空”而过。

（6）当细实线作为粗实线的延长线时，两者之间应留空隙，当细虚线圆弧与细虚线直线相切时，细虚线圆弧的画应画到切点，而与细虚线圆弧相切的细虚直线须与圆弧留有间隙。

（7）图形的对称线、中心线、轴线、双折线等两端一般应超出图形轮廓 2 ~ 5 mm，如图 1-9（b）和图 1-9（c）所示。

五、尺寸标注

图形只能反映机件的形状，其大小由标注的尺寸确定。尺寸是图样中的重要内容之一，是加工机件的直接依据。因此，在标注尺寸时，必须严格遵守国家标准《机械制图　尺寸注法》（GB/T 4458.4—2003）和《技术制图　简化表示法　第 2 部分：尺寸注法》（GB/T 16675.2—2012）中的规定，做到正确、齐全、清晰、合理。正确：符合国家标准规定；齐全：不遗漏，也不重复；清晰：标注应在图样最明显处，且布局适当，便于看图；合理：既保证设计要求，又适合加工时检验测量。

1. 尺寸标注的基本原则

（1）机件的真实大小应以图样上所注的尺寸数值为依据，与图形的大小及绘图的准确度无关。

（2）图样中的尺寸以 mm 为单位时，不需要标注计量单位的代号和名称，如采用其他单位，则必须注明相应的计量单位的代号或名称，如 45 度 30 分应写成 45°30′。

（3）图样中所标注的尺寸为机件的最后完工尺寸，否则应另加说明。

（4）机件的每一尺寸，一般只标注一次，并应标注在反映该结构最清楚的图形上。

2. 尺寸的组成及画法

（1）尺寸的组成：一个完整的尺寸由尺寸界线、尺寸线、尺寸线终端和尺寸数字，以及注写在尺寸数字周围的一些字母和符号组成，如标注直径时，在尺寸数字前加注符号 ϕ；标注半径时，在尺寸数字前加注符号 R，如图 1-10 所示。

学习笔记

(2)尺寸界线的画法:尺寸界线用于表示所注尺寸的度量范围。尺寸界线用细实线绘制,并应由图形的轮廓线、轴线或对称中心线处引出。也可利用轮廓线、轴线或对称中心线作尺寸界线。尺寸界线一般应与尺寸线垂直,外端超出尺寸线 2 ~ 5 mm。

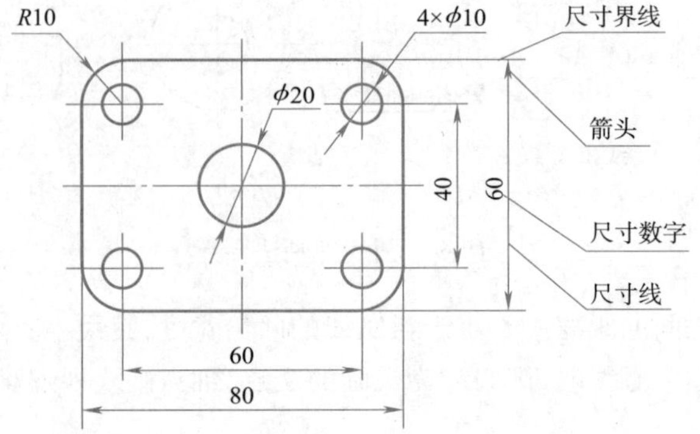

图 1-10　尺寸的组成

(3)尺寸线的画法:尺寸线用于表示尺寸度量的方向,尺寸线的画法如图 1-11 所示,应遵守以下几方面的规定:

①尺寸线必须用细实线绘在两尺寸界线之间,不能用其他图线代替,不得与其他图线重合或画在其延长线上。

②绘制尺寸线时,尺寸线必须与所标注的线段平行,并与轮廓线间距 10 mm,互相平行的两尺寸线间距为 7 ~ 8 mm。

③尺寸线与尺寸界线之间应避免相交,所以在标注尺寸时,小尺寸在里面、大尺寸在外面。

(4)尺寸线终端的画法:尺寸线终端表示尺寸的起止,有箭头和细斜线两种形式,其对应的画法如图 1-12 所示。使用尺寸线终端时应注意以下几个方面:

①图 1-12(a)所示的箭头画法中,d 为粗实线的宽度。

②图 1-12(b)所示的细斜线画法中,细斜线倾斜的方向应与尺寸界线顺时针方向成 45°,并经过尺寸线和尺寸界线的交点,图中的 h 为尺寸数字的高度。

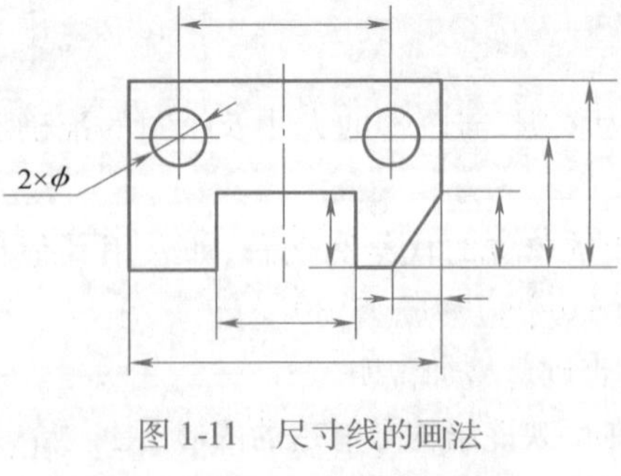

图 1-11　尺寸线的画法

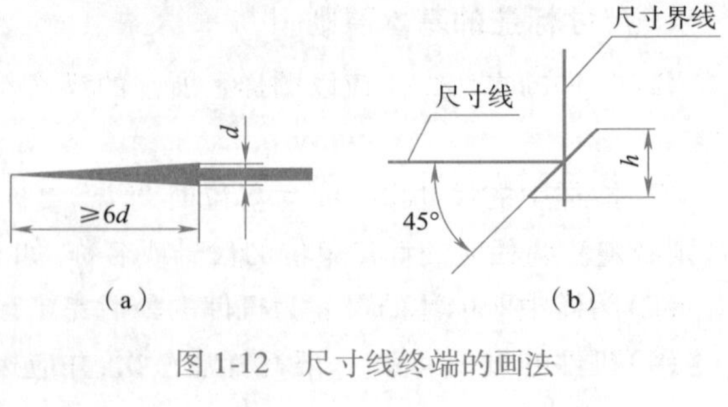

图 1-12　尺寸线终端的画法

③当尺寸线终端采用细斜线形式时,尺寸线和尺寸界线应相互垂直,如图 1-13(a)所示。另外,半径、直径、角度与弧长的尺寸起止符号必须用箭头表示。

④同一张图样上只能采用一种尺寸线终端形式。机械图样中一般采用箭头作为尺寸线终端,箭头适用于各种类型的图形尺寸标注,当用箭头进行标注时,箭头尖端应与尺寸界线接

学习笔记

触且不得超出尺寸界线。当要标注的尺寸太小而无法标画箭头，而该尺寸又夹在其他尺寸之间时，箭头可用圆点来替代，如图 1-13(b)所示。

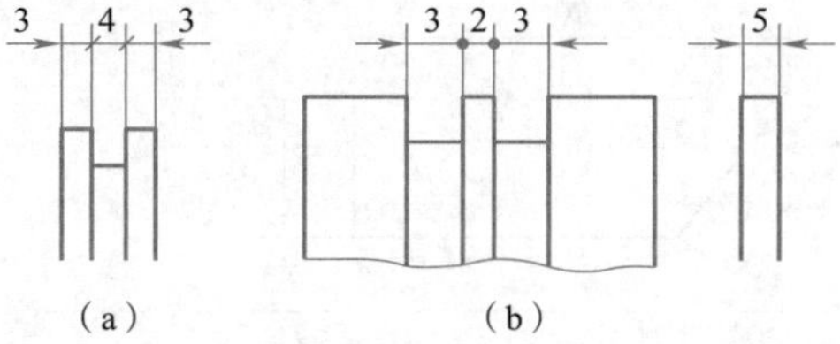

图 1-13　两种形式的尺寸线终端的标注

(5)尺寸数字的注写：尺寸数字表示物体尺寸的实际大小。尺寸数字有线性尺寸和角度尺寸两种类型，线性尺寸数字应注写在尺寸线的上方，也允许写在尺寸线的中断处。在标注水平方向的线性尺寸时，数字字头朝上书写；标注竖直方向的线性尺寸时，数字字头朝左书写。角度尺寸数字一般都按字头朝上水平书写。标注尺寸时，尺寸数字不可被任何图线所通过，否则必须将图线断开；标注参考尺寸时，应将尺寸数字加上圆括弧。国家标准《技术制图　简化表示法　第 2 部分：尺寸注法》(GB/T 16675.2—2012)中要求标注尺寸时，应尽可能地使用符号和缩写词，常用的符号和缩写词见表 1-8。详细的常见尺寸的标注形式见表 1-9。

表 1-8　尺寸标注中常用的符号和缩写词

序号	名称	符号或缩写词	序号	名称	符号或缩写词
1	直径	ϕ	9	深度	↧
2	半径	R	10	沉孔或锪平	⌴
3	球直径	$S\phi$	11	埋头孔	⌵
4	球半径	SR	12	弧长	⌒
5	厚度	t	13	斜度	∠
6	均布	EQS	14	锥度	◁
7	45°倒角	C	15	参数分隔符(如 M18 × 1)	×
8	正方形	□	16	连字符	-

表 1-9　常见尺寸的标注形式

标注内容	图　例	说　明
线性尺寸数字标注方向	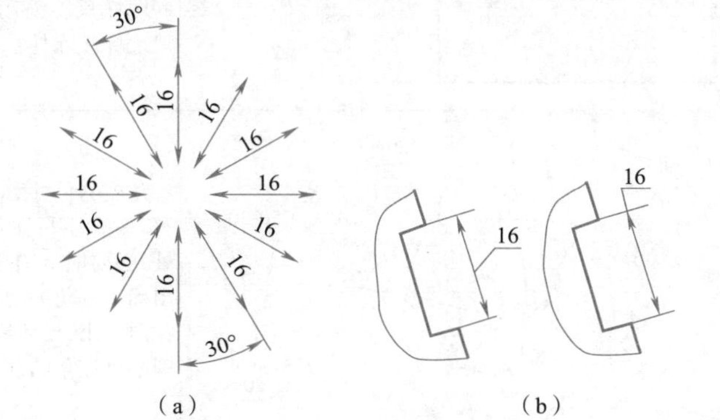	线性尺寸数字一般应采用左图(a)所示方向注写，应尽量避免图示 30°范围内标注尺寸，当无法避免时可按左图(b)所示形式进行标注

学习笔记

续表

标注内容	图　例	说　明
尺寸数字	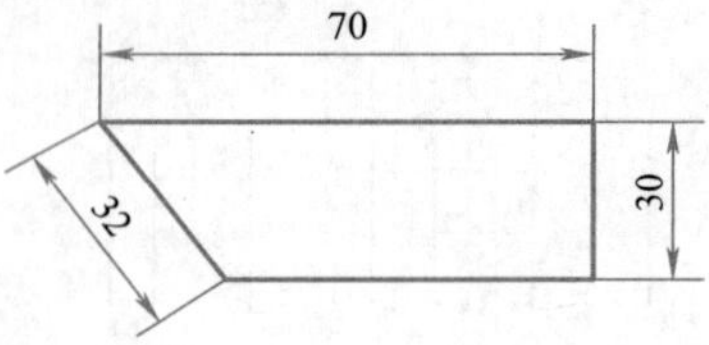	线性尺寸数字一般注写在尺寸线的上方或中断处，对于非水平方向尺寸，在不致引起误解时，也允许水平地注写在尺寸线中断处，但同一图样中应使用同一种注写方法
	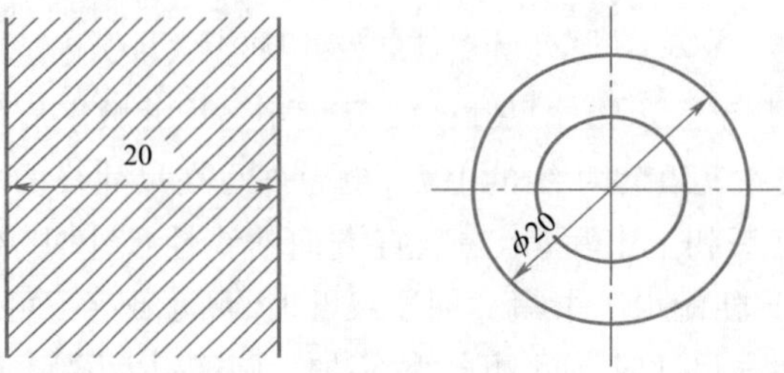	尺寸数字不能被图样上的任何图线遮挡，当不可避免时，必须将图线断开后注写尺寸数字
尺寸界线	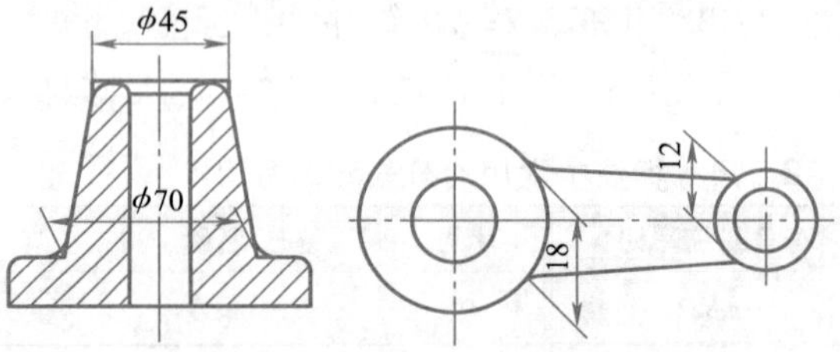	尺寸界线一般应与尺寸线垂直，当尺寸界线过于贴近轮廓线时允许将其倾斜画出。在光滑过渡处标注尺寸时，须用细实线将轮廓线延长，从其交点引出尺寸界线
尺寸线	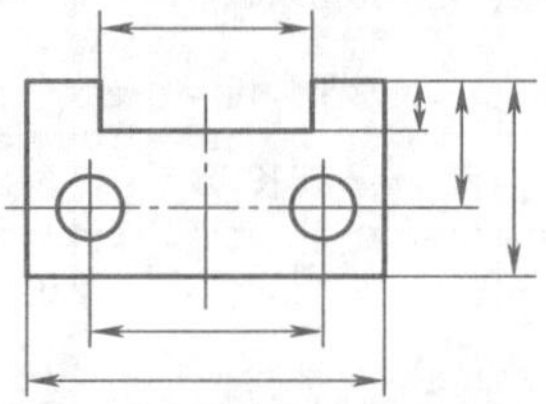 正确 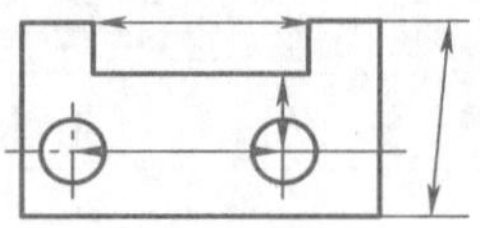 错误	尺寸线不能用其他图线代替，也不能与其他图线重合或画在其延长线上
尺寸线终端	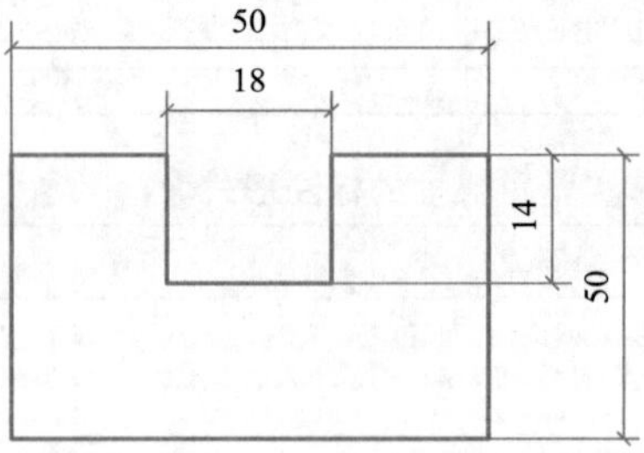	尺寸线终端一般采用箭头形式，在尺寸线与尺寸界线互相垂直的情况下，也允许采用细斜线形式（主要用于工程建设图样，机械类用小尺寸）。但同一图样只能采用一种形式（小尺寸标注除外）
角度尺寸标注	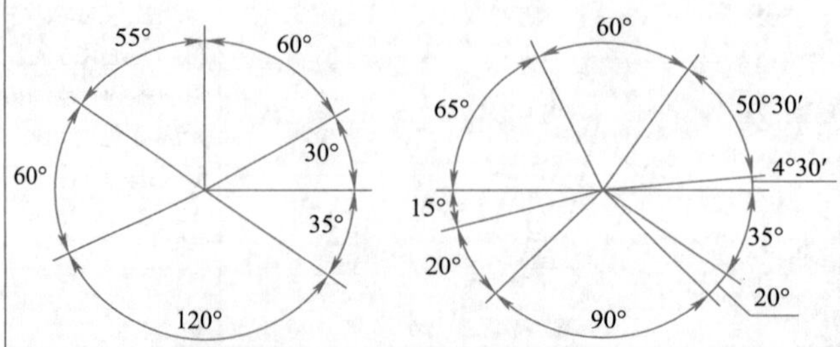	角度的尺寸数字一律水平书写，一般注写在尺寸线的中断处，必要时允许写在外面或引出标注。角度的尺寸界线应沿径向引出，尺寸线画成圆弧，其圆心是该角的顶点

学习笔记

续表

标注内容	图　　例	说　　明
圆和圆弧的尺寸标注	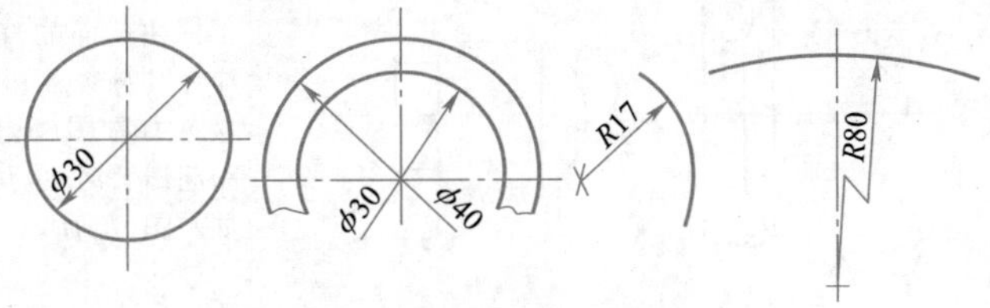	圆的直径尺寸和圆弧的半径尺寸一般应按左图示例标注。直径或半径尺寸数字前应分别注写符号 ϕ 或 R,大圆弧采用折弯标注。一般来说,大于半圆的弧应标注直径,小于或等于半圆的弧标注半径
小尺寸的标注	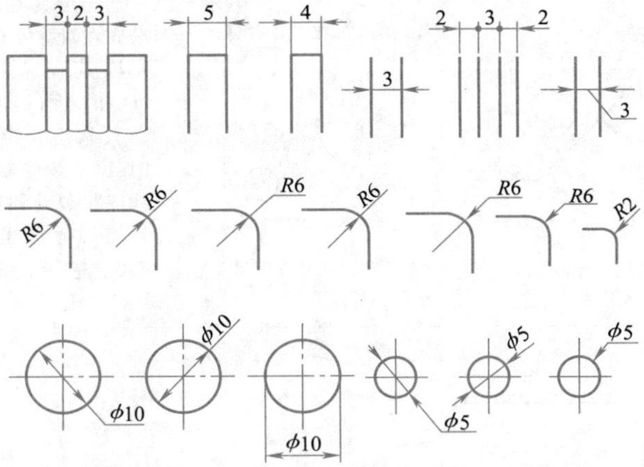	在没有足够的位置画箭头或注写数字时,可按左图的形式标注,此时允许用圆点或斜线代替箭头
弧长及弦长的尺寸标注	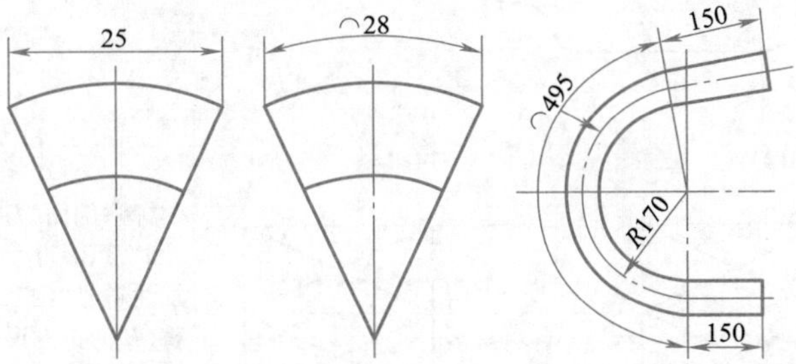	弦长和弧长的尺寸界线应平行于该弦的垂直平分线,当弧度较大时,可沿径向引出。标注弧长时应在尺寸数字前面加符号⌒
过大半径圆弧的尺寸标注	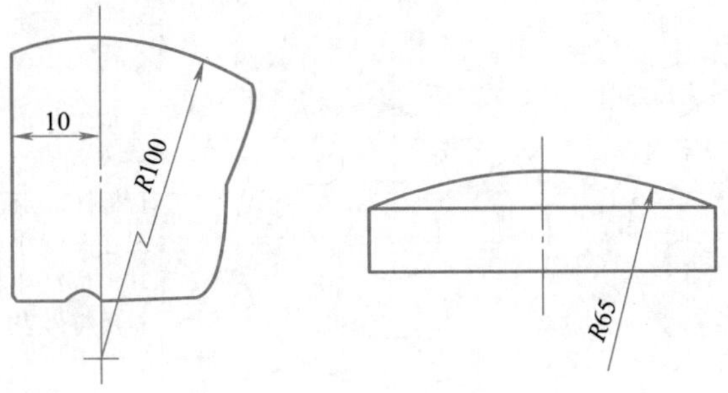 （a）　（b）	当圆弧的半径过大或在图纸范围内无法标注出其圆心位置时,可按左图(a)所示标注。若不需要标出其圆心位置,则可按左图(b)所示标注

学习笔记

续表

标注内容	图例	说明
球面尺寸标注	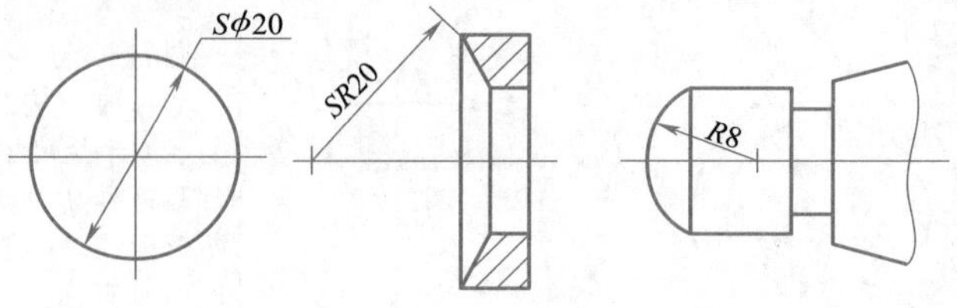 （a）（b）	标注球面的直径或半径时，应在其符号 ϕ 和 R 前再加注符号 S，如左图(a)所示。在不致引起误解时，也可省略符号 S，如左图(b)所示
对称图形标注	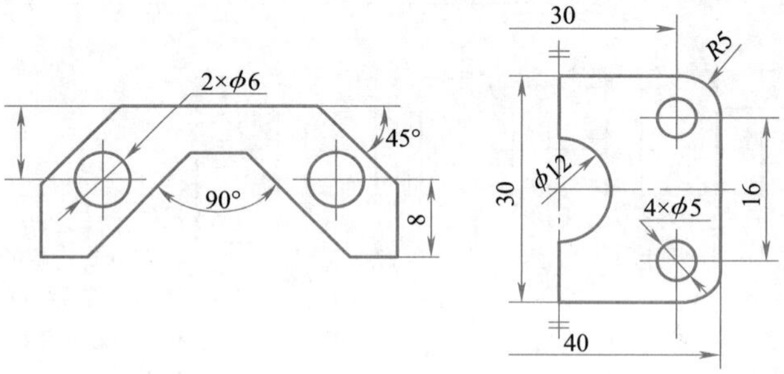 （a）（b）	当图形具有对称中心线时，分布在对称中心线两边的相同结构，可仅标注其中一边的尺寸，如左图(a)所示。当对称图形只画出一半或略大于一半时，尺寸线应略超过对称中心线或断裂处和边界线，并且只在有尺寸界线的一端画出箭头，如左图(b)所示
薄板厚度注法	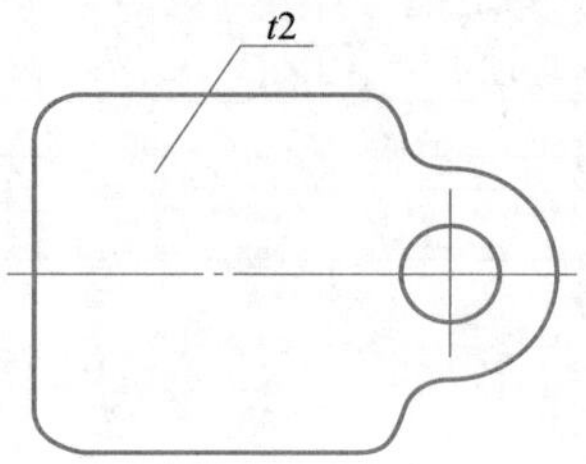	标注板状零件的厚度尺寸时，可在尺寸数字前加符号 t
方形结构注法	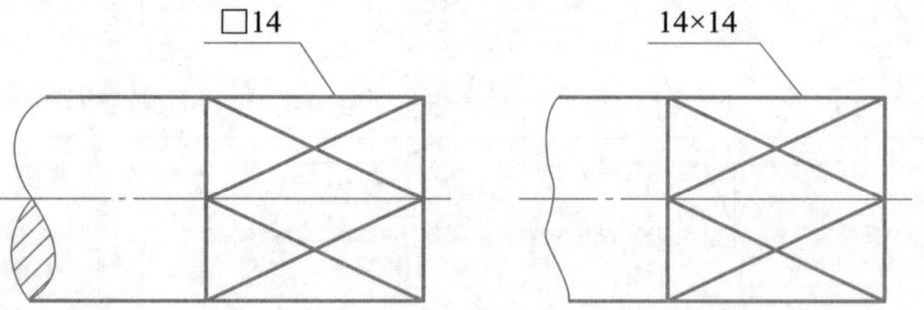	标注剖面为正方形结构的尺寸时，可在正方形尺寸数字前加注符号“□”，或用“B×B”代替(B 为正方形的边长)
均布孔的尺寸注法	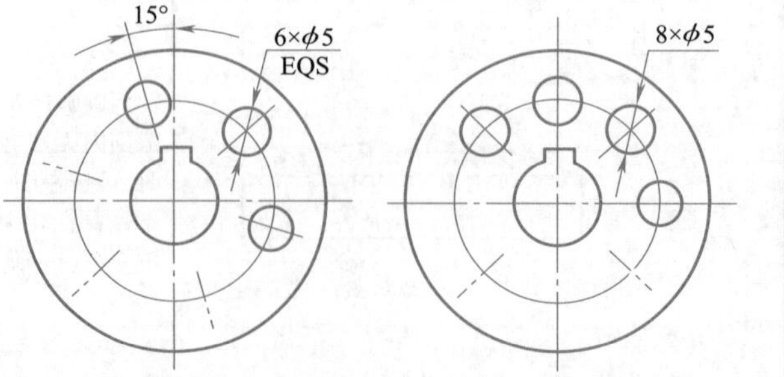	均匀分布的相同要素(如孔、槽等)的尺寸可按左图所示进行标注。当孔的定位和分布情况在图形中已明确时，可省略其定位尺寸和“均布”二字，均布用符号表示为 EQS

学习笔记

任务实施

图 1-1 所示的视图中应用到的机械制图国家标准和内容见表 1-10。

表 1-10　视图中应用到的国家标准和内容

序号	应用到的国家标准	应用到的国家标准的相关内容
1	GB/T 14689—2008	图纸的幅面、尺寸及图框格式
2	GB/T 10609. 1—2008	标题栏的格式和绘制
3	GB/T 14690—1993	绘图比例的选取
4	GB/T 14691—1993	图纸中汉字、数字和字母的注写要求
5	GB/T 4457. 4—2002	视图中图线的选取及画法
6	GB/T 4458. 4—2003	机件的结构形状的大小和相对位置的尺寸标注规则

课后强化训练任务

课后强化训练任务一：分析图 1-14 所示手柄摇杆图中各种图线的形式，并在横线上写出图线的名称和应用场合。

课后强化训练任务二：在图 1-15 所示的支座平面视图中写出各尺寸要素的名称。

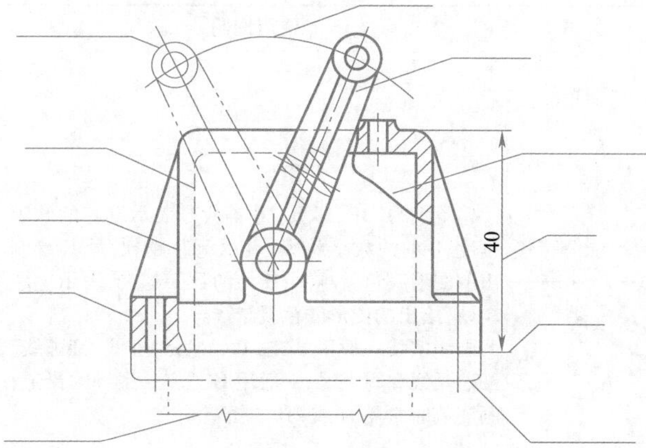

图 1-14　手柄摇杆

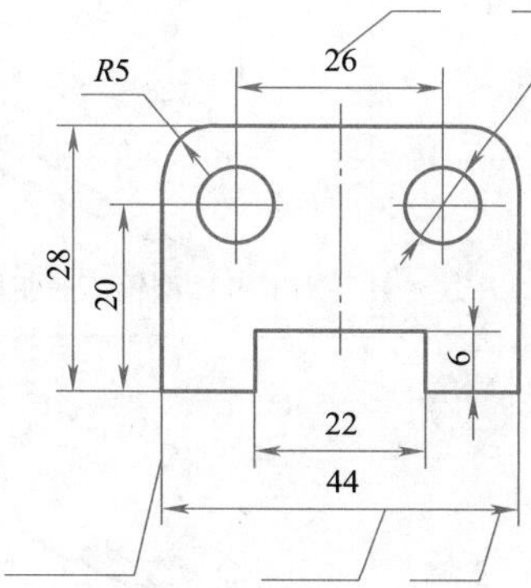

图 1-15　支座平面视图

任务二　绘制简单的平面图形

任务描述

图 1-16 所示为新能源汽车中使用的电机中的一垫片及电机控制器上一个电气接口的二维平面图形，借助尺规绘图工具和线段、圆周、斜度和锥度、椭圆、圆弧连接等平面图形的作图方法，绘制图中两个简单的平面图形。

学习笔记

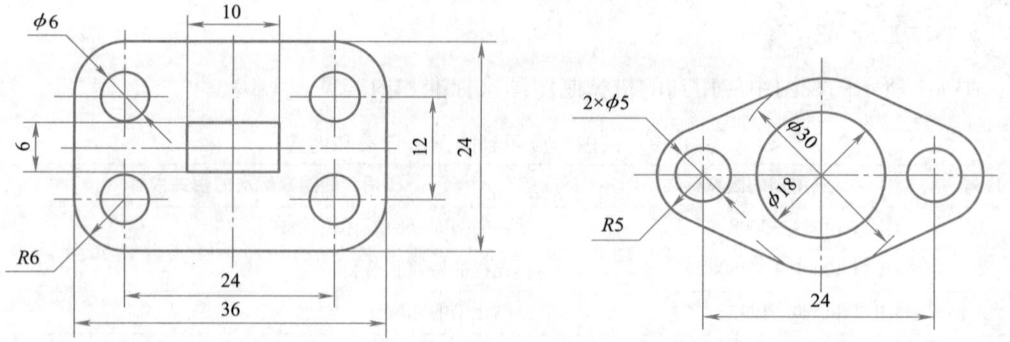

（a）电机垫片　　（b）电机控制器电气接口

图 1-16　简单平面图形

相关知识

一、常用的尺规绘图工具

常用的尺规绘图工具有铅笔、图板、丁字尺、三角板、圆规等，其使用方法见表 1-11。

表 1-11　常用绘图工具的使用方法

序号	名称	使用图例	使用说明
1	铅笔	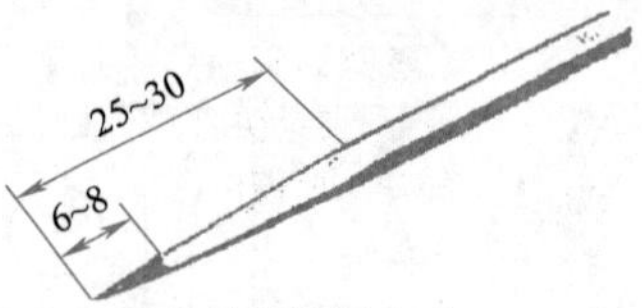 HB 和 H 型铅笔的使用方法 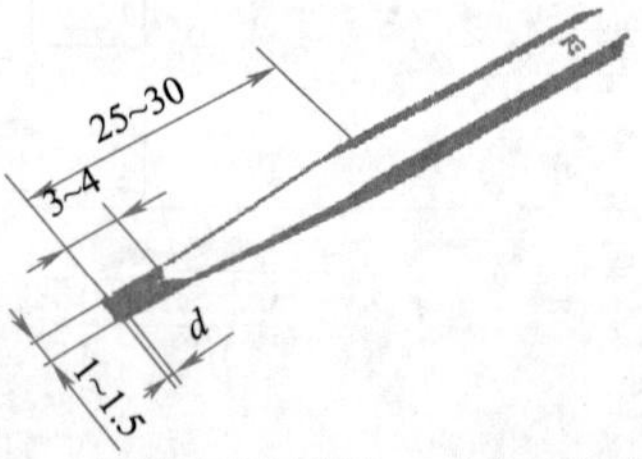 B 和 2B 铅笔的使用方法，d 为粗实线线宽	铅笔型号 HB、H、B、2B 等代号表示笔芯的软硬程度，B 前的数字越大，表示笔芯越软，用其绘制出的图形颜色就越深；H 前的数字越大，表示笔芯越硬，绘出的图形颜色就越浅。 画粗实线一般用 B 或 2B 铅笔，细实线、细虚线、细点画线和写字时，一般用 H 或 HB 型号的铅笔；画底稿时常用 H 或 2H 的铅笔
2	图板和丁字尺	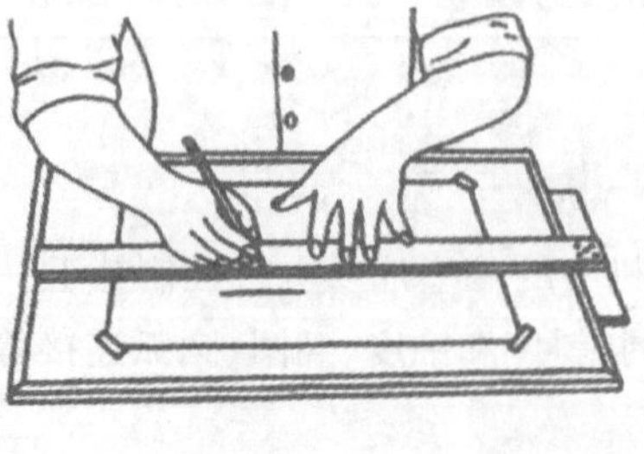	图板表面平整光洁，左侧工作边应平直，主要用于铺放图纸。 丁字尺由尺头和尺身组成，尺身的工作边一侧有刻度，便于画线时度量。使用时，将尺头内侧贴紧图板的左侧工作边上下移动，沿尺身上边可画出一系列水平线，如左图所示

续表

序号	名称	使用图例	使用说明
3	三角板	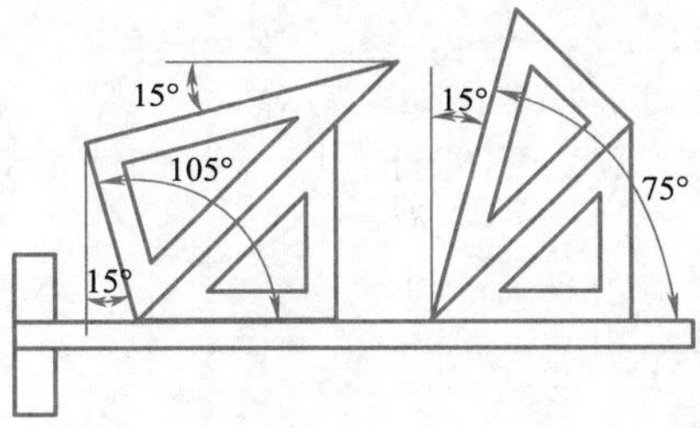	三角板由45°和30°（60°）各一块组成一副。三角板和丁字尺配合使用，可画出垂直线（自下而上画出）及与水平方向成15°整数倍的斜线
		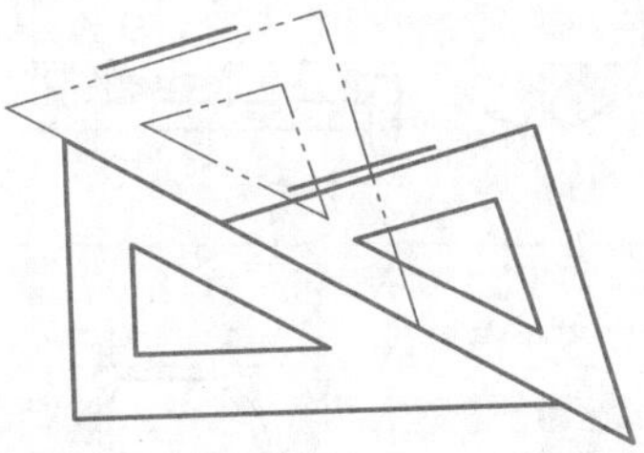	两块三角板配合使用，可画出一直线的平行线或垂直线
4	圆规	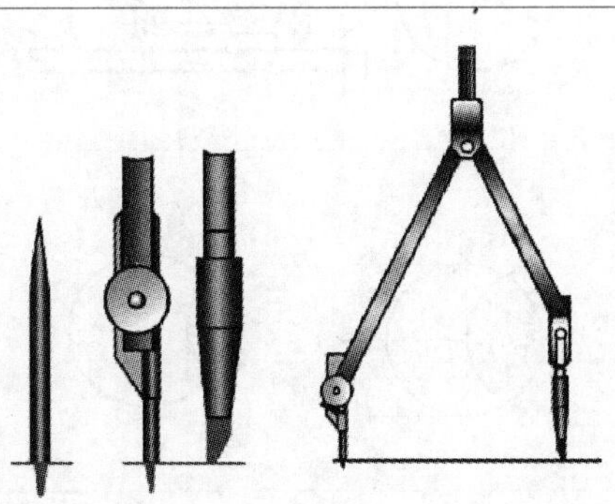	圆规是画圆和圆弧的工具。使用前应先调整好针脚，使针尖稍长于铅芯。画图时，先将圆规两腿分开至所需的半径尺寸，借左手食指把针尖放在圆心位置，应尽量使针尖和铅芯同时与图面垂直，按顺时针方向一次画成，要注意用力均匀

二、基本图形的作图方法

常用的基本图形有等分直线、正五边形、正六边形、锥度和斜度、椭圆等，这些基本图形的画法见表1-12。

表1-12　基本图形的作图步骤和图例

绘制内容	作图步骤	绘制图例
等分直线	（1）作已知直线； （2）过点A作水平射线并进行四等分； （3）将等分点C与B相连，再经其余等分点作BC的平行线与AB相交，所得交点即是直线的等分点	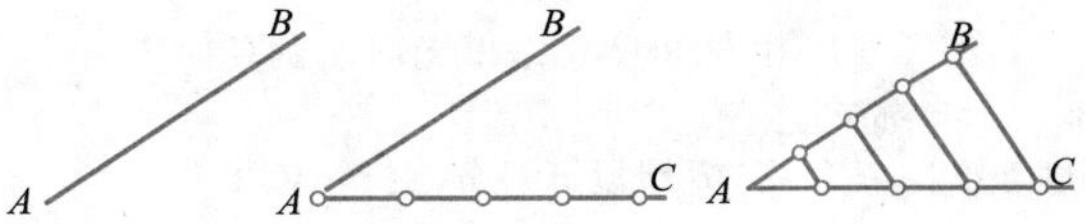

学习笔记

续表

绘制内容	作图步骤	绘制图例
正六边形	(1)绘制直径为 D 的辅助圆； (2)使用圆规分别以1、4两点为圆心，$D/2$ 为半径绘制两个圆，分别交辅助圆于2、6和3、5两点； (3)使用60°的三角板和丁字尺配合，依次连接各点	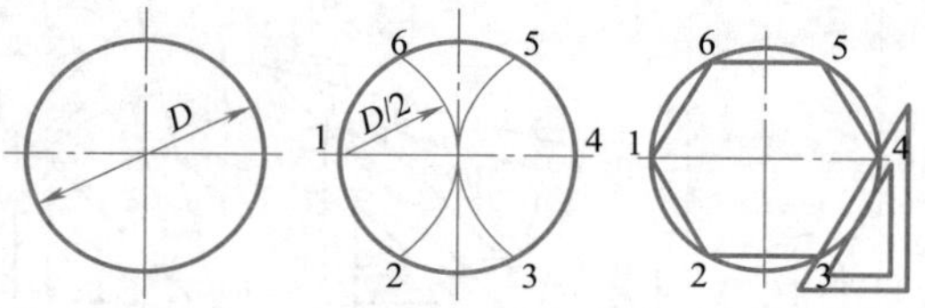
内接正六边形	(1)绘制直径为 D 的辅助圆； (2)使用60°的三角板和丁字尺配合，将三角板放在右图所示位置，分别过1、4两点作60°线交辅助圆于2、5两点，翻转三角板再过1、4两点作60°线交辅助圆于3、6两点； (3)用丁字尺连接5、6点和2、3点	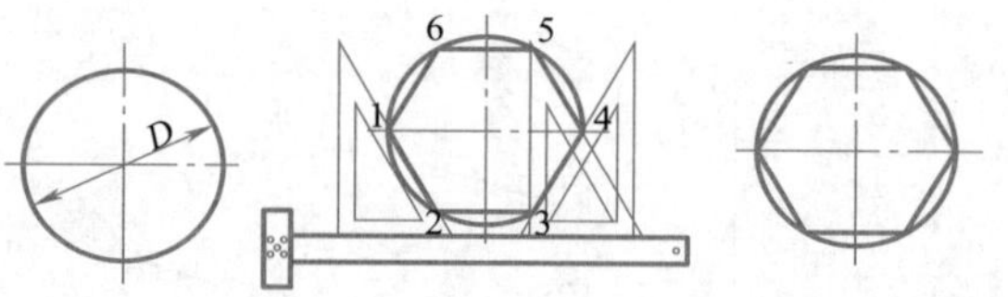
外切正六边形	(1)绘制直径为 S 的辅助圆； (2)使用60°的三角板和丁字尺配合，使三角板的斜边过圆心并与对边距线相交于1、4和3、6点，用三角板作60°线与圆相切并与中心线相交于5、2两点； (3)连接1、2、3、4、5、6并描深	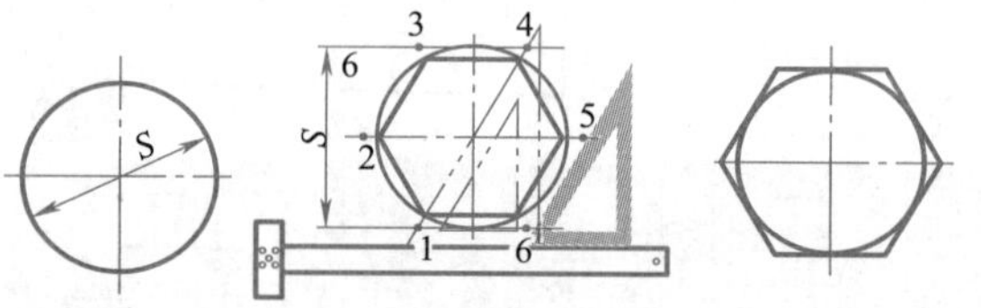
正五边形	(1)取半径 OB 的中点 K； (2)以 K 为圆心，KA 为半径画弧交水平线于点 C； (3)以 AC 为弦长等分圆周得五个点，分别连接圆上的五个等分点并描深	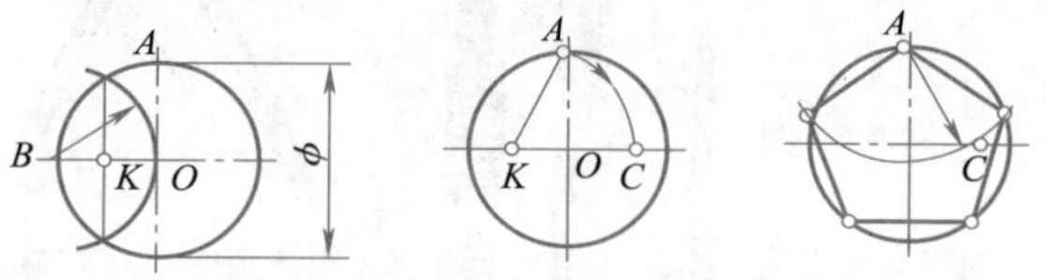
椭圆	(1)画椭圆的长轴 AB 和短轴 CD 交于 O 点，以 O 为圆心，$AB/2$ 为半径画弧交 CD 的延长线于 E 点，以 C 为圆心、CE 为半径画圆弧，并与 AC 相交于点 F； (2)作 AF 的垂直平分线交 AB、CD 于 O_1、O_2 点，再分别作 O_1、O_2 点的对称点 O_3、O_4； (3)分别以 O_1、O_3 和 O_2、O_4 为圆心，O_1A、O_2C 为半径画圆，得到四段圆弧并描深	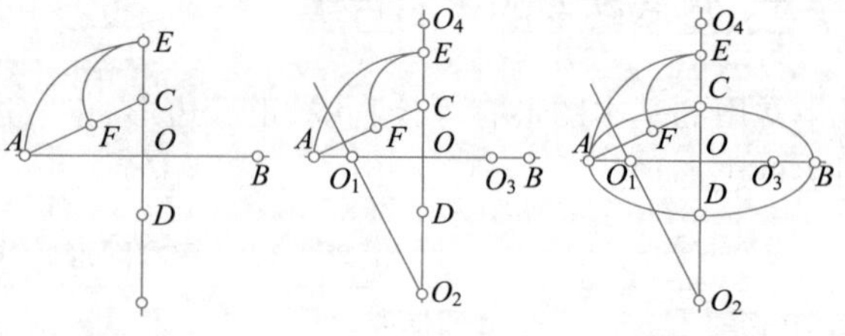
斜度符号	(1)由已知尺寸作出无斜度的轮廓线； (2)将 AB 线段五等分，并作 $BC \perp AB$，BC 的长为 $AB/5$； (3)连接 AC 即为1:5的斜度线	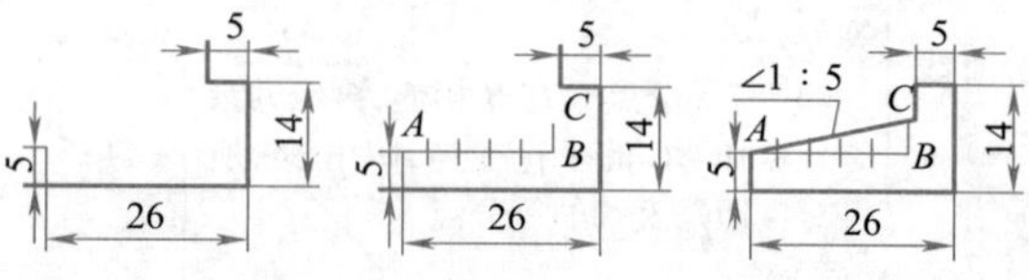

续表

绘制内容	作图步骤	绘制图例
锥度符号	(1)作轴向和竖向基准线交于点 A 并在距离其 60 mm 处作一条竖线； (2)竖向对称截取 20 mm 得交点 E、F，在轴向截取 40 mm，得 B 点； (3)过 B 点作 $CD \perp AB$，并使 $CD = AB/2$； 连接 AC、AD，再过 E 点作 AC 的平行线，过 F 点作 AD 的平行线	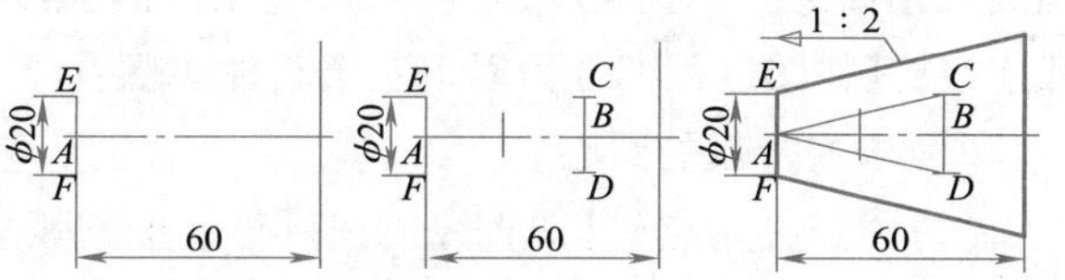

三、圆切线的作图方法

圆的切线分为三类，一类是过圆外一点作圆的切线；第二类是作两个圆的内公切线；第三类则是作两个圆的内公切线，具体圆切线的作图步骤和图例见表 1-13。

表 1-13　圆切线的作图步骤和图例

绘制内容	作图步骤	绘制图例
圆外一点作圆切线	(1)作点 A 与圆心 O 的连线； (2)以 OA 的中心 O_1 为圆心，OO_1 为半径画弧，与已知圆弧相交于 C_1、C_2 两点； (3)分别连接 AC_1 和 AC_2 即为所求的直线	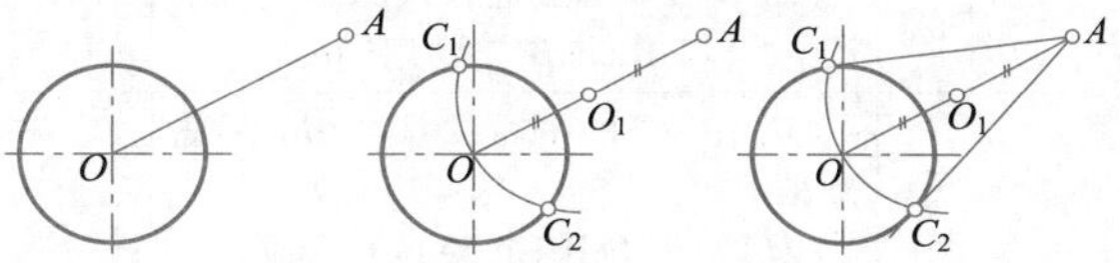
两圆的外公切线	(1)以 O_2 为圆心，$R_2 - R_1$ 为半径作辅助圆； (2)过 O_1 作辅助圆的切线 O_1C； (3)连接 O_2C 并延长，使其与 O_2 圆交于 C_2，作 $O_1C_1 /\!/ O_2C_2$，连线 C_1C_2 即为所求的公切线	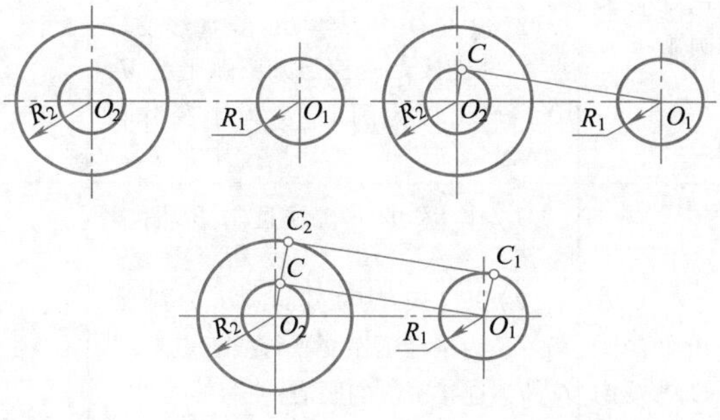
两圆的内公切线	(1)以 O_1O_2 为直径作辅助圆，以 O_2 为圆心，$R_1 + R_2$ 为半径作圆弧，与辅助圆相交于点 K； (2)连接 O_2K 与圆 O_2 相交于点 C_2； (3)作 $O_1C_1 /\!/ O_2C_2$，连接 C_1C_2 即为所作的内公切线	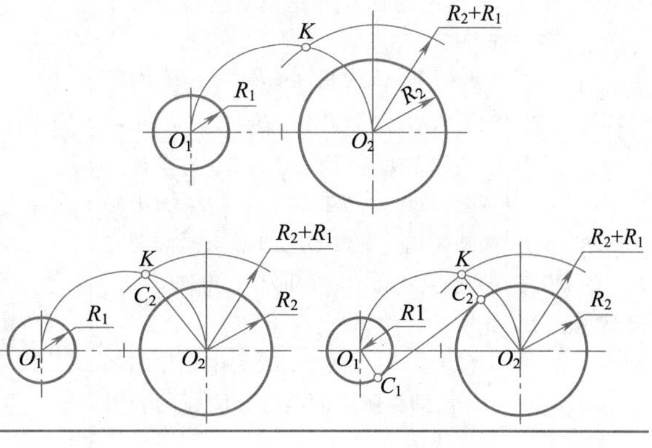

学习笔记

四、圆弧连接的作图方法

圆弧连接是指用一段圆弧光滑连接相邻两已知线段(直线或圆弧)的作图方法,具体包括用圆弧连接两已知直线段、连接一直线和一圆弧以及连接两圆弧等三种类型,任何形式的圆弧连接,其作图过程都分为以下三个具体步骤:

(1)求连接弧的圆心。

(2)求连接交点(已知直线或圆弧与连接圆弧的交点)。

(3)画连接弧(在两连接交点之间画弧)。

具体的圆弧连接的作图步骤和图例见表1-14。

表1-14 圆弧连接的作图步骤和图例

绘制内容	作图步骤	绘制图例
用半径为 R 的圆弧连接两已知直线	(1)作两辅助直线分别与 AC 及 BC 平行,并使两平行线之间的距离都为 R,两辅助直线的交点 O 即为连接圆弧的圆心; (2)从点 O 向两已知直线作垂线,得到 M、N 两个切点; (3)以点 O 为圆心,OM 或 ON 为半径作弧,与 AC 和 BC 相切于 M、N	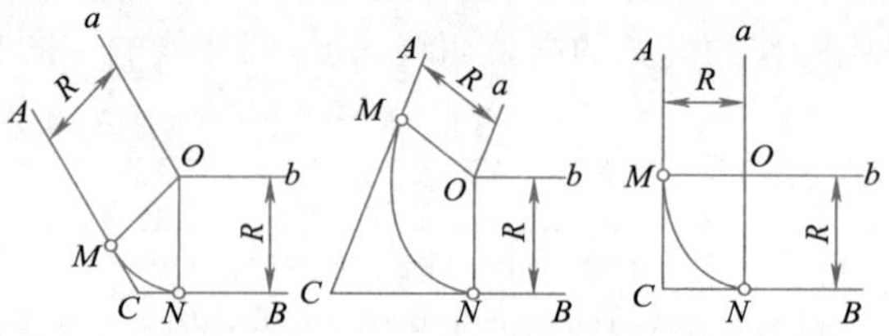
用半径为 R 的圆弧外接已知直线和圆弧	(1)作 BC 的平行线且与 BC 距离为 R; (2)以已知圆弧的圆心 O_1 为圆心,R_1+R 为半径画弧交平行线于点 O,点 O 即为连接圆弧的圆心; (3)过点 O 作直线 BC 的垂线交于点 N,并连接 O_1O 交已知圆弧于点 M; (4)以 O 为圆心,R 为半径作圆弧 MN	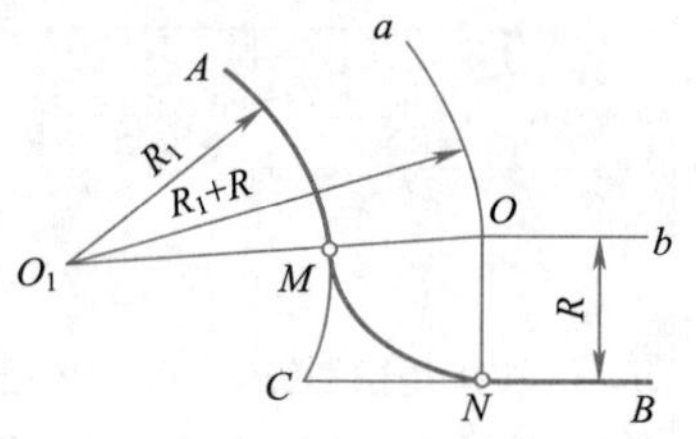
用半径为 R 的圆弧内接已知直线和圆弧	(1)作 BC 的平行线且与 BC 距离为 R; (2)以已知圆弧的圆心 O_1 为圆心,R_1-R 为半径画弧交平行线于点 O,点 O 即为连接圆弧的圆心; (3)过点 O 作直线 BC 的垂线交于点 N,连接 O_1O 并延长交已知圆弧于点 M; (4)以 O 为圆心,R 为半径作圆弧 MN	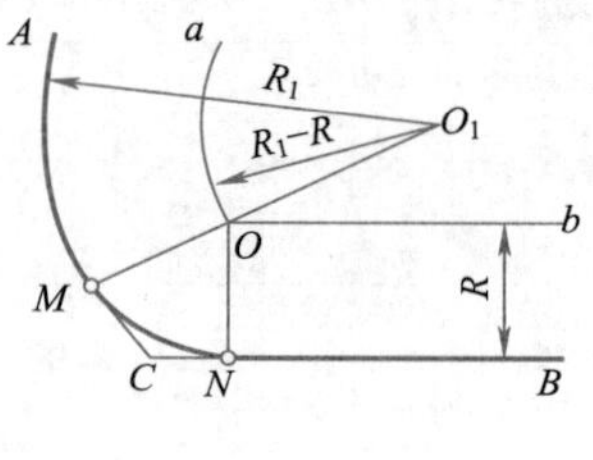
用半径为 $R_外$ 的圆弧外切两已知圆弧	(1)以 O_1 为圆心,$R_1+R_外$ 为半径画圆弧,与以 O_2 为圆心,$R_2+R_外$ 为半径的圆弧相交于点 O_3,即得到连接圆弧的圆心,连接 O_3O_1 和 O_3O_2 得切点 m_1、m_2; (2)以 O_3 为圆心,$R_外$ 为半径作圆弧 m_1m_2,即为所求的两已知圆弧的光滑外切连接	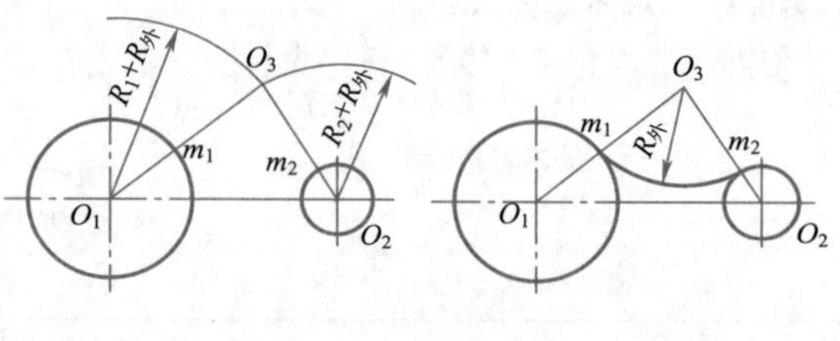

续表

绘制内容	作图步骤	绘制图例
用半径为 $R_{内}$ 的圆弧内切两已知圆弧	(1)以 O_1 为圆心,$R_{内}-R_1$ 为半径画圆弧,与以 O_2 为圆心,$R_{内}-R_2$ 为半径的圆弧相交于点 O_4,即得到连接圆弧的圆心,连接 O_4O_1 和 O_4O_2 得切点 n_1、n_2; (2)以 O_4 为圆心,$R_{内}$ 为半径作圆弧 n_1n_2,即为所求的两已知圆弧的光滑内切连接	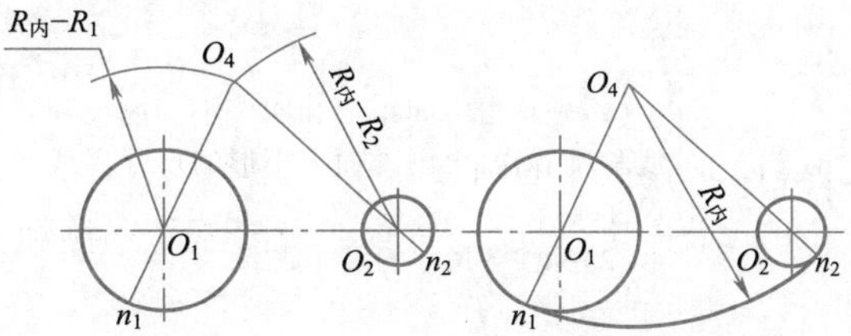

任务实施

一、绘制电机中垫片的二维平面图形

图 1-16 所示电机垫片的外形由四段圆弧和四段直线构成,里面包含有四个小圆和一个矩形,图的对称中心线采用细点画线,图形轮廓线则采用粗实线,图形的绘制只需要用铅笔、图板、丁字尺、三角板和圆规,结合上述绘制相关知识即可完成,具体的作图步骤和图例见表 1-15。

表 1-15　汽车电机垫片的作图步骤和图例

绘制内容	作图步骤	绘制图例
画对称中心线和矩形	(1)先画水平和垂直的两条对称中心线; (2)再分别绘制里面和外面的两个矩形	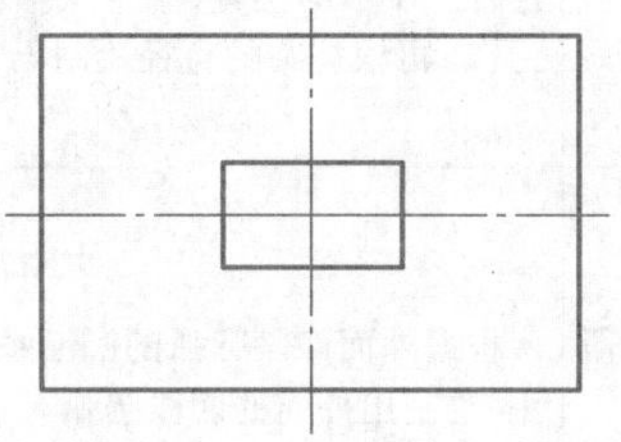
绘制四个小圆的中心位置	根据尺寸确定四个角的小圆中心位置并绘制出对应圆的对称中心线	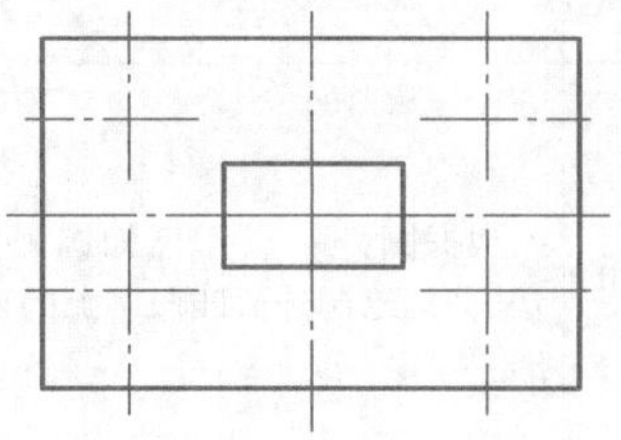
绘制四小圆并将外面的大矩形用圆弧连接	(1)根据小圆的圆心位置和半径画出四个小圆; (2)根据大矩形的圆角半径绘制外面大矩形四个角的圆弧连接	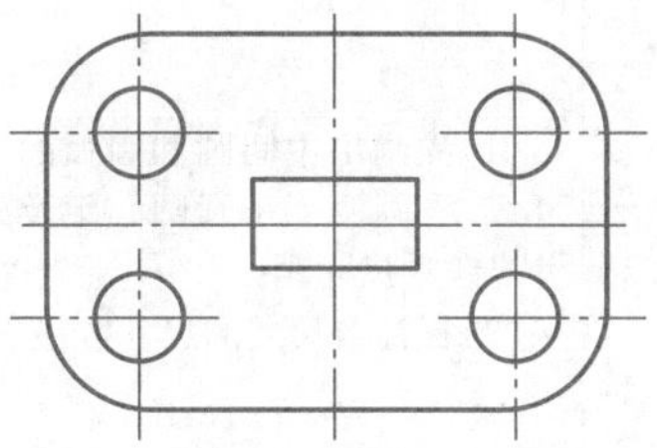

学习笔记

续表

绘制内容	作图步骤	绘制图例
标注尺寸	(1)先画出中间矩形和四个小圆的尺寸界线和尺寸线,再画外面大矩形的尺寸界线和尺寸线; (2)标注各尺寸的尺寸数字	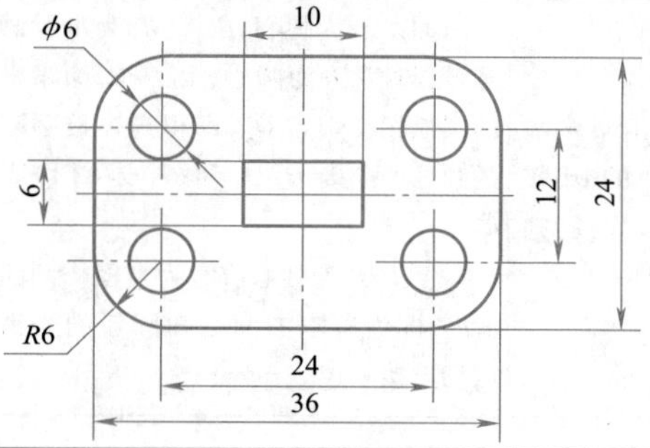

二、绘制电机控制器电气接口的二维平面图形

图 1-16 所示电机控制器电气接口的二维平面图形的外形由三个圆、四段圆弧和四根圆弧切线构成,图形轮廓线采用粗实线,里面的对称中心线采用细点画线,图形的绘制只需要用铅笔、图板、丁字尺、三角板和圆规,结合上述绘制相关知识即可完成,具体的作图步骤和图例见表 1-16。

表 1-16 电机控制器电气接口二维平面图形的作图步骤和图例

绘制内容	作图步骤	绘制图例
画对称中心线和圆	(1)先画水平和垂直的两条对称中心线,确定好三个圆的位置; (2)再根据圆的直径绘制出 3 个圆	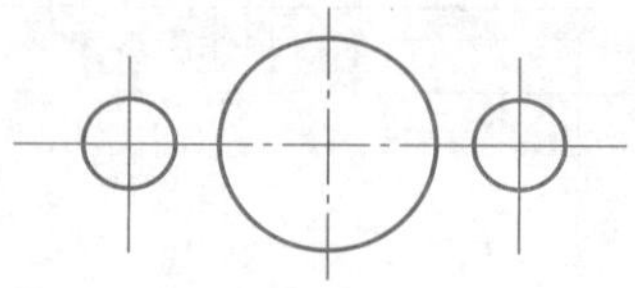
绘制四段圆弧	根据外面四段圆弧的圆心位置及半径的大小,绘制出外面的四段圆弧	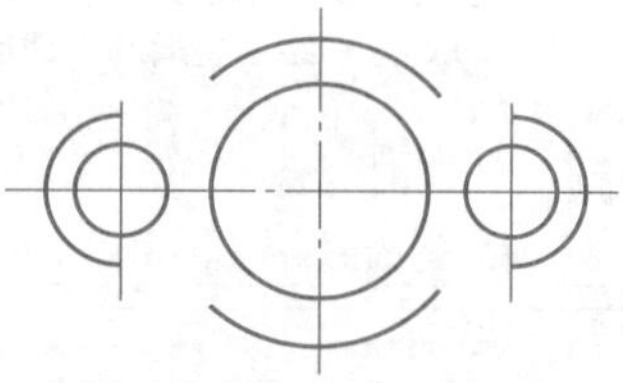
绘制外面四段圆弧的外公切线	根据圆外一点作已知圆弧切线的作图方法,分别绘制外面四段圆弧的外公切线	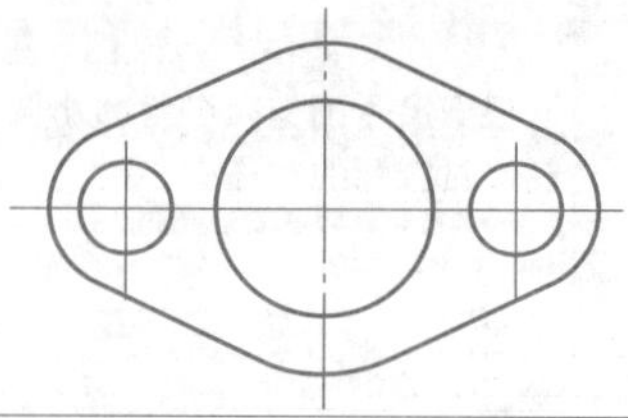
标注尺寸	(1)先画出中间圆和圆弧的尺寸界线和尺寸线,再画两个小圆圆心距及外面圆弧的尺寸界线和尺寸线; (2)标注各尺寸的尺寸数字	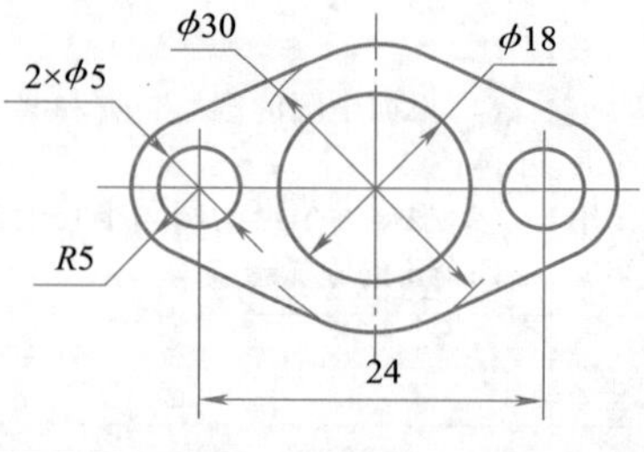

学习笔记

课后强化训练任务

课后强化训练任务一：绘制图1-17(a)所示的二维平面图形。

课后强化训练任务二：绘制图1-17(b)所示的二维平面图形。

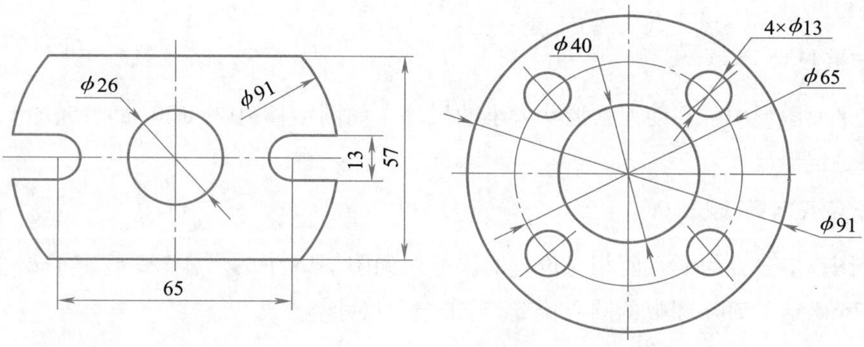

(a)　　　　(b)

图1-17　简单平面图形的绘制课后强化训练图

任务三　绘制复杂的平面图形

任务描述

图1-18所示为一汽车手柄的二维平面图形，本任务要求对手柄中的尺寸及线段进行分析，明确平面图形中的尺寸性质及对应线段的相互位置关系和线段类型，并绘制该手柄的平面图形。

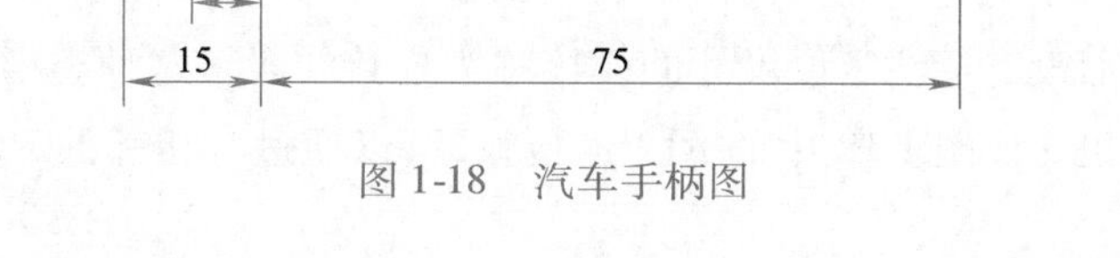

图1-18　汽车手柄图

相关知识

平面图形是由直线和圆弧连接而成的，尺寸大小和线段间的连接确定了平面图形的形状和位置，因此，对于比较复杂的平面图形，在进行绘制之前，先要对平面图形的尺寸和线段进

学习笔记

行分析,以合理确定复杂平面图形的绘图顺序。(学习、做事要做合理的规划,要确定好学习和做事的先后顺序,这样才能有效突出重点、突破难点,做到事半功倍。)

一、平面图形的尺寸分析

平面图形的尺寸是识图、绘图和机件图样加工的重要依据,尺寸按作用可以分为定形尺寸和定位尺寸。

1. 定形尺寸

确定平面图形中各几何元素形状大小的尺寸。如图 1-18 中的 ϕ20、ϕ5、15、*R*15、*R*12、*R*10 等尺寸都是定形尺寸。

2. 定位尺寸

确定图形中各几何元素间相对位置的尺寸。如图 1-18 中的尺寸 7.5 确定了 ϕ5 的圆心位置、尺寸 75 确定了 *R*10 圆弧的圆心位置,属于定位尺寸。

3. 尺寸基准

尺寸标注的起点称为尺寸基准。定位尺寸中通常以图形的对称线、中心线或圆心、重要的轮廓线或端面作为标注尺寸的起点,用于确定尺寸位置的另一个点、另一条线或另一个面。如图 1-18 中 *A* 为竖直方向的尺寸基准,*B* 为水平方向的尺寸基准。

二、平面图形的线段分析

根据平面图形中尺寸的标注情况和线段间的位置关系,平面图形的线段可分为已知线段、中间线段和连接线段三类。

1. 已知线段

定形、定位尺寸均齐全的线段,即已知线段在基准确定后,可根据给出的尺寸直接画出。如图 1-18 中的 ϕ20、ϕ5、*R*15、*R*10。

2. 中间线段

定形尺寸已知但定位尺寸不全,或虽有定位尺寸但没有定形尺寸称为中间线段,中间线段可根据与它相邻线段的关系画出,如图 1-18 中的 *R*50,可以通过与 *R*10 圆弧及 ϕ30 相切的相邻关系画出。

3. 连接线段

定形尺寸已知而没有标注定位尺寸的线段称为连接线段。这种类型的线段可以通过与相邻线段的关系画出。如图 1-18 中的 *R*12 连接弧,可以通过与相邻的 *R*15 圆弧及 *R*50 圆弧的相切关系画出。

任务实施

绘制图 1-18 所示的汽车手柄的作图步骤和图例见表 1-17。

学习笔记

表 1-17　汽车手柄二维平面图形的作图步骤和图例

绘制内容	作图步骤	绘制图例
画基准线和定位线	(1)绘制水平中心线； (2)根据尺寸绘制四条竖直中心线	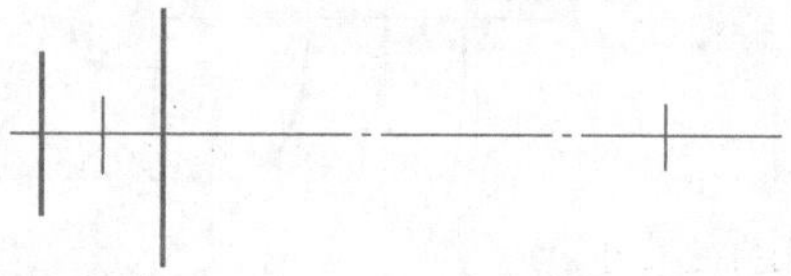
绘制已知线段	(1)绘制最左边的矩形； (2)绘制中间的两段圆弧； (3)绘制最右边的圆弧	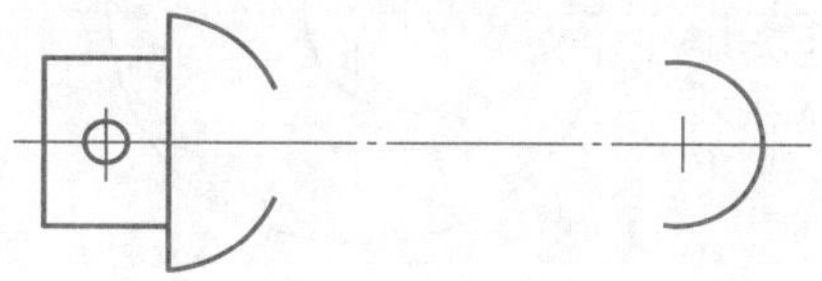
绘制中间线段	(1)根据圆弧连接直线与圆弧的绘制方法，用 $R50$ 的圆弧连接最顶端的直线及 $R10$ 的圆弧； (2)使用镜像图形的方法将下面的连接圆弧镜像复制出来	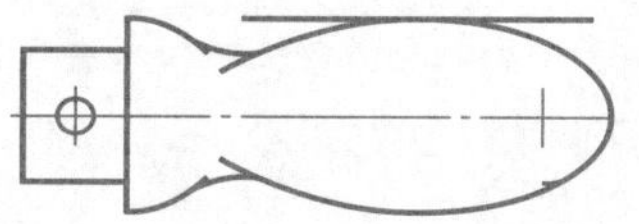
绘制连接线段	采用圆弧外连接的方法绘制中间的两段连接圆弧	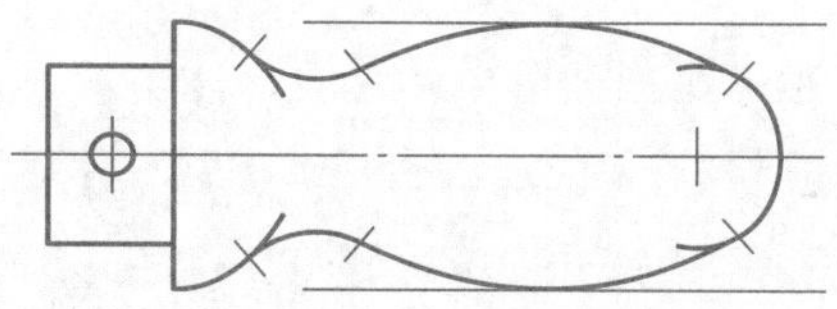
标注尺寸	以尺寸基准为基础，从左到右、从上到下标注图形的尺寸	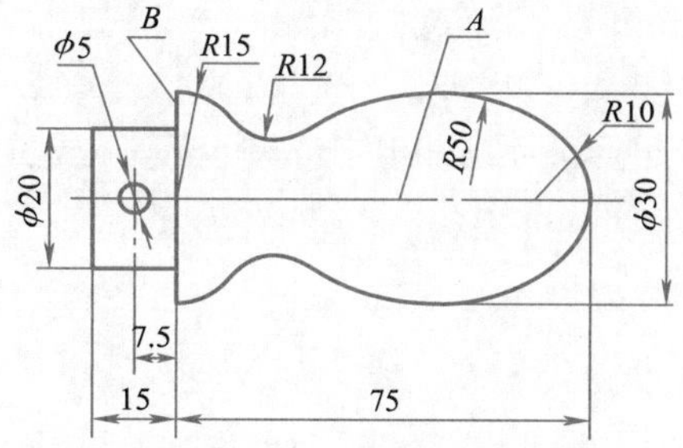

课后强化训练任务

课后强化训练任务一：分析并绘制图 1-19(a)所示的汽车吊钩的二维平面图形。

课后强化训练任务二：分析并绘制图 1-19(b)所示的汽车制动踏板支架的二维平面图形。

学习笔记

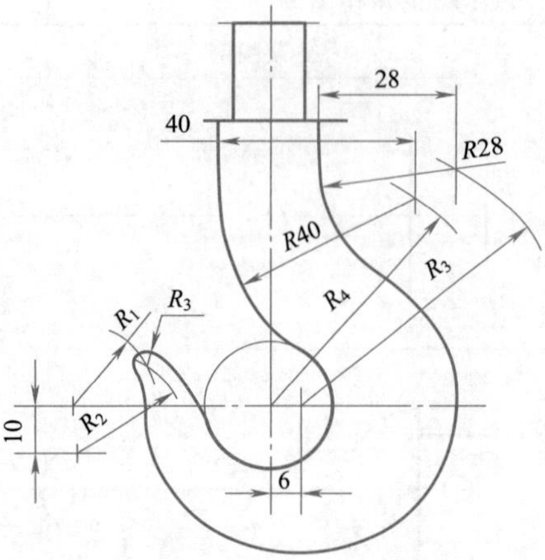

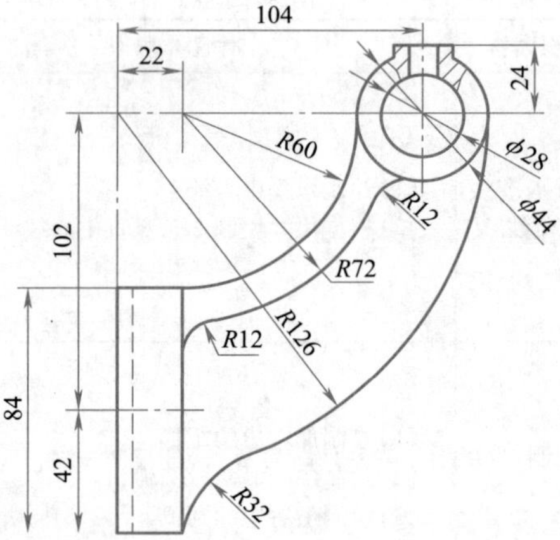

图 1-19　复杂平面图形绘制课后强化训练图

项目二

识读和绘制点、线、面的投影

正投影图能准确表达出物体的形状、结构和大小，且作图简便，度量性较好，所以应用广泛。但是通常情况下一个投影不能确定物体的形状，如果要反映物体的完整形状，必须增加投影才能将物体表达清楚，所以工程上经常使用正投影法绘制三视图表达物体的形状。本项目主要学习正投影的基本知识，重点理解三视图的形成过程及点、线、面的投影规律。

学习笔记

知识结构图

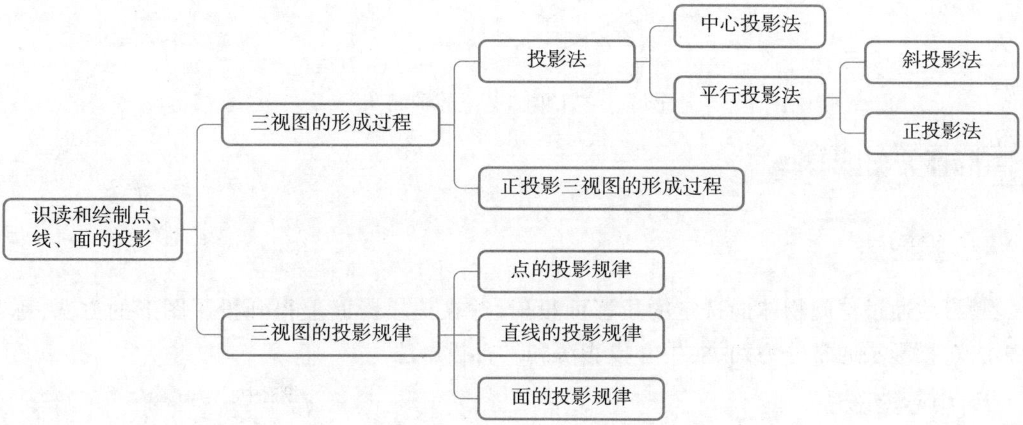

学习目标

知识目标

1. 掌握三视图的投影规律和特性；
2. 掌握三视图的作图方法和步骤；
3. 掌握并能熟练运用点的投影规律及特性；
4. 掌握并能熟练运用直线、平面的投影规律及特性。

能力目标

1. 能根据三视图形成原理及三等规律绘制三视图或补画三视图；
2. 能根据简单轴测图绘制三视图；
3. 能按照所给的简单轴测图，应用尺规和CAD软件工具准确绘制三视图；

学习笔记

4. 能作出形体表面点、线、面的投影。

素质目标

1. 具有认真负责的工作态度和严谨细致的工作作风；
2. 具有自主学习的能力；
3. 具有劳动意识、团结协作和工匠精神。

任务一　认识三视图的形成过程及各个视图的关系

任务描述

图2-1所示为一汽车轴承座的轴测图，任务要求绘制该轴承座的三视图。

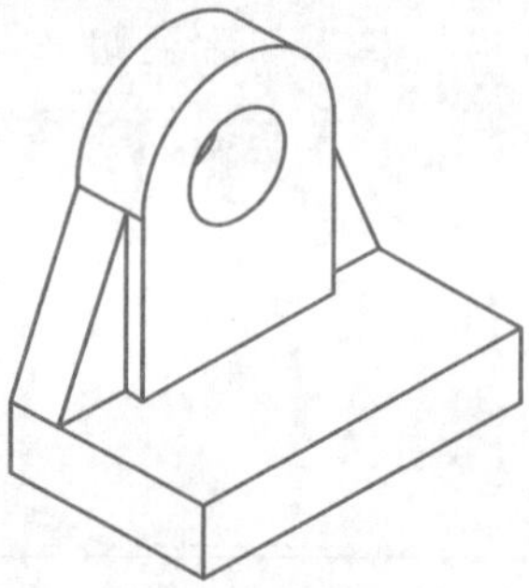

图2-1　汽车轴承座的轴测图

相关知识

一、投影法

投影线通过空间物体向选定的投影面投射，并在该投影面上得到投影图形的方法，称为投影法。投影法通常分为两类：中心投影法和平行投影法。

1. 中心投影法

投影线相交于投影中心的投影法称为中心投影法，如图2-2所示。用中心投影法得到的投影，不能反映物体的真实形状，但图形富有立体感，多用于绘制建筑物的透视图，机械制图中很少采用。

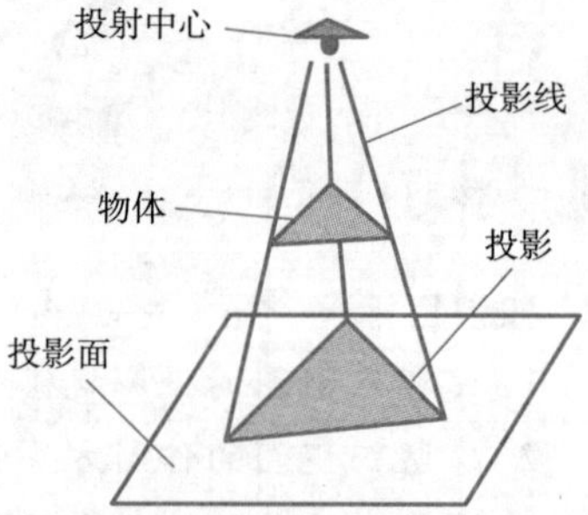

图2-2　中心投影法

2. 平行投影法

投影线相互平行的投影法称为平行投影法，如图2-3所示。其中投影线垂直于投影面的平行投影法称为正投影法，投影线倾斜于投影面的平行投影法称为斜投影法。其中，正投影法能够反映空间平面的真实大小，与空间平面和投影面的距离无关，如图2-3(a)所示。机械制图采用的是正投影法，斜投影法则用于机械制图轴侧图的绘制。

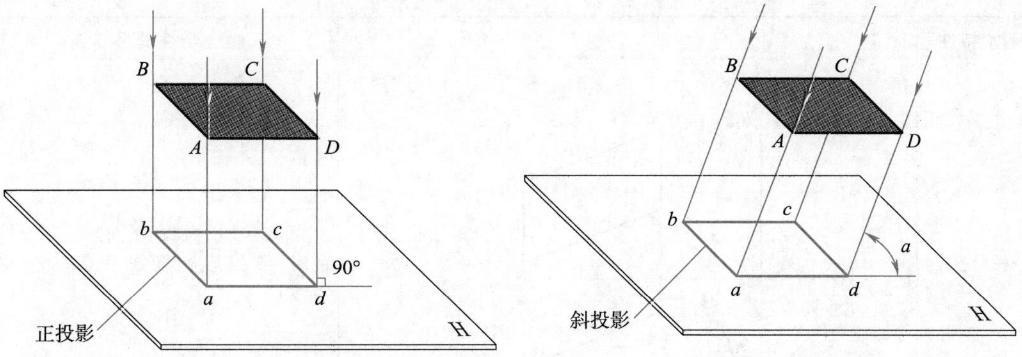

（a）正投影法　　（b）斜投影法

图 2-3　平行投影法

3. 正投影法的基本特性

正投影法的基本特性见表 2-1。

表 2-1　正投影法的基本特性表

基本特性	图　例	特性说明
从属性	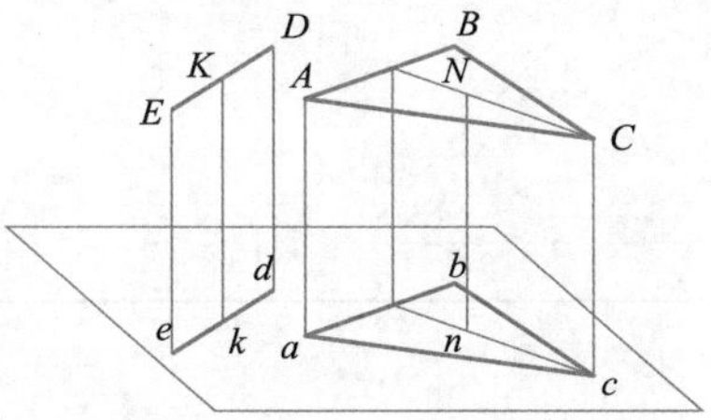	直线上的点，其投影必在该直线的投影上，且分线段的比值在投影前后保持不变。某一平面上的点（直线），其投影必在该平面的投影上
平行性	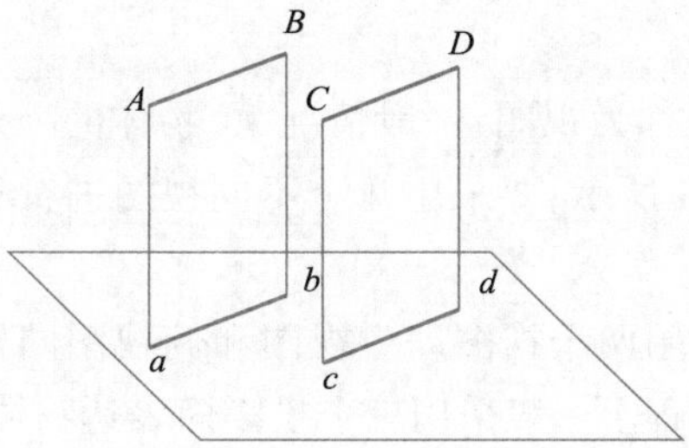	物体上两平行直线的投影必平行
实形性	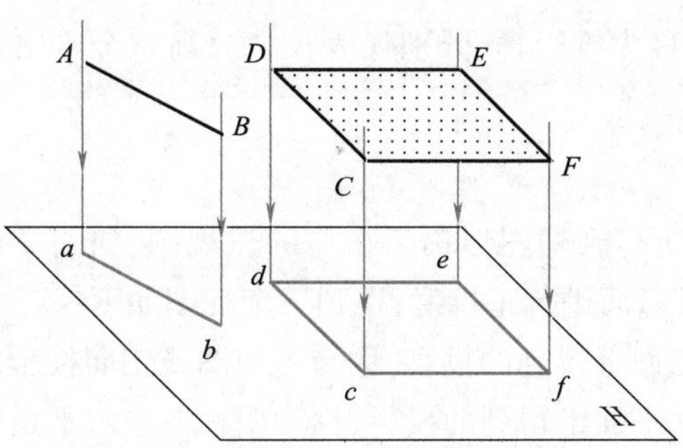	当物体上的直线（平面）平行于投影面时，其投影为反映实长的直线（实形）

学习笔记

续表

基本特性	图　例	特性说明
积聚性	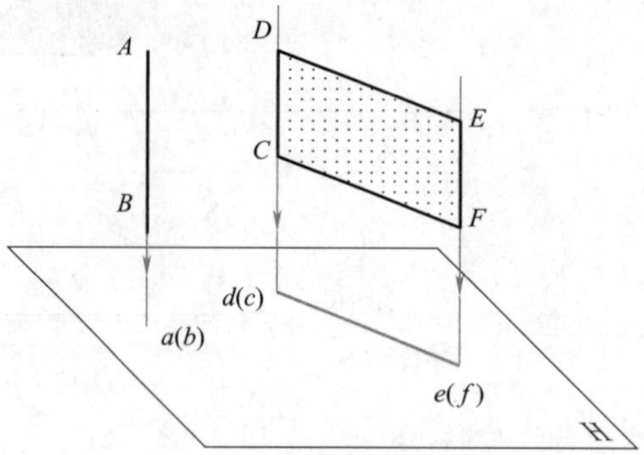	当物体上的直线(平面)垂直于投影面时,其投影积聚成一点(成一条直线)
类似性	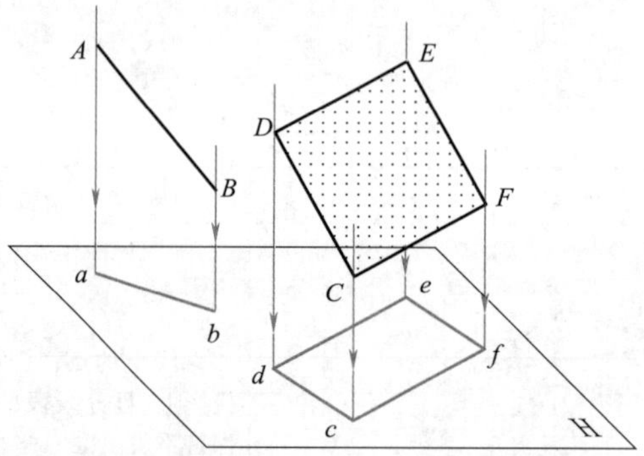	当物体上的直线(平面)倾斜于投影面时,其投影为缩短的直线(类似形)

二、三视图的形成及其对应关系

1. 三投影面体系的建立

物体向投影面正投射所获得的图形称为视图,一般情况下,物体的一个视图并不能准确表达出空间物体的结构和形状,如图 2-4 所示,要采用几个不同视图进行补充和配合才能把物体表达清楚。

图 2-4 中,三个不同的空间物体,采用两个视图即主视图和俯视图同样无法准确地将空间物体的形状和大小表现出来,因此,工程上一般采用三个投影面表达物体的形状,即在空间建立三个相互垂直的投影面,分别是正面投影面 V 面、水平投影面 H 面、侧面投影面 W 面。三个投影面之间的交线 OX、OY、OZ 称为投影轴,分别代表长、宽、高三个方向,三条轴线汇聚一点,称为原点 O,如图 2-5 所示。

2. 三视图的形成

物体在三投影面体系中正投射所得到的图形称为物体的三视图,如图 2-6 所示,将物体放在三投影面体系中,分别向三个投影面进行正投射,得到三个视图如下:

(1)主视图:由前向后投射,在正面上得到的投影,称为主视图或正面投影。

(2)俯视图:由上向下投射,在水平面上得到的投影,称为俯视图或水平投影。

(3)左视图:由左向右投射,在侧面上得到的投影,称为左视图或侧面投影。

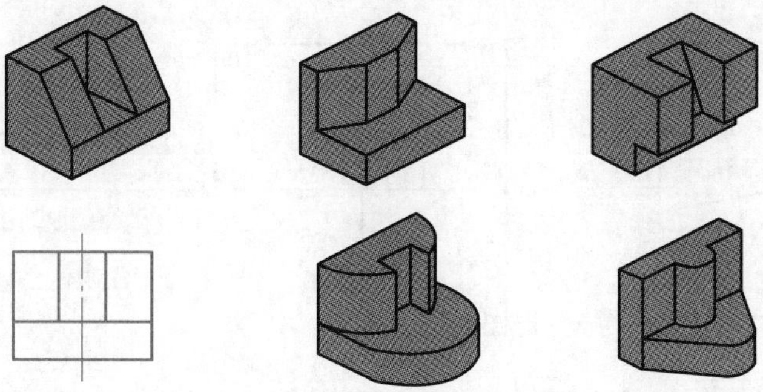

(a)

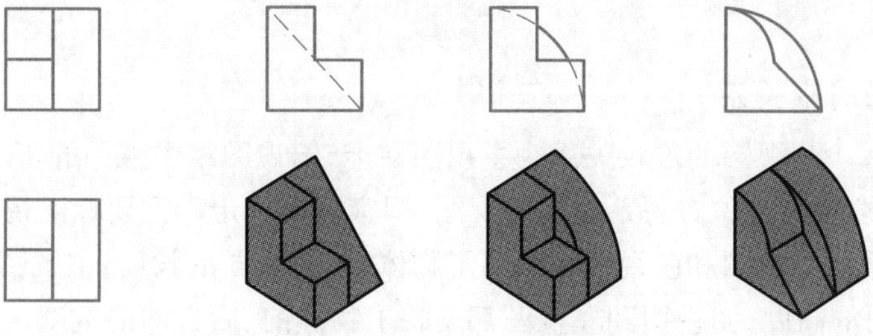

(b)

图 2-4　物体的单面投影视图

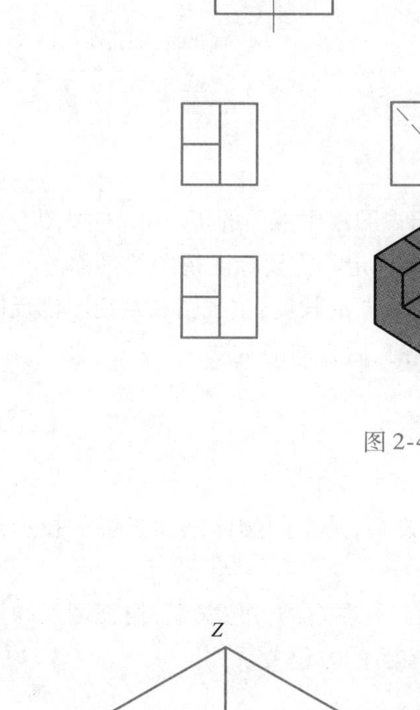

图 2-5　三面投影体系

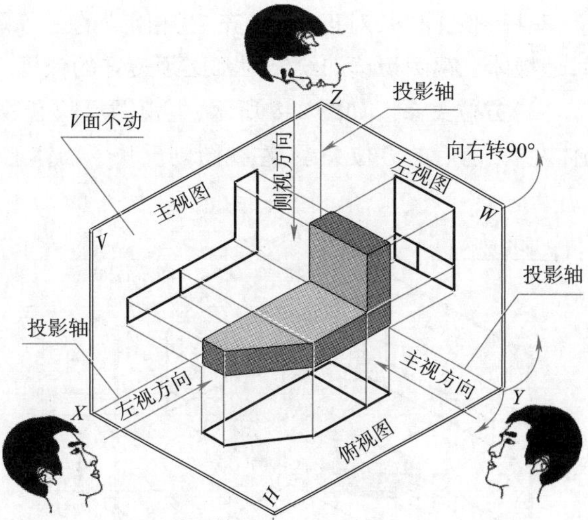

图 2-6　三面投影图

为了便于画图和表达,必须使空间中的三视图在同一个平面上表示出来,如图 2-7(a)所示:V 面不动,H 面绕 OX 轴向下旋转 90°,W 面绕 OZ 轴向右旋转 90°,至 V、H、W 三个投影面共面,如图 2-7(b)所示。在实际的工程应用中用于表达物体的三视图一般省略投影轴和投影面的边框,各个视图间的距离也可以根据需要进行调整,如图 2-7(c)所示。

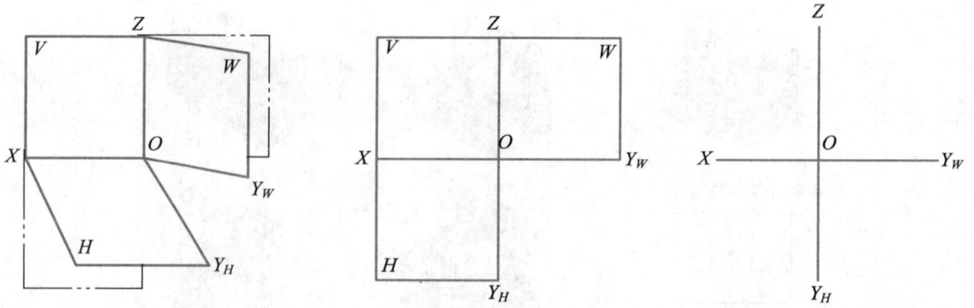

（a）展开过程　（b）三投影面共面　（c）简化的三投影面

图 2-7　三面投影图的展开过程

3. 三视图的对应关系

（1）位置关系。三视图的位置关系为主视图在上，俯视图在主视图的正下方，左视图在主视图的正右方。按照这种位置关系放置的视图，国家标准规定不需要标注视图的名称。

（2）尺寸关系。主视图和俯视图都反映了物体左、右方向的长度，主视图和左视图都反映了物体上、下方向的高度，俯视图和左视图都反映了物体前、后方向的宽度。

主、俯视图在长度方向上保持对正，即长对正；

主、左视图在高度方向上保持平齐，即高平齐；

俯、左视图在宽度方向上保持相等，即宽相等。

三视图之间“长对正、高平齐、宽相等”的三等尺寸关系，是空间物体三面投影的投影规律，是物体三视图识读和绘制时都必须遵守的依据。

（3）方位关系。如图 2-8 所示，主视图反映了物体上下、左右的方位关系，俯视图反映了物体左右、前后的方位关系，左视图则反映了物体上下、前后的方位关系。

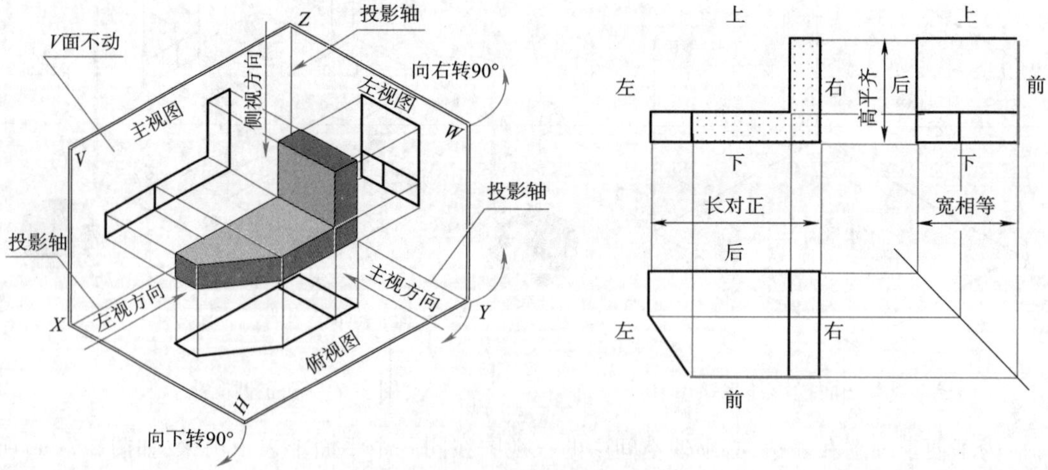

图 2-8　三视图的对应关系

任务实施

汽车轴承座三视图的具体作图步骤和图例见表 2-2。

学习笔记

表 2-2　汽车轴承座三视图的作图步骤和图例

绘制内容	作图步骤	绘制图例
分析实物的结构和形状，确定主视图的方向	(1)根据物体的形状特征确定主视图的方向，使物体的主要表面与相应的投影面平行； (2)主视图应尽量多地反映物体的主要特征	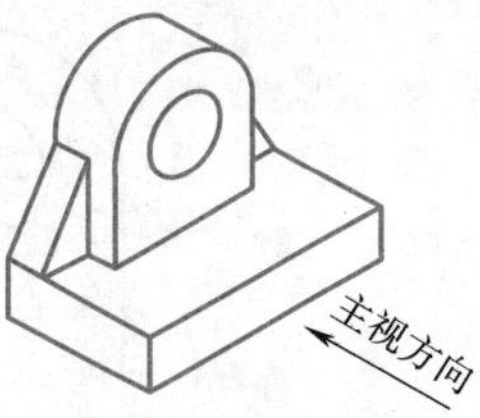
绘制对称中心线和参考基准线	(1)绘制水平和垂直的中心线； (2)根据长、宽、高三个方向上与中心线的距离绘制出三个方向上的参考基准线	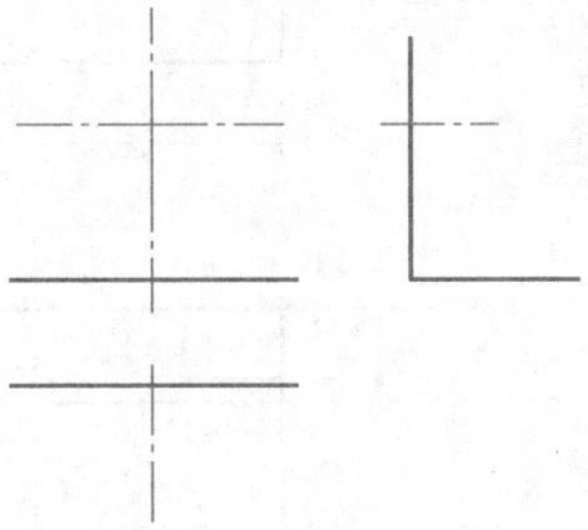
绘制轴承座底板的三视图	(1)根据底板的长、高尺寸，先绘制出能反映底板真实形状的主视图； (2)通过主视图引垂线作俯视图，确保主视图和俯视图“长对正”； (3)通过主视图引水平线作左视图，确保主视图和左视图“高平齐”，借助分规或画45°斜线确保俯视图和左视图“宽相等”	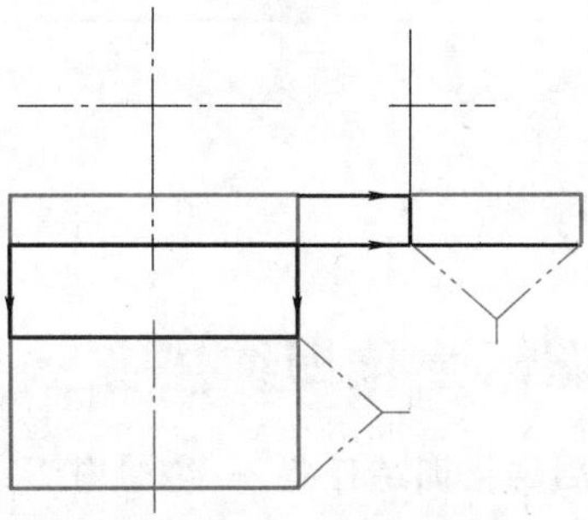
绘制立板	(1)先绘制立板的主视图； (2)通过“长对正”绘制立板俯视图； (3)通过“高平齐”和“宽相等”绘制立板的左视图	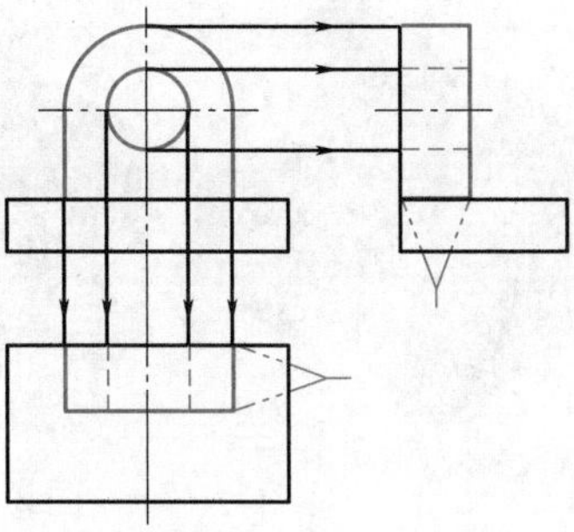
绘制肋板	(1)先绘制肋板的主视图； (2)通过“长对正”绘制肋板俯视图； (3)通过“高平齐”和“宽相等”绘制肋板的左视图	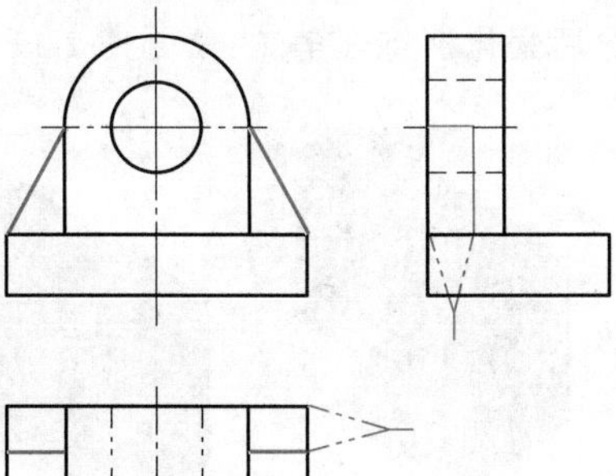

最后得到的汽车轴承座的完整三视图如图 2-9 所示。

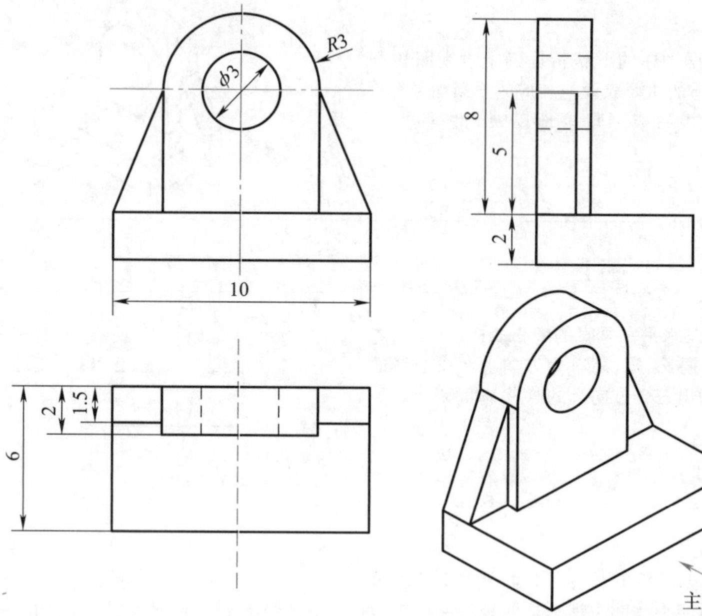

图 2-9　汽车轴承座的三视图

课后强化训练任务

课后强化训练任务一：绘制图 2-10 所示空间物体的三视图。

图 2-10　空间物体的轴测图一

课后强化训练任务二：绘制图 2-11 所示空间物体的三视图。

图 2-11　空间物体的轴测图二

学习笔记

任务二 识读和绘制点的投影

任务描述

如图2-12所示，已知空间点A在水平面的投影a和在正面的投影a'，任务要求绘制A的侧面投影a''。

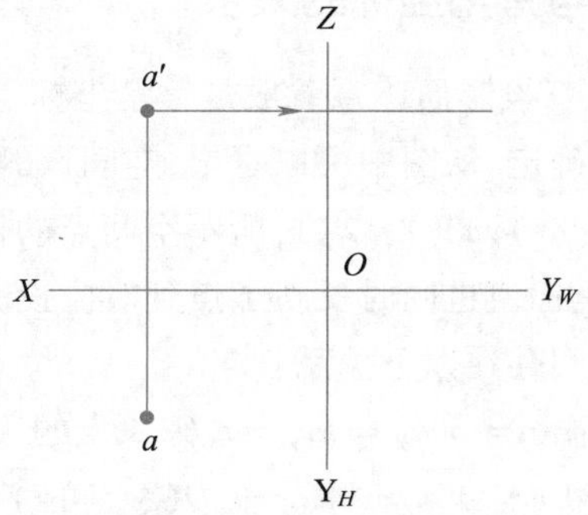

图2-12 空间点A的水平和正面投影图

相关知识

一、空间点的三面投影及其形成过程

如图2-13(a)所示，从空间点A向三个投影面分别作垂线，得到与三个投影面的交点a、a'、a''，即为点A在三个投影面上的投影。将空间上的三个投影面展开在同一个平面上，即可得到空间点A的三面投影，如图2-13(c)所示。

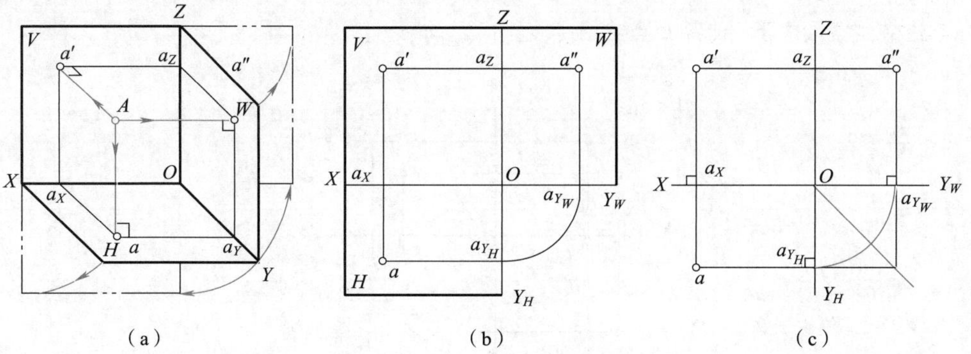

图2-13 空间点A的三面投影及其形成过程

在机械工程制图中，一般规定空间上的点、线、平面等元素用大写字母A、B、C等表示，其对应的水平投影用小写字母a、b、c等表示，正面投影用a'、b'、c'等表示，侧面投影用a''、b''、c''等表示。

学习笔记

二、空间点的三面投影规律

如图2-13(c)所示,空间点A的三面投影有如下规律:

(1)依据长对正投影规律,点的水平投影和正面投影的连线垂直于OX轴,即$aa' \perp OX$。

(2)依据高平齐投影规律,点的正面投影和侧面投影的连线垂直于OZ轴,即$a'a'' \perp OZ$。

(3)依据宽相等投影规律,点的水平投影到OX轴的距离等于点的侧面投影到OZ轴的距离,即$aa_X = a''a_Z$;

三、空间点的三面投影与直角坐标的关系

如图2-13(a)所示,如果将三投影面体系看成是直角坐标空间体系,则空间点的位置可以用点的三个坐标$A(X_A, Y_A, Z_A)$确定,从图中可以看出,空间点的任一投影,均反映了该点的两个坐标值,如$a(X_A, Y_A)$,$a'(X_A, Z_A)$,$a''(Y_A, Z_A)$,所示空间点的任意两个投影都包含了空间点的三个坐标值,空间点的每个坐标值也同时反映了点到对应投影面的距离,因此,空间点的三面投影与其对应的直角坐标之间存在以下关系:

(1)Aa''(点A到W面的距离)$= a'a_Z = aa_Y = a_XO$(A点的X坐标)$= X_A$。

(2)Aa'(点A到V面的距离)$= a''a_Z = aa_X = a_YO$(A点的Y坐标)$= Y_A$。

(3)Aa(点A到H面的距离)$= a''a_Y = a'a_X = a_ZO$(A点的Z坐标)$= Z_A$。

根据上述空间点的三面投影与直角坐标之间的关系,只要知道空间点任意两个面的投影,就可以求出第三面投影,也能够得到空间点的坐标和点到某投影面的距离。

四、空间两点的相对位置和重影点

1. 空间两点的相对位置

两点的相对位置是指两点在空间上下、前后、左右的位置关系。这种位置关系可以通过空间两点同面投影的相对位置或坐标的大小判断,即X坐标值大的在左、Y坐标值大的在前、Z坐标值大的在上。如图2-14所示,通过分析A、B两点的同面投影或坐标值可以得出:A点在B点之左、之后、之下,或者B点在A点之右、之前、之上。

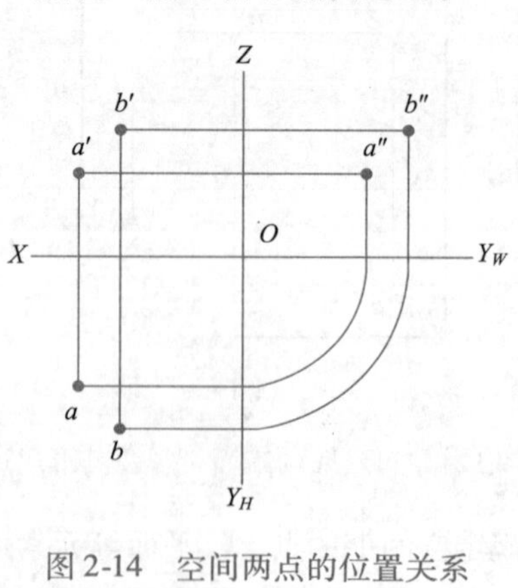

图2-14 空间两点的位置关系

2. 重影点及其同面投影的可见性

当空间两个或两个以上的点在某一投影面上的投影重合时,则称这些空间点为该投影面

学习笔记

上的重影点。

如图 2-15(a)所示，AB 两点在 V 面上的投影 a'、b'重合为一点，称 AB 两点为 V 面上的重影点。同样，投影在 H 面上重合的点称为 H 面上的重影点，投影在 W 面上重合的点称为 W 面上的重影点。

当两点在某一个投影面上的投影重影时，需要判别其可见性，即判断两个重影点的遮挡问题。正面投影应按照“前遮后”，水平投影应按照“上遮下”，侧面投影应按照“左遮右”的关系判断其可见性，为了表示空间点投影的可见性，被遮挡的点的投影应加括号，如图 2-15 中的投影(a')。

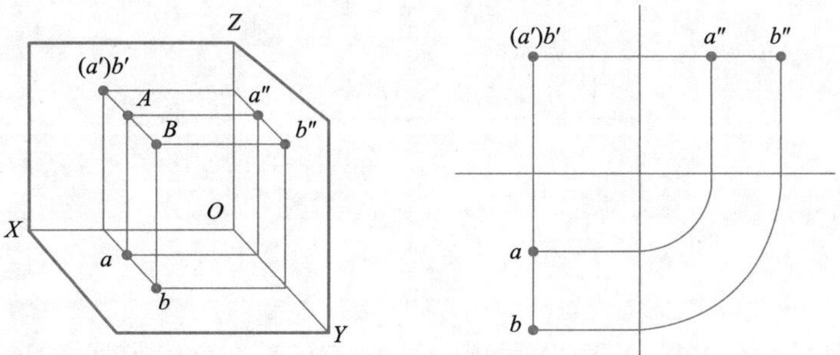

（a）立体图　　（b）投影图

图 2-15　重影点及其同面投影的可见性

任务实施

根据点的三面投影规律，图 2-12 所示的空间点 A 第三面投影的作图步骤和图例见表 2-3。

表 2-3　空间点 A 第三面投影的作图步骤和图例

绘制内容	作图步骤	绘制图例
绘制辅助垂线	过 a'作 OZ 轴的垂线并延长，a''必在此线上	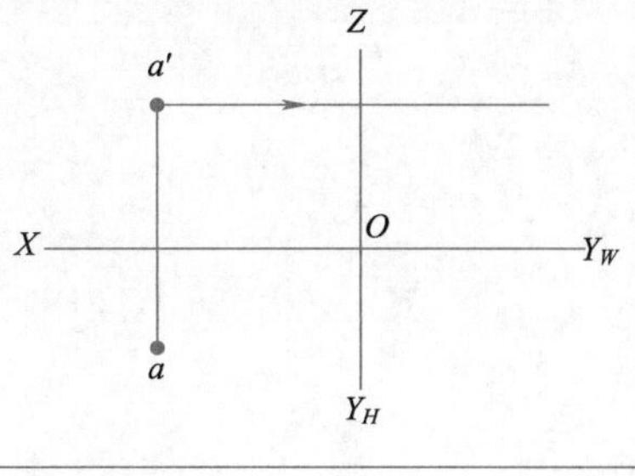
确定点 a''到 OZ 轴的距离为 y	$aa_X = a''a_Z$，得出 a''到 OZ 轴的距离等于 a 到 OX 轴的距离，即可确定空间点 A 的第三面投影	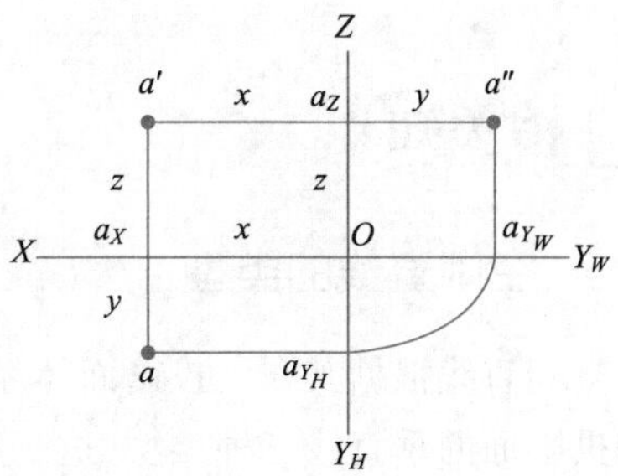

课后强化训练任务

课后强化训练任务一：已知空间点 $A(15,25,20)$，求作点 A 的三面投影。

课后强化训练任务二：请在图 2-16 中作出 $A(21,16,8)$、$B(14,0,18)$ 两点的三面投影。已知点 C 到正面的距离为 10 mm，到水平面的距离为 10 mm，到侧面的距离为 10 mm，请在图 2-16 中画出 C 点的三面投影，并比较 A、C 两点的相对位置。

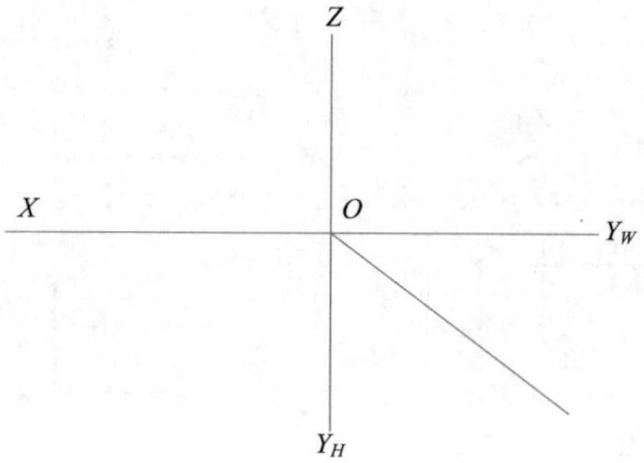

图 2-16　课后强化训练任务二

任务三　识读和绘制直线的投影

任务描述

如图 2-17 所示，已知空间直线段 AB 的水平和正面投影及线段 AB 上点 K 的水平投影，求点 K 的正面投影。

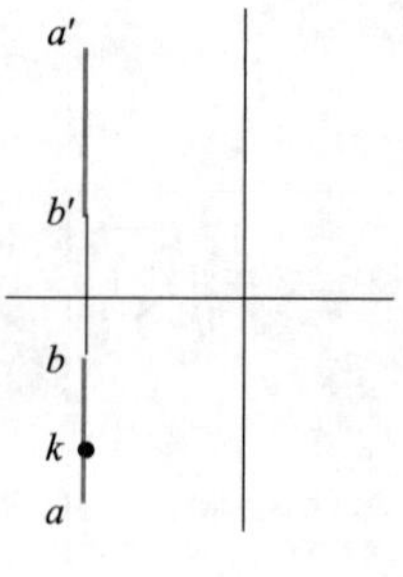

图 2-17　空间直线 AB 的立体投影图

相关知识

一、空间直线的类型

空间直线根据其在三投影面体系中的位置不同，可以分为一般位置直线、投影面的平行线和投影面的垂直线三种类型，这三种类型的定义和特性见表 2-4。

表 2-4　空间直线的定义和特性

空间直线的类型	空间直线的定义	空间直线的特性
投影面的平行线	空间中平行于一个投影面，倾斜于另外两个投影面的直线	(1)正平线//V，倾斜于 H 和 W； (2)水平线//H，倾斜于 V 和 W； (3)侧平线//W，倾斜于 V 和 H
投影面的垂直线	空间中垂直于一个投影面，平行于另外两个投影面的直线	(1)正垂线⊥V，//H 和 W； (2)铅垂线⊥H，//V 和 W； (3)侧平线⊥W，//V 和 H
一般位置直线	空间中与三个投影面都倾斜的直线	倾斜于 V、H、W 三个平面

二、空间直线投影的绘制方法

空间内直线的投影可由直线上两点的投影确定，所以在绘制直线的投影时，只要绘制出直线上两个端点的投影，再连接直线两个端点的同面投影即可绘制出直线的三面投影。具体绘制方法如图 2-18 所示。

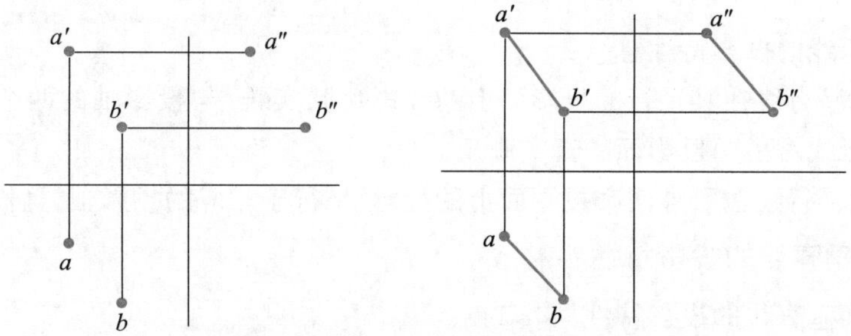

图 2-18　空间直线投影的绘制

三、空间直线的投影特性

1. 投影面平行线的投影特性

空间投影面平行线的投影特性见表 2-5。

表 2-5　空间投影面平行线的投影特性

投影面平行线名称	对应空间平行线的三面投影	投影特性
正平线	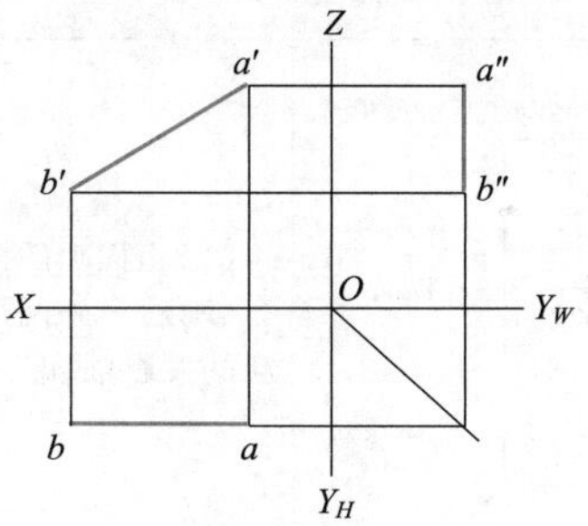	(1)正面投影为斜线，且 $a'b' = AB$，反映实长； (2)水平投影为横线，且 $ab < AB$，$ab // OX$； (3)侧面投影为竖线，且 $a''b'' < AB$，$a''b'' // OZ$

续表

投影面平行线名称	对应空间平行线的三面投影	投影特性
水平线	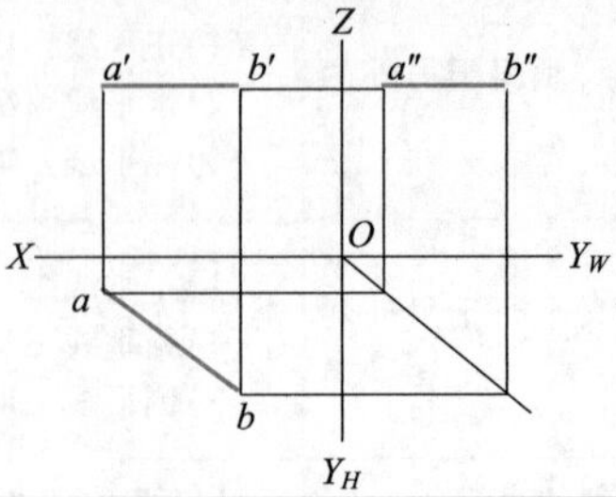	(1)水平投影为斜线，且 $ab = AB$，反映实长； (2)正面投影为横线，且 $a'b' < AB$，$a'b' /\!/ OX$； (3)侧面投影为横线，且 $a''b'' < AB$，$a''b'' /\!/ OY_W$
侧平线	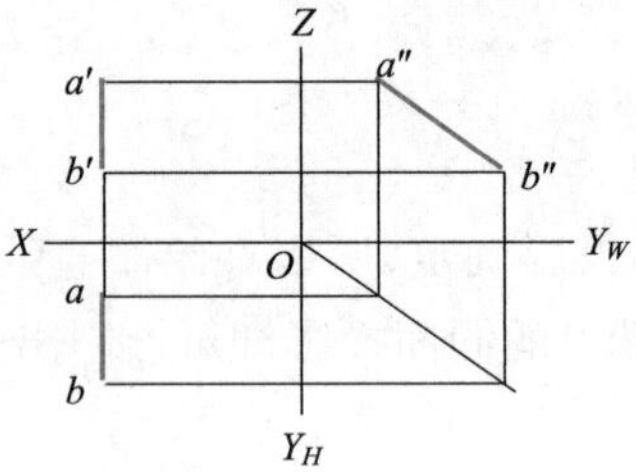	(1)侧面投影为斜线，且 $a''b'' = AB$，反映实长； (2)正面投影为竖线，且 $a'b' < ab$，$a'b' /\!/ OZ$； (3)水平投影为竖线，且 $ab < AB$，$ab /\!/ OY_H$

投影面平行线的投影特性总结：

(1)投影面平行线在其平行的投影面上的投影反映实长，与投影轴的两个夹角分别反映直线投影面平行线对另两投影面的真实倾角。

(2)投影面平行线在另外两个投影面上的投影，平行于相应的投影轴，且长度变短。

2. 投影面垂直线的投影特性

空间投影面垂直线的投影特性见表 2-6。

表 2-6　空间投影面垂直线的投影特性

投影面垂直线名称	对应空间垂直线的三面投影	投影特性
铅垂线	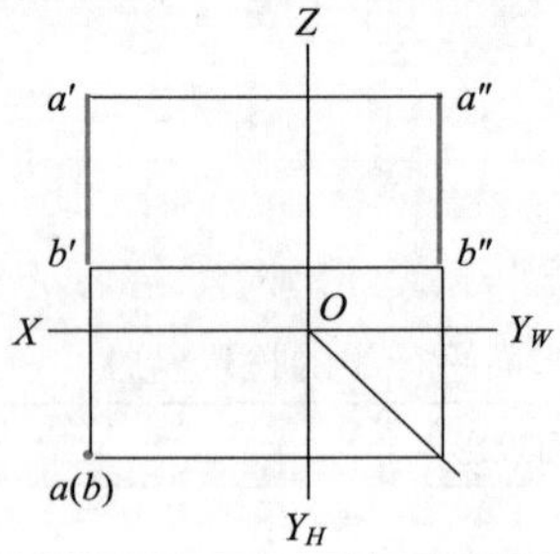	(1)水平面上的投影积聚成一点 $a(b)$； (2)在另外两个投影面上的投影垂直于相应的投影轴，即 $a'b' \perp OX$，$a''b'' \perp OY_W$
正垂线	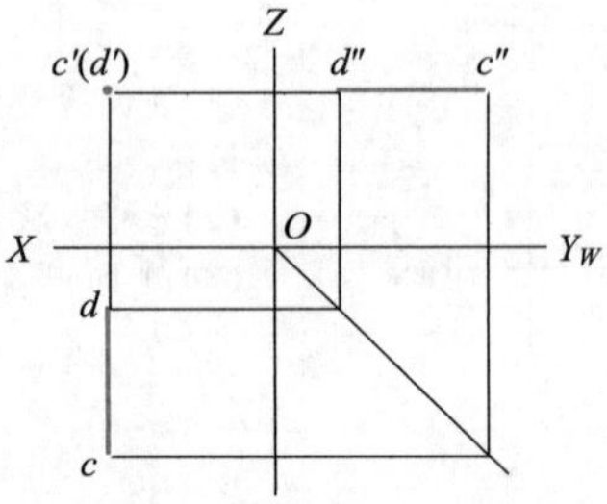	(1)正面上的投影积聚成一点 $c'(d')$； (2)在另外两个投影面上的投影垂直于相应的投影轴，即 $cd \perp OX$，$c''d'' \perp OZ$

续表

投影面垂直线名称	对应空间垂直线的三面投影	投影特性
侧垂线	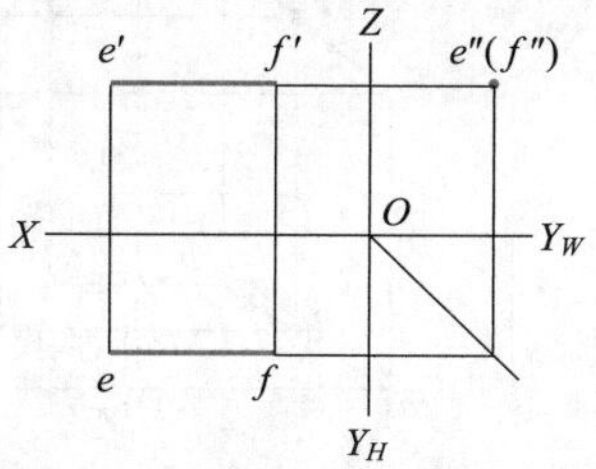	(1)侧面上的投影积聚成一点 $e''(f'')$； (2)在另外两个投影面上的投影垂直于相应的投影轴，即 $ef \perp OY_H$，$e'f' \perp OZ$ 且反映实长

投影面垂直线的投影特性总结：

(1)投影面垂直线在其垂直的投影面上的投影积聚成一点。

(2)投影面垂直线在另外两个投影面上的投影，垂直于相应的投影轴，且反映实长。

3. 一般位置直线的投影特性

如图 2-19 所示，投影面空间中的一般位置直线 AB 对三个投影面都倾斜，直线在三个投影面上投影的两个端点分别沿前后、上下、左右方向的距离差都不等于零，对应的投影特性如下：

(1)在三个投影面上的投影都倾斜于投影轴。

(2)在三个投影面上的投影都小于直线段的实长。

(3)投影与投影轴的夹角不等于直线对投影轴的倾角。

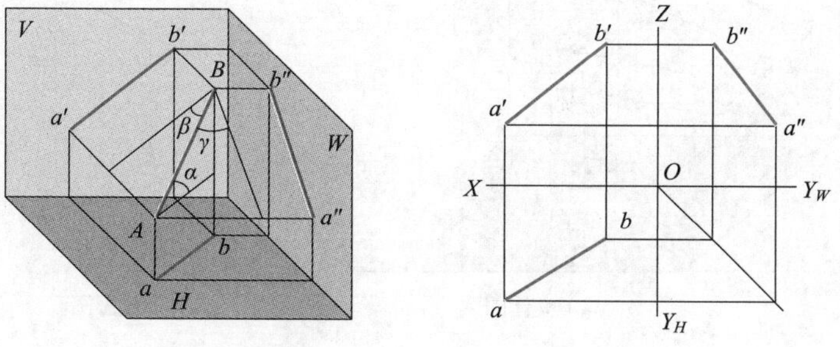

(a) 立体图　　(b) 投影图

图 2-19　一般位置直线

四、直线上的点投影特性

直线上点的投影有如下特性：

(1)若点在直线上，则点的投影一定在直线的同面投影上，反之，若点的投影都在直线的同面投影上，则空间上的点一定在该空间直线上。如图 2-20 所示，C 在直线 AB 上，则点 C 的三面投影 c、c'、c''分别在直线 AB 的三面投影 ab、$a'b'$、$a''b''$上，且空间点 C 的三面投影 c、c'、c''符合点的投影规律。

(2)空间直线上点的投影分割投影直线段成定比。如图 2-20 所示，点 C 将直线 AB 分成 AC、CB 两段，两线段的空间之比与其各投影面上的投影线段之比相等且成定比。即 $AC:CB = ac:cb = a'c':c'b' = a''c'':c''b''$，称为“定比定律”。

学习笔记

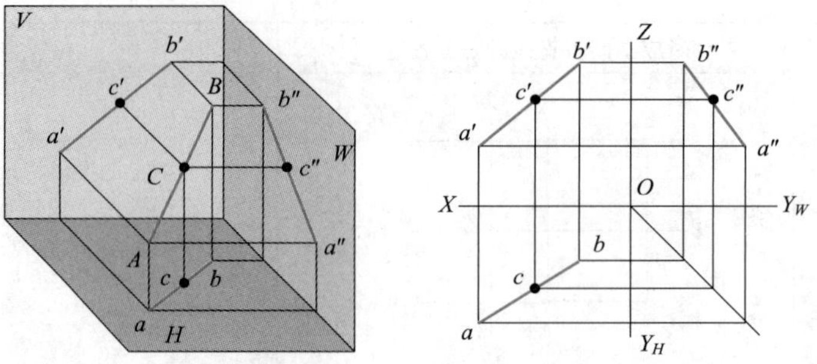

（a）立体图　（b）投影图

图 2-20　直线上点的投影规律

五、空间相对位置关系的两直线间的投影特性

空间两直线的相对位置关系有：平行、相交和交叉三类，其中相交两直线和平行两直线称为共面直线，交叉两直线称为异面直线。

1. 平行两直线的投影特性

若空间两直线平行，则它们的同面投影也一定平行，反之亦然。如图 2-21 所示，已知空间两条直线 $AB /\!/ CD$，则 $ab /\!/ cd$、$a'b' /\!/ c'd'$，$a''b''' /\!/ c''d''$。

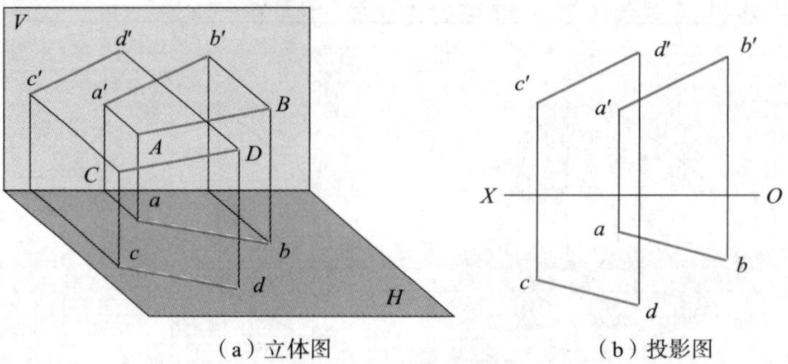

（a）立体图　（b）投影图

图 2-21　平行两直线的投影特性

2. 相交两直线的投影特性

若空间两直线相交，则它们的同面投影也必定相交，且交点符合空间点的投影规律，满足直线上点的投影特性。如图 2-22 所示，直线 AB 与 CD 相交于点 K，则其水平投影 ab 与 cd 必交于 k，正面投影 $a'b'$ 与 $c'd'$ 必交于 k'。而 kk' 连线必满足点的投影规律，即 $kk' \perp OX$ 轴。

3. 交叉两直线的投影特性

空间既不平行也不相交的异面两直线称为交叉两直线。交叉两直线的同面投影也可能相交，但相交的投影点不符合点的投影规律，交叉两直线在投影面上的“交点”，其实是两直线上的一对重影点的投影。如图 2-23（a）所示，Ⅰ为直线 AB 上的点，Ⅱ为直线 CD 上的点，Ⅰ、Ⅱ两点为水平面上的重影点，即Ⅰ、Ⅱ两点的水平投影 1、2 重影。

同理，如图 2-24 所示，Ⅲ、Ⅳ两点为正平面上的重影点，通过其水平投影 3、4 可知Ⅲ点在前，Ⅳ点在后，故Ⅳ点的正面投影 4′为重影点，不可见。

学习笔记

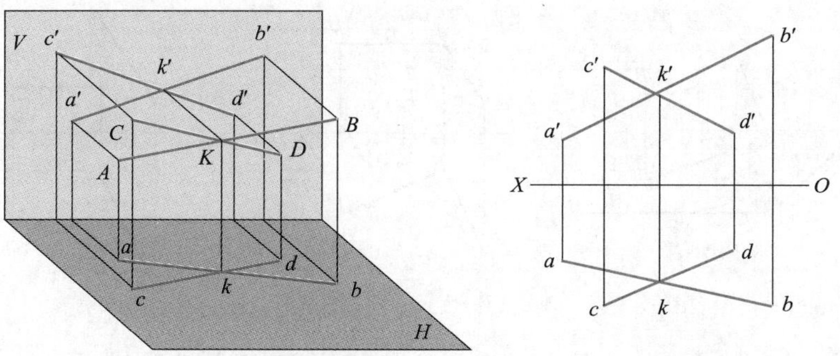

（a）立体图　　（b）投影图

图 2-22　相交两直线的投影特性

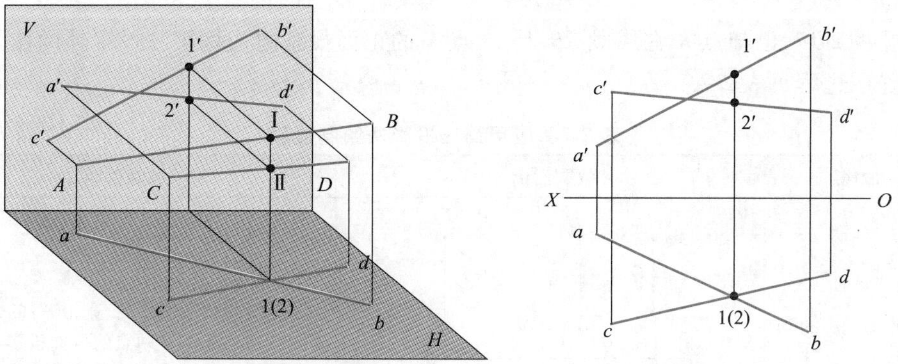

（a）立体图　　（b）投影图

图 2-23　交叉两直线水平面上的重影点

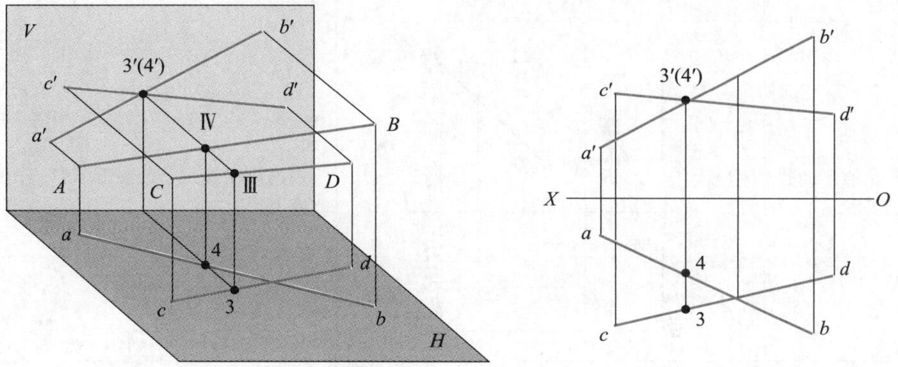

（a）立体图　　（b）投影图

图 2-24　交叉两直线正平面上的重影点

4. 成直角的空间两直线的投影特性

（1）空间两直线相交或交叉成直角，若直角两边都倾斜于投影面，则在投影面上的投影不成直角。

（2）若空间垂直相交或交叉成直角的两直线有一条直线平行于某个投影面，那么两直线在该投影面上的投影仍是直角，如图 2-25 所示。反之，若相交或交叉两直线在某一投影面上的投影成直角，且其中一条平行于投影面，则这两条直线在空间内也必定成直角。

学习笔记

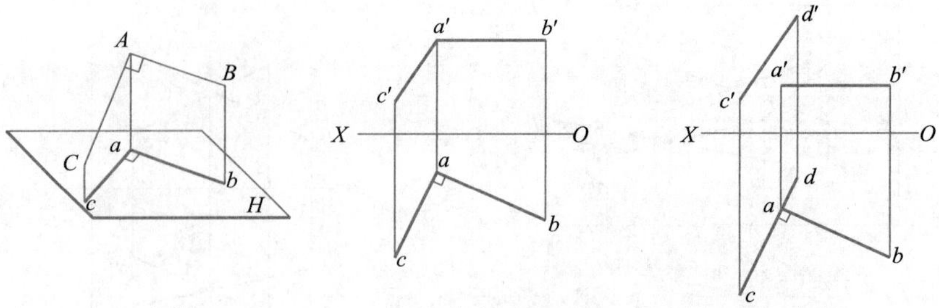

（a）　　（b）　　（c）

图 2-25　一边平行于投影面且成直角的两直线的投影特性图

任务实施

根据图 2-17，已知点 *K* 在线段 *AB* 上，求点 *K* 的正面投影时应用第三投影辅助作图法，其对应的作图过程见表 2-7。

表 2-7　应用第三投影法绘制过程

绘制内容	绘制图例	绘制说明
作出直线 *AB* 的第三面投影	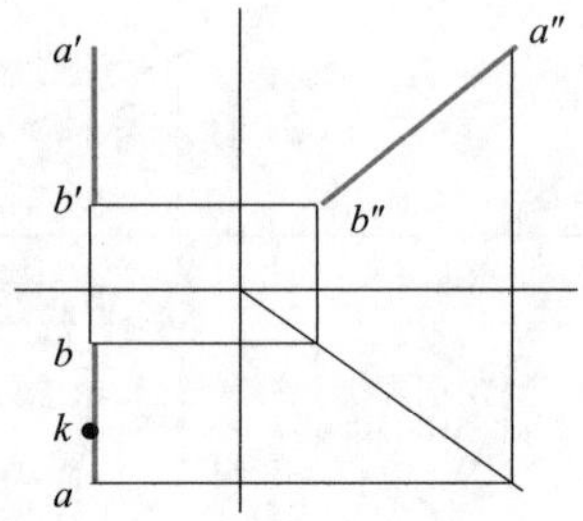	根据“长对正、高平齐、宽相等”的点的投影规律分别绘制 *A*、*B* 两点的侧面投影 *a*″、*b*″，连接 *a*″*b*″即得到 *AB* 的第三面投影
作出 *K* 点的侧面投影 *k*″	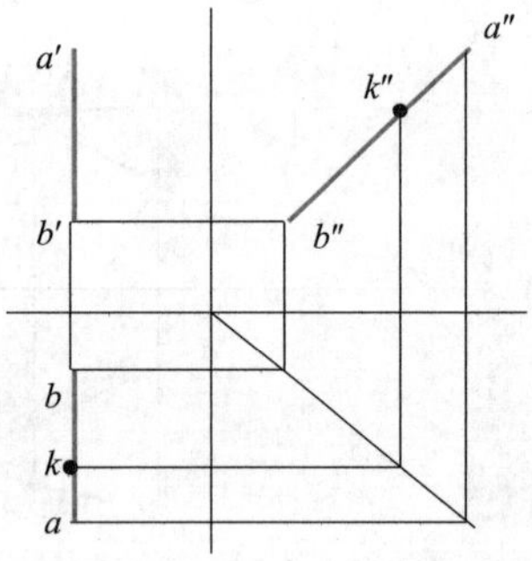	根据点在直线上的投影特性，作出 *K* 点的侧面投影 *k*″
求出 *K* 点的正面投影 *k*′	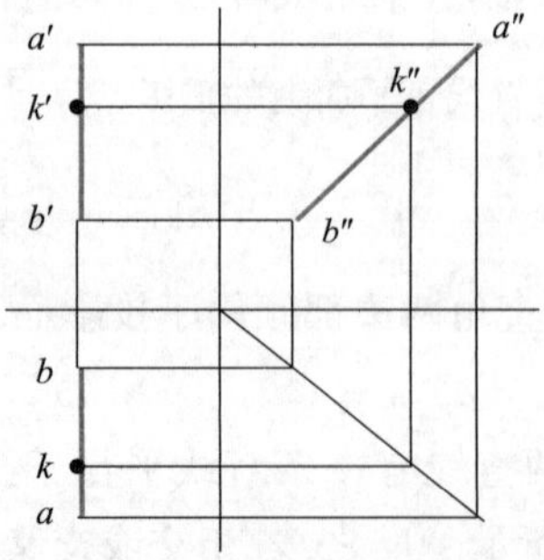	根据“长对正、高平齐、宽相等”的点的投影规律，以及点在直线上的投影特性绘制 *K* 点的正面投影 *k*′

学习笔记

课后强化训练任务

课后强化训练任务一：在图 2-26 中标出直线 AB、BC、BE、EG 的三面投影，并判断出这四条直线的类型。

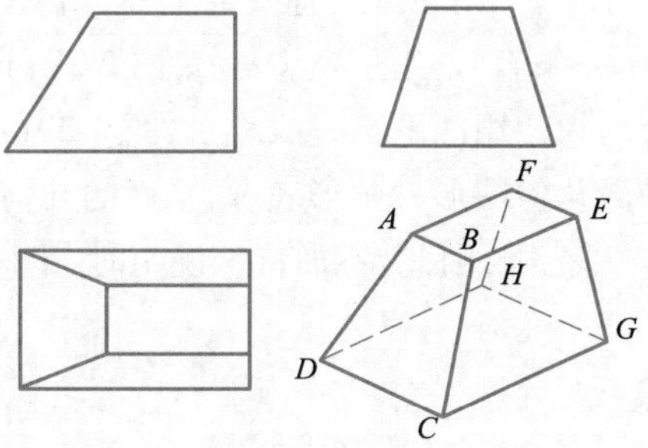

图 2-26　课后强化训练任务一

课后强化训练任务二：判断图 2-27(a)、(b)所示两组直线的相对位置关系。

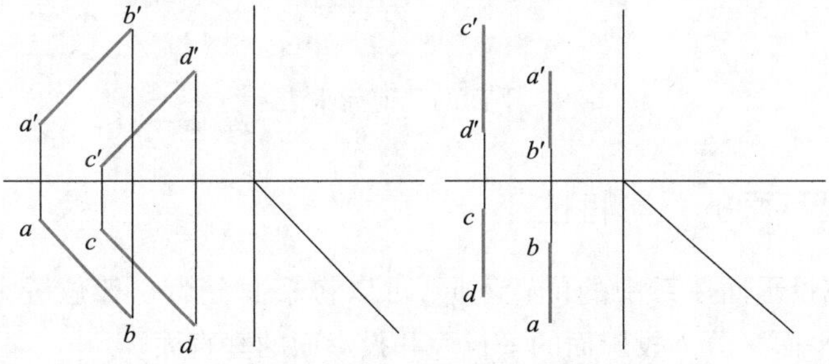

(a)　　　　(b)

图 2-27　课后强化训练任务二

任务四　识读和绘制平面的投影

任务描述

如图 2-28 所示，正垂面 ABC 与 H 面的夹角为 45°，已知其水平投影及顶点 B 的正面投影，求△ABC 的正面投影及侧面投影。

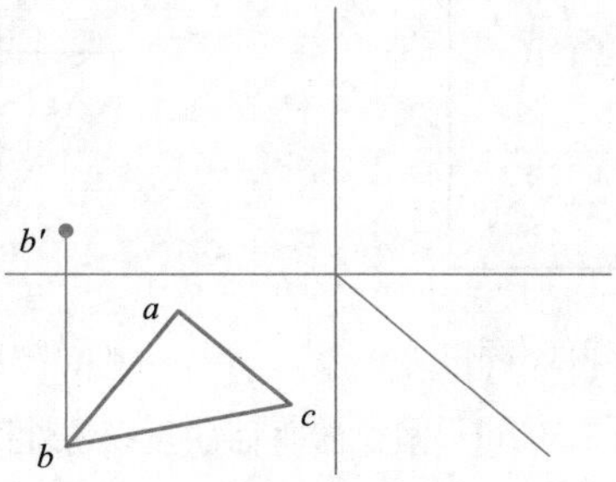

图 2-28　正垂面 ABC 的水平投影及 B 点的正面投影图

学习笔记

相关知识

一、平面的几何元素表示方法

在工程制图中平面通常用该平面上的点、直线或平面几何图形等几何元素的投影表示，图2-29（a）所示为使用不在同一条直线上的三点表示，图2-29（b）所示为使用一条直线和直线外一点表示，图2-29（c）所示为使用两平行直线表示，图2-29（d）所示为使用两相交直线表示，图2-29（e）所示为使用平面几何图形三角形表示，平面的几何投影一般只用于表达平面的空间位置，并不限制平面的空间范围，因此，不加特殊说明时，平面都是可以无限延伸的。

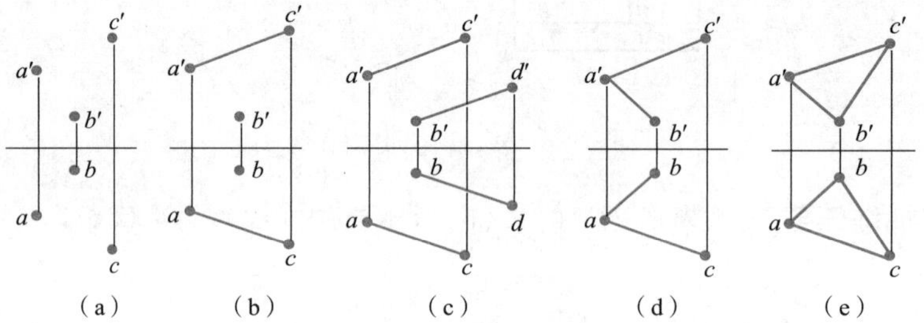

图2-29　平面的几何元素表示方法

二、各种类型平面的投影特性

根据平面在三投影面体系中的位置不同，可以将平面分为一般位置平面和特殊位置平面，其中特殊位置平面又分为投影面的平行面和投影面的垂直面。

1. 一般位置平面的投影特性

对三个投影面都倾斜的平面称为一般位置平面，一般位置平面的投影特性是：在三个投影面上的投影都是和平面类似的缩小平面图形且投影不反映平面对投影面的真实倾角，如图2-30所示，$\triangle ABC$ 为 H 面、W 面和 V 面的倾斜平面，从图中可以看出三个投影 $\triangle abc$、$\triangle a'b'c'$、$\triangle a''b''c''$ 都为 $\triangle ABC$ 的类似缩小型平面且都不能反映出平面与投影面之间的夹角。

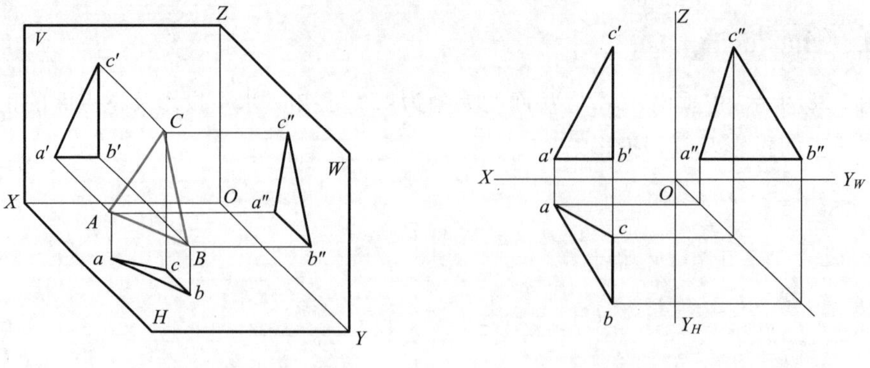

（a）一般位置平面立体图　　（b）一般位置平面的三面投影图

图2-30　一般位置平面的投影特性图

学习笔记

2. 投影面垂直面的投影特性

垂直于某一个投影面，而倾斜于另两个投影面的平面称为投影面垂直面。其中，垂直于 V 面的平面称为正垂面，垂直于 H 面的平面称为铅垂面，垂直于 W 面的平面称为侧垂面。表 2-8 列出了三种投影面垂直面的投影特性，从表中可以总结出投影面垂直面的投影特性：投影面垂直面在其垂直的投影面上的投影积聚成一条直线，该直线与相应投影轴的夹角反映了平面对另两投影面的真实倾角；投影面垂直面在不垂直的另两个投影面上的投影都是缩小的类似平面图形。

表 2-8　投影面垂直面的投影特性

垂直面名称	立体图	三面投影	投影特性
正垂面	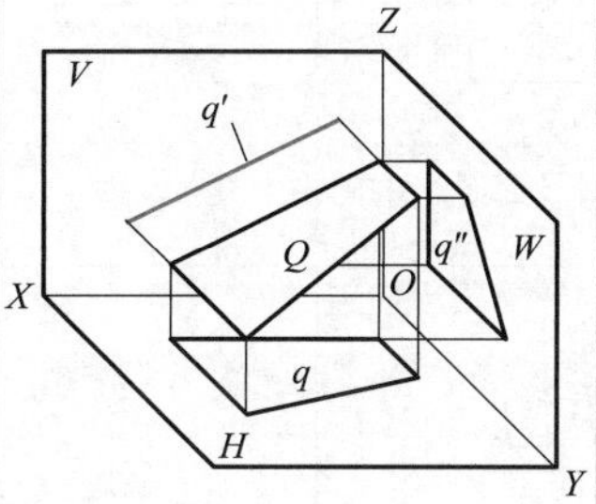	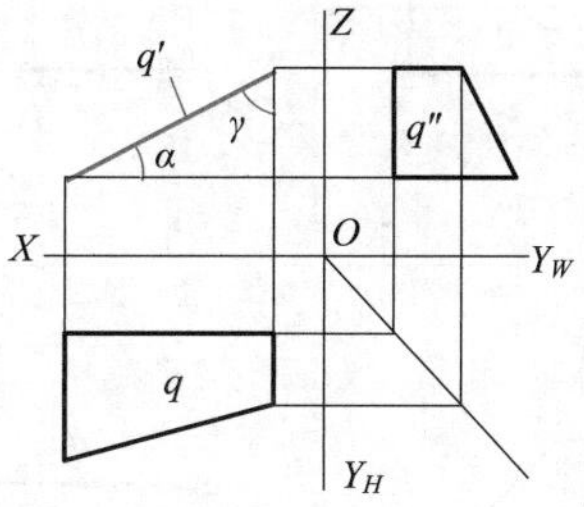	(1)正面投影积聚成直线，并反映真实倾角 α、γ； (2)水平投影、侧面投影仍为平面图形，面积缩小，具有类似性
铅垂面	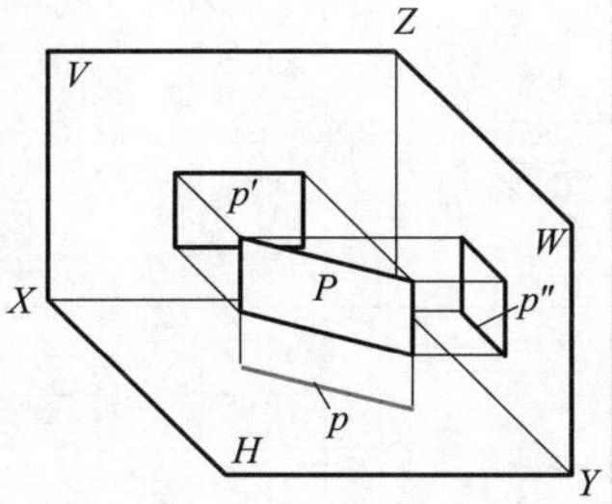	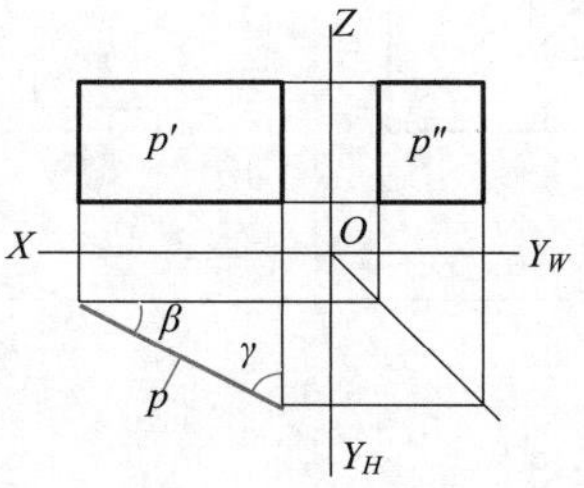	(1)水平投影积聚成直线，并反映真实倾角 β、γ； (2)正面投影、侧面投影仍为平面图形，面积缩小，具有类似性
侧垂面	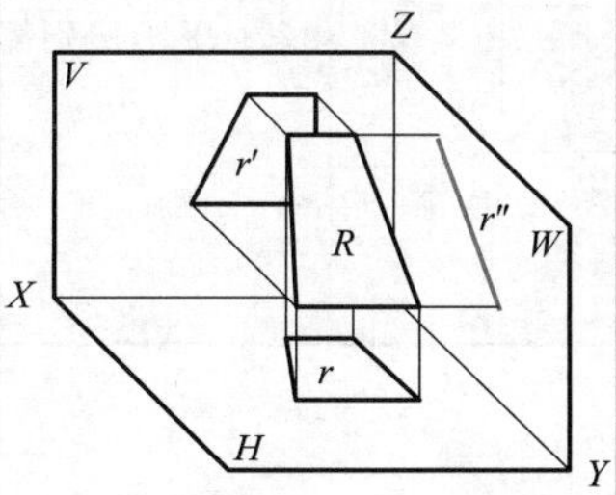	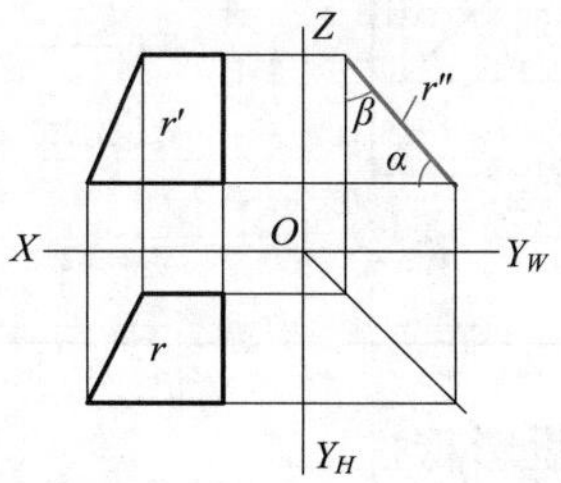	(1)侧面投影积聚成直线，并反映真实倾角 α、β； (2)正面投影、水平投影仍为平面图形，面积缩小，具有类似性

3. 投影面平行面的投影特性

平行于某一个投影面，而与另两个投影面垂直的平面称为投影面平行面。其中平行于 V 面的平面称为正平面，平行于 H 面的平面称为水平面，平行于 W 面的平面称为侧平面。

学习笔记

表 2-9 列出了三种投影面平行面的投影特性，从中可以总结出投影面平行面的投影特性：投影面平行面在其平行的投影面上的投影，反映真实形状；投影面平行面在另两投影面上的投影，分别积聚成直线，并且平行于相应的投影轴。

表 2-9　投影面平行面的投影特性

垂直面名称	立体图	三面投影	投影特性
正平面	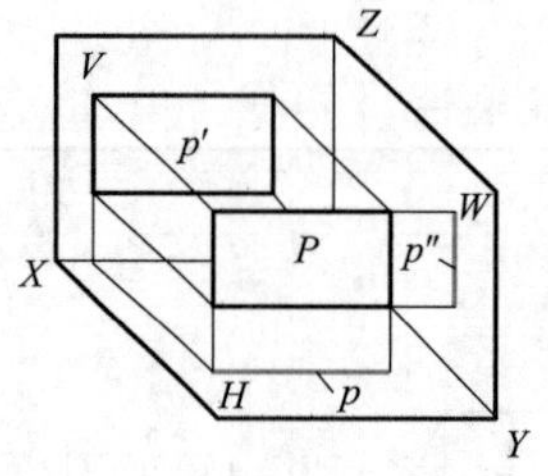	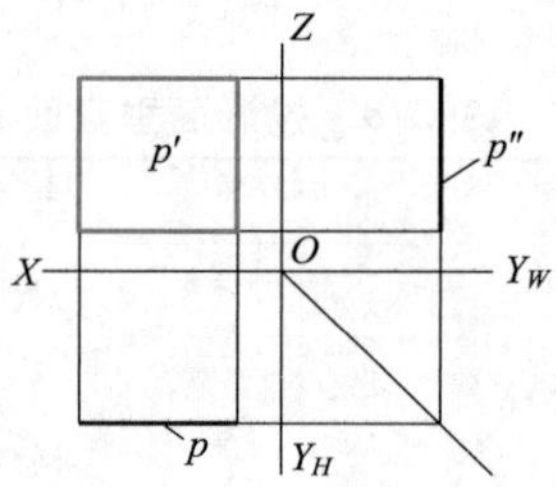	(1)正面投影反映真实形状； (2)水平投影∥*OX*，侧面投影∥*OZ*，且分别都积聚成直线
水平面	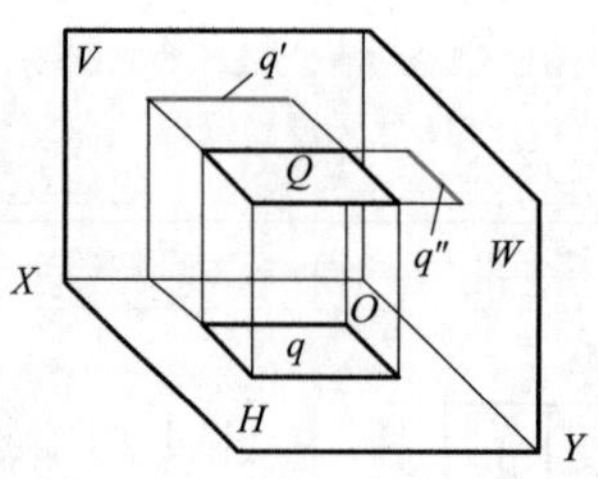	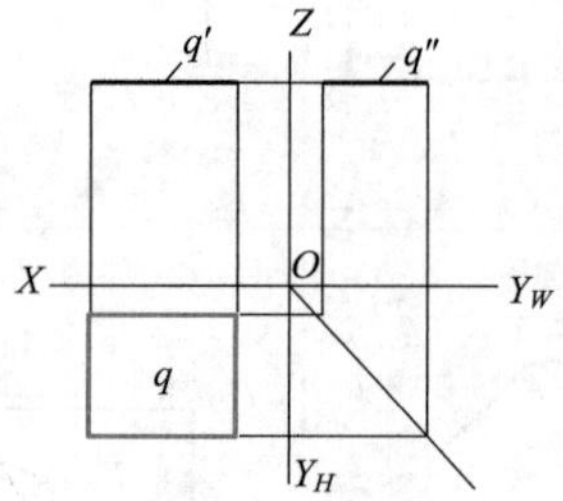	(1)水平投影反映真实形状； (2)正面投影∥*OX*，侧面投影∥*OY*，且分别都积聚成直线
侧平面	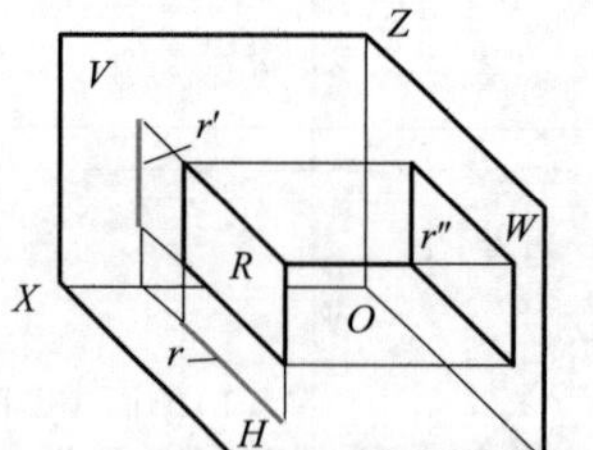	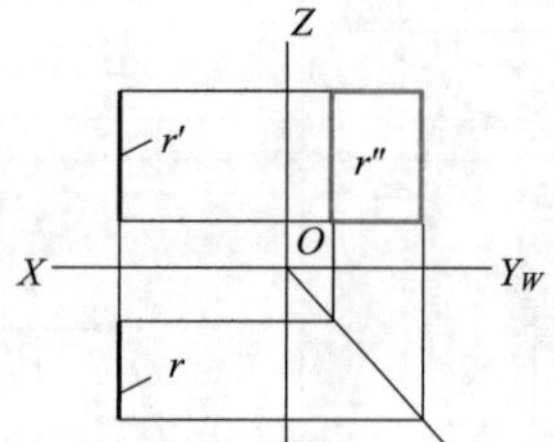	(1)侧面投影反映真实形状； (2)正面投影∥*OZ*，水平投影∥*OY*，且分别都积聚成直线

4. 平面上点和直线的投影特性

点和直线在平面上的几何条件是：

(1)点在平面内的任一直线上，则该点在此平面上。

(2)直线在平面上，则该直线必定通过平面上的两个点，或通过平面上的一个点且平行于平面上的另一直线。

如图 2-31(a)所示，点 *D* 在平面 *ABC* 的直线 *AB* 上；如图 2-31(b)所示，直线 *MN* 通过平面

学习笔记

ABC 上的两个点 *M*、*N*；直线 *CE* 通过平面 *ABC* 上的点 *C*，且平行于平面 *ABC* 上的直线 *AB*，如图 2-31(c)所示。因此，点 *D* 和直线 *MN*、*CE* 都位于相交两直线 *AB*、*CD* 确定的平面 *ABC* 上。

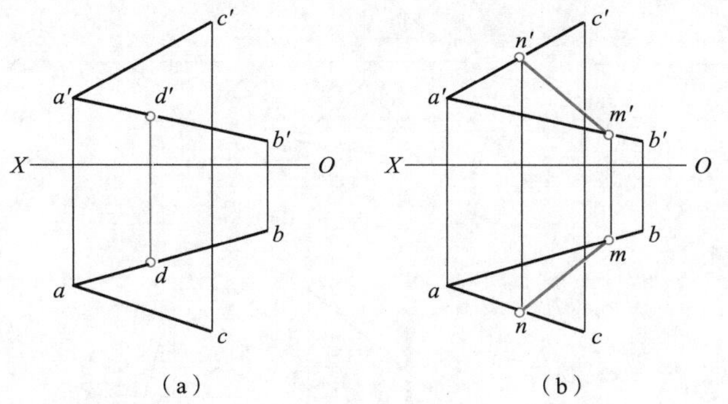

图 2-31　平面上的点和直线的几何条件

平面上的点和直线的投影特性：

(1)点在平面上，则点的三面投影必定在平面或平面上的某条直线的三面同面投影上。

(2)直线在平面上，则直线的三面投影也必定在平面的三面同面投影上。

如图 2-32(a)所示，在平面△*ABC* 上取一点 *K*，使点 *K* 在 *H* 面之上 30 mm，在 *V* 面之前 20 mm，要作出点 *K* 的两面投影。根据投影面平行线及平面上点和直线的投影特性，平面内的水平线是平面内与 *H* 面等距离的点的轨迹，因此可先在△*ABC* 上取位于 *H* 面之上 30 mm 的水平线 *MN*，再在 *MN* 上取位于 *V* 面之前 20 mm 的点 *K*，即可相应地绘制出两面投影图，如图 2-32(b)、(c)所示。

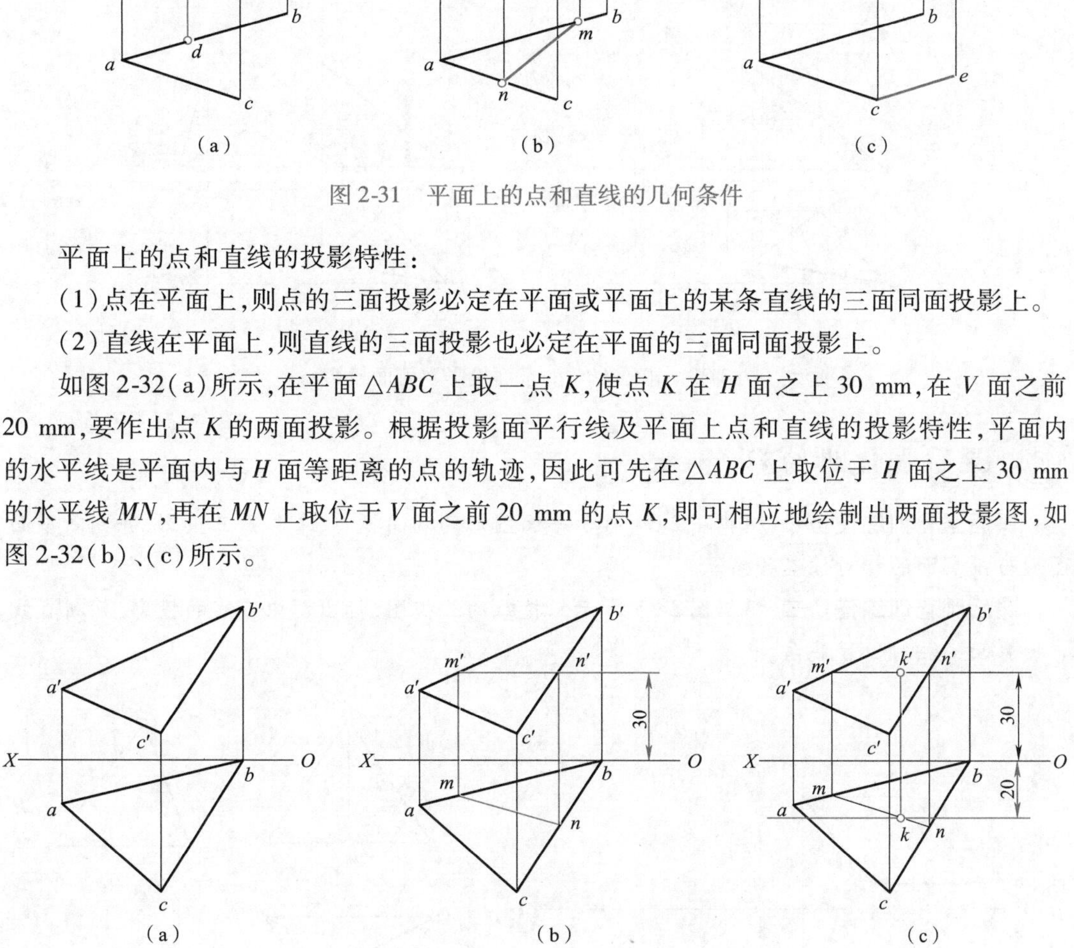

图 2-32　平面上点和直线的投影特性

任务实施

根据图 2-28，△*ABC* 为正垂面且与 *H* 面的夹角为 45°，则正面投影 *a*′、*b*′、*c*′一定积聚成直线且与 *OX* 轴成 45°倾角，作图步骤如下：

(1)在正面投影面上过 *b*′作与 *OX* 轴成 45°倾角的直线，根据 *A*、*C* 的水平投影 *a*、*c*，得出 *A*、*C* 的正面投影 *a*′、*c*′，如图 2-33(b)所示。

(2)根据 *A*、*B*、*C* 的正面投影和水平投影作出 *a*″、*b*″、*c*″，如图 2-33(c)所示，最后连接其同面投影，完成题意要求，如图 2-33(d)所示。

学习笔记

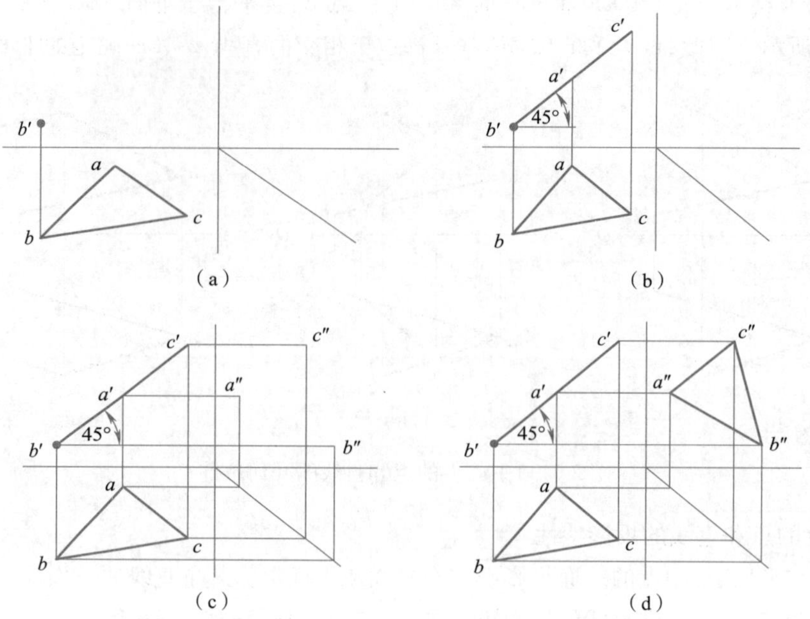

图 2-33　求△*ABC* 的正面投影及侧面投影

课后强化训练任务

课后强化训练任务一：根据图 2-34 所示平面图形的两面投影，求作第三投影，并判断平面图形与投影面的相对位置关系。

课后强化训练任务二：根据图 2-35 所示三棱锥的三视图，标出图中直线的投影，判断直线与投影面的相对位置关系。

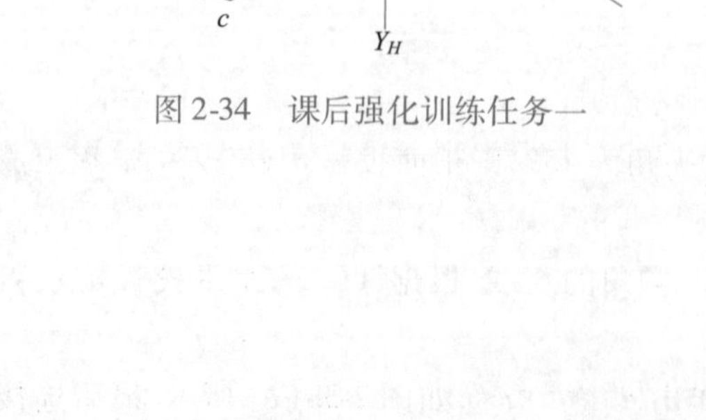

图 2-34　课后强化训练任务一

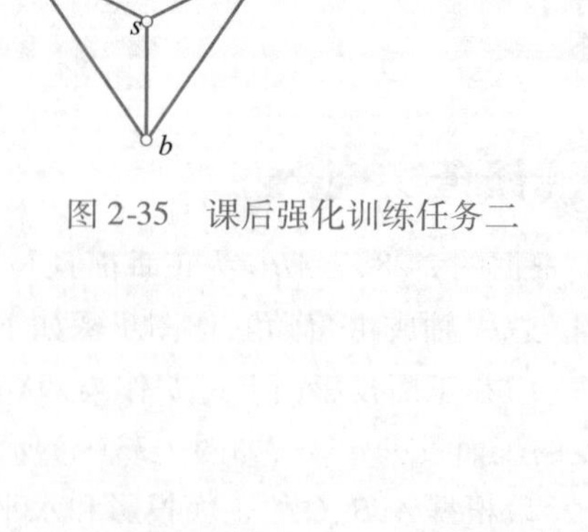

图 2-35　课后强化训练任务二

项目三

识读和绘制基本立体的投影

任何立体都是由基本立体构成的,而基本立体分为平面立体和曲面立体两类。表面全部由平面构成的立体称为平面立体,如棱柱、棱锥、棱台等;表面由曲面或既有曲面又有平面构成的立体称为曲面立体,如圆柱、圆锥、球和圆环等,常见的曲面立体又称回转体。基本立体的投影即是构成基本立体的平面或曲面及其相互间交线的投影。

学习笔记

知识结构图

- 识读和绘制基本立体的投影
  - 平面体的投影
    - 棱柱及表面点的投影
      - 棱柱三面投影的绘制及特征
      - 棱柱表面点三面投影的绘制及特性
    - 棱锥及表面点的投影
      - 棱锥三面投影的绘制及特征
      - 棱锥表面点三面投影的绘制及特征
  - 回转体的投影
    - 圆柱和表面点的投影
      - 圆柱体三面投影的绘制及特征
      - 圆柱体表面点三面投影的绘制及特征
    - 圆锥和表面点的投影
      - 圆锥体三面投影的绘制及特征
      - 圆锥体表面点三面投影的绘制及特征
    - 圆球体和表面点的投影
      - 圆球体三面投影的绘制及特征
      - 圆球体表面点三面投影的绘制及特征
    - 圆环和表面点的投影
      - 圆环体三面投影的绘制及特征
      - 圆环体表面点三面投影的绘制及特征
  - 立体交线的三面投影
    - 平面体截交线的投影及特性
    - 平面与回转体截交的投影及特性
    - 回转体与回转体相交的相贯线的投影及特性

学习目标

知识目标

1. 掌握平面基本体的三视图及其表面点的三视图的绘制方法;

学习笔记

2. 掌握回转体的三视图及其表面点的三视图的绘制方法；
3. 掌握截交线的性质及绘制方法；
4. 掌握相贯线的性质及绘制方法。

能力目标

1. 能绘制基本体的三视图；
2. 熟悉基本体表面点三面投影的绘制方法；
3. 掌握平面与平面及平面与曲面截交线的绘制方法；
4. 掌握曲面与曲面相贯线的绘制方法。

素质目标

1. 培养学生的空间想象能力；
2. 培养学生认真负责的工作态度和严谨细致的工作作风；
3. 培养学生自主学习的能力；
4. 培养学生的劳动意识，及团结协作和敢于竞争的精神。

任务一 识读和绘制平面体的投影

任务描述

图 3-1 所示为一正六棱柱平面体的空间位置图，正六棱柱的正六边形顶面的外接圆直径为 ϕ16 mm，六棱柱高为 8 mm。任务要求根据平面体空间位置详细绘制该正六棱柱的三面投影图。

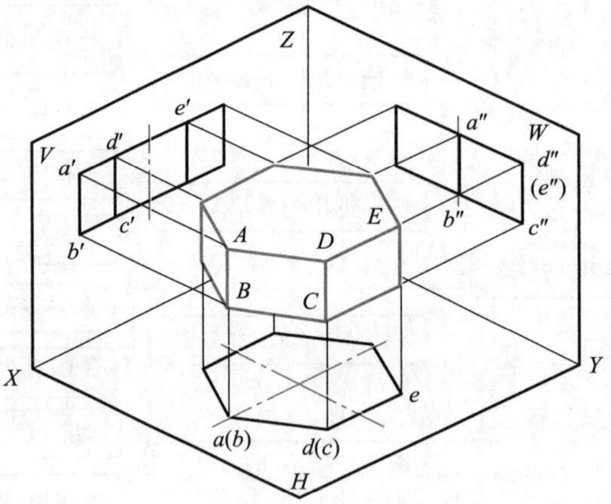

图 3-1 六棱柱平面体的空间位置图

相关知识

一、棱柱及表面点三面投影的绘制及特性分析

1. 棱柱三面投影的绘制

(1)用细点画线绘制对称中心线，如图 3-2(b)所示。

学习笔记

(2)先绘制出反映六棱柱主要形状特征的投影，即顶、底面的水平投影，再绘制有积聚性的 *V* 面、*W* 面投影，如图 3-2(b)所示。

(3)绘制六个侧棱面的投影，如图 3-2(c)所示。

(4)按线型和线宽的要求对图线进行加粗、描深，细点画线应超出图形轮廓线 2 ~ 3 mm，如图 3-2(d)所示。

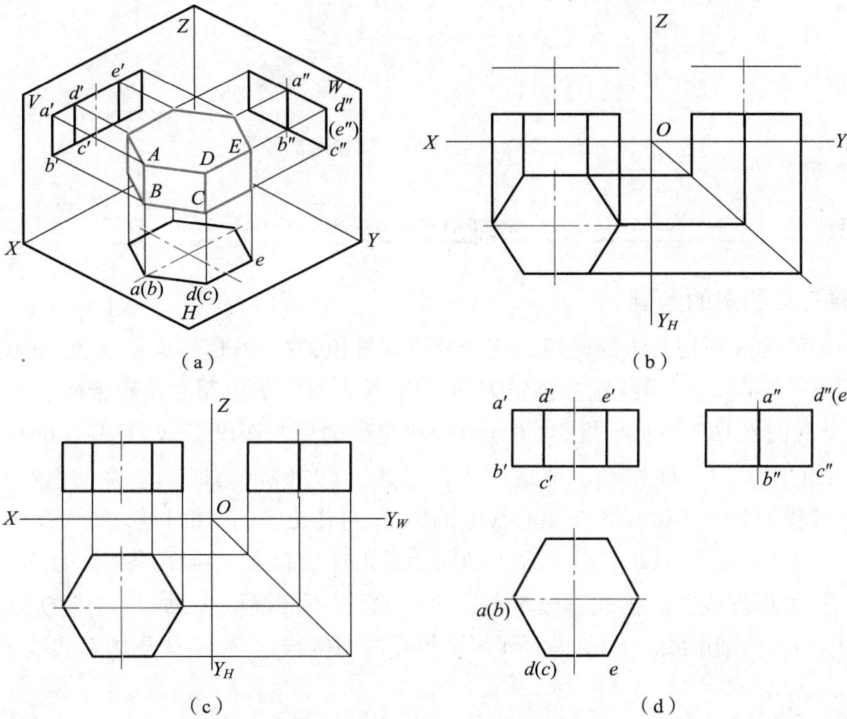

图 3-2　六棱柱三面投影的绘制

2. 棱柱三面投影的特性

图 3-2(a)所示六棱柱左右、前后对称，由上、下底平面和六个侧棱面构成。上、下底平面为水平面，前、后两侧棱面是正平面，左、右四个侧棱面为铅垂面。六棱柱的六条底棱线中两条为侧垂线，四条为水平线，而六条侧棱线均为铅垂线，其水平投影积聚成一点。

棱柱三面投影的特性：一面投影为多边形，其边是各棱面的积聚性投影；另两面投影均为一个或多个矩形线框拼成的矩形框。

3. 棱柱表面点三面投影的绘制

棱柱表面点或线三面投影的绘制方法，与平面上点、直线的绘制方法相同，但由于棱柱各表面的投影有相互遮挡的情况，因此在绘制棱柱表面点或线的三面投影时需要判断点或线投影的可见性。若点或线所在面的三面投影可见，则点或线在该面上的投影也可见。如图 3-3 (a)所示，根据六棱柱表面 *A*、*B* 两点的正面投影，首先绘制出 *A*、*B* 两点的水平投影(水平投影面上所有的侧棱面均积聚成直线)，再依据 *A*、*B* 两点在正面投影的可见性及点的投影规律即可绘制出 *A*、*B* 两点的侧面投影，绘制过程如图 3-3(b)所示。

学习笔记

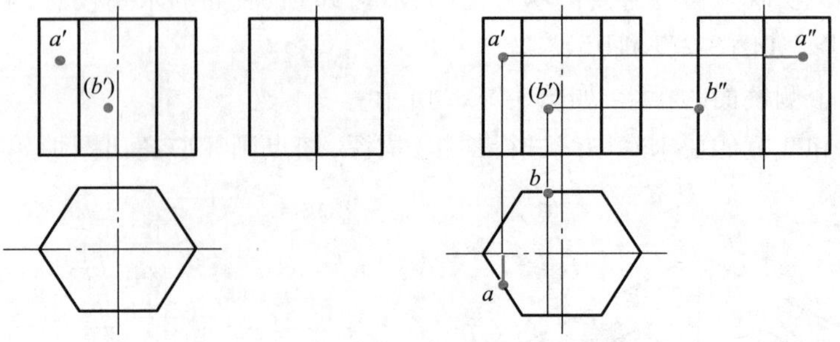

图3-3　棱柱表面点的三面投影的绘制

二、棱锥及表面点三面投影的绘制及特性分析

1. 棱锥三面投影的绘制

棱锥与棱柱的区别是棱锥的侧棱线交于一点即锥顶,常见的棱锥有三棱锥、四棱锥、五棱锥等。下面以图3-4(a)所示的正三棱锥为例,分析棱锥投影的绘制方法和特性。

(1)绘制底面△*ABC* 的水平投影,再绘制有积聚性的另两面投影,如图3-4(b)所示。

(2)绘制锥顶 *S* 的三面投影。锥顶位于顶心线上(过锥顶与底面垂直的直线称为顶心线),根据三棱锥的高定出锥顶 *S* 在顶心线上的位置,再作出 *S* 的三面投影,如图3-4(b)所示。

(3)将锥顶 *S* 和底面 *A*、*B*、*C* 三个顶点的同面投影连接起来,绘制出各侧棱线的投影。

(4)检查、加深图线。因为此三棱锥左右对称,所以不能漏画 *V* 面、*H* 面中的左右对称中心线(对称中心线为细虚线,与 *SB* 正面和水平投影的粗实线重叠,应优先画粗实线)。

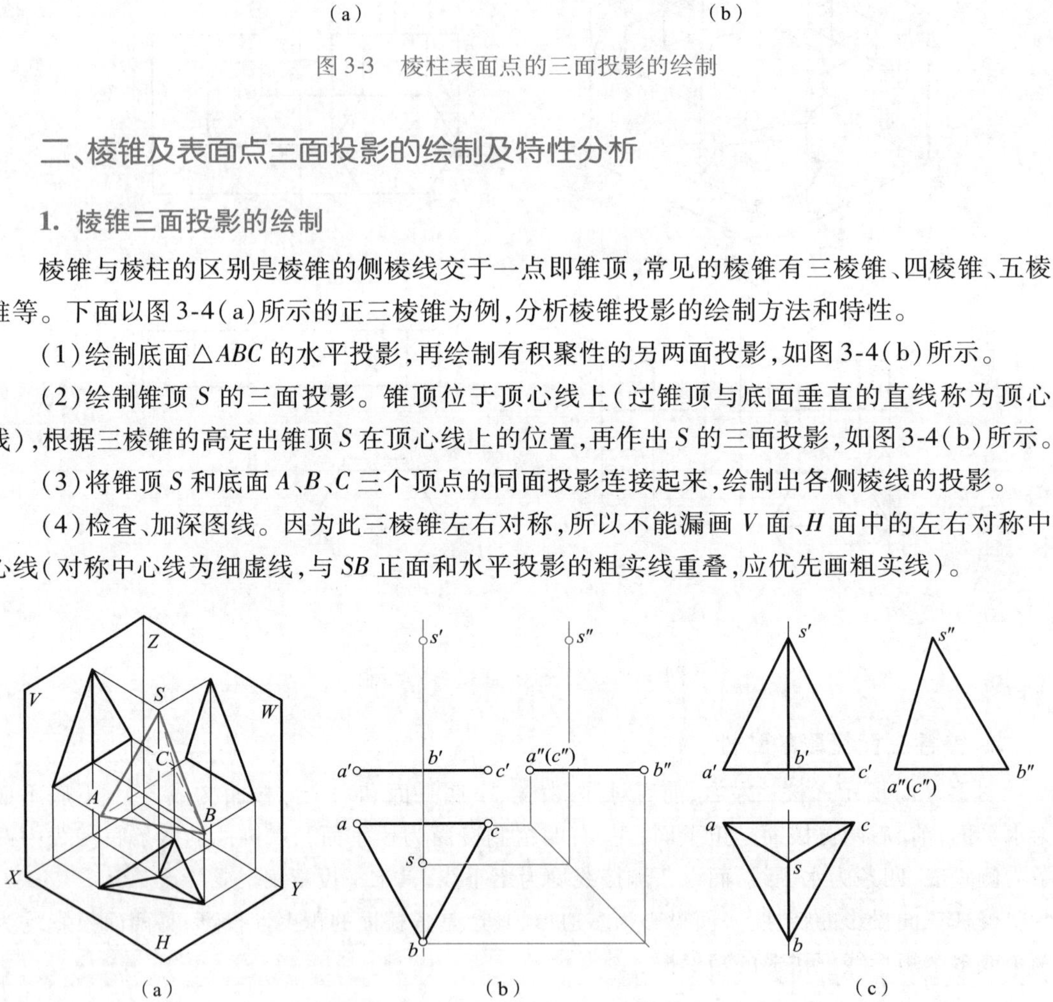

图3-4　正三棱锥三面投影的绘制

2. 棱锥三面投影的特性

如图3-4(a)所示,正三棱锥由底面和三个侧棱面构成。其中底面为正三角形,三个侧棱面为完全相等的等腰三角形,其中,底面△*ABC* 为水平面,其水平投影反映实形,正面和侧面投影积聚成一直线;左、右两个侧棱面(△*SAB* 和△*SBC*)为一般位置平面,其三面投影均为类似三角形,且侧面投影重合在一起;后棱面为侧垂面,侧面投影积聚成一条倾斜于投影轴的直线,正面和水平投影具有类似性。组成三棱锥的六条棱线中,*SA*、*SC* 为一般位置直线,*SB* 是

侧平线，*AB* 和 *BC* 为水平线，*AC* 为侧垂线。

棱锥的投影特征：一面投影是共顶点的三角形拼合成的多边形；另两面投影均为共顶点的三角形拼合成的三角形，其底边重合在一条线上。

3. 棱锥表面点三面投影的绘制

棱锥与棱柱表面取点、取线的分析思路和作图方法基本相同。如图 3-5 所示，已知正三棱锥表面上 *A* 点的正面投影 *a'* 和 *B* 点的水平投影 *b*，要求绘制 *A* 点和 *B* 点的其他两面投影。

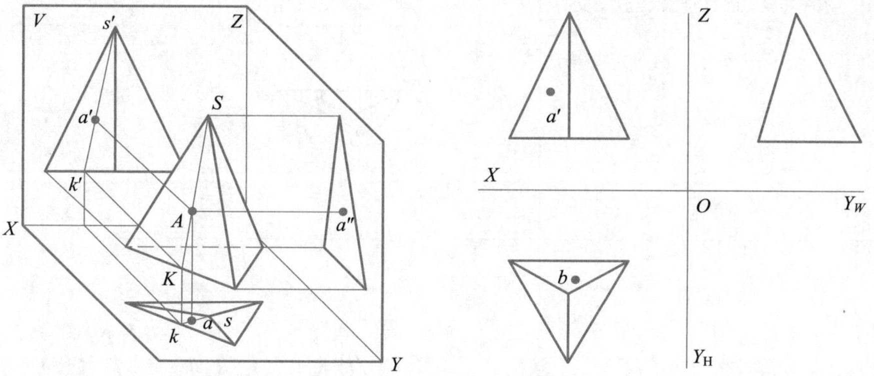

（a）　　　　（b）

图 3-5　正三棱锥表面上的点及对应的正面和水平投影

对应表面 *A* 点的三面投影的作图步骤和图例见表 3-1。

表 3-1　表面点 *A* 的三面投影的作图步骤和图例

作图步骤	绘制图例
（1）过 *A* 点作一条辅助直线 *SK*，作出 *SK* 的正面投影 *s'k'*	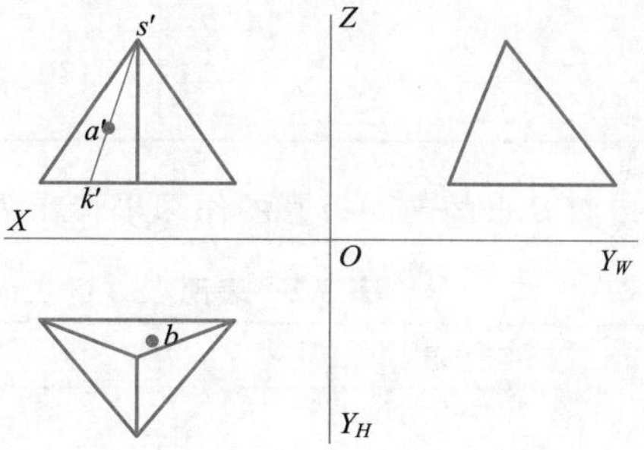
（2）求所作辅助直线 *SK* 的水平投影 *sk*	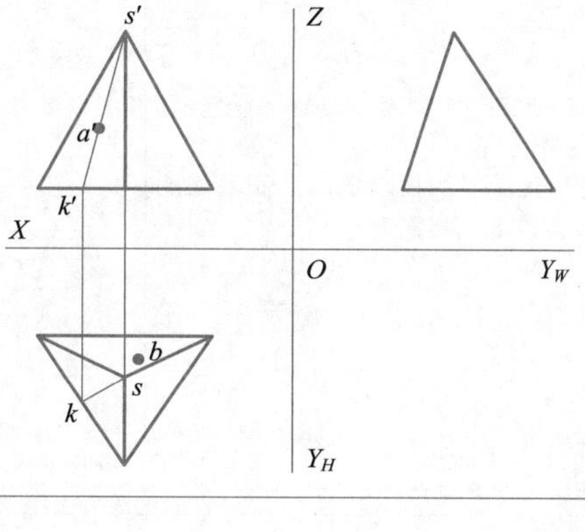

学习笔记

续表

作图步骤	绘制图例
(3)过 a' 向水平投影面引竖线，与 sk 交于点 a	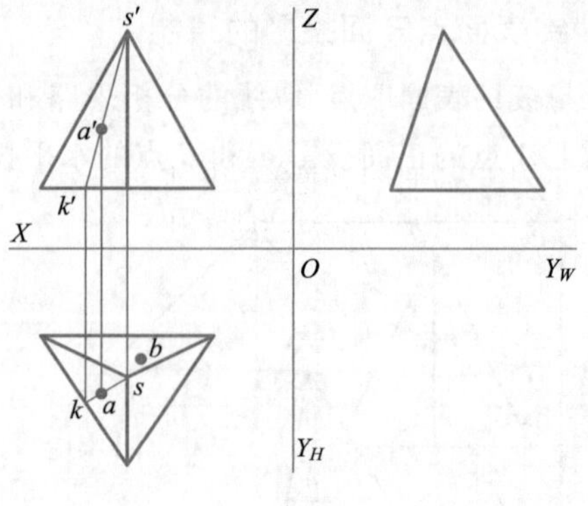
(4)利用点的投影规律求作 a''	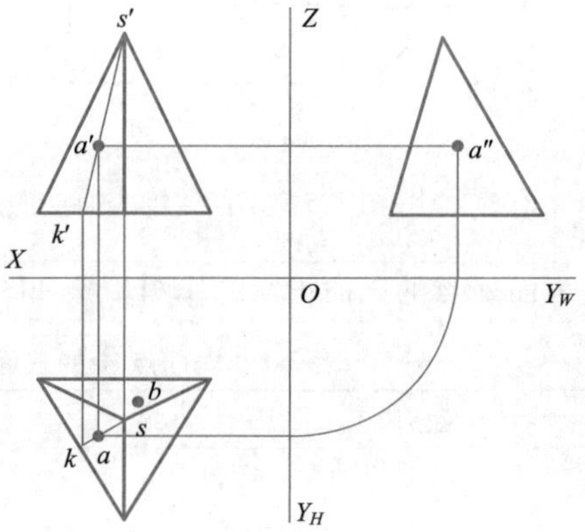

对应表面 B 点的三面投影的作图步骤和图例见表 3-2。

表 3-2　表面点 B 的三面投影的作图步骤和图例

作图步骤	绘制图例
(1)按照“宽相等”的投影规律及侧垂面的积聚性求 B 点的侧面投影 b''	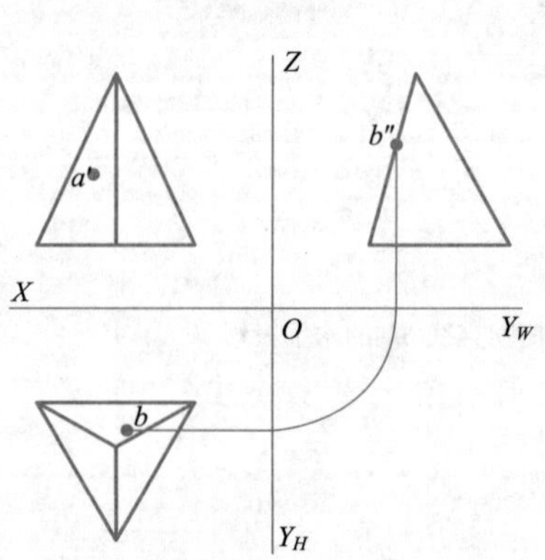

续表

作图步骤	绘制图例
(2)按照“长对正，高平齐”的投影规律，求 B 点的正面投影 b'。由于 B 点的正面投影不可见，所以在图中标为 (b')	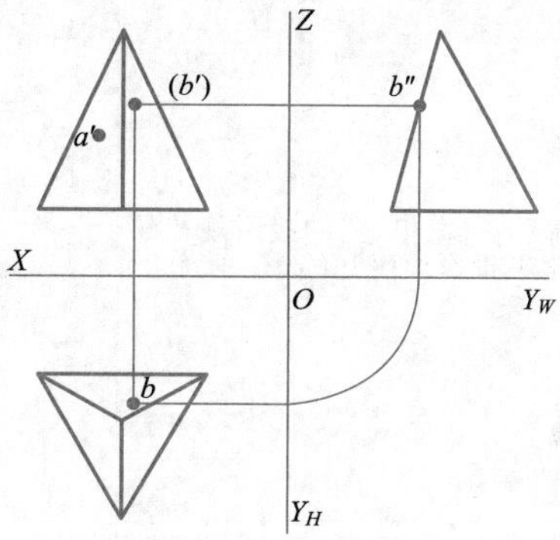

任务实施

图 3-1 所示正六棱柱三面投影的作图步骤和图例见表 3-3。

表 3-3　正六棱柱三面投影的作图步骤和图例

作图步骤	绘制图例
(1)绘制投影轴，在水平投影面上绘制中心线，并绘制直径为 $\phi16$ mm 的圆及对应的内接正六边形，该正六边形即为六棱柱的俯视图	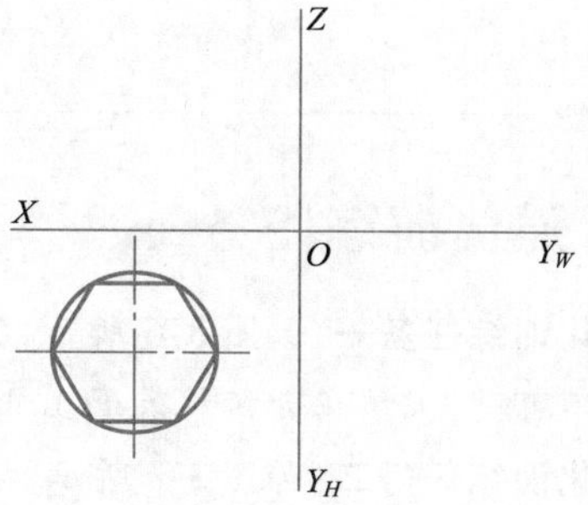
(2)按照“长对正”的投影规律绘制主视图，作图时取高为 8 mm	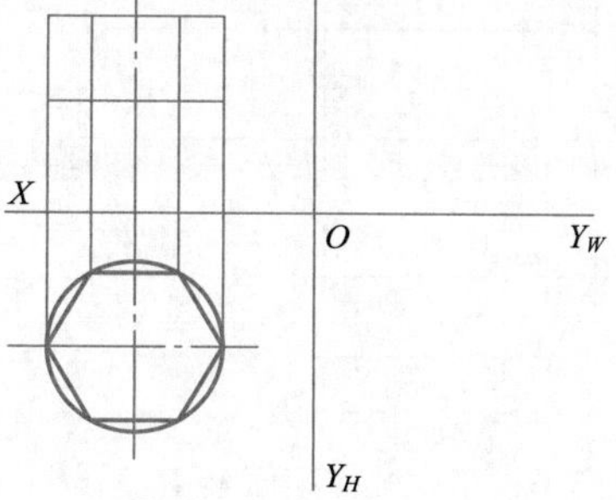

学习笔记

续表

作图步骤	绘制图例
(3)按照"高平齐,宽相等"的投影规律绘制左视图	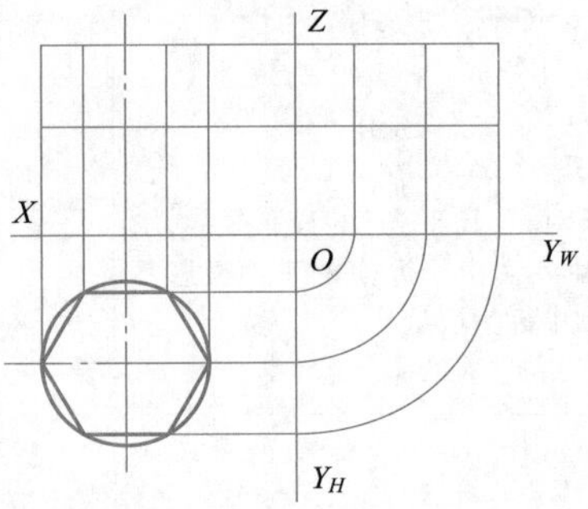
(4)擦去多余图线,按线型描深图线	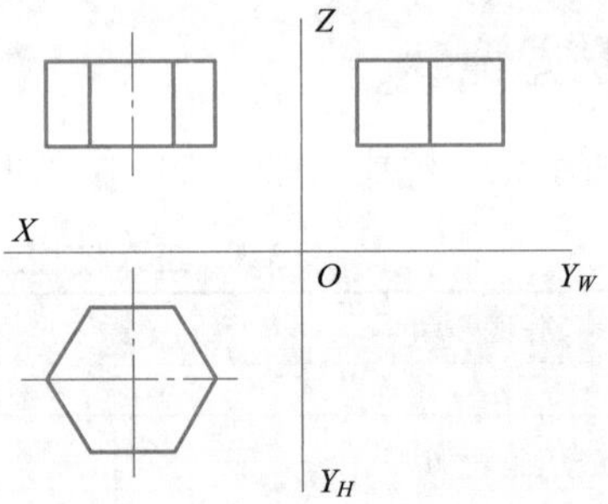

课后强化训练任务

课后强化训练任务一: 如图 3-6 所示,已知正六棱柱表面上 M 点的水平投影和 N 点的正面投影均为不可见,求该正六棱柱表面上 M 和 N 点的另两面投影。

课后强化训练任务二: 如图 3-7 所示,按照正五棱锥的放置位置,绘制出该正五棱锥的三视图。

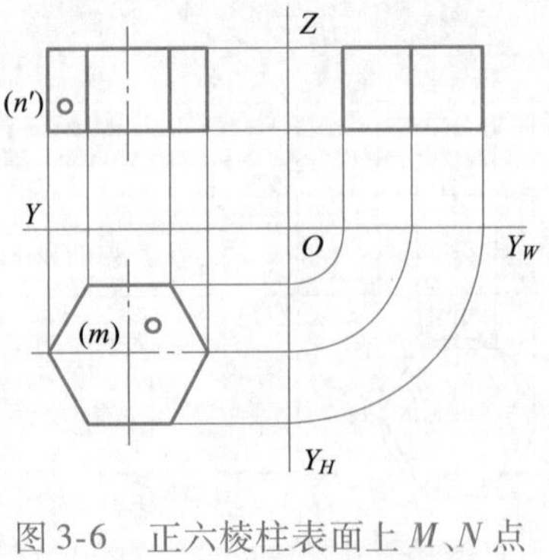

图 3-6 正六棱柱表面上 M、N 点的水平及正面投影图

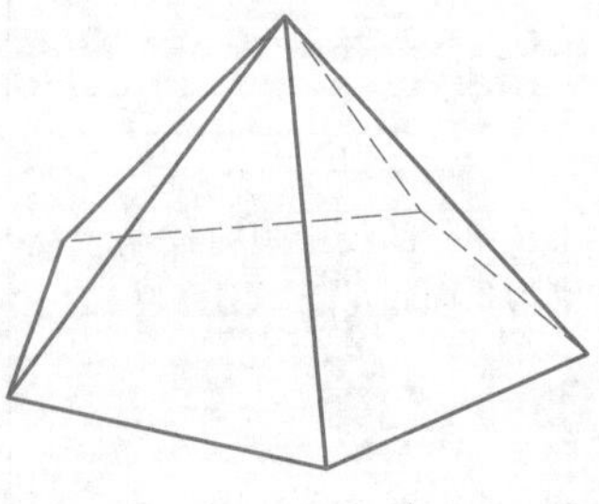

图 3-7 正五棱锥的平面立体图

学习笔记

任务二　识读和绘制回转体的投影

回转体是由回转面或回转面与平面构成的立体。如图 3-8 所示，回转面一般是由一条动直线（直线或曲线）围绕一条定直线旋转一周而形成的曲面。其中的定直线 *OO* 称为回转轴，简称轴线；动直线 *AB* 称为母线，回转面上任一位置的母线称为素线；母线上的各点绕轴线旋转时，形成回转面上垂直于轴线的纬圆。

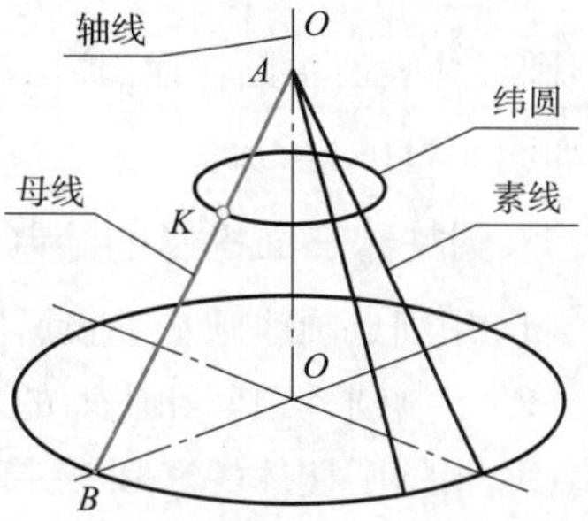

图 3-8　回转面的形成示意图

常见的回转面有圆柱面、圆锥面、圆球面、圆环面，如图 3-9 所示。其中圆柱面由一条平行于轴线的直母线绕轴线旋转而成；圆锥面由一条直母线及与它斜交的轴线旋转而成；圆球面由一条圆母线绕其直径旋转而成；圆环面则是一条圆母线绕不经过母线圆圆心的轴线旋转而成的。

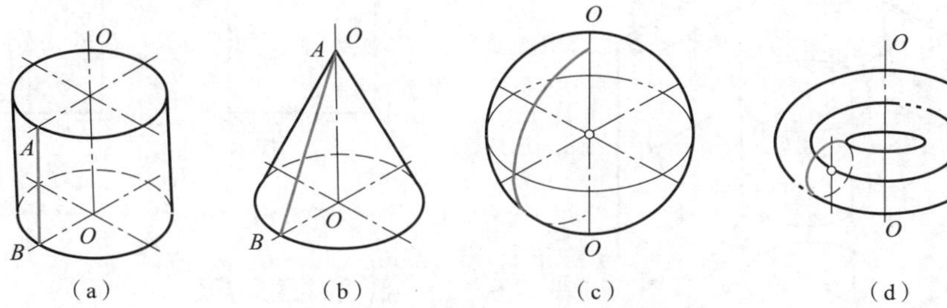

图 3-9　常见回转面的形成示意图

任务描述

如图 3-10 所示，圆柱的底面直径为 $\phi 16$ mm，圆柱高为 14 mm，任务要求详细绘制该圆柱体的三视图并分析其对应的投影特性。

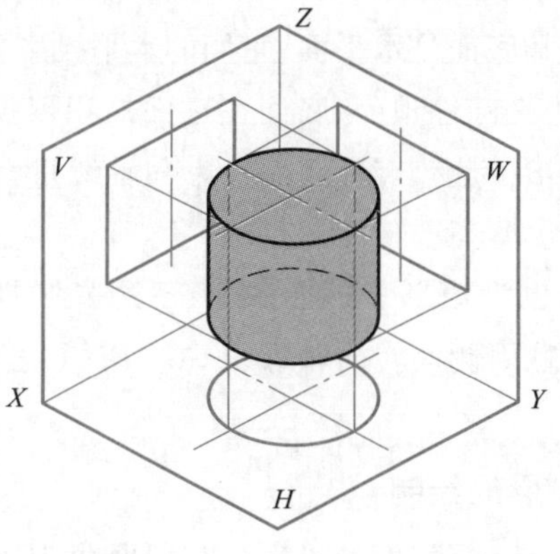

图 3-10　圆柱体的空间位置图

学习笔记

相关知识

一、圆柱体和表面点三面投影的绘制及投影特性

圆柱体表面由圆柱面、顶面和底面组成。圆柱面由直线 AA_1 绕与它相平行的轴线旋转而成，如图3-11(a)所示。

1. 圆柱体三面投影的绘制

(1)用细点画线画水平投影圆的对称中心线及轴线的正面和侧面投影。

(2)绘制圆柱顶面和底面的水平投影(即圆)。

(3)根据圆柱体的高和“三等”关系画出另两个投影(即矩形)。

具体的绘制过程如图3-11(b)所示。

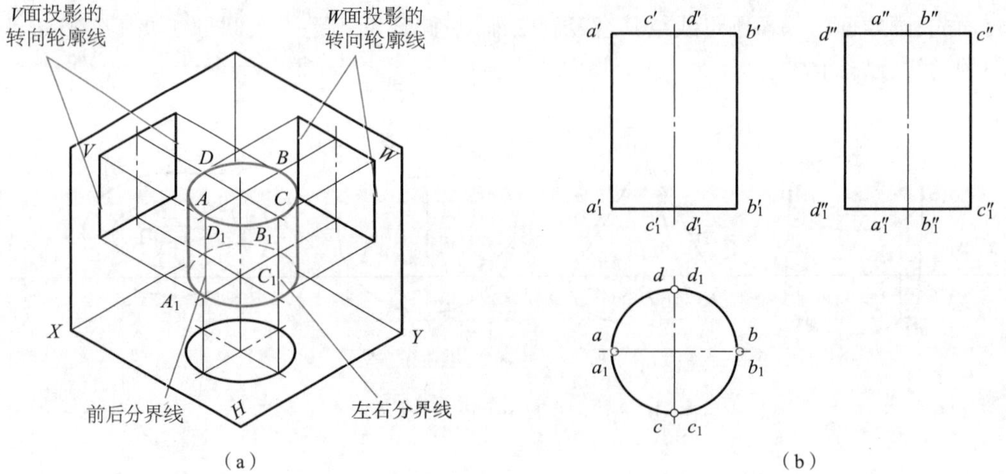

图3-11 圆柱体三面投影的绘制

2. 圆柱体三面投影的特性

如图3-11(a)所示，当轴线为铅垂线时，圆柱面上所有素线都是铅垂线，圆柱面的水平投影积聚成一个圆，圆柱的顶面和底面是水平面，它们的水平投影重合，反映实形圆。圆柱的正面投影为矩形，矩形的上、下边是圆柱顶面、底面在正面的积聚投影；左右两侧边 $a'a'_1$、$b'b'_1$ 是圆柱面正面转向轮廓线 AA_1、BB_1 的投影，其侧面投影与轴线重合，图中不画出，如图3-11(b)所示。

同理，圆柱体的侧面投影也为矩形。矩形的上、下边是圆柱顶面、底面在侧面的积聚投影；前后两侧边 $c''c''_1$、$d''d''_1$ 是圆柱面侧面转向轮廓线 CC_1、DD_1 的投影，其正面投影与轴线重合，如图3-11(b)所示。

3. 圆柱体表面点三面投影的绘制

轴线垂直于投影面的圆柱体，其表面的投影具有积聚性，因此，圆柱体表面点投影的绘制可利用积聚性直接求解。如图3-12(a)所示，要求绘制圆柱表面点 M、N 的另外两个投影，其对应的具体绘制步骤如图3-12(b)所示。

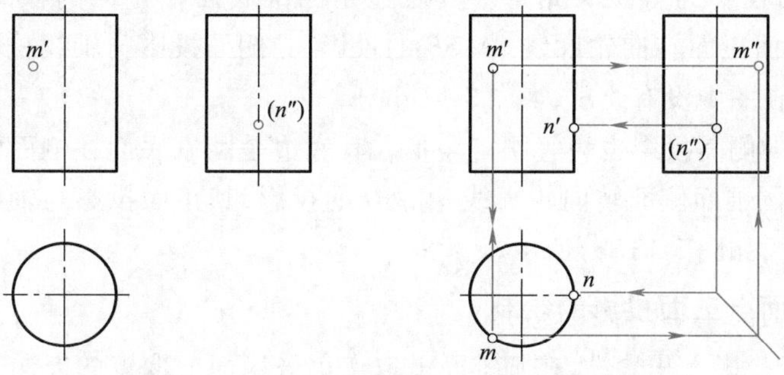

（a）　（b）

图 3-12　圆柱体表面点三面投影的绘制

由 m'、(n'') 的位置可知，点 M 位于前半个圆柱面的左侧，点 N 位于圆柱正面转向轮廓线（最右素线）上。圆柱轴线是铅垂线，圆柱面的水平投影积聚成圆，因此 m、n 均位于圆周上。

二、圆锥体和表面点三面投影的绘制及投影特性

圆锥体由圆锥面和底面构成。圆锥面可看成是由一条直母线绕与它相交的轴线旋转而形成的，如图 3-13（a）所示。

1. 圆锥体三面投影的绘制

（1）用细点画线画水平投影圆的对称中心线及轴线的正面和侧面投影，如图 3-13（b）所示。

（2）绘制圆锥底面的三面投影，先绘制圆锥底面的水平投影即圆，再绘制其对应的正面和侧面投影即平行于水平投影面轴线的直线。

（3）按圆锥体的高确定顶点 S 的投影 s' 和 s''，绘制投影面转向轮廓线的投影构成等腰三角形，即可完成圆锥体的三面投影。

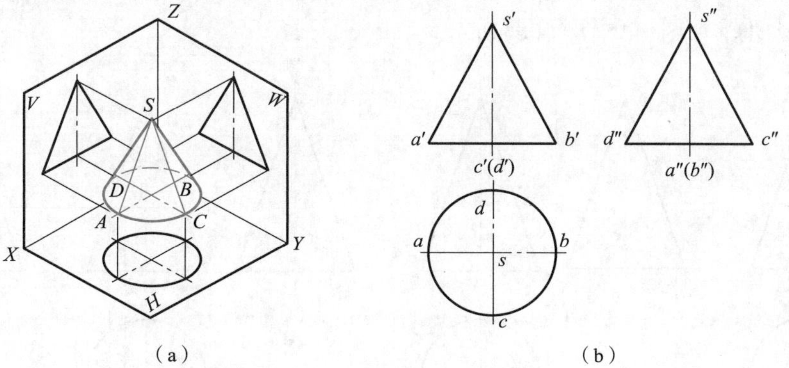

（a）　（b）

图 3-13　圆锥体三面投影的绘制

2. 圆锥体三面投影的特性

如图 3-13（b）所示，当轴线为铅垂线时，圆锥体的水平投影为圆，圆锥面的水平投影在这个圆内（圆锥面的三面投影均无积聚性），圆锥体的底面是水平面，反映真实圆形，其水平投影与锥面重合。

学习笔记

圆锥体的正面投影为等腰三角形。其底边是圆锥底面在正面的积聚投影，左右两腰（$s'a'$、$s'b'$）是圆锥面正面转向轮廓线 SA、SB 的投影，其侧面投影与轴线重合、水平投影与水平中心线重合，但在图中没有绘出，如图 3-13（b）所示。

同理，圆锥体的侧面投影也为等腰三角形。其底边是圆锥底面在侧面的积聚投影，前后两腰（$s''c''$、$s''d''$）是圆锥面侧面转向轮廓线 SC、SD 的投影，其正面投影与轴线重合、水平投影与竖直中心线重合，如图 3-13（b）所示。

3. 圆锥体表面点三面投影的绘制

由于圆锥体的投影无积聚性，在圆锥面上取点仍采用面上取点的方法，即“面上取线，线上取点”。取线的方法有素线法和辅助圆法。如图 3-14（a）所示，已知圆锥体表面 K 点的正面投影，要绘制另两投影面的投影时可采用素线法。具体的绘制方法如图 3-14（b）、（c）所示。

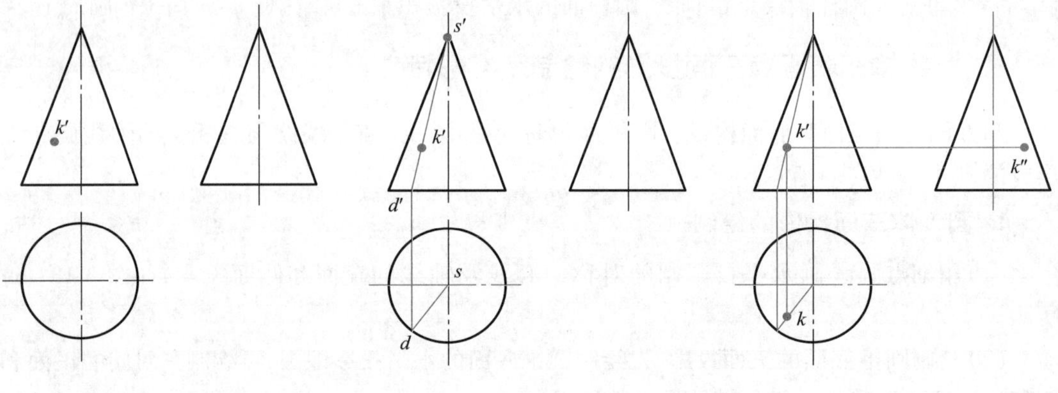

（a）　（b）　（c）

图 3-14　圆锥体表面点三面投影的素线绘制法

如图 3-15（a）所示，已知圆锥体表面点 N 的正面投影，采用辅助圆法绘制点 N 其他两面投影的方法和步骤如图 3-15（b）、（c）所示。

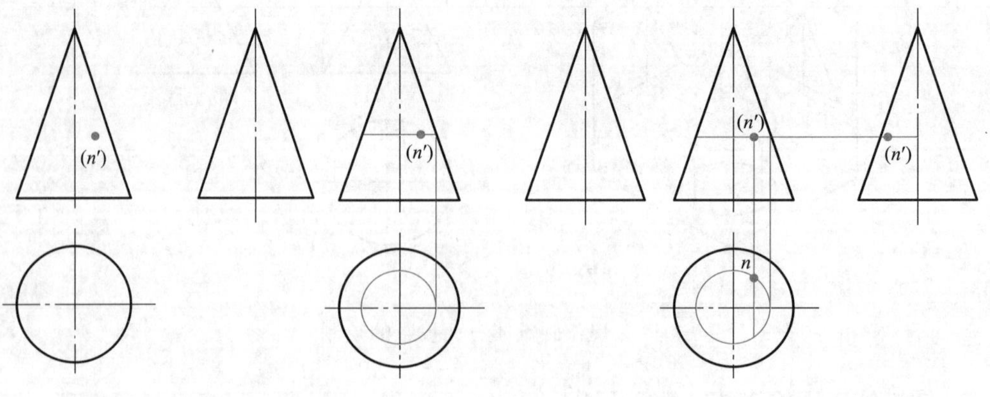

（a）　（b）　（c）

图 3-15　圆锥体表面点三面投影的辅助圆绘制法

学习笔记

三、圆球体和表面点三面投影的绘制及投影特性

圆球体可以看作由圆母线以球体直径为轴旋转而成，如图3-16(a)所示。

1. 圆球体三面投影的绘制

(1)在投影图中，用垂直相交的两条细点画线画出圆球的对称中心线，其交点为球心的投影。

(2)再绘制圆球的三面投影，即三个直径等于圆球直径的圆，如图3-16(b)所示。

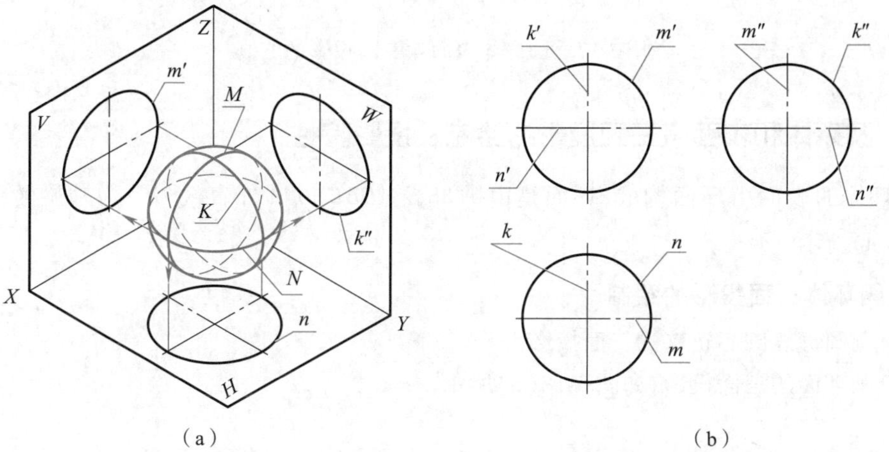

图3-16　圆球体三面投影的绘制

2. 圆球体三面投影的特性

圆球的三面投影实质是球面的三面投影，因此，圆球的三面投影是大小相等的三个圆(圆的直径和球的直径相等)且均无积聚性。这三个圆分别是圆球三个方向转向轮廓线圆的投影。如图3-16(a)所示，M是圆球体正面投影的转向轮廓线(前半球与后半球的分界线)，也是圆球上最大的正平圆，其正面投影为圆形，另两个投影与中心线重合(不画出)。同理，N是圆球水平投影的转向轮廓线(上半球与下半球的分界线)，也是圆球上最大的水平圆，其水平投影为圆形，另两个投影与中心线重合；K是圆球体侧面投影的转向轮廓线(左半球与右半球的分界线)，也是圆球上最大的侧平圆，其侧面投影为圆形，另两个投影与中心线重合。

3. 圆球体表面点三面投影的绘制

圆球的投影无积聚性，在球面上无任何直线可寻，所以在球面上点投影的绘制必须使用辅助圆法，如图3-17(a)所示。已知圆球表面K点的正面投影，要绘制其另两投影面的投影时采用辅助圆法。过K点作辅助水平圆，如图3-17(b)所示，K点的水平投影k位于此圆上(注意在前半球面)，再求出k''。最后判断各投影点的可见性，由于K点坐落于圆球的前半、上半、左半，故三面投影均可见，如图3-17(c)所示。

学习笔记

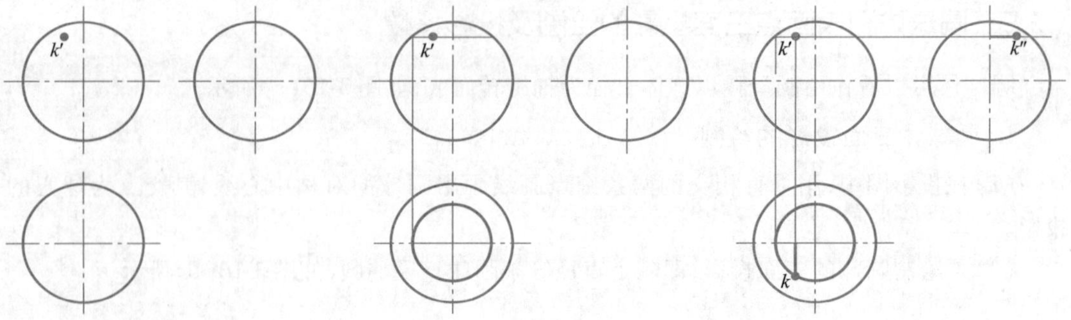

（a）　（b）　（c）

图 3-17　圆球体表面点三面投影的绘制

四、圆环体和表面点三面投影的绘制及投影特性

圆环体的表面由环面构成，环面是由圆母线 *ADBC* 以圆外直线 OO_1 为轴旋转而成，如图 3-18（a）所示。

1. 圆环体三面投影的绘制

（1）画圆母线圆心轨迹的三面投影。

（2）画环面的三面投影，如图 3-18（b）所示。

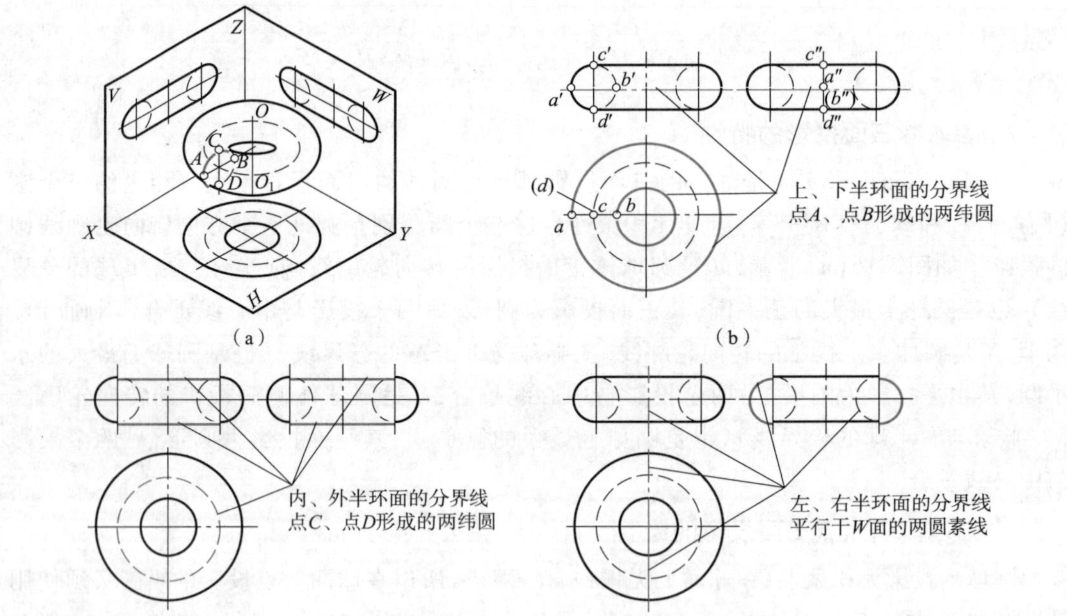

（c）　（d）

图 3-18　圆环体三面投影的绘制

2. 圆环体三面投影的特性

如图 3-18 所示，圆环的轴线为铅垂线，其水平投影积聚为一点（对称中心线的交点）。圆环的水平投影是三个同心圆，其中虚线圆是圆母线圆心轨迹的投影；另两个圆是环面的水平

学习笔记

转向轮廓线（圆母线上离轴线最远的点 A、最近的点 B 旋转形成的最大和最小的两个水平纬圆），也是上、下半环面的分界线的投影，如图 3-18（b）所示。

圆环的正面投影是两个圆及与之相切的两直线，它们都是环面正面投影的转向轮廓线的投影。其中，左、右两个圆是平行于正面的两个圆素线（前、后半环面的分界线）的正面投影；上、下两条水平线，则是圆母线上的最高点 C 和最低点 D 旋转形成的水平圆（内、外半环面的分界线）的正面投影，如图 3-18（c）、（d）所示。

同理，圆环的侧面投影是两个圆及与之相切的两直线，它们都是环面侧面投影的转向轮廓线的投影。其中，前、后两个圆是平行于侧面的两个圆素线（左、右半环面的分界线）的侧面投影；上、下两条水平线，则是圆母线上的最高点 C 和最低点 D 旋转形成的水平圆（内、外半环面的分界线）的侧面投影。

3. 圆环体表面点三面投影的绘制

由于圆环面的投影不具有积聚性，因此，要利用辅助圆法求出其面上点的投影。如图 3-19 所示，已知圆环面上一点 M 的正面投影 m'，要求绘制水平投影 m 时，因 m' 为可见，且位于主视图的下半部，由此可知，点 M 位于前半个外环面的下部。在外环面上过 M 点作一个水平圆，该圆的正面投影积聚为直线 p'，水平投影为圆 p，在 p 上即可找到 m。由于 M 点在下部，故 m 不可见。

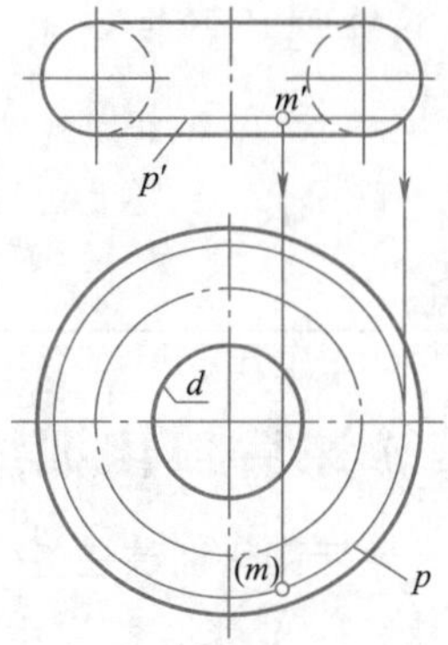

图 3-19　圆环体表面点三面投影的绘制

任务实施

图 3-10 所示圆柱体三面投影的作图步骤和图例见表 3-4。

表 3-4　圆柱体三面投影的作图步骤和图例

作图步骤	绘制图例
（1）绘制三视图的轴线或中心线； （2）绘制圆柱的俯视图，由于圆柱面在俯视图上积聚为圆，所以该圆柱的水平投影为直径 $\phi16$ mm 的圆	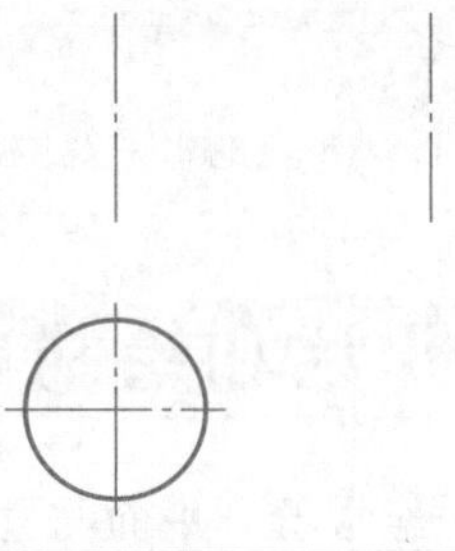
（3）绘制圆柱的主视图；该图为矩形框，长 16 mm，高 14 mm	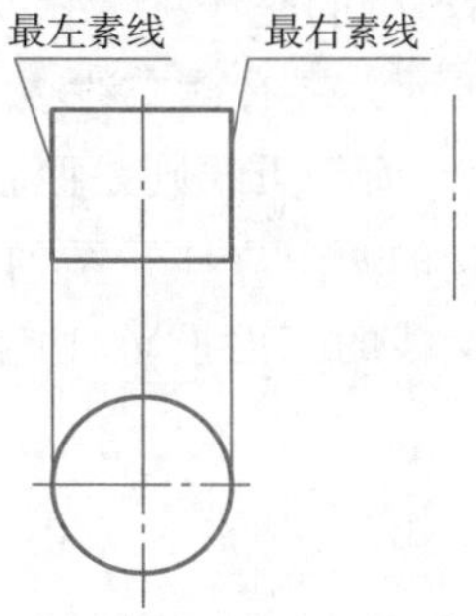

学习笔记

续表

作图步骤	绘制图例
(4)绘制圆柱的左视图;该图亦为矩形线框,长16 mm,高14 mm	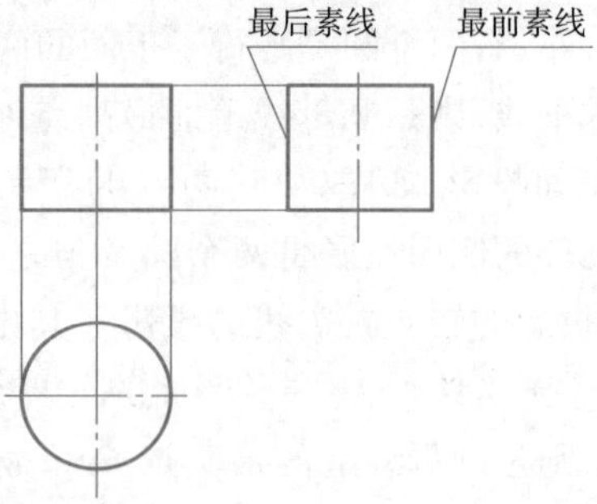

课后强化训练任务

课后强化训练任务一: 如图3-20所示,已知圆柱表面上点D的水平投影(d)和点E的侧面投影(e''),求作其另外两面投影。

课后强化训练任务二: 如图3-21所示,已知A的正面投影(a')和B的侧面投影b'',求作A、B两点的另外两面投影。

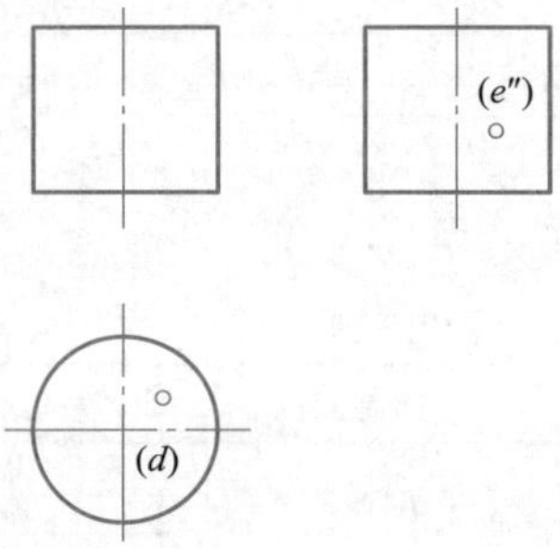

图3-20　圆柱表面D、E点的水平及侧面投影图

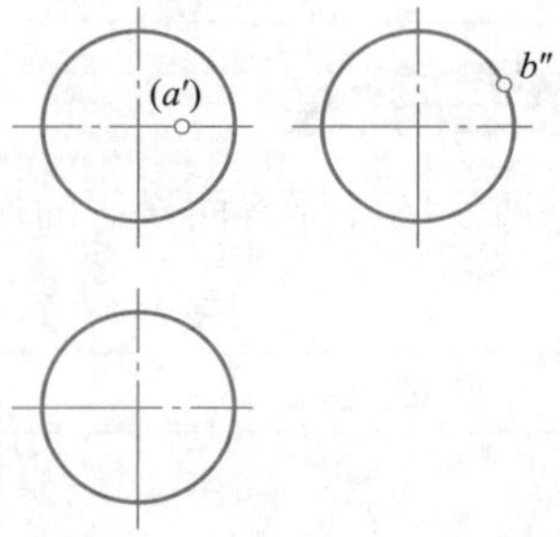

图3-21　正五棱锥的平面立体图

任务三　识读和绘制立体交线的三面投影

在实际工程中经常看到平面与立体相交或立体与立体相交的情况,其中平面与立体相交时,在立体表面产生的交线称为截交线,立体与立体相交时,在立体表面产生的交线称为相贯线,图3-22所示为带有截交线或相贯线的立体,从图中可以看出,截交线是截平面与立体表面的共有线,而相贯线则是两个立体表面的共有线,因此,绘制立体交线的三面投影其实就是绘制相交的两个立体一系列共有点的三面投影,将这些共有点的同面投影依次连接即可得到立体交线的三面投影,由于立体的体积和大小固定,所以截交线和相贯线一般都是封闭的。

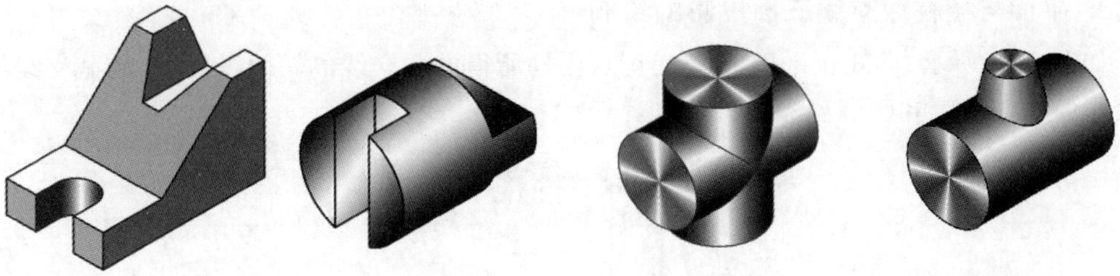

图 3-22　立体表面的交线

任务描述

两圆柱正交相贯的三视图如图 3-23 所示，任务要求详细绘制出两相贯圆柱体及相贯线的三视图。

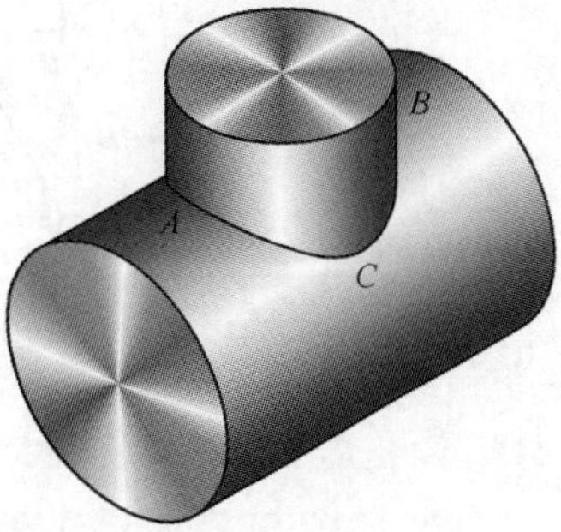

图 3-23　正交两圆柱体

相关知识

一、平面与平面立体相交的截交线投影的绘制

1. 平面与平面体相交的相关几何体的定义

立体被平面截切所形成的立体称为截切体，截切体的平面称为截平面，截平面与立体表面的交线称为截交线，截交线所围成的截面图形称为截断面或断面。截平面可以是一个，如图 3-24（a）所示；也可以是两个或两个以上，此时截平面不仅与立体有交线，还与其他截平面有交线，如图 3-24（b）所示。

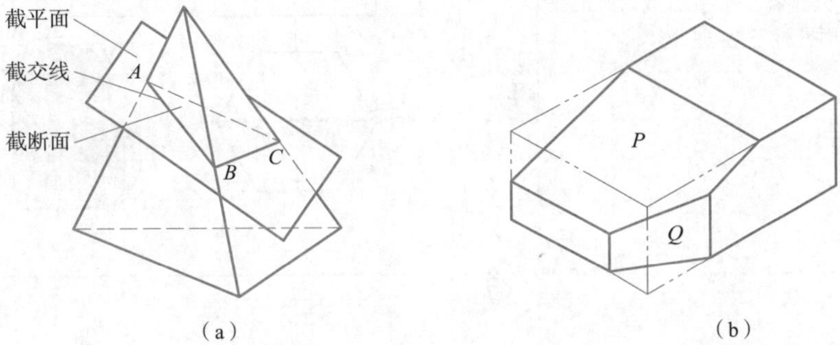

图 3-24　截交线的形成过程

2. 截交线的性质

截交线有以下性质：

（1）共有性：截交线为截平面与立体表面的共有线，即交线上的每一点均为截平面与立体表面的共有点。

（2）封闭性：立体的表面是封闭的，因此与截平面的交线也是封闭的平面图形。

截交线及其投影的形状取决于立体的几何性质和与截平面的相对位置，通常为直线线框、曲线线框或直线与曲线组成的线框。

学习笔记

3. 平面与棱柱截交线三面投影的绘制

如图3-25所示，已知正平面P截交正六棱柱所得的截交线的两面投影，绘制截交线第三面投影的作图步骤和图例见表3-5。

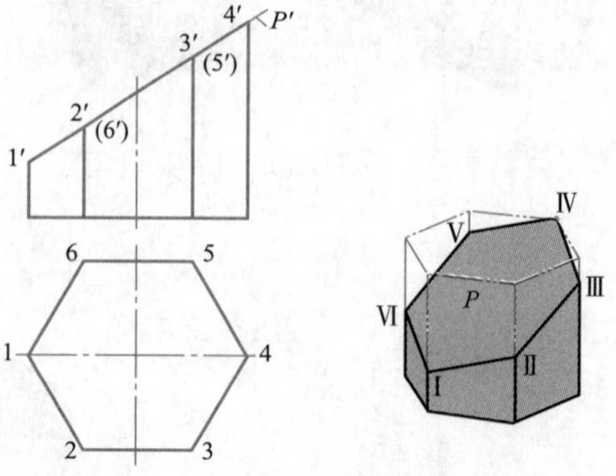

图3-25 平面截正六棱柱截交线的形成过程

表3-5 平面与棱柱截交线三面投影的作图步骤和图例

作图步骤	绘制图例
(1)绘制出正六棱柱未被平面截切时的第三面投影，即侧面投影	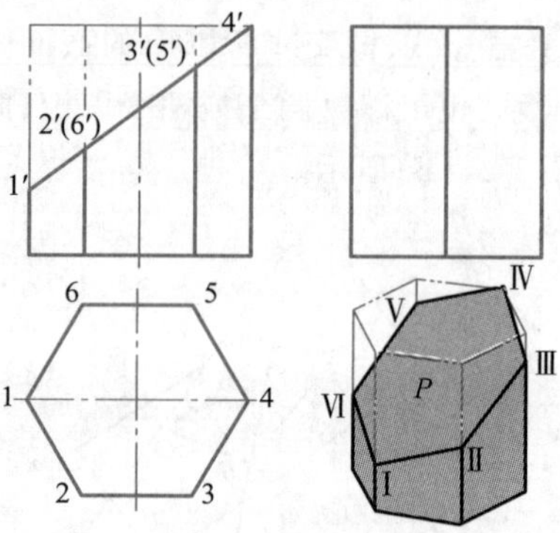
(2)根据“高平齐”投影规律绘制出截交线的侧面投影	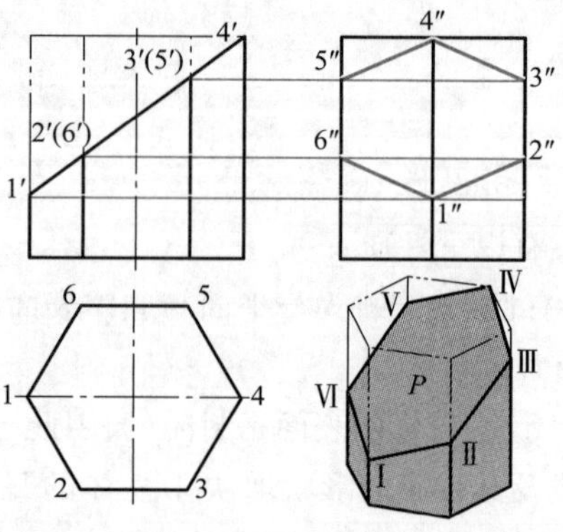

学习笔记

续表

作图步骤	绘制图例
(3)将正六棱柱被截去部分的侧面投影去掉,加粗并描深,即得到截交线的三面投影	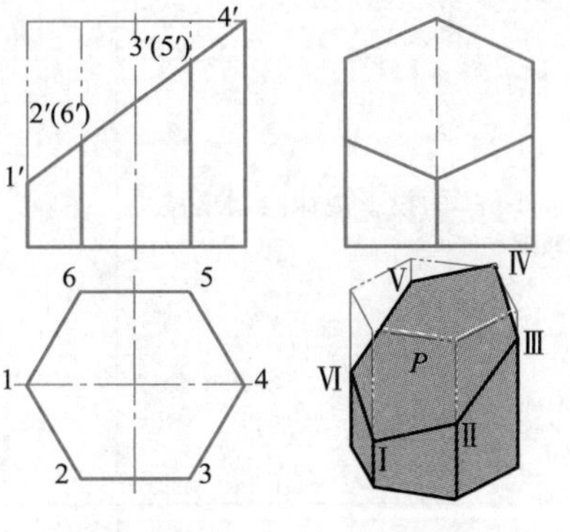

4. 平面与棱锥截交线三面投影的绘制

如图 3-26 所示,已知正垂面 P 截交正四棱锥所得的截交线的两面投影,绘制截交线第三面投影,作图步骤和图例见表 3-6。

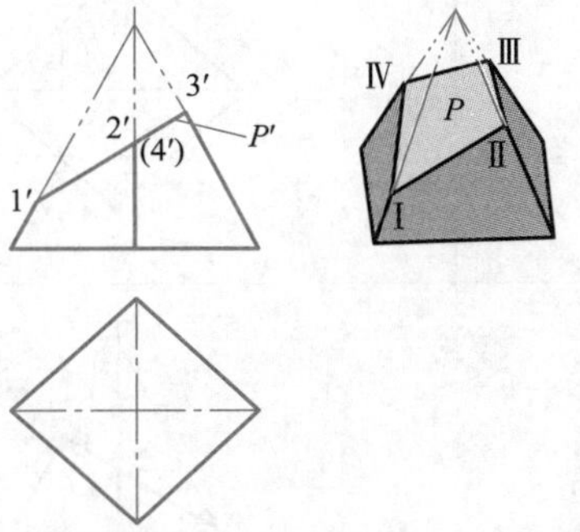

图 3-26　平面截正四棱锥截交线的形成过程

表 3-6　平面与棱锥截交线三面投影的作图步骤和图例

作图步骤	绘制图例
(1)绘制出正四棱锥未被平面截切时的第三面投影,即侧面投影	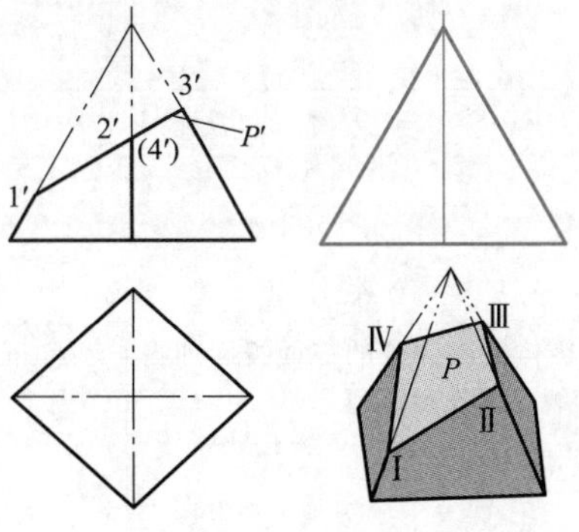

学习笔记

续表

作图步骤	绘制图例
(2)根据“高平齐”的投影规律绘制出截交线的侧面投影	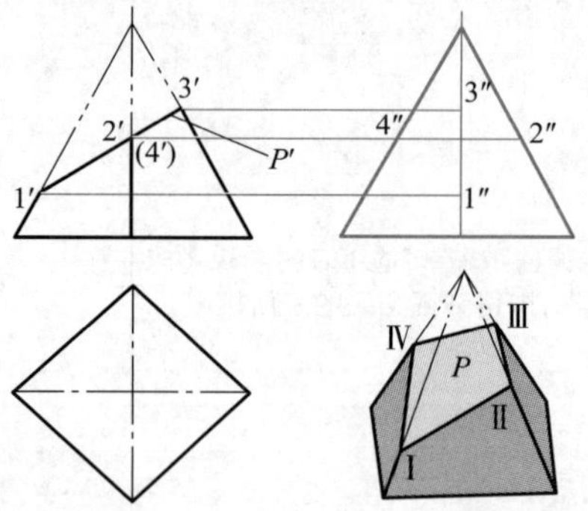
(3)根据“长对正、宽相等”的投影规律绘制出截交线的水平投影	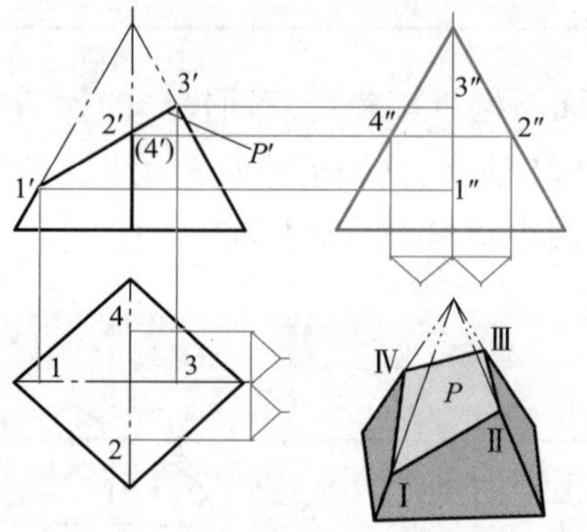
(4)加粗并描深截交线的轮廓线	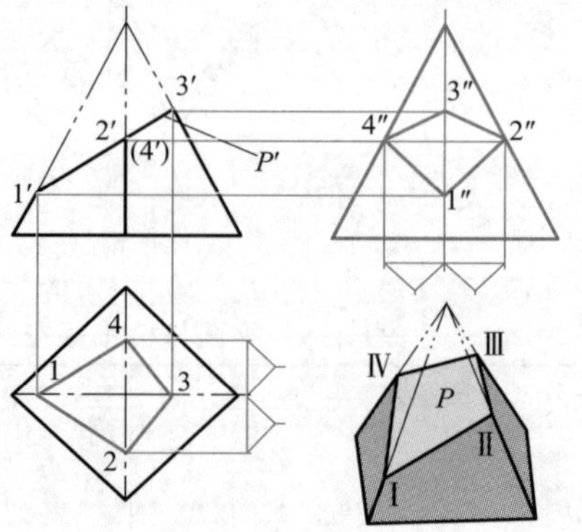
(5)去除截交体截去部分的三面投影即得到完整的截交线三面投影	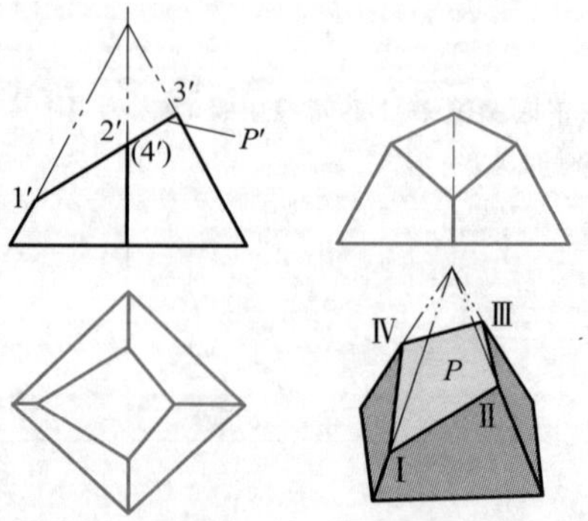

二、平面与回转体相交的截交线投影的绘制

1. 平面与回转体截交线的定义

平面与回转体相交，其截交线是一封闭的线框。截交线的形状取决于回转面的形状及截平面与回转体轴线的相对位置，一般为平面曲线线框、直线与曲线线框和直线线框。当截平面与回转体轴线垂直时，截交线均为纬圆。

2. 平面与回转体截交线的绘制方法

绘制回转面截交线的方法如下：

（1）画出回转体的三面投影，标注回转面的转向轮廓线，并分析截平面与回转体轴线的相对位置，了解截交线的形状。

（2）分析截平面积聚性投影的特殊点和一般点。充分利用积聚性原理绘制截交线中点的投影并判断其可见性。

（3）光滑连接各点，并判断立体的存在域。

3. 平面与圆柱体截交线投影的绘制

（1）根据截平面与圆柱轴线相对位置的不同，圆柱截交线有三种情况，见表3-7。

表 3-7　平面与圆柱体截交线的形状

截平面	平行于轴线	垂直于轴线	倾斜于轴线
立体图	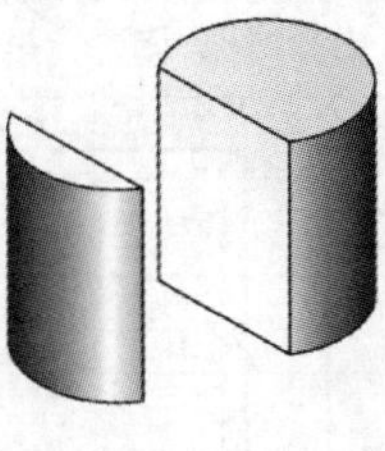		
三视图	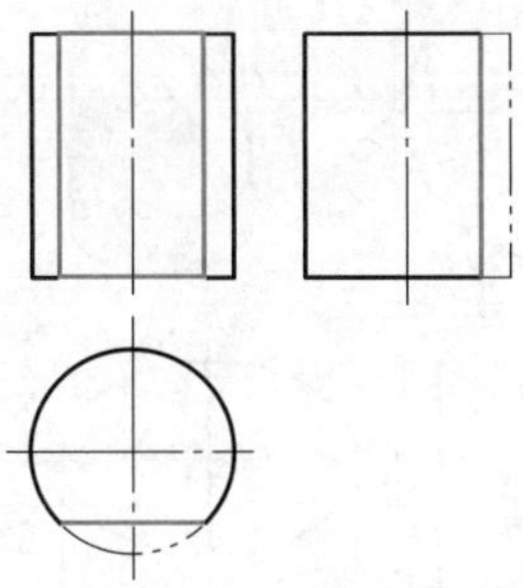	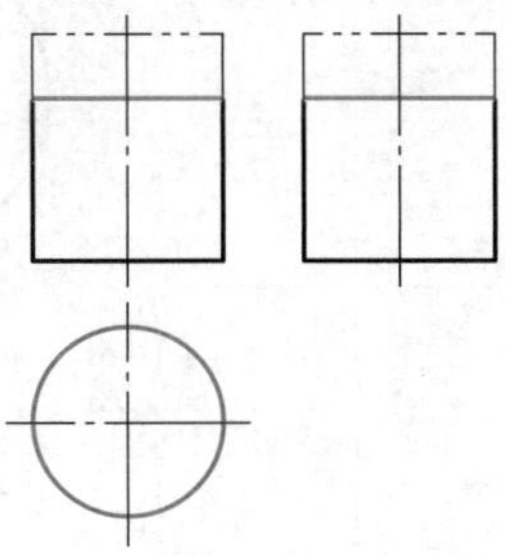	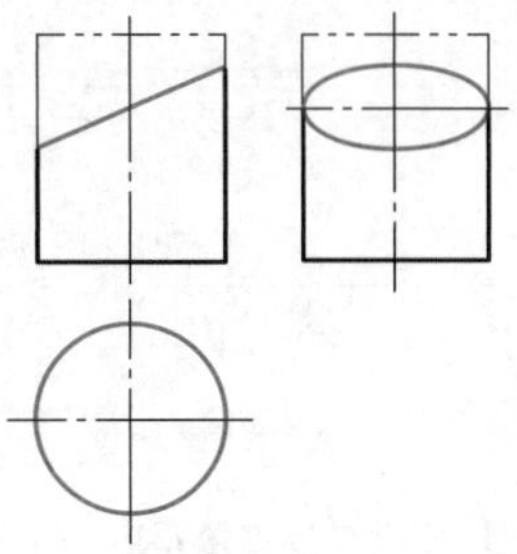
截交线	矩形	圆	椭圆

（2）平面与圆柱体截交线投影的绘制。图3-27所示为圆柱被正垂面斜切，已知主、俯视图，要求绘制左视图，具体作图步骤和图例见表3-8。

学习笔记

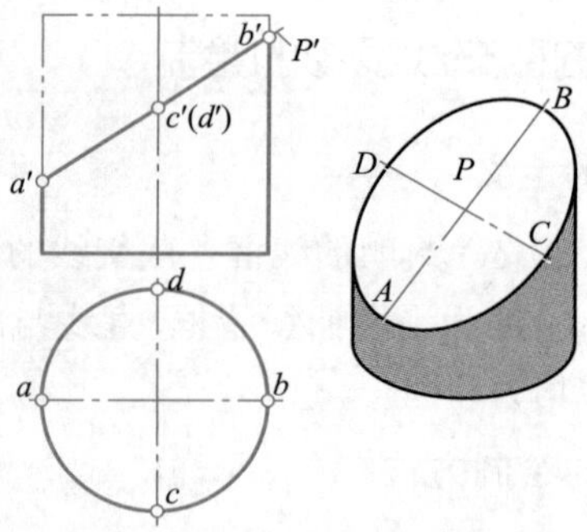

图 3-27　平面斜截圆柱体的主视图和俯视图

表 3-8　平面斜截圆柱体截交线三面投影的作图步骤和图例

作图步骤	绘制图例
(1)绘制出圆柱体未被平面斜截切时的第三面投影,即侧面投影; (2)根据“高平齐”的投影规律,绘制截切点最高点、最低点和中间点的侧面投影	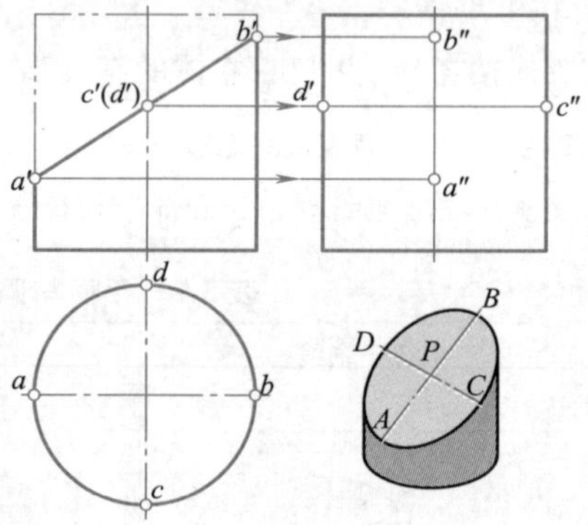
(3)根据“高平齐、宽相等”的投影规律绘制出四个普通截交点的侧面投影	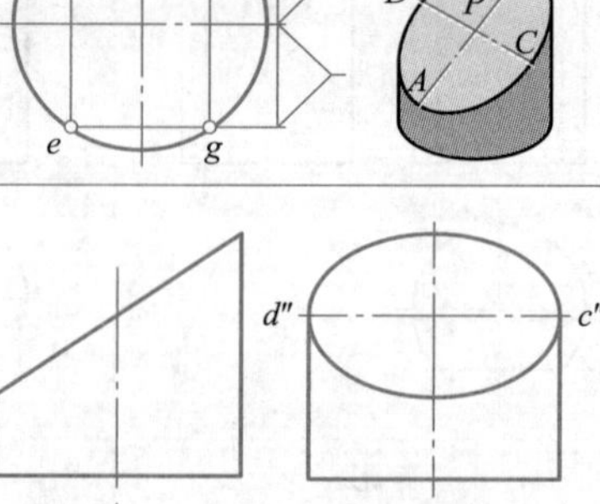
(4)依次光滑连接得到 8 个截交点的侧面投影; (5)加粗并描深截交线的轮廓线; (6)去除截交体截去部分的三面投影即得到完整截交线的三面投影	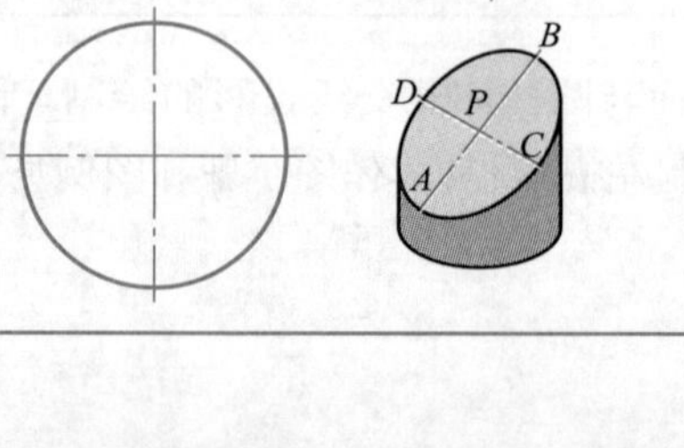

学习笔记

4. 平面与圆锥体截交线投影的绘制

(1)根据截平面与圆锥轴线相对位置的不同,平面截切圆锥所形成的截交线有五种:三角形、圆、椭圆、抛物线和双曲线,见表3-9。

表3-9　平面截圆锥体截交线的形状

截平面位置	立体图	三视图	截交线形状
过锥顶	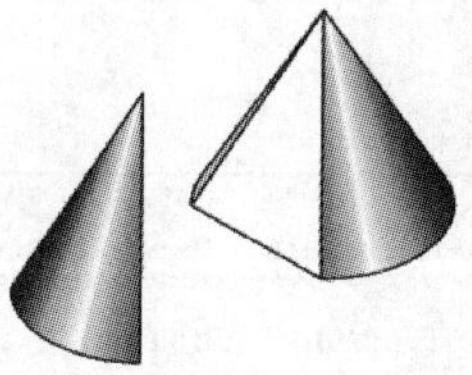	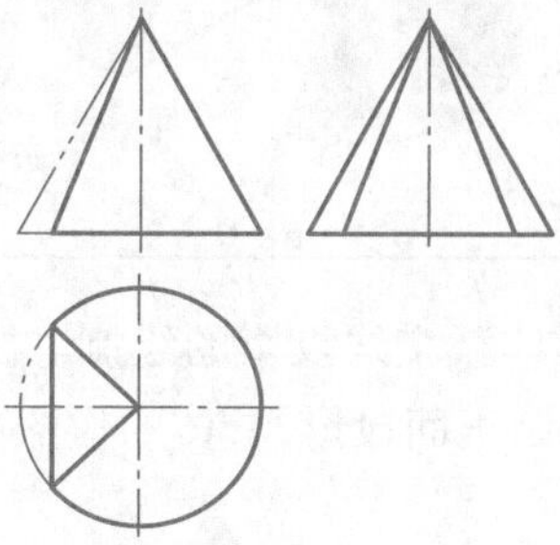	三角形
不过锥顶且垂直于轴线	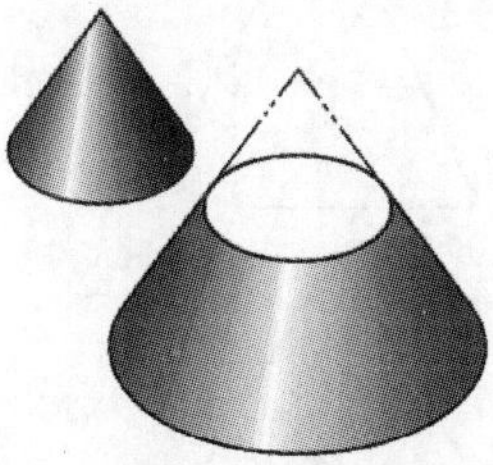	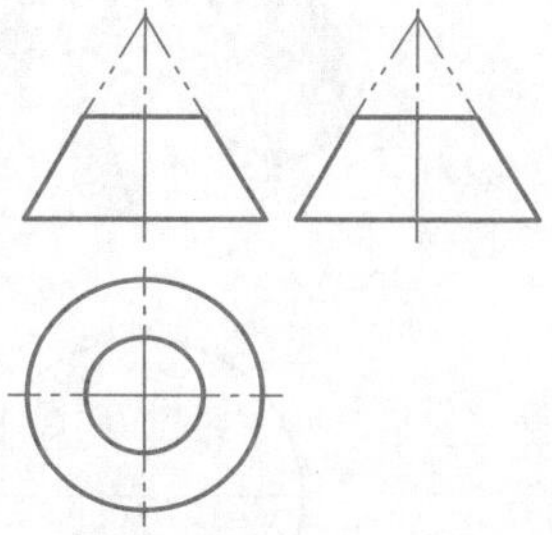	圆
不过锥顶且倾斜于轴线($\theta>\alpha$)	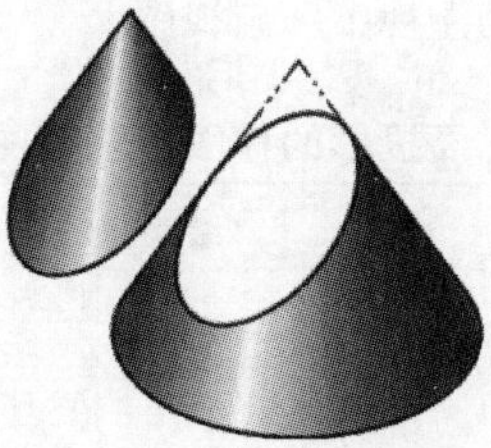	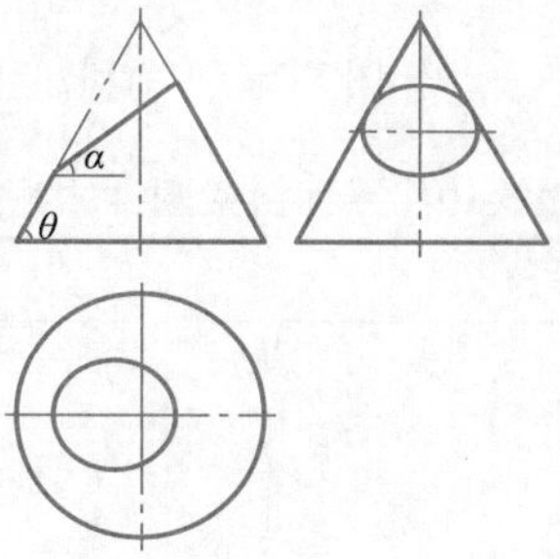	椭圆
不过锥顶且平行于一素线($\theta=\alpha$)	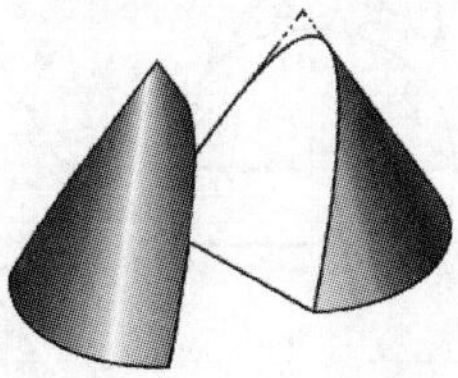	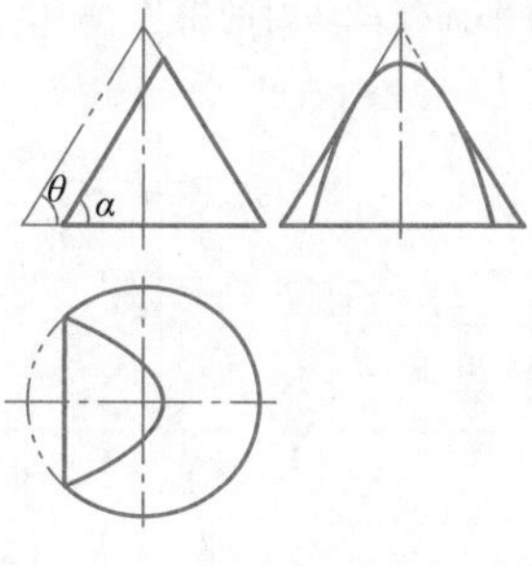	抛物线加直线

学习笔记

续表

截平面位置	立体图	三视图	截交线形状
不过锥顶且平行于轴线	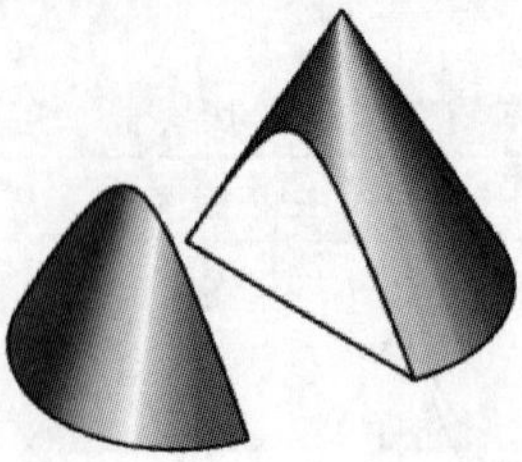	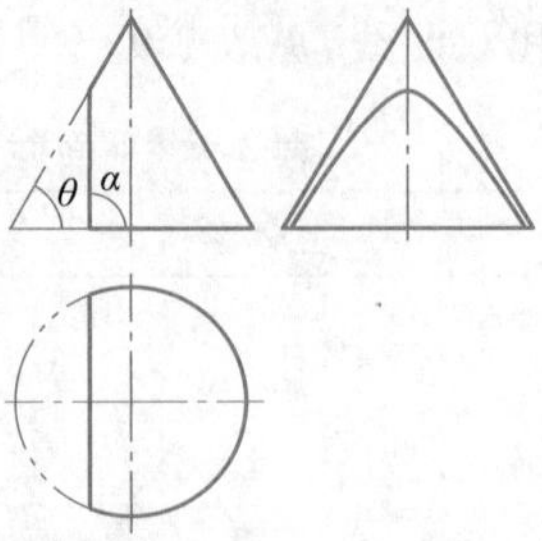	双曲线加直线

（2）平面与圆锥体截交线投影的绘制。图 3-28 所示为一正平面切割圆锥后的水平投影和侧面投影，要求绘制正面投影，具体的作图步骤和图例见表 3-10。

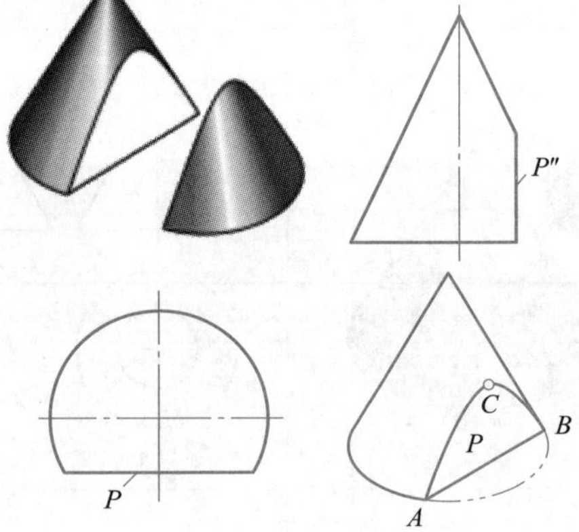

图 3-28　平面截圆锥体的左视图和俯视图

表 3-10　平面斜截圆锥体截交线三面投影的作图步骤和图例

作图步骤	绘制图例
（1）绘制出圆锥体未被平面斜截切时的第三面投影，即正面投影	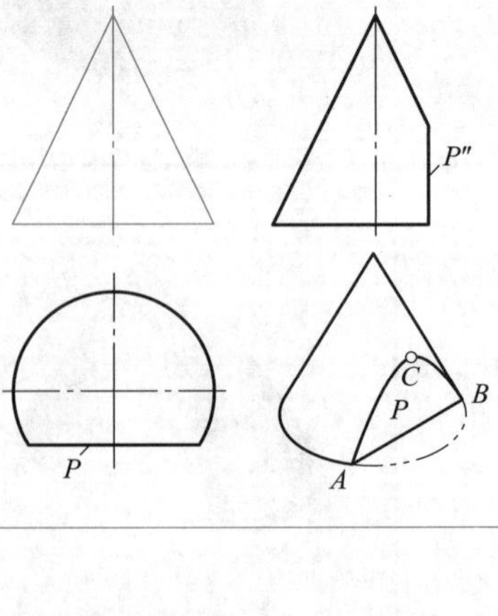

续表

作图步骤	绘制图例
(2)根据“长对正、高平齐、宽相等”的投影规律绘制出 A、B、C 三个特殊截交点的三面投影	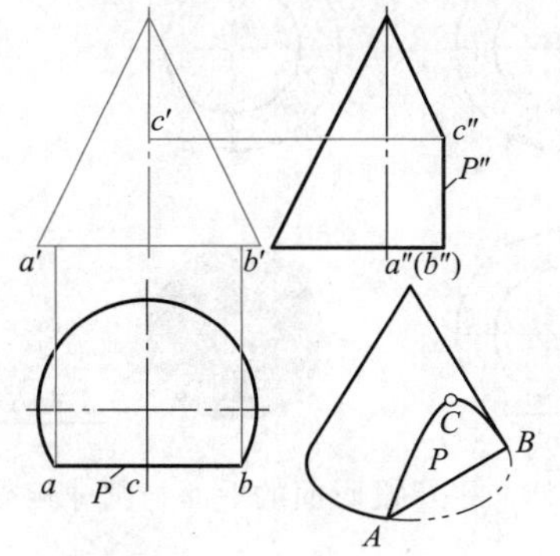
(3)在水平面上的截平面聚集性线上对称取两个普通点 D、E，分别绘制出这两个点的三面投影	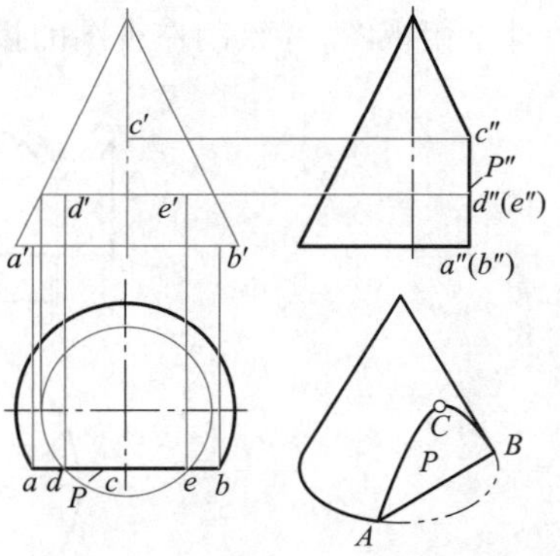
(4)依次光滑连接得到的五个截交点的同面投影，加粗并描深截交线的轮廓线即可	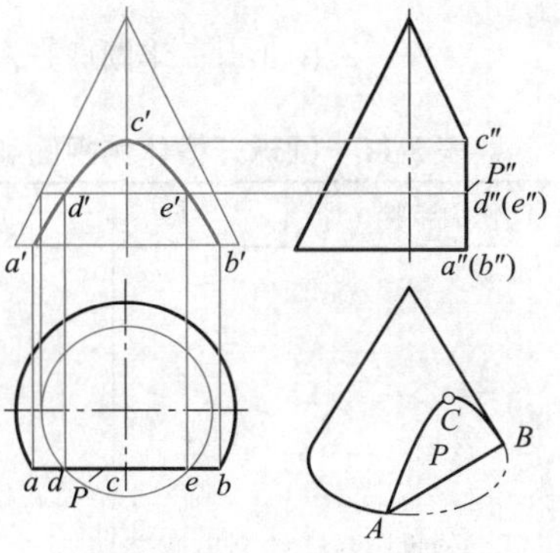

5. 平面与圆球体截交线投影的绘制

(1)圆球被任何位置的平面截切，其截交线都是圆。由于截平面相对于投影面的位置不同，截交线的投影可能是圆、椭圆或直线。当截平面平行于投影面时，截交线在该投影面上的投影为圆，如图 3-29 所示的俯视图；当截平面垂直于投影面时，在该投影面上的投影为直线，如图 3-29 所示的主、左视图；当截平面倾斜于投影面时，在该投影面上的投影为椭圆，如图 3-30 所示的俯、左视图。

学习笔记

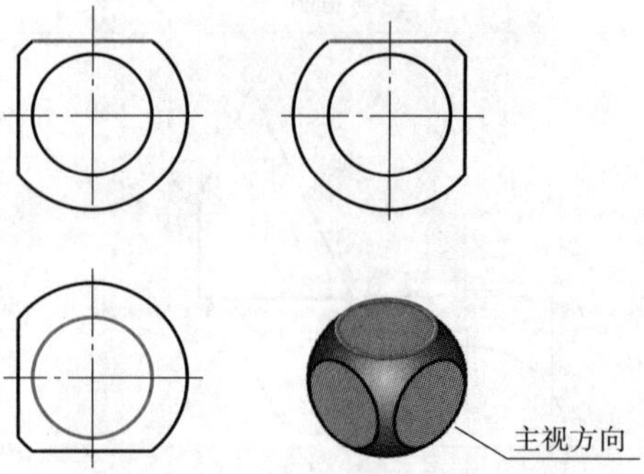

图 3-29　平行投影面的平面与圆球相交

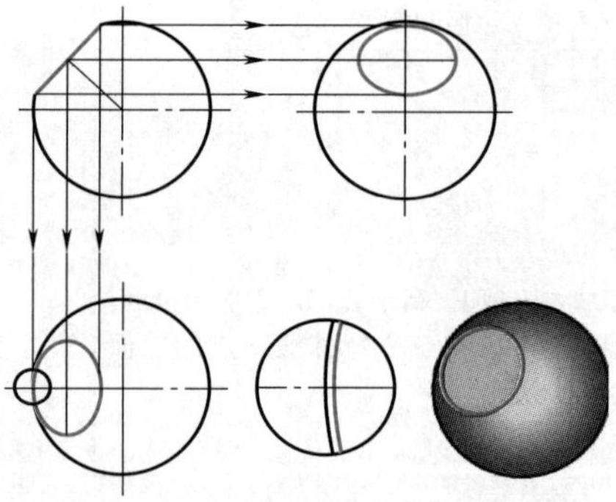

图 3-30　垂直投影面的平面与圆球相交

（2）平面与圆球体截交线投影的绘制。如图 3-31 所示，已知半圆球开槽体的主视图和部分俯视图，要补全俯视图，并绘制左视图的投影，具体的作图步骤和图例见表 3-11。

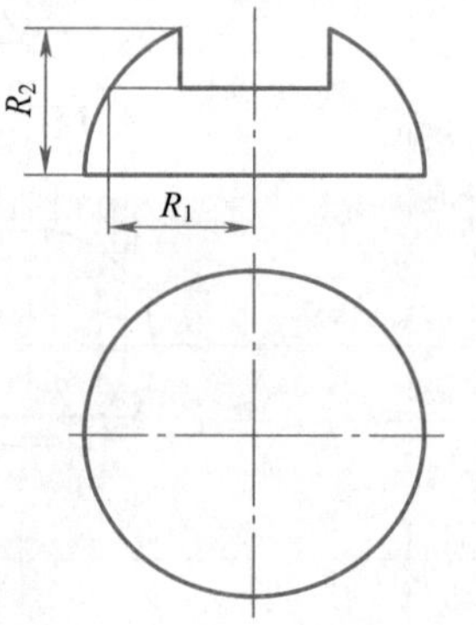

图 3-31　半圆球开槽体的主视图和部分俯视图

表 3-11　圆球开槽体俯视图和左视图及截交线的作图步骤和图例

作图步骤	绘制图例
（1）根据“长对正”的投影规律绘制出截交线的水平投影，并补全俯视图	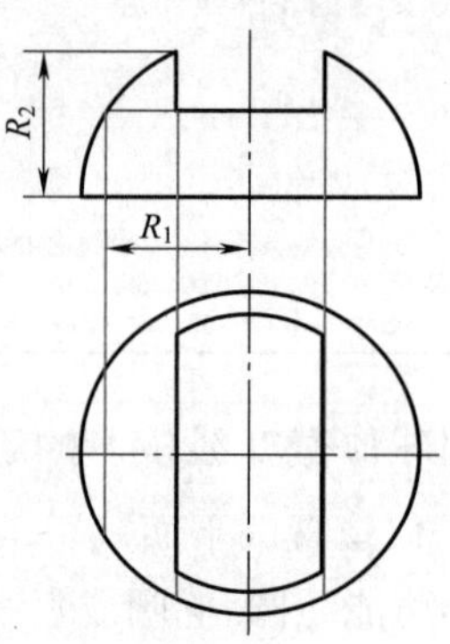

学习笔记

续表

作图步骤	绘制图例
(2)根据“长对正、高平齐、宽相等”的投影规律绘制出半圆球未被截切时的左视图	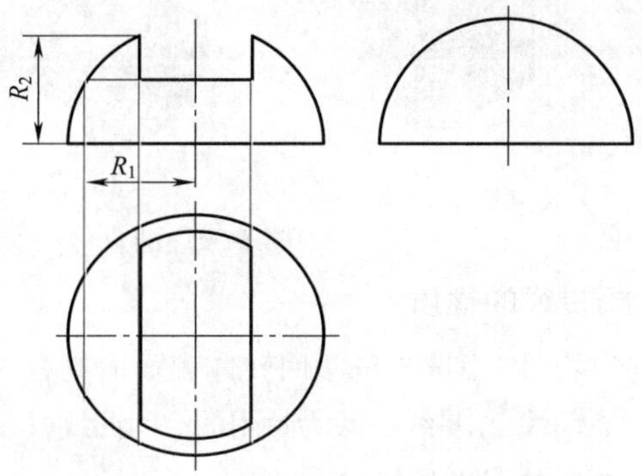
(3)根据“高平齐、宽相等”的投影规律绘制出半圆球截交线的左视图	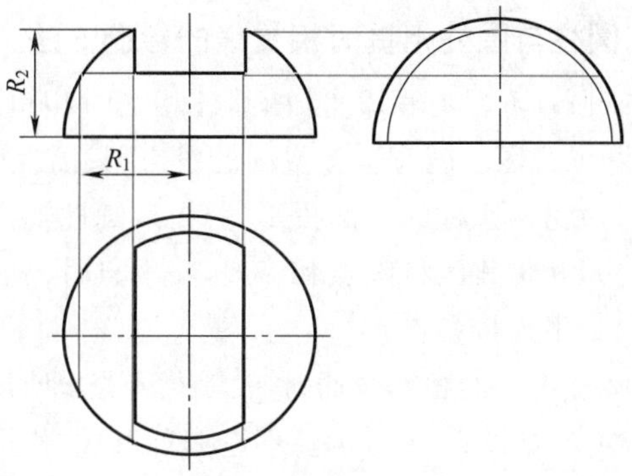
(4)加粗并描深截交线的轮廓线并删除被截去部分的轮廓线即可	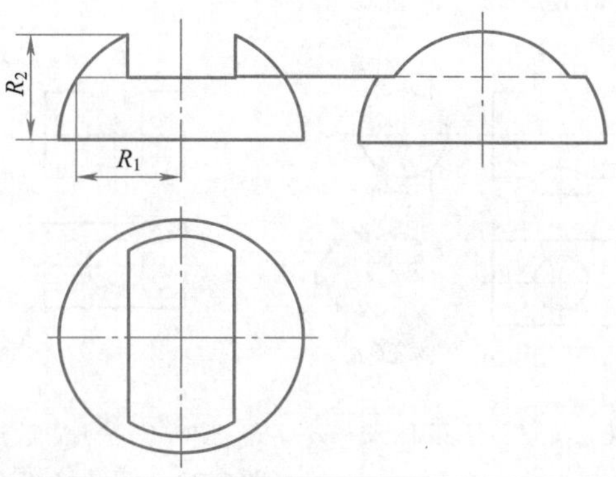

三、回转体与回转体相交的相贯线投影的绘制

1. 相贯线的定义

两立体相交称为相贯，相交两立体表面的交线称为相贯线。两立体相贯分为两平面立体相交[见图 3-32(a)]、平面立体和回转体相交[见图 3-32(b)]以及回转体与回转体相交[见图 3-32(c)]三种情况。求平面立体与平面立体、平面立体与回转体相贯线的问题，实质上可以转换为一个平面与平面立体和平面与曲面立体相交的问题，可以用前文求截交线的方法解决，此处主要解决两回转体相交时相贯线的绘制。两回转体相交，相贯线的形状与回转体的形状、大小及回转轴线间的相对位置有关。

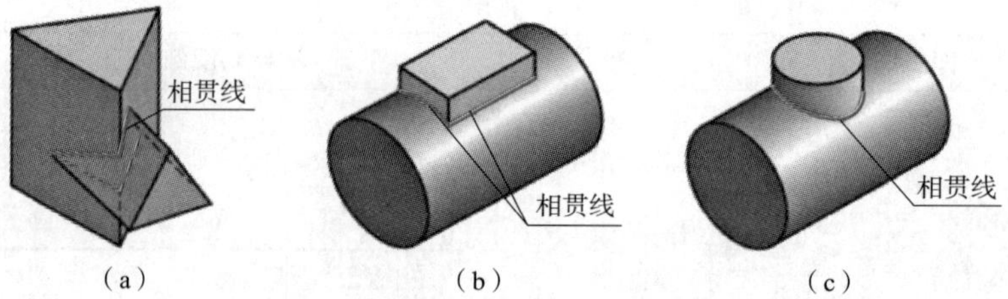

（a）　　（b）　　（c）

图 3-32　两立体相交的相贯线示意图

2. 相贯线的性质

（1）共有性：相贯线是两回转体表面的共有线，是两回转体表面共有点的集合。

（2）封闭性：相贯线一般为封闭的空间曲线，特殊情况可能不封闭，也可能是平面曲线或直线。

（3）相贯线是两回转体表面的分界线。

3. 圆柱与圆柱相贯时相贯线的绘制方法

由于圆柱面具有积聚性，两圆柱相交时相贯线分别重合在两个圆柱表面上，因此在圆柱投影为圆的视图上就有了相贯线的投影，只需在两圆柱投影为非圆的视图上求相贯线。

（1）画出两圆柱的三面投影，分析两圆柱轴线的相对位置、直径大小和相贯线的形状。

（2）求相贯线的特殊点和一般点，求点时，充分利用圆柱面的积聚性，并判断其可见性。

（3）光滑连接各点。

两圆柱正交的相贯线通常有三种形式，即回转体外表面相交、外表面与内表面相交及两内表面相交，如图 3-33 所示。不论哪种形式，相贯线的分析和绘制方法是一样的，都是绘制回转体表面上点的三面投影。

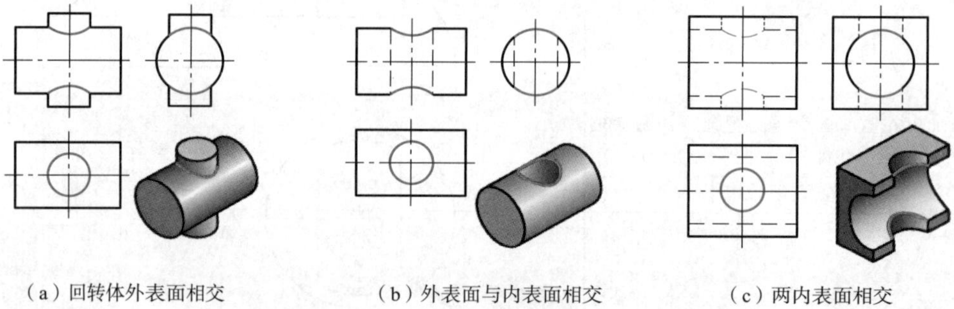

（a）回转体外表面相交　　（b）外表面与内表面相交　　（c）两内表面相交

图 3-33　两圆柱正交的相贯线形式

两圆柱轴线垂直相交时，两圆柱直径大小的变化对相贯线形状的影响见表 3-12。

表 3-12　轴线垂直相交时两圆柱直径变化对相贯线的影响

两圆柱直径关系	铅垂圆柱直径小	铅垂圆柱直径大	两圆柱直径相等
立体图		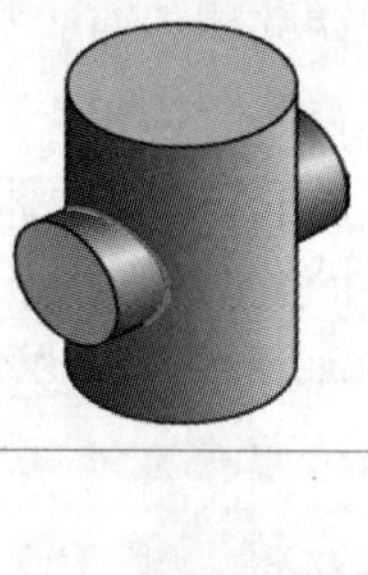	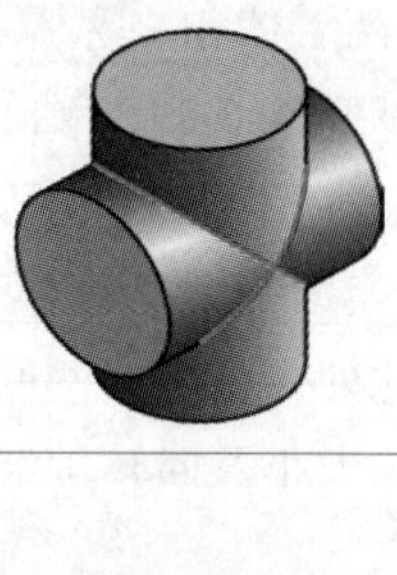

续表

两圆柱直径关系	铅垂圆柱直径小	铅垂圆柱直径大	两圆柱直径相等
投影图	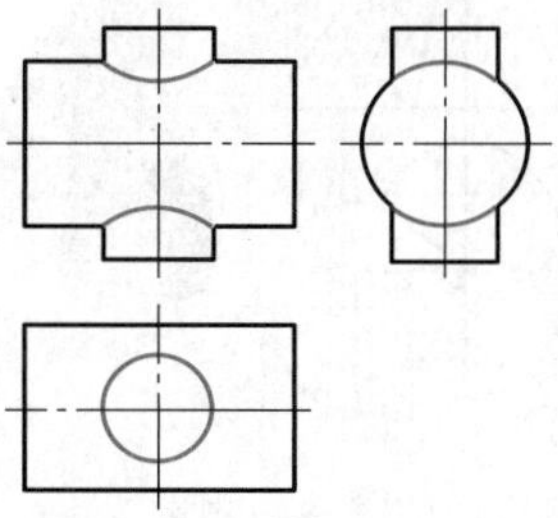	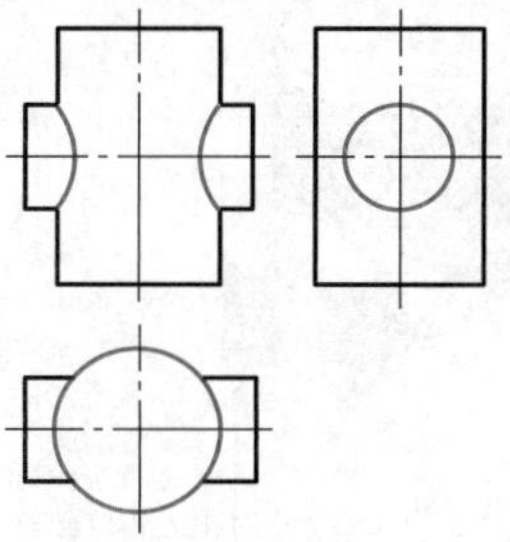	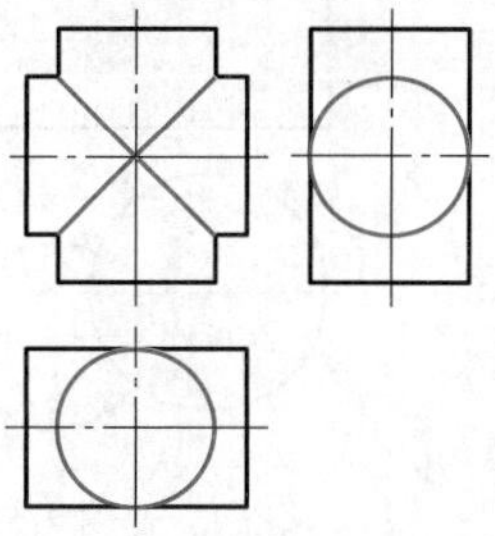
相贯线的特点	正面投影为上、下对称曲线	正面投影为左、右对称曲线	正面投影为两条相交直线

4. 相贯线的特例

（1）同轴回转体的相贯线为圆，如图 3-34 所示。

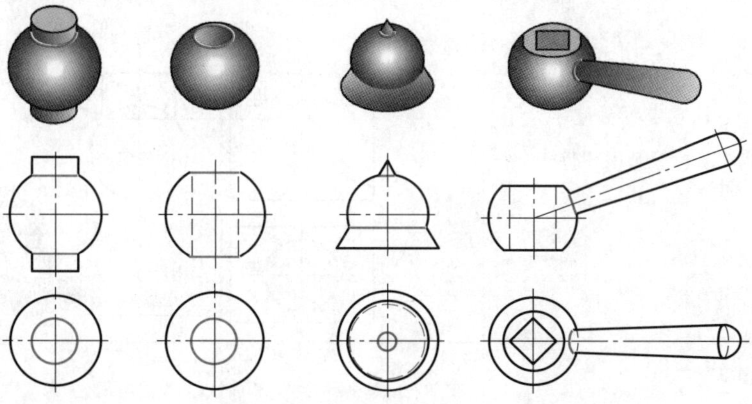

（a）　（b）　（c）　（d）

图 3-34　同轴回转体的相贯线

（2）两回转体公切于一个球面的相贯线为椭圆，如图 3-35 所示。

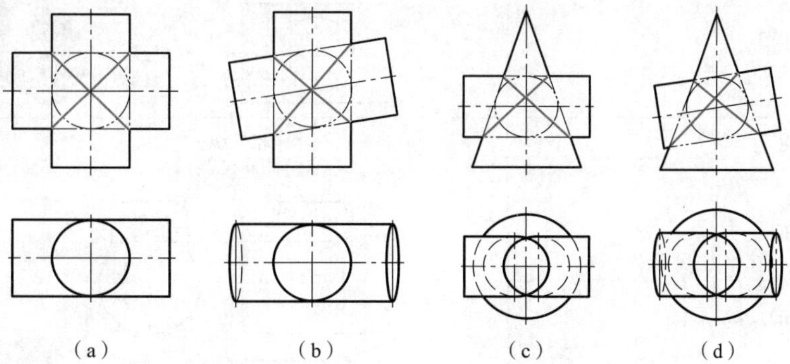

（a）　（b）　（c）　（d）

图 3-35　公切于一个球面的相贯线

（3）轴线平行的相交两圆柱相贯线及共顶相交两圆锥的相贯线为直线，如图 3-36 所示。

学习笔记

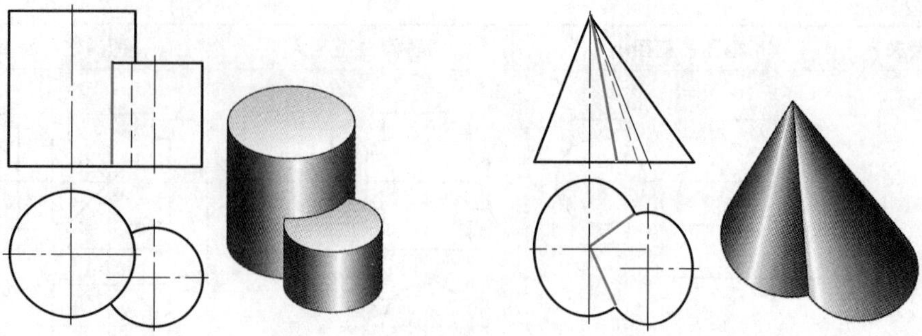

图 3-36　轴线平行的相交圆柱及共顶相交两圆锥的相贯线

任务实施

图 3-23 所示的正交两圆柱体及其相贯线投影的作图步骤和图例见表 3-13。

表 3-13　两圆柱体正交时相贯线的作图步骤和图例

作图步骤	绘制图例
(1)根据点的投影规律绘制出相贯线上特殊点 A、B、C 的三面投影	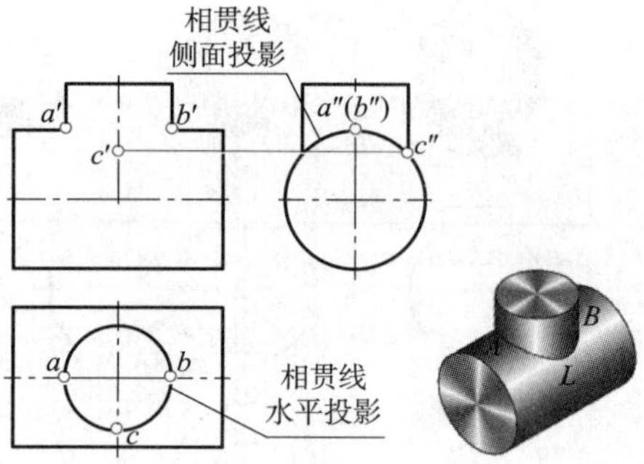
(2)根据点的投影规律绘制出相贯线上两个对称的普通点 E、F 的三面投影	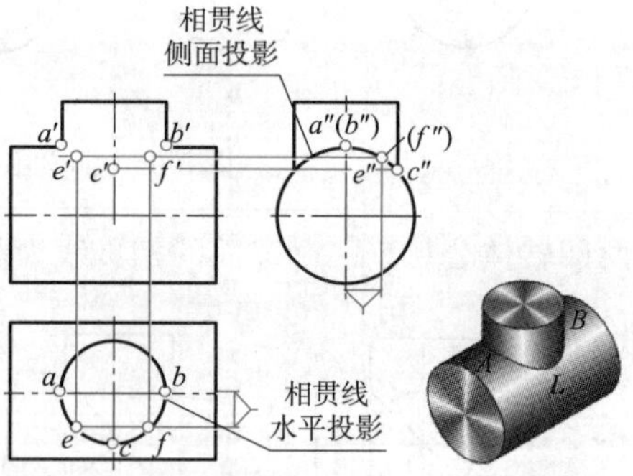
(3)光滑连接 A、E、C、F、B 五个点的同面投影即得到相贯线的投影	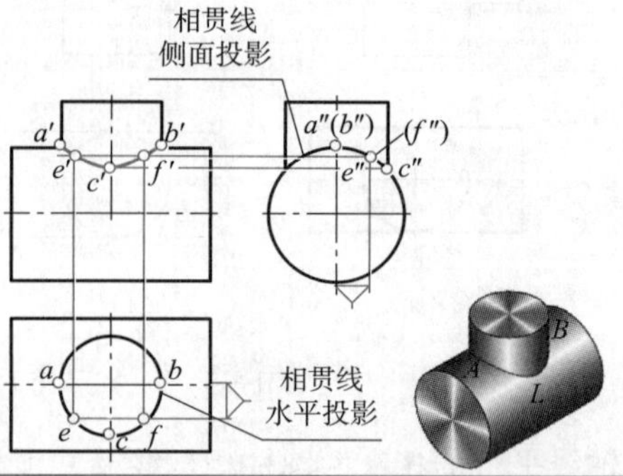

学习笔记

课后强化训练任务

课后强化训练任务一：如图3-37所示，求作带切口圆柱的侧面投影。

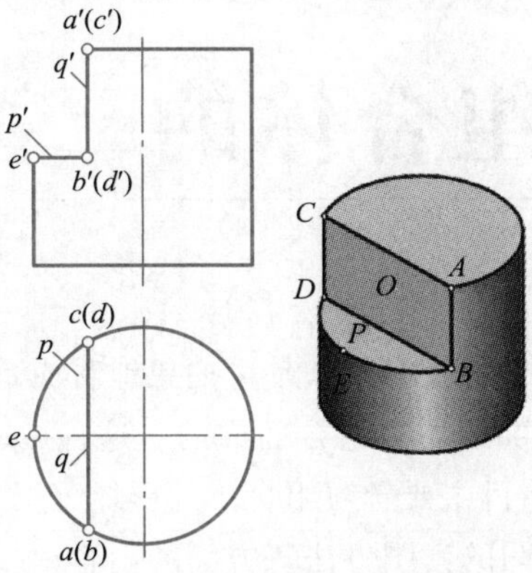

图3-37　带切口圆柱体的立体、正视图和俯视图

课后强化训练任务二：图3-38所示为顶尖被两平面截切后的立体图，要求绘制其对应的三视图。

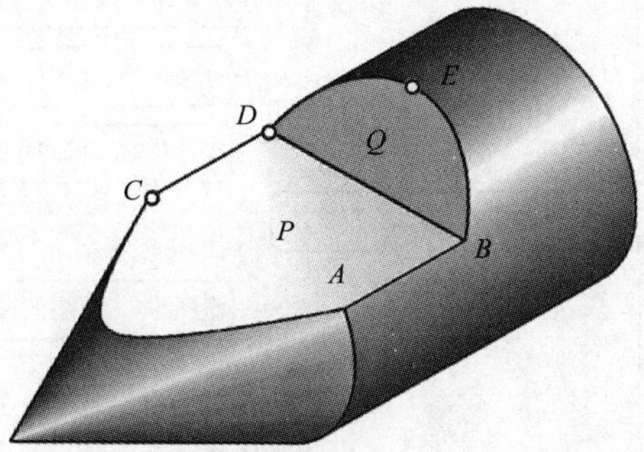

图3-38　两平面截切后的顶尖立体图

项目四

识读和绘制组合体的三视图

学习笔记

任何复杂的机械零件,从形体角度分析,都可抽象地看成是由一些基本体(如棱柱、棱锥、圆柱、圆锥、圆球、圆环等)经叠加或切割组合而成的。这种由若干个基本体按一定组合方式组成的物体,称为组合体。本项目主要学习组合体的形体分析、组合体三视图的绘制方法、组合体的尺寸标注及组合体三视图的读图方法等方面的内容。

知识结构图

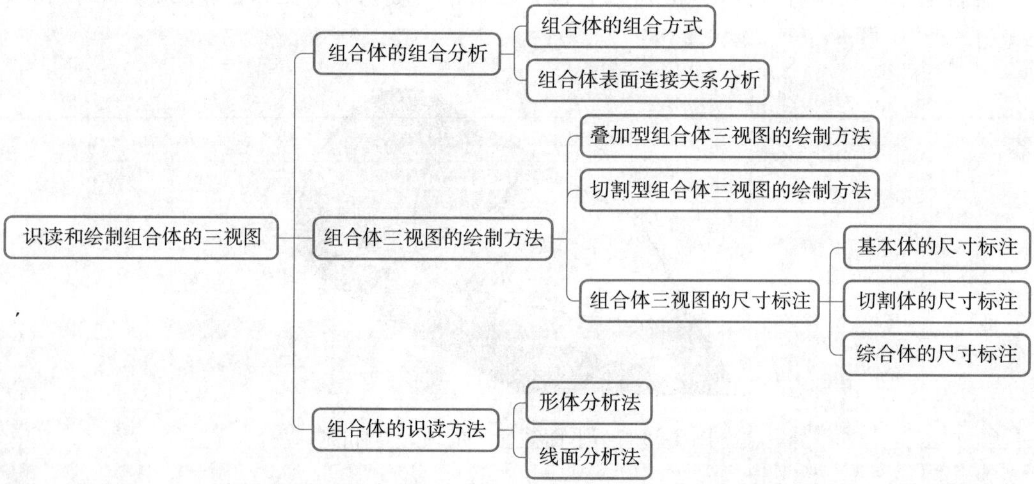

学习目标

知识目标

1. 掌握组合体的组合方式及表面连接关系的分析方法;
2. 掌握叠加型和切割型组合体三视图的绘制方法;
3. 掌握组合体三视图的尺寸标注方法;
4. 掌握组合体的形体分析法和线面分析法。

能力目标

1. 能分析出组合体的组合方式;
2. 能正确绘制叠加型和切割型组合体的三视图;
3. 能正确标注组合体三视图的尺寸;
4. 能正确识读组合体的三视图。

学习笔记

素质目标

1. 具有团队协作和创新意识；
2. 具有绘制和识读组合体三视图的规范意识；
3. 具有劳动意识、工匠精神。

任务一　绘制组合体的三视图

任务描述

图 4-1 所示为一正四棱柱截去三个立体后的空间位置图。任务要求根据立体的空间位置详细绘制该组合体的三面投影图。

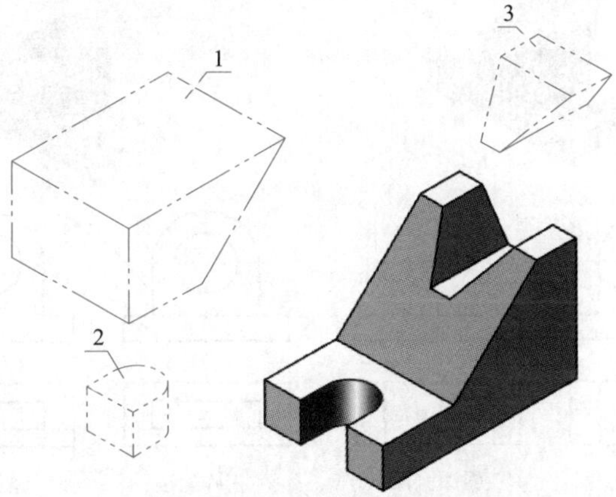

图 4-1　组合体的空间位置图

相关知识

一、组合体的组合方式

组合体的组合方式有:叠加型、切割型和既有叠加又有切割的综合型组合体。

(1)叠加型:由两个或两个以上的基本体叠加而成的组合体,如图 4-2(a)所示。

(2)切割型:从一个较大的基本体中切割出较小基本体的组合体,如图 4-2(b)所示。

(3)综合型:既有叠加、又有切割的组合体,如图 4-2(c)所示。

二、组合体中相邻立体表面间的连接关系

组合体中各基本几何体间表面的连接关系有以下四种情况:

(1)共面:相邻两基本体的表面共面时,连接处没有线,表示一个平面,如图 4-3(a)所示。

(2)不共面:相邻两基本体的表面不共面时,连接处应有分界线,表示不同的两个面,如图 4-3(b)所示。

(3)相切:相邻两基本体表面相切时,其相切处是光滑过渡,无分界线,因此在相切处不画切线的投影,如图 4-3(c)所示。

学习笔记

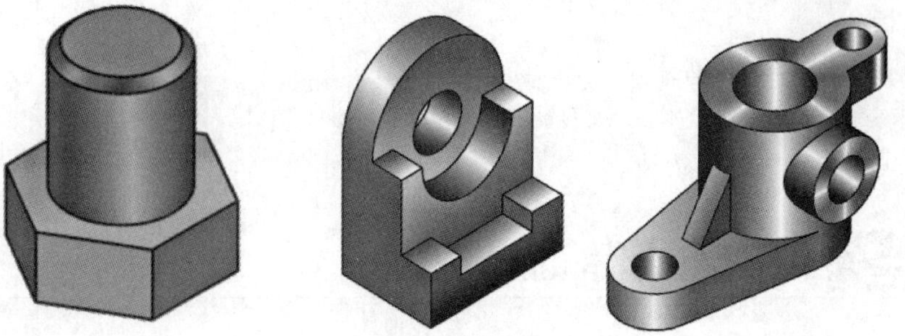

图 4-2　组合体的组合方式

(4)相交:相邻两基本体表面相交时,在相交处应该画出交线,如图 4-3(d)所示。

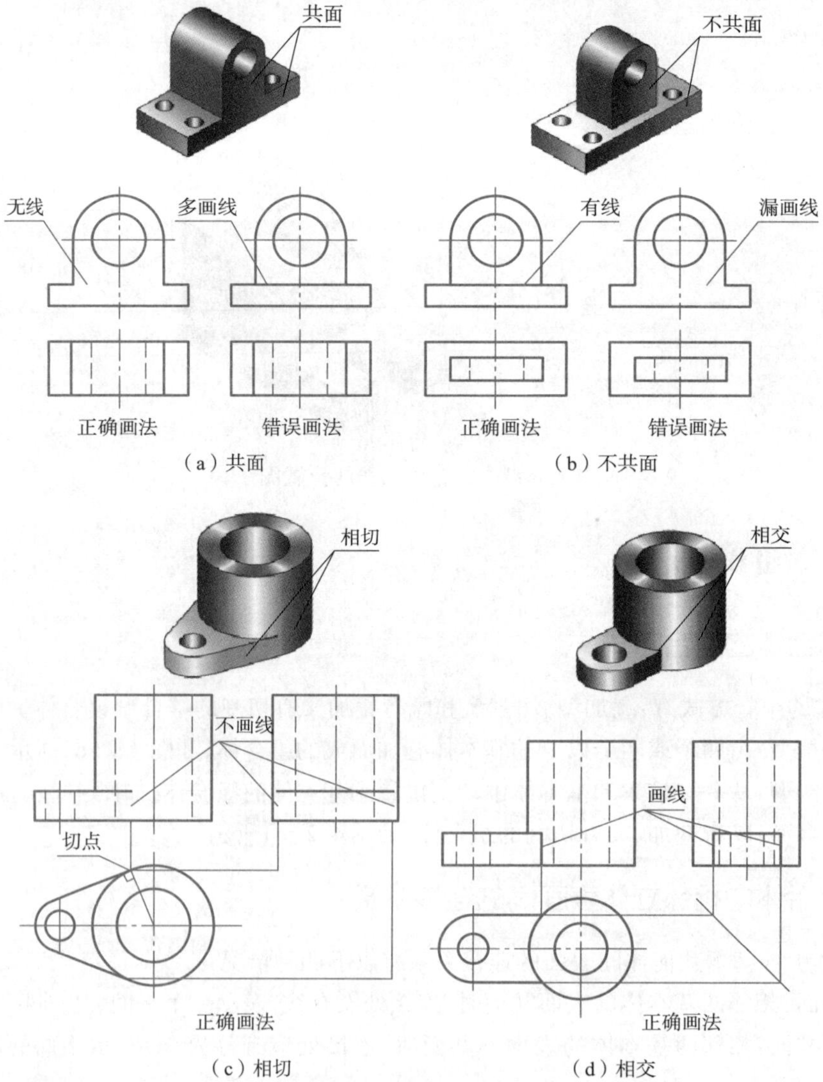

图 4-3　组合体中相邻立体表面间的连接关系

三、组合体的形体分析法

将一个复杂的组合体分解成若干个基本体,分析各基本体的形状、基本体间的相对位置关系及各基本体表面间的连接关系,以便进行绘图、读图和标注尺寸,这种分析组合体的方法称为形体分析法。用形体分析法分析组合体,能化繁为简、化难为易,提高绘图的质量和速度。

形体分析法是绘制和识读组合体视图及标注尺寸的最基本方法之一。如图4-4(a)所示的支架,用形体分析法可将其分解成五个基本体。支架的中间为一铅垂空心圆柱,左下方是带有两孔的水平矩形底板,底板的前、后面与圆柱柱面是相切的关系;右上方是带孔的水平U形板,U形板的前、后面与圆柱柱面是相交的关系,上面与圆柱的顶面平齐,两者的下面不共面,有虚线;正前上方是正垂空心圆柱,与铅垂空心圆柱是垂直相交的关系,有相贯线;铅垂圆柱与底板间有正平三棱柱形的肋板连接,肋板的正垂面与铅垂空心圆柱的柱面是相交的关系,其交线是一小段椭圆弧,如图4-4(b)所示。综合起来,支架是一个上中下叠加而成的结构,并且是基本前后对称的组合体,不对称部分是前上方多一圆柱凸台。

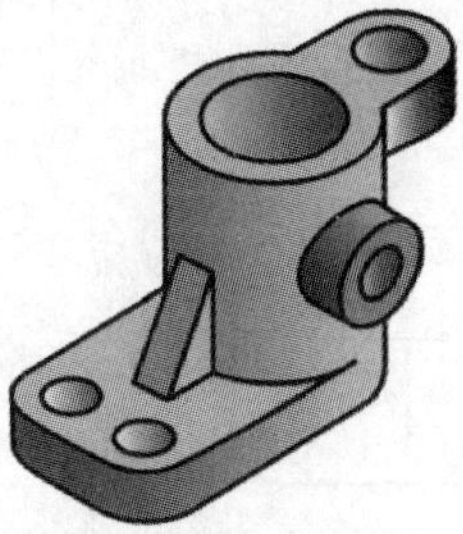

(a)

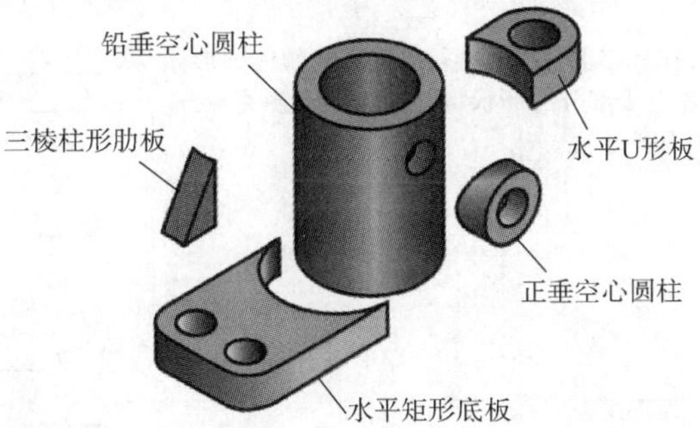

(b)

图4-4　组合体支架的形体分析

四、叠加型组合体三视图的绘制方法

图4-5所示为一叠加型组合体,对应三视图的作图步骤和图例见表4-1。

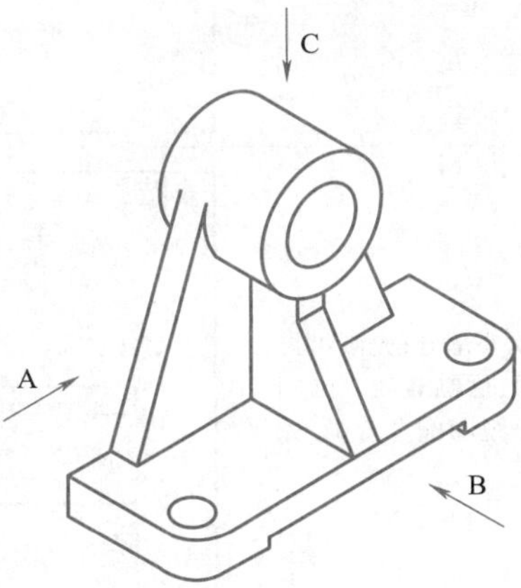

图4-5　叠加型组合体组成结构图

学习笔记

表 4-1　叠加型组合体三视图的作图步骤和图例

作图步骤	绘制图例
(1)对叠加型组合体进行形体分析,将组合体分解为底板、支承板、肋板和圆筒	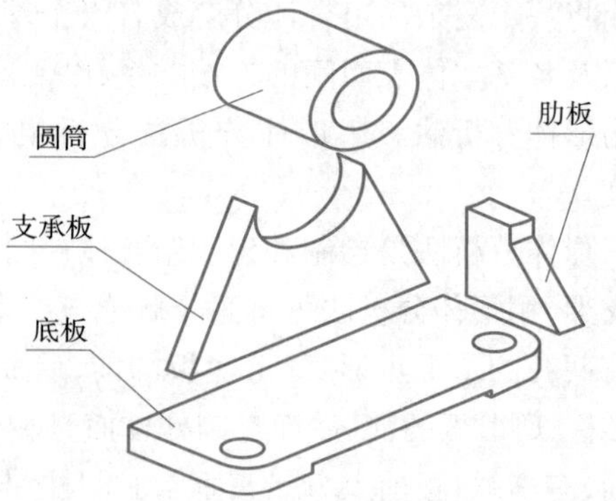
(2)选择主视图,要求主视图能较多地反映物体的形体特征,即反映各组成部分的形状特点和相互位置关系,选择 B 向作为主视图方向	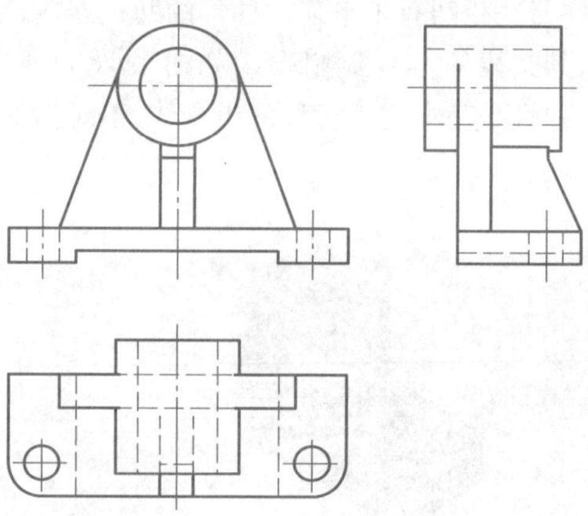
(3)选比例,定图幅,布置视图	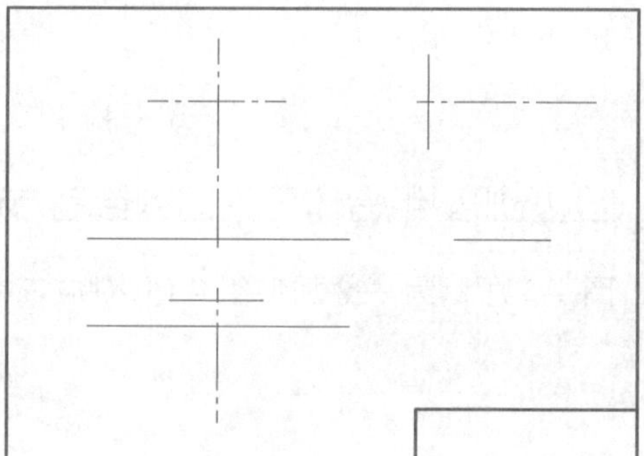
(4)绘制底稿,先画主要部分,后画次要部分;先画可见部分,后画不可见部分;先画圆或圆弧,后画直线。画图时,物体的每一组成部分,最好是三个视图配合着画,先画底板的三视图	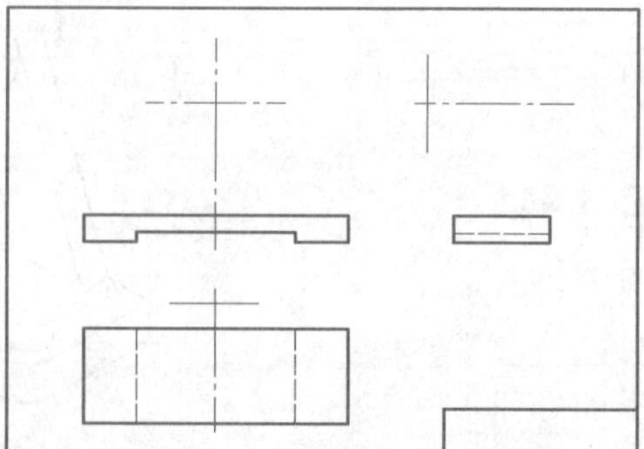

学习笔记

续表

作图步骤	绘制图例
(5)再绘制圆筒的三视图	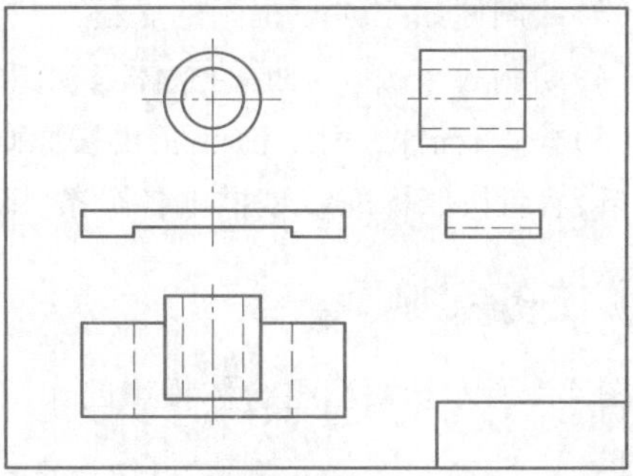
(6)绘制支承板的三视图	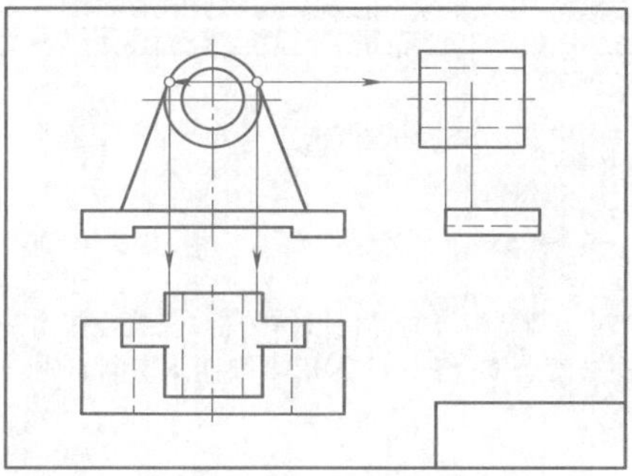
(7)绘制肋板的三视图	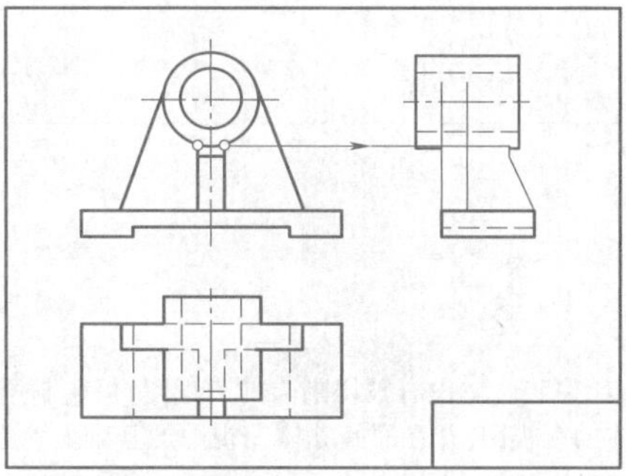
(8)检查描深	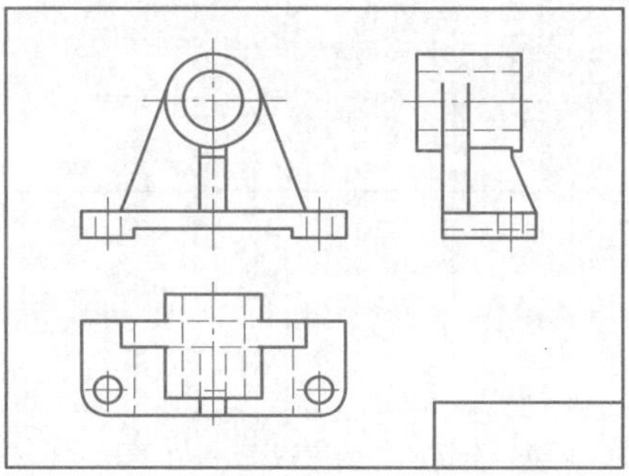

五、切割型组合体三视图的绘制方法

绘制切割型组合体三视图的具体方法:

(1)进行形体分析,分析出组合体原始立体是如何切割形成的。

学习笔记

(2)视图选择，选择主视图的投射方向，主视图的投射应最能反映切割体的形状特征，并能减少视图中的虚线。

(3)绘制原始立体三视图的底稿。

(4)绘制各个被切割掉的立体三视图的底稿。

(5)检查、描深，底图完成后，再按原画图顺序依次仔细检查，纠正错误，补充遗漏，擦去多余线条，然后按照标准线型描出各线条，即可完成导向块三视图的绘制。

任务实施

图4-1所示切割型组合体投影的作图步骤和图例见表4-2。

表4-2　切割型组合体投影的作图步骤和图例

作图步骤	绘制图例
(1)对切割型组合体进行形体分析，该组合体由一个正四棱柱被两个棱台和一个方形半圆柱体切割而成	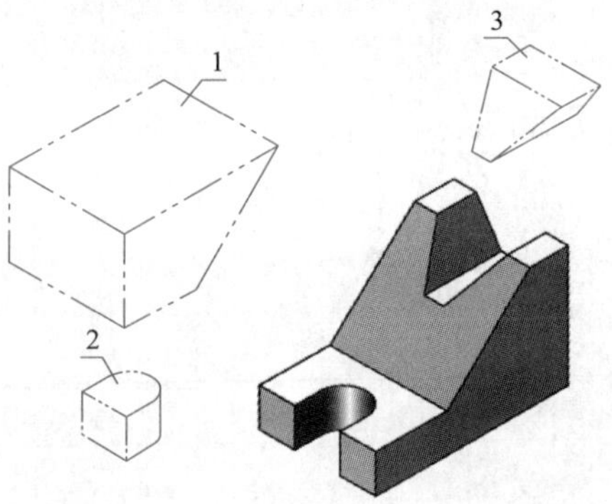
(2)绘制组合体没有被切割前的三视图，再绘制第一个切割体的三视图，并在原始立体三视图的基础上除去	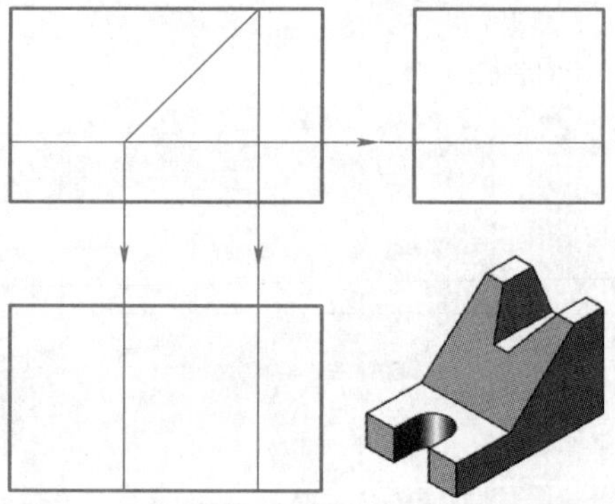
(3)绘制第二个切割体的三视图，并在原始立体三视图上除去	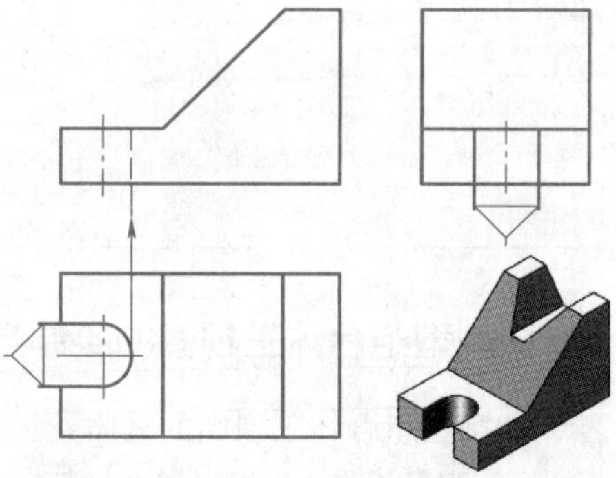

学习笔记

续表

作图步骤	绘制图例
(4)绘制第三个切割体的三视图，并在原始立体三视图上除去，并将组合体加粗、描深即可	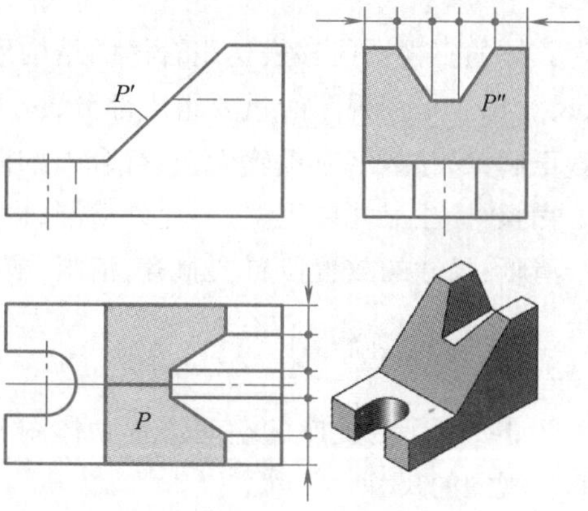

课后强化训练任务

课后强化训练任务一：求图 4-6 所示组合体的三面投影。

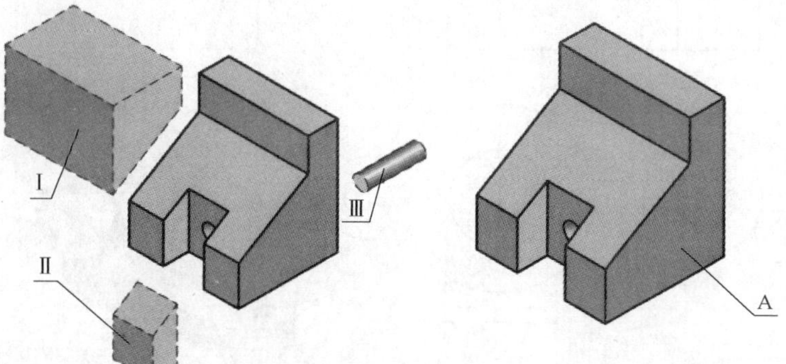

图 4-6　任务一组合体的立体和结构形成图

课后强化训练任务二：求图 4-7 所示组合体的三面投影。

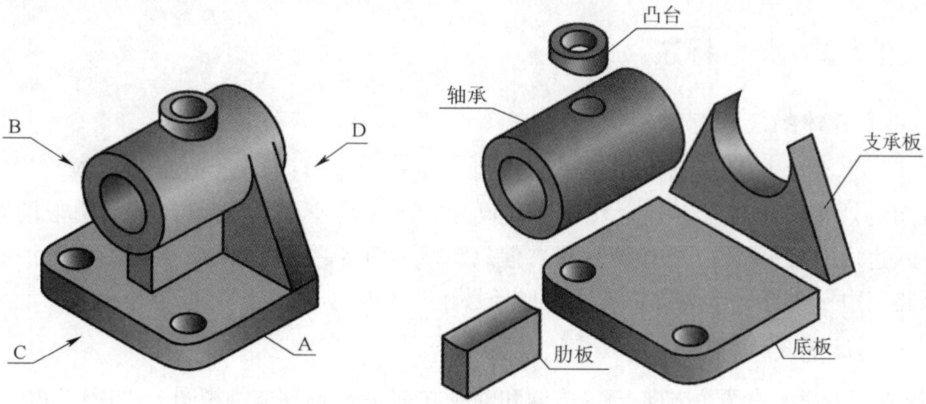

图 4-7　任务二组合体的立体和结构形成图

学习笔记

任务二 组合体的尺寸标注

立体的三视图能够表达组合体的结构形状，三视图尺寸则能表示组合体的真实大小。因此，尺寸标注是三视图的重要组成部分，三视图的尺寸标注要求正确、完整、清晰。

正确：尺寸数字应正确无误，符合国家标准《机械制图》中尺寸注法的相关规定。

完整：标注尺寸要完整，不允许遗漏，也不允许重复。

清晰：尺寸的放置位置要整齐、清晰、醒目，便于阅读和查找。

任务描述

图 4-8 所示为支座的空间位置立体图和三视图。任务要求根据立体的立体图详细标注支座三视图的尺寸。

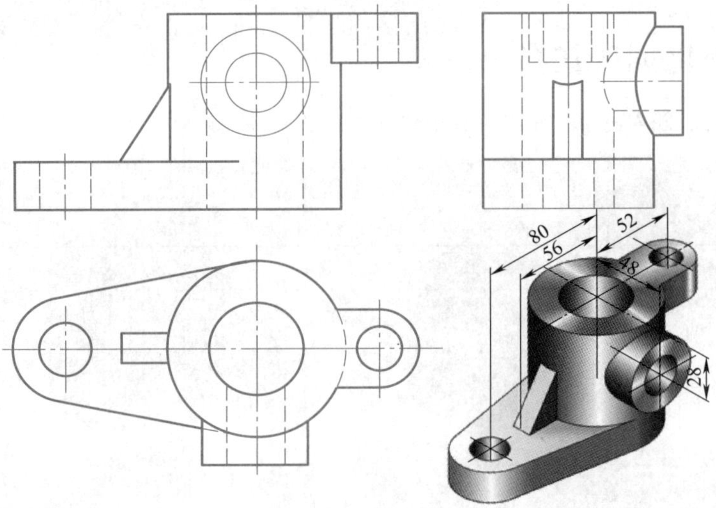

图 4-8　支座的立体图和三视图

相关知识

一、基本体的尺寸标注

1. 平面立体的尺寸标注

平面立体通常要标注立体的长、宽、高三个方向的尺寸，且应标注在最能反映立体形状特征的视图上，如图 4-9 所示。正六棱柱底面尺寸标注有两种方式，即标注正六边形的对边尺寸或正六边形的对角尺寸(外接圆直径)，但只需标出两者之一，如果对边和对角尺寸都标注，则应该将其中一个尺寸作为参考尺寸并加括号注明方向，如图 4-9(c)所示。

2. 回转体的尺寸标注

回转体的尺寸只有两个方向：直径方向和轴线方向，一般标在非圆视图上，如图 4-10(a)、(b)所示。注意标注球面的直径或半径时，要在 ϕ 或 R 前加 S，如图 4-10(c)所示。圆环标注定位

$\phi30$ 和定形 $\phi14$，如图 4-10（d）所示。

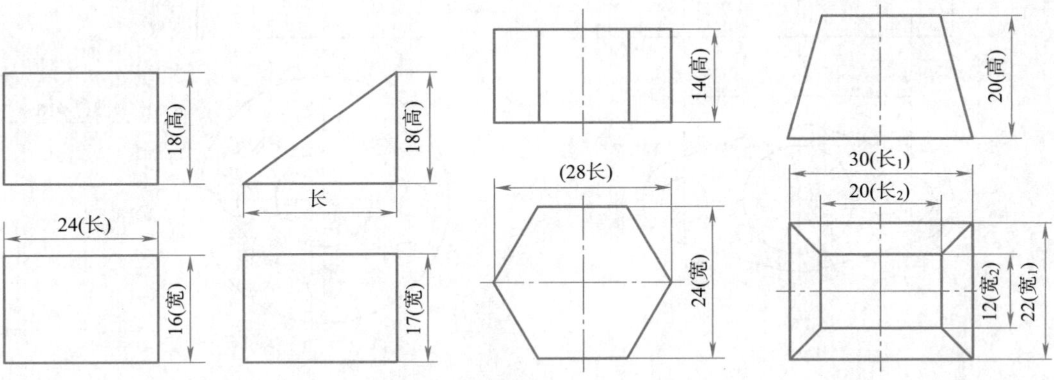

（a）　（b）　（c）　（d）

图 4-9 平面立体的尺寸标注

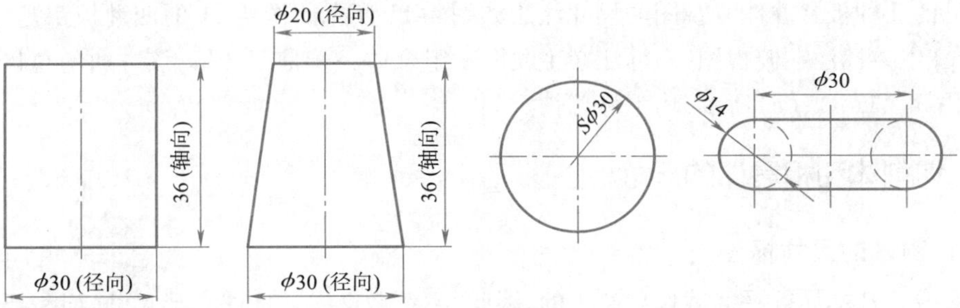

（a）　（b）　（c）　（d）

图 4-10 回转体的尺寸标注

在标注圆柱等回转体的直径时，通常注在非圆视图上，而半径尺寸必须注在投影为圆弧的视图上。圆心角 > 180° 的圆弧标直径，圆心角 ≤ 180° 的圆弧标半径，如图 4-11（b）所示的 $R15$。几段共圆心的圆弧标直径，如图 4-11（c）所示的 $\phi25$。相同孔的直径要标注其个数，如图 4-11（a）所示俯视图的 $4\times\phi8$。一般圆柱的直径标在非圆视图上，如图 4-10（a）所示主视图中的 $\phi30$。尽量不在虚线上标注尺寸，如图 4-11（a）所示俯视图中的 $4\times\phi8$。

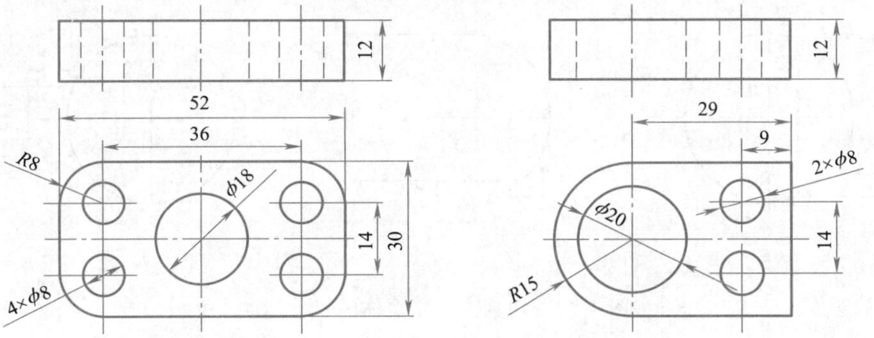

（a）　（b）

图 4-11 板状立体的尺寸标注

学习笔记

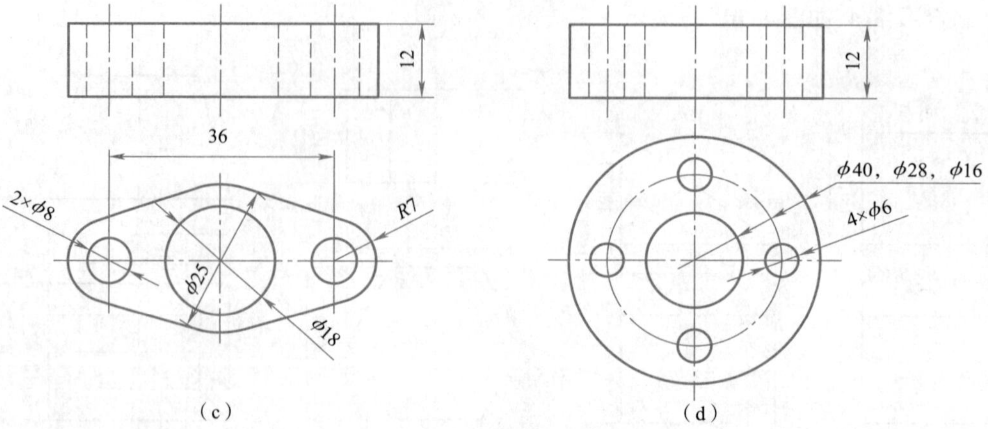

图 4-11　板状立体的尺寸标注（续）

3. 板状立体的尺寸标注

常见的几种板状立体三视图的尺寸注法如图 4-11 所示。图 4-11 的四种板都是水平板，因此，尺寸主要标注在俯视图，高标注在主视图。组合体一端是回转体，该方向的总体尺寸不标注，如图 4-11（b）、（c）所示，均不标总长。

二、切割体和相贯体的尺寸标注

1. 切割体的尺寸标注

截交线是基本体被平面截切后产生的，因此，不在截交线上标注定形尺寸，而需要标注出截平面的定位尺寸。如图 4-12（a）所示，11 为确定水平面高方向的定位尺寸，10 为确定两侧平面长方向的定位尺寸，俯视图中截交线宽度由定位尺寸 10 的大小确定，因此不应该标注。

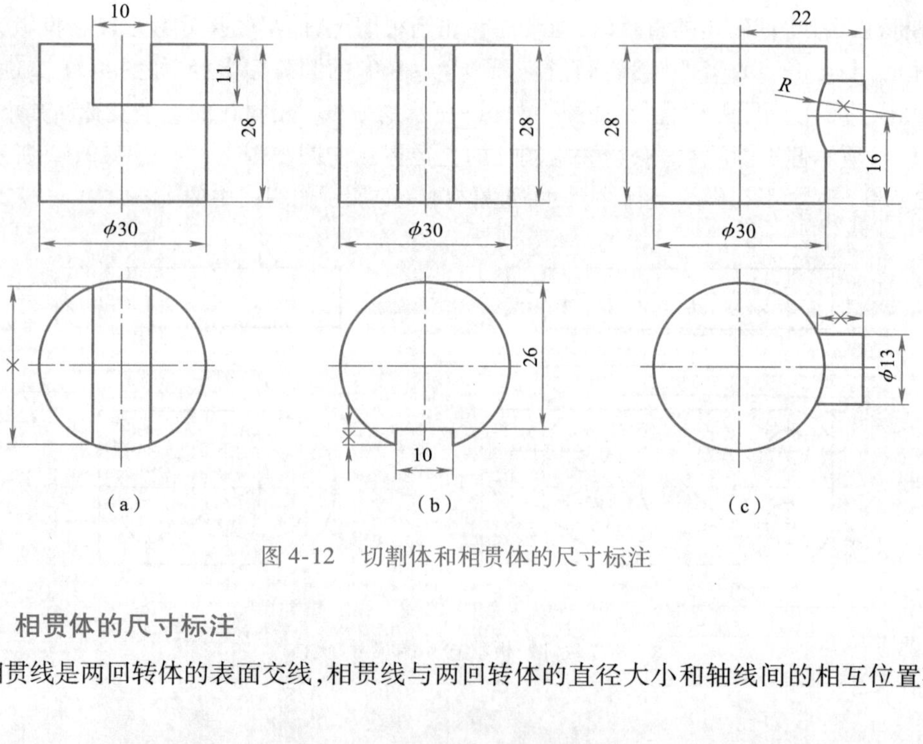

图 4-12　切割体和相贯体的尺寸标注

2. 相贯体的尺寸标注

相贯线是两回转体的表面交线，相贯线与两回转体的直径大小和轴线间的相互位置有关，因此,不需要标注相贯线的定形尺寸,只标注相贯的两回转体之间的定位尺寸,如图 4-12(c)所示,主视图中的 R 不应标注;22 是小圆柱长方向的定位尺寸,俯视图中小圆柱长方向的定形尺寸也不需要标注;16 确定小圆柱高方向的位置。

3. 标注尺寸时应注意的事项

(1)不标注多余的尺寸。同一张图上有多个视图时,同一形体的每个尺寸只需标注一次。如图 4-11(c)所示,两端为回转体时,不标注总长,应标注两回转体的中心距,总长可计算。

(2)相关尺寸集中标注。为了便于看图,同一形体的尺寸应尽量集中标注在一起,如图 4-13(a)所示,主视图中 7、5 两尺寸集中标注了凹槽的定位尺寸。而图 4-13(b)中左视图的 5、俯视图的 7 则分散标注了通槽的定位尺寸,不够清晰。为了标注的尺寸清晰,还应小尺寸在内,大尺寸在外,避免尺寸线与尺寸界线相交,因此图 4-13(a)比图 4-13(b)、(c)的尺寸标注清晰。

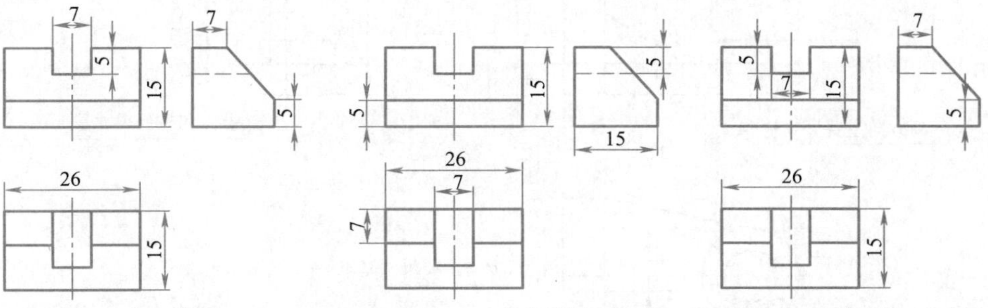

(a)清晰　　(b)不好　　(c)不好

图 4-13　相关尺寸集中清晰标注

(3)尺寸应标注在反映形状特征最明显的视图。如图 4-14(a)所示,该形体由正平矩形板和水平矩形板两部分组成,水平板尺寸集中标在俯视图,正平板的尺寸集中标注在主视图,两形体的相对位置尺寸标在左视图,因此图 4-14(b)中的标注方法没有图 4-14(a)中的尺寸标注容易识读。

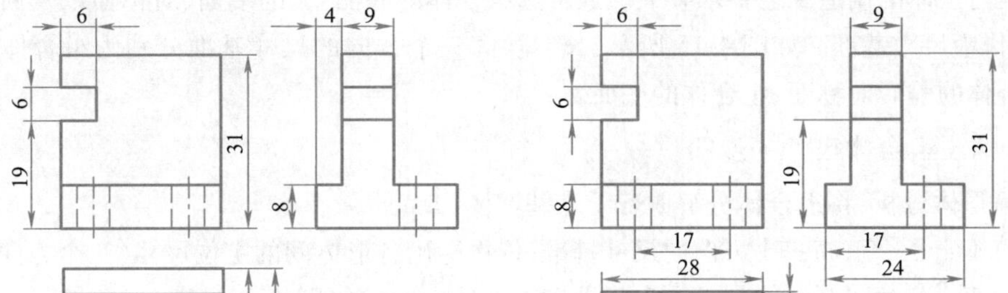

(a)好　　(b)不好

图 4-14　尺寸标注在形状特征最明显的视图

学习笔记

三、组合体的尺寸标注

1. 组合体中应标注的尺寸元素

(1)定形尺寸:确定组合体中各组成基本体形状大小的尺寸,如图4-15所示。

(2)定位尺寸:确定组合体中各组成基本体之间相对位置的尺寸,如图4-15中的22确定长度方向定位,16确定高度方向定位。

(3)总体尺寸:确定组合体总长、总宽、总高的尺寸。当组合体一端为回转面时,该方向的总体尺寸不标注,如图4-15所示,总长为22+11/2,总宽为9×2,总高为16+9。

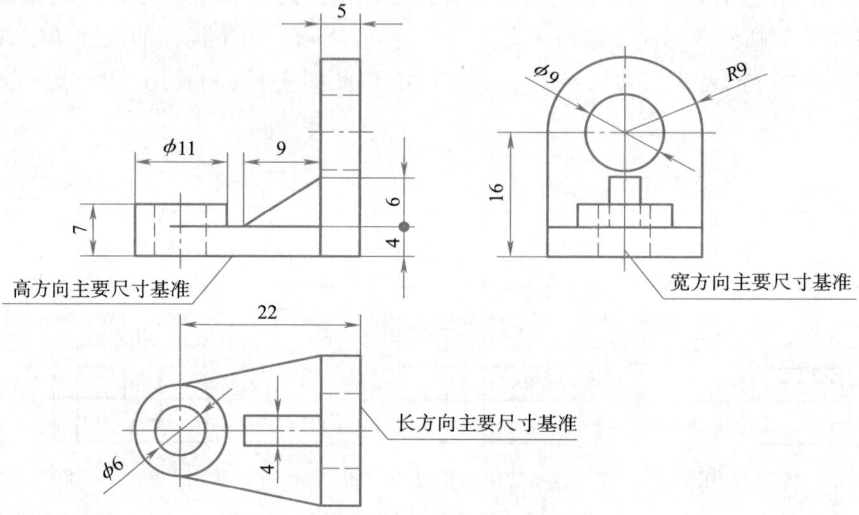

图4-15　尺寸元素及尺寸基准

2. 尺寸基准

标注尺寸的起点称为尺寸基准。组合体的长、宽、高三个方向(回转体有径向和轴向两个方向)都应有尺寸基准,以确定各形体的定形尺寸和各定位尺寸。尺寸基准既与立体的形状有关,也与立体的制造工艺要求有关。通常选组合体的底面、大的端面、对称面以及回转体的轴线等作为尺寸基准。如图4-15所示,长、宽、高三个方向的尺寸基准分别为组合体的右端面、组合体的前后对称面、组合体的底面。

3. 标注组合体尺寸的步骤

(1)形体分析,将组合体分解成若干个基本体。

(2)确定长、宽、高三个方向的尺寸基准,依次标出各形体间的定位尺寸(三个方向)。

(3)逐个标注出各基本体的定形尺寸和基本体内的定位尺寸。

任务实施

图4-8所示组合体尺寸标注的步骤和图例见表4-3。

学习笔记

表 4-3　组合体尺寸标注的步骤和图例

标注步骤	标注图例
(1)对支座组合体的三视图进行形体分析,分别找到底板、竖直圆筒、肋板、正面凸圆筒、顶面 U 形带孔凸台所对应的三视图	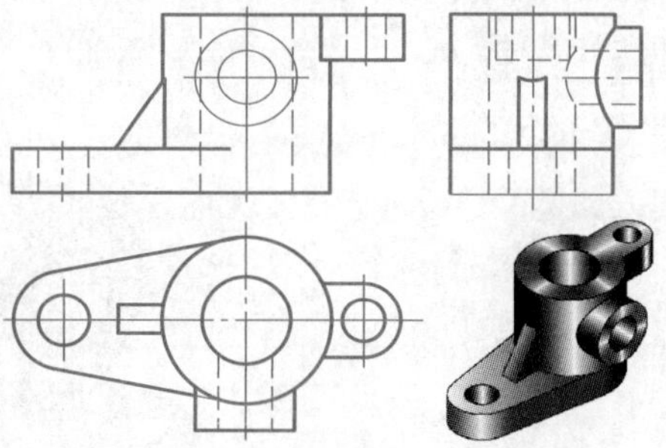
(2)标注支座各组成基本体的定形尺寸	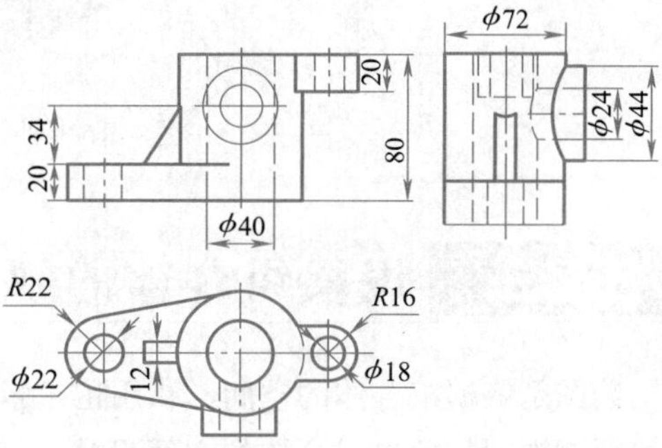
(3)确定尺寸基准并标注各组成基本体的定位尺寸	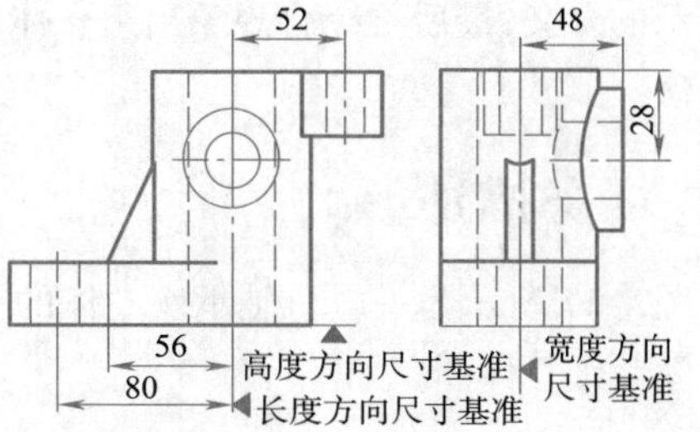
(4)标注组合体支座的总体尺寸,即将总长、总宽和总高的尺寸标注出来,即可得到组合体支座的整体尺寸标注图	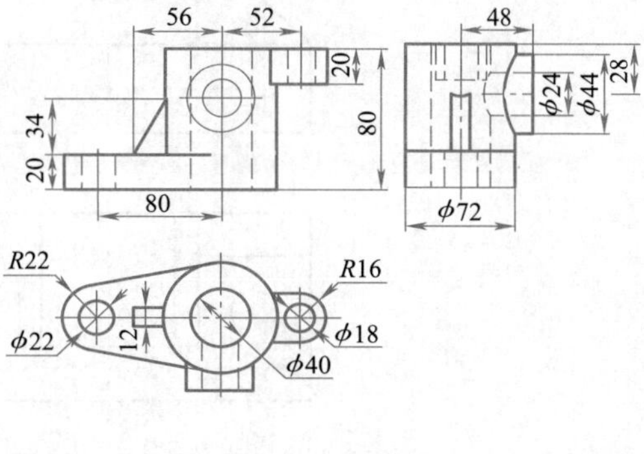

学习笔记

课后强化训练任务

课后强化训练任务：图4-16所示为轴承座组合体的立体图，要求绘制组合体的三面投影并标注好尺寸。

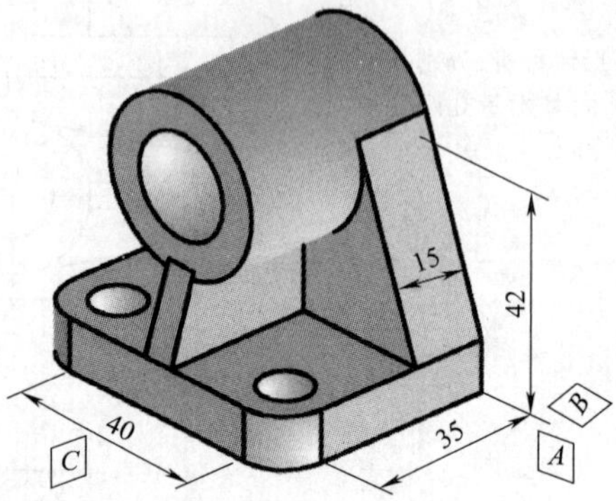

图4-16　轴承座的空间立体图

任务三　识读组合体的视图

绘图是依据组合体的空间形状用正投影法将组合体表示成二维平面上的三视图，而读图是根据三视图想象出组合体的空间形状。读图是绘图的逆过程，读图时应根据已知的视图，先易后难，先大后小，先实后虚，运用三视图的投影规律，正确分析视图中的每条线、每个线框所表示的含义，最后再综合想象出组合体的空间形状。读图的常用方法有形体分析法和线面分析法。

任务描述

图4-17所示为一电机轴承座立体的三视图。任务要求识读立体的三视图并想象其对应的空间三维立体图。

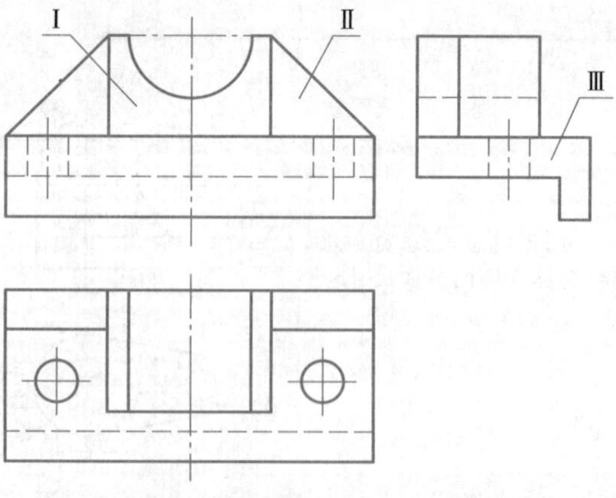

图4-17　电机轴承座立体三视图

学习笔记

相关知识

一、读图的基本方法

1. 形体分析法

形体分析法是指读图时根据组合体的特点，把表达形状特征最明显的视图分成若干个封闭线框，再按照投影规律及各视图之间的联系及形状特征视图，想象出各部分形状，同时根据表达位置特征明显的视图，分析出各形体之间的相对位置，最后综合各形体的形状和形体之间的相对位置想象出组合体的整体形状。使用形体分析法进行读图的步骤和图例见表4-4。

表4-4　使用形体分析法进行读图的步骤和图例

读图步骤	读图图例
(1)根据形状特征，分线框，找对应投影。顺序应为先简单后复杂，先大线框后小线框，先实线框后虚线框。结合俯、左视图，将主视图分成五个封闭的线框1′、2′、3′、4′、5′，再根据投影规律，分别找出这些线框在俯、左视图中相应的投影	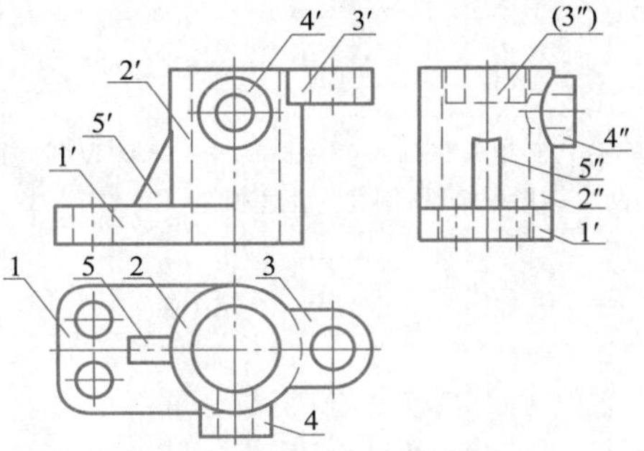
(2)对投影，找特征，想立体，抓各线框的形状特征视图。形体Ⅰ的形状特征视图在俯视图，主、左视图也为矩形，因此形体Ⅰ的基本形状是四棱柱，是水平矩形板	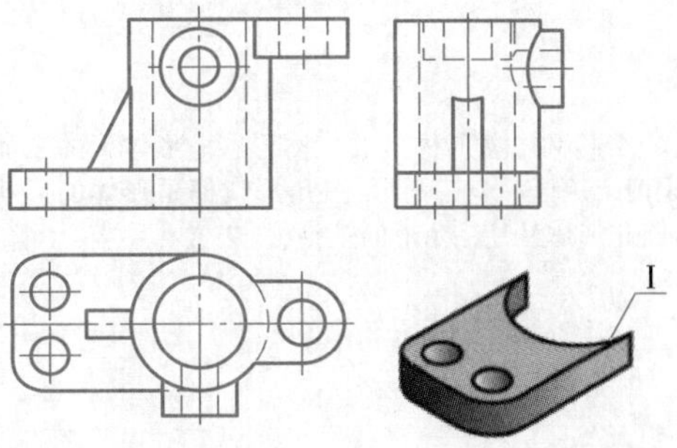
(3)分析和想象形体Ⅱ的立体形状。形体Ⅱ的三面投影是两个矩形一个圆，因此形体Ⅱ是一铅垂圆柱	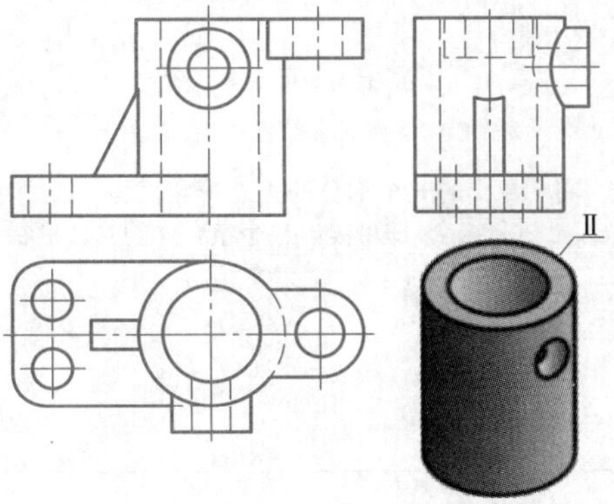

学习笔记

续表

读图步骤	读图图例
(4)分析和想象形体Ⅲ的立体形状。形体Ⅲ是一水平U形板,形状特征视图在俯视图,为U形线框,主、左视图均为矩形线框	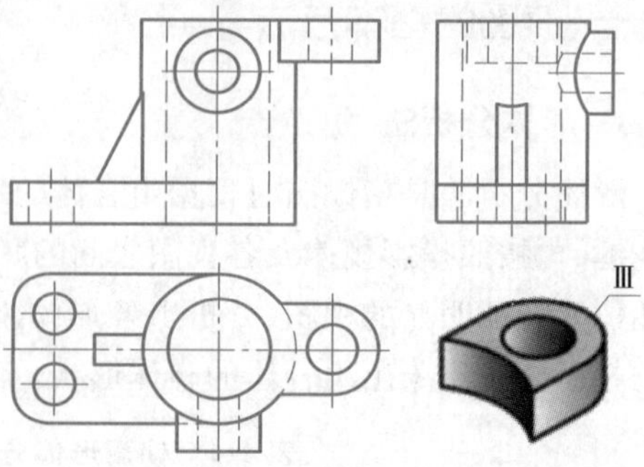
(5)分析和想象形体Ⅳ的立体形状。形体Ⅳ的三面投影是两个矩形一个圆,因此为正垂圆柱	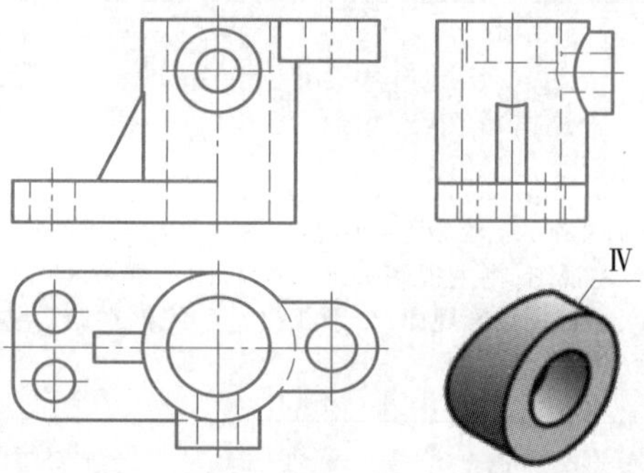
(6)分析和想象形体Ⅴ的立体形状。形体Ⅴ的三面投影是两个矩形一个三角形,三角形线框是形体的形状特征,因此形体Ⅴ是三角形的正平板	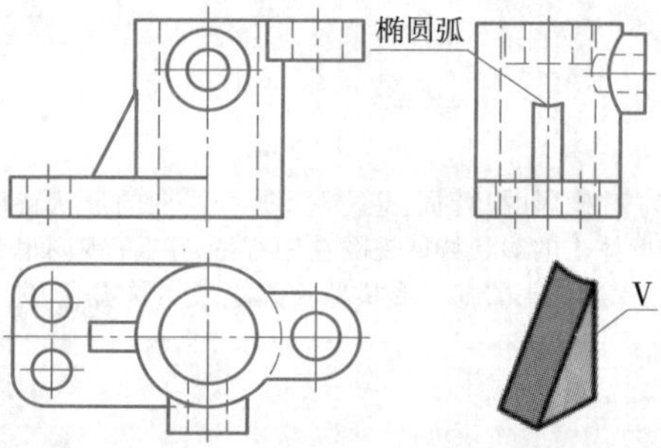
(7)将想象出的五个部分的立体形状根据三视图中的定位尺寸进行组合,即可读出整个组合体的立体形状	

学习笔记

2. 线面分析法

线面分析法是形体分析法读图的补充。当形体被切割、形体不规则或形体投影重合时，用形体分析法往往不能直接想象出物体的形状，这时需要用线面分析法帮助读图。线面分析法是根据视图中线条、线框的含义，分析相邻表面的相对位置、表面的形状及面与面的交线，从而确定物体的结构形状。线面分析法通常用于切割型组合体的读图，使用线面分析法进行读图的步骤和图例见表4-5。

表4-5　线面分析法进行读图的步骤和图例

读图步骤	读图图例
(1)恢复切割型组合体初始形状的三视图，并分析出初始立体的空间形状	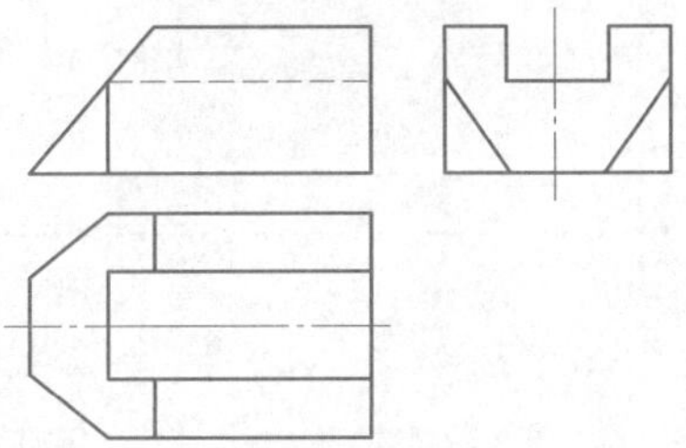
(2)分析垂直于投影面的平面Ⅰ的三面投影，想象出对应的立体图。1、1′、1″是两框一线，说明是垂直于投影面的平面，线在主视图，因此Ⅰ面是正垂面，长方体左上角被一正垂面截切	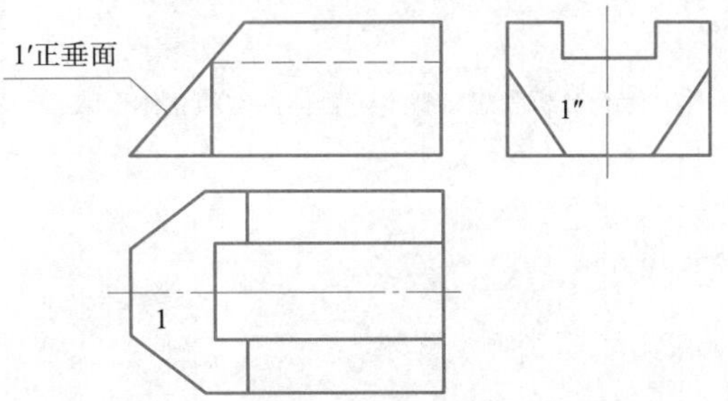
(3)分析垂直于投影面的平面Ⅱ的三面投影。2、2′、2″也是两框一线，Ⅱ面是铅垂面，说明长方体的左前下方和左后下方各被一个铅垂面截切	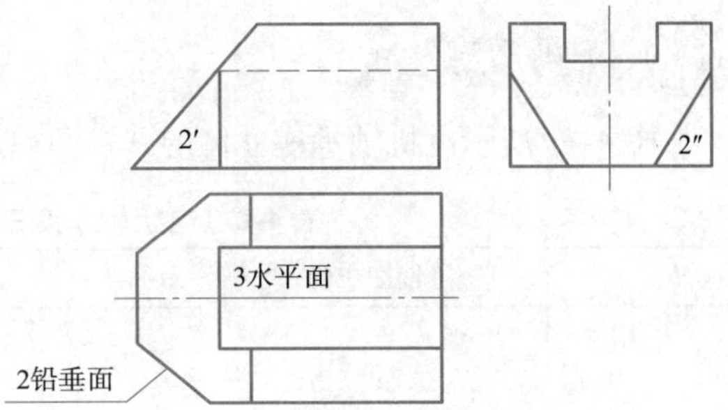
(4)分析和想象平行于投影面的形体Ⅲ的立体形状。3、3′、3″是两线一框，说明是平行于投影面的平面，框在俯视图，因此Ⅲ面是水平面	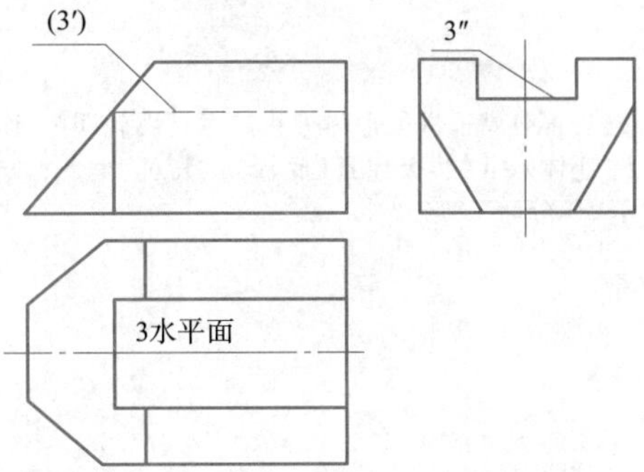

学习笔记

续表

读图步骤	读图图例
(5)分析和想象平行于投影面的形体Ⅳ的立体形状。4、4′、4″是两线一框,说明是平行于投影面的平面,框在主视图,因此Ⅳ面是正平面。Ⅲ、Ⅳ面在左视图都具有积聚性,说明长方体被一个水平面Ⅲ和两个正平面Ⅳ挖切,从左向右在长方体的正上方开通槽	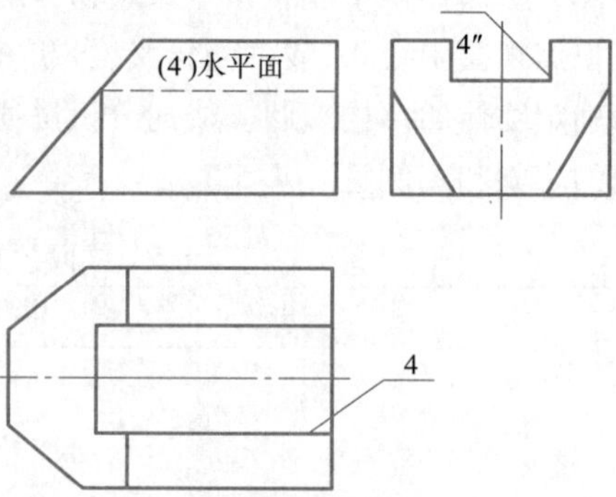
(6)综合分析和想象整个组合体的空间立体形状	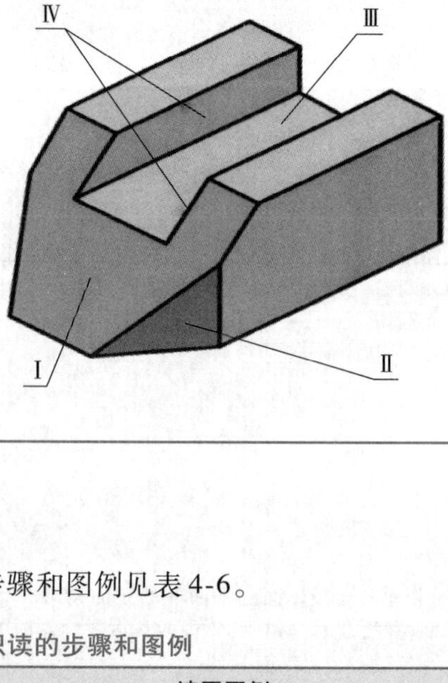

任务实施

图 4-17 所示电机轴承座立体的三视图识读的步骤和图例见表 4-6。

表 4-6　电机轴承座三视图识读的步骤和图例

读图步骤	读图图例
(1)抓住特征进行形体分析。主视图较明显地反映出Ⅰ(座体)、Ⅱ(肋板)、Ⅲ(底板)的特征,据此,该轴承座可大体分为三部分	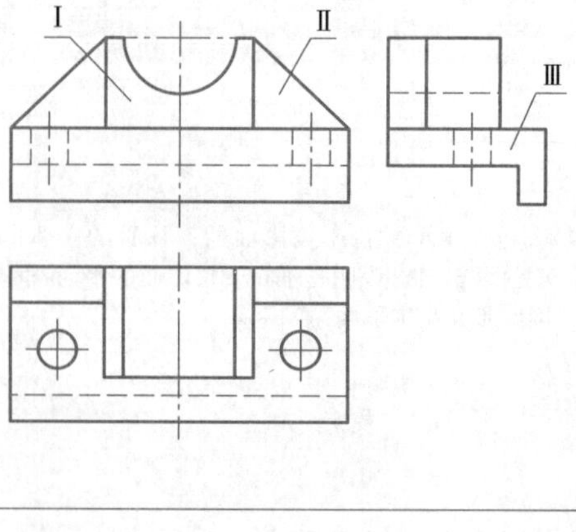

学习笔记

续表

读图步骤	读图图例
(2)分析和想象Ⅰ(座体)的空间形状。Ⅰ(座体)的空间形状为一长方体挖去一个圆柱	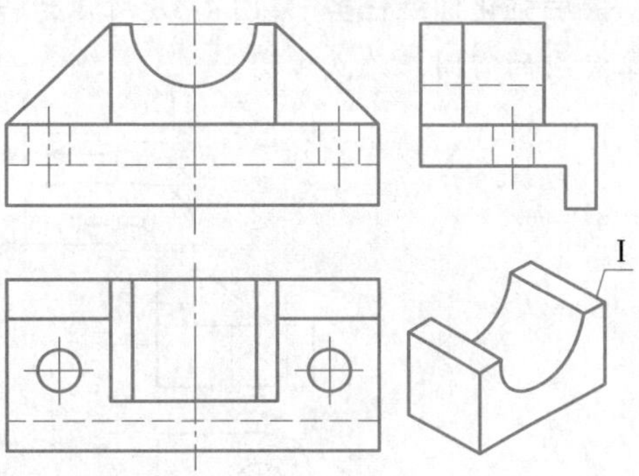
(3)分析和想象Ⅱ(肋板)的空间形状。Ⅱ(肋板)的空间形状为对称的两块三角块	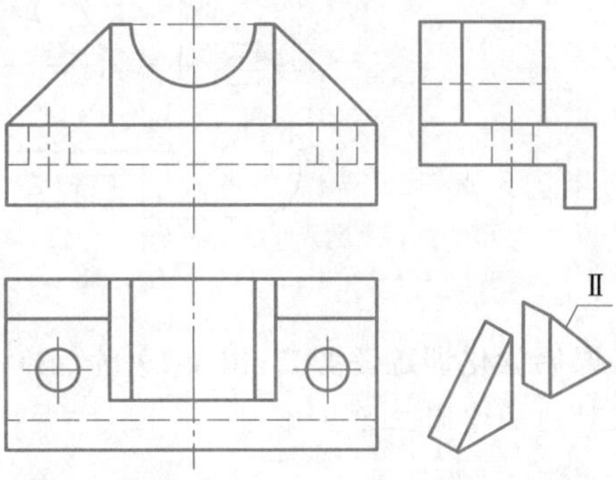
(4)分析和想象Ⅲ(底板)的空间形状。Ⅲ(底板)的空间形状为四棱柱后下方切掉一小四棱柱,上面挖掉两个圆孔	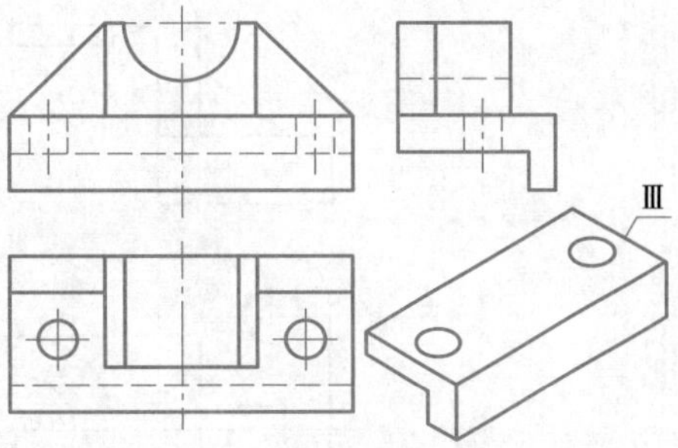
(5)综合分析和想象整个组合体的空间立体形状	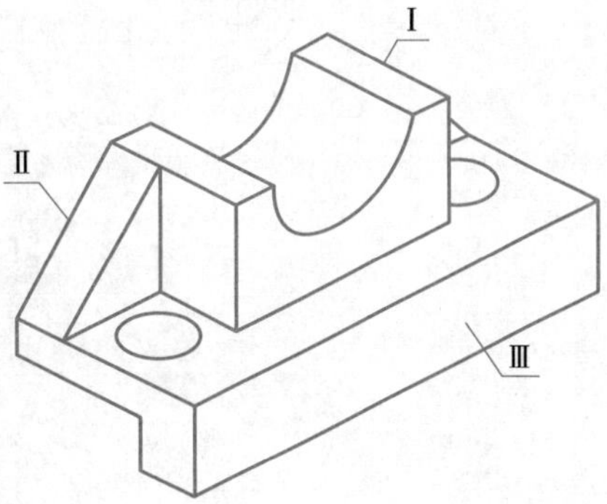

学习笔记

课后强化训练任务

课后强化训练任务一:图4-18所示为一组合体的三视图,要求分析该组合体的三视图并想象对应的空间三维立体图。

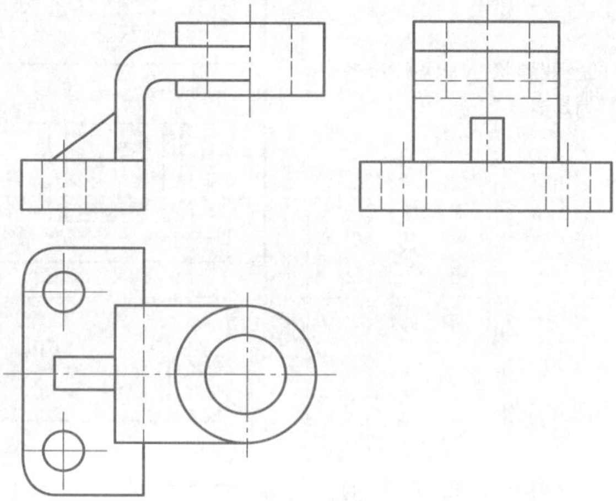

图4-18　任务一组合体的三视图

课后强化训练任务二:图4-19所示为一组合体的三视图,要求分析该组合体的三视图并想象对应的空间三维立体图。

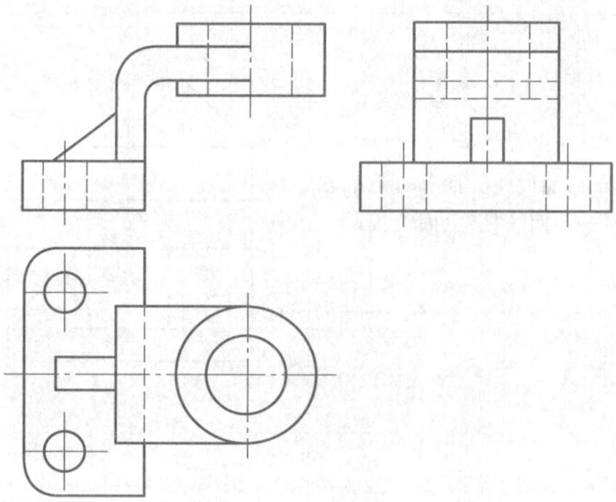

图4-19　任务二组合体的三视图

项目五

绘制立体的轴测图

学习笔记

轴测图是采用平行投影面绘制的一种单面投影图，这种图能同时反映出物体长、宽、高三个方向的尺度，形象比多面正投影更生动且富有立体感，但作图较烦琐、度量性差，因此在机械生产尤其是在汽车机械零部件的生产制造中一般作为辅助图样，用于表达零部件的直观形状。

知识结构图

- 绘制立体的轴测图
  - 轴测图的形成、分类和性质
    - 轴测图的形成过程
    - 轴测图的类型及对应的性质
  - 轴测图的绘制
    - 正等轴测图的绘制
      - 平面立体正等轴测图的绘制
      - 曲面立体正等轴测图的绘制
    - 斜二轴测图的绘制
    - 轴测图剖视图的绘制

学习目标

知识目标

1. 理解轴测图的形成过程；
2. 理解轴测图的类型及对应的性质；
3. 理解平面立体和曲面立体的正等轴测图的绘制方法；
4. 理解轴测图剖视图的绘制方法。

能力目标

1. 能根据立体的不同特点选择合适的轴测图表达类型；
2. 能正确绘制平面立体的正等轴测图；
3. 能正确绘制曲面立体的正等轴测图；
4. 能正确绘制轴测图剖视图。

素质目标

1. 具有团队协作和创新意识；

学习笔记

2. 具有绘制轴测图的规范意识；

3. 具有劳动意识、岗位意识和工匠精神。

任务一　正等轴测图的绘制

任务描述

图 5-1 所示为一开槽圆柱体的主视图和左视图。任务要求根据该立体的两面视图绘制出开槽圆柱体的正等轴测图。

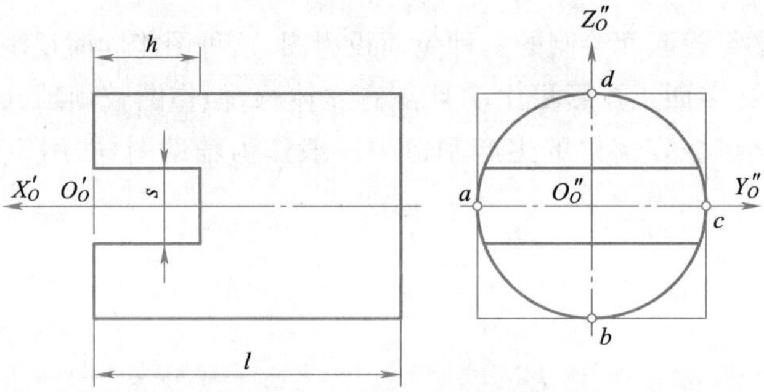

图 5-1　开槽圆柱体的主视图和左视图

相关知识

一、轴测图的形成过程、相关参数、分类和性质

1. 轴测图的形成过程

将物体连同其参考直角坐标系，沿不平行于任一坐标平面的方向，用平行投影法将其投射在单一投影面上所得到的图形，称为轴测图，如图 5-2 所示。

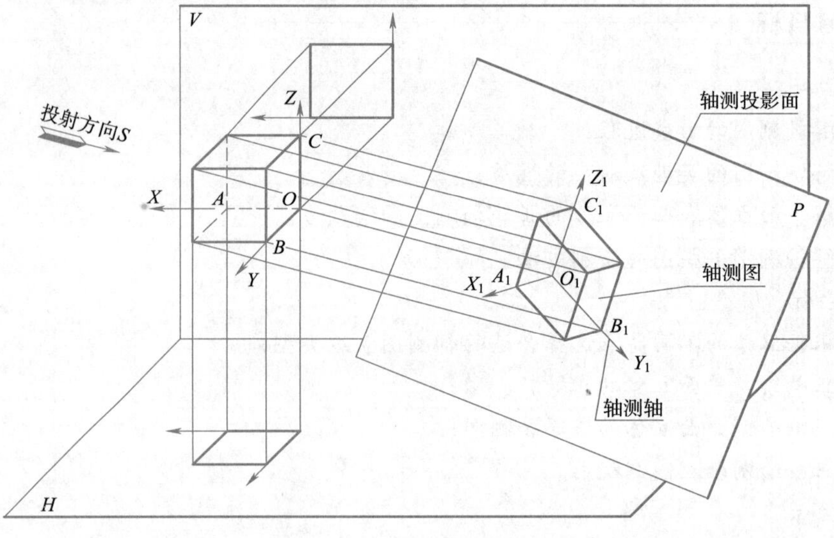

图 5-2　轴测图的形成示意图

在轴测投影中，生成轴测图的投影面 P 称为轴测投影面，坐标轴 OX、OY、OZ 的轴测投影 O_1X_1、O_1Y_1、O_1Z_1 称为轴测轴。当投射方向 S 垂直于轴测投影面 P 时，所得图形称为正轴测图；当投射方向 S 倾斜于轴测投影面 P 时，所得图形称为斜轴测图。

2. 轴测图的相关参数

(1)轴向伸缩系数：轴测轴上的单位长度与相应投影轴上的单位长度的比值，简称伸缩系数。O_1X_1、O_1Y_1、O_1Z_1 的轴向伸缩系数分别用 p_1、q_1 和 r_1 表示：

$$p_1=\frac{O_1A_1}{OA},q_1=\frac{O_1B_1}{OB},r_1=\frac{O_1C_1}{OC}$$

为了便于作图，O_1X_1、O_1Y_1、O_1Z_1 轴上的伸缩系数分别用 p、q 和 r 简化表示。

(2)轴间角：在轴测图中，两轴测轴之间的夹角称为轴间角，如 $\angle X_1O_1Y_1$、$\angle X_1O_1Z_1$ 和 $\angle Y_1O_1Z_1$。

3. 轴测图的分类

轴测图按轴测轴的伸缩系数（又称简化系数）是否相等分成三种：当三个轴测轴的伸缩系数都相等时，称为等轴测图，简称等测；只有两个相等时，称为二等测图，简称二测；三个都不相等时，称为三等测图，简称三测。因此，常用轴测图可分为以下三种：

(1) $p=q=r$，称为正等或斜等轴测图，简称正或斜等测。

(2) $p=r\neq q$，称为正二等或斜二等轴测图，简称正或斜二测。

(3) $p\neq q\neq r$，称为正三等或斜三等轴测图，简称正或斜三测。

4. 轴测投影的基本性质

轴测投影是一种平行投影，因此它具有平行投影的以下投影特性：

(1)平行性：物体上相互平行的线段在轴测图上仍然相互平行。

(2)定比性：空间同一线段上各段长度之比在轴测投影中保持不变。

(3)等比性：空间相互平行的线段具有相同的轴向伸缩系数。

由以上特性可知：在画轴测图时，物体上平行于各坐标轴的线段应按平行于相应轴测轴的方向画出，并根据各坐标轴的轴向伸缩系数确定其尺寸。换言之，画轴测图时，必须沿轴测轴或平行于轴测轴的方向才可以度量。

二、正等轴测图的绘制方法

作物体的轴测图时，应首先选择画哪一种轴测图，接着确定各轴向伸缩系数和轴间角。轴测图应按表达清晰和作图方便的标准进行绘制，一般 Z 轴常画成铅垂位置；物体的可见轮廓应用粗实线画出，不可见轮廓一般不画，必要时才用细虚线表示。

1. 轴测坐标系的绘制

如图 5-3(a)所示，当三条坐标轴 OX、OY、OZ 处于对轴测投影面倾角相等的位置时，所得到的轴测图就是正等轴测图。正等轴测图的轴间角都是 120°，即 $\angle X_1O_1Y_1=\angle X_1O_1Z_1=\angle Y_1O_1Z_1=120°$，正等轴测图的轴向伸缩系数都相等，即 $p=q=r\approx0.82$。为了简化绘图，一般将轴向伸缩系数简化为 1，即 $p=q=r=1$，如图 5-3(b)所示。

2. 平面立体的正等轴测图绘制方法

绘制轴测图的方法常用坐标法或综合法。坐标法是按坐标绘制立体各顶点轴测图的方

学习笔记

法，适用于绘制简单立体或叠加型立体；综合法用于绘制切割型物体或综合型立体，一般先用坐标法绘制出简单立体或叠加立体后，再绘制出被切割立体的轴测图。

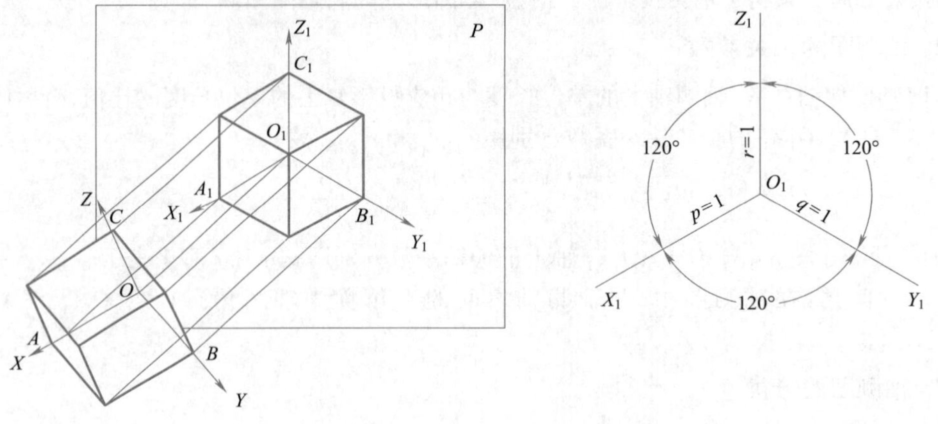

（a）　　　　　　　　　　　　　　　　（b）

图 5-3　正等轴测图轴测坐标系的绘制

绘制轴测图的一般步骤：

(1) 确定轴测图的坐标原点。根据立体的结构特点，考虑作图方便、有利于按坐标关系定位和度量，并尽可能减少作图线以确定原点，一般选在立体的对称轴线上，且放在顶面或底面处。

(2) 根据轴间角，画轴测轴。

(3) 使用常用坐标法绘制点、直线的轴测图，然后根据立体结构，依次绘图，最后连成立体的正等轴测图。不可见棱线通常不绘制。

(4) 检查，擦去多余图线并描粗加深。

以正六棱柱为例，正六棱柱上、下底面为水平面，且为对称图形，棱线为铅垂线，所以选择直角坐标系时，直角坐标轴可按对称位置选取，坐标原点设在底面中心，各侧棱线平行于 OZ 轴。画正六棱柱正等轴测时采用坐标法作图，先确定点 A、B、C、D、E、F 各轴测点，再绘制底面各轴测线，然后绘制平行于 OZ 轴的侧棱并平移底面高度 h 得顶面轴测图，最后连接上、下底面各可见顶点。具体绘制过程见表 5-1。

表 5-1　正六棱柱正等轴测图的作图步骤和图例

作图步骤	绘制图例
(1) 依据立体的主视图和俯视图，在主、俯图上确定坐标轴和坐标原点	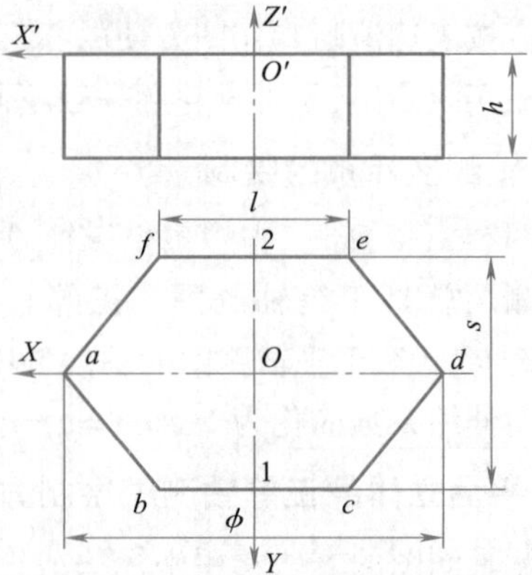

续表

作图步骤	绘制图例
(2)绘制轴测轴,根据正六棱柱三视图的尺寸定位并绘制Ⅰ、Ⅱ、*A*、*D* 四点	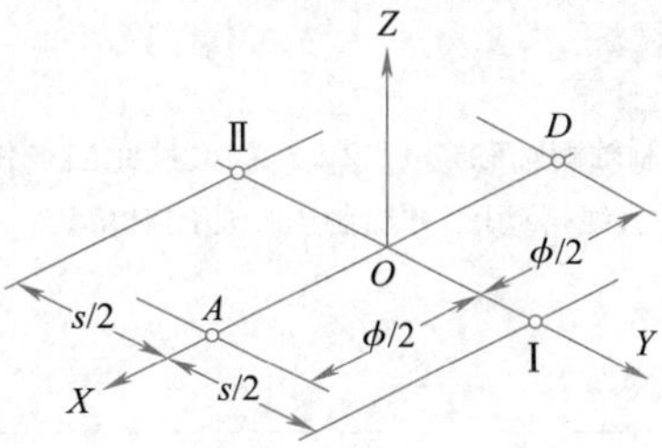
(3)根据轴测图的平行性基本性质,分别绘制平行于 *OX* 轴的直线段 *EF*、*BC* 的轴测图,并连接 *A*、*B*、*C*、*D*、*E*、*F* 各轴测点,完成正六棱柱底面轴测图的绘制	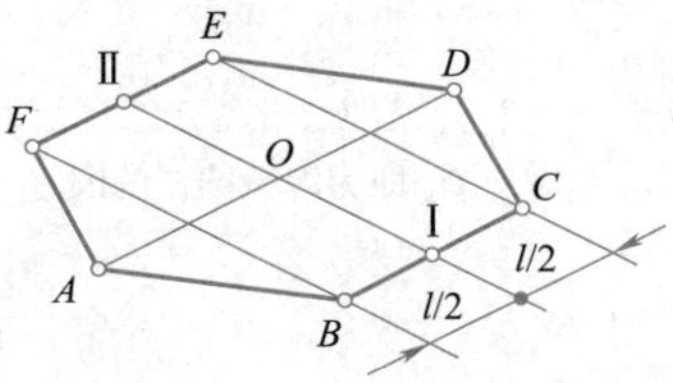
(4)依据主视图的高度尺寸,将底面的轴测图沿着 *OZ* 轴向上平移高度 *h*,将可见轮廓线描深加粗即可得到正六棱柱的正等轴测图	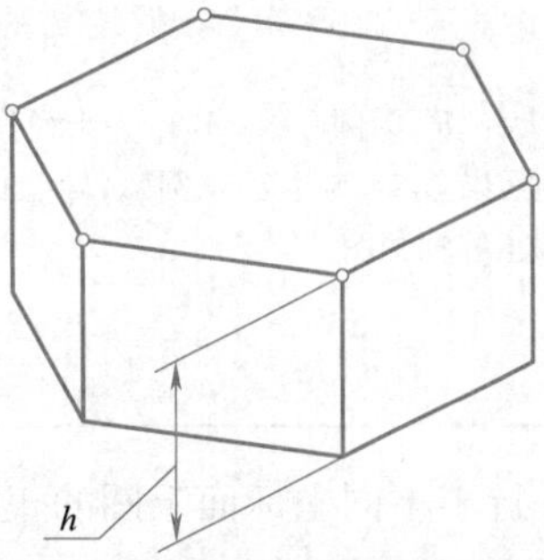

3. 曲面立体的正等轴测图的绘制方法

(1)圆的正等轴测图的绘制方法。平行于坐标面的圆的正等轴测图都是椭圆,虽然椭圆的方向不同,但绘制方法相同,各椭圆的长轴都在外切菱形的长对角线上,短轴在短对角线上。在正等轴测图中,椭圆一般用四段圆弧代替,以平行于水平面的圆的正等轴测图的绘制为例,其对应的作图步骤和图例见表 5-2。

表 5-2　平行于水平面的圆的正等轴测图的作图步骤和图例

作图步骤	绘制图例
(1)选取圆心为坐标原点在俯视图中作坐标轴,在俯视图中作圆的外切正方形,切点为 1、2、3、4	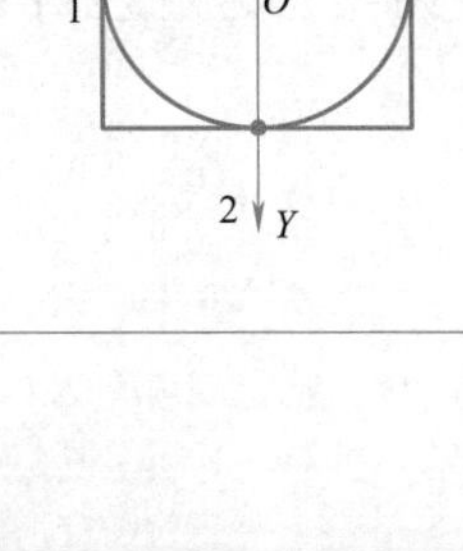

学习笔记

续表

作图步骤	绘制图例
(2)绘制轴测轴和点 1_1、2_1、3_1、4_1，过此四点作平行于轴测轴的直线得菱形，并绘制出菱形的对角线	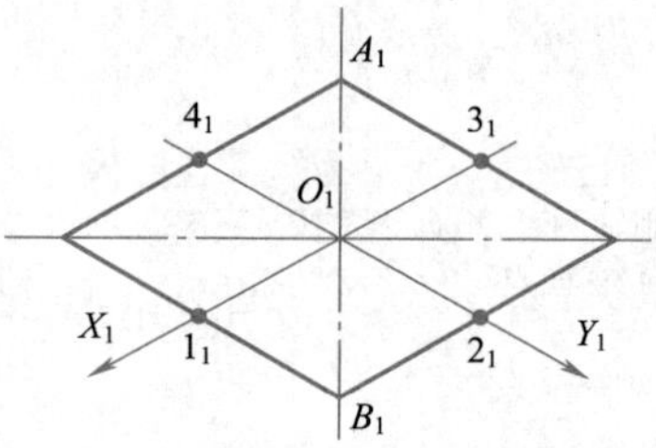
(3)连接 1_1A_1、2_1A_1、3_1B_1、4_1B_1 交菱形长对角线于 C_1、D_1，则 A_1、B_1、C_1、D_1 即为四段圆弧的圆心	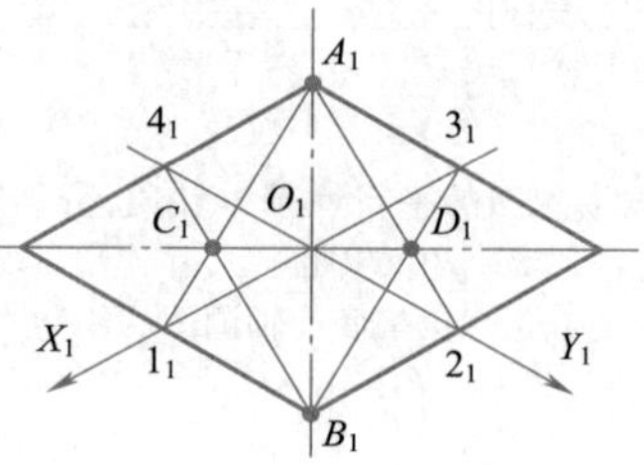
(4)分别以 A_1、B_1 为圆心，以 A_12_1 为半径作圆弧；再以 C_1、D_1 为圆心，以 C_11_1 为半径作圆弧，四个圆弧连成椭圆，即为圆的正等轴测图	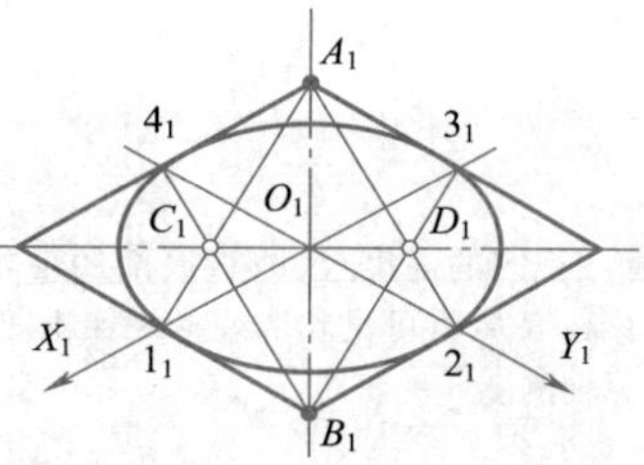

(2)平行于不同坐标面上圆的正等轴测图的绘制方法。平行于不同坐标面上圆的正等轴测图的作图步骤和图例见表5-3。

表5-3 平行于不同坐标面上圆的正等轴测图的作图步骤和图例

作图步骤	绘制图例
(1)在正方体的前表面上作菱形的对角线	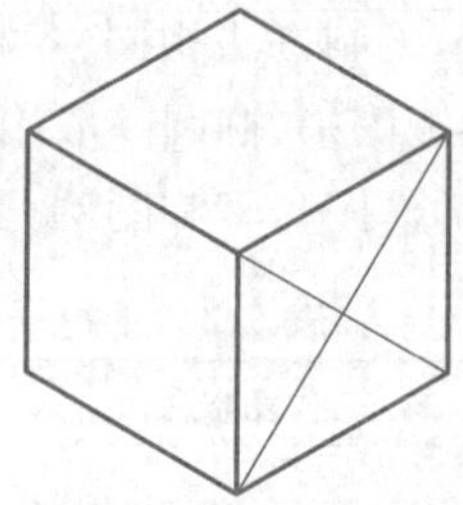
(2)分别作菱形水平边和竖直边的平分线，得1、2、3、4、5、6、7、8各点	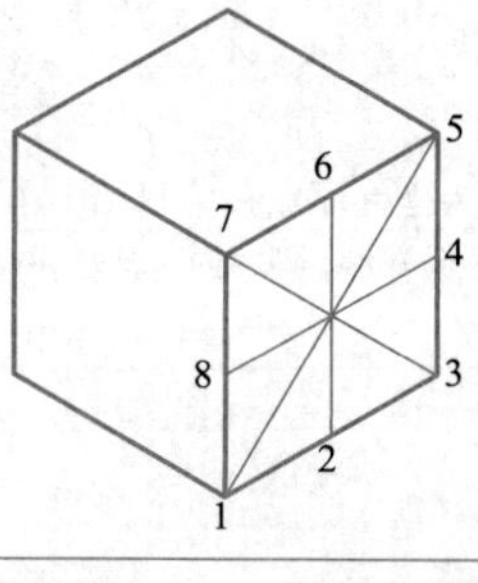

学习笔记

续表

作图步骤	绘制图例
(3)连接7、2和7、4交菱形对角线于9、10两点	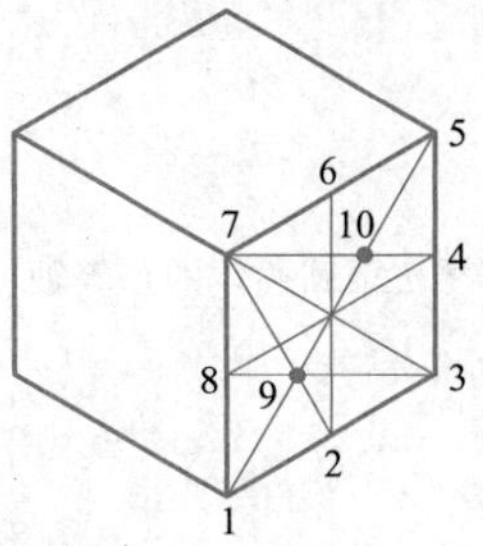
(4)分别以3、7为圆心,以3、8间的距离为半径画弧	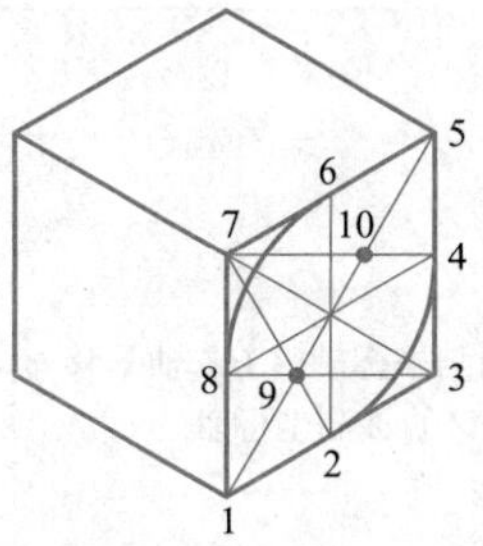
(5)以9、10为圆心,以9、2间的距离为半径画弧,检查并去掉多余的作图线	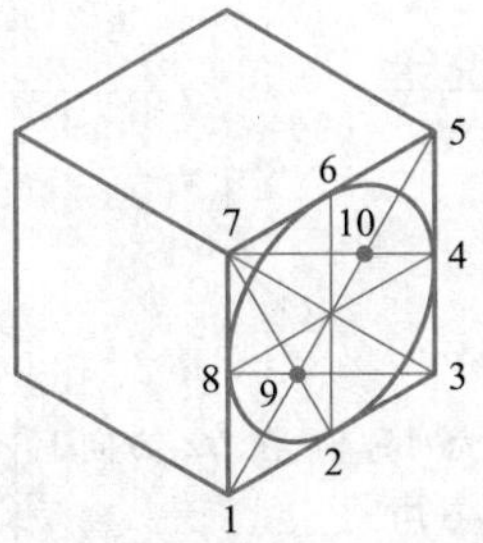
(6)按以上步骤完成侧平圆和水平圆的作图	

任务实施

图5-1所示的开槽圆柱体正等轴测图的作图步骤和图例见表5-4。

学习笔记

表 5-4　开槽圆柱体正等轴测图的作图步骤和图例

作图步骤	绘制图例
(1)绘制没开槽之前圆柱体的正等轴测图	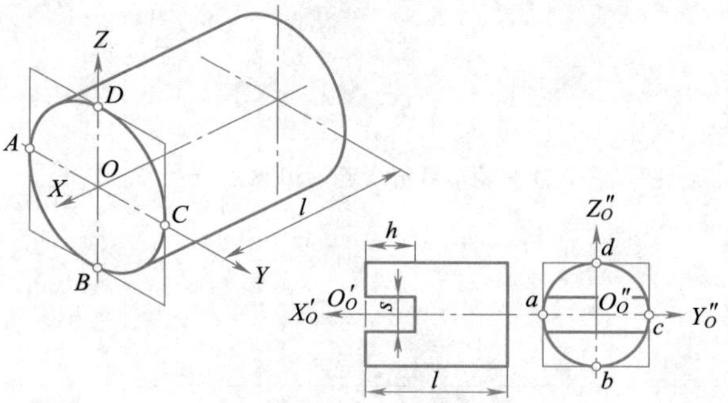
(2)将左端轴测坐标轴沿 OX 轴平移 h 长度，绘制开槽口的轴测坐标轴	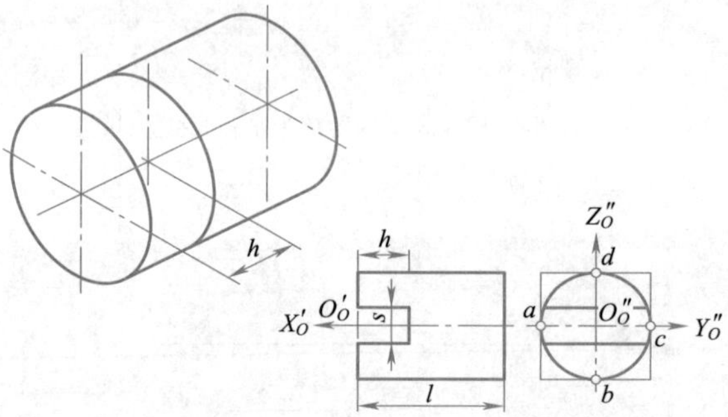
(3)以 OY 轴为对称轴，在 OZ 方向上截取高度为 s 的开槽口	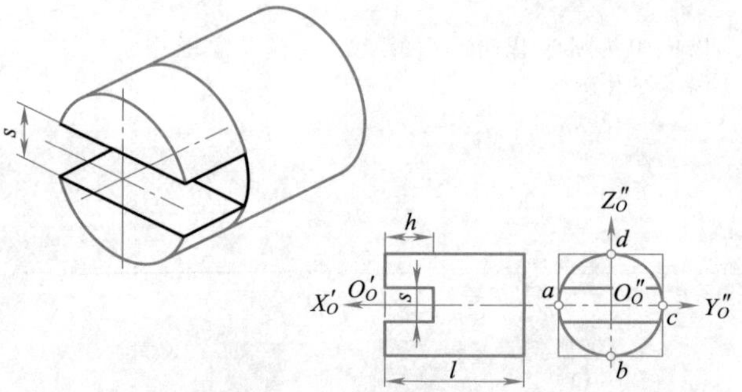
(4)描粗加深轮廓线并去掉多余的绘制图线，即得到开槽圆柱体的正等轴测图	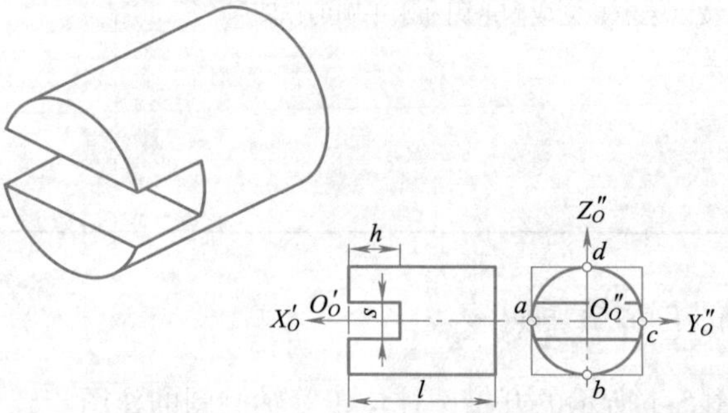

学习笔记

课后强化训练任务

课后强化训练任务一：图 5-4 所示为一组合体的三视图，要求绘制该组合体的正等轴测图。

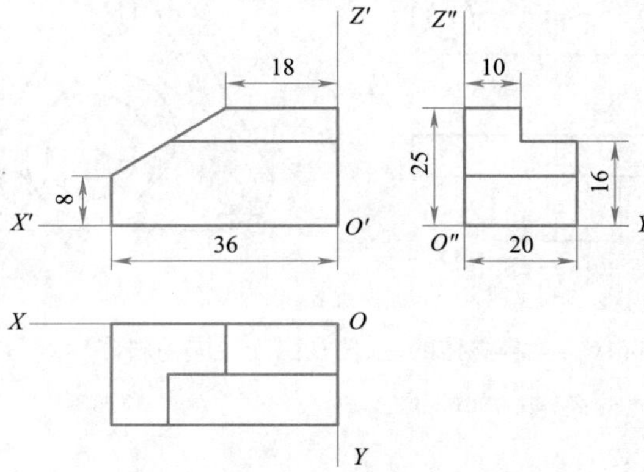

图 5-4　任务一组合体的三视图

课后强化训练任务二：图 5-5 所示为一组合体的三视图，要求绘制该组合体的正等轴测图。

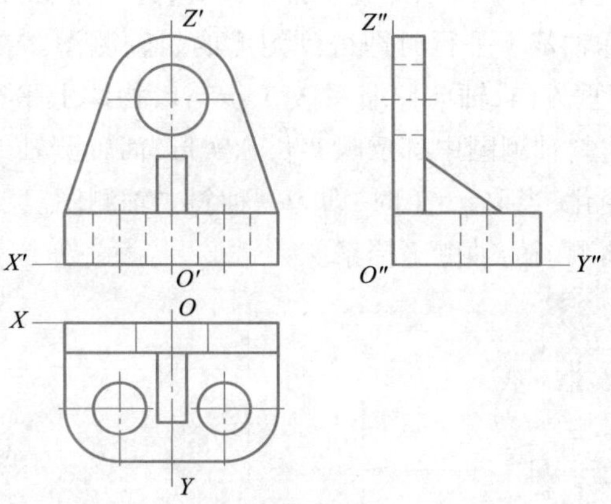

图 5-5　任务二组合体的三视图

任务二　斜二轴测图的绘制

任务描述

图 5-6(a)所示为一盘状立体的主、俯视图，任务要求绘制出如图 5-6(b)所示的斜二轴测图。

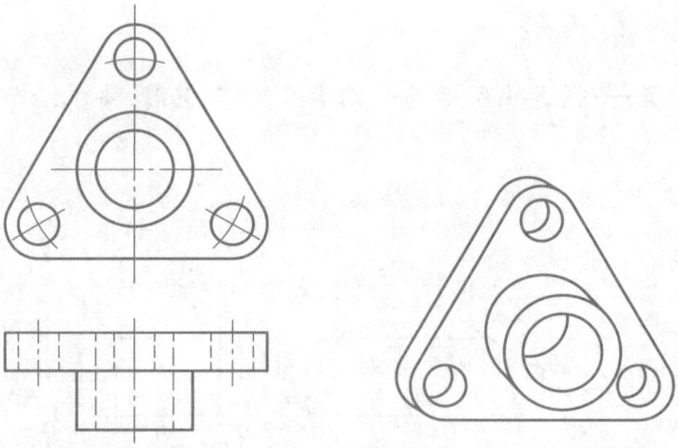

（a）　　（b）

图 5-6　盘状立体的主、俯视图和对应的斜二轴测图

相关知识

一、斜二轴测图的形成过程、相关参数、分类和性质

1. 斜二轴测图的形成过程

如图 5-7(a)所示，将直角坐标轴 OZ 置于铅垂位置，并使坐标面 XOZ 平行于轴测投影面 P，且投影方向与三个坐标轴都不平行时即得到图形的斜轴测图。在这种情况下，轴测轴 OX 和 OZ 仍为水平方向和铅垂方向，轴向伸缩系数 $p=r=1$，物体上平行于坐标面 XOZ 的直线、曲线和平面图形在这样的斜轴测图中都反映实长和实形；而轴测轴 Y 方向和轴向伸缩系数 q，可随投射方向的变化而变化，当取 $q\neq1$ 时，即为一种斜二轴测图。图 5-7(b)所示为本任务介绍的一种常用正面斜二轴测图的轴侧坐标系。

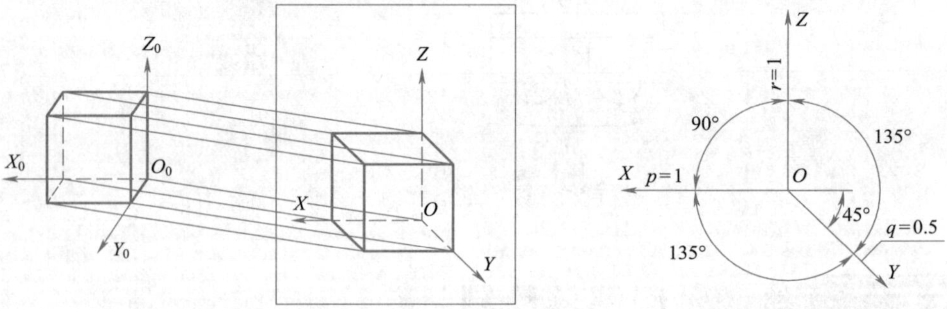

（a）斜二测图的形成过程　　（b）正面斜二轴测图的轴测坐标系

图 5-7　斜二轴测图的形成示意图

斜二轴测图的正面图形（平行于 XOZ 面）能反映物体正面的真实形状。特别是当物体正面有圆和圆弧时，投影仍是大小相同的圆，所以作图简单方便，这是它的最大优点。因此，斜二轴测图适用于物体在正面上多圆或圆弧的情况。

学习笔记

2. 斜二轴测图的相关参数

斜二轴测图的轴间角$\angle X_1O_1Z_1=90°$，$\angle X_1O_1Y_1=\angle Y_1O_1Z_1=135°$；各轴向伸缩系数为$p=r=1, q=0.5$。

二、斜二轴测图的绘制方法

绘制斜二轴测图的一般步骤如下：

(1)绘制斜二轴测图轴测坐标系。

(2)绘制平行于主视图的前端面的立体正面轮廓。

(3)将正面轮廓沿 O_1Y_1 平移 1/2 的宽度。

(4)将平移后的前后轮廓连接起来。

(5)检查，擦去多余图线并描粗加深轮廓线。

任务实施

图 5-6 所示盘状立体斜二轴测图的作图步骤和图例见表 5-5。

表 5-5　盘状立体斜二轴测图的作图步骤和图例

作图步骤	绘制图例
(1)确定坐标轴	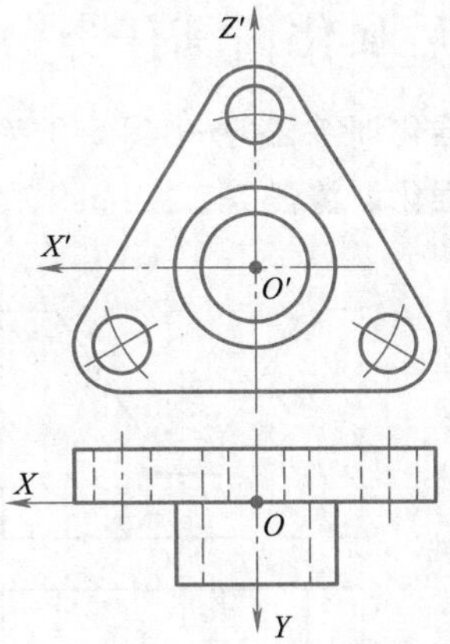
(2)作轴测轴，将形体上各平面分层定位并画出各平面的对称线、中心线，再画主要平面的形状	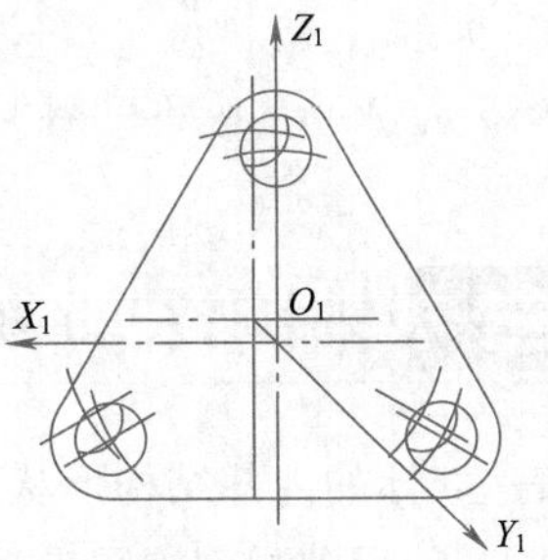

学习笔记

续表

作图步骤	绘制图例
(3)画各层主要部分形状和各细节及孔洞后的可见部分形状	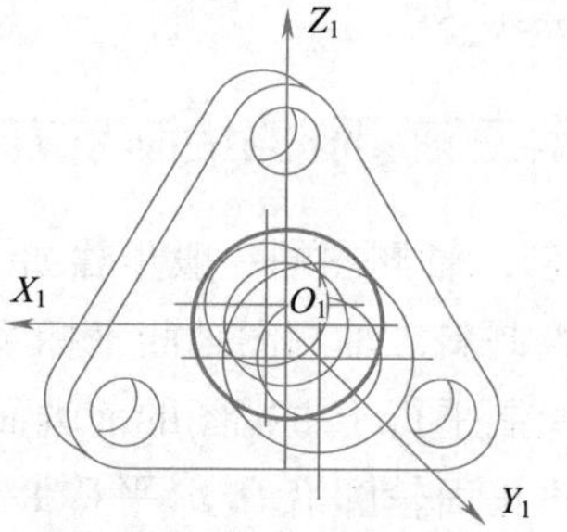
(4)擦去多余图线,加深轮廓线	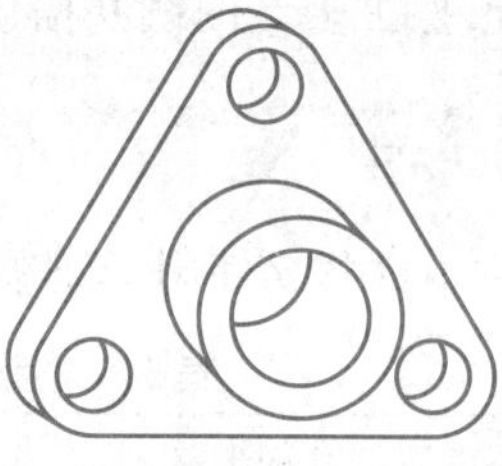

课后强化训练任务

课后强化训练任务一:图 5-8 所示为一 V 形垫块的三视图,要求绘制出它的斜二轴测图。

课后强化训练任务二:图 5-9 所示为一组合体的三视图,要求绘制出它的斜二轴测图。

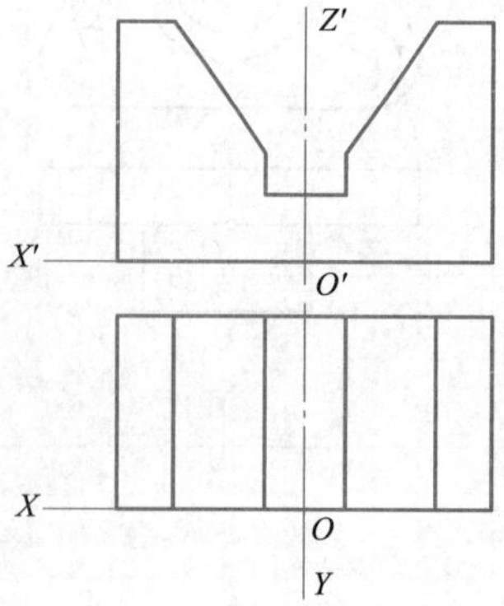

图 5-8　V 形垫块的三视图

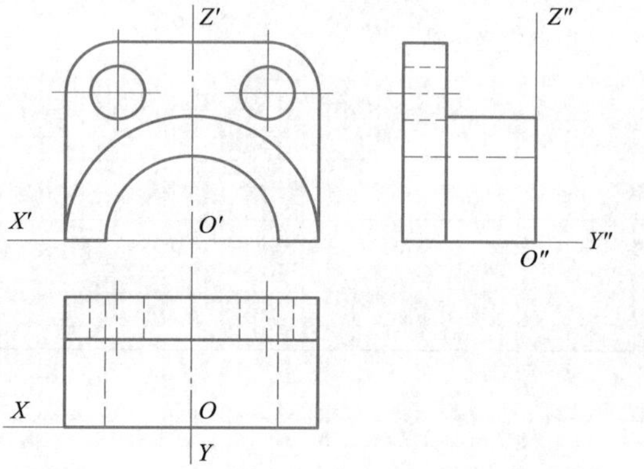

图 5-9　任务二组合体的三视图

任务三　轴测图剖视图的绘制

为了表达立体的内部结构形状或装配体的工作原理及装配关系,假想用剖切平面将组合体或装配体剖开,用轴测剖视图表达。这种以剖视图形式画出的轴测图,称为轴测剖视图。

学习笔记

任务描述

图 5-10 所示为一组合体的三视图,任务要求绘制出该三视图对应的正等轴测图的剖视图。

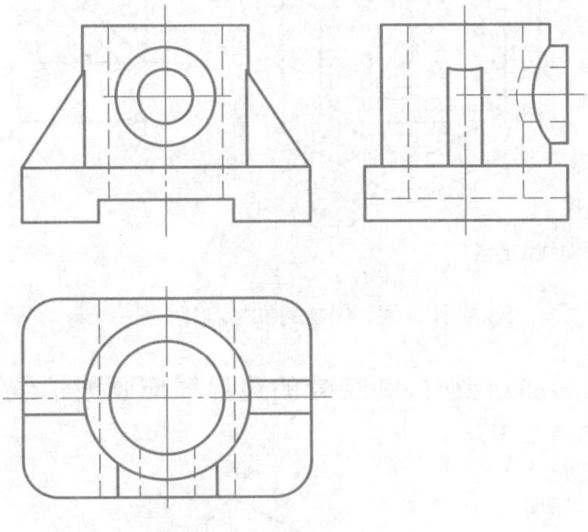

图 5-10　组合体的三视图

相关知识

一、轴测图剖切平面位置的选择

在轴测剖视图中,为了使组合体的内外形状或装配体的工作原理及装配关系表达清晰,且尽量减少对物体完整性的影响,通常采用两个平行于坐标面的相交平面剖去组合体或装配体的 1/4 部分,如图 5-11(a)所示;一般不采用切去一半的形式,如图 5-11(b)所示,以免破坏组合体或装配体的完整性;也要避免选择图 5-11(c)所示的不恰当剖切位置。

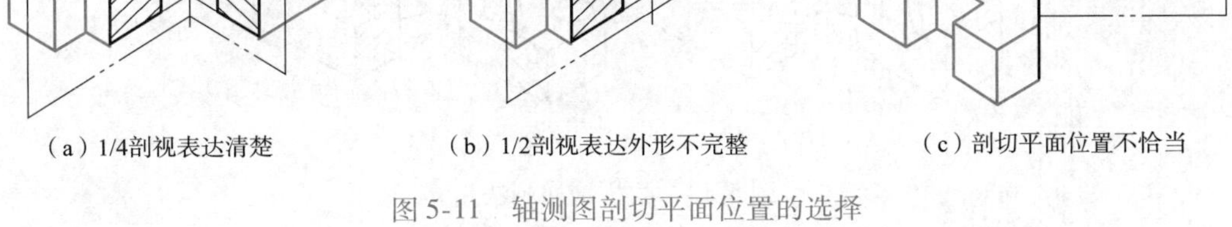

(a) 1/4剖视表达清楚　　(b) 1/2剖视表达外形不完整　　(c) 剖切平面位置不恰当

图 5-11　轴测图剖切平面位置的选择

二、剖面线的绘制方法

用剖切平面剖切组合体或装配体所得的断面要填充剖面符号以区别于未剖切到的区域。不论什么材料的剖面符号,一律画成等距、平行的细实线,称为剖面线。剖面线方向随不同轴

学习笔记

测图的轴测轴方向和轴向伸缩系数而有所不同,如图5-12所示。

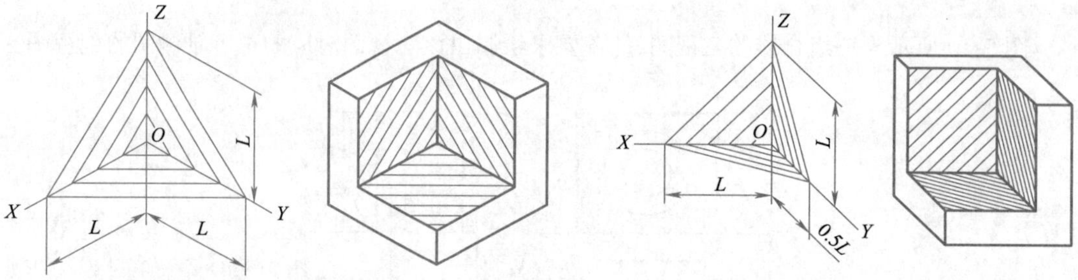

(a)正等轴测图剖面线的绘制　　(b)斜二轴测图剖面线的绘制

图5-12　轴测图剖面线的绘制方法

表示零件中间折断或局部断裂时,断裂处的边界线应画波浪线,并在可见断裂面内加画细点以代替剖面线,如图5-13所示。

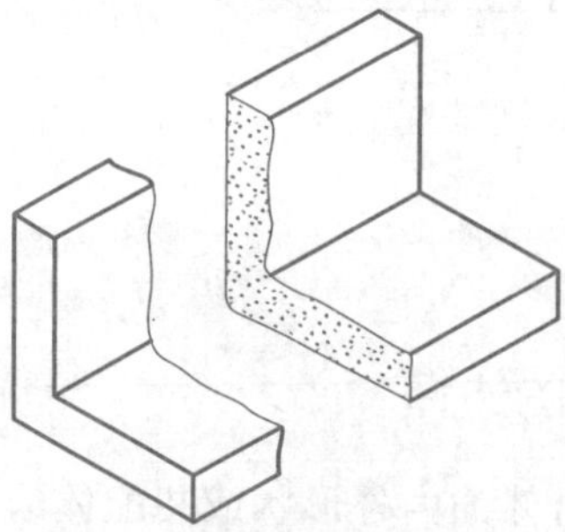

图5-13　断裂面剖面符号的画法

剖切平面通过零件的肋板或薄壁等结构的纵向对称平面时,这些结构不画剖面符号,而是用粗实线将它与邻接部分分开,如图5-14(a)所示;在图中表现不够清晰时,也可以在肋板或薄壁部位用细点表示被剖切部分,如图5-14(b)所示。

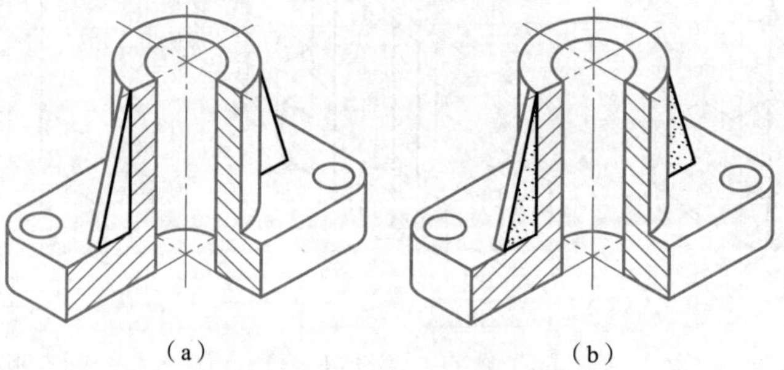

(a)　　(b)

图5-14　肋板剖切画法

三、轴测剖视图的绘制方法

不论物体是否对称,常用两个相互垂直的剖切平面,沿两个坐标面方向将物体剖开,其对应的绘制方法一般有以下两种。

1. 先绘制外形再绘制断面

先绘制出物体的外形，然后按所选的剖切位置画出断面轮廓，再将剖切后可见的内部形状画出，最后将被剖去的部分擦掉，画出剖面线，加深，如图5-15所示。这种方法比较容易掌握，具体绘制过程如下：

(1)确定坐标轴的位置，如图5-15(a)所示。

(2)画带阶梯孔圆筒的轴测图，如图5-15(b)所示。

(3)用两个相互垂直的剖切平面沿坐标面 *XOZ* 和 *YOZ* 剖切，画出断面的形状和剖切后内形可见部分的投影，如图5-15(c)所示。

(4)擦掉多余的线，在断面上画剖面线，加深图线，完成作图，如图5-15(d)所示。

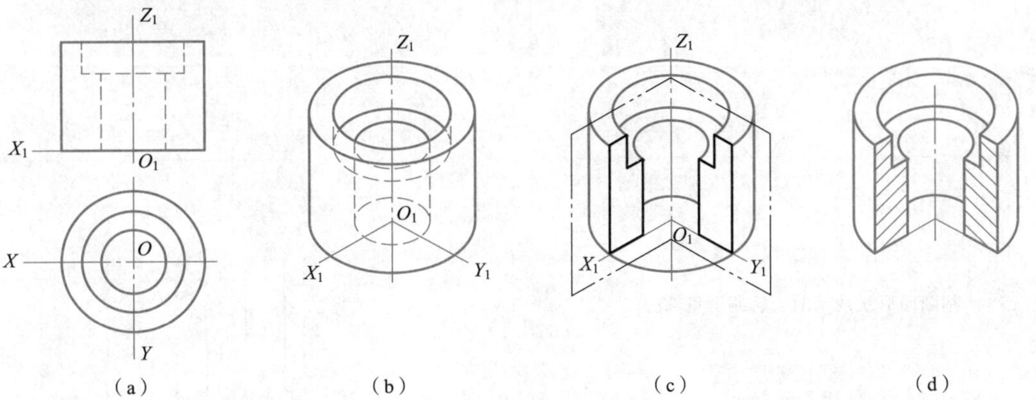

图5-15　先绘制外形再绘制断面

2. 先绘制断面后绘制外形

先绘制出断面形状，然后绘制出与断面有联系的形状，再将其余剖切后可见形状绘制出并加深，如图5-16所示。这种绘制方法可减少不必要的绘图线，使绘制相对简便。

(1)确定坐标轴的位置，如图5-16(a)所示。

(2)根据剖切位置，画出断面形状，并在断面上画剖面线，如图5-16(b)所示。

(3)画出剖切后可见部分的投影，如图5-16(c)所示。

(4)擦掉多余的线，加深图线，完成作图，如图5-16(d)所示。

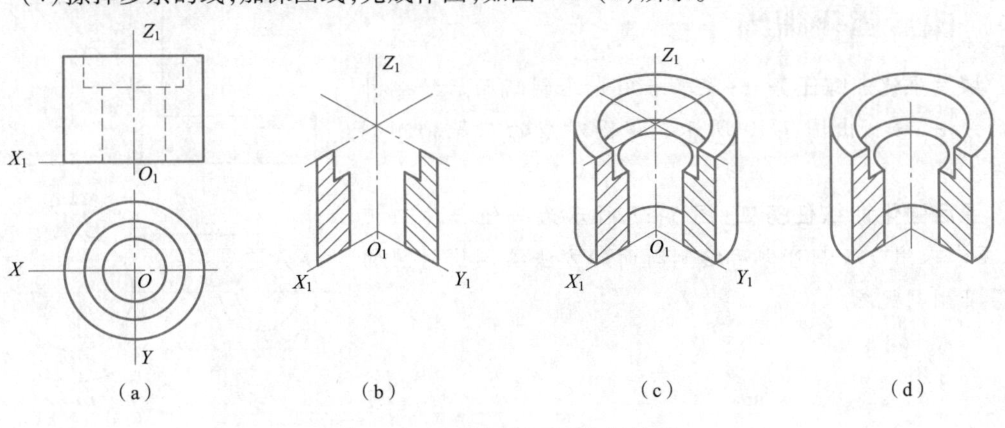

图5-16　先绘制断面再绘制外形

学习笔记

任务实施

图 5-10 所示组合体三视图对应的正等轴测图剖视图的作图步骤和图例见表 5-6。

表 5-6　组合体三视图对应的正等轴测图剖视图的作图步骤和图例

作图步骤	绘制图例
（1）绘制三视图对应的正等轴测图的整体外形	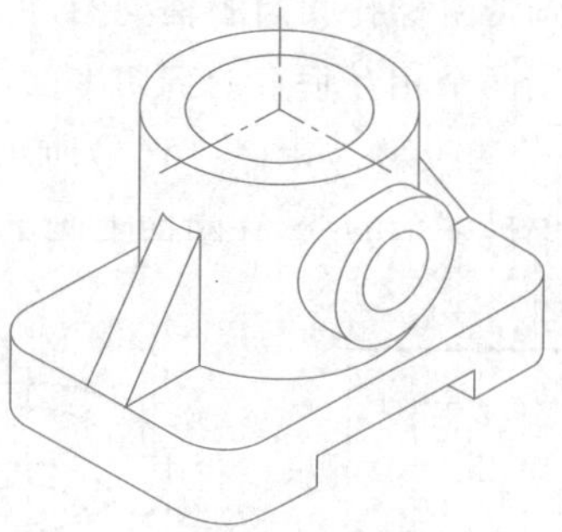
（2）绘制断面形状及其剖切后的可见部分	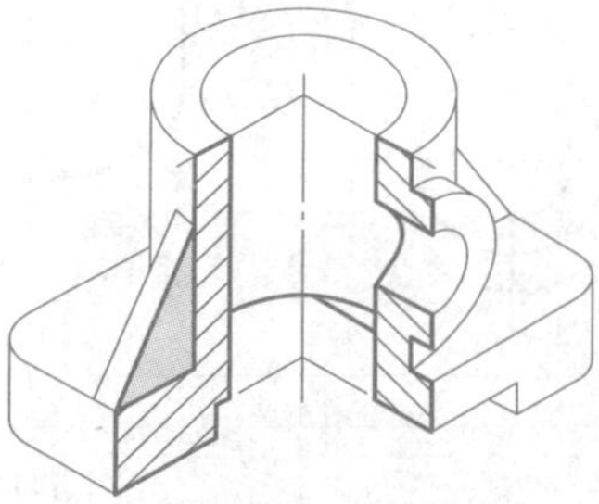
（3）擦去多余线，加深图形轮廓线	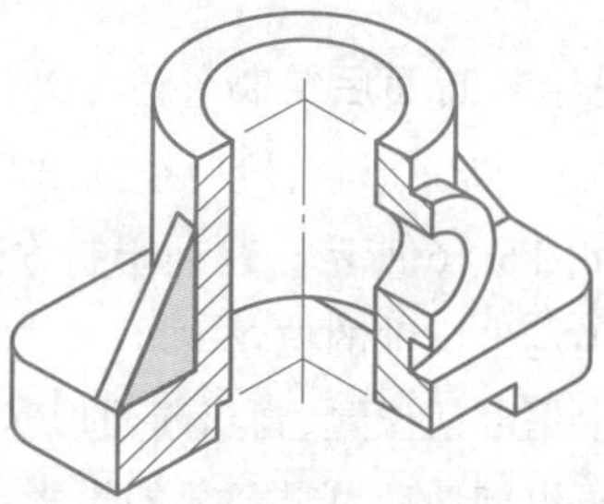

课后强化训练任务

课后强化训练任务一： 要求采用先绘制断面后绘制外形的方法，绘制出图 5-10 所示三视图对应的正等轴测剖视图。

课后强化训练任务二： 图 5-17 所示为一组合体三视图，要求采用先绘制外形后绘制断面的方法绘制出对应的正等轴测剖视图。

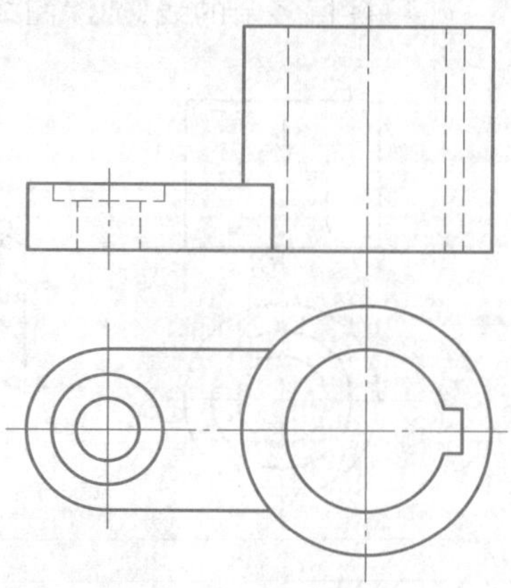

图 5-17　任务二组合体的三视图

项目六

识读和绘制机件的常用表达视图

前文项目使用的是主、俯、左三视图表达机件的结构形状，但在实际生产中机件的结构形状是多种多样的，有些简单的机件只用一个或两个视图并注上尺寸，就可以表达清楚了，而有些比较复杂的机件，仅用前文介绍的三视图难以表达清楚，因此还必须增加表达视图，才能把机件的内外结构形状表达正确、完整、清晰、简练。为此，国家标准《技术制图　图样画法　视图》(GB/T 17451—1998)和《机械制图　图样画法　视图》(GB/T 4458.1—2002)规定了视图、剖视图、断面图等表达方法，供绘图时选用。本项目将重点介绍一般视图、剖视图、断面图、局部放大图和图样简化视图等各种常用表达视图的识读和绘制。

学习笔记

知识结构图

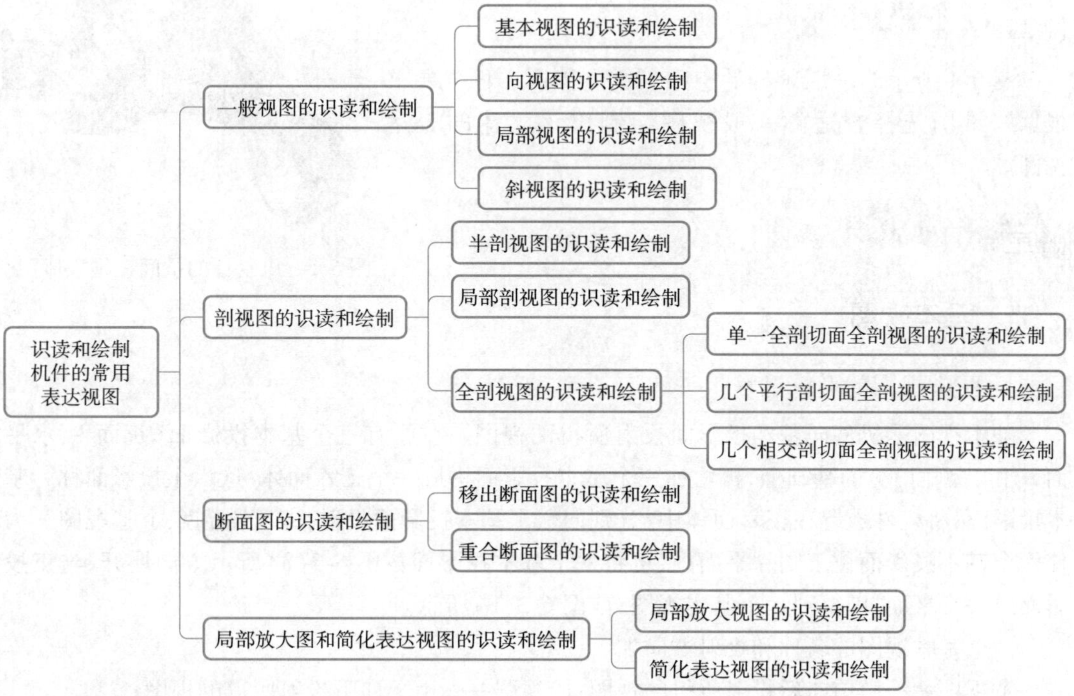

学习目标

知识目标

1. 理解一般视图的分类和特点；

学习笔记

2. 理解剖视图的分类和特点；
3. 理解断面图的分类和特点；
4. 理解局部放大视图和简化表达视图的特点。

能力目标

1. 能正确识读和绘制机件的一般视图；
2. 能正确识读和绘制机件的剖视图；
3. 能正确识读和绘制机件的断面图；
4. 能正确识读和绘制机件的局部放大视图和简化表达视图。

素质目标

1. 具有创新意识和竞争意识；
2. 具有识读和绘制常用表达视图的规范意识；
3. 具有劳动意识、岗位意识和工匠精神。

任务一　识读和绘制机件的一般视图

视图是用正投影法绘制出的立体的平面图形。机件外部结构形状用视图表达，一般只画出机件的可见部分，必要时才用虚线画出不可见部分。一般视图通常有基本视图、向视图、局部视图和斜视图四种。

任务描述

图6-1所示为一压紧杆的空间三维立体图。任务要求根据三维图选择合适的一般视图绘制出该立体的表达视图。

图6-1　压紧杆的空间三维立体图

相关知识

一、基本视图

1. 基本视图的形成过程

基本视图是机件向基本投影面投射所得的视图。在原有三个基本投影面（正面 V、水平面 H 和右侧面 W）的基础上，再增加三个基本投影面构成一个正六面体，这六个投影面称为基本投影面，将机件放置在正六面体中，分别向六个基本投影面投射，即可得到六个基视图。为使六个基本投影面位于同一平面内，可将六个基本投影面按图6-2(a)所示方向展开，与正投影面成一个平面，即得到六个基本视图，如图6-2(b)所示。

六个基本视图的名称和投射方向如下：

主视图——由前向后投射所得的视图；俯视图——由上向下投射所得的视图；
左视图——由左向右投射所得的视图；右视图——由右向左投射所得的视图；
仰视图——由下向上投射所得的视图；后视图——由后向前投射所得的视图。

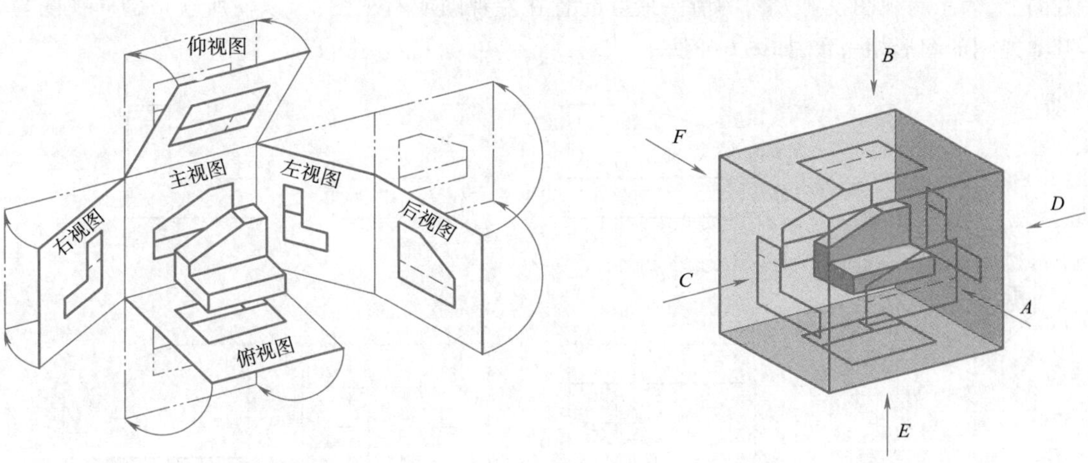

（a）　　（b）

图 6-2　基本视图的形成过程

2. 基本视图的配置和投影规律

六个基本视图一般应按图 6-3 所示的位置关系配置。按规定位置配置的视图，不需要标注视图的名称。

六个基本视图的投影规律仍保持“长对正、高平齐、宽相等”的三等关系。即：主、俯、仰、后视图长对正；主、左、右、后视图高平齐；俯、左、仰、右视图宽相等。

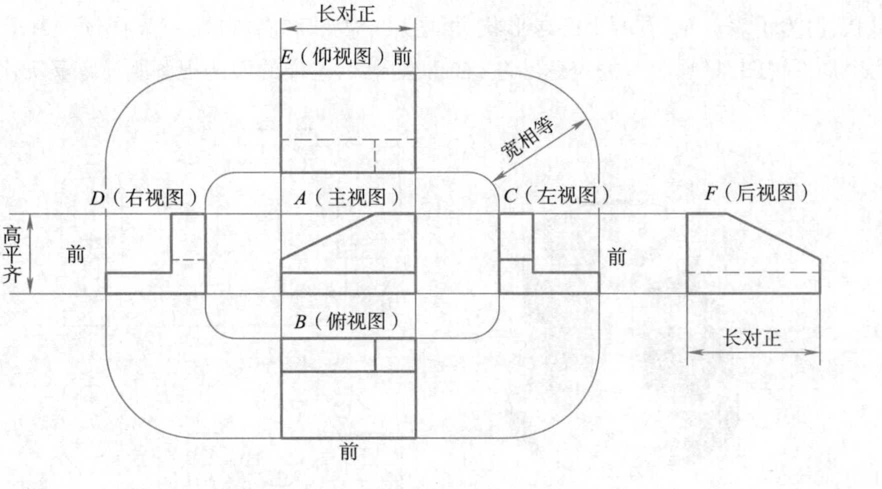

图 6-3　基本视图的配置与投影规律

二、向视图

向视图是可以自由配置的基本视图。

（1）向视图的位置可自由配置，但应标注。

（2）向视图与基本视图的配置有别，但视图的画法是相同的。

（3）向视图的标注，表示名称的字母一律水平书写；表示投射方向的箭头尽可能配置在主视图上，表示后视图投射方向的箭头最好配置在左视图或右视图上，以使所获得的向视图与基本视图的图形相一致，如图 6-4 所示。

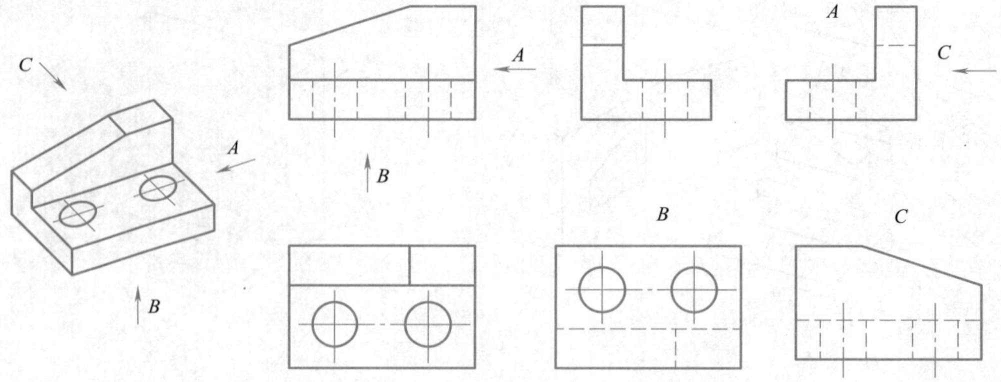

图 6-4　向视图的配置和标注

三、局部视图

1. 局部视图的定义

将机件的某一部分向基本投影面投射所得的视图称为局部视图。局部视图适用于当机件的主体形状已由一组基本视图表达清楚，而机件上仍有部分结构尚需表达，但又没有必要再画出完整的基本视图的情况。如图 6-5 所示的机件，用主、俯两个基本视图已清楚地表达了主体形状，但为了表达左、右两个凸缘形状，再增加左视图和右视图，就显得烦琐和重复，此时可采用两个局部视图，只画出所需表达的左、右凸缘形状，这样的表达视图既简练又突出了重点。

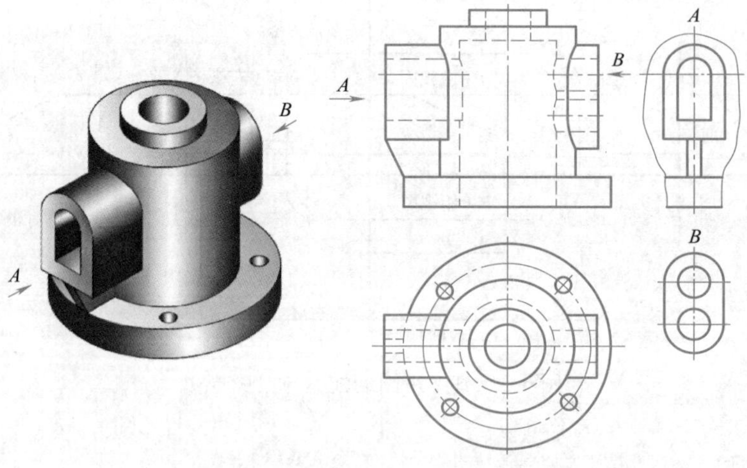

图 6-5　局部视图的配置和标注

2. 局部视图的配置、画法及标注

（1）局部视图可按基本视图的形式配置，当局部视图按投影关系配置，中间又没有其他图形隔开时，可省略标注，如图 6-6 中的局部视图 *A*。

学习笔记

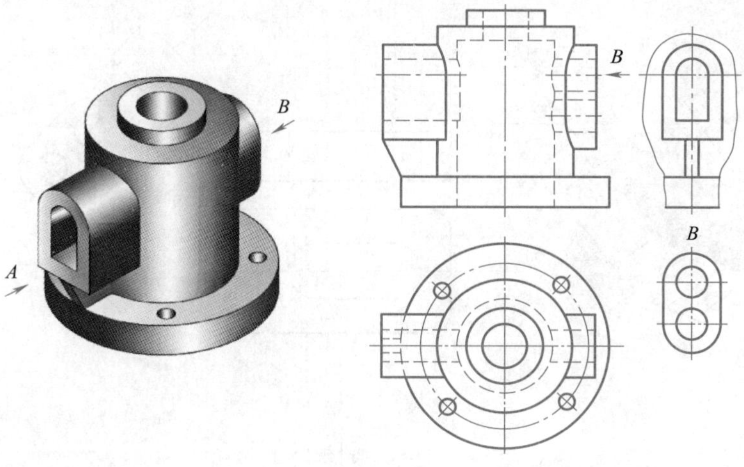

图 6-6　局部视图省略标注

(2)局部视图也可按向视图的形式配置在适当的位置,但应在局部视图的上方标注其名称×(×为大写的拉丁字母),在相应视图附近用箭头指明投射方向,并注上相同的字母,如图 6-6 中的局部视图 *B*。

(3)局部视图的断裂边界应用波浪线或双折线绘制,如图 6-4 中的局部视图 *A*。但当局部视图外形轮廓成封闭状态时,表示断裂边界的波浪线可省略不画,如图 6-4 中的局部视图 *B*。

(4)为了节省绘图时间和图幅,对称机件的视图可只画一半或四分之一,但须在对称中心线的两端分别画出两条与之垂直的平行短细实线,如图 6-7 所示。

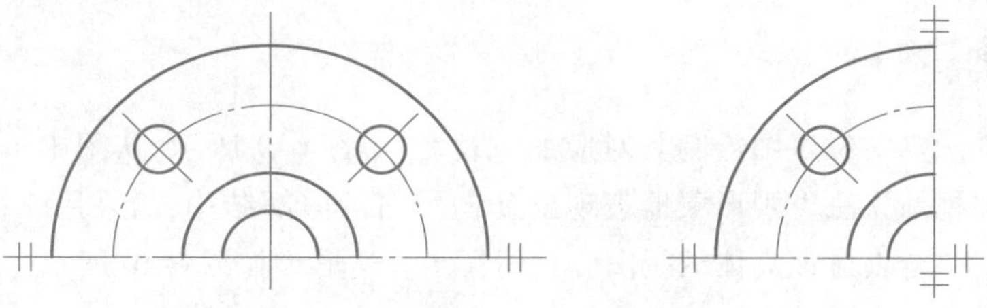

图 6-7　对称机件局部视图的绘制

四、斜视图

1. 斜视图的定义

将机件向不平行于任何基本投影面的平面投射所得的视图称为斜视图。

2. 斜视图的适用范围

机件的某一部分结构形状是倾斜的,在基本投影面上的投影不反映实形,这样绘图、读图、标注尺寸都不方便。为了得到该部分的真实形状,可设置一个与机件倾斜部分平行的辅助投影面 *Q*(且垂直于某一个基本投影面),如图 6-8(a)所示。将倾斜结构向 *Q* 面投射,再把 *Q* 面沿投影方向旋转到与 *H* 面共面的位置,可得到反映该部分实际形状的视图,即斜视图,如图 6-8(c)所示。

学习笔记

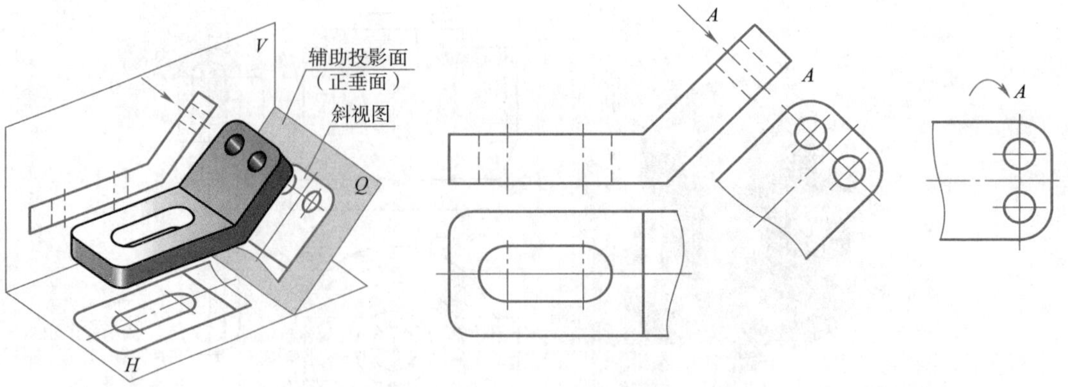

（a）　　　　（b）　　　　（c）

图 6-8　斜视图

3. 斜视图的绘制

（1）画出图形的对称线（对称线应平行于倾斜部分的主要轮廓线）。

（2）画斜视图：斜视图上与投射方向一致方向的尺寸是该倾斜结构的宽度，应与俯视图等宽；与投射方向垂直方向的尺寸，应与倾斜结构的主视图对应相等，如图 6-8（b）所示。

（3）斜视图是为了表示机件上倾斜结构的真实形状，所以画出倾斜结构的投影之后，应用波浪线或双折线将图形断开，不再画出其他部分的投影。

4. 斜视图的配置及标注

斜视图一般按向视图配置，必要时也可以配置在其他位置，在不致引起误解时，允许将图形旋转配置，如图 6-8（c）所示。

任务实施

依据压紧杆的空间位置图绘制其对应的三视图，如图 6-9 所示，从图中可以看出以三视图中俯视图和左视图无法直观形象地表现出 *A* 向圆筒的内部结构，故采用三视图、局部视图加斜视图的方式综合表达该立体的视图。具体视图表达形式如图 6-10 所示。

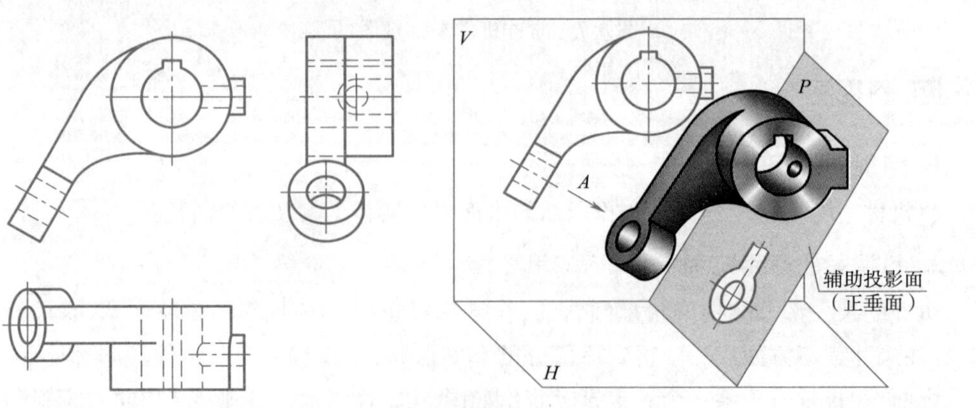

图 6-9　压紧杆的三视图表达形式

学习笔记

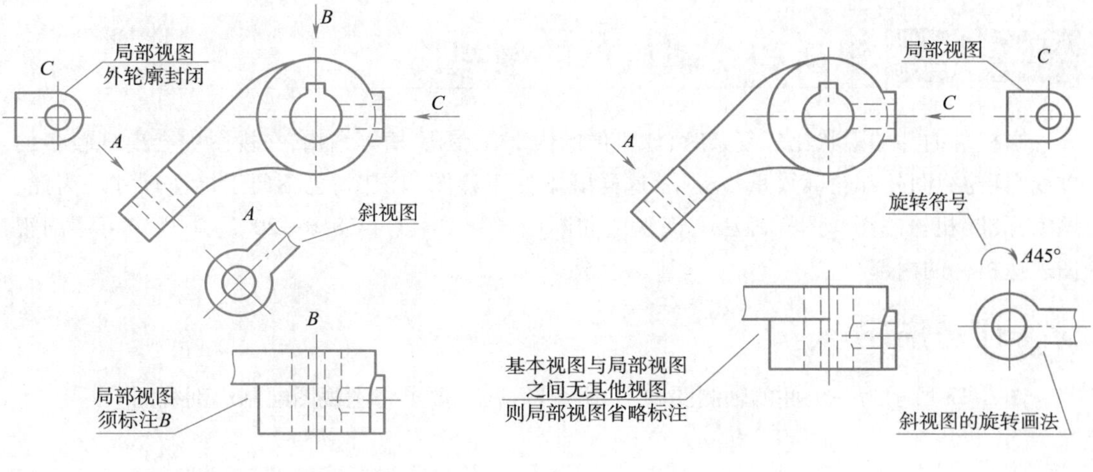

图 6-10　压紧杆的三视图与斜视图的综合表达形式

课后强化训练任务

课后强化训练任务一：根据图 6-11(b)所示机座的三视图，参照图 6-11(a)所示轴测图，绘制 *D*、*E*、*F* 三个方向的向视图。

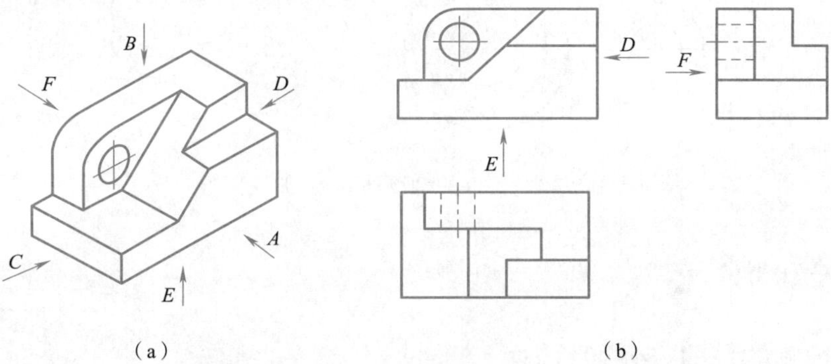

图 6-11　组合体的轴测图和三视图

课后强化训练任务二：图 6-12 所示为支架的轴测图和对应的三视图，要求绘制该立体的 *A* 向局部视图。

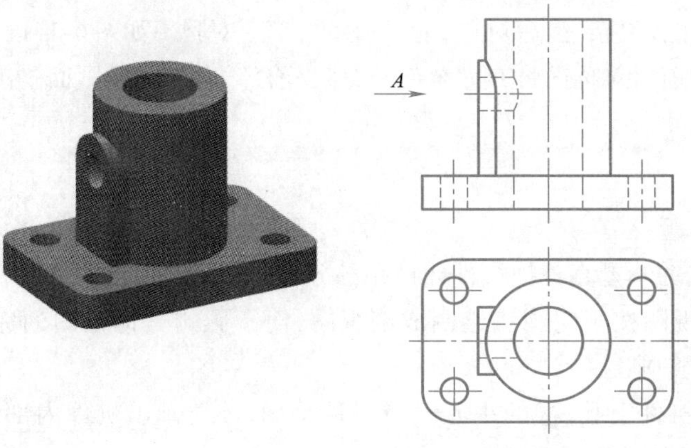

图 6-12　支架的轴测图和三视图

学习笔记

任务二 识读和绘制机件的剖视图

当机件内部的形状比较复杂时，如机件的内部存在孔、槽等结构，在视图中会出现较多的虚线，且与视图外部轮廓线重叠交错，这样既不便于绘图和识图，也不便于标注尺寸。为此，国家标准《机械制图 图样画法 剖视图和断面图》(GB/T 4458.6—2002)中规定可用剖视图表达机件的内部形状。

任务描述

图6-13所示为一机件的轴测图和主、俯视图，任务要求将主视图绘制成剖视图。

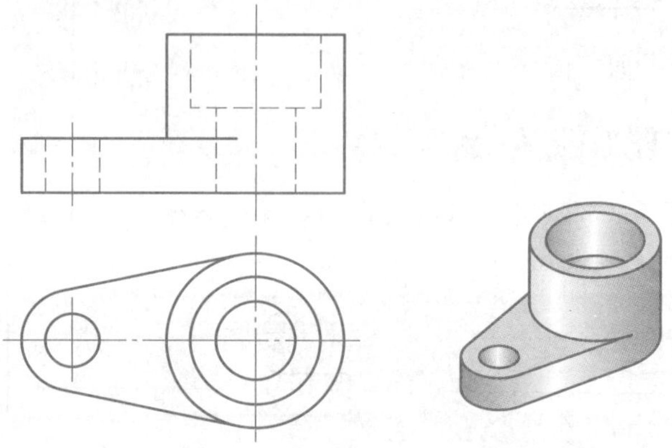

图6-13 机件的轴测图和主、俯视图

相关知识

一、剖视图的形成、画法及标注

1. 剖视图的形成

假想用剖切面剖开机件，将处在观察者和剖切面之间的部分移开，而将剩余部分全部向投影面投射所得的图形，称为剖视图，简称剖视。图6-14(a)所示为支架的两视图，从图中看出它的外形比较简单，内形比较复杂，前后对称，上下和左右都不对称。如图6-14(c)所示，假想用一个剖切平面沿支架的前后对称面将其完全剖开，移去前部，向正立投影面投射，便得到支架的全剖视图，如图6-14(d)所示。

2. 剖视图的画法

画剖视图应注意以下问题：

(1)剖开机件是假想的，并不是真正把机件切掉一部分，因此，对每一次剖切而言，只对一个视图起作用，将起作用的视图按规定画法绘制成剖视图，而不影响其他视图的完整性，如图6-14(d)所示俯视图应完整画出。

(2)剖切面应尽量通过机件上孔、槽的中心线或对称平面，才能画出机件内部的真实形状，以避免剖切后出现不完整的结构要素。

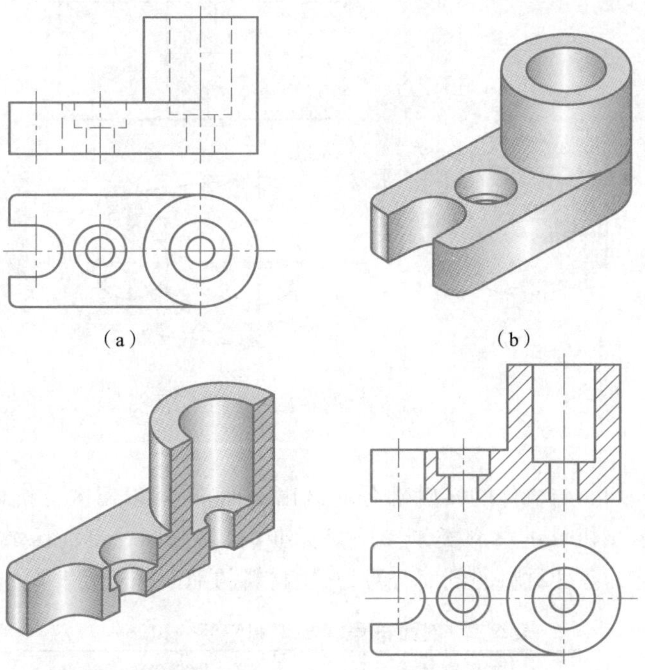
(a)　(b)　(c)　(d)

图 6-14　支架剖视图的形成过程

(3)剖切后留在剖切平面之后的结构应全部向投影面投射,并用粗实线画出所有可见部分的投影。图 6-15 所示为画剖视图时容易漏画的图线,画图时应特别注意。

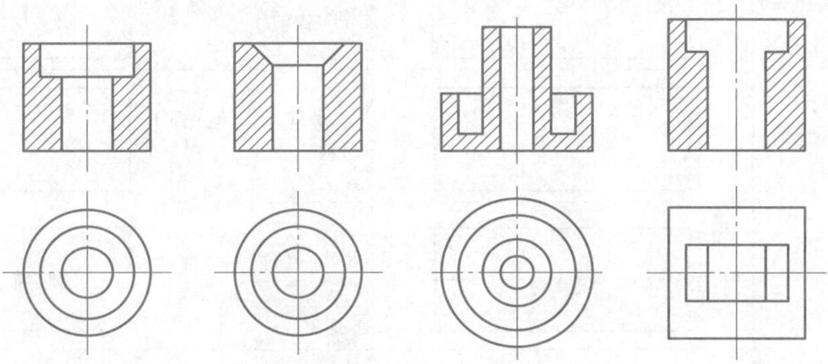

图 6-15　画剖视图时易漏的图线

(4)剖视图中凡是已表达清楚的不可见结构,其虚线省略不画,对尚未表达清楚的结构形状,也可用虚线表达,如图 6-16 中连接板的位置和两圆柱套筒的交线。

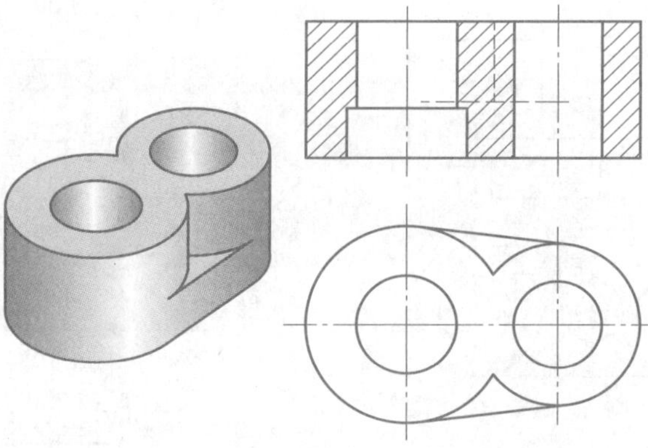

图 6-16　连接板的轴测图和主剖视图

3. 剖面符号

在剖视图中,剖切面与机件的接触部分应画出剖面符号,以便区分机件被剖切处是实心或空心,同时还表示该机件的材料类别。国家标准《机械制图　剖面区域的表示法》(GB/T 4457.5—2013)规定了各种材料的剖面符号,常用材料的剖面符号见表6-1。

表6-1　剖面符号(GB/T 4457.5—2013)

材料名称	剖面符号	材料名称	剖面符号
金属材料(已有规定剖面符号者除外)	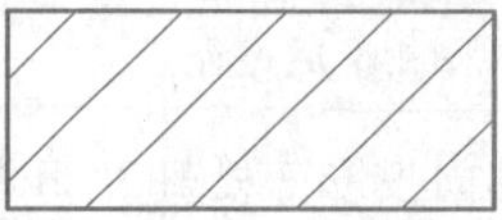	线圈绕组元件	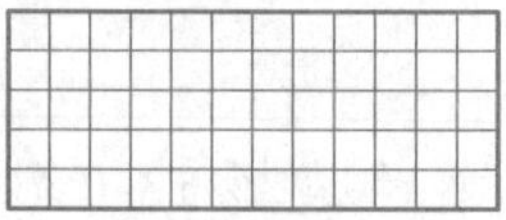
非金属材料(已有规定剖面符号者除外)	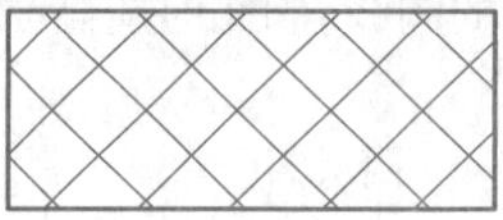	转子、电枢、变压器等的叠钢片	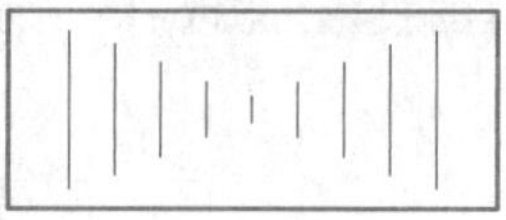
型砂、填砂粉末冶金、陶瓷刀片、硬质合金刀片等	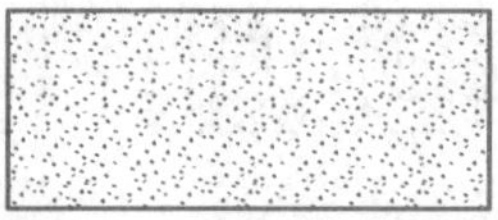	玻璃及其他透明材料	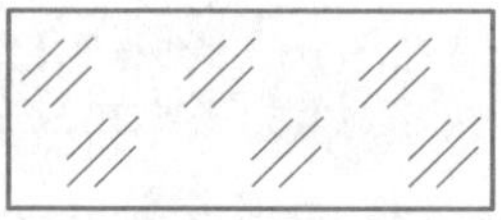
木质胶合板(不分层数)	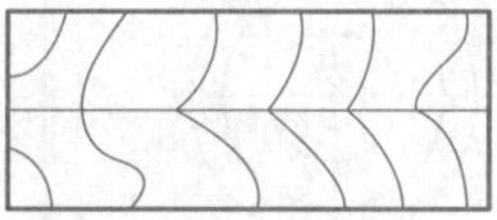	格网(筛网、过滤网等)	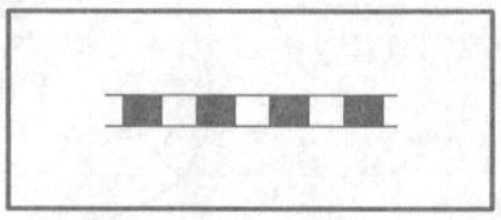
木材　纵剖面	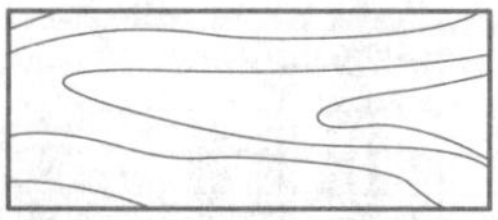	液体	
木材　横剖面	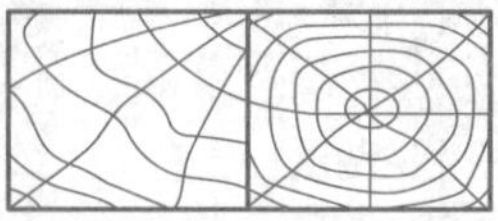		

注:1. 剖面符号仅表示材料的类别,材料的代号和名称必须另行注明。
2. 叠钢片的剖面线方向,应与束装中叠钢片的方向一致。
3. 液面用细实线绘制。

当不需要在剖面区域中表示材料的类别时，可采用通用剖面线表示。通用剖面线采用与主要轮廓线或剖面区域的对称线成45°的等距细实线表示。对同一机件，在它的各个剖视图和断面图中，所有剖面线的倾斜方向、间隔应一致。当机件上倾斜部分的轮廓线与其他部分的轮廓线成45°时，其图形的剖面线应画成30°或60°，倾斜方向仍与其他图形的剖面线方向一致，如图6-17所示。

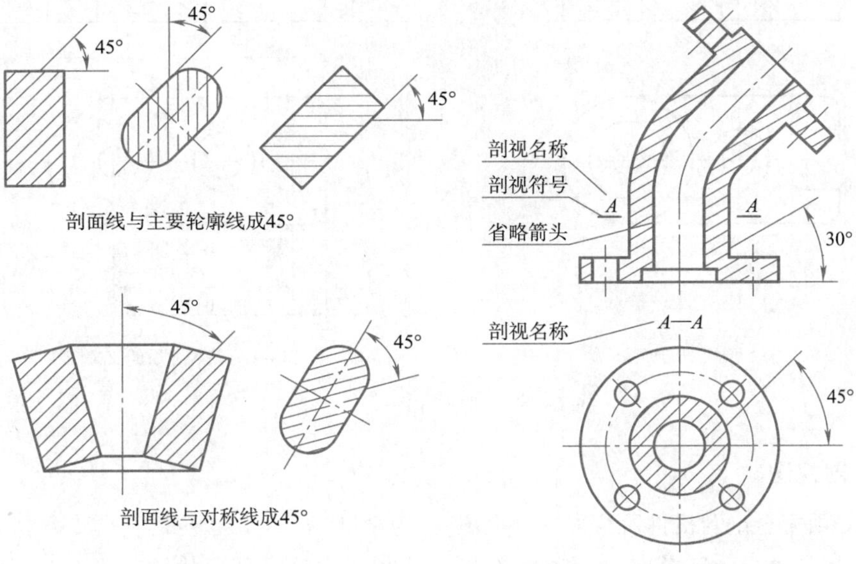

图6-17 通用剖面线画法

4. 剖视图的配置与标注

剖视图一般按投影关系配置，如图6-18(a)所示主视图，也可根据图面布局将剖视图配置在其他适当位置。为了读图时便于找出投影关系，剖视图一般需要用剖切符号标注剖切面的位置、投射方向和剖视图名称。

(1)剖切符号：在剖切平面的起、止和转折处画上粗短画(粗实线线宽的1.5倍)表示剖切面位置，它不能与图形轮廓线相交；在表示剖切面起、止的粗短画两端，垂直地画出箭头表示剖切后的投影方向。

(2)剖视图名称：在所画剖视图上方用大写字母标注剖视图名称，如图6-18(a)中*A*—*A*剖视图，并在剖切符号的起、止和转折处注上相同字母。

在下列两种情况时，可省略或部分省略标注：

①当剖视图按投影关系配置，且中间又没有其他图形隔开时，可省略箭头，如图6-18(a)中的*A*—*A*剖视图。

②当单一剖切平面通过机件的对称面或基本对称面，且剖视图按投影关系配置，中间又没有其他图形隔开时，可省去全部标注，如图6-14(d)和图6-16所示主视图。

二、剖视图种类

按机件被剖切范围的大小，剖视图可分为全剖视图、半剖视图和局部剖视图三种。

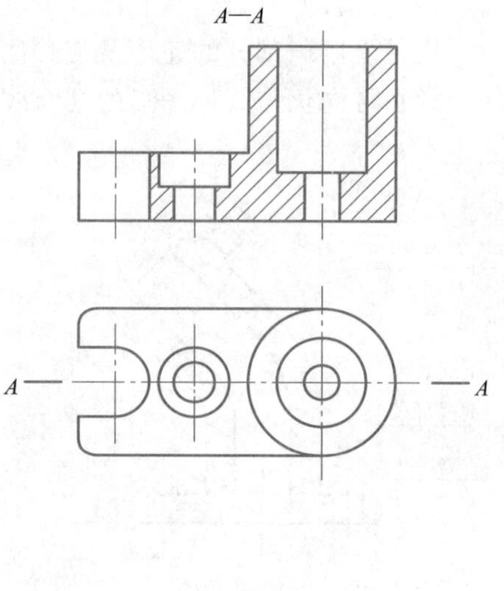

（a）剖视图的标注

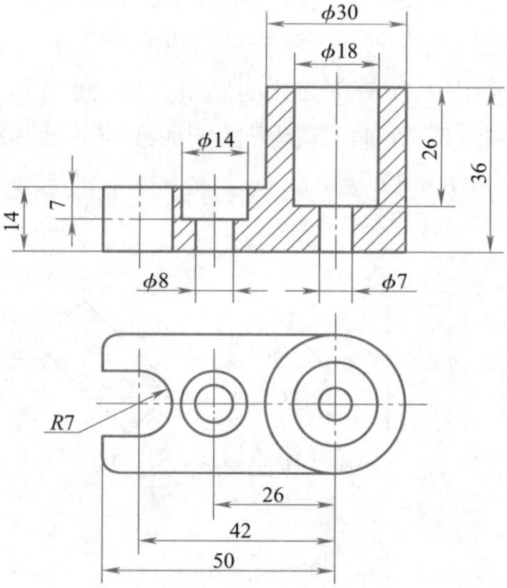

（b）标注尺寸后的支架图

图 6-18　剖视图的配置与标注

1. 全剖视图

用剖切面完全剖开机件所获得的剖视图，称为全剖视图。由于全剖视图是将机件完全剖开，机件外形的投影受到影响，因此全剖视图主要用于表达内部形状复杂的不对称机件或外形简单的对称机件，如图 6-19 所示。

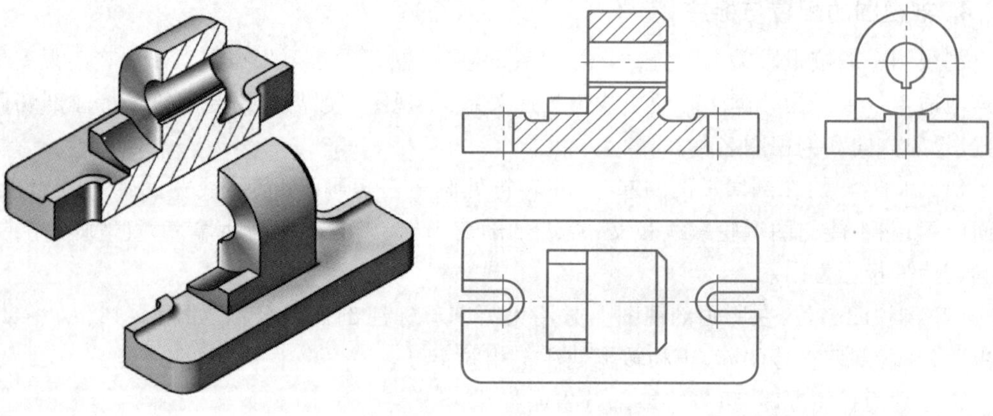

图 6-19　全剖视图

国家标准《技术制图　简化表示法　第 1 部分：图样画法》（GB/T 16675.1—2012）规定：对于肋板、轮辐及薄壁等，如按纵向剖切，此时这些结构通常按不剖绘制，即不画剖面符号，而用粗实线将它与邻接部分分开，如图 6-20（b）所示。

2. 半剖视图

当机件具有对称平面时，向垂直于对称平面的投影面上投射所得的图形，允许以对称中心线为界，一半画成剖视图，另一半画成视图，这样获得的剖视图称为半剖视图。半剖视图主要用于内外形状都需要表达且结构对称的机件，如图 6-21 所示。

学习笔记

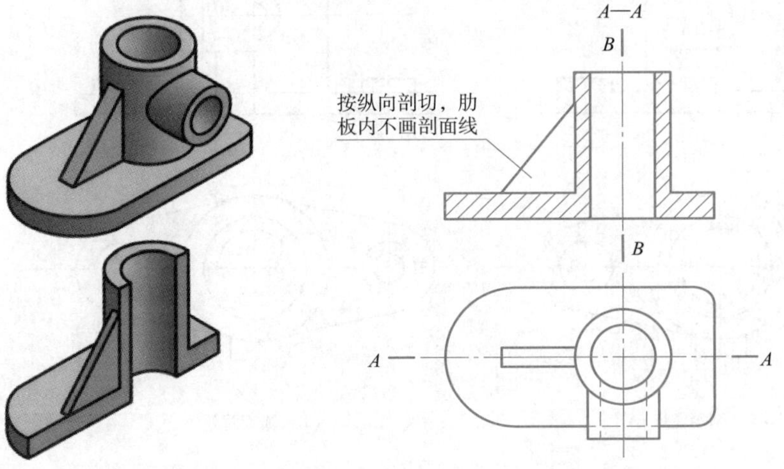

（a）　（b）

图 6-20　剖视图中肋板的规定画法

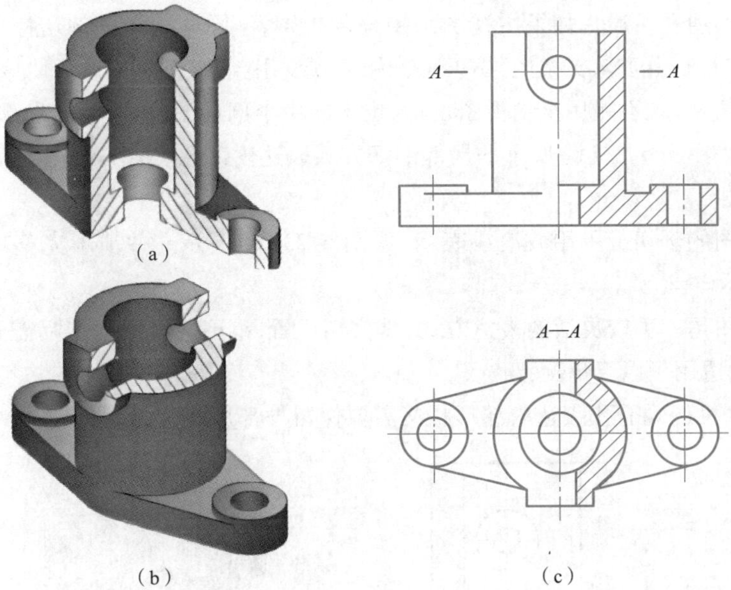

（a）　（b）　（c）

图 6-21　半剖视图

画半剖视图时应注意：半个视图与半个剖视图的分界线用细点画线表示，而不能画成粗实线；机件的内部形状已在半剖视图中表达清楚，在另一半表达外形的视图中一般不再画出细虚线。

半剖视图的标注方法如图 6-22 所示，与全剖视图的标注相同。

3. 局部视图

用剖切面局部剖开机件所获得的剖视图称为局部剖视图。局部剖视图主要用于表达机件的局部内部结构形状。

学习笔记

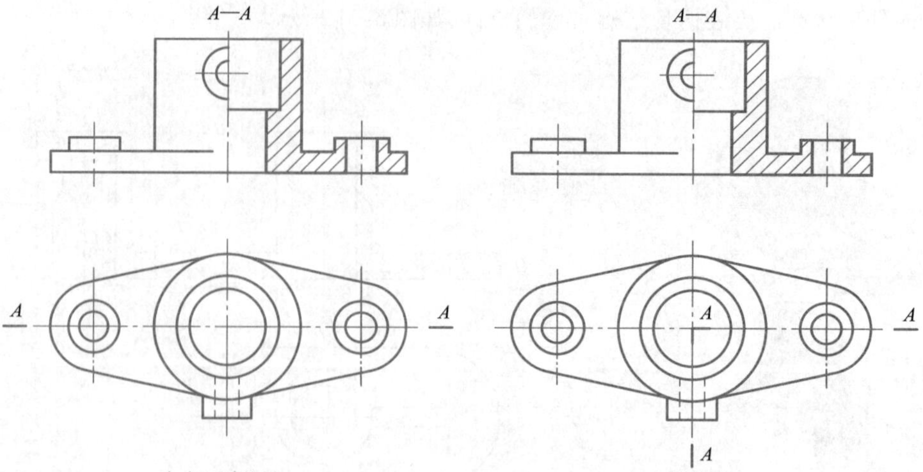

（a）正确注法　　（b）错误注法

图6-22　半剖视图的标注

从图6-23(a)所示的支架两视图中可以看出：该机件上下、左右、前后都不对称，该支架由大圆筒、底板和小圆柱凸台三部分组成，底板上有两种不同形状的通孔共四个，大圆筒的阶梯孔和圆柱凸台的通孔贯通。如果主视图采用全剖视图，小圆柱凸台被剖切掉了，而底板上的通孔又没有剖切到，由于该支架的结构不对称，不能采用半剖视图。为了使该机件的内部和外部都能表示清楚，既不能用全剖视图表达，也不能用半剖视图表达，而以局部剖开这个机件为宜，因此，应采用图6-23(b)所示的局部剖切方式表达内部孔、槽结构，得到图6-23(c)所示的局部剖视图。

局部剖视图的剖切范围用波浪线表示，如图6-23(c)所示。并清晰完整地标注尺寸，如图6-23(d)所示。

局部剖视图是一种较灵活的表达方式，其剖切位置、范围均可根据实际需要确定，所以应用比较广泛，常适用于以下情况：

(1)不对称机件既需要表达内部形状又需要保留外部形状时，如图6-23(c)所示。

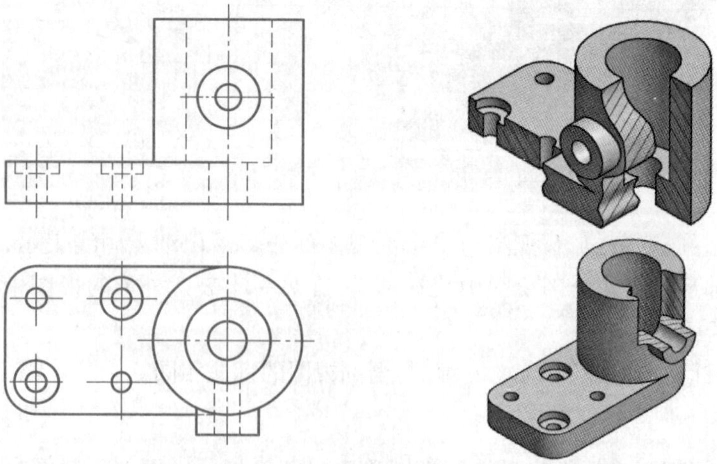

（a）　　（b）

图6-23　局部剖视图的绘制

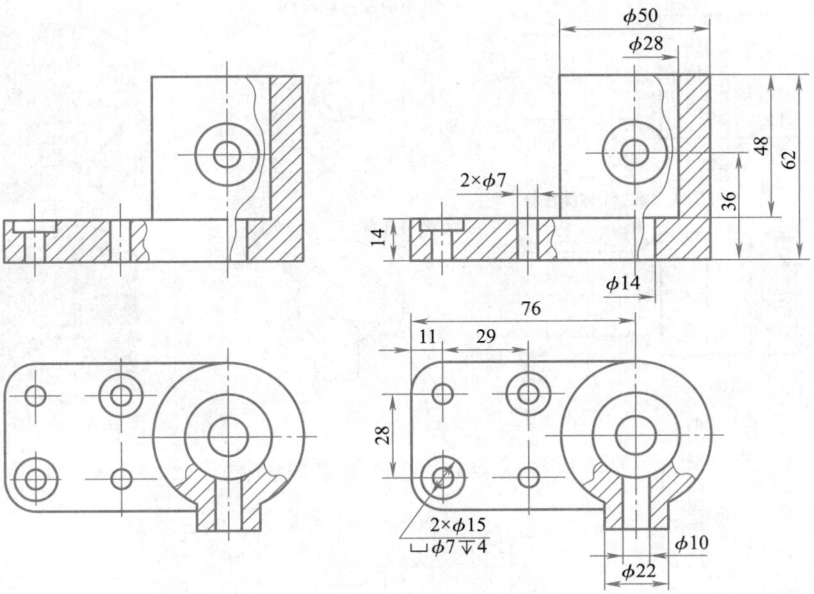

（c）　　　　　　　　　　　　（d）

图 6-23　局部剖视图的绘制（续）

（2）当对称机件的轮廓线与对称中心线重合，不宜采用半剖表达时，如图 6-24（a）所示。

（3）对于轴、连杆等实心机件上的孔、槽等结构的表达，宜采用局部剖视图，如图 6-24（c）所示。

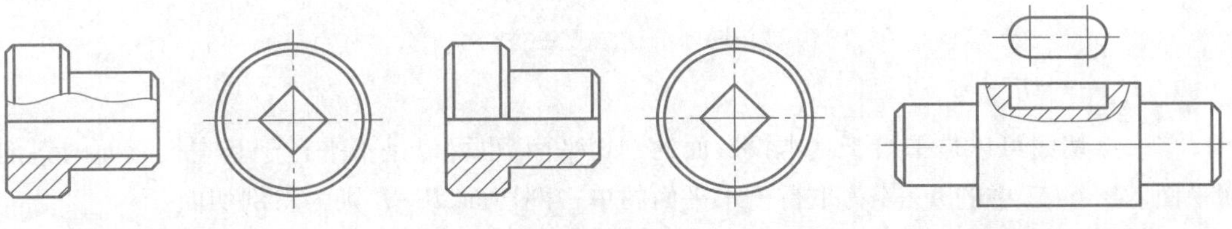

（a）正确　　　　　　（b）错误　　　　　　（c）槽结构的局部视图

图 6-24　局部剖视图的应用

绘制局部剖视图时应注意以下事项：

（1）波浪线不能与机件轮廓线重合或画在轮廓线的延长线上，如图 6-25（a）所示。

（2）局部剖视图用波浪线（或双折线）分界，波浪线应画在机件的实体上，不能穿孔而过或超出实体轮廓线之外，如图 6-25（b）所示。

（3）当被剖结构为回转体时，允许将该结构的轴线作为局部剖视与视图的分界线，如图 6-26（a）所示，否则，应以波浪线分界，如图 6-26（b）所示。

（4）一个视图中，局部剖视的数量不宜过多，以免使图形显得过于零乱而不清晰。

三、剖切面的种类

画剖视图时剖切面的选择很重要。剖切面分为单一剖切面、几个平行的剖切面和几个相交的剖切面三种，运用其中任何一种都可以得到全剖视图、半剖视图和局部剖视图。

学习笔记

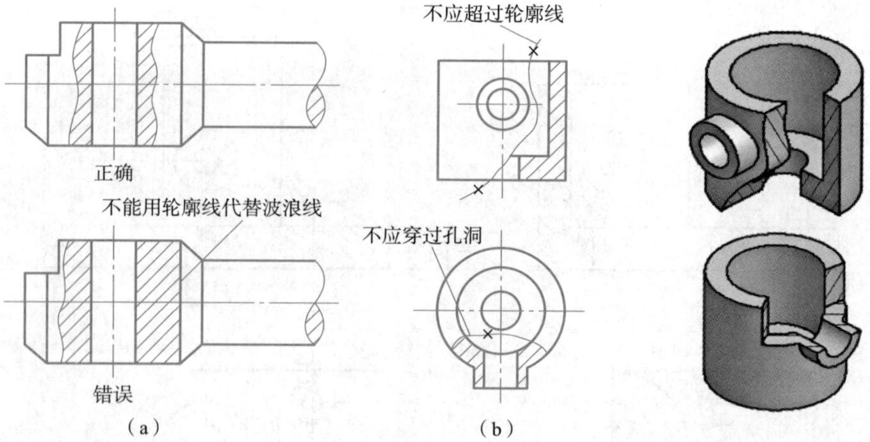

图6-25 局部剖视图应注意的事项一

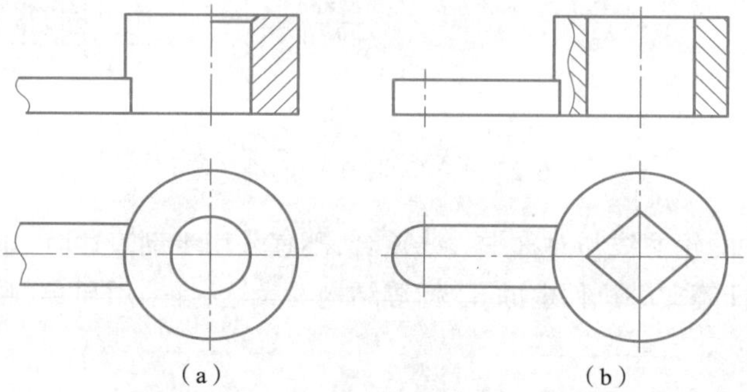

图6-26 局部剖视图应注意的事项二

1. 单一剖切面

单一剖切面可以是平行于基本投影面的剖切平面，也可以是不平行于基本投影面的斜剖切平面。图6-27中的*A*—*A*为平行于水平面的单一剖切面，*B*—*B*则为斜剖切面。

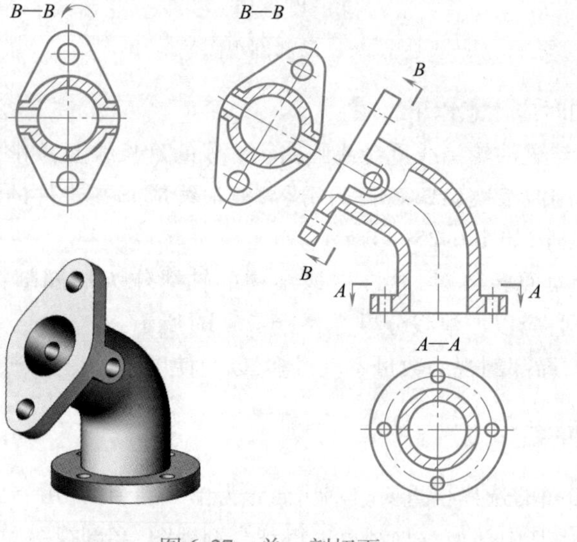

图6-27 单一剖切面

学习笔记

2. 几个平行的剖切面

几个平行的剖切面,可以是两个或两个以上互相平行的剖切面,这种剖切方法用于表达机件上一系列不在同一剖切面上的孔、槽等内部结构,并且互相平行的剖切面应平行于基本投影面。图6-28所示为应用了两个平行的剖切面所得到的全剖视图。

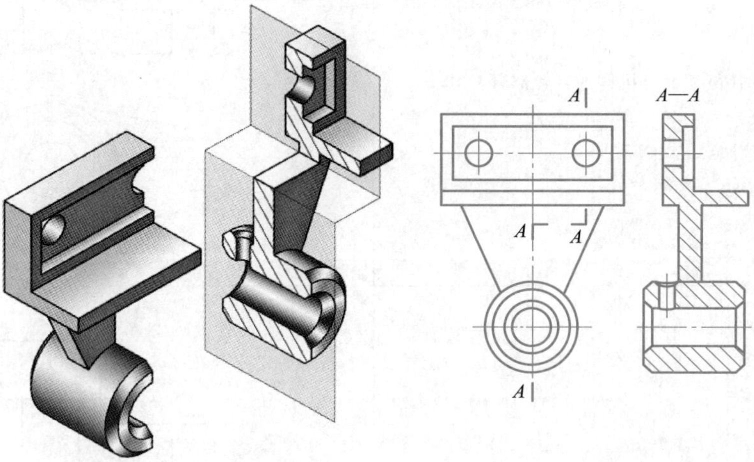

图6-28　两个平行的剖切面

3. 几个相交的剖切面

几个相交的剖切面(交线垂直于某一投影面)可以是两个相交的平面,也可以是几个相交的平面。此时绘制剖视图时,先假想按剖切位置剖开机体件,然后将被剖切面剖开的结构及有关部分,旋转到与选定的投影面平行后再进行投射。图6-29所示为应用了两个平行的剖切面所得到的剖视图。

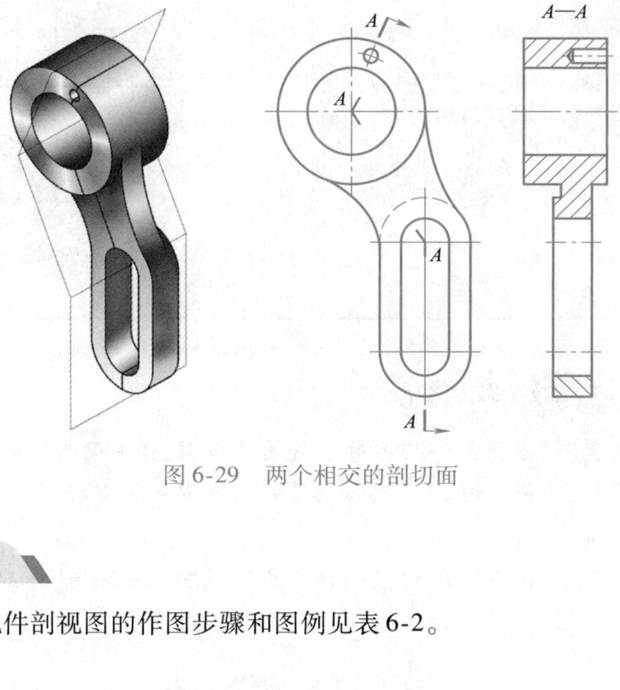

图6-29　两个相交的剖切面

任务实施

图6-13所示机件剖视图的作图步骤和图例见表6-2。

学习笔记

表 6-2　剖视图的作图步骤和图例

作图步骤	绘制图例
(1)绘制断面图(剖切面与机件的接触部分)	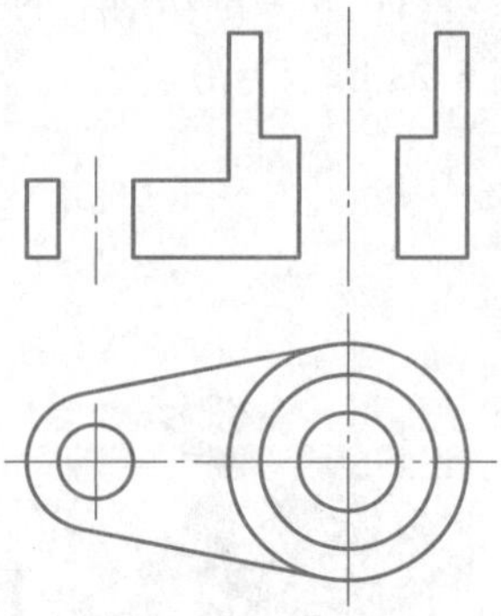
(2)绘制剖切面后侧结构的图形(不要漏线或多线)	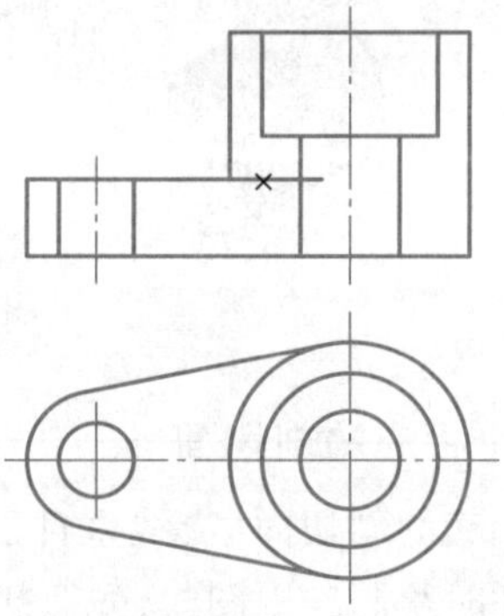
(3)绘制剖面线,完成全图。在剖切面与机件的实体接触部分绘制剖面线,剖面线为间隔均匀的 45°倾斜的细实线	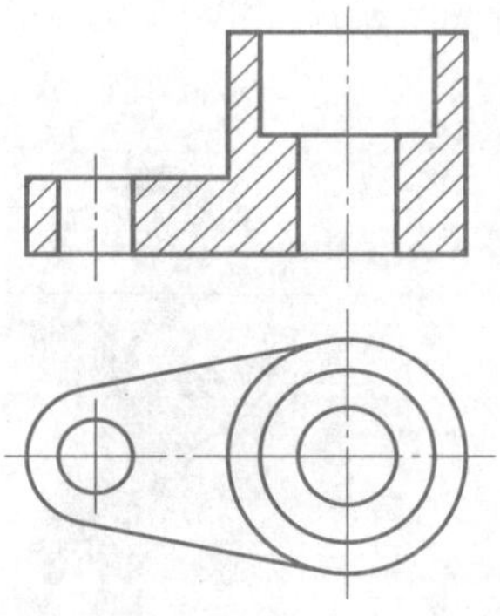

课后强化训练任务

课后强化训练任务一: 根据图 6-30 所示机件的两视图,将主视图绘制成全剖视图。

课后强化训练任务二: 根据图 6-31 所示端盖的两视图和轴测图,将主视图改画为几个平行剖切平面剖切的全剖视图。

课后强化训练任务三: 根据图 6-32 所示连杆的两视图和轴测图,将俯视图改画为两个相交剖切面剖切的全剖视图。

学习笔记

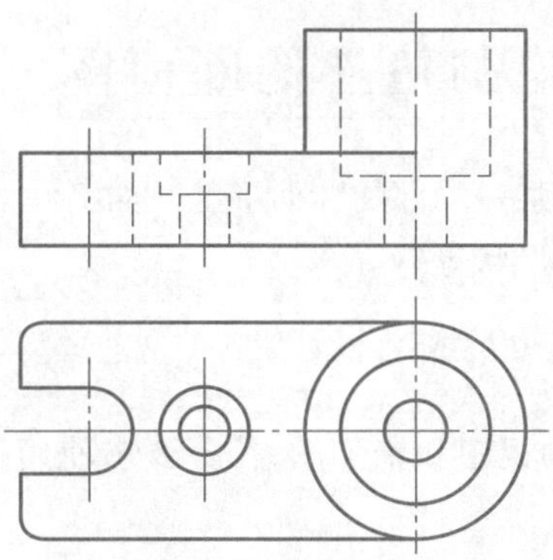

图 6-30　机件的主视图和俯视图

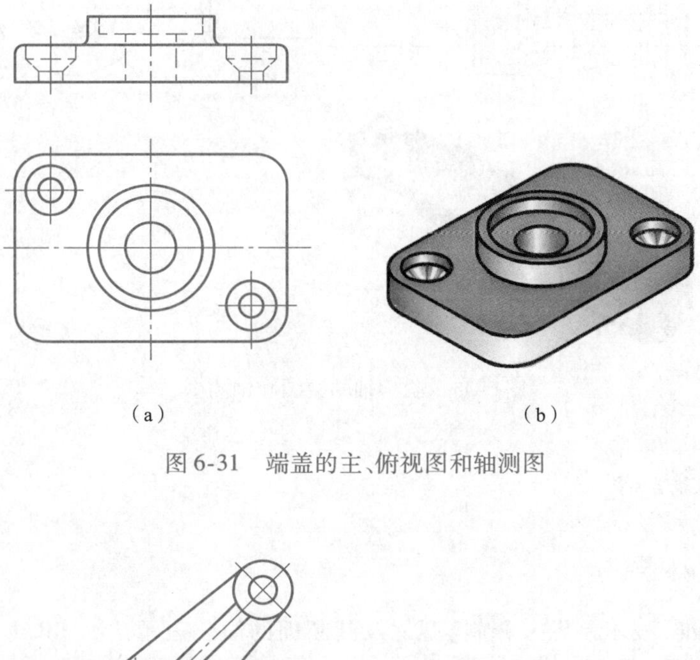

（a）　（b）

图 6-31　端盖的主、俯视图和轴测图

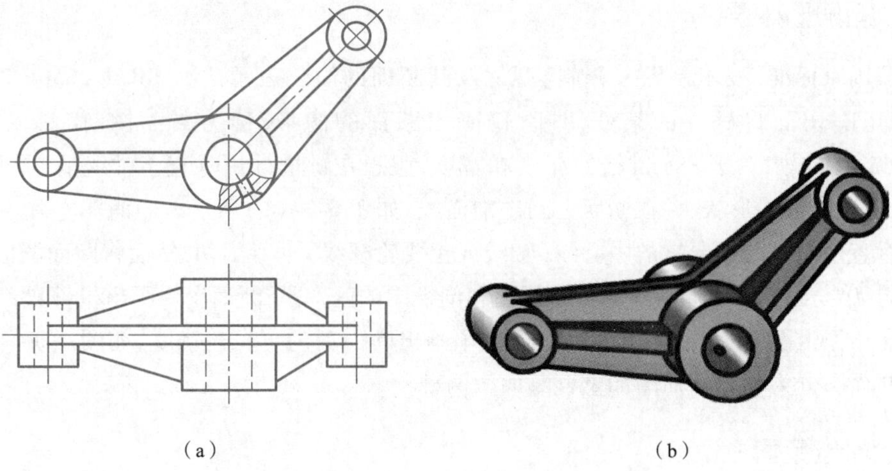

（a）　（b）

图 6-32　连杆的主、俯视图和轴测图

学习笔记

任务三 识读和绘制机件的断面图

断面图常用于表达机件上某一局部的断面形状。如机件上的肋板、轮辐、键槽、小孔及连接板横断面和各种型材的断面形状等。

任务描述

图6-33所示为一阶梯轴的视图和轴测图,任务要求使用移出断面图表示阶梯轴的键槽和小孔。

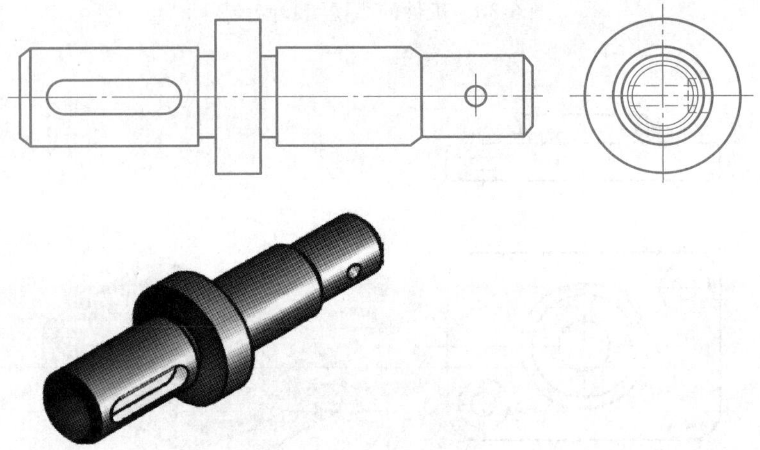

图6-33 阶梯轴的视图和轴测图

相关知识

一、断面图的概念

根据国家标准《技术制图 棒料、型材及其断面的简化表示法》(GB/T 4656—2008)规定:假想用剖切面将机件的某处切断,仅画出断面的图形,称为断面图,简称断面。如图6-34(a)中的轴,为了表示键槽的深度和宽度,假想在键槽处用垂直于轴线的剖切面将轴切断,只画出断面的形状,并在断面上画出剖面线,如图6-34(b)所示。断面图实际上就是使剖切面垂直于机件结构要素的中心线(轴线或主要轮廓线)进行剖切,然后将断面图形沿箭头方向旋转90°与纸面共面而得到的。断面图和剖视图的区别是:断面图仅画出机件被剖切断面的形状,而剖视图除了画出断面形状外,还必须画出断面后的可见轮廓线,如图6-34(c)、(d)所示。断面图分为移出断面图和重合断面图两种。

二、移出断面图

1. 移出断面图的定义

画在视图之外的断面图称为移出断面图。

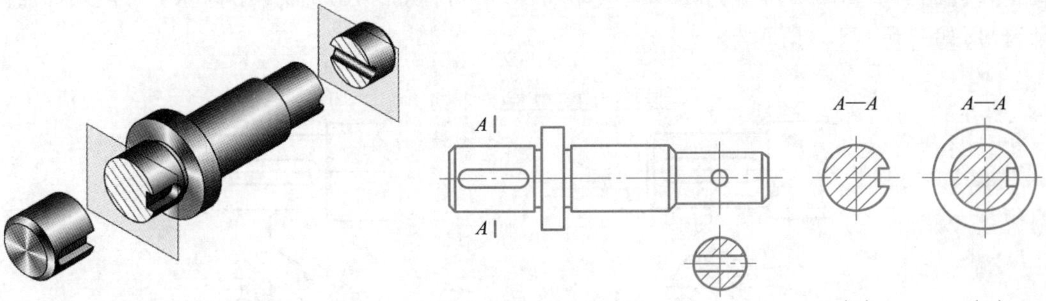

图 6-34　轴的断面视图

2. 移出断面图的绘制

移出断面图的轮廓线用粗实线绘制。由两个或多个相交的剖切面获得的移出断面,中间一般应断开,如图 6-35 所示。

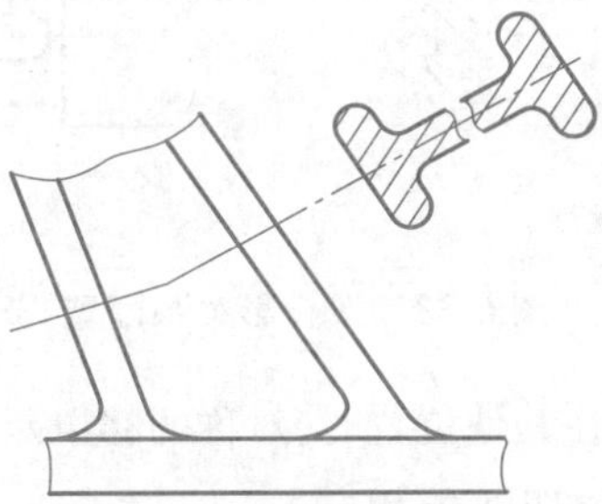

图 6-35　移出断面图

当剖切面通过回转面形成的孔或凹坑的轴线,或通过非圆孔导致出现完全分离的断面时,则这些结构按剖视图要求绘制,如图 6-36 所示。

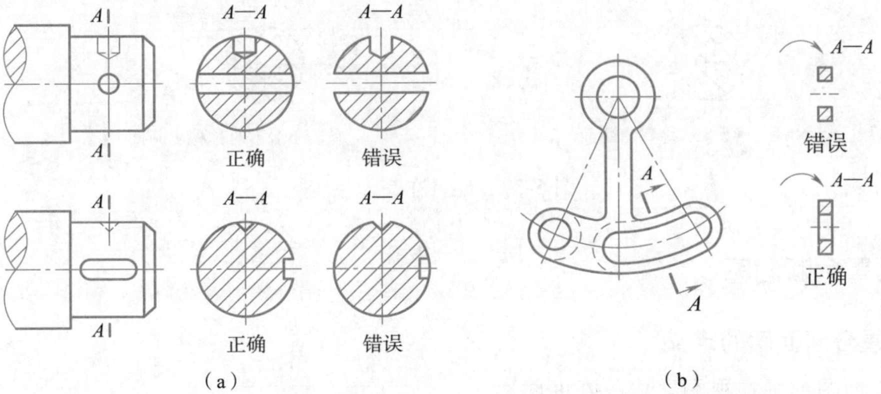

图 6-36　移出断面图绘制时应注意事项

3. 移出断面图的配置和标注

(1)配置在剖切线或剖切符号延长线。配置在剖切线或剖切符号延长线时对称的移出断

学习笔记

面不必标注字母和剖切符号，如图 6-37(a)所示；不对称的移出断面不必标注字母但须标注剖切符号，如图 6-37(b)所示。

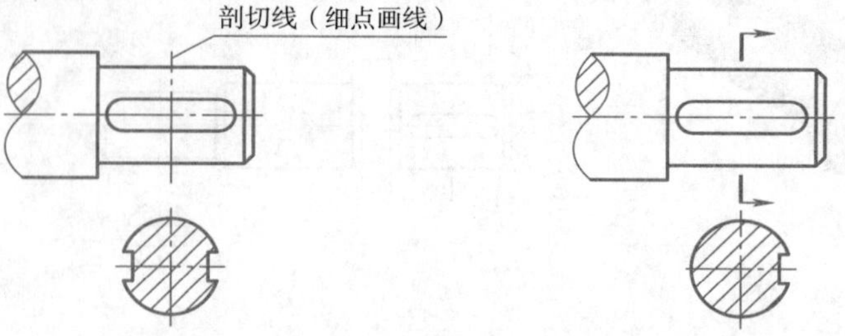

（a）对称移出断面　　（b）不对称移出断面

图 6-37　配置在剖切线或剖切符号延长线

(2)按投影关系配置。按投影关系配置的移出断面图不必标注箭头，如图 6-38 所示。

（a）对称移出断面　　（b）不对称移出断面

图 6-38　按投影关系配置

(3)配置在其他位置。配置在其他位置时，对称的移出断面图不必标注箭头，不对称的移出断面图应绘制箭头及剖切符号，如图 6-39 所示。

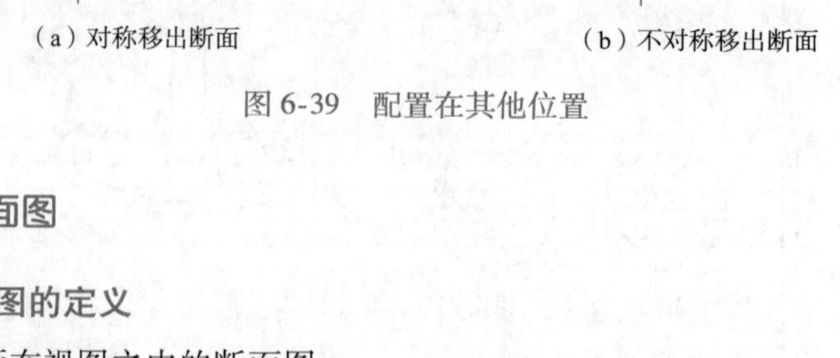

（a）对称移出断面　　（b）不对称移出断面

图 6-39　配置在其他位置

三、重合断面图

1. 重合断面图的定义

将断面图形画在视图之内的断面图。

2. 重合断面图的绘制

重合断面的轮廓线用细实线绘制。当视图中的轮廓线与重合断面的图形重叠时，视图中的轮廓线仍应连续画出，不可间断，如图 6-40(a)所示。

学习笔记

3. 重合断面图的配置和标志

重合断面的标注不同于移出断面。对称的重合断面不必标注；不对称的重合断面，在不致引起误解时可省略标注，如图 6-40(b)所示。

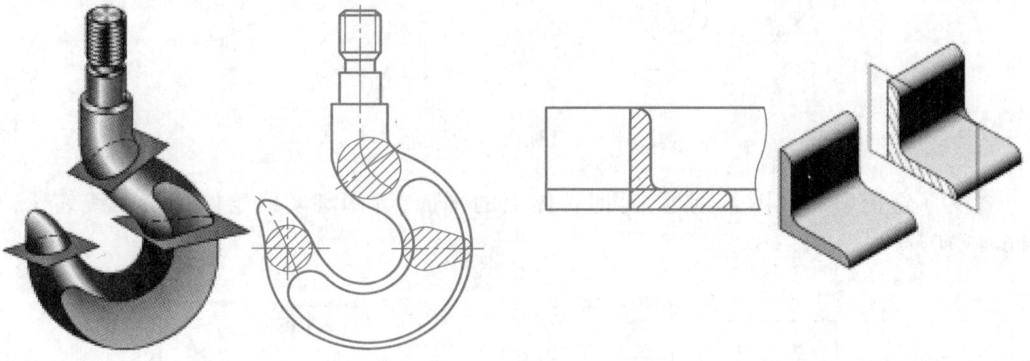

（a）　　　　（b）

图 6-40　重合断面图的绘制和标注

四、局部放大图和简化画法

1. 局部放大图的定义

将机件的部分结构用大于原图形所采用的比例画出的图形。

2. 局部放大图的配置和标注

局部放大图的配置和标注如图 6-41 所示。

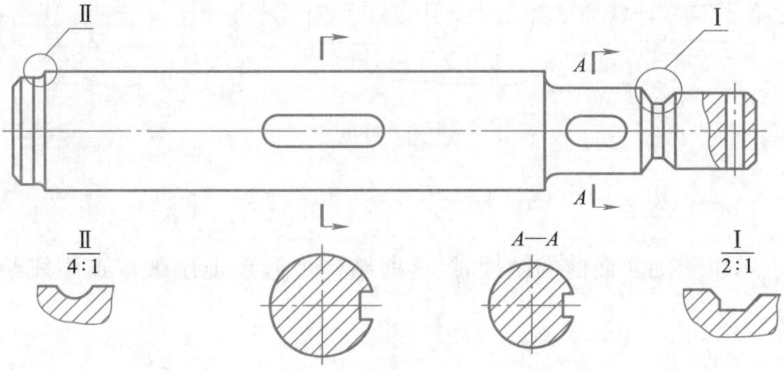

图 6-41　局部放大图的配置和标注

3. 简化画法

简化画法是包括规定画法、省略画法、示意画法等在内的视图表示方法。

(1)规定画法：标准中规定的某些特定表达对象所采用的特殊表达方法。规定画法有以下几种情况：

①在不致引起误解时，对称物体的视图可只画一半或四分之一，并在对称中心线的两端画出对称符号（两条与其垂直的平行细实线），如图 6-42 所示。

学习笔记

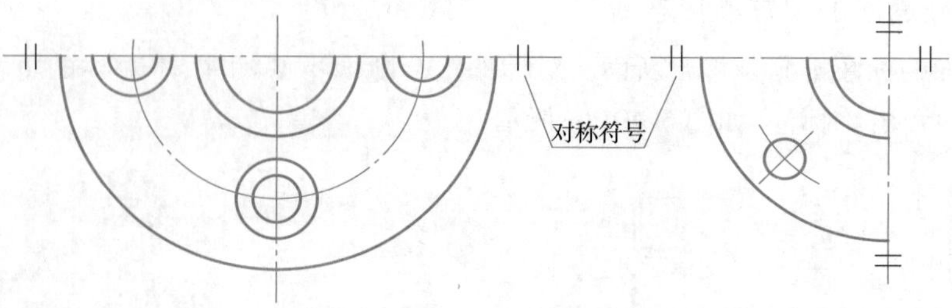

图 6-42　对称机件的简化画法

②为了避免增加视图或剖视，对回转体上的平面，可用细实线绘制的对角线表示，如图 6-43 所示。

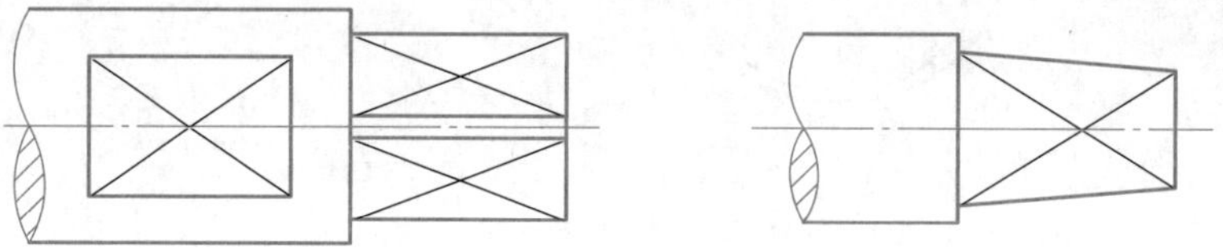

（a）矩形平面　　（b）锥形平面

图 6-43　回转体上的平面表示

③较长的零件（如轴、杆、型材、连杆等）沿长度方向形状一致或按一定规律变化时，可断开后（缩短）绘制，其断裂边界可用波浪线绘制，也可用双折线或细双点画线绘制。但在标注尺寸时，要标注零件的实际尺寸，如图 6-44 所示。

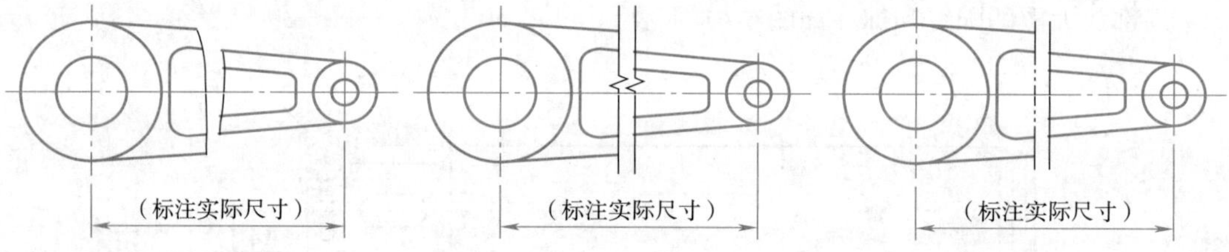

图 6-44　长零件的视图表示

④在需要表示位于剖切面前的结构时，这些结构可假想地用细双点画线绘制，如图 6-45 所示。

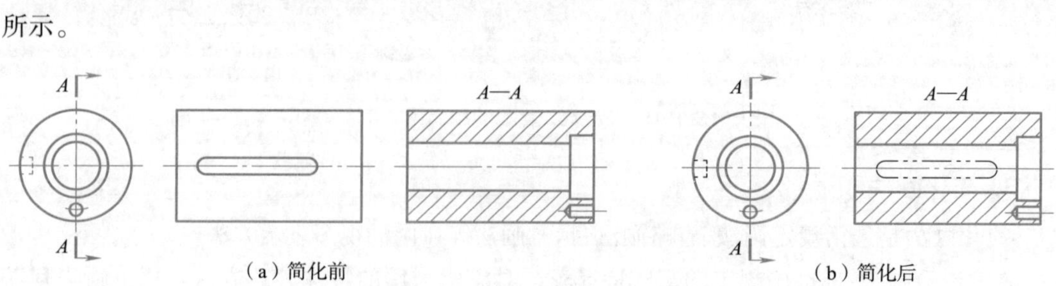

（a）简化前　　（b）简化后

图 6-45　剖切面前结构的视图表示

（2）省略画法：通过省略重复投影、重复要素、重复图形等达到使图样简化的视图表达方法。

学习笔记

①在不致引起误解时，图形中的过渡线、相贯线可以简化，可用圆弧或直线代替非圆曲线，也可以采用模糊画法表示相贯线，如图 6-46 所示。

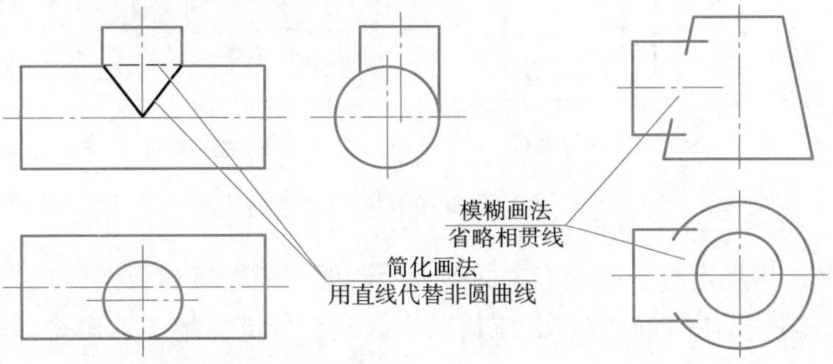

图 6-46　简化和省略相贯线的省略画法

②零件中成规律分布的重复结构，允许只绘制出其中一个或几个完整的结构，但须反映其分布情况，并在零件图中注明重复结构的数量和类型。对称的重复结构，用细点画线表示各对称结构要素的位置；不对称的重复结构，则用相连的细实线代替，如图 6-47 所示。

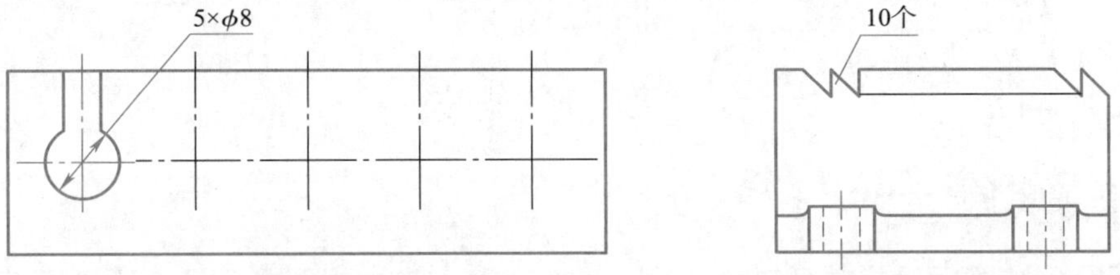

（a）对称的重复结构　　（b）不对称的重复结构

图 6-47　重复结构的省略画法

③若干直径相同且成规律分布的孔（如圆孔、螺孔、沉孔等），可以仅画一个或少量几个，其余只需用细点画线表示其中心位置，但在零件图中要注明孔的总数，如图 6-48 所示。

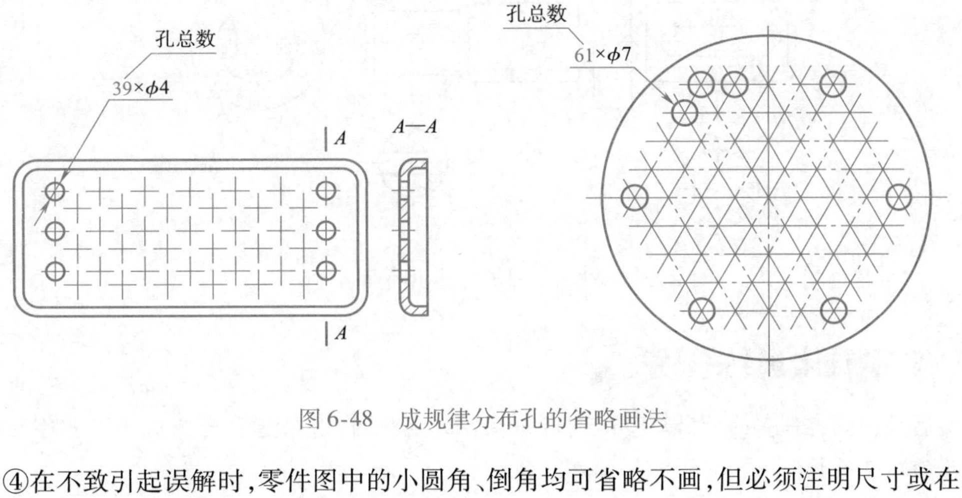

图 6-48　成规律分布孔的省略画法

④在不致引起误解时，零件图中的小圆角、倒角均可省略不画，但必须注明尺寸或在技术要求中加以说明，如图 6-49 所示。

学习笔记

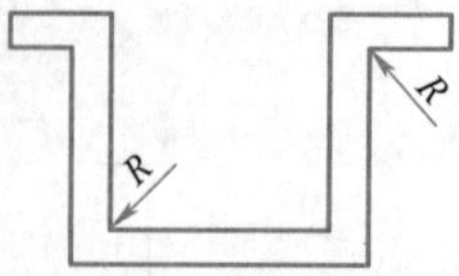

（a）省略圆角

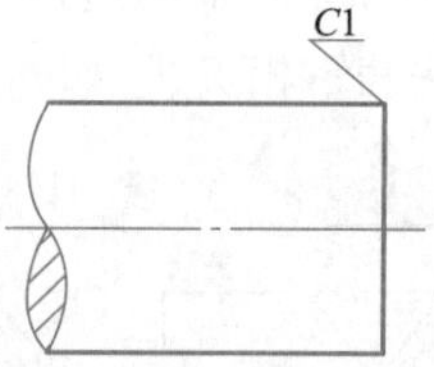

（b）省略倒角

图 6-49 圆角和倒角的省略画法

（3）示意画法：用规定符号或较形象的图线绘制图样的表意性视图表达方法。如图 6-50 所示，零件上的滚花、槽沟等网状结构，应用粗实线完全或部分地表示出来，并在图中按规定标注。

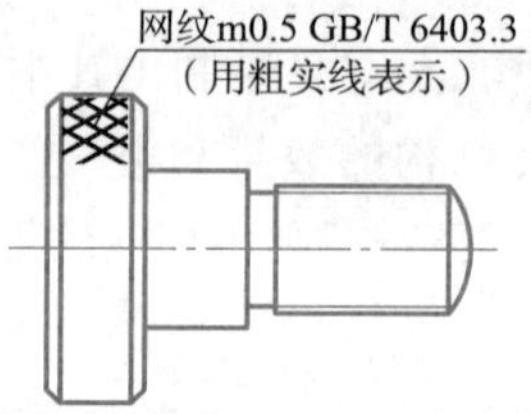

图 6-50 示意画法

任务实施

分析图 6-33 所示阶梯轴可知，阶梯轴上轴径的形状在主视图上已经表达清楚，其左视图主要用于表达键槽和销孔的断面形状。但是在左视图中，圆和细虚线较多，不利于识图。为此，可以用垂直于轴线的剖切平面将带键槽的轴径和带销孔的轴径断开，画出断面的形状，即可将该零件表达清楚。具体绘制的移出断面图如图 6-51 所示。

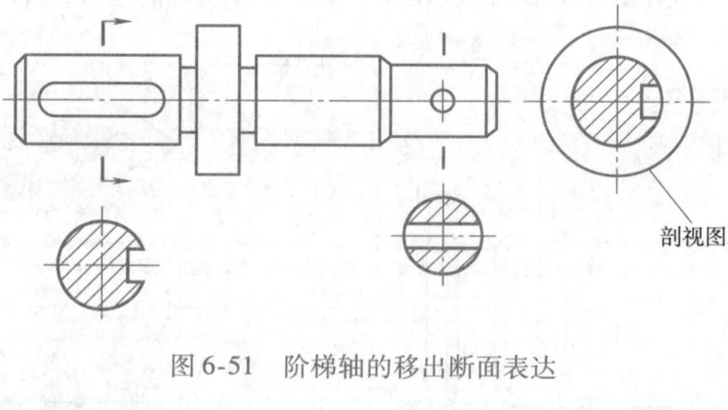

图 6-51 阶梯轴的移出断面表达

课后强化训练任务

课后强化训练任务一：根据图 6-52 所示机件的主视图，选用适当的表达方式表达主视图中槽孔的内部结构。

课后强化训练任务二：图 6-53 所示的法兰盘上均匀地分布着几个孔，选择恰当的表达方式将法兰盘上的孔表达出来。

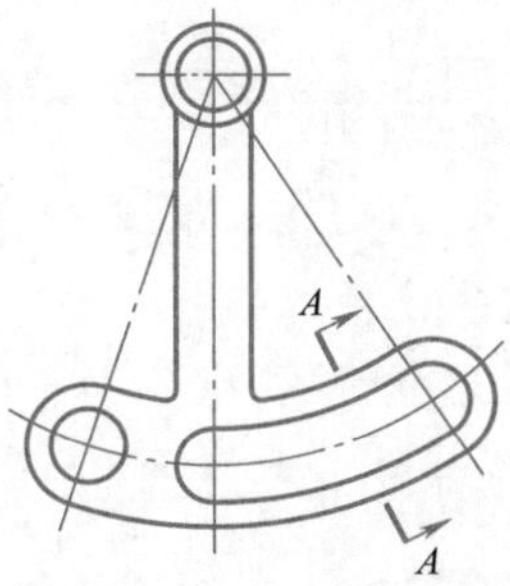

图 6-52　机件的主视图

图 6-53　法兰盘轴测图

课后强化训练任务三: 图 6-54 所示为一支架的立体图,综合选用各种表达方式,正确合理地绘制出该支架的表达视图。

图 6-54　支架立体图

项目七

识读和绘制机械常用件和标准件的表达视图

学习笔记

各种机械零部件都是由若干零件组装而成的，如螺栓、螺柱、螺钉、螺母、垫圈、键、销和轴承等机件，其结构、尺寸等都已标准化，故称为标准件；如齿轮、弹簧等机件，其部分结构、尺寸已标准化，故称为常用件。在机械工程图样中，上述零件不需要画出其真实结构的投影，只需要按国家标准的规定画法绘制，并按国家标准的规定代号或标记方法进行标注即可。

知识结构图

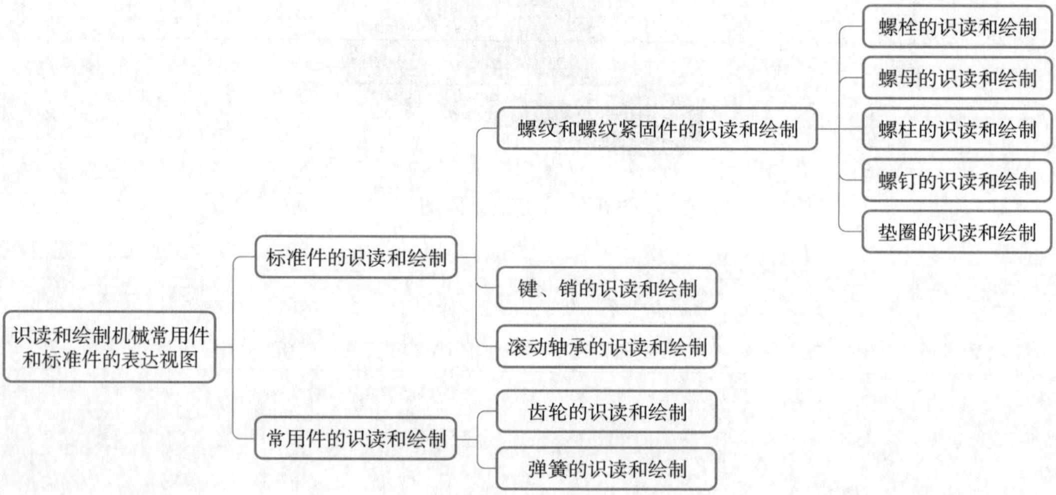

学习目标

知识目标

1. 掌握螺纹的结构、规定画法和标记及标注方法；

2. 掌握螺纹紧固件的种类，能依据国家标准识读、标记和查阅螺纹紧固件的视图；

3. 掌握螺栓、双头螺柱、螺钉连接图的识读和画法；

4. 掌握齿轮的类型和结构、标准直齿圆柱齿轮各几何要素的名称和尺寸计算方法，了解圆锥齿轮参数的计算公式；

5. 掌握圆锥齿轮及啮合图视图的识读和绘制方法；

6. 掌握锥齿轮和蜗轮蜗杆两种传动形式及绘制方法；

学习笔记

7. 掌握普通平键连接图和销连接图的识读和绘制方法、键和销的标志方法；

8. 掌握半圆键、钩头楔连接图的识读和绘制方法；

9. 掌握滚动轴承的通用和规定绘制方法及滚动轴承的特征绘制法；

10. 掌握圆柱螺旋压缩弹簧的结构、名称及识读和绘制方法；

11. 掌握压缩弹簧、拉伸弹簧、扭转弹簧视图、剖视图和示意图的绘制方法及弹簧在装配图中的绘制方法。

能力目标

1. 能正确识读和绘制螺纹紧固件、圆锥齿轮及啮合图、滚动轴承、压缩弹簧、拉伸弹簧、扭转弹簧的一般视图；

2. 能正确识读和绘制螺栓、双头螺柱、螺钉连接图，普通平键和销连接图、半圆键、钩头楔连接图；

3. 能正确识读和绘制压缩弹簧、拉伸弹簧、扭转弹簧剖视图和示意图，能绘制齿轮和蜗轮蜗杆两种传动形式。

素质目标

1. 具有较强视图表达的选择、比较和分析能力；

2. 具有识读和绘制标准件和常用件表达视图的规范和标准意识；

3. 具有劳动意识、职业意识和工匠精神。

任务一　识读和绘制螺纹和螺纹紧固件

任务描述

图 7-1 所示为螺栓连接图及对应的按比例绘制的视图，任务要求绘制出其对应的三视图。

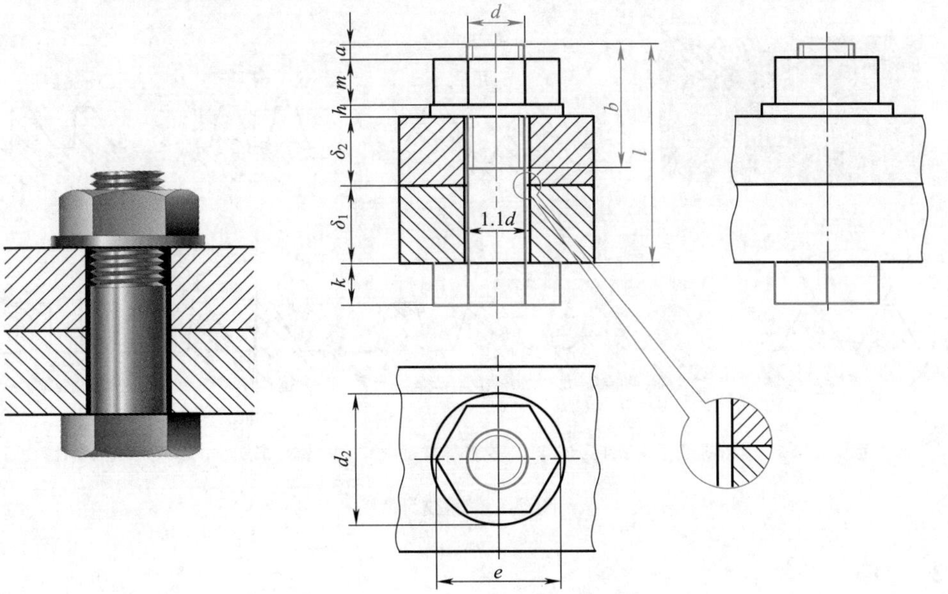

（a）　　　　（b）

图 7-1　螺栓连接示意图

学习笔记

相关知识

一、螺纹的形成

1. 螺纹的定义

螺纹是在圆柱或圆锥表面上，具有相同牙型、沿螺旋线连续凸起的牙体。

2. 螺纹的形成

外螺纹是在圆柱或圆锥外表面上形成的螺纹；内螺纹则是在圆柱或圆锥内表面上形成的螺纹，如图7-2所示。

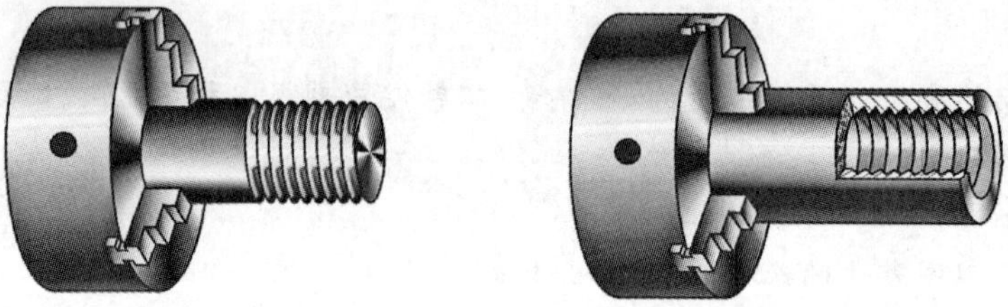
（a）外螺纹　（b）内螺纹

图7-2　外螺纹和内螺纹

二、螺纹的结构要素

1. 牙型

螺纹的牙型是指螺纹轴向剖面的形状。常用的牙型有三角形、梯形、锯齿形、矩形等，如图7-3所示。

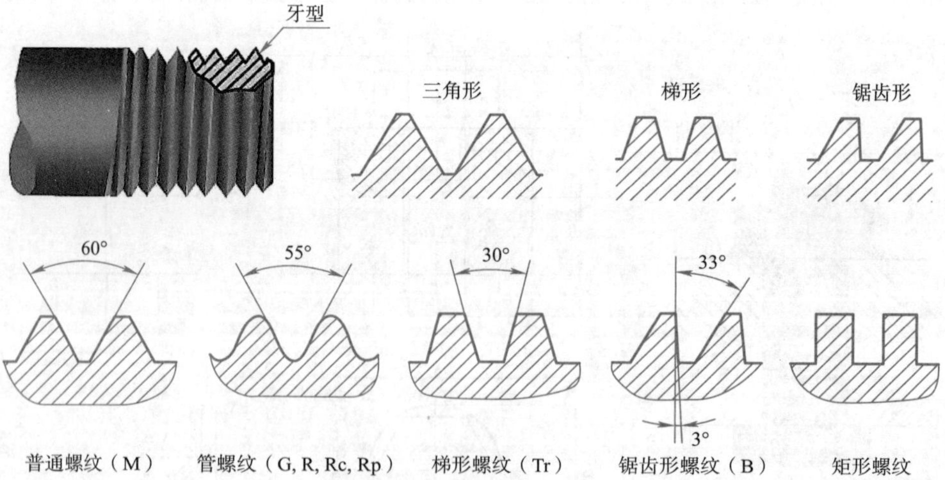

图7-3　螺纹牙型

2. 直径

如图7-4所示，螺纹的直径有大径、中径和小径三种。

（1）螺纹大径：用 D 或 d 标注，指与外螺纹牙顶或内螺纹牙底相重合的假想圆柱面的直径，又称螺纹的公称直径。

(2)螺纹中径：用 D_2 或 d_2 标注，指一个假想圆柱面的直径，该圆柱面的母线通过牙型上沟槽和凸起宽度相等的地方。

(3)螺纹小径：用 D_1 或 d_1 标注，指与外螺纹牙底或与内螺纹牙顶相重合的假想圆柱面的直径。

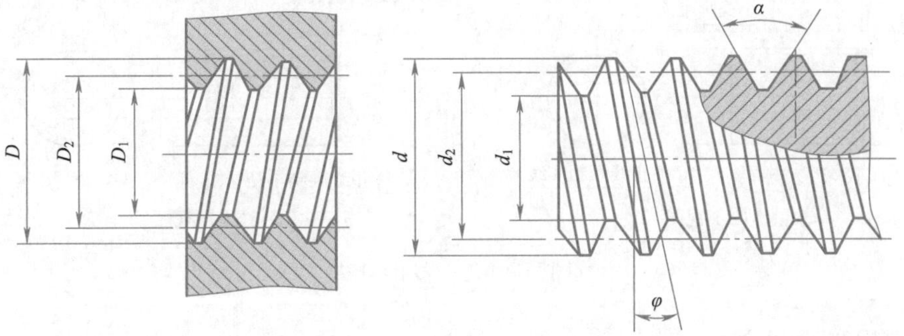

图 7-4　螺纹直径

3. 线数

形成螺纹时螺旋线的条数称为线数(n)。沿一条螺旋线形成的螺纹称为单线螺纹，沿两条或两条以上螺旋线形成的螺纹称为多线螺纹，如图 7-5 所示。

4. 螺距和导程

相邻两牙在中径线上对应两点间的轴向距离称为螺距(P)。同一条螺旋线上相邻两牙在中径线上对应两点间的轴向距离称为导程，用 P_h 表示，如图 7-5 所示。导程、螺距和线数的关系为 $P_h = nP$。

5. 旋向

螺纹有左旋和右旋之分。螺纹按顺时针方向旋进的，称为右旋螺纹；按逆时针方向旋进的，称为左旋螺纹，如图 7-6 所示。

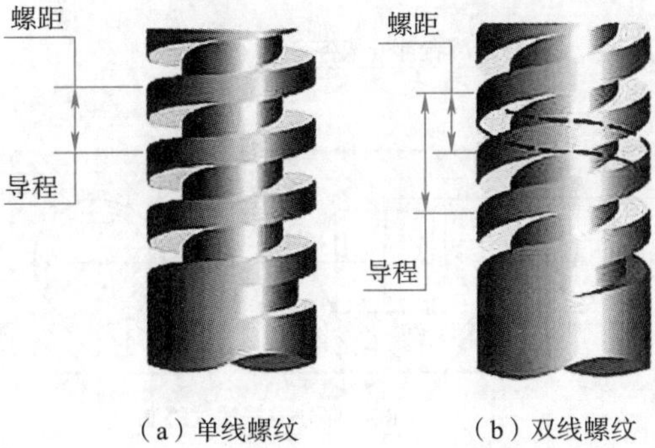

(a) 单线螺纹　(b) 双线螺纹

图 7-5　螺距与导程

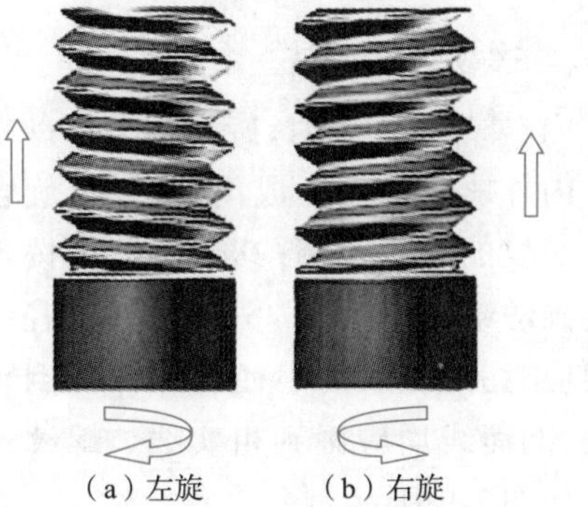

(a) 左旋　(b) 右旋

图 7-6　旋向

三、螺纹的画法

1. 外螺纹的画法

外螺纹大径用粗实线表示，小径用细实线表示，螺杆的倒角和倒圆部分也要画出，小径可近

学习笔记

似地画成大径的 0.85 倍，螺纹终止线用粗实线表示。在平行于螺纹轴线的视图中，表示牙底的细实线应画入倒角或倒圆内。在投影为圆的视图上，表示牙底的细实线只画约 3/4 圈，螺杆端面的倒角圆省略不画。在螺纹的剖视图（或断面图）中，剖面线应画到粗实线，如图 7-7 所示。

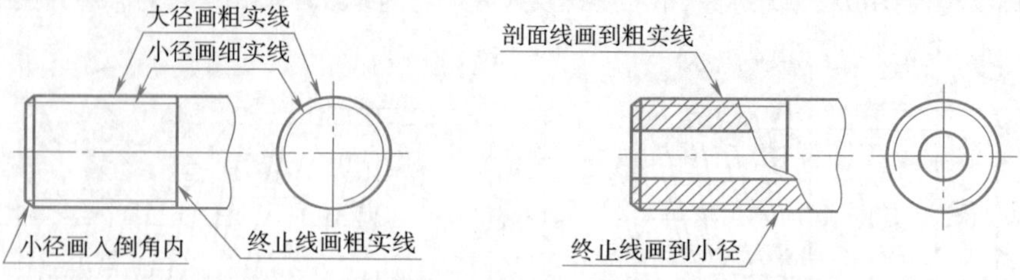

（a）视图　　（b）剖视图

图 7-7　外螺纹的画法

2. 内螺纹的画法

当内螺纹画成剖视图时，大径用细实线表示，小径和螺纹终止线用粗实线表示，剖面线画到粗实线处，如图 7-8(a)所示。在投影为圆的视图中，表示牙底的细实线圆只画约 3/4 圆，倒角圆省略不画，如图 7-8(b)所示。螺纹不可见时，所有图形都为虚线。

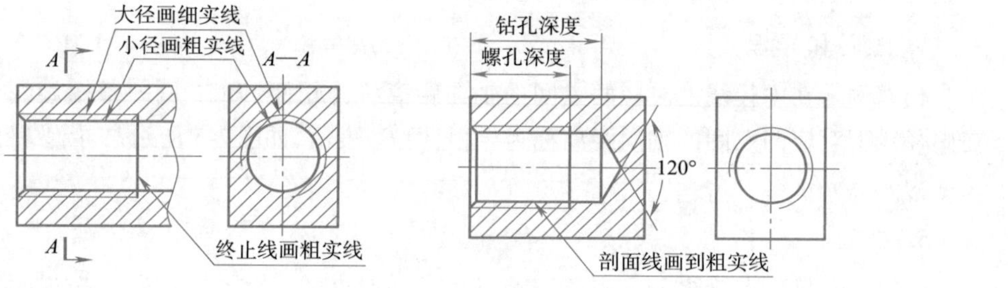

（a）　　（b）

图 7-8　内螺纹的画法

3. 螺纹连接画法

内、外螺纹旋合时，旋合部分按外螺纹绘制。内外螺纹连接画成剖视图时，旋合部分按外螺纹的画法绘制，其余部分仍按各自的规定画法绘制。并且内外螺纹的大径线和小径线应对齐，螺纹的小径与螺杆的倒角大小无关，剖面线均应画到粗实线。螺纹连接的画法如图 7-9 所示。

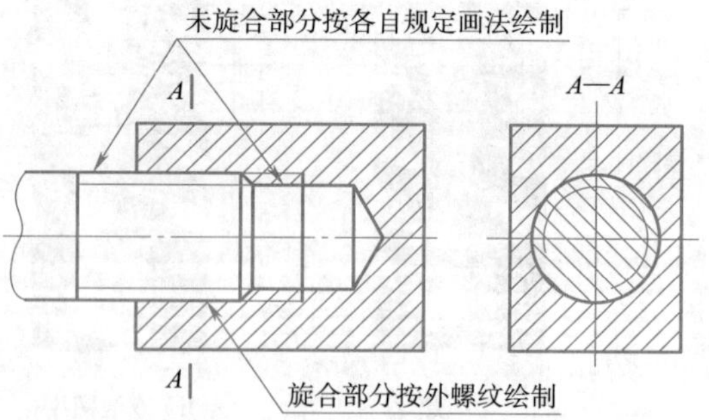

图 7-9　螺纹连接的画法

四、螺纹的分类

螺纹按用途可分为四类：紧固螺纹、传动螺纹、管用螺纹和专用螺纹。

（1）紧固螺纹是用于连接零件的连接螺纹，如应用最广的普通螺纹。

学习笔记

(2)传动螺纹是用于传递动力和运动的螺纹,如梯形螺纹、锯齿形螺纹和矩形螺纹等。

(3)管用螺纹简称管螺纹,如55°非密封管螺纹、60°密封管螺纹等。

(4)专用螺纹是指专门用途螺纹,如自攻螺钉用螺纹等。

五、螺纹标记和标注

螺纹按规定画法画出后,在图上不能反映它的牙型、螺距、线数和旋向等结构要素,因此,必须按规定的标记在图样中进行标注。

1. 螺纹的标记

普通螺纹、梯形螺纹和锯齿形螺纹,完整的标记由螺纹代号、螺纹公差带代号和螺纹旋合长度代号三部分组成,其格式为

特征代号 | 公称直径 × 导程 × P(螺距) | 旋向代号 - 公差带代号 - 旋合长度代号

1)普通螺纹的标记示例

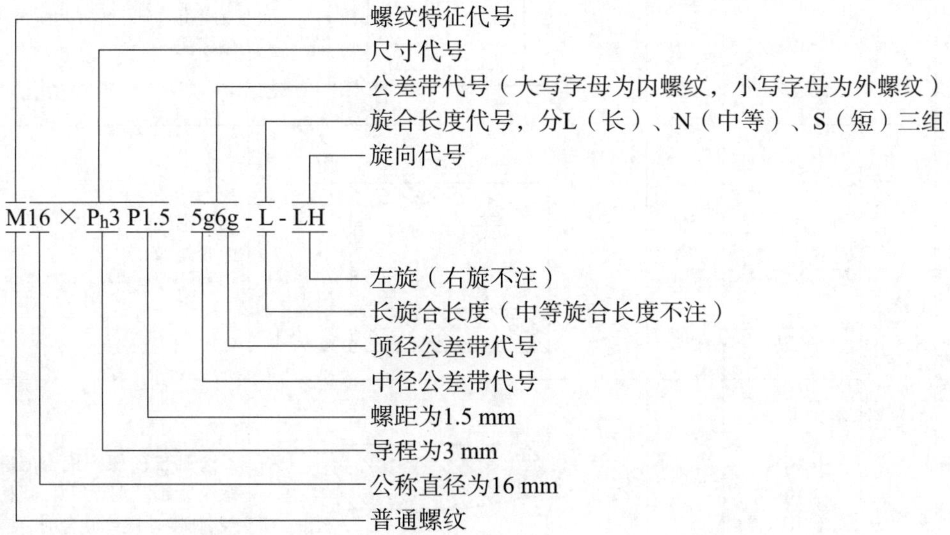

2)梯形螺纹的标记示例

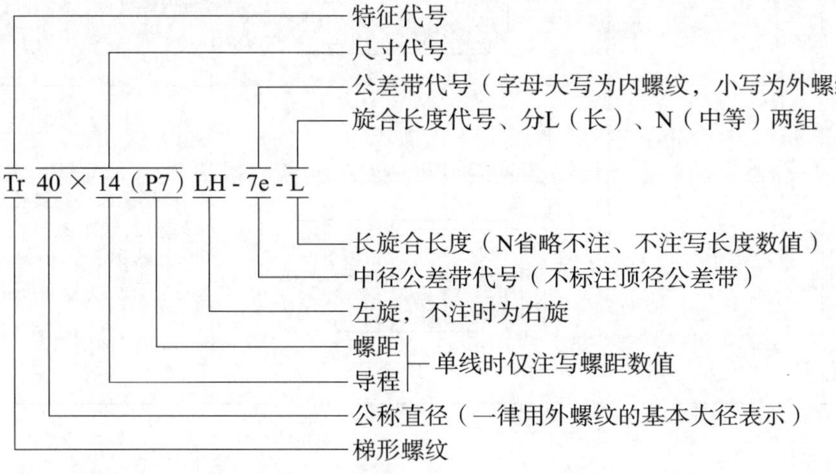

学习笔记

2. 常用螺纹的标记

常用螺纹的标记见表7-1。

表7-1 常用螺纹的标记

螺纹种类		特征代号	标记示例		说明
连接螺纹	普通螺纹	M	粗牙	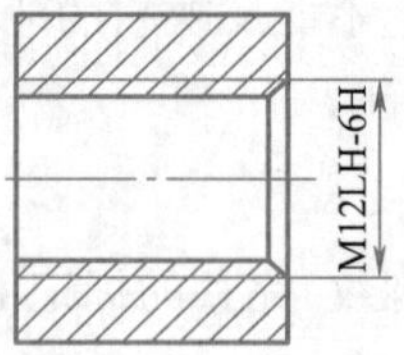	粗牙螺纹的螺距不标注，LH左旋，中径和顶径公差带相同，只标注一个代号6H
			细牙	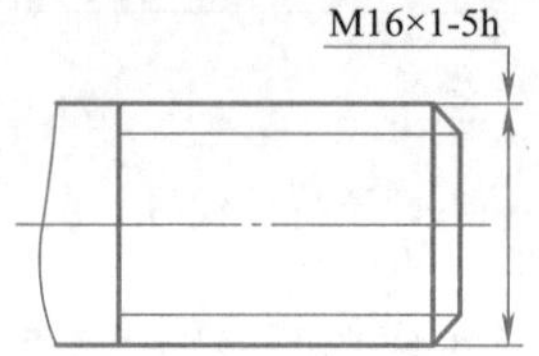	细牙螺纹的螺距必须标注，中径和顶径公差带同为5h，右旋省略不标注，旋合长度中等，省略标注
	管螺纹	G	55° 非密封 管螺纹	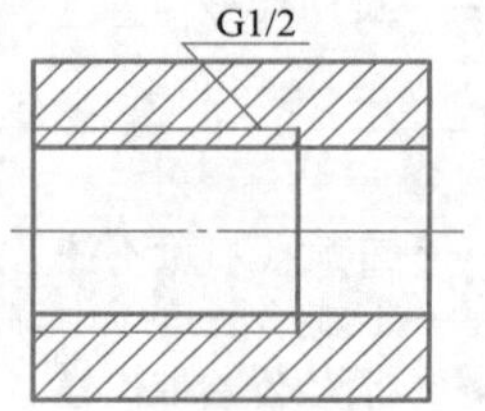	管螺纹的标注指向螺纹大径。内管螺纹的中径公差等级只有一种，省略标注
		Rp R1 R2 Rc	55° 密封 管螺纹	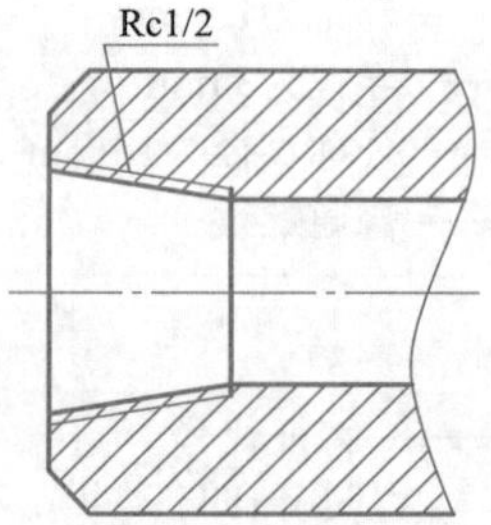	与圆锥内螺纹旋合的圆锥外螺纹特征代号为R2，圆柱内螺纹、圆锥外螺纹旋合时，前者、后者代号分别为Rp和R1，其中R1表示圆锥外螺纹；Rc表示圆锥内螺纹；Rp表示圆柱内螺纹
传动螺纹	梯形螺纹	Tr		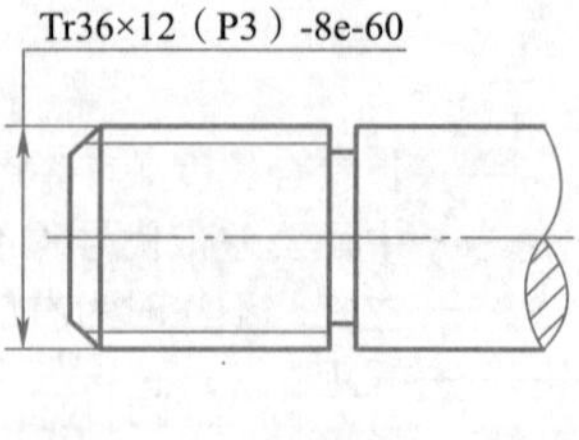	梯形螺纹公称直径为36 mm，导程12，螺距3，线数4，旋向右旋省略不注。中径公差带为8e，旋合长度为60 mm

学习笔记

六、六角头螺栓及螺母的视图和标记

1. 六角头螺栓的视图和标记

螺栓由头部和杆身组成，常用的为六角头螺栓，如图 7-10（a）所示。根据螺栓的功能及作用，六角头螺栓有全螺纹和半螺纹等多种规格。

（1）螺栓视图。图 7-10（b）所示为螺栓的比例画法。

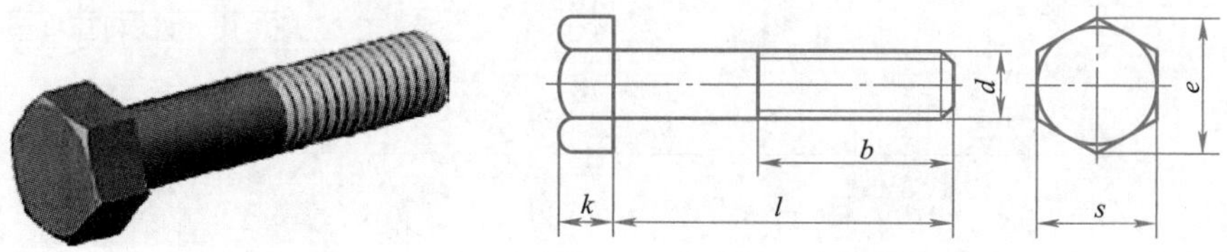

（a）　　　　（b）

图 7-10　螺栓及其对应的比例画法

螺栓的规格尺寸是螺纹大径和螺栓长度。螺栓由头部及杆部组成，杆部刻有螺纹，端部有倒角。画螺栓时，为作图方便，不必查实际数据，而采用比例画法。比例画法是指除螺栓的有效长度和螺栓的螺纹大径按真实尺寸绘制，其他各部分尺寸按螺纹大径的一定比例画出。按比例法确定有关尺寸，则螺栓各部分尺寸与螺纹公称直径的近似比例关系为 $b=2d$，$k=0.7d$，$e=2d$。绘制螺纹紧固件时，为了方便绘制，对有些不重要的结构采用近似画法，如螺栓六角头、六角螺母棱面上，因 30°倒角而产生截交线，此截交线为双曲线，作图时常用圆弧代替双曲线的投影；有时可采用简化画法，如螺栓六角头、六角螺母可省略倒角，按六棱柱绘制。

（2）螺栓的标记。螺栓的规格尺寸是螺纹大径 d 和公称长度 l。其规定标记为

名称标准代号　螺纹代号 × 长度

例如，螺栓 GB/T 5782—2016　M24 × 100，表示该紧固件是螺栓，其标准代号为 GB/T 5782—2016，公称直径 24 mm，粗牙普通螺纹，公称长度 100 mm。

2. 六角头螺栓的绘制

采用比例画法绘制图 7-1（a）所示六角头螺栓的视图，作图步骤和图例见表 7-2。

表 7-2　绘制六角头螺栓视图的步骤和图例

作图步骤	绘制图例
（1）绘制中心线和辅助线	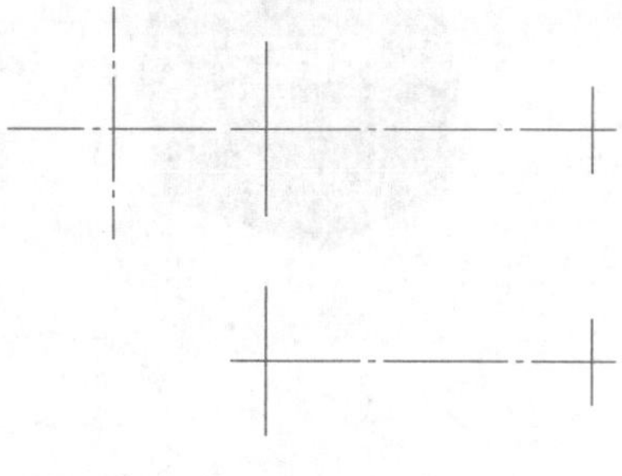

学习笔记

续表

作图步骤	绘制图例
(2)画六角头和杆身的视图	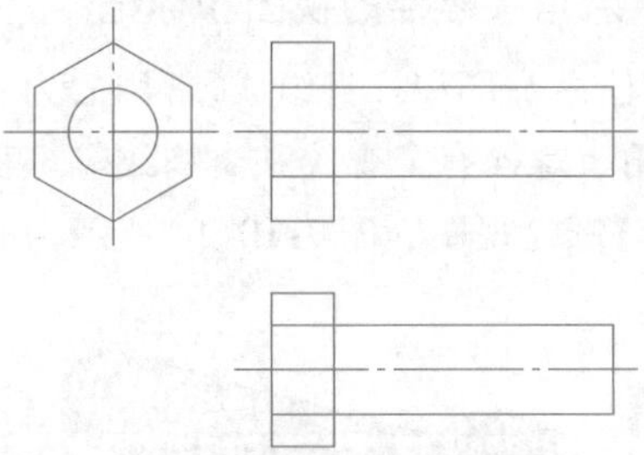
(3)画外螺纹视图	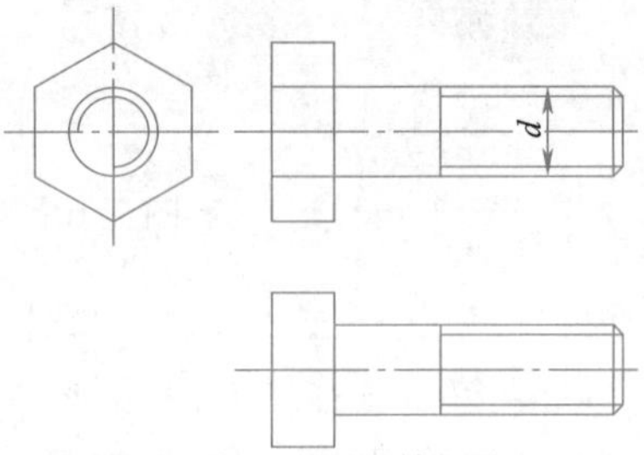
(4)加粗轮廓线	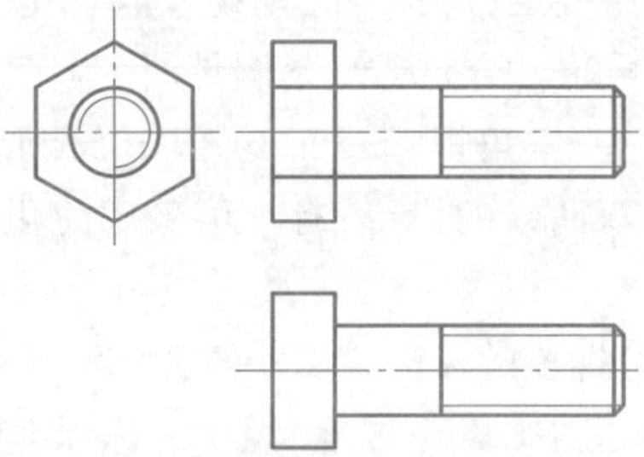

3. 六角形螺母的视图和标记

(1)六角形螺母的视图。螺母可分为六角形螺母、方螺母和圆螺母,其中六角形螺母应用最广,其对应的立体图和三视图如图 7-11 所示。

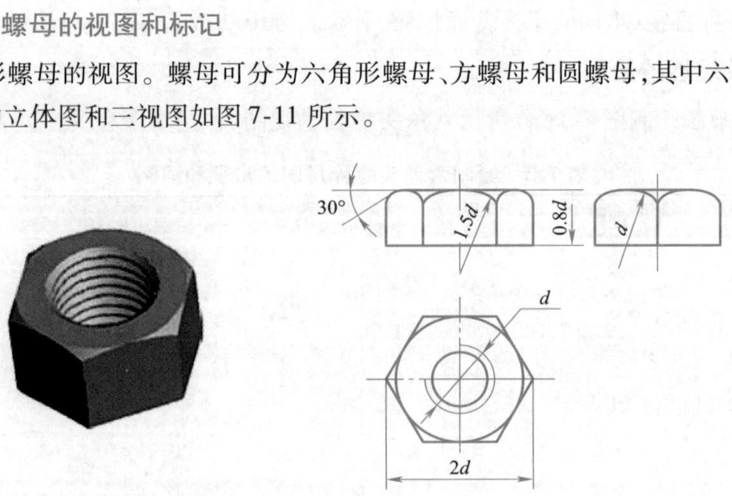

(a) (b)

图 7-11　六角形螺母的立体图和三视图

学习笔记

（2）螺母的标记。螺母的规格尺寸是螺纹大径 D。其规定标记为

名称　标准代号　螺纹代号

例如，螺母　GB/T 6170—2015　M20，表示该紧固件名称是螺母，标准代号为 GB/T 6170—2015，粗牙普通螺纹，公称直径是 20 mm。

4. 绘制六角螺母

采用比例画法绘制图 7-1（b）所示六角螺母的视图，作图步骤和图例见表 7-3。

表 7-3　绘制六角螺母视图的步骤和图例

作图步骤	绘制图例
（1）绘制中心线和辅助线	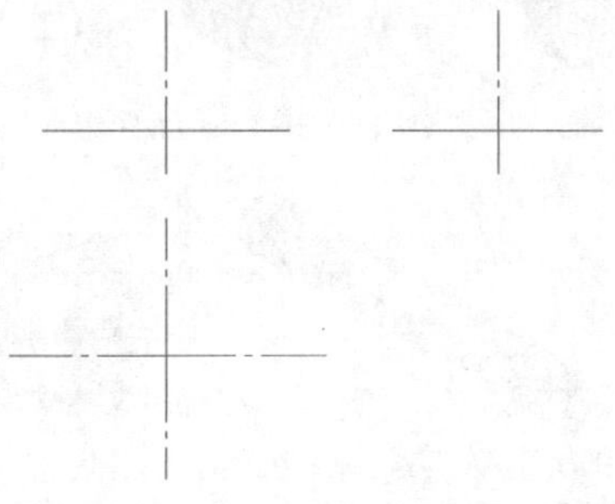
（2）按比例画六棱柱视图	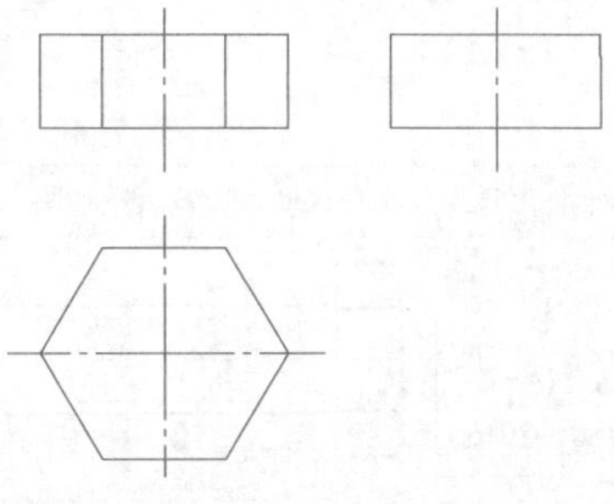
（3）画外螺纹、内螺纹和截交线的视图。按图示尺寸画截交线，六角形棱面上因 30°倒角而产生的截交线为双曲线，作图时常用圆弧代替双曲线的投影；r 尺寸在作图时视情况而定	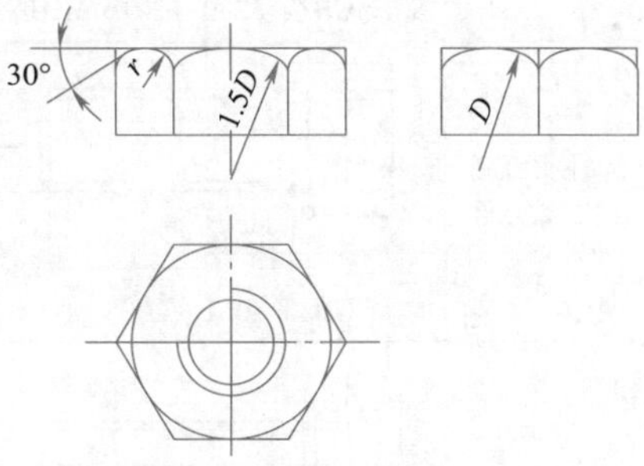
（4）加粗轮廓线	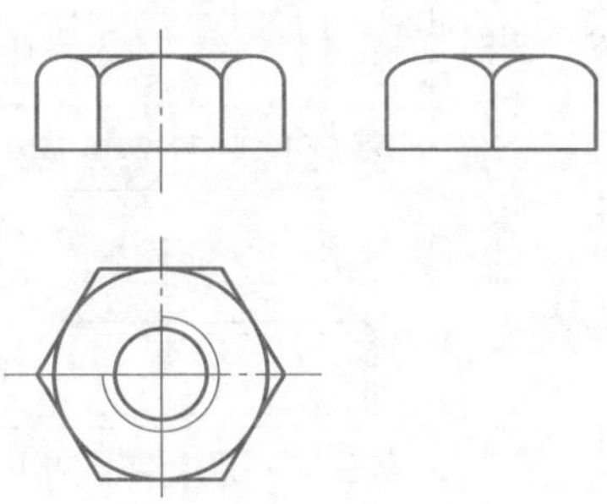

学习笔记

七、螺纹紧固件

1. 常用螺纹紧固件及其标记

常用螺纹紧固件有螺栓、螺柱、螺钉、螺母和垫圈等，如图 7-12 所示。它们属于标准件，其结构尺寸都已标准化，使用时可以从相应的标准中查出所需的结构尺寸。常用螺纹紧固件的结构形式和标记示例见表 7-4。

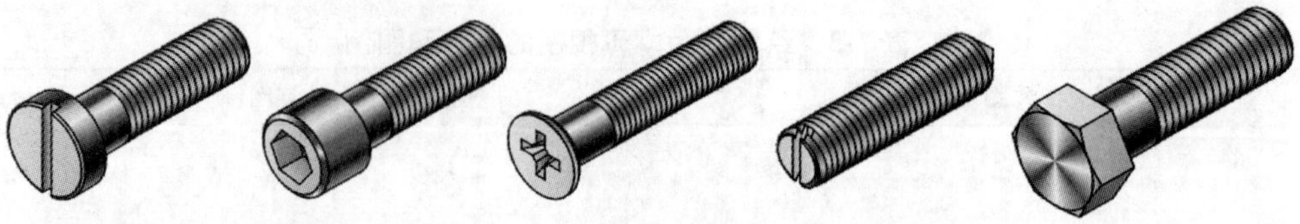

（a）开槽圆柱头螺钉 （b）圆柱头内六角螺钉 （c）沉头十字槽螺钉 （d）开槽紧定螺钉 （e）六角头螺栓

（f）双头螺柱 （g）六角螺母 （h）六角开槽螺母 （i）平垫圈 （j）弹簧垫圈

图 7-12　螺纹紧固件

表 7-4　常用的螺纹紧固件及其标记

名称及标准代号	视图及标记	名称及标准代号	视图及标记
六角头螺栓（GB/T 5780—2016）	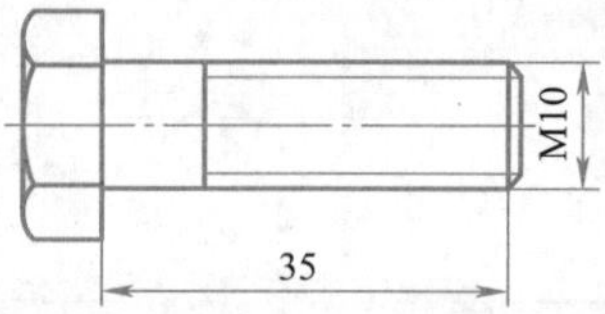 螺栓 GB/T 5780—2016 M10×35	双头螺柱（GB/T 897—1988）	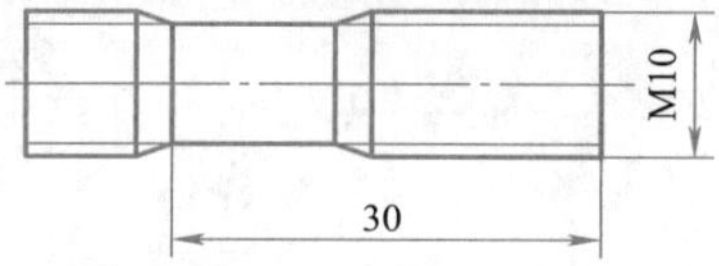 螺柱 GB/T 897—1988 M10×30
内六角圆柱头螺钉（GB/T 70.1—2008）	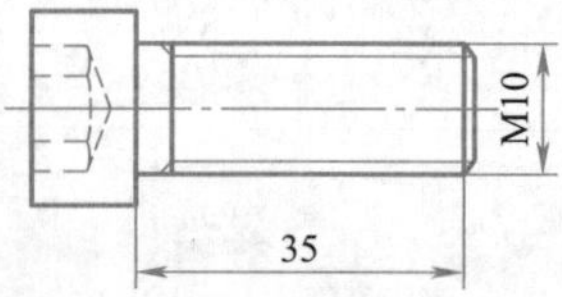 螺钉 GB/T 70.1—2008 M10×35	1 型六角螺母（GB/T 6170—2015）	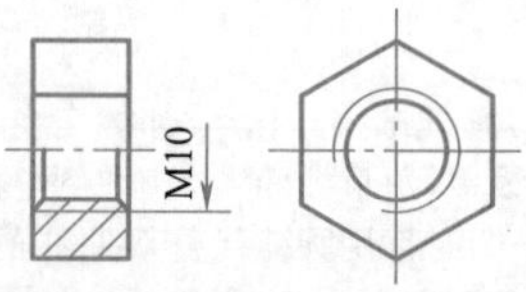 螺母 GB/T 6170—2015 M10
开槽盘头螺钉（GB/T 65—2016）	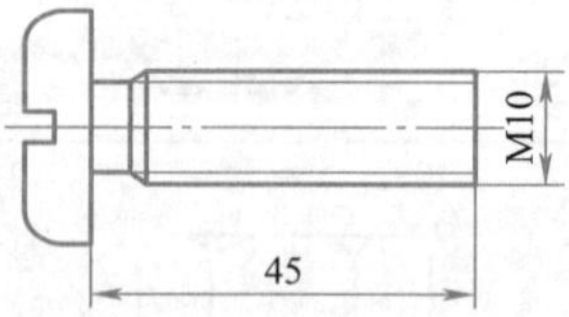 螺钉 GB/T 65—2016 M10×45	平垫圈 A 级（GB/T 97.1—2002）	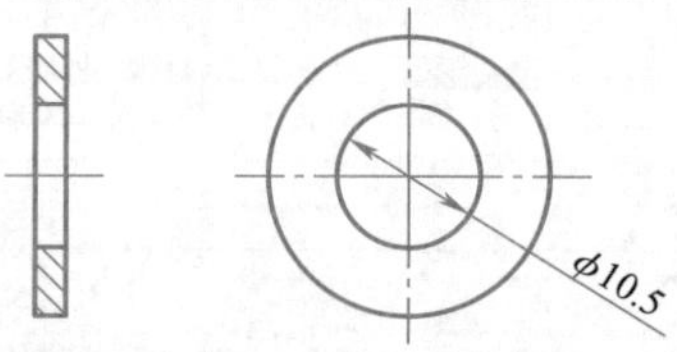 垫圈 GB/T 97.1—2002 10-100 HV
开槽锥端紧定螺钉（GB/T 71—2018）	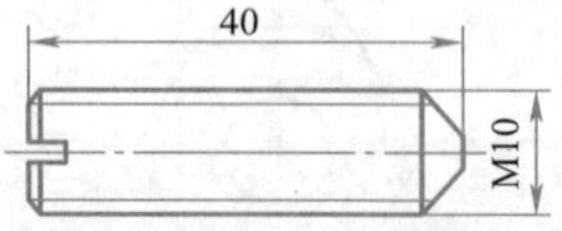 螺钉 GB/T 71—2018 M10×40	标准型弹簧垫圈（GB/T 93—1987）	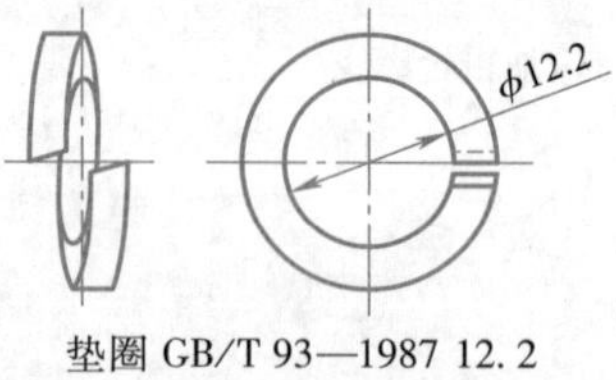 垫圈 GB/T 93—1987 12.2

2. 垫圈的绘制方法与标记

垫圈一般放在螺母与被连接件之间，用于保护被连接零件的表面，以免拧紧螺母时刮伤零件表面，同时可以增加螺母与被连接零件的接触面积。平垫圈和弹簧垫圈的比例绘制方法如图 7-13(a)、(b)所示。为便于安装，垫圈中间的通孔直径比螺纹的大径大些。

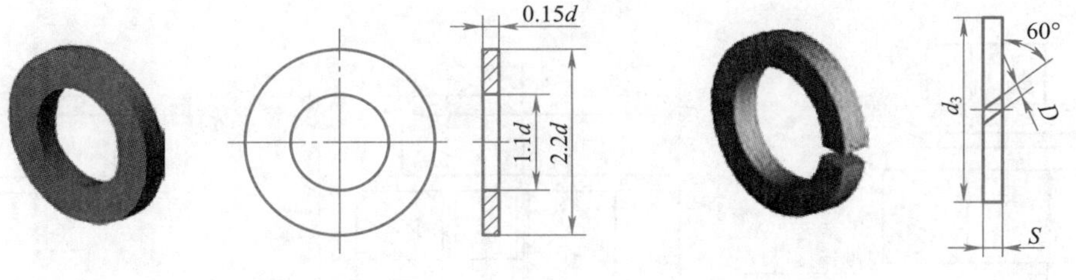

(a)　　(b)

图 7-13　螺纹紧固件

垫圈的规格尺寸是与其配用的螺纹大径 d，其规定标记为

名称　标准代号　公称尺寸　性能等级

例如，垫圈　GB/T 96—2002　12　100 HV，表示该紧固件名称是垫圈，标准代号是 GB/T 96—2002，公称尺寸为 12 mm，性能等级为 100 HV 级，由钢制造，硬度等级为 100 HV。

3. 螺栓连接的比例绘制

比较常用的螺纹紧固件的连接有螺栓连接、螺柱连接和螺钉连接，对应的连接图如图 7-14 所示。

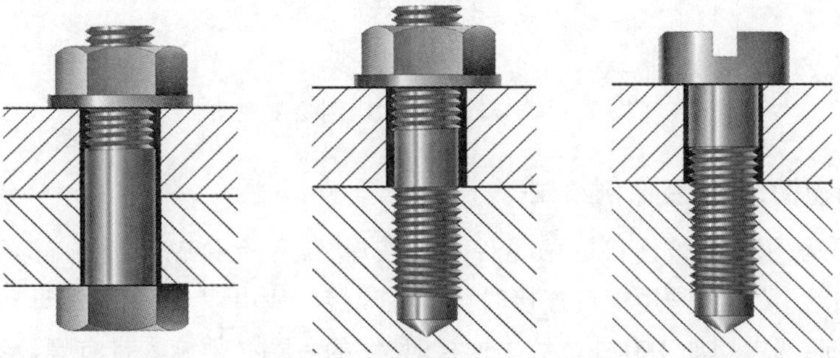

(a) 螺栓连接　(b) 螺柱连接　(c) 螺钉连接

图 7-14　常用的螺纹紧固件连接

螺栓连接是在被连接的零件上制出比螺栓直径稍大的通孔。螺栓穿过通孔后套上垫圈，并用螺母拧紧即为螺栓连接。常用于连接不太厚的零件，并能从连接零件两边同时装配的场合。绘图时要知道螺栓的形式、大径和被连接零件的厚度，并从标准中查出螺栓、螺母和垫圈的有关尺寸。计算出的螺栓长度要按螺栓长度系列选择接近的标准长度。画螺栓连接图时，螺栓公称长度 L 的计算公式为 $L \geqslant \delta_1 + \delta_2 + m + h + b$，式中 δ_1、δ_2 为被连接件的厚度(已知条件)，h 为平垫圈厚度(根据标记查表)；m 为螺母高度(根据标记查表)；b 为螺栓末端超出螺母的高度，一般可取 $a = 2P$ 或 $0.2 \sim 0.3d$。计算出的螺栓长度还要按螺栓长度系列选择接近的标准长度，这个长度称为螺栓的公称长度。一般为了作图方便，可采用简化方法画图，其各

学习笔记

部分尺寸均按比例方法算出，见表7-5。采用简化画法画图时，其六角头螺栓头部和六角螺母上的截交线可省略不画。螺栓连接比例绘制视图如图7-15所示。

表7-5　按比例计算螺栓连接各部分尺寸

代号	b	m	h	k	d_2	e	a
公式	$0.3d$	$0.8d$	$0.15d$	$0.7d$	$2.2d$	$2d$	$(1.5\sim2d)$

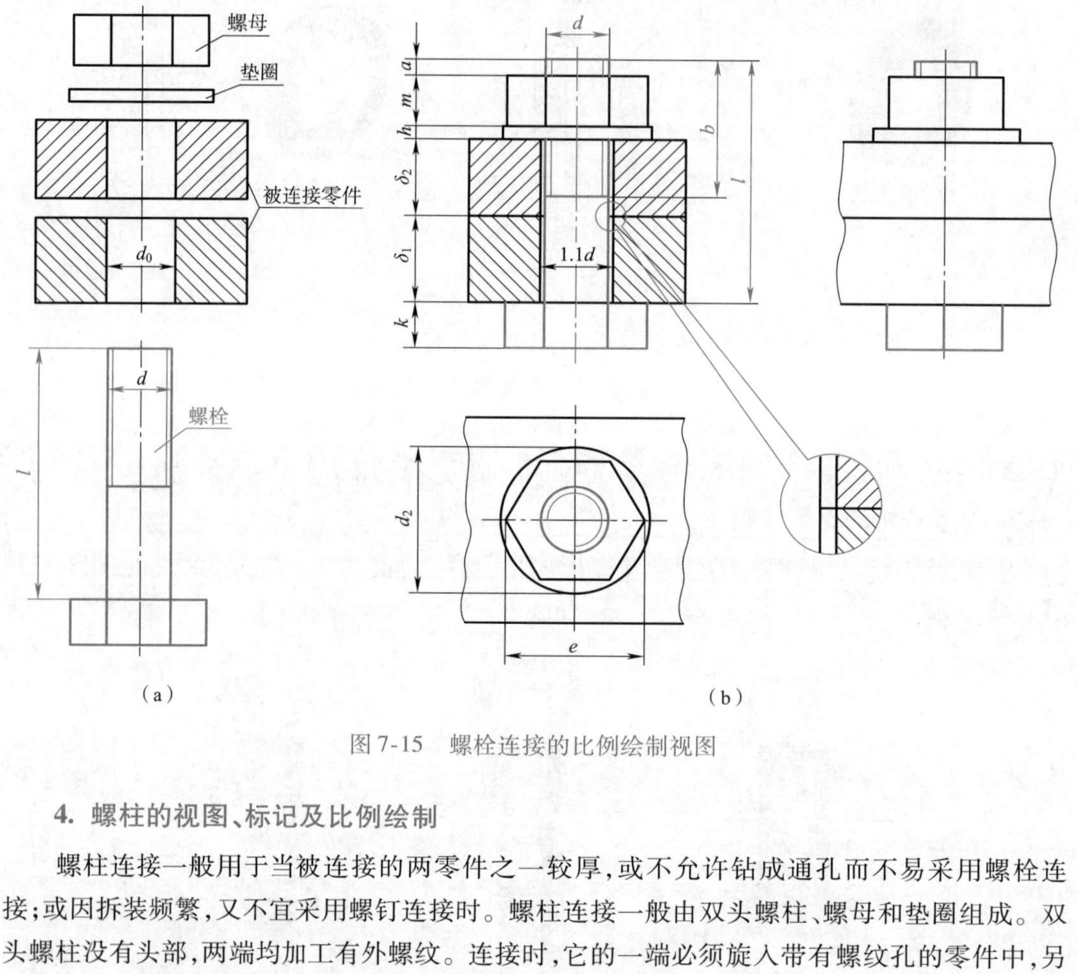

图7-15　螺栓连接的比例绘制视图

4. 螺柱的视图、标记及比例绘制

螺柱连接一般用于当被连接的两零件之一较厚，或不允许钻成通孔而不易采用螺栓连接；或因拆装频繁，又不宜采用螺钉连接时。螺柱连接一般由双头螺柱、螺母和垫圈组成。双头螺柱没有头部，两端均加工有外螺纹。连接时，它的一端必须旋入带有螺纹孔的零件中，另一端穿过带有通孔的零件，然后旋上螺母。

(1)螺柱视图和标记。螺柱的视图如图7-16所示。螺柱的规格尺寸是螺纹大径 d 和公称长度 l。其规定标记为

名称　标准代号　类型　螺纹代号×长度

例如，螺柱　GB 899—1988　A　M10×40，表示该紧固件名称是螺柱，两端均为粗牙普通螺纹，类型为A型，螺纹规格 d=M10，公称长度 l=40 mm。

(2)螺柱连接的比例画法。螺柱两端都有螺纹，其中一端全部旋入被连接件的螺孔内，称为旋入端，其长度用 b 表示；另一端用于旋紧螺母，称为紧固端。此时采用的是弹簧垫圈，它依靠弹性增加摩擦力，防止螺母因受振动松开。双头螺柱旋入端长度 b 应全部旋入螺孔内，螺孔深度应大于旋入端长度，一般取 $b_m+0.5d$。螺柱公称长度 l 的计算公式为 $l\geqslant\delta+s+m+$

学习笔记

a，其中 s 是垫圈厚度，取 $s=0.15d$；m 是螺母高度，取 $m=0.8d$；a 是螺柱末端超出螺母的高度，取 $a=0.3d$。计算后取标准长度，双头螺柱连接画法如图 7-17 所示。

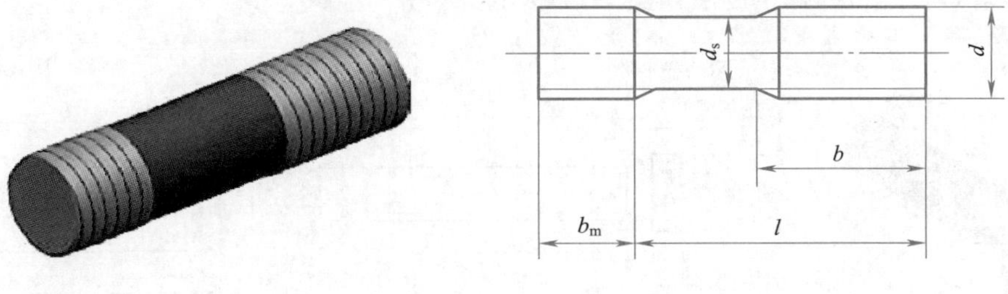

（a）　　　　　　（b）

图 7-16　双头螺柱视图

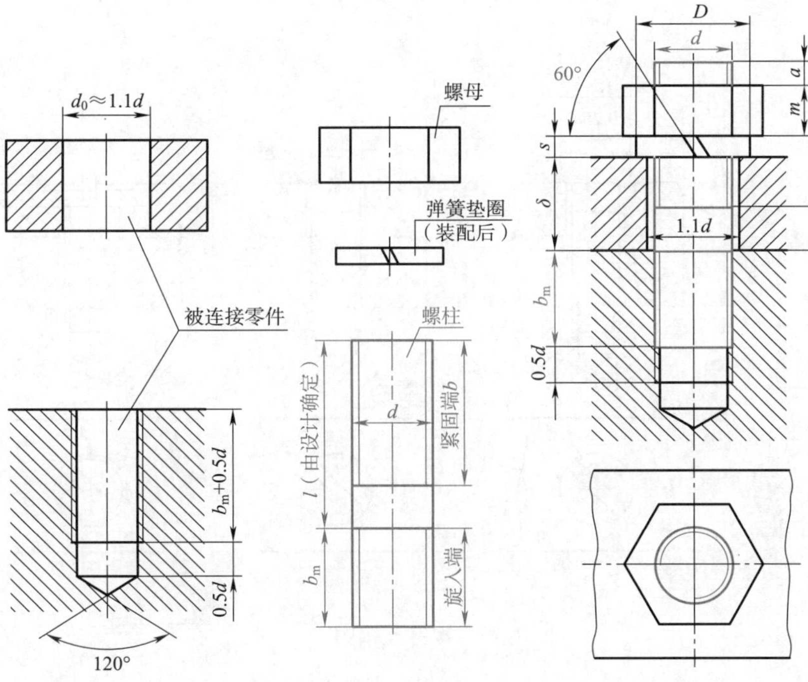

（a）　　　　　　（b）

图 7-17　双头螺柱连接及对应的比例画法

5. 螺钉的视图、标记及比例绘制

螺钉连接一般用于受力不大又不需要经常拆装，而且被连接件之一较厚的情况下，较薄的零件加工出通孔，较厚的零件加工出不通螺纹孔的情况。

（1）螺钉视图和标记。开槽圆柱头螺钉有全螺纹和半螺纹两种形式，其对应视图如图 7-18（a）、（b）所示。

（2）螺钉标记。螺钉的规格尺寸是螺纹大径 d 和公称长度 l。其规定标记为

名称　标准代号　螺纹代号 × 长度

例如，螺钉　GB/T 68—2016　M10 × 30，表示该紧固件名称是开槽圆柱头螺钉，粗牙普通螺纹，螺纹规格 d = M10，公称长度 l = 30 mm。

(3)螺钉连接的比例画法。螺钉按头部形状分为内六角圆柱头、开槽圆柱头和沉头螺钉。螺钉的一端为螺纹,旋入到被连接零件的螺孔中,另一端为头部。其规格尺寸为螺纹大径和螺钉长度。螺钉连接的比例画法如图 7-19 所示。

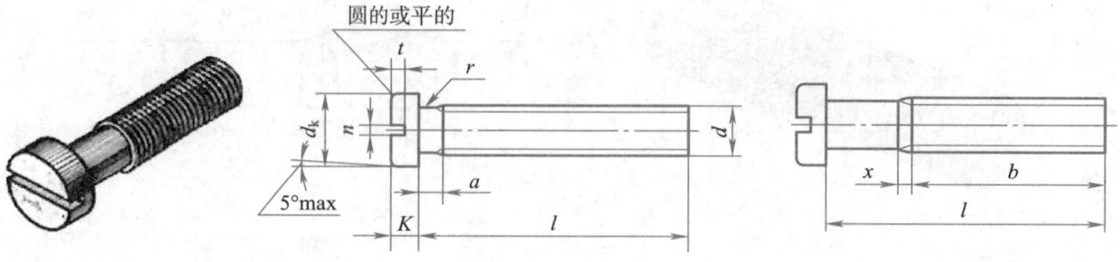

(a)　　　　(b)　　　　(c)

图 7-18　开槽圆柱头螺钉视图

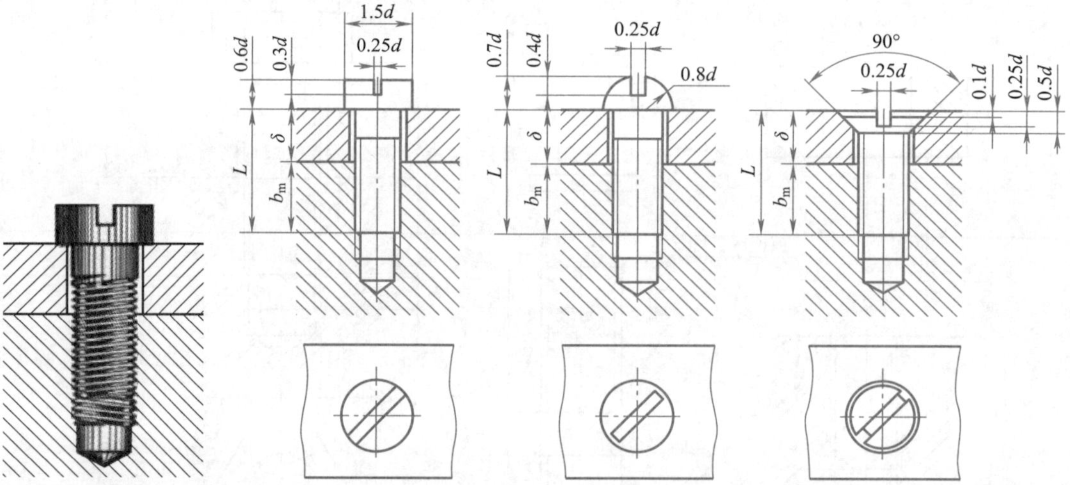

(a)开槽圆柱头螺钉　　　　(b)螺钉连接比例画法

图 7-19　螺钉连接图

采用比例法绘制螺钉连接时应注意以下几点:

①螺钉的公称长度计算公式为 $l \geqslant \delta$(通孔零件厚)$+b_m$,计算后取标准公称长度。b_m 与被连接件材料有关。绘制螺钉连接,其旋入端与螺柱相同,被连接板的孔部画法与螺栓相同,被连接板的孔径取 $1.1d$。螺钉的有效长度 $l=\delta+b_m$,并根据标准校正。

②螺钉的螺纹终止线不能与结合面平齐,而应画在盖板的范围内。

③螺钉头部槽口在反映螺钉轴线的视图上应画成垂直于投影面,在俯视图应画成与中心线倾斜 45°。

任务实施

螺栓连接的绘制步骤、图例和规则见表 7-6。

学习笔记

表 7-6　螺栓连接的绘制步骤、图例和规则

绘制步骤	绘制图例	绘制规则
(1)画被连接零件的视图	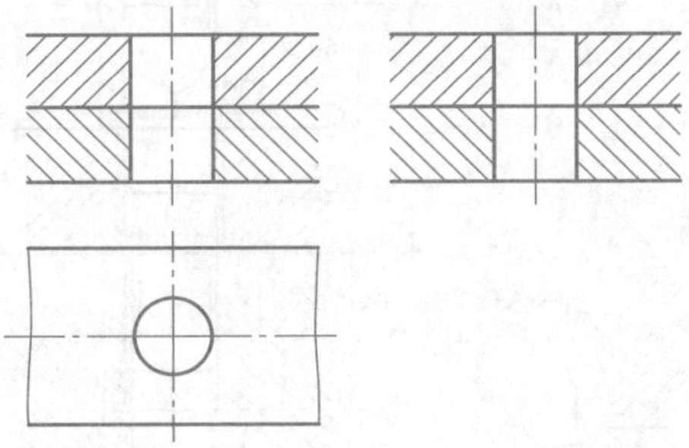	两个零件接触面处只画一条粗实线,不接触表面,不论间隙多小,在图上应画两条轮廓线
(2)采用简化画法绘制螺栓视图	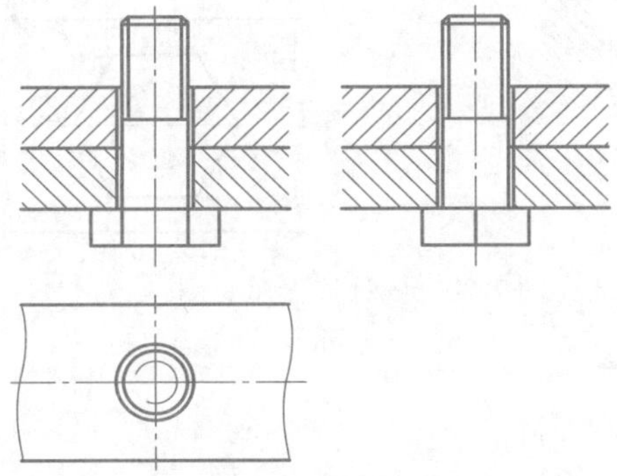	在剖视图中,相互接触的两个零件其剖面线方向应相反。而同一个零件在各剖视图中,剖面线的倾斜方向和间隔应相同。通孔内的螺栓杆上应画出牙底线和螺纹终止线,表示拧紧螺母有足够的螺纹长度
(3)画螺母、垫圈的视图; (4)检查,加粗图线	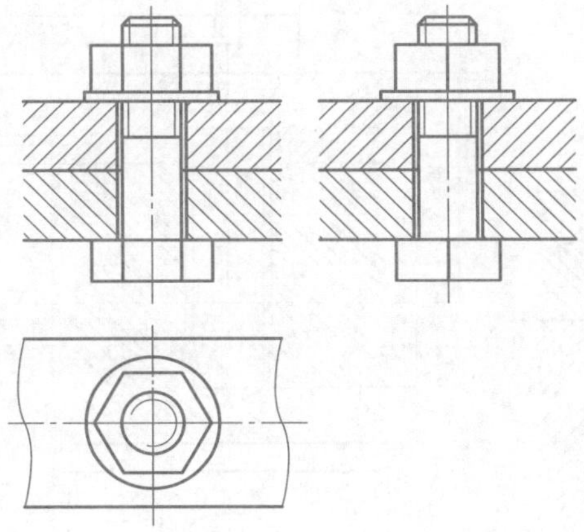	当剖切面通过螺栓、螺柱、螺钉以及螺母、垫圈的轴线时,均按未剖切绘制,即只画外形。螺纹紧固件上的工艺结构,如倒角、退刀槽、凸肩等均可省略不画

课后强化训练任务

课后强化训练任务一:根据图 7-20 所示螺柱连接立体图及对应的比例绘制视图,详细绘制出相应的三视图。

课后强化训练任务二:根据图 7-21 所示螺钉连接立体图及对应的比例绘制视图,详细绘制出相应的三视图。

学习笔记

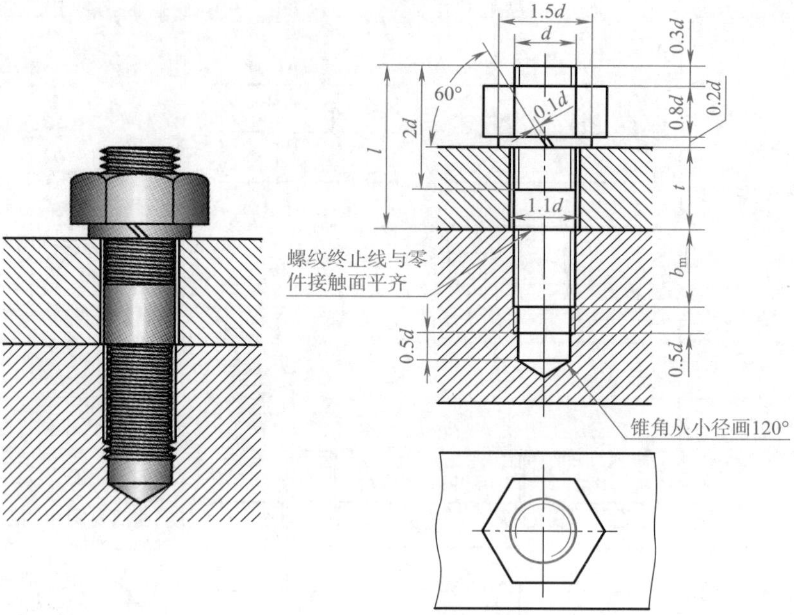

图 7-20　螺柱连接示意图

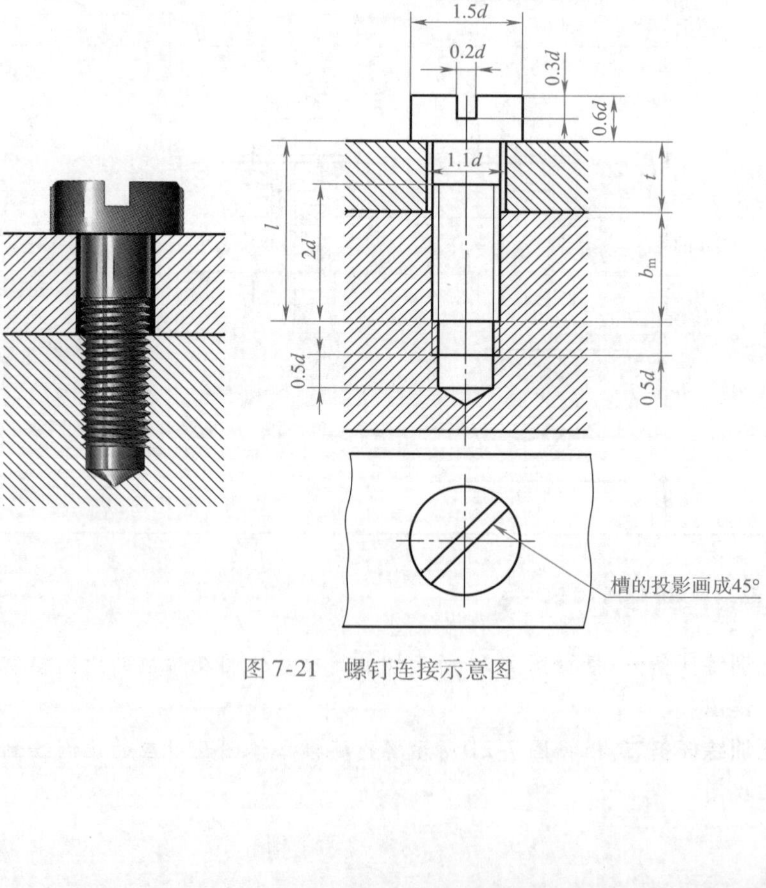

图 7-21　螺钉连接示意图

学习笔记

任务二　识读和绘制键和销的连接图

任务描述

图 7-22 所示为键连接的示意图，已知轴的直径 $d=50$ mm，轮毂的宽度 $B=60$ mm，轴和轮毂采用 A 型普通平键连接，任务要求绘制轴和轮毂键槽的零件图及平键连接的三视图。

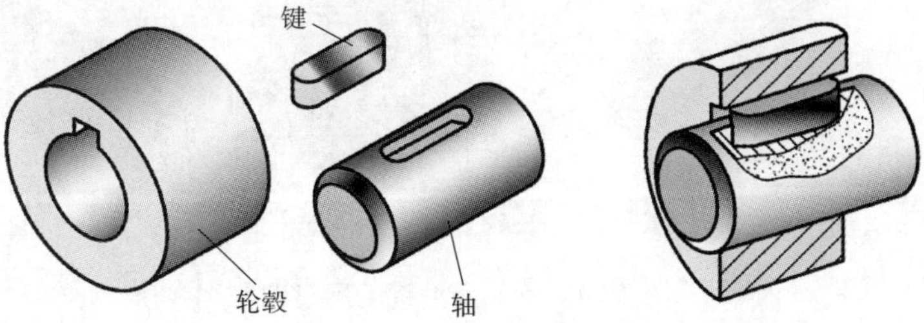

图 7-22　键连接示意图

相关知识

一、键连接

键是标准件，通常用于连接轴及轴上的传动零件（如齿轮、皮带轮等），起传递扭矩的作用，在轮和轴上分别加工出键槽，再将键放入键槽内，可实现轮和轴的共同转动，如图 7-23 所示。

图 7-23　键的连接

1. 键的种类及标记

键包括普通平键、半圆键、勾头楔键、花键等，如图 7-24 所示。其中普通平键、半圆键、钩头楔键为常用键，其种类和规定标记见表 7-7。花键具有传递扭矩大、连接可靠的特点，其同轴度和导向性能好，是机床、汽车等变速箱中常用的传动轴。花键连接由制在轴上的外花键和制在孔内的内花键装配在一起，以实现传递运动或动力的目的。花键的齿形有矩形、渐开线形等，常用的是矩形花键。

学习笔记

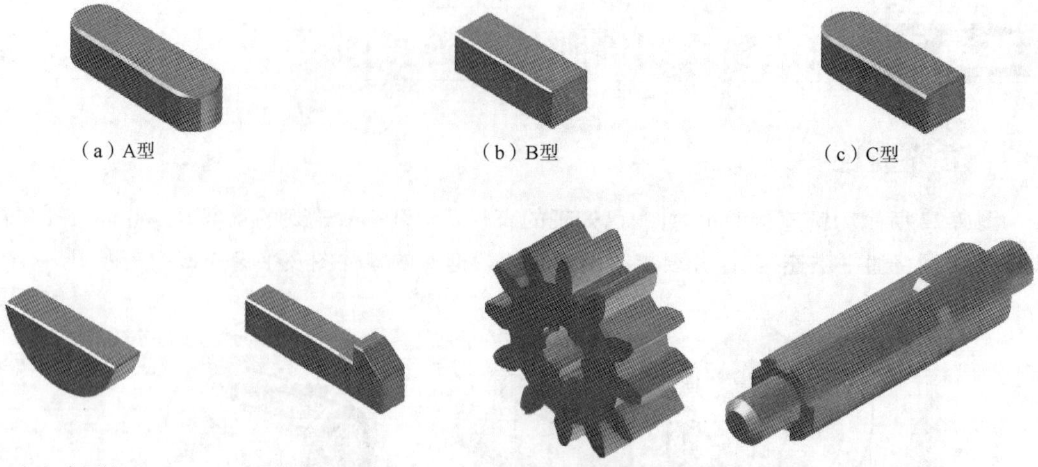

（a）A型　（b）B型　（c）C型

（d）半圆键　（e）钩头楔键　（f）内花键　（g）外花键

图 7-24　不同类型键的示意图

表 7-7　常用键的种类和规定标记

名称及标准代号	对应键的视图	键对应的标记
普通平键 （GB/T 1096—2003）	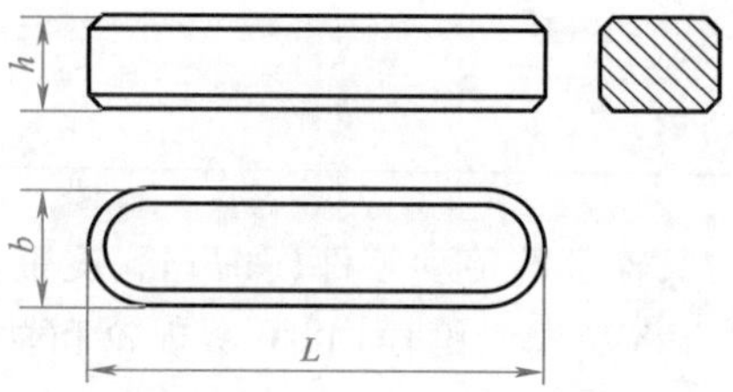	宽度 $b=16$ mm，高度 $h=10$ mm，长度 $L=80$ mm 的普通 A 型平键的标记为 GB/T 1096—2003　键 16×10×80
普通型半圆键 （GB/T 1099.1—2003）	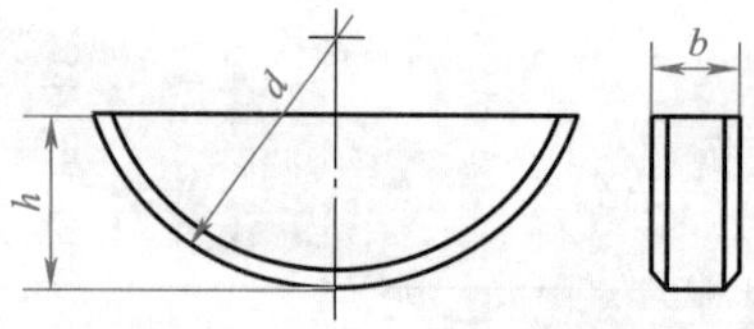	宽度 $b=10$ mm，高度 $h=13$ mm，直径 $d=32$ mm 的普通型半圆键的标记为 GB/T 1099.1—2003　键 10×13×32
钩头型楔键 （GB/T 1565—2003）	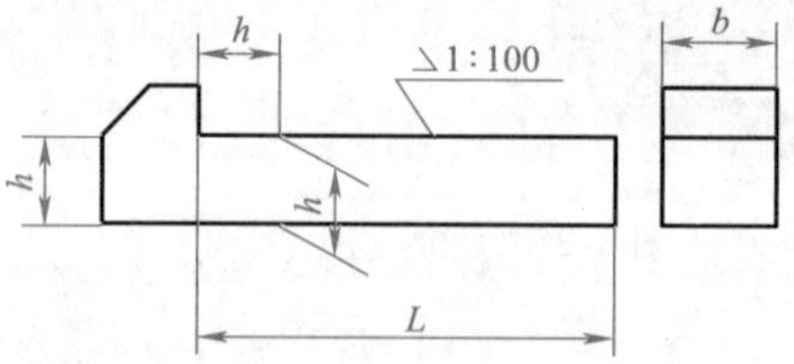	宽度 $b=16$ mm，长度 $L=100$ mm 的钩头型楔键的标记为 GB/T 1565—2003　键 16×100

2. 普通平键键槽的画法及尺寸标注

普通平键键槽的画法及尺寸标注如图 7-25 所示。键槽的宽度 b 可根据轴的直径 d 查表确定，轴上和轮毂上的槽深可从键的标准中查得，键的长度 L 由设计确定，应小于或等于键槽的长度。

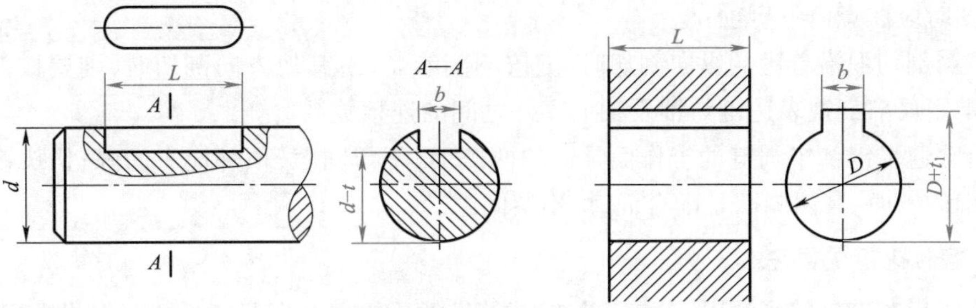

（a） （b）

图 7-25 普通平键键槽的画法和尺寸标注

3. 常用键的连接画法

普通平键、半圆键、钩头楔键的连接画法如图 7-26 至图 7-28 所示。

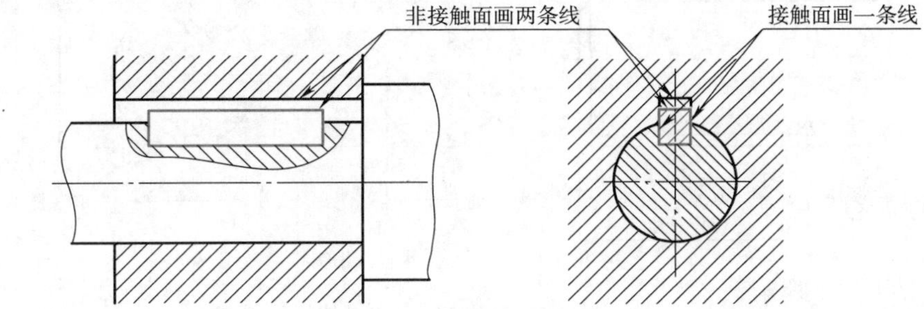

图 7-26 普通平键连接的绘制法

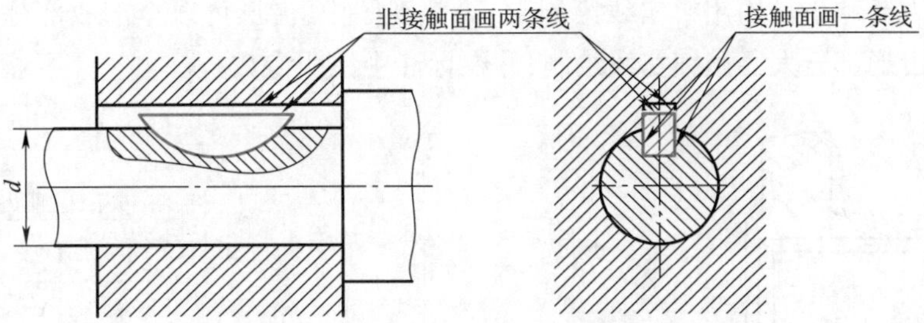

图 7-27 半圆键连接的绘制法

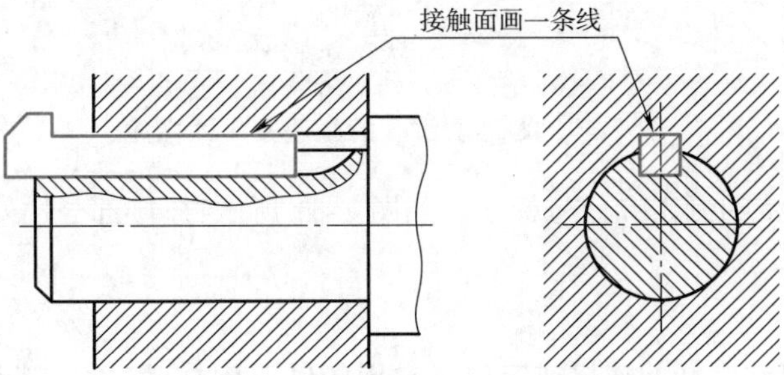

图 7-28 钩头楔键连接的绘制法

学习笔记

绘图时应注意以下事项：

(1)当剖切面沿着键的纵向剖切时，键按不剖绘制；沿其他方向剖切时，则要按剖视图绘制。通常用局部剖视表达键与轴及轴上零件之间的连接关系。

(2)普通平键和半圆键的工作面是键的两侧面，不留间隙，顶部应有间隙；钩头楔键的工作面是键的斜面，其两侧面是配合面，均不留间隙。

4. 矩形花键的画法

(1)矩形花键轴的画法及尺寸标注。如图7-29所示，在平行于花键轴线投影面的视图中，外花键的大径用粗实线，小径和分界线用细实线绘制；在断面图中，齿形可以全部或部分画出，若部分画出，未画出齿形部分小径用细实线绘制，并在标注中注明齿数；花键尾部一般画成与轴线成30°的斜线，必要时可按实际情况画出。

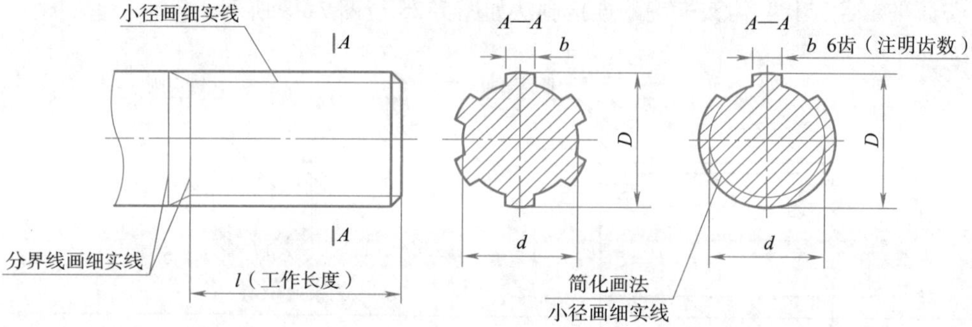

图7-29　矩形花键轴的画法和尺寸标注

(2)矩形花键孔的画法及尺寸标注。如图7-30所示，在平行于花键轴线投影面的视图中，内花键的大径和小径均用粗实线绘制；在局部视图中，齿形可以全部或部分画出，若部分画出，未画出齿形部分大径用细实线绘制，并在标注中注明齿数。

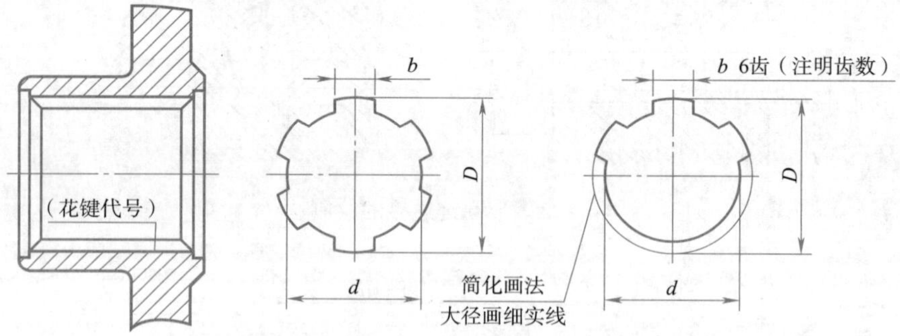

图7-30　矩形花键孔的画法及尺寸标注

(3)矩形花键连接的画法和代号标注。如图7-31所示，连接部分按外花键绘制。

二、销连接

销主要用于两零件之间的连接或定位。常用的销有圆柱销、圆锥销和开口销，如图7-32所示。销是标准件，使用时按相关标准选用。

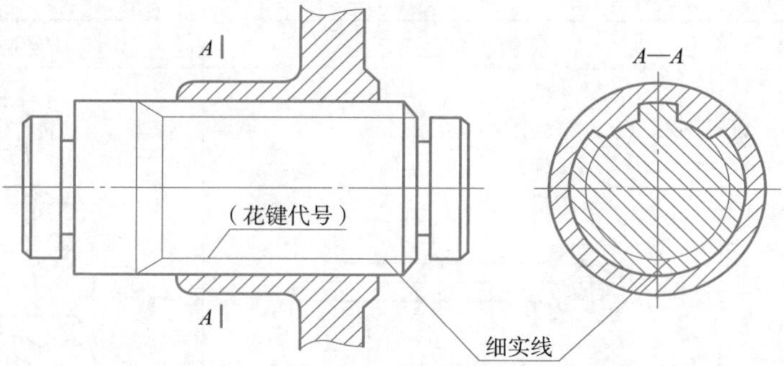

图 7-31　矩形花键连接的画法和代号标注

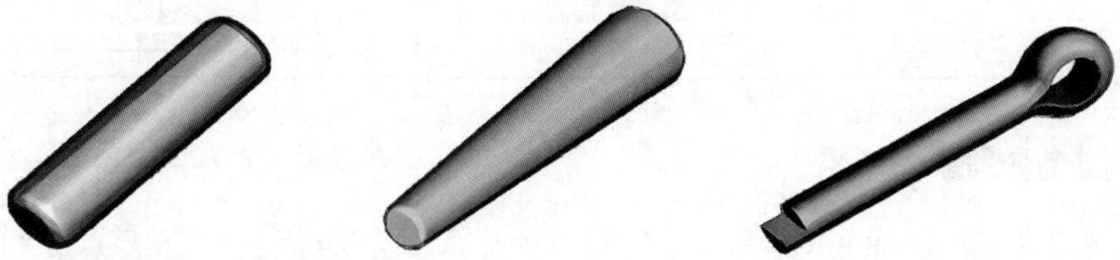

（a）圆柱销　　（b）圆锥销　　（c）开口销

图 7-32　不同类型销的示意图

不同类型销的标记和绘制方法见表 7-8。

表 7-8　销的标记和绘制方法

名称及标准代号	图例和规定标记	绘制方法
圆柱销 （GB/T 119.1—2000）	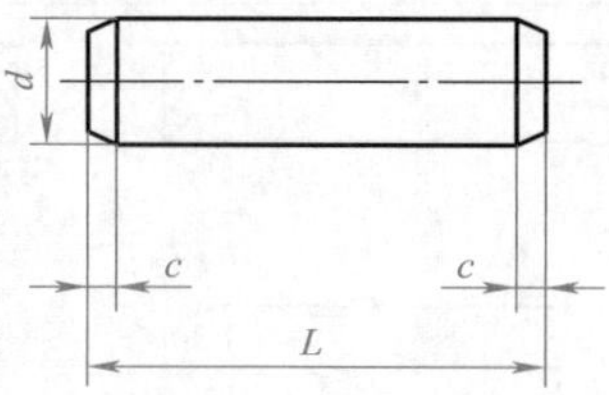 销　GB/T 119.1—2000　8　m6 × 35 表示公称直径 $d = 8$ mm，公差为 m6，公称长度 $L = 35$ mm 的圆柱销	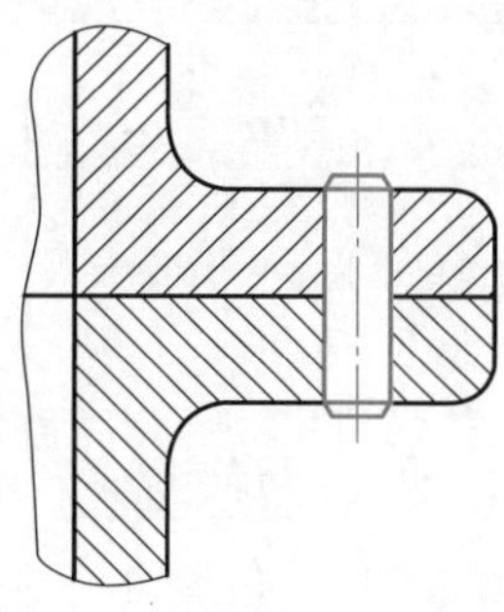
圆锥销 （GB/T 117—2000）	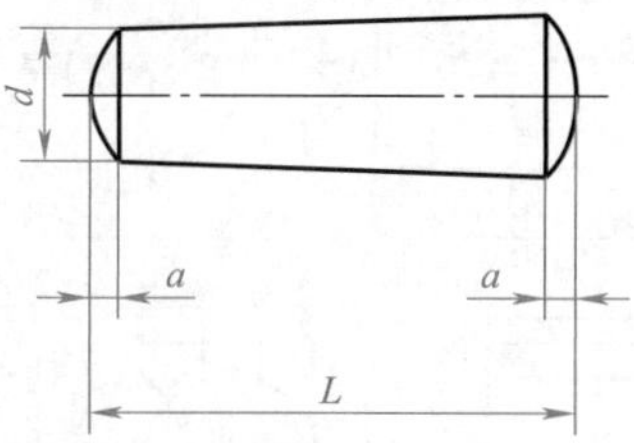 销　GB/T 117—2000　6 × 35 表示公称直径 $d = 6$ mm（小端直径），公称长度 $L = 30$ mm 的 A 型圆锥销	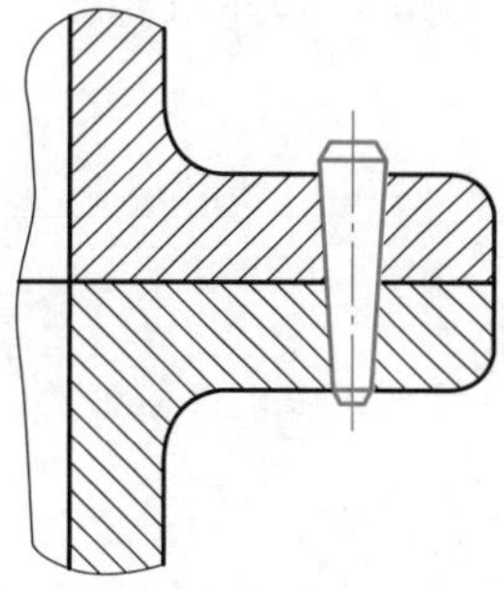

续表

名称及标准代号	图例和规定标记	绘制方法
开口销 (GB/T 91—2000)	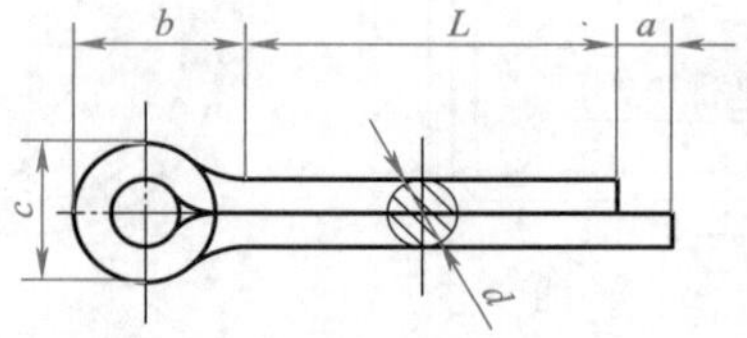 销 GB/T 91—2000 5×26 表示公称直径 $d=5$ mm,公称长度 $L=26$ mm 的开口销	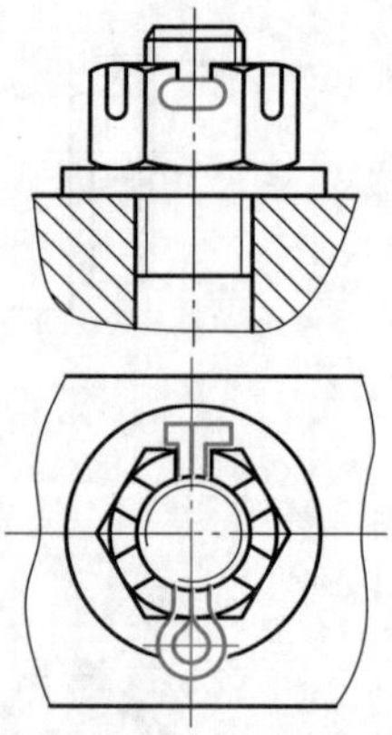

任务实施

已知轴的直径 $d=50$ mm,轮毂的宽度 $b=60$ mm,查平键的相关国家标准可得出平键的键宽 $b=14$ mm;轴上键槽宽的极限偏差为0 mm,下极限偏差为 -0.043 mm;轮毂上键槽宽的极限偏差JS9的上极限偏差为0.021 5 mm,下极限偏差为 $-0.021\ 5$ mm;键高 $h=9$ mm;键的长度按轮毂的宽度 $b=60$ mm 相应地取 $L=56$ mm;轴上键槽深度 $t_1=5.5$ mm,上极限偏差为0 mm,下极限偏差为 -0.2 mm;轮毂上键槽深度 $t_2=3.8$ mm,上极限偏差为 $+0.2$ mm,下极限偏差为0 mm。轴、键槽和平键连接视图的作图步骤和图例见表7-9。

表7-9 键、槽和平键连接的作图步骤和图例

作图步骤	绘制图例
(1)绘制出普通平键的视图	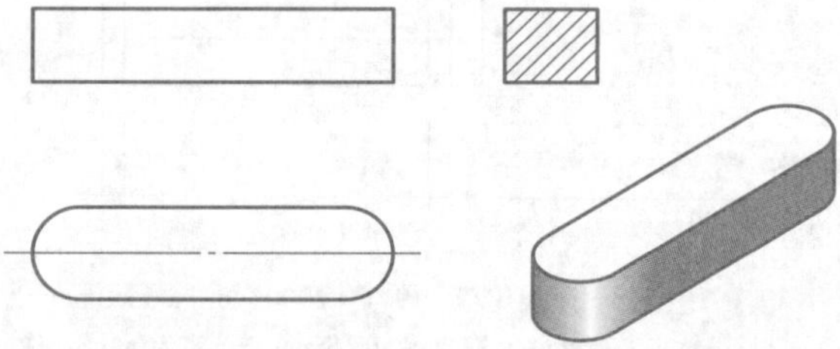
(2)绘制出带键槽的轴视图	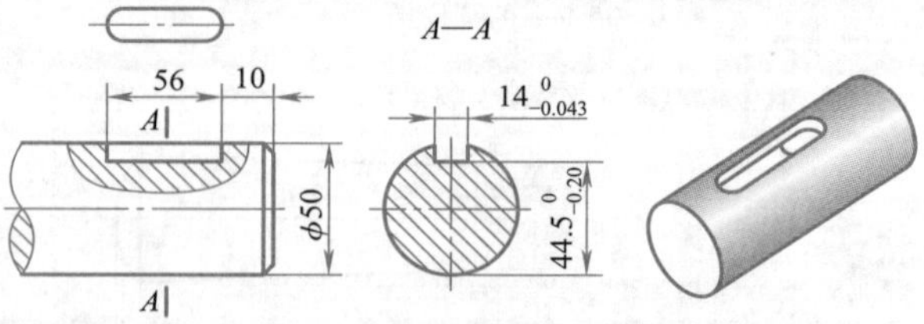
(3)绘制出带键槽的轮毂视图	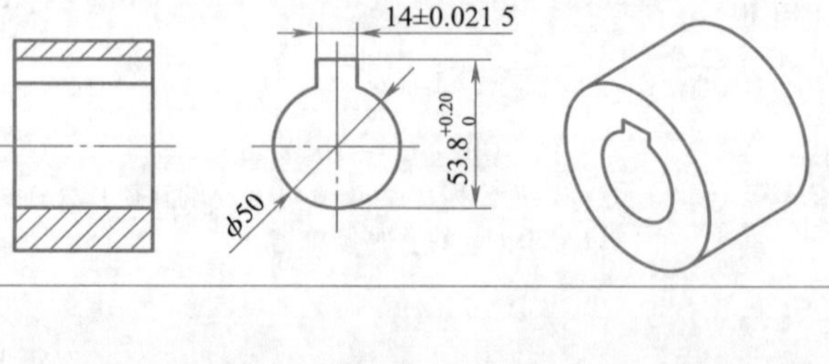

学习笔记

续表

作图步骤	绘制图例
(4)绘制出将键嵌入轴后的连接视图	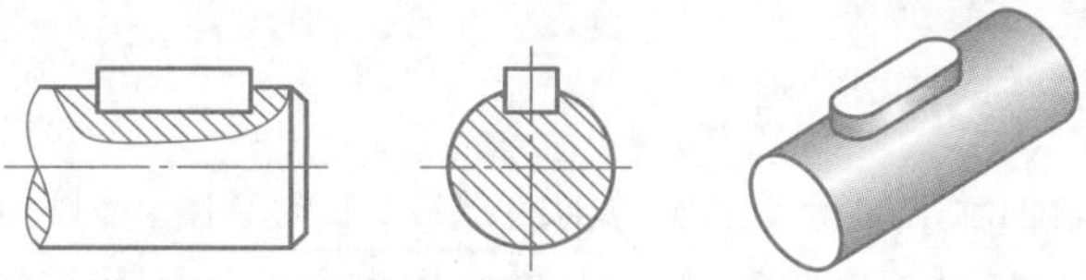
(5)绘制出装入轮毂后的平键连接视图	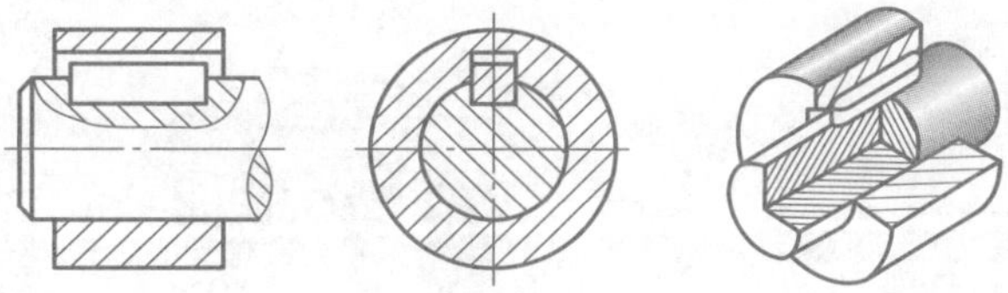

课后强化训练任务

课后强化训练任务一：已知半圆键宽 $b=6$ mm，高 $h=10$ mm，直径 $D=25$ mm，长 $L=24.5$ mm，如图 7-33 所示，绘制出该半圆键所对应的连接视图。

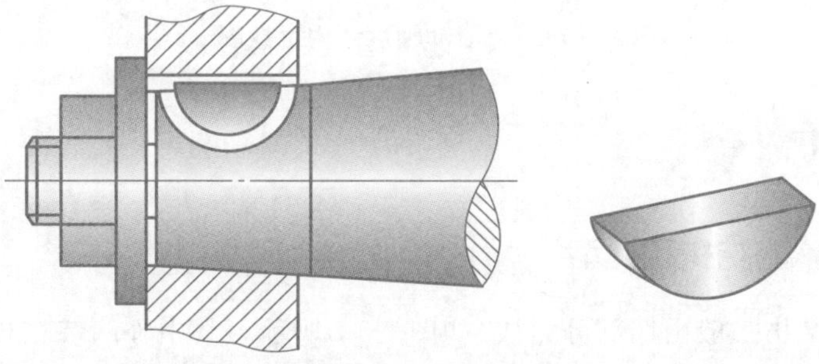

图 7-33　半圆键示意图

课后强化训练任务二：根据图 7-34 所示 A 型平键连接轴和轮毂的立体视图，详细绘制出该平键连接的连接视图。

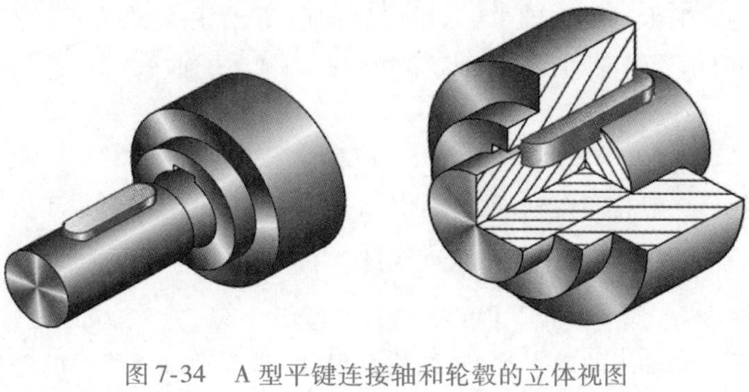

图 7-34　A 型平键连接轴和轮毂的立体视图

学习笔记

任务三　识读和绘制滚动轴承

任务描述

滚动轴承是用于支承旋转轴的部件，结构紧凑，摩擦阻力小，能在较大的载荷、较高的转速下工作，转动精度较高，在工业中应用十分广泛。其结构示意图如图 7-35 所示，任务要求识读滚动轴承的标记，并选用合适的表达视图绘制出该滚动轴承的视图。

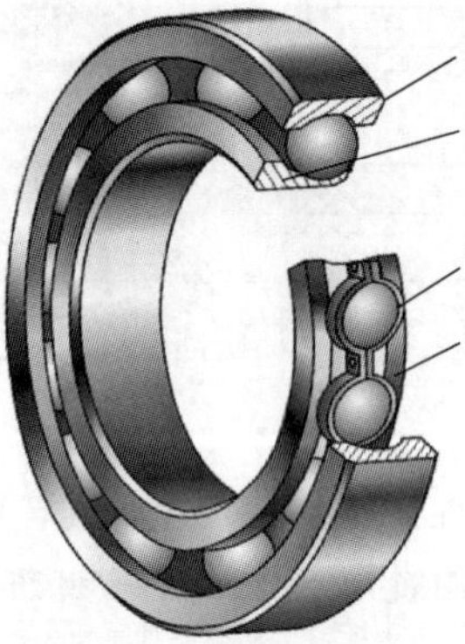

图 7-35　滚动轴承结构示意图

相关知识

一、滚动轴承的结构和类型

滚动轴承的结构一般由四部分组成，如图 7-35 所示。其中外圈装在机体或轴承座内，一般固定不动；内圈装在轴上，与轴紧密配合且随轴转动；滚动体装在内、外圈之间的滚道中，有滚珠、滚柱、滚锥等类型；保持架用于均匀分隔滚动体，防止滚动体之间相互摩擦或碰撞。

滚动轴承按承受载荷的方向可分为三种类型，分别是向心轴承（主要承受径向载荷，常用的向心轴承有深沟球轴承），推力轴承（只承受轴向载荷，常用的推力轴承有推力球轴承）和向心推力轴承（同时承受轴向和径向载荷，常用的有圆锥滚子轴承）。

二、滚动轴承的代号

滚动轴承的代号一般打印在轴承的端面上，由前置代号、基本代号和后置代号三部分组成，排列顺序为前置代号　基本代号　后置代号。

1. 基本代号

基本代号表示滚动轴承的基本类型、结构及尺寸，是滚动轴承代号的基础。基本代号由轴承类型代号、尺寸系列代号和内径代号构成（滚针轴承除外），其排列顺序为

类型代号　尺寸系列代号　内径代号

(1)类型代号。轴承类型代号用阿拉伯数字或大写拉丁字母表示,见表7-10。

学习笔记

表7-10　滚动轴承类型代号(GB/T 272—2017)

代号	轴承类型	代号	轴承类型
0	双列角接触球轴承	7	角接触球轴承
1	调心球轴承	8	推力圆柱滚子轴承
2	调心滚子轴承和推力调心滚子轴承	N	圆柱滚子轴承(双列或多列用字母NN表示)
3	圆锥滚子轴承	U	外球面球轴承
4	双列深沟球轴承	QJ	四点接触球轴承
5	推力球轴承	C	长弧面滚子轴承(圆环轴承)
6	深沟球轴承		

(2)尺寸系列代号。尺寸系列代号由滚动轴承的宽(高)度系列代号和直径系列代号组合而成,用两位数字表示。它主要用于区别内径相同而宽(高)度和外径不同的轴承。详细情况可查阅有关标准。

(3)内径代号。内径代号表示滚动轴承的内圈孔径,是轴承的公称内径,用两位数字表示。当代号数字为00、01、02、03时,分别表示内径 $d=10$ mm、12 mm、15 mm、17 mm。当代号数字为04~99时,代号数字乘以5,即为轴承内径。

2. 前置代号和后置代号

前置代号和后置代号是轴承在结构形状、尺寸、公差、技术要求等有改变时,在其基本代号左、右添加的补充代号。具体情况可查阅有关的国家标准。

例如,轴承代号标记6208的含义是:第一位数字6表示类型代号,为深沟球轴承;第二位数字2表示尺寸系列代号,宽度系列代号0省略,直径系列代号为2;后两位数字08表示内径代号,内径 $d=8\times5=40$ mm。

轴承代号N2110的含义是:第一个字母N表示类型代号,为圆柱滚子轴承;第二、三两位数字21表示尺寸系列代号,宽度系列代号为2,直径系列代号为1;后两位数字10表示内径代号,内径 $d=10\times5=50$ mm。

任务实施

滚动轴承的画法:国家标准《机械制图　滚动轴承表示法》(GB/T 4459.7—2017)对滚动轴承的画法做了统一规定,有简化画法和规定画法,简化画法又分为通用画法和特征画法两种。常用滚动轴承的比例画法见表7-11。

(1)简化画法。用简化画法绘制滚动轴承时,应采用通用画法和特征画法。但在同一图样中,一般只采用其中的一种画法。

①通用画法。在剖视图中,当不需要确切地表示滚动轴承的外形轮廓、载荷特性、结构特征时,可用矩形线框以及位于线框中央正立的十字形符号表示。矩形线框和十字形符号均用粗实线绘制,十字形符号不应与矩形线框接触。

学习笔记

表 7-11 常用滚动轴承的绘制方法

轴承类型	结构形式	通用画法	特征画法	规定画法
		滚动轴承在所属装配图的剖视图中的画法		
深沟球轴承 GB/T 276—2013 6000 型			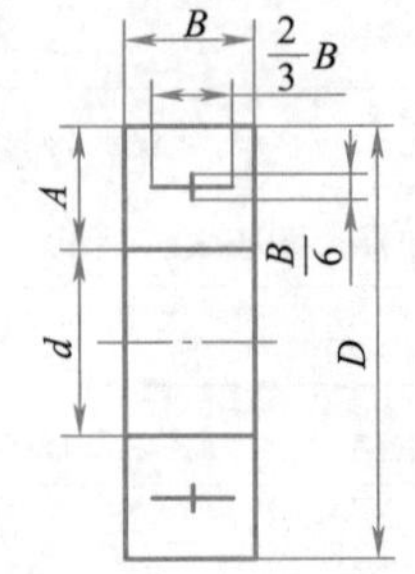	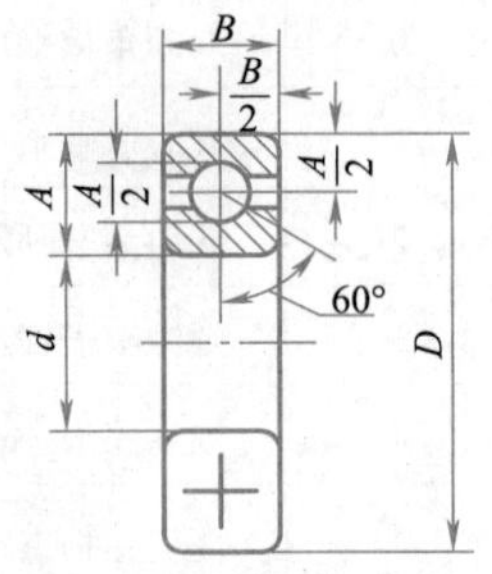
圆锥滚子轴承 GB/T 276—2013 30000 型		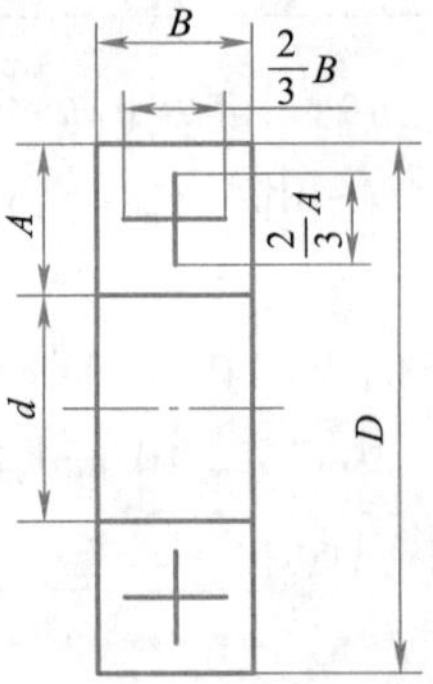	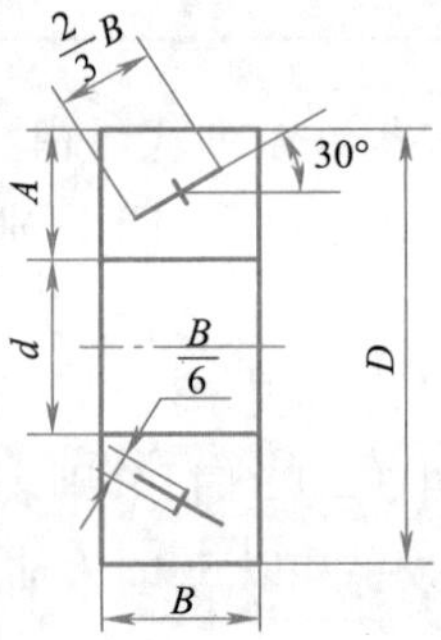	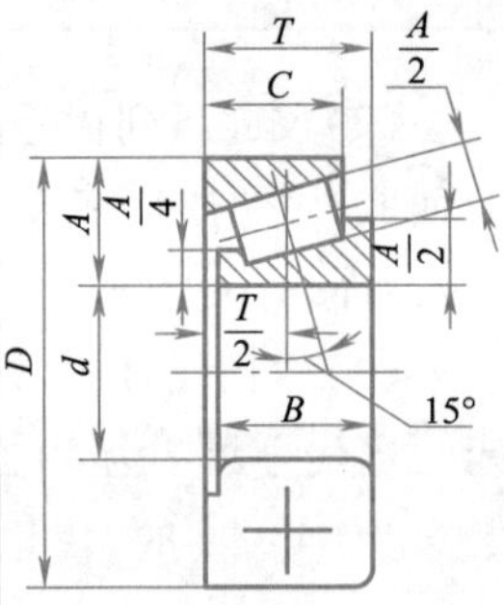
推力球轴承 GB/T 301—2015 51000 型	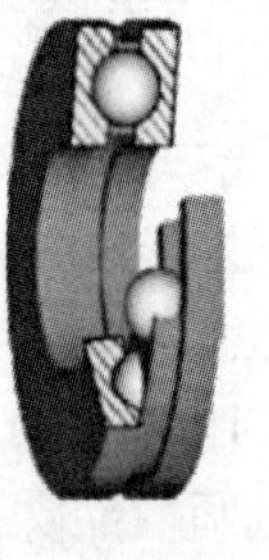		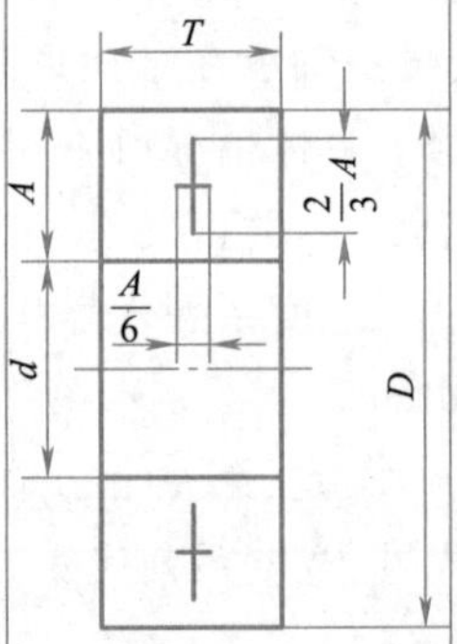	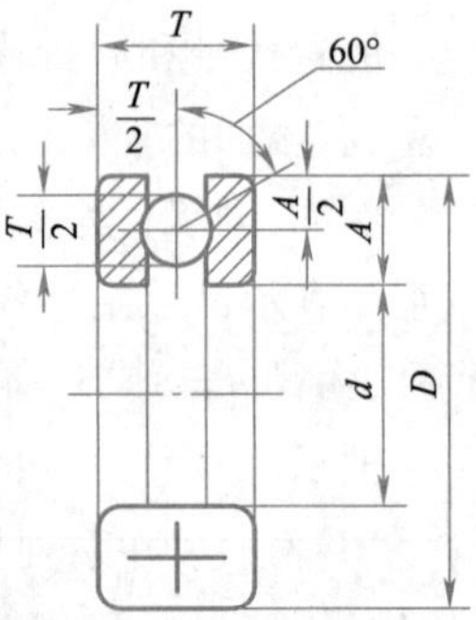

②特征画法。在剖视图中，如果需要比较形象地表示滚动轴承的结构特征，则可采用在矩形线框内画出其结构要素符号的方法进行表示。特征画法的矩形线框、结构要素符号均用粗实线绘制。

(2)规定画法。必要时，滚动轴承可采用规定画法绘制。采用规定画法绘制滚动轴承的剖视图时，轴承的滚动体不画剖面线，其各套圈等可画成方向和间隔相同的剖面线，滚动轴承的保持架及倒角等可省略不画。规定画法一般绘制在轴的一侧，另一侧按通用画法绘制。规定画法中各种符号、矩形线框和轮廓线均用粗实线绘制。

课后强化训练任务

课后强化训练任务一：图 7-36 所示为 GB/T 276—2013 30000 型圆锥滚子型滚动轴承立

学习笔记

体图，分别使用规定和特征画法绘制出该类型滚动轴承的视图。

课后强化训练任务二：图 7-37 所示为 GB/T 301—2015 5000 型推力球滚动轴承立体图，分别使用规定和特征画法绘制该类型滚动轴承的视图。

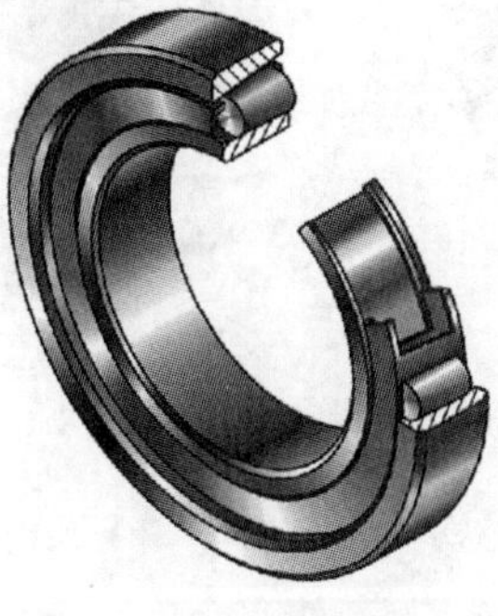

图 7-36　圆锥滚子滚动轴承立体图

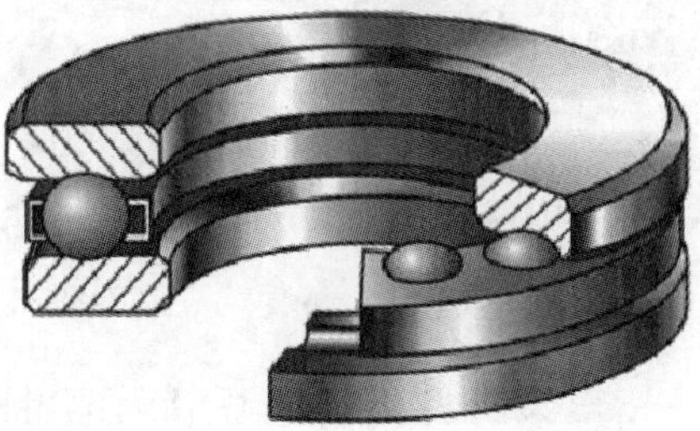

图 7-37　推力球滚动轴承立体图

任务四　识读和绘制齿轮

任务描述

图 7-38 所示为直齿圆柱齿轮传动的示意图，任务要求绘制单个齿轮及齿轮啮合的视图。

图 7-38　直齿圆柱齿轮示意图

相关知识

齿轮传动是机械传动中广泛应用的传动方式，可用于传递动力、运动，改变运动方向、速度等。齿轮传动中圆柱齿轮、圆锥齿轮、蜗杆蜗轮是常见的三种齿轮传动类型，如图 7-39 所示，其中圆柱齿轮用于两轴平行时的传动，圆锥齿轮用于两轴相交时的传动，蜗杆蜗轮则用于两垂直交叉轴的传动。齿轮轮齿的轮廓曲线一般采用渐开线、摆线或圆弧，应用最广泛的是渐开线。根据轮齿的方向有直齿、斜齿、人字齿和弧形齿之分。

齿轮一般由轮体和轮齿两部分组成，轮齿是在齿轮加工机床上用专用刀具加工出来的，一般不需要画出它的真实投影，国家标准规定了其画法。齿轮除轮齿部分外，其余轮体结构均应按真实投影绘制。

学习笔记

（a）圆柱齿轮　（b）圆锥齿轮　（c）蜗杆蜗轮

图 7-39　三种齿轮传动的示意图

一、直齿圆柱齿轮的识读和绘制方法

1. 直齿圆柱齿轮各组成部分的名称

如图 7-40 所示，直齿圆柱齿轮各部分名称、代号及参数有：

齿数 z——齿轮上轮齿的个数；

齿顶圆直径 d_a——通过齿顶的圆柱面直径；

齿根圆直径 d_f——通过齿根的圆柱面直径；

分度圆直径 d——分度圆直径是齿轮设计和加工时的重要参数，分度圆是一个假想的圆，在该圆上齿厚 s 与槽宽 e 相等，它的直径称为分度圆直径；

齿高 h——齿顶圆和齿根圆之间的径向距离；

齿顶高 h_a——齿顶圆和分度圆之间的径向距离；

齿根高 h_f——分度圆与齿根圆之间的径向距离；

齿距 p——在分度圆上，相邻两齿对应齿廓之间的弧长；

齿厚 s——在分度圆上，一个齿的两侧对应齿廓之间的弧长；

槽宽 e——在分度圆上，一个齿槽的两侧相应齿廓之间的弧长；

中心距 a——两啮合齿轮轴线之间的距离；

模数 m——由于分度圆的周长 $\pi d = pz$，所以 $d = (p/\pi)z$，$p/\pi = m$ 就称为齿轮的模数。

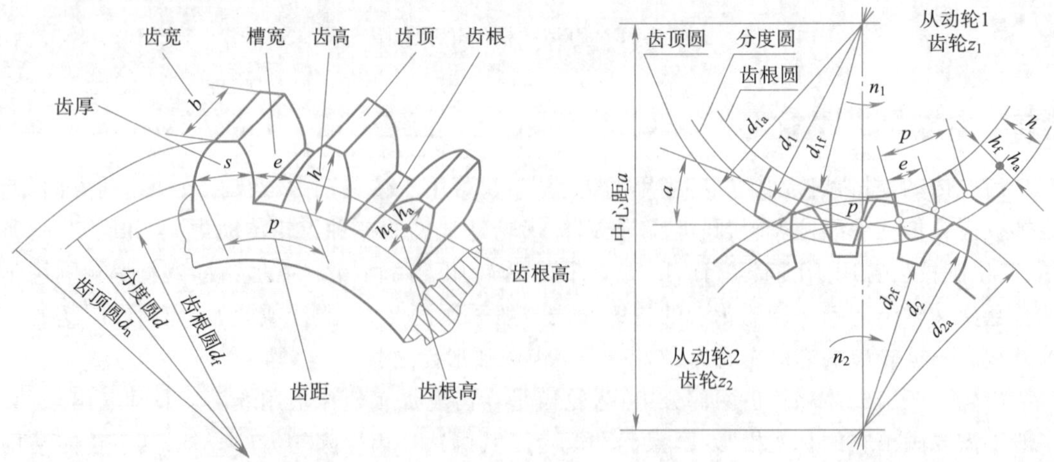

图 7-40　直齿圆柱齿轮各部分的名称、代号及参数

学习笔记

2. 直齿圆柱齿轮各部分间的尺寸计算

在已知模数 m 和齿数 z 时，齿轮轮齿的其他参数均可按表 7-12 中的公式进行计算。

表 7-12　标准直齿圆柱齿轮各基本尺寸计算公式

基本参数：模数 m 和齿数 z			
序号	名称	代号	计算公式
1	齿距	p	$p=\pi m$
2	齿顶高	h_a	$h_a=m$
3	齿根高	h_f	$h_f=1.25m$
4	齿高	h	$\mathrm{h}=2.25m$
5	分度圆直径	d	$d=mz$
6	齿顶圆直径	d_a	$d_a=m(z+2)$
7	齿根圆直径	d_f	$d_f=m(z-2.5)$
8	中心距	a	$a=m(z_1+z_2)/2$

3. 直齿圆柱齿轮的绘制方法

（1）单个直齿圆柱齿轮的绘制方法。如图 7-41 所示，直齿齿轮轮齿的绘制方法如下：

①在投影为圆的视图上：分度圆画点画线，齿顶圆画粗实线，齿根圆画细实线或不画。

②在投影为非圆的视图上：视图表达中，齿顶线画粗实线，齿根线省画；剖视表达中，齿顶线和齿根线均画粗实线，轮齿部分按不剖绘制；分度线在视图或剖视表达中均画点画线（超出轮廓线 2～3 mm）。

③当需要表达轮齿的形状时，可采用半剖表达，用三条细实线表示齿线的方向。

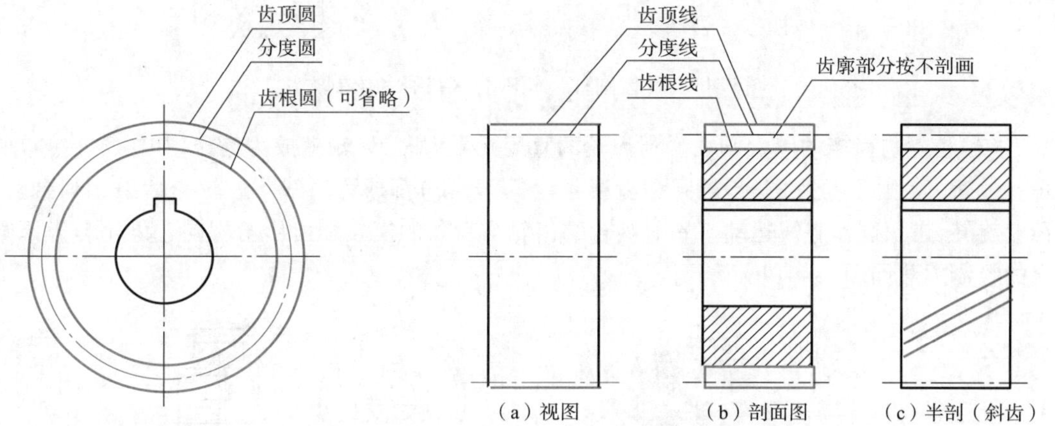

图 7-41　直齿圆柱齿轮视图的绘制方法

（2）两圆柱齿轮啮合的画法。如图 7-42 所示，两标准圆柱齿轮啮合绘制方法如下：

①在投影为圆的视图上：啮合部分两分度圆（点画线）相切，啮合区齿顶圆均画粗实线，如图 7-42（a）所示；齿根圆（细实线）一般省画，如图 7-42（b）所示。

②在投影为非圆的视图上：剖视表达中，啮合部分两分度线重合，只画一条分度线（点画线），齿顶线在一个齿轮上画粗实线而在另一个齿轮上画虚线，齿根线画粗实线，如图 7-42（a）

学习笔记

所示；视图表达中，啮合区齿顶线和齿根线均省画，节线画粗实线，如图 7-42(c)所示。

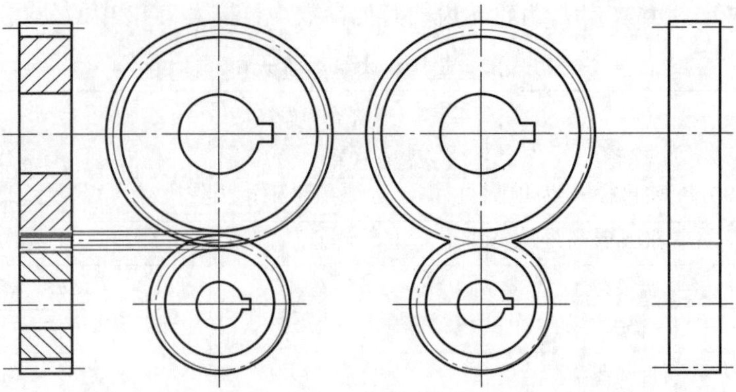

(a) (b) (c)

图 7-42 标准圆柱齿轮啮合视图的绘制方法

两齿轮啮合时，一个齿轮的齿顶与另一个齿轮的齿根有 0.25m 的间隙，故在剖视表达中，齿顶线和齿根线之间应有 0.25m 的间隙，如图 7-43 所示。

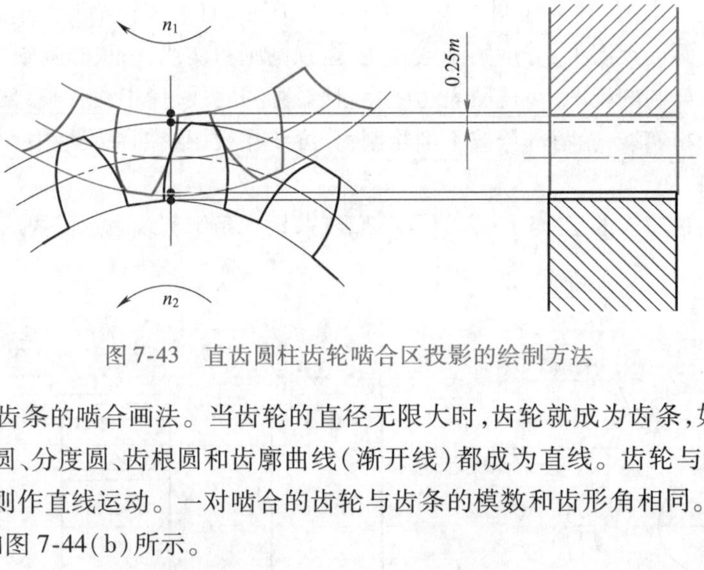

图 7-43 直齿圆柱齿轮啮合区投影的绘制方法

(3)齿轮与齿条的啮合画法。当齿轮的直径无限大时，齿轮就成为齿条，如图 7-44(a)所示。此时，齿顶圆、分度圆、齿根圆和齿廓曲线(渐开线)都成为直线。齿轮与齿条相啮合时，齿轮旋转，齿条则作直线运动。一对啮合的齿轮与齿条的模数和齿形角相同。齿轮与齿条啮合的绘制方法如图 7-44(b)所示。

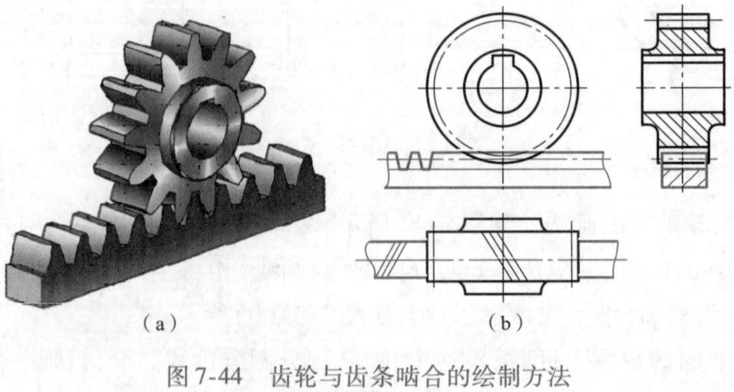

(a) (b)

图 7-44 齿轮与齿条啮合的绘制方法

二、直齿圆锥齿轮的识读和绘制

1. 直齿圆锥齿轮各组成部分的尺寸关系

锥齿轮的轮齿是在圆锥面上制出的，所以轮齿的一端大、另一端小，齿厚是逐渐变化的，直径和模数也随着齿厚的变化而变化。为了计算和制造方便，规定锥齿轮的大端模数为标准模数。锥齿轮上其他尺寸，如分度圆直径 d、齿顶圆直径 d_a 等也都是指锥齿轮大端。与分度圆锥相垂直的一个圆锥称为背锥，齿顶高和齿根高是从背锥上量取的。直齿锥齿轮各部分尺寸关系见表 7-13。

表 7-13　直齿圆锥齿轮各部分尺寸计算公式

基本参数：模数 m 和齿数 z			
序号	名称	代号	计算公式
1	分度圆直径	d	$d = mz$
2	分度圆锥角	δ	$\tan\delta_1 = z_1/z_2, \tan\delta_2 = z_2/z_1$
3	齿顶高	h_a	$h_a = m$
4	齿根高	h_f	$h_f = 1.2m$
5	齿高	h	$h = h_a + h_f$
6	齿顶圆直径	d_a	$d_a = d + 2h_a = m(z+2)$
7	齿根圆直径	d_f	$d_f = d - 2h_f = m(z-2.5)$
8	齿顶角	θ_a	$\tan\theta_a = 2\sin\delta/z$
9	齿根角	θ_f	$\tan\theta_f = 2.4\sin\delta/z$
10	顶锥角	δ_a	$\delta_a = \delta + \theta_a$
11	根锥角（背锥角）	δ_f	$\delta_f = \delta - \theta_f$
12	外锥距	R	$R = mz/2\sin\delta$
13	齿宽	b	$b = (0.2 \sim 0.35)R$

2. 直齿圆锥齿轮的规定画法

（1）单个锥齿轮的规定画法。如图 7-45 所示，锥齿轮的主视图通常画剖视图，轮齿按不剖画。在左视图中表示大端和小端的齿顶圆画粗实线，表示大端的分度圆画细点画线。大、小端齿根圆和小端分度圆都不画，其他部分按投影画出。

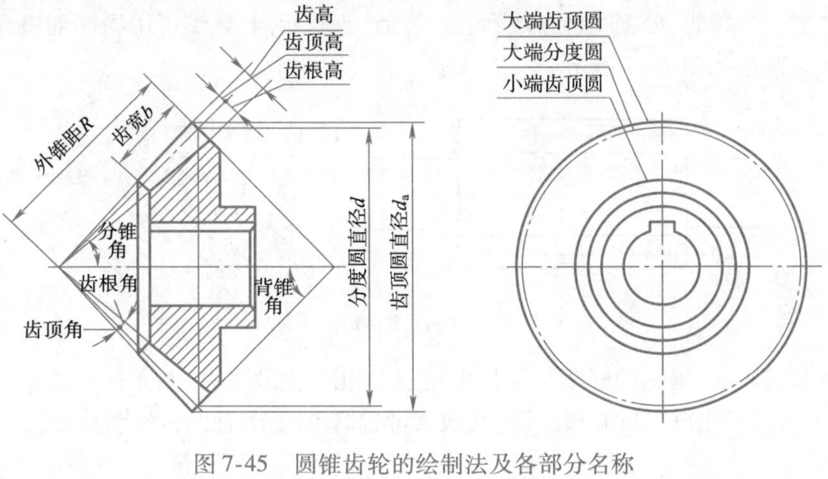

图 7-45　圆锥齿轮的绘制法及各部分名称

学习笔记

(2)圆锥齿轮啮合画法。圆锥齿轮啮合区的画法与直齿圆柱齿轮相同。锥齿轮啮合的剖视图绘制方法如图7-46(a)所示,外形视图绘制方法如图7-46(b)所示,在此不作详述。

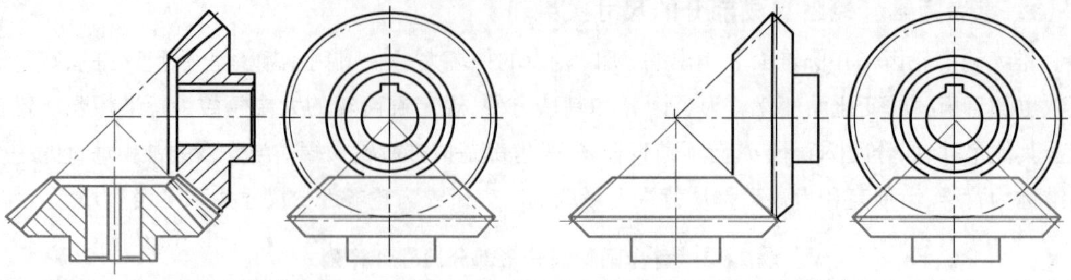

(a)　　(b)

图7-46　圆锥齿轮的啮合绘制方法

三、识读和绘制蜗轮蜗杆视图

蜗轮和蜗杆常用于垂直交叉的两轴之间的传动,可以得到很高的传动比,且传动平稳,结构紧凑,但传动效率比齿轮低。在工作时,蜗轮蜗杆传动常用于降速,蜗杆是主动件,蜗轮是从动件。常见的蜗杆是圆柱形蜗杆,两个轮齿沿圆柱面上一条螺旋线运动即形成蜗杆。蜗轮蜗杆的齿向是螺旋形的,蜗轮(实际上是斜齿圆柱齿轮)的齿顶常制成凹环面,以增加它和蜗杆的接触面积,延长使用寿命。蜗杆是齿数较少的斜齿圆柱齿轮,其轴向剖面和梯形螺纹相似。蜗杆的齿数称为头数,相当于螺杆上螺纹的线数,有单头和多头之分。

1. 蜗轮蜗杆的主要参数

蜗轮、蜗杆的主要参数是在通过蜗杆轴线并垂直于蜗轮轴线的平面内决定的。在此平面内,蜗轮的模数称为端面模数 m_1,蜗杆的模数称为轴向模数(轴向齿距除以 π)m_x。相啮合的蜗轮和蜗杆的模数相等。蜗轮的螺旋角 β(相当于斜齿轮的螺旋角)与蜗杆的导程角 γ(即蜗杆齿形的螺旋线升角)大小相等、方向相同。蜗杆的分度圆直径与轴向模数的比值称为直径系数,用 q 表示。

2. 单个蜗轮蜗杆的画法

蜗杆的规定画法:蜗杆的形状如梯形螺杆,轴向剖面齿形为梯形,顶角为40°,一般用一个视图表达。它的齿顶线、分度线、齿根线画法与圆柱齿轮相同,牙型可用局部剖视或局部放大图画出。具体画法如图7-47所示。

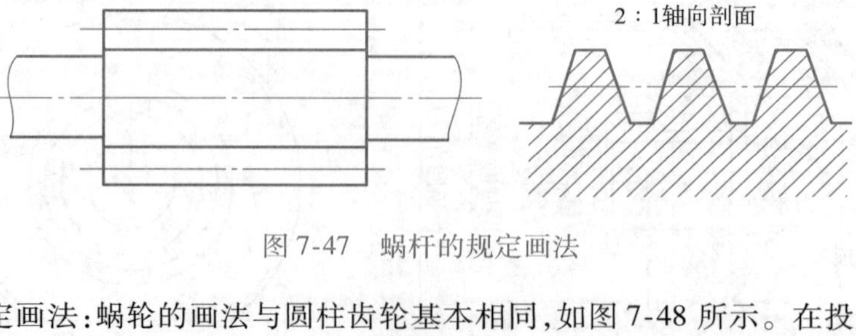

图7-47　蜗杆的规定画法

蜗轮的规定画法:蜗轮的画法与圆柱齿轮基本相同,如图7-48所示。在投影为圆的视图中,轮齿部分只需画出分度圆和齿顶圆,其他圆可省略不画,其他结构形状按投影绘制。

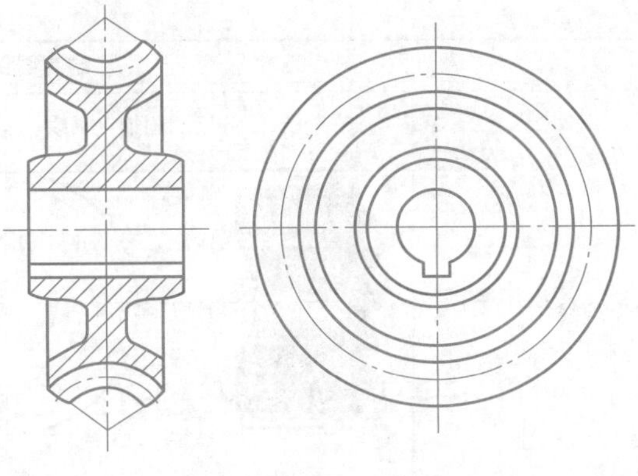

图 7-48　蜗轮的规定画法

3. 蜗轮蜗杆啮合的绘制方法

蜗轮蜗杆啮合的绘制方法是在蜗轮投影为非圆的视图上，蜗轮与蜗杆重合的部分，只画蜗杆不画蜗轮。在蜗轮投影为圆的视图上，蜗杆的节线与蜗轮的节圆画成相切。在剖视图中，当剖切面通过蜗杆的轴线时，齿顶圆或齿顶线均可省略不画，如图 7-49 所示。

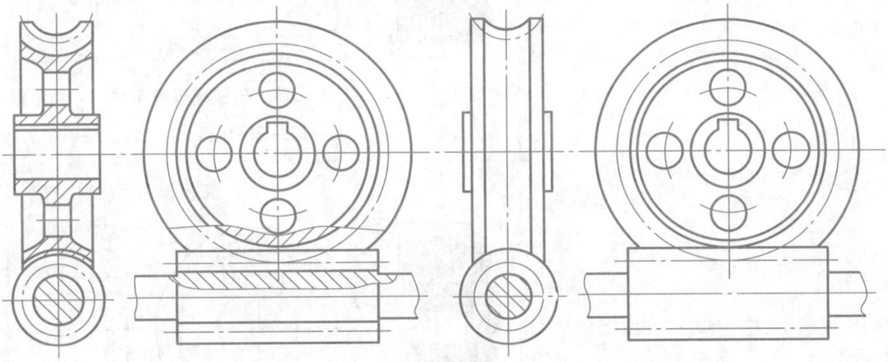

图 7-49　蜗轮蜗杆啮合的绘制方法

任务实施

图 7-38 所示直齿圆柱齿轮的视图作图步骤和图例见表 7-14。

表 7-14　直齿圆柱齿轮的作图步骤和图例

作图步骤	绘制图例
(1)绘制齿轮中心线和参考辅助线，用细点画线绘制分度圆和分度线	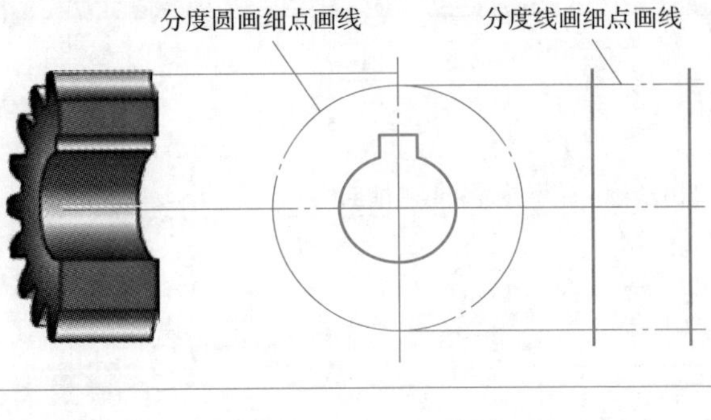

学习笔记

续表

<table>
<tr><th>作图步骤</th><th>绘制图例</th></tr>
<tr><td>(2)用粗实线绘制齿顶圆和齿顶线</td><td>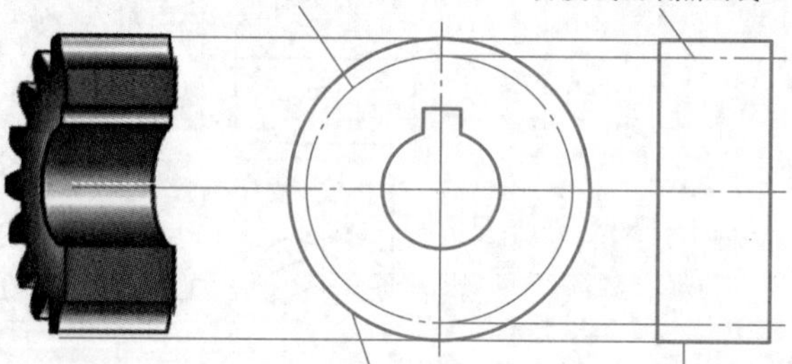
</td></tr>
<tr><td>(3)用细实线绘制齿根圆,用粗实线绘制剖视图中的齿根线</td><td>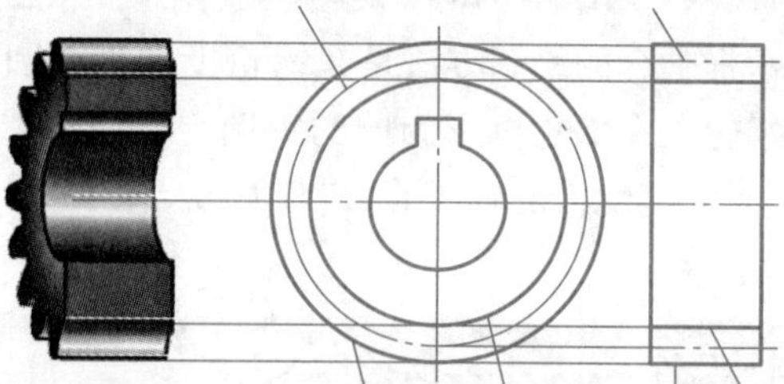
</td></tr>
<tr><td>(4)绘制孔、键槽等,检查校正,按线型描深图线,绘制剖面线</td><td>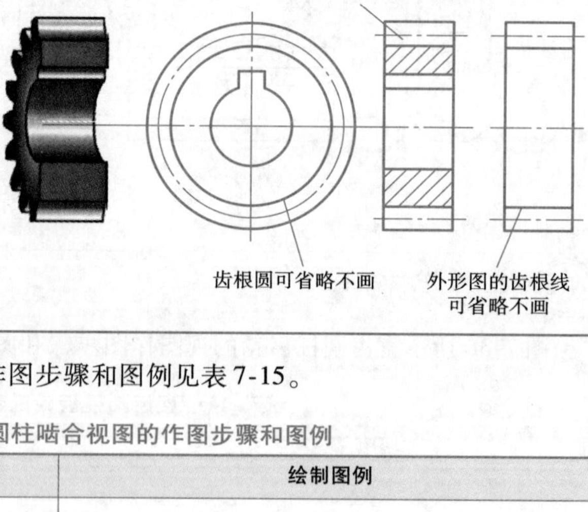
</td></tr>
</table>

两个标准直齿圆柱齿轮啮合视图的作图步骤和图例见表7-15。

表7-15　两个直齿圆柱啮合视图的作图步骤和图例

<table>
<tr><th>作图步骤</th><th>绘制图例</th></tr>
<tr><td>(1)绘制齿轮中心线和参考辅助线</td><td>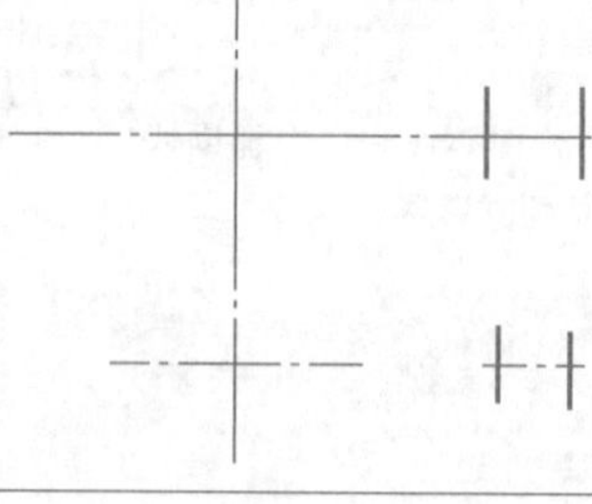</td></tr>
</table>

学习笔记

续表

作图步骤	绘制图例
(2)画齿轮轮齿(啮合区的齿顶圆绘制成粗实线,两齿轮中小齿轮被遮挡部分的视图用细虚线绘制)	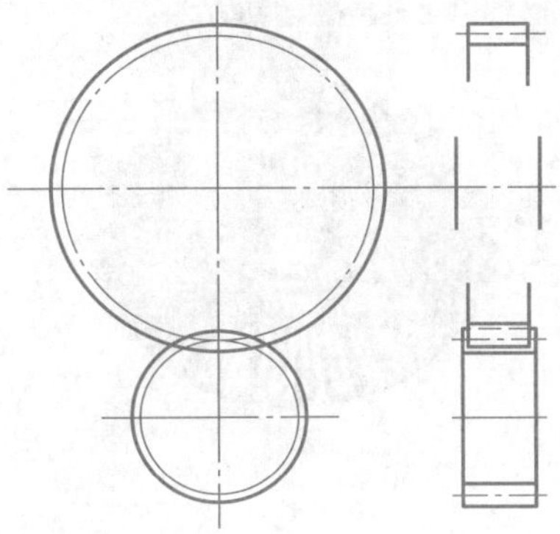
(3)画轮毂、辐板等	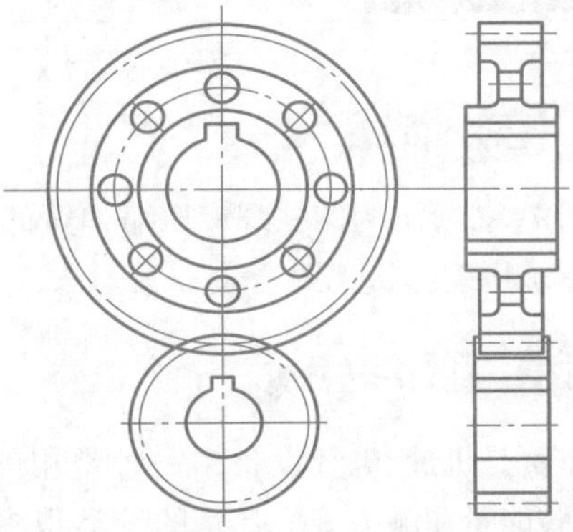
(4)整理图线,加粗图线	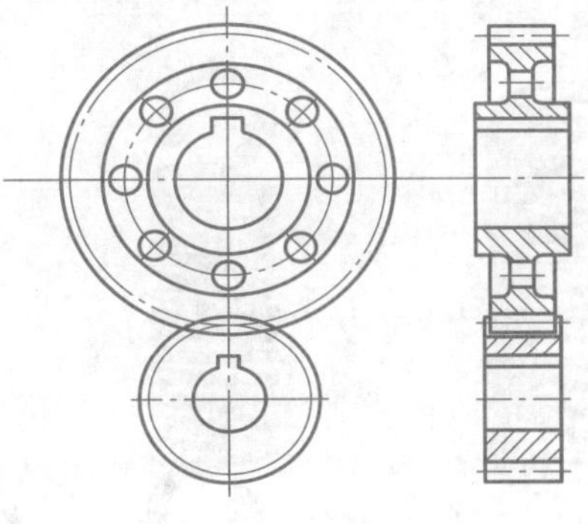

课后强化训练任务

课后强化训练任务一:图 7-50 所示为一圆锥齿轮的啮合图,绘制该圆锥齿轮啮合的视图。

学习笔记

课后强化训练任务二：图 7-51 所示为一蜗轮蜗杆啮合图，绘制该蜗轮蜗杆啮合的视图。

图 7-50　圆锥齿轮啮合图

图 7-51　蜗轮蜗杆啮合图

任务五　识读和绘制弹簧

任务描述

图 7-52 所示为圆柱螺旋压缩弹簧的示意图，任务要求绘制该圆柱螺旋压缩弹簧视图。

图 7-52　圆柱螺旋压缩弹簧示意图

相关知识

弹簧是机械、电气设备中一种常用的零件，主要用于减振、夹紧、存储能量和测力等。弹簧的种类很多，包括压缩弹簧、拉伸弹簧、扭转弹簧和平面涡卷弹簧等，如图 7-53 所示，其中使用较多的是圆柱压缩弹簧。

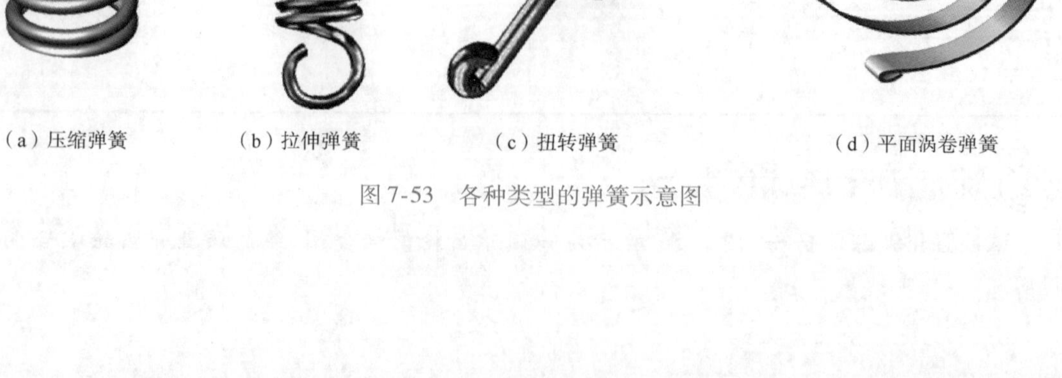

（a）压缩弹簧　（b）拉伸弹簧　（c）扭转弹簧　（d）平面涡卷弹簧

图 7-53　各种类型的弹簧示意图

学习笔记

一、圆柱螺旋压缩弹簧各部分的名称及尺寸代号

圆柱螺旋弹簧整体可以分为两部分，即两端的支撑圈和中间的有效圈，如图 7-54 所示。圆柱螺旋压缩弹簧各部分的名称及尺寸关系如下：

簧丝直径 d——制造弹簧所用金属丝的直径；

弹簧外径 D——弹簧的最大直径；

弹簧内径 D_1——弹簧的内孔直径，即弹簧的最小直径，$D_1 = D - 2d$；

弹簧中径 D_2——弹簧轴剖面内簧丝中心所在柱面的直径，即弹簧的平均直径，$D_2 = (D + D_1)/2 = D_1 + d = D - d$；

有效圈数 n——保持相等节距且参与工作的圈数；

支撑圈数 n_2——为了使弹簧工作平衡，端面受力均匀，制造时将弹簧两端的 3/4 ~ 5/4 圈压紧靠实，并磨出支撑平面，这些圈主要起支撑作用，所以称为支撑圈，支撑圈数 n_2 表示两端支撑圈数的总和，一般有 1.5、2、2.5 圈三种；

总圈数 n_1——有效圈数和支撑圈数的总和，即 $n_1 = n + n_2$；

节距 t——相邻两有效圈上对应点间的轴向距离；

自由高度 H_0——未受载荷作用时的弹簧高度（或长度），$H_0 = nt + (n_2 - 0.5)d$；

弹簧的展开长度 L——制造弹簧时所需的金属丝长度，$L \approx n_1\sqrt{(\pi D_2)^2 + t^2}$；

旋向——与螺旋线的旋向意义相同，分为左旋和右旋两种。

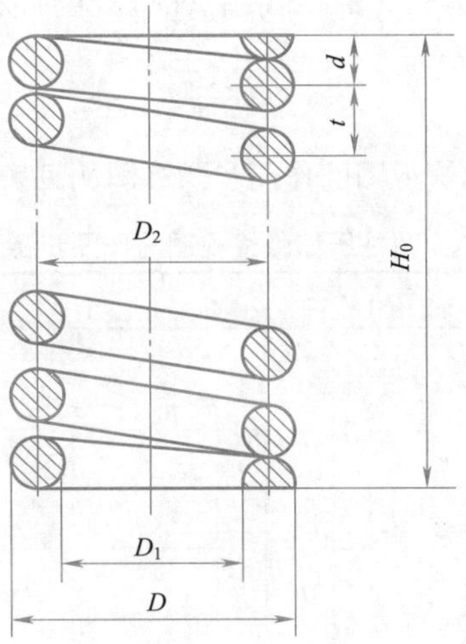

图 7-54　圆柱螺旋弹簧的名称和尺寸代号

二、圆柱螺旋压缩弹簧的绘制方法

1. 单个弹簧圆柱螺旋压缩弹簧的规定画法

国家标准《机械制图　弹簧表示法》（GB/T 4459.4—2003）对弹簧的画法做了如下规定：

（1）在平行于螺旋弹簧轴线的投影面的视图中，其各圈的轮廓应画成直线。

（2）有效圈数在四圈以上时，可以每端只画出 1 ~ 2 圈（支撑圈除外），其余省略不画。

（3）螺旋弹簧均可画成右旋，但左旋弹簧不论画成左旋或右旋，均须注写旋向“左”字。

学习笔记

(4)螺旋压缩弹簧如要求两端并紧且磨平时,不论支撑圈多少,均按支撑圈 2.5 圈绘制,必要时也可按支撑圈的实际结构绘制。

2. 装配图中弹簧的简化绘制方法

在装配图中,弹簧被看作实心物体,因此,被弹簧挡住的结构一般不画出。可见部分应画至弹簧的外轮廓或弹簧的中径处,如图 7-55(a)、(b)所示。当簧丝直径在图形上小于或等于 2 mm 并被剖切时,其剖面可以涂黑表示,如图 7-55(b)所示;也可采用示意画法,如图 7-55(c)所示。

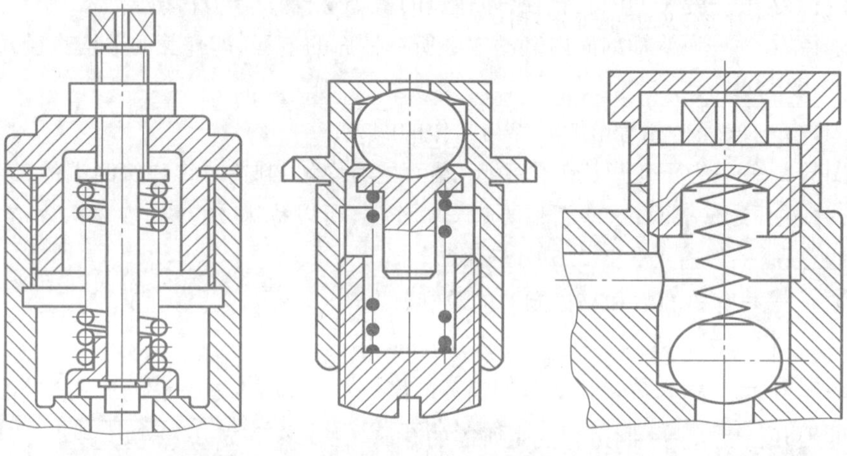

(a)　　(b)　　(c)

图 7-55　装配图中弹簧的简化绘制方法

任务实施

图 7-52 所示的圆柱压缩弹簧视图的作图步骤和图例见表 7-16。

表 7-16　圆柱压缩弹簧视图的作图步骤和图例

作图步骤	绘制图例
(1)绘制圆柱形弹簧外形轮廓的参考线	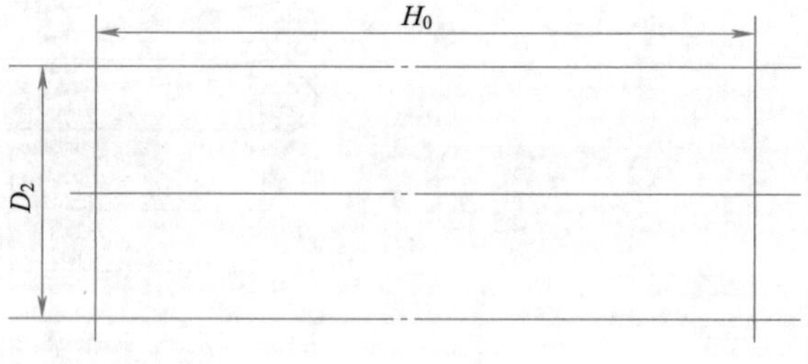
(2)用粗实线绘制圆柱形弹簧的端部视图	

学习笔记

续表

作图步骤	绘制图例
(3)用粗实线绘制圆柱形弹簧的中间部分视图	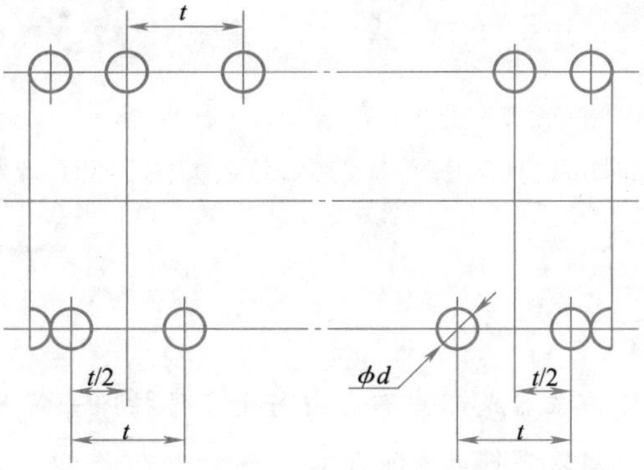
(4)用细实线绘制剖面线	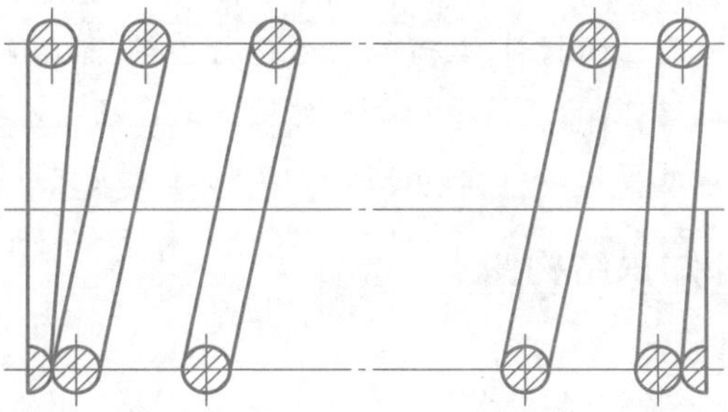

课后强化训练任务

课后强化训练任务一：图 7-56 所示为一圆柱拉伸弹簧，查阅相关的制图标准绘制该圆柱拉伸弹簧的视图。

图 7-56　圆柱拉伸弹簧

项目八

识读和绘制零件图

学习笔记

任何机器或部件都是由若干零件按照一定装配关系和技术要求组装而成的，因此零件是组成机器或部件的基本单位。零件与机器的关系，是个体与整体的关系。在机器或部件中，除标准件（如螺栓、螺母等）外，其余零件一般需要画出零件图。实际生产中，需要先根据零件图中所标注的材料、数量和尺寸进行备料，然后再按照零件图中的图形、尺寸及技术要求进行加工制造，最后还需要根据零件图上的各项技术要求检验加工的零件是否达到规定的质量标准。由此可见，零件图是零件加工制造及质量检测中不可或缺的重要技术文件。

知识结构图

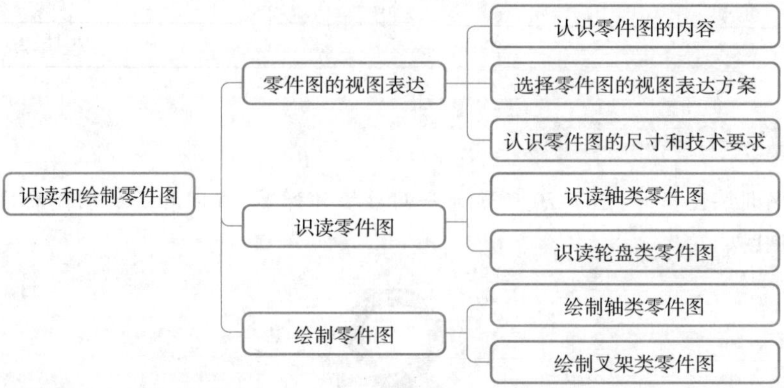

学习目标

知识目标

1. 掌握零件图的组成和各部分的功能；
2. 掌握主视图的选择原则和最佳表达方案；
3. 掌握零件图的尺寸标注要求；
4. 掌握零件图的表面粗糙度要求和几何形位公差要求；
5. 掌握识读零件图的方法和步骤；
6. 掌握不同结构零件的表达方法；
7. 掌握不同类型零件图的绘制方法。

能力目标

1. 能根据零件的结构选择合适的零件视图表达方案；

学习笔记

2. 能正确识读轴类、轮盘类、叉架类零件的零件图；
3. 能正确绘制轴类、轮盘类、叉架类零件的零件图。

素质目标

1. 具有较强的团队分工协作和创新能力；
2. 具有识图和绘图的规范和标准意识；
3. 具有劳动意识、职业意识和工匠精神。

任务一　选择零件最优的视图表达

任务描述

图 8-1 所示为轴承架的轴测图，任务要求选择并绘制出该零件的最佳表达视图。

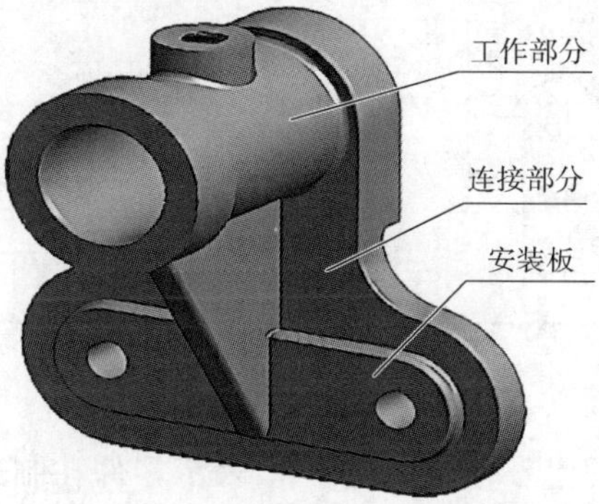

图 8-1　轴承架的轴测图

相关知识

一、零件图的定义和组成

1. 零件图的定义

零件图是表达零件结构、大小及技术要求的图样。零件图是生产中指导制造和检验零件的主要技术文件，它不仅要把零件的内、外结构形状和大小表达清楚，还需要对零件的材料、加工、检验、测量等提出必要的技术要求，零件图必须包含制造和检验零件的全部技术资料。

2. 零件图的组成

一张完整的零件图应该包括以下四部分内容：

(1)一组视图。在零件图中，用一组视图表达零件的形状和结构，根据零件的结构特点，选择适当的视图、剖视、断面及其他规定画法，正确、完整、清晰地表达零件各部分的形状和结构。图 8-2 所示的主轴零件图包含了主视图和局部放大图，其中主视图采用了局部剖视的画法。

(2)完整尺寸。正确、完整、清晰、合理地注出制造和检验零件时所需要的全部尺寸，以确

学习笔记

定零件各部分的形状大小和相对位置。

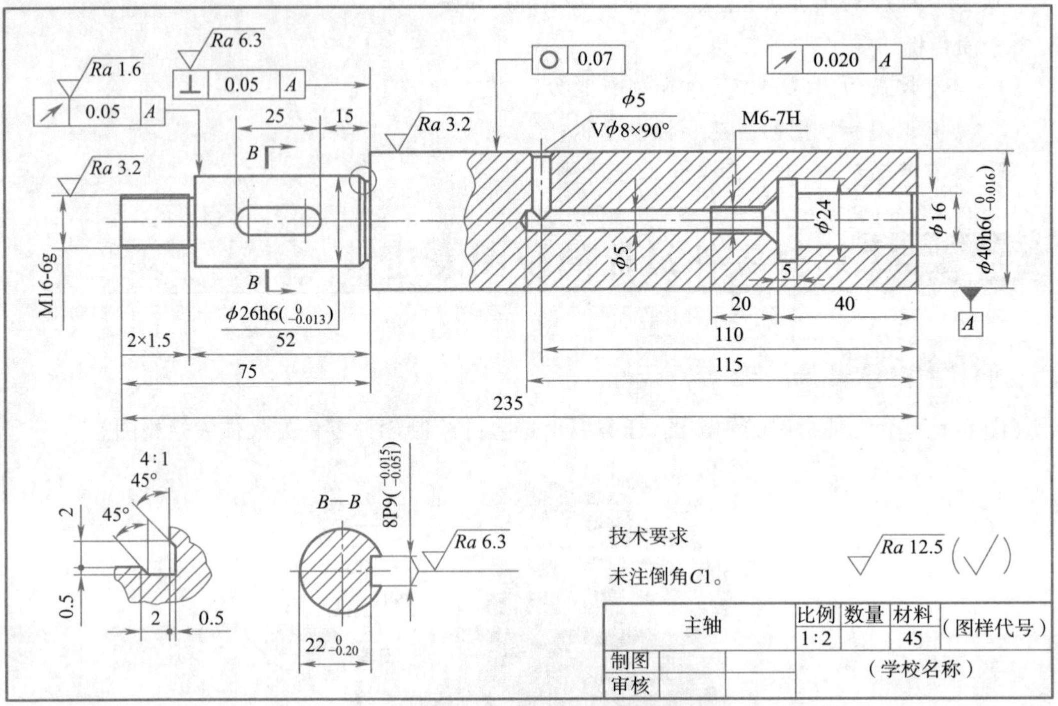

图 8-2　主轴零件图

(3)技术要求。用规定的代号、数字、文字等,表示零件在制造和检验过程中应达到的一些技术指标,如表面粗糙度、尺寸公差、形位公差、材料及热处理等。这些要求有的可以用符号注写在视图上,技术要求的文字一般注写在标题栏上方图纸空白处。

(4)标题栏。在零件图的右下角,是用于注明零件的名称、数量、使用材料、绘图比例、设计单位和设计人员等内容的专用栏目。

二、零件图表达中的视图选择

1. 主视图的选择

主视图是一组视图的核心,是表达零件形状的主要视图。主视图选择恰当与否,将直接影响整个表达方法和其他视图的选择。因此,确定零件的表达方案,首先应合理选择主视图。主视图的选择应从投射方向和零件的安放状态两个方面考虑,选择最能反映零件形状特征的方向作为主视图的投射方向,如图 8-3 所示,选择 *A*、*B*、*C*、*D* 四个不同投射方向时得到的四个主视图,从图中可以看出,选 *B* 作为主视图的投射方向时所得到的主视图能最多地反映零件的结构特征。

确定零件的放置状态应考虑以下原则:

(1)加工位置原则。指主视图按照零件在机床上加工时的装夹位置放置,应尽量与零件主要加工工序中所处的位置一致。例如,加工轴、套、圆盘类零件,大部分工序是在车床和磨床上进行的,为了使工人在加工时读图方便,主视图应将其轴线水平放置。

(2)工作位置原则。指主视图按照零件在机器中工作的位置放置,以便把零件和整个机

学习笔记

器的工作状态联系起来。对于叉架类、箱体类零件，因为常需要经过多种工序加工，且各工序的加工位置也往往不同，故主视图应选择工作位置，以便与装配图对照起来读图，想象出零件在部件中的位置和作用，如吊钩的主视图选择就遵循与工作位置相关的原则。

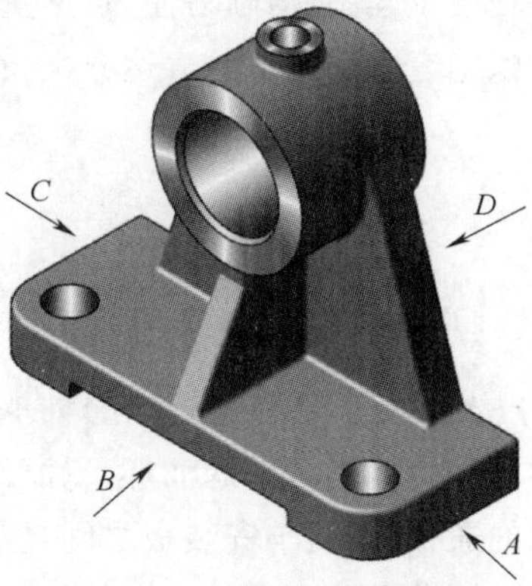

（a）主视图投射方向选择图

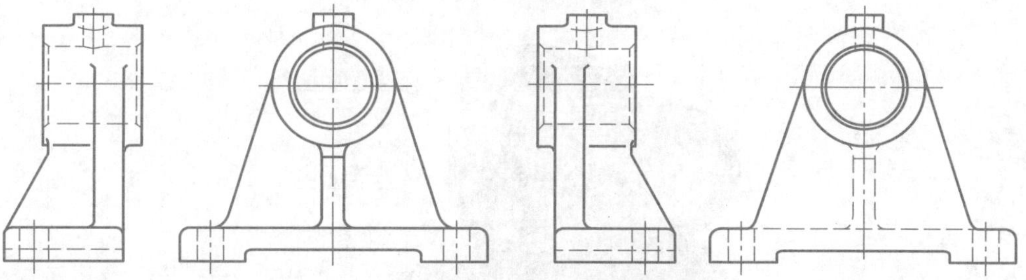

A 向主视图　　*B* 向主视图　　*C* 向主视图　　*D* 向主视图

（b）不同投射方向所对应的主视图

图 8-3　选择不同投射方向时的主视图

（3）自然安放位置原则。如果零件的工作位置是斜的，不便按工作位置放置，而加工位置较多，又不便按加工位置放置，这时可将它们的主要部分放正，按自然安放位置放置，以利于布图和标注尺寸，如拨叉类零件视图。

2. 其他视图的选择

主视图选定后，应根据零件结构形状的复杂程度，采用合理、适当的表达方法考虑其他视图，对主视图表达未尽部分，还需要选择其他视图进行完善，使每一视图都具有其表达的重点和必要性。其他视图的选择，应考虑零件还有哪些结构形状未表达清楚，优先选择基本视图，并根据零件内部形状等，选取相应的剖视图。对于尚未表示清楚的零件局部形状或细部结构，则可选择局部视图、局部剖视图、断面图和局部放大图等。对于同一零件，特别是结构形状比较复杂的零件，可选择不同的表达方案，进行分析比较，最后确定一个较好的方案。具体选用时，应注意以下几点：

（1）视图的数量。所选的每个视图都必须具有独立存在的意义及明确的表示重点，并应相互配合、彼此互补，既要防止视图数量过多、表达松散，又要避免将表示方法过多集中在一个视图上。

（2）选图的步骤。首先选用基本视图，后选用其他视图（剖视、断面等表示方法应兼用）；

学习笔记

先考虑表达零件主要部分的形体和相对位置，然后再解决细节部分。根据需要增加向视图、局部视图和斜视图等。

(3)图形清晰、便于读图。其他视图的选择，除了要求把零件各部分的形状和它们的相互关系完整表达出来外，还应该做到便于读图、清晰易懂，且尽量避免使用虚线。

在初选的基础上进行精选，以确定一组合适的表达方案，在准确、完整表示零件结构形状的前提下，使视图的数量最少。

任务实施

1. 结构分析

图8-1所示轴承架由三部分构成：工作部分为上部的轴承圆筒，孔内安装回转轴，其顶部有圆柱凸台，凸台中间的螺孔用于安装加润滑油的油杯，以润滑运动轴；下部的安装板与圆筒一端连接，安装板上有两个对称的通孔；圆筒与安装板之间是加强结构强度的三角形肋板，是零件的连接部分。现选择*A*、*B*两个方向作为投射方向分析该轴承架的最佳表达视图，如图8-4所示。

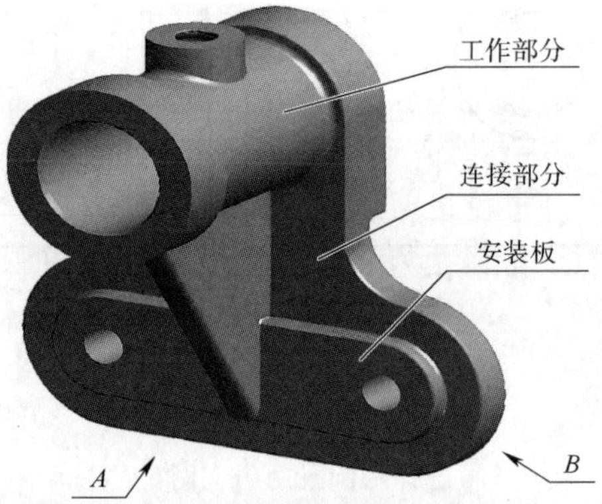

图8-4 轴承架的不同视图表达方案中主视图投射方向选择

2. 主视图的比较

如图8-5所示，轴承架可有不同的表达方案，这些方案都能将轴承架的结构形状表达清楚，但在视图数量、表达方法等方面不尽相同且各有特点。方案Ⅰ用了四个视图(主、左视图，*A*向局部视图和*B*—*B*断面图)；方案Ⅱ用了五个视图；方案Ⅲ用了三个视图。三种方案的主视图都符合零件的主要加工位置或工作位置。方案Ⅰ、Ⅱ的主视图投射方向均为*A*向，主要反映安装板的形状特征及其与轴承、肋板的关系；方案Ⅲ的主视图投射方向为*B*向，重点表达了轴承圆筒以及凸台、螺孔的结构形状。根据轴承架的功能，轴承圆筒是它的主要结构，在主视图上直接显示轴承的结构比反映安装板的形状更为重要，因此方案Ⅲ的主视图选择更为合理。

3. 其他视图的比较

图8-5中三种方案都采用*A*向局部视图表示轴承另一端U形凸缘的不同外形，也都采用了主视图和左视图。为了表示安装板和肋板的断面形状，方案Ⅰ增加了一个*B*—*B*断面图，方案Ⅱ添加了一个*B*—*B*全剖视图；对于安装板上的两个圆孔，方案Ⅰ在左视图中采用局部剖视表达，而方案Ⅱ则多画了一个*C*—*C*断面图，显得多余。比较这两个方案，方案Ⅱ显然不如方案Ⅰ简明。

学习笔记

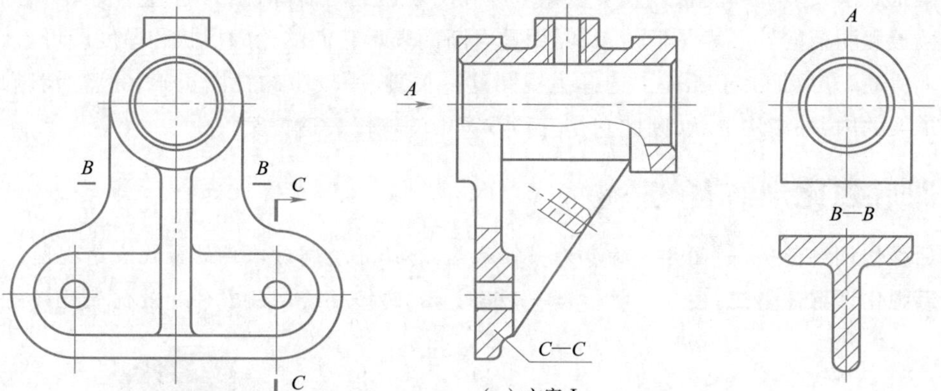

（a）方案Ⅰ

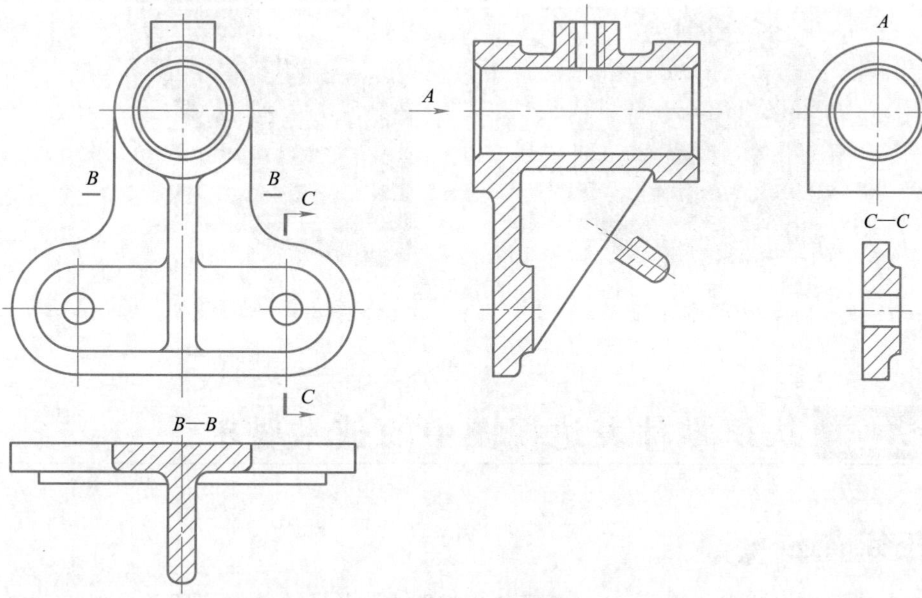

（b）方案Ⅱ

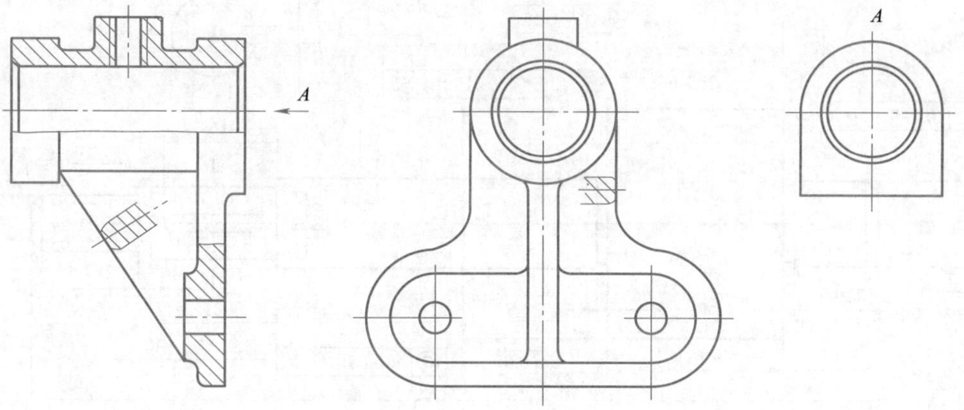

（c）方案Ⅲ

图 8-5　轴承架视图表达的不同方案

学习笔记

方案Ⅲ对于安装板和肋板以及安装板上圆孔的表达更为简练，因为通过主视图和左视图已将安装板和肋板的外形表示清楚，只需用重合断面表示它们的轮廓形状和厚度即可。

综上所述，方案Ⅲ由于抓住了选择主视图这一关键，用较少的视图正确、完整、清晰地表达了轴承架的内、外结构形状，因此它是三种方案中的较优表达方案。

课后强化训练任务

课后强化训练任务一：图 8-6 所示为一轴承盖，选择并绘制该零件的最优表达视图。

课后强化训练任务二：图 8-7 所示为一脚踏支架，选择并绘制该零件的最优表达视图。

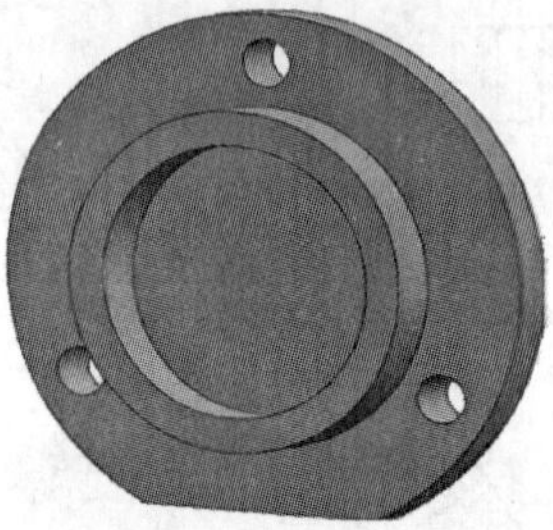

图 8-6　轴承盖

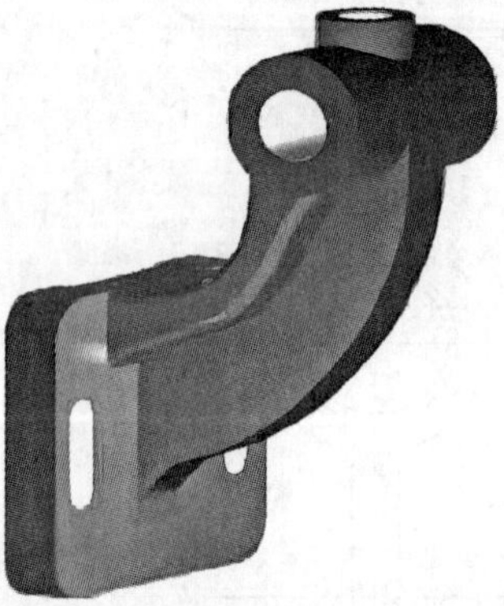

图 8-7　脚踏支架

任务二　认识零件表达视图中的技术要求

任务描述

图 8-8 所示为主轴表达视图，任务要求找出视图中的技术参数并说明其功能。

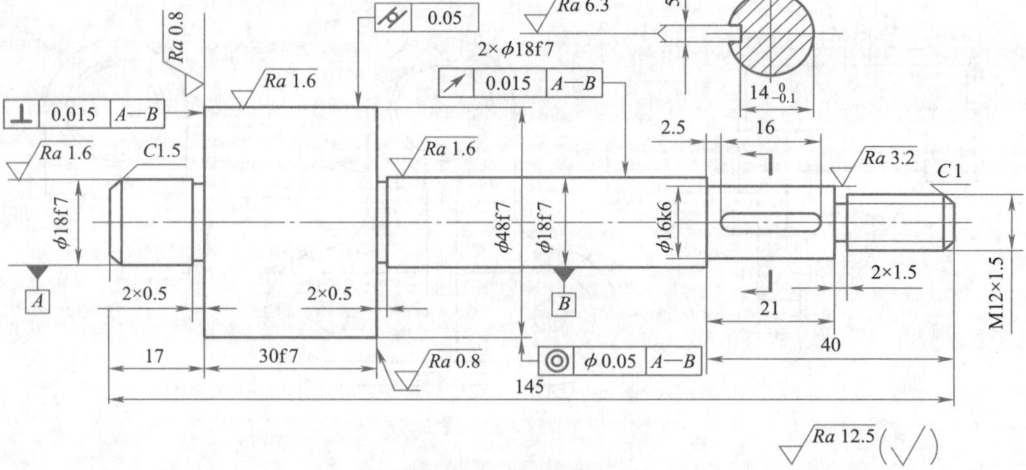

图 8-8　主轴的表达视图

相关知识

一、零件图中的表面结构要求

1. 表面粗糙度

零件的表面，无论采用哪种方法加工，都不可能绝对光滑、平整，将其置于显微镜下观察，都会呈现出不规则的高低不平的状况，高起的部分称为峰，低凹的部分称为谷，这种表面上具有较小间距的峰谷所组成的微观几何形状特性，称为表面粗糙度，如图 8-9 所示。这是由于加工零件时，刀具在零件表面上留下刀痕和切削时金属的塑性变形等影响，使零件表面存在着间距较小的轮廓峰谷。

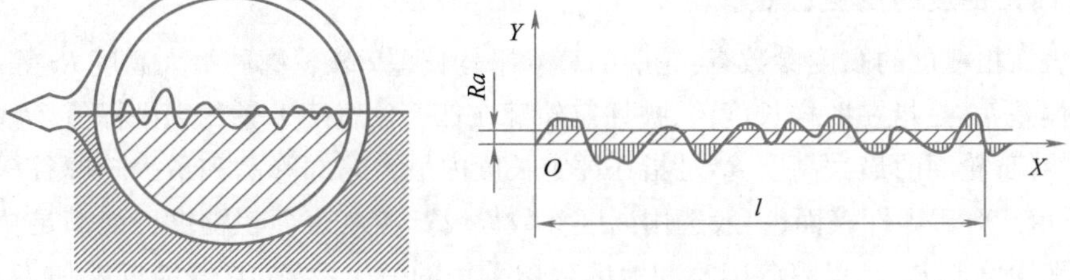

图 8-9　零件表面粗糙度

表面粗糙度反映了零件表面的加工质量，它对零件的耐磨性、耐腐蚀性、配合精度、疲劳强度及接触刚度和密封性等都有较大影响。国家标准规定了零件表面粗糙度的评定参数，应在满足零件表面功能要求的前提下，合理地选择表面粗糙度的参数值。一般来说，凡零件上有配合要求或有相对运动的表面，零件表面质量要求较高。

2. 表面粗糙度代号

表面粗糙度图形符号的绘制方法如图 8-10 所示，符号的各部分尺寸与字体大小有关，并有多种规格。对于 3.5 号字，有 $H_1=5$ mm，$H_2=10.5$ mm，符号线宽 $d=0.35$ mm；对于 2.5 号字，有 $H_1=3.5$ mm，$H_2=7.5$ mm，符号线宽 $d=0.25$ mm。

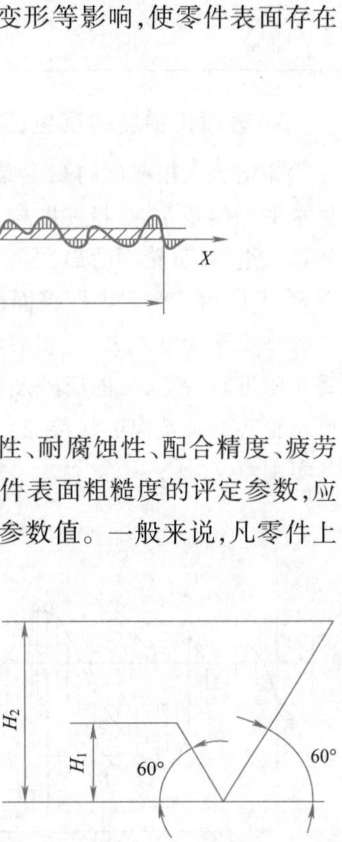

图 8-10　零件表面粗糙度符号的绘制

表面粗糙度用代号标注在图样上，代号由符号、数字及说明文字组成。在零件的每个表面，都应按设计要求，标注表面粗糙度代号。表面粗糙度符号见表 8-1。

表 8-1　表面粗糙度符号

序号	符　号	意义及说明
1	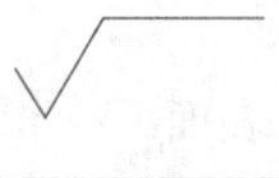	基本符号，表示表面可用任何方法获得，当不加注粗糙度参数值或有关说明时，仅适用于简化代号标注
2	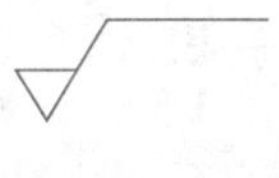	表示表面是用去除材料方法获得的

学习笔记

续表

序号	符　号	意义及说明
3		表示表面是用不去除材料方法获得的
4	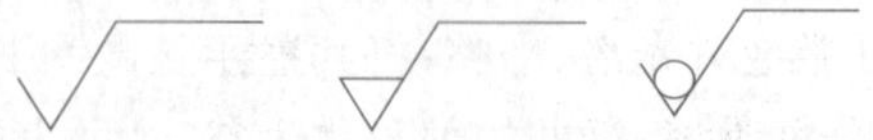	在上述三个符号的长边上均可加一横线，用于标注有关参数和说明
5	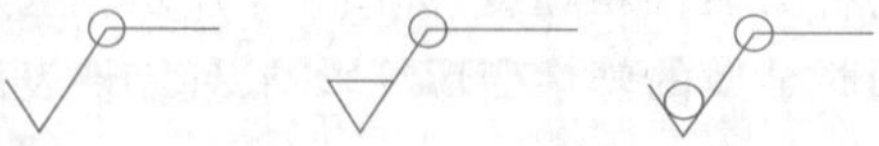	在上述三个符号上均可加一小圆，表示所有表面具有相同的表面粗糙度要求

3. 表面粗糙度的高度评定参数

评定表面粗糙度的高度参数有：轮廓的算术平均偏差 *Ra*、轮廓的最大高度 *Rz* 等。轮廓的算术平均偏差 *Ra* 是指在取样长度内，被评定轮廓在任一位置至 *X* 轴的纵坐标值 *Z*(*X*) 绝对值的算术平均值；轮廓的最大高度 *Rz* 是指在评定长度内最大轮廓峰高和最大轮廓谷深之和，如图 8-11 所示。对于零件表面，一般选用高度参数 *Ra*、*Rz* 控制表面粗糙度已能满足功能要求，轮廓算术平均偏差 *Ra* 是世界各国家和地区普遍采用的一个参数，它既能反映加工表面的微观几何形状特征，又能反映凸峰高度；轮廓最大高度 *Rz* 只能反映表面轮廓的最大高度，不能反映轮廓微观几何形状特征，对某些表面不允许出现微观较深的加工痕迹（影响疲劳强度）有其实用意义。

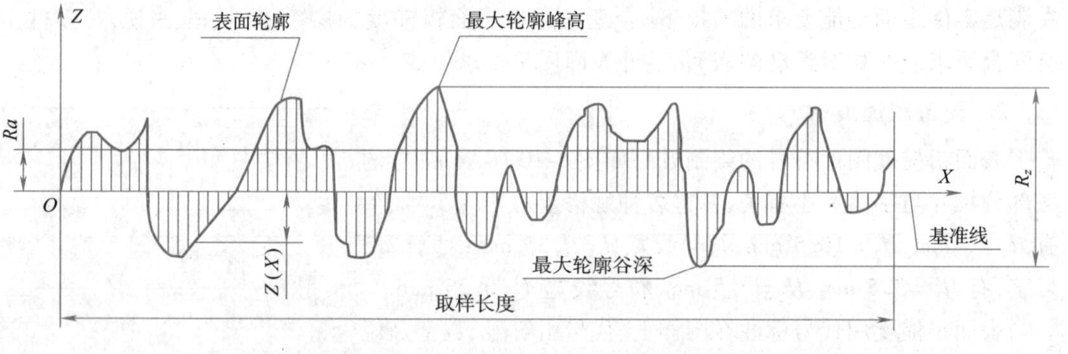

图 8-11　轮廓的算术平均偏差 *Ra*、轮廓的最大高度 *Rz*

轮廓算术平均偏差 *Ra* 的数值越大，表面越粗糙，零件表面质量越低，加工成本越低；轮廓算术平均偏差 *Ra* 的数值越小，表面越光滑，零件表面质量越高，加工成本越高。因此，在满足零件使用要求的前提下，应合理选用表面粗糙度参数。

4. 表面结构参数在图形符号中的标注位置

标注表面结构参数和数值、传输带、取样长度、加工工艺、表面纹理及方向、加工余量等参数的位置如图 8-12 所示。

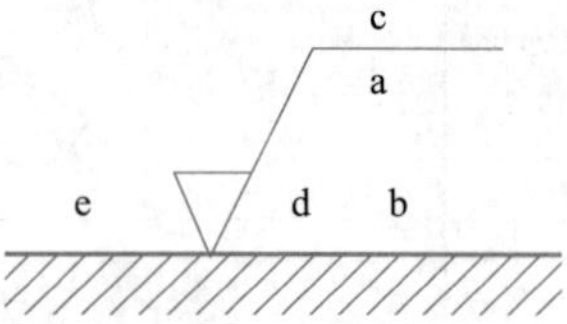

图 8-12　表面结构参数的标注位置

位置 a：注写表面结构的单一要求。位置 a 和 b：a 注写第一表面结构要求；b 注写第二表面结构要求。位置 c：注写加工方法，如

"车""磨""镀"等。位置 d:注写表面纹理方向,如 =、x、M。位置 e:注写加工余量。

表面结构符号中注写了具体参数代号及数值等要求后即称为表面结构代号。表面结构代号的示例及含义见表 8-2。

表 8-2　表面结构代号示例及含义

序　号	代　号	含　义
1	*Ra* 0.8	表示不去除材料,单向上限值,算术平均偏差为 0.8 μm,评定长度为 5 个取样长度(默认)
2	*Rz*max0.2	表示去除材料,单向上限值,粗糙度最大高度的最大值为 0.2 μm,评定长度为 5 个取样长度(默认)
3	0.008 ~ 0.8 / *Ra* 3.2	表示去除材料,单向上限值,传输带 0.008 ~ 0.8 mm,R 轮廓,算术平均偏差为 3.2 μm,评定长度为 5 个取样长度(默认)
4	−0.8 / *Ra*3 3.2	表示去除材料,单向上限值,取样长度为 0.8 mm,R 轮廓,算术平均偏差为 3.2 μm,评定长度包含 3 个取样长度
5	U *Ra*max3.2 L *Ra* 0.8	表示不去除材料,双向极限值,上限值为 3.2 μm,评定长度为 5 个取样长度(默认);下限值平均偏差为 0.8 μm,评定长度为 5 个取样长度(默认)

5. 表面结构要求在零件视图中的标注方法

(1)表面结构要求对每一表面一般只标注一次,并尽可能注在相应尺寸及其公差的同一视图上。除非另有说明,所标注的表面结构要求是对完工零件表面的要求。

(2)表面结构的注写和读取方向与尺寸的注写和读取方向一致。表面结构要求可标注在轮廓线上,其符号应从材料外指向接触表面,如图 8-13 所示。必要时,表面结构也可用带箭头或黑点的指引线引出标注,如图 8-14 所示。

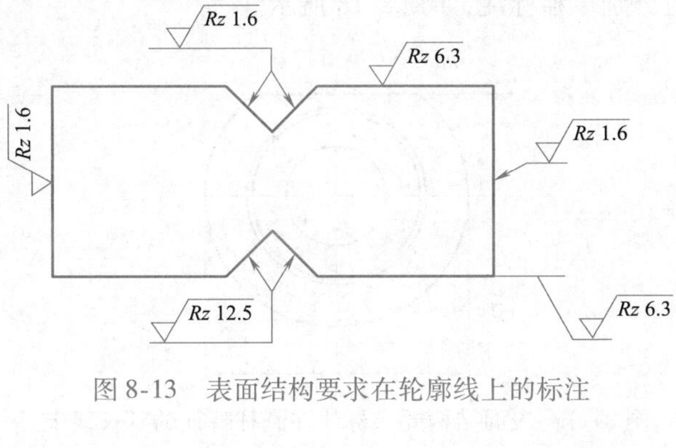

图 8-13　表面结构要求在轮廓线上的标注

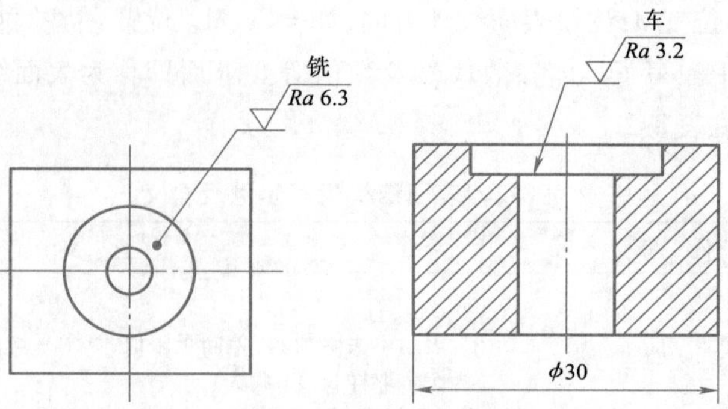

图 8-14　用指引线引出标注表面结构要求

(3)在不致引起误解时,表面结构要求可以标注在给定的尺寸线上,如图 8-15 所示。

(4)表面结构要求可标注在形位公差框格的上方,如图 8-16 所示。

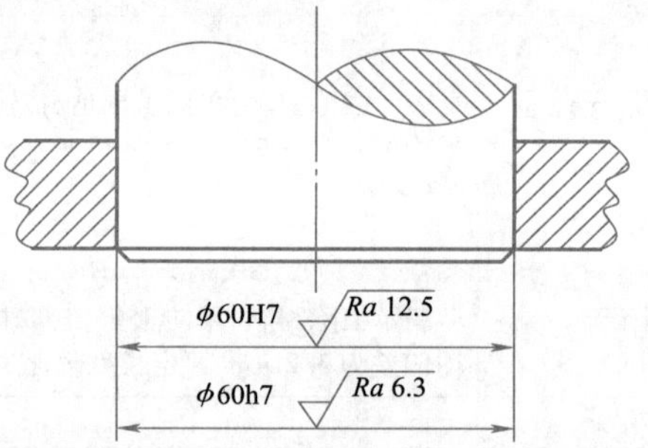

图 8-15　表面结构要求标注在尺寸线上

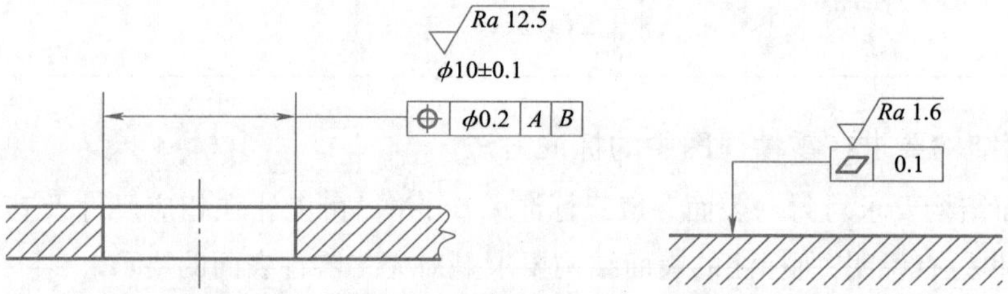

图 8-16　表面结构要求标注在形位公差框格的上方

(5)圆柱和棱柱表面的表面结构要求只标注一次,如图 8-17 所示。如果每个棱柱表面有不同的表面要求,则应分别单独标注,如图 8-18 所示。

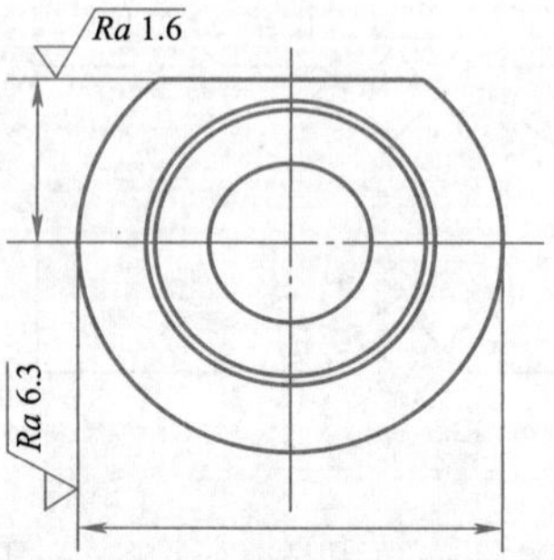

图 8-17　表面结构要求标注在圆柱特征的延长线上

学习笔记

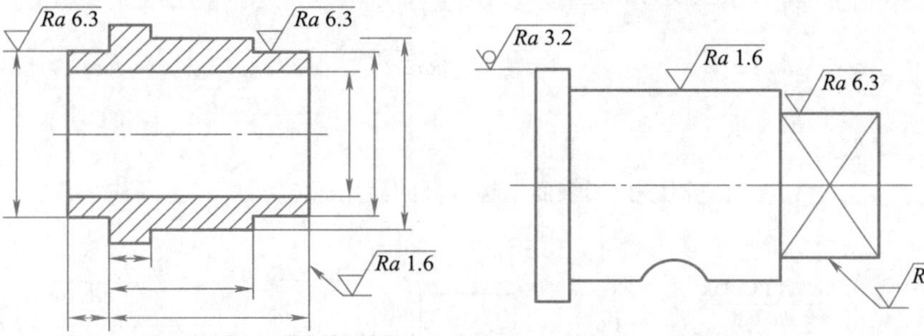

图 8-18　圆柱和棱柱表面结构要求的标注方法

6. 表面结构要求在图样中的简化注法

(1)有相同表面结构要求的简化注法。如果在工件的多数(包括全部)表面有相同的表面结构要求时,则其表面结构要求可统一标注在图样的标题栏附近。此时,表面结构要求的符号后面应有:在圆括号内给出无任何其他标注的基本符号,如图 8-19(a)所示;在圆括号内给出不同的表面结构要求,如图 8-19(b)所示。

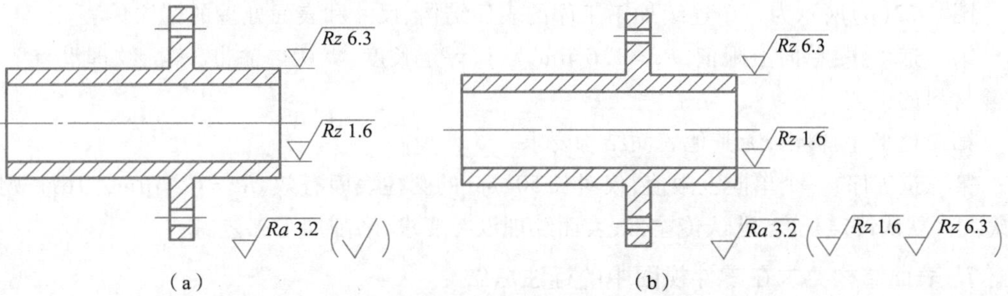

图 8-19　有相同表面结构要求的简化标注方法

(2)多个表面有共同要求的注法。如图 8-20 所示,用带字母的完整符号,以等式的形式,在图形或标题栏附近,对有相同表面结构要求的表面或在图纸空间有限时进行简化标注。

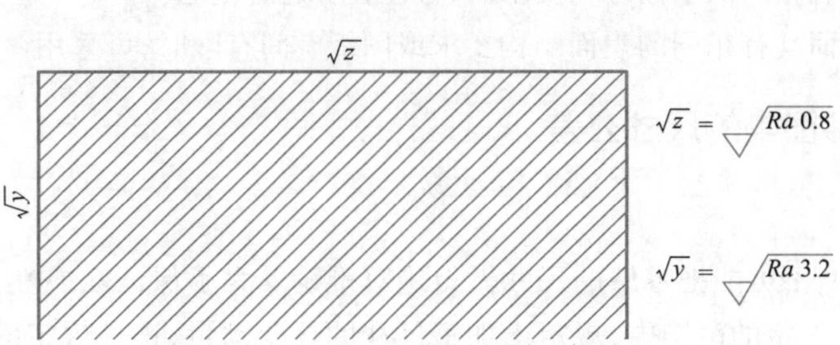

图 8-20　图纸空间有限时的简化标注方法

只用表面结构符号的简化注法。如图 8-21 所示,用表面结构符号,以等式的形式给出对多个表面共同的表面结构要求。

(3)两种或多种工艺获得的同一表面的注法。由几种不同的工艺方法获得的同一表面,当需要明确每种工艺方法的表面结构要求时,可按图 8-22(a)所示进行标注(图中 Fe 表示基

学习笔记

体材料为钢,EP 表示加工工艺为电镀)。

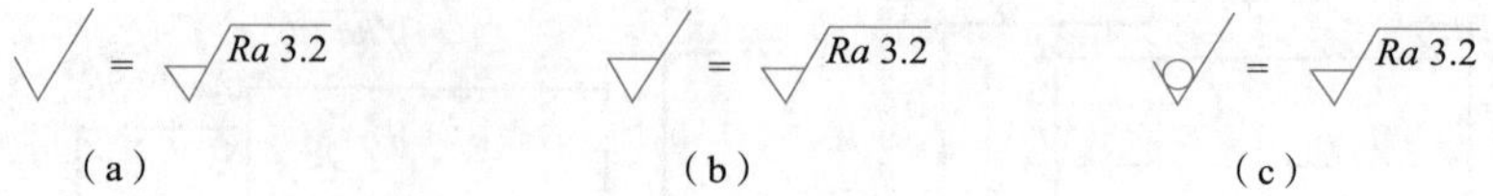

图 8-21　只用表面结构符号的简化标注方法

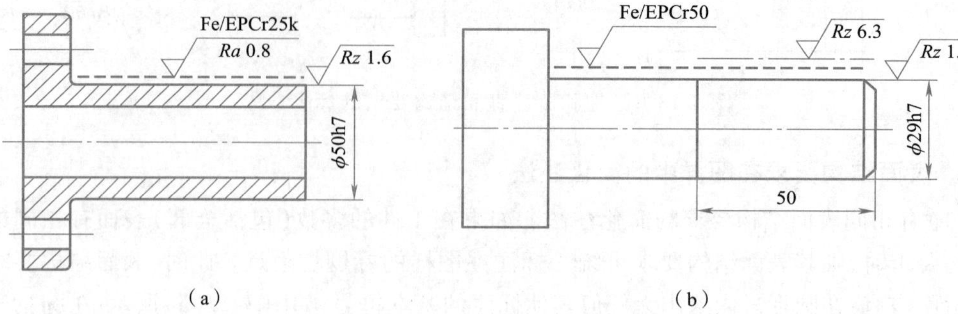

图 8-22　多个工艺获得同一零件表面的简化标注方法

图 8-22(b)所示为三个连续加工工序的表面结构、尺寸和表面处理的标注。

第一道工序:单向上限值,$Rz = 1.6$ μm,默认评定长度,默认传输带,表面纹理没有要求,去除材料的工艺。

第二道工序:镀铬,无其他表面结构要求。

第三道工序:一个单向上限值,仅对长 50 mm 的圆柱表面有效,$Rz = 6.3$ μm,“16% 规则”(默认),默认评定长度,默认传输带,表面纹理没有要求,磨削加工工艺。

7. 表面结构要求在零件视图中的标注总结

(1)表面结构符号的方向与尺寸的方向一致。

(2)表面结构符号从材料外指向并接触表面。

(3)表面结构符号可以引出标注。

(4)多数表面有相同的表面结构要求时,标注在标题栏附近。

(5)当多个表面具有相同的表面结构要求或图纸空间有限时,可采用简化注法。

二、认识零件图中的尺寸公差

1. 尺寸公差

在加工过程中,不可能把零件的尺寸做得绝对准确。为了保证互换性,必须将零件尺寸的加工误差限制在一定的范围内,规定出加工尺寸的可变动量,这种规定的实际尺寸允许的变动量称为公差。

(1)基本尺寸:根据零件强度、结构和工艺性要求,设计确定的尺寸。

(2)实际尺寸:通过测量所得到的尺寸。

(3)极限尺寸:允许尺寸变化的两个界限值,以基本尺寸为基数进行确定。两个界限值中较大的一个称为最大极限尺寸;较小的称为最小极限尺寸。

(4)尺寸偏差(简称偏差):某一尺寸减其相应的基本尺寸所得的代数差。尺寸偏差有:

上偏差 = 最大极限尺寸 − 基本尺寸；下偏差 = 最小极限尺寸 − 基本尺寸；上、下偏差统称极限偏差。上、下偏差可以是正值、负值或零。国家标准规定孔的上偏差代号为 *ES*，下偏差代号为 *EI*；轴的上偏差代号为 *es*，下偏差代号为 *ei*。具体的尺寸公差图如图 8-23 所示。

（5）尺寸公差（简称公差）：允许实际尺寸的变动量。尺寸公差有：尺寸公差 = 最大极限尺寸 − 最小极限尺寸 = 上偏差 − 下偏差，因为最大极限尺寸总是大于最小极限尺寸，所以尺寸公差一定为正值。

（6）公差带和零线：由代表上、下偏差的两条直线所限定的一个区域称为公差带。为了便于分析，一般将尺寸公差与基本尺寸的关系，按放大比例画成简图，称为公差带图。在公差带图中，确定偏差的一条基准直线称为零偏差线，简称零线，通常零线表示基本尺寸，如图 8-24 所示。

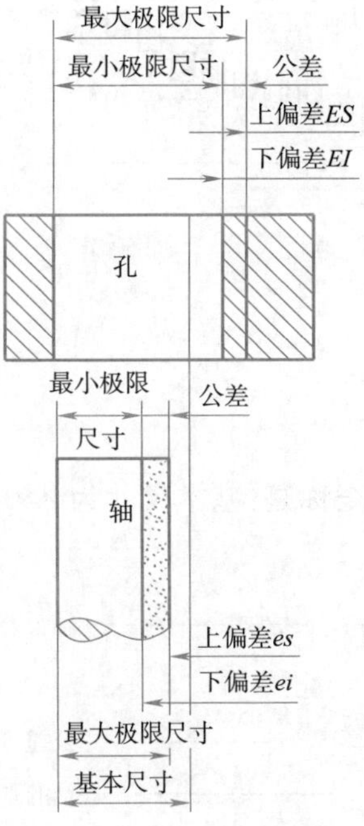

图 8-23　尺寸偏差图解

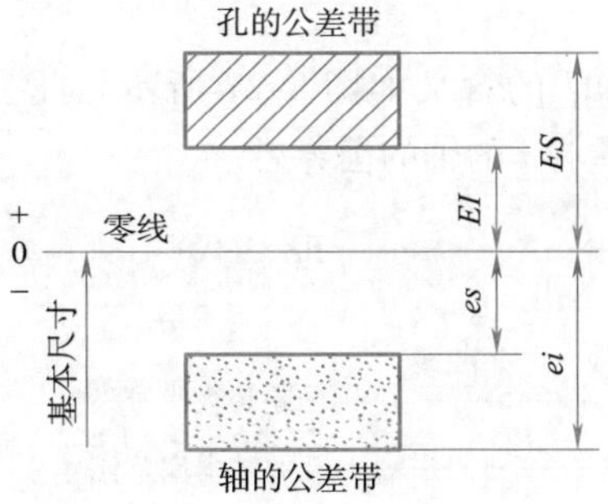

图 8-24　公差带图

（7）标准公差：用以确定公差带大小的任一公差。国家标准将公差等级分为 20 级：IT01、IT0、IT1 ~ IT18。IT 表示标准公差，公差等级的代号用阿拉伯数字表示。IT01 ~ IT18，精度等级依次降低。标准公差等级数值可查阅有关技术标准。

（8）基本偏差：用以确定公差带相对于零线位置的上偏差或下偏差，一般是指靠近零线的那个偏差。根据实际需要，国家标准分别对孔和轴各规定了 28 个不同的基本偏差，基本偏差系列如图 8-25 所示。从图中可知，基本偏差用拉丁字母表示，大写字母代表孔，小写字母代表轴。公差带位于零线之上，基本偏差为下偏差；公差带位于零线之下，基本偏差为上偏差。

（9）孔、轴的公差带代号：由基本偏差与公差等级代号组成，并且要用同一字号的字母和数字书写。例如，ϕ50H8 的含义如图 8-26 所示。此公差带的全称是：基本尺寸为 ϕ50、公差等级为 8 级、基本偏差为 H 的孔的公差带。

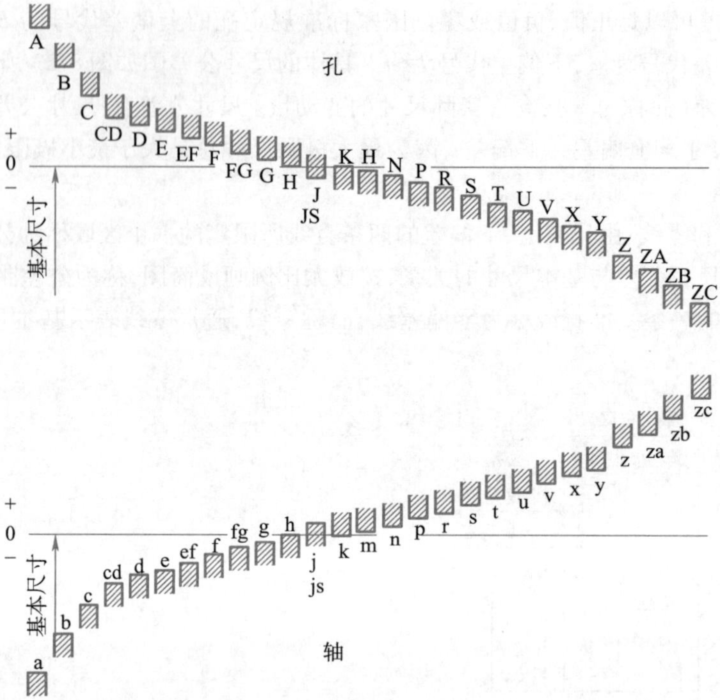

图 8-25　基本偏差系列图

又如 ϕ50f7 的含义如图 8-27 所示。此公差带的全称是：基本尺寸为 ϕ50、公差等级为 8 级、基本偏差为 f 的轴的公差带。

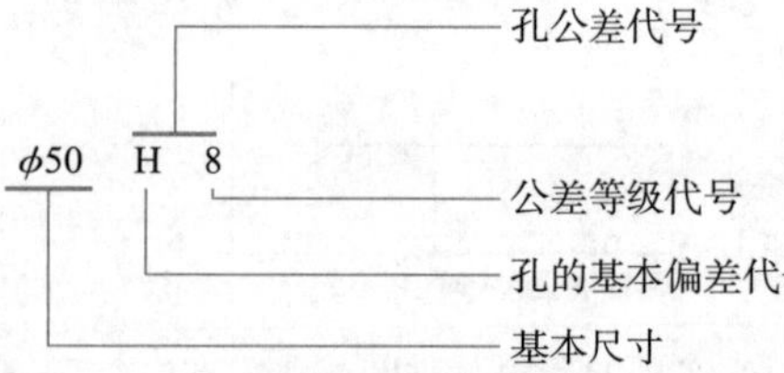

图 8-26　ϕ50H8 的含义

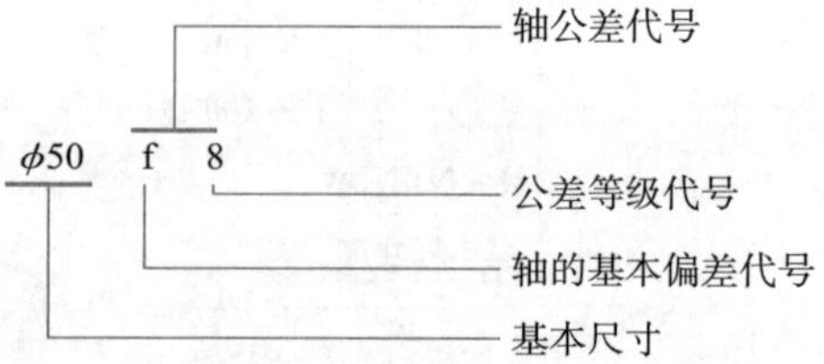

图 8-27　ϕ50f8 的含义

2. 配合

基本尺寸相同，相互结合的孔和轴公差带之间的关系称为配合。

1）配合的种类

根据机器的设计要求和生产实际的需要，国家标准将配合分为以下三类：

（1）间隙配合。孔的公差带完全在轴的公差带之上，任取其中一对轴和孔相配都成为具有间隙的配合（包括最小间隙为零），如图 8-28 所示。

（2）过盈配合。孔的公差带完全在轴的公差带之下，任取其中一对轴和孔相配都成为具有过盈的配合（包括最小过盈为零），如图 8-29 所示。

（3）过渡配合。孔和轴的公差带相互交叠，任取其中一对孔和轴相配，可能具有间隙，也可能具有过盈的配合，如图 8-30 所示。

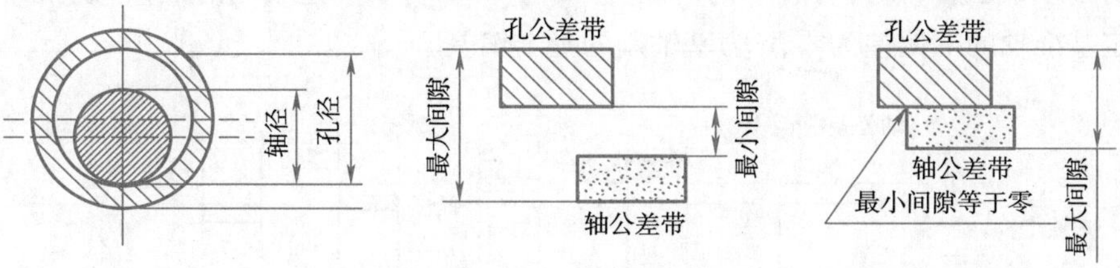

图 8-28　间隙配合

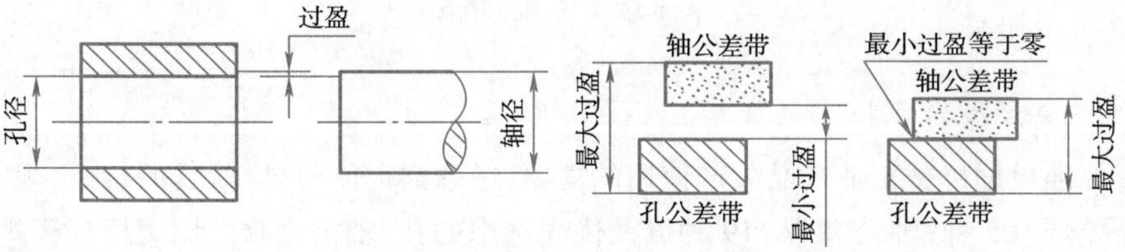

图 8-29　过盈配合

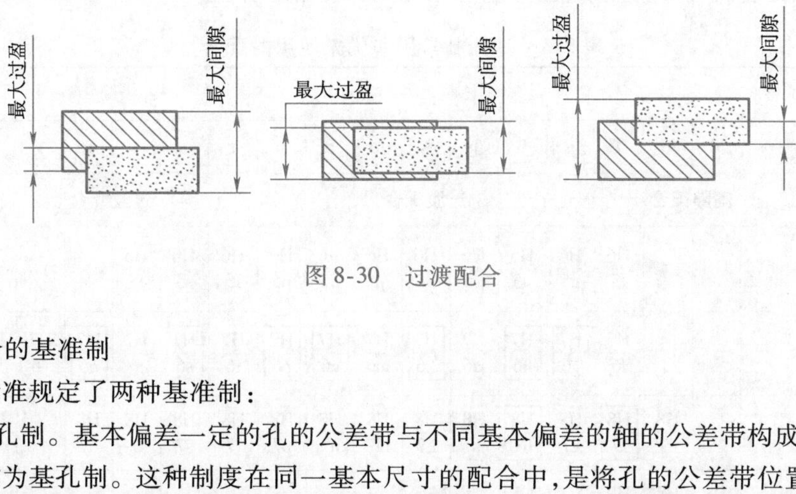

图 8-30　过渡配合

2)配合的基准制

国家标准规定了两种基准制:

(1)基孔制。基本偏差一定的孔的公差带与不同基本偏差的轴的公差带构成各种配合的一种制度称为基孔制。这种制度在同一基本尺寸的配合中,是将孔的公差带位置固定,通过变动轴的公差带位置,得到各种不同的配合,如图 8-31 所示。基孔制的孔称为基准孔。国家标准规定基准孔的下偏差为零,H 为基准孔的基本偏差。

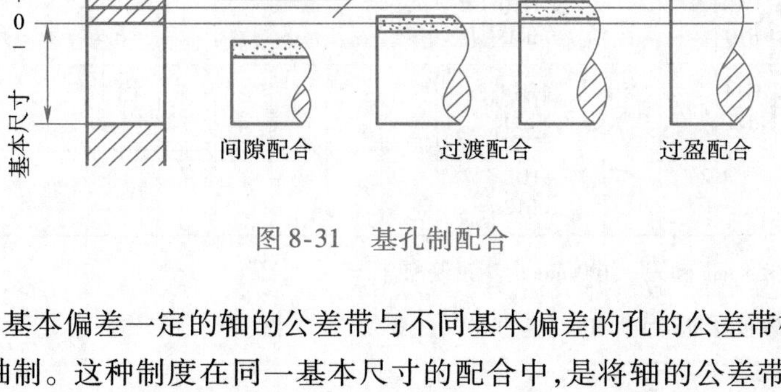

图 8-31　基孔制配合

(2)基轴制。基本偏差一定的轴的公差带与不同基本偏差的孔的公差带构成各种配合的一种制度称为基轴制。这种制度在同一基本尺寸的配合中,是将轴的公差带位置固定,通过变动孔的公差带位置，得到各种不同的配合，如图 8-32 所示。基轴制的轴称为基准轴。国家标准规定基准轴的上偏差为零，h 为基轴制的基本偏差。

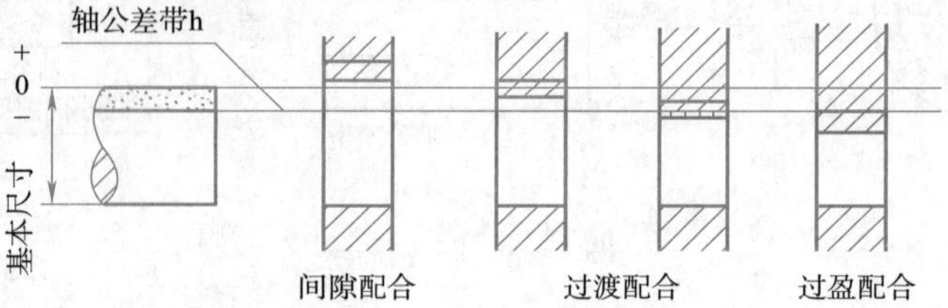

图 8-32　基轴制配合

3. 优先常用配合

国家标准根据机械工业产品生产使用的需要，考虑到定值刀具、量具的统一，规定了一般用途孔公差带 105 种，轴公差带 119 种以及优先选用的孔、轴公差带。国家标准还规定轴、孔公差带中组合基孔制常用配合 59 种，优先配合 13 种；基轴制常用配合 47 种，优先配合 13 种。基孔制常用、优先使用的配合系列见表 8-3，基轴制常用、优先使用的配合系列见表 8-4。在设计中，应根据配合特性和使用功能，尽量选用优先和常用配合。

表 8-3　基孔制常用和优先使用的配合

基准孔	轴																				
	a	b	c	d	e	f	g	h	js	k	m	n	p	r	s	t	u	v	x	y	z
	间隙配合								过渡配合			过盈配合									
H6						$\frac{H6}{f5}$	$\frac{H6}{g5}$	$\frac{H6}{h5}$	$\frac{H6}{js5}$	$\frac{H6}{k5}$	$\frac{H6}{m5}$	$\frac{H6}{n5}$	$\frac{H6}{p5}$	$\frac{H6}{r5}$	$\frac{H6}{s5}$	$\frac{H6}{t5}$					
H7						$\frac{H7}{f6}$	$\boxed{\frac{H7}{g6}}$	$\boxed{\frac{H7}{h6}}$	$\frac{H7}{js6}$	$\boxed{\frac{H7}{k6}}$	$\frac{H7}{m6}$	$\boxed{\frac{H7}{n6}}$	$\boxed{\frac{H7}{p6}}$	$\frac{H7}{r6}$	$\boxed{\frac{H7}{s6}}$	$\frac{H7}{t6}$	$\boxed{\frac{H7}{u6}}$	$\frac{H7}{v6}$	$\frac{H7}{x6}$	$\frac{H7}{y6}$	$\frac{H7}{z6}$
H8					$\frac{H8}{e7}$	$\boxed{\frac{H8}{f7}}$	$\frac{H8}{g7}$	$\boxed{\frac{H8}{h7}}$	$\frac{H8}{js7}$	$\frac{H8}{k7}$	$\frac{H8}{m7}$	$\frac{H8}{n7}$	$\frac{H8}{p7}$	$\frac{H8}{r7}$	$\frac{H8}{s7}$	$\frac{H8}{t7}$	$\frac{H8}{u7}$				
				$\frac{H8}{d8}$	$\frac{H8}{e8}$	$\frac{H8}{f8}$		$\frac{H8}{h8}$													
H9			$\frac{H9}{c9}$	$\boxed{\frac{H9}{d9}}$	$\frac{H9}{e9}$	$\frac{H9}{f9}$		$\boxed{\frac{H9}{h9}}$													
H10			$\frac{H10}{c10}$	$\frac{H10}{d10}$				$\frac{H10}{h10}$													
H11	$\frac{H11}{a11}$	$\frac{H11}{b11}$	$\boxed{\frac{H11}{c11}}$	$\frac{H11}{d11}$				$\boxed{\frac{H11}{h11}}$													
H12		$\frac{H12}{b12}$						$\frac{H12}{h12}$													

注：1. 在 $\frac{H6}{n5}$、$\frac{H7}{p6}$ ≤3 mm 和 $\frac{H8}{r7}$ ≤100 mm 时为过渡配合。

2. 框中的配合符号为优先配合。

表 8-4　基轴制常用和优先使用的配合

基准孔	轴																				
	A	B	C	D	E	F	G	H	JS	K	M	N	P	R	S	T	U	V	X	Y	Z
	间隙配合								过渡配合			过盈配合									
h5						$\frac{F6}{h5}$	$\frac{G6}{h5}$	$\frac{H6}{h5}$	$\frac{JS6}{h5}$	$\frac{K6}{h5}$	$\frac{M6}{h5}$	$\frac{N6}{h5}$	$\frac{P6}{h5}$	$\frac{R6}{h5}$	$\frac{S6}{h5}$	$\frac{T6}{h5}$					
h6						$\frac{F7}{h6}$	**$\frac{G7}{h6}$**	**$\frac{H7}{h6}$**	$\frac{JS7}{h6}$	**$\frac{K7}{h6}$**	$\frac{M7}{h6}$	**$\frac{N7}{h6}$**	**$\frac{P7}{h6}$**	$\frac{R7}{h6}$	**$\frac{S7}{h6}$**	$\frac{T7}{h6}$	**$\frac{U7}{h6}$**				
h7					$\frac{E8}{h7}$	**$\frac{F8}{h7}$**		**$\frac{H8}{h7}$**	$\frac{JS8}{h7}$	$\frac{H8}{k7}$	$\frac{K8}{h7}$	$\frac{M8}{h7}$	$\frac{N8}{h7}$								
h8				$\frac{D8}{h8}$	$\frac{E8}{h8}$	$\frac{F8}{h8}$		$\frac{H8}{h8}$													
h9				**$\frac{D9}{h9}$**	$\frac{E9}{h9}$	$\frac{F9}{h9}$		**$\frac{H9}{h9}$**													
h10				$\frac{D10}{h10}$				$\frac{H10}{h10}$													
h11	$\frac{A11}{h11}$	$\frac{B11}{h11}$	**$\frac{C11}{h11}$**	$\frac{D11}{h11}$				**$\frac{H11}{h11}$**													
h12		$\frac{H6}{b12}$						$\frac{H12}{h12}$													

注：框中的配合符号为优先配合。

4. 公差与配合的标注

(1)在装配图中的标注方法。配合的代号由两个相互结合的孔和轴的公差带的代号组成，用分数形式表示，分子为孔的公差带代号，分母为轴的公差带代号，标注的通用形式如图 8-33 所示。

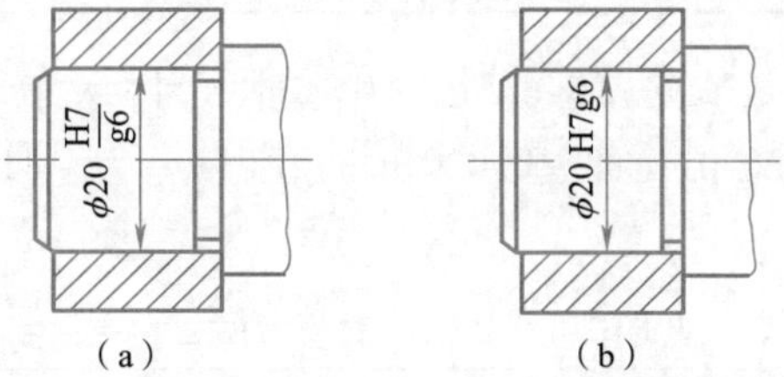

图 8-33　装配图中尺寸与公差配合的标注方法

(2)在零件图中的标注方法。如图 8-34 所示，图(a)只标注公差带的代号；图(b)只标注偏差数值；图(c)公差带代号和偏差数值一起标注。

5. 查表方法

基本尺寸、基本偏差、公差等级确定后，极限偏差的数值可以通过查表得到。例如，查表写出 ϕ30H8/f7 轴、孔的极限偏差数值。

从该配合代号中可以看出：孔、轴基本尺寸为 ϕ30，孔为基准孔，公差等级 8 级；相配合的轴的基本偏差代号为 f，公差等级 7 级，属于基孔制间隙配合。具体查找步骤如下：

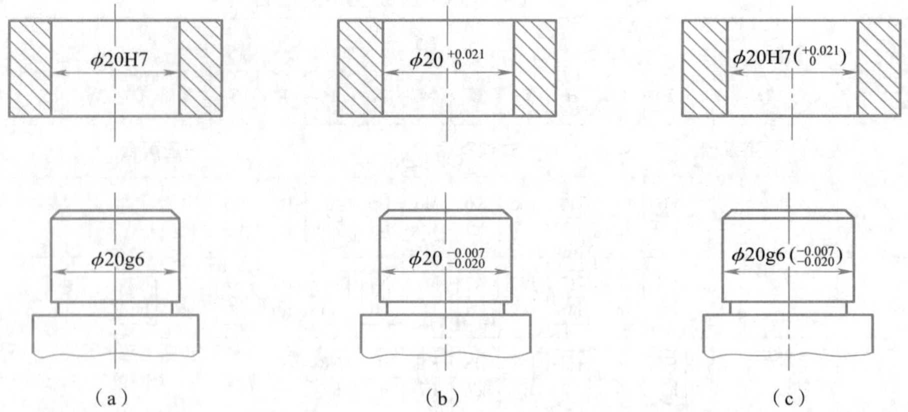

图 8-34　零件图中尺寸公差的标注方法

(1)查孔 ϕ30H8 的偏差数值,见表 8-5。由表中基本尺寸“大于 24 至 30”的横行与 H8 的纵列相交处,查得上偏差为 +27 μm(即 +0. 027 mm),下偏差为 0,所以 ϕ30H8 可写成 ϕ30 +9. 027。

表 8-5　ϕ30H8 偏差数值查找表

代号		A	B	C	D	E	F	G	H					
公称尺寸/mm		公差等级												
大于	至	11	11	*11	*9	8	*8	*7	6	*7	*8	*9	10	*11
10	14	+400	+260	+205	+93	+59	+43	+24	+11	+18	+27	+43	+70	+110
14	18	+290	+150	+95	+50	+32	+16	+6	0	0	0	0	0	0
18	24	+400	+260	+205	+93	+59	+43	+24	+11	+18	+27	+43	+70	+110
24	30	+290	+150	+95	+50	+32	+16	+6	0	0	0	0	0	0
30	40	+470 +310	+330 +170	+280 +120	+142	+89	+64	+34	+16	+25	+39	+62	+100	+160
40	50	+480 +320	+340 +180	+290 +130	+80	+50	+25	+9	0	0	0	0	0	0

(2)查轴 ϕ30f7 的偏差数值见表 8-6。由表中基本尺寸“大于 24 至 30”的横行与 f7 的纵列相交处,查得上偏差为 −20 μm(即 −0. 020 mm),下偏差为 −41 μm(即 −0. 041 mm)。所以 ϕ30f7 可写成 $\phi30^{-0.020}_{-0.041}$。

表 8-6　轴 ϕ30f7 偏差数值查找表

代号		a	b	c	d	e	f	g	h					
公称尺寸/mm		公差等级												
大于	至	11	11	*11	*9	8	*7	*6	5	*6	*7	8	*9	10
10	14	−290	−150	−90	−50	−32	−16	−6	0	0	0	0	0	0
14	18	−400	−260	−205	−93	−59	−34	−17	−8	−11	−18	−27	−43	−70
18	24	−300	−160	−110	−65	−40	−20	−7	0	0	0	0	0	0
24	30	−430	−290	−240	−117	−73	−41	−20	−9	−13	−21	−33	−52	−84

续表

代号		a	b	c	d	e	f	g	h					
公称尺寸/mm		公差等级												
大于	至	11	11	*11	*9	8	*7	*6	5	*6	*7	8	*9	10
30	40	-310 -470	-170 -330	-120 -280	-80 -142	-50 -89	-25 -50	-9 -25	0 -11	0 -16	0 -25	0 -39	0 -62	0 -100
40	50	-320 -480	-180 -340	-130 -290										

三、认识零件图中的几何公差

1. 几何公差的定义

一个精度要求较高的合格零件，除了要达到零件尺寸公差的要求外，还要保证对零件几何公差的要求。零件的几何公差同零件的尺寸公差、表面结构一样，是评定零件质量的一项重要指标。国家标准《产品几何技术规范（GPS）　几何公差　形状、方向、位置和跳动公差标注》（GB/T 1182—2018）中对零件的几何公差标注规定了基本的要求和方法。几何公差是指零件各部分形状、方向、位置和跳动误差所允许的最大变动量，反映了零件各部分实际要素与理想要素之间的误差程度。如图 8-35（c）所示的台阶轴，由于加工误差的原因，出现了两段圆柱体的轴线不在一条直线上的情况，这就形成了轴线的实际位置相对理想位置的同轴度误差；如图 8-35（d）所示，要求垂直的表面加工后没有垂直出现了垂直度误差。此外，零件上各几何要素的相互垂直、平行、倾斜、对称等对理想位置的偏离情况，均属于位置误差。

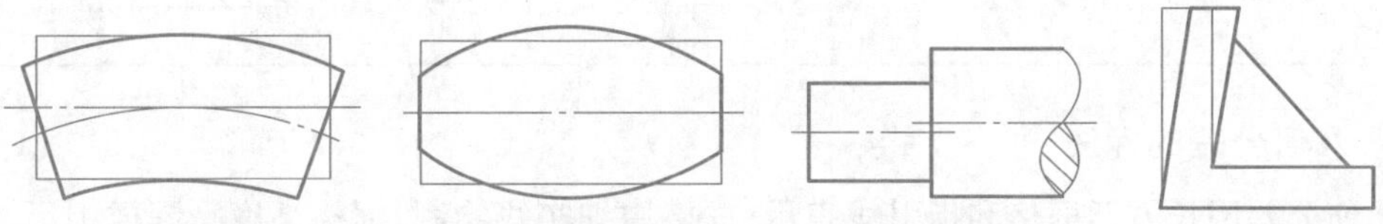

（a）直线度误差　（b）圆柱度误差　（c）同轴度误差　（d）垂直度误差

图 8-35　几何公差（形状和位置误差示意图）

2. 几何公差的几何特征符号

几何公差的分类、特征项目和特征符号，见表 8-7。

表 8-7　几何公差（形状和位置误差示意图）

公差类型	几何特征	符号	有无基准	公差类型	几何特征	符号	有无基准
形状公差	直线度	—	无	方向公差	平行度	//	有
	平面度	▱	无		垂直度	⊥	有
	圆度	○	无		倾斜度	∠	有

学习笔记

续表

公差类型	几何特征	符号	有无基准	公差类型	几何特征	符号	有无基准
形状公差	圆柱度	⌭	无	方向公差	线轮廓度	⌒	有
	线轮廓度	⌒	无		面轮廓度	⌓	有
	面轮廓度	⌓	无	位置公差	位置度	⌖	有
跳动公差	圆跳动	↗	有		同心度（用于中心度）	◎	有
					同轴度（用于轴线）	◎	有
	全跳动	⌰	有		对称度	⌯	有
					线轮廓度	⌒	有
					面轮廓度	⌓	有

3. 几何公差的标注

几何公差用长方形框格和指引线表示，框格用细实线绘制，框格高度是图样中尺寸数字高度的2倍，框格总长度视需要而定，可分为两格或多格，一般水平放置或垂直放置。第一格填写几何公差特征符号，其长度应等于框格的高度；第二格填写公差数值及有关公差带符号，其长度应与标注内容的长度相适应；第三格及其以后的框格，填写基准代号及其他符号，其长度应与有关字母的宽度相适应。图8-36所示为几何公差框格、基准代号的内容及其格式，框格中的数字、字母和符号与图样中的数字等高，其中 h 为字高。

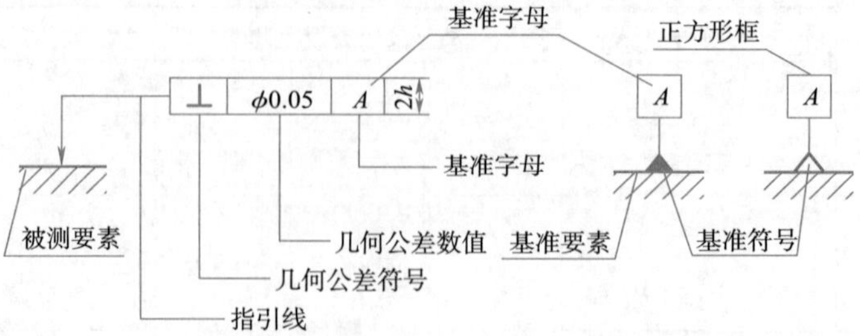

（a）几何公差代号　　（b）基准代号

图8-36　几何公差框格与基准代号

用带箭头的指引线将被测要素与公差框格相连，指引线箭头应指向公差带的宽度方向或直径方向。指引线箭头所指部位，按下列方式标注：

(1)当被测要素是零件上的轮廓线或轮廓面时，指引线终端的箭头应指向被测要素的轮廓线或其延长线，并应明显地与尺寸线错开，如图 8-37 所示。

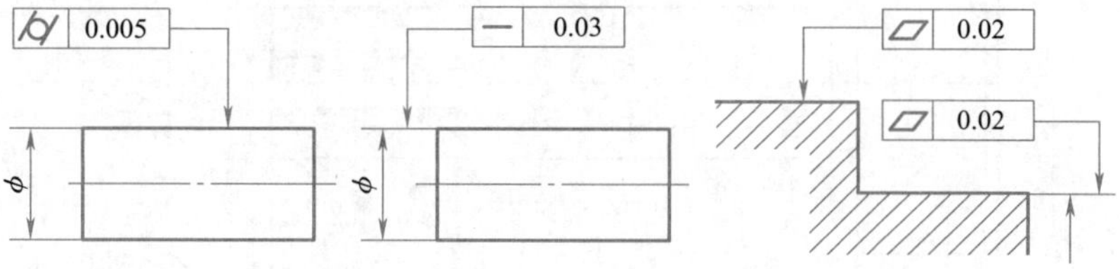

图 8-37　几何公差标注方式一

(2)当被测要素是中心线、中心面或中心点时，指引线终端的箭头应位于相应尺寸线的延长线上，如图 8-38(b)所示。

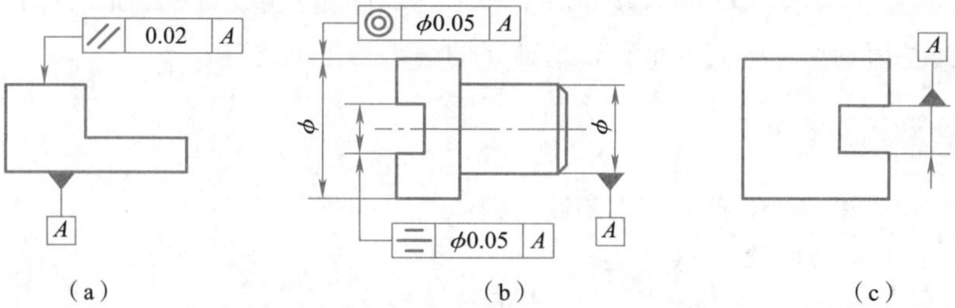

图 8-38　几何公差标注方式二

基准符号所接触的部位，有以下几种情况：

(1)当基准要素为轮廓线或轮廓面时，基准符号应接触该要素的轮廓线或其延长线，并与尺寸线明显地错开，如图 8-38(a)所示；必要时基准符号也可放置在轮廓面引出线的水平横线上。

(2)当基准是尺寸要素确定的轴线、中心平面或中心点时，基准符号放置在该尺寸线的延长线上，如图 8-38(b)所示；如果没有足够的位置标注基准要素尺寸的两个尺寸箭头，则其中一个箭头可用基准三角形代替，如图 8-38(c)所示。

以单个要素为基准时，用一个大写字母表示，如图 8-39 所示的 *A*；以两个要素组成公共基准时，用中间加连字符的两个大写字母表示；以两个或三个基准建立基准体系时，表示基准的大写字母按基准的优先顺序自左向右填写在各框格内。图 8-39 中的形位公差分别表示：

(1)|⌭|0.005| 表示：φ32 圆柱面的圆柱度公差为 0. 005 mm，即该被测圆柱面必须位于半径差为公差值 0. 005 mm 的两同轴圆柱面之间。

(2)|◎|φ0.1|A| 表示：M12 × 1 的轴线对基准 *A*(φ32 圆柱面的轴线)的同轴度公差为 0. 1 mm，即被测圆柱面的轴线必须位于直径为公差值 0. 1 mm，且与基准轴线 *A* 同轴的圆柱面内。

(3)|↗|0.01|A| 表示：φ32 圆柱的右端面对基准 *A* 的端面圆跳动公差为 0. 01 mm，即被测面围绕基准 *A* 旋转一周时，任一测量直径处的轴向圆跳动量不得大于公差值 0. 01 mm。

学习笔记

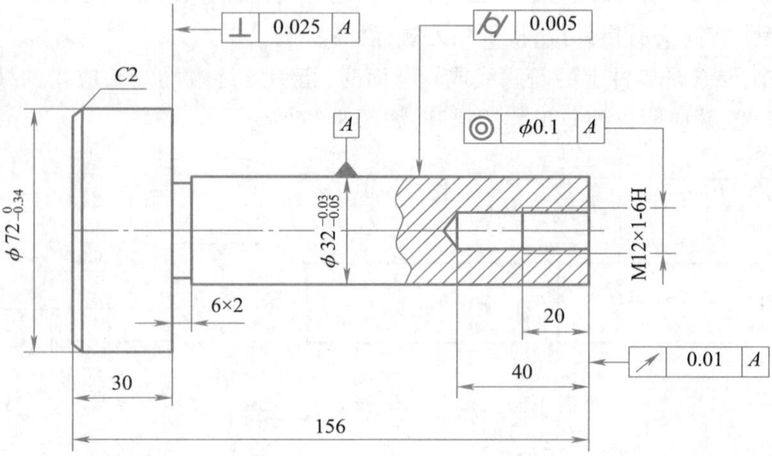

图 8-39　几何公差标注示例

(4) [⊥ | 0.025 | A] 表示：ϕ72 的右端面对基准 A 的垂直度公差为 0.025 mm，即该被测面必须位于距离为公差值 0.025 mm，且垂直于基准 A 的两平行平面之间。

任务实施

图 8-8 所示主轴视图中各个技术参数的具体要求如下：

(1) ϕ48、ϕ18、30 的公差带代号为 f7。

(2) ϕ16 的公差带代号为 k6。

(3) 键槽宽度尺寸 5 的公差带代号为 N9。

(4) 键槽深度尺寸 14 的上偏差为 0 mm，下偏差为 −0.1 mm。

(5) ϕ48 圆柱面表面结构要求为 Ra1.6 μm，两侧面为 Ra0.8 μm。

(6) 两处 ϕ18 圆柱面的表面结构要求为 Ra1.6 μm。

(7) ϕ16 圆柱面的表面结构要求为 Ra3.2 μm。

(8) 键槽两侧面的表面结构要求为 Ra6.3 μm。

(9) 其余各表面的表面结构要求为 Ra12.5 μm。

(10) ϕ48f7 圆柱外表面圆柱度要求为 0.05 mm。

(11) ϕ48f7 圆柱左端面相对于两处 ϕ18f7 圆柱轴线垂直度为 0.015 mm。

(12) ϕ48f7 圆柱轴线相对于两处 ϕ18f7 圆柱轴线同轴度要求为 0.05 mm。

(13) 两处 ϕ18f7 圆柱表面相对于两处 ϕ18f7 圆柱轴线圆跳动为 0.015 mm。

课后强化训练任务

课后强化训练任务一： 图 8-40 所示为阀杆的表达视图，详细描述图中技术参数的具体含义。

课后强化训练任务二： 图 8-41 所示为阀盖的表达视图，详细描述图中技术参数的具体含义。

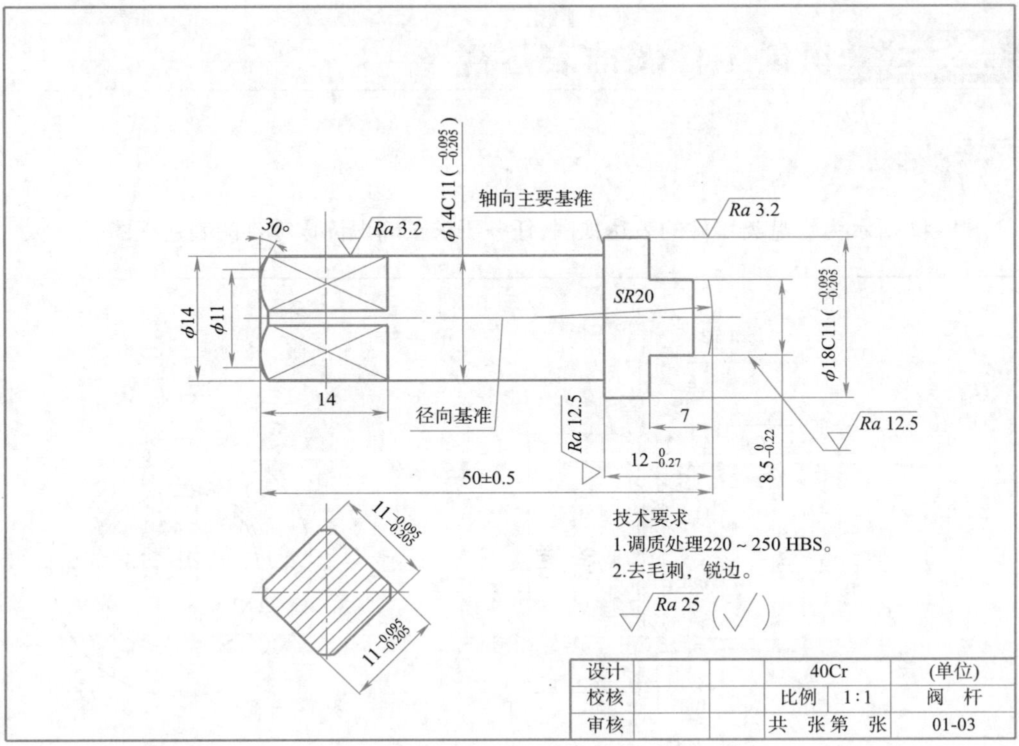

图 8-40　阀杆的表达视图

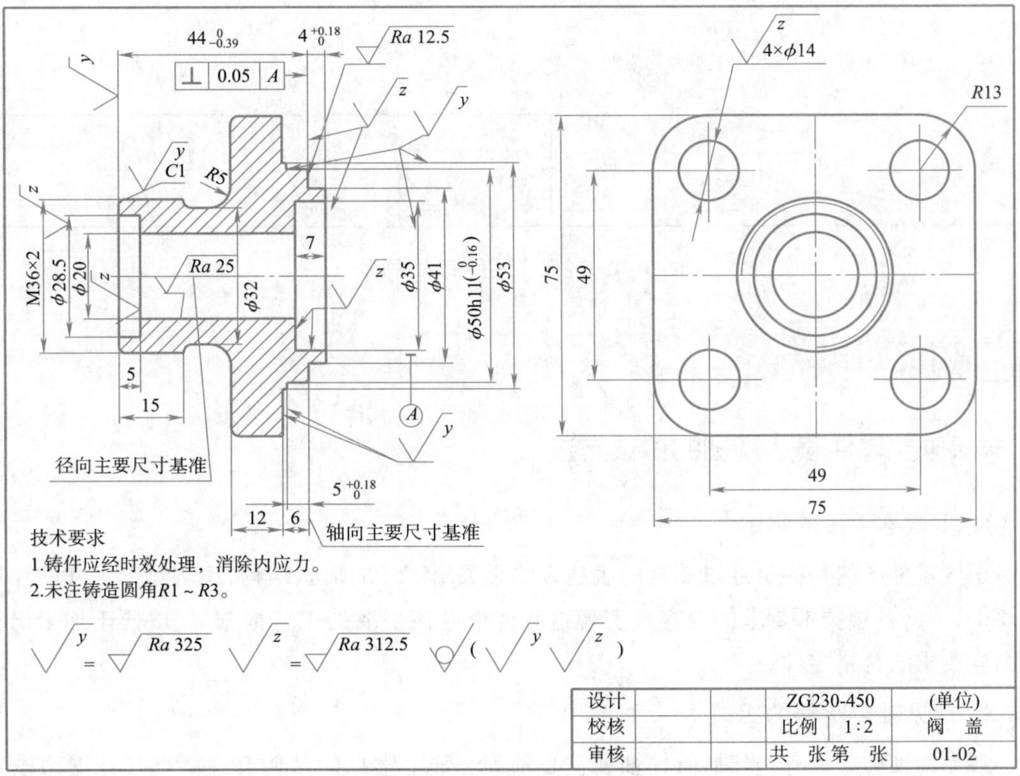

图 8-41　阀盖的表达视图

学习笔记

任务三　识读零件图的表达视图

任务描述

图 8-42 所示为轮盘类零件的表达视图，任务要求正确识读该零件的表达视图。

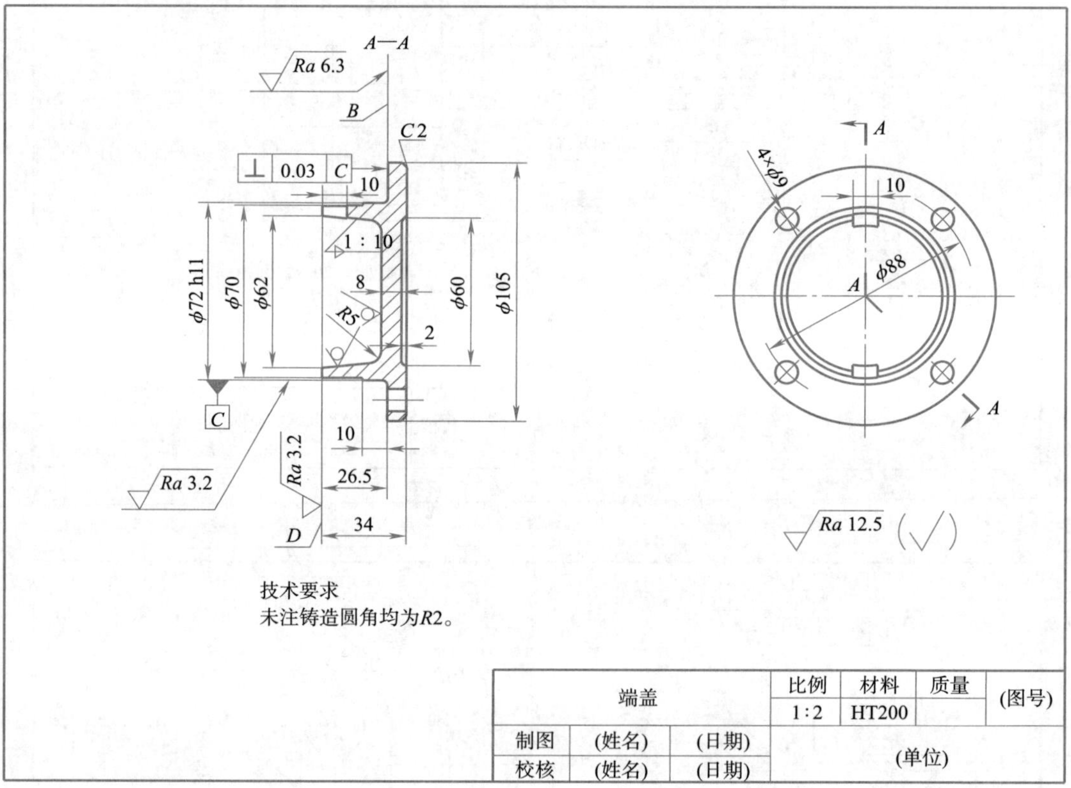

图 8-42　轮盘类零件的表达视图

相关知识

一、轴类零件表达视图的识读方法

1. 识读零件图的目的

识读零件图的目的是通过图样的表达方法想象出零件的形状结构，理解每个尺寸的作用和要求，了解各项技术要求的内容及实现这些要求应该采取的工艺措施等，以便于加工出符合图样要求的合格零件。

2. 常见轴类零件的组成

常见的轴类零件有：光轴、阶梯轴和空心轴等。轴上常见的结构有：越程槽（或退刀槽）、倒角、圆角、键槽、中心孔和螺纹等。

学习笔记

3. 轴类零件的表达视图的识读方法和步骤

图 8-43 所示为轴类零件的表达视图，其识读方法和步骤如下：

（1）看标题栏。从标题栏中可知零件的名称是输出轴，它能通过传动力件传递动力。材料是 45 钢，比例是 1∶1。

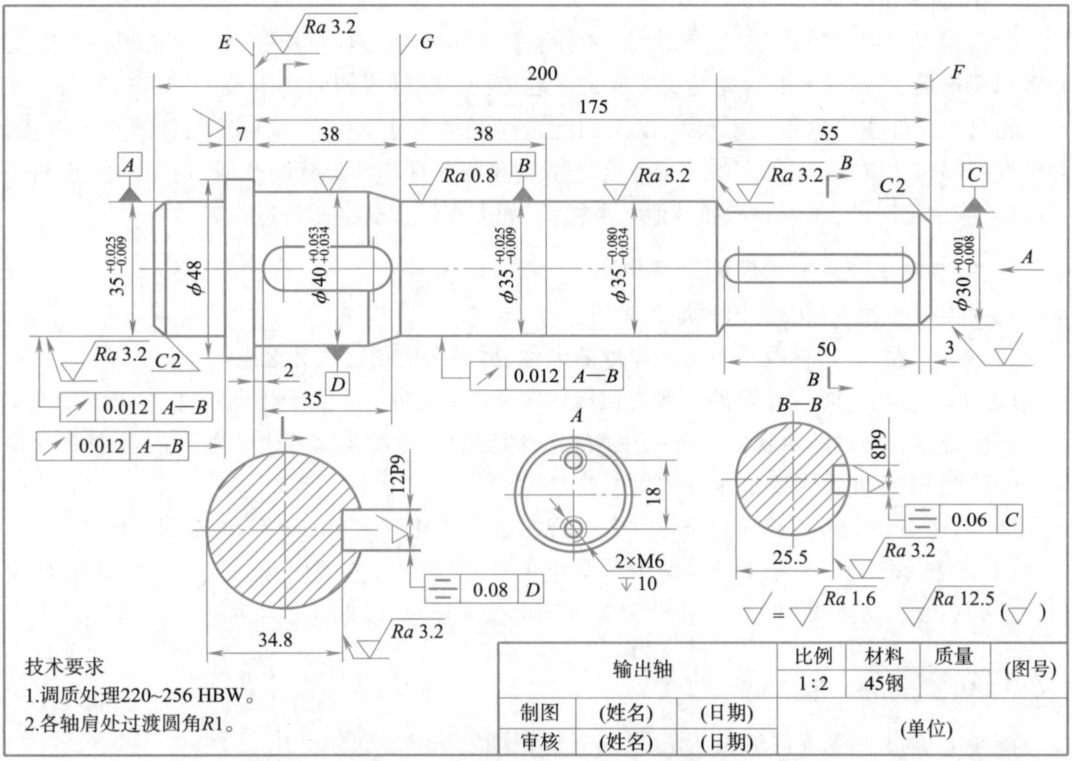

图 8-43　轴类零件的表达视图

（2）视图分析。输出轴是传递动力的零件，采用一个主视图、一个局部视图和两个移出断面图表达。主视图按照加工位置水平放置，表达该轴是由五段直径不同并在同一轴线的回转体组成的，其轴向尺寸远大于径向尺寸。用 *A* 向局部视图表达轴右端面两个螺孔的大小及分布情况。采用两个移出断面图分别表达 $\phi40$ 和 $\phi30$ 两段轴颈上键槽的形状结构。此外，轴上有倒角、圆角、退刀槽等工艺结构。

（3）尺寸分析。根据设计要求，轴线为径向尺寸的主要基准。$\phi48$ 轴肩右端面为长度方向主要基准，零件右端面 *F* 为第一辅助基准，圆锥体右端面 *G* 为第二辅助基准。主要基准与两个辅助基准之间的定位尺寸分别为 175 mm 和 38 mm。另外，确定左键槽和右键槽的定位尺寸分别为 2 mm 和 3 mm。区别 $\phi35$ 轴颈上不同表面结构要求的定位尺寸是 38 mm。两个螺孔 M6 的定位尺寸是 18 mm，其他均为定形尺寸。

（4）看技术要求。从图 8-43 中可知，注有极限偏差数值的尺寸（如 $\phi35$、$\phi40$ 等），以及有公差带代号的尺寸（如 12P9）都是保证配合质量的尺寸，均有一定的公差要求。$\phi35$ mm 轴颈的表面结构要求 *Ra* 最小，为 *Ra*0.8 μm；轴颈 $\phi40$ 和 $\phi30$、键槽工作面以及 $\phi48$ mm 圆柱左端面的表面结构要求为 *Ra*1.6 μm；其余表面要求为 *Ra*12.5 μm。此外有配合的轴颈，重要端面

学习笔记

及键槽工作面都有形位公差要求。注有公差的尺寸，如 $\phi35$、$\phi40$、12P9 等，都是保证配合质量的尺寸。$\phi35$ 轴颈的表面结构要求 Ra 最小(0.8 μm)。

二、轮盘类零件表达视图的识读方法

1. 轮盘类零件的定义和作用

轮盘类零件包括手轮、带轮、法兰盘和端盖等。其中轮类零件多用于传递扭矩；盘、盖类则多用于连接、支承或密封。轮盘类零件的主题结构是同轴线的回转体，如图 8-42 所示。

轮盘类零件主要也是在车床上加工，因此选择主视图时，应按加工位置将轴线水平放置，并用剖视图表达内部结构及相对位置，轮盘类零件常带有各种形状的凸缘、均布的圆孔和肋等结构，除主视图外，还需要增加其他基本视图，如左视图或右视图等进行表达。

2. 轮盘类零件表达视图的识读步骤

轮盘类零件表达视图的识读步骤如下：

(1)看标题栏。从标题栏中可知零件的名称、材料和绘图比例等信息。

(2)视图分析。轮盘类零件一般为回转体零件，且径向尺寸大于轴向尺寸，一般用主、左两个视图表达。全剖的主视图一般采用两相交剖切面。轮盘类零件上一般有配合表面或接触表面，这些表面的技术要求相对较高。

(3)尺寸分析。分析出轮盘类零件表达视图中各个几何元素的定形和定位尺寸。

(4)看技术要求。重点关注极限偏差数值的尺寸及有公差带代号的尺寸以保证配合质量。正确识读表面结构和几何形位公差等方面的技术要求，以保证零件的精度。

任务实施

图 8-42 所示端盖零件的表达视图，其具体识读方法和步骤如下：

(1)看标题栏。由标题栏可知，零件的名称是端盖，起密封作用；材料是 HT200，比例为 1:2。

(2)视图和尺寸的识读和分析。该端盖零件采用两个基本视图表达。主视图按加工位置选择，轴线水平放置，并采用两相交平面剖切的全剖视图，以表达端盖上孔及方槽的内部结构。左视图则表达端盖的基本外形和四个圆孔及两个方槽的分布情况。另外，该零件为有一轴线的回转体，其整体轴向尺寸小于径向尺寸。端盖右端有与主体同轴、深为 2 mm 的 $\phi60$ 沉孔，左端阶梯形圆柱内铸有大端直径为 $\phi62$、锥度为 1:10 的锥孔；盖上均布四个 $\phi9$ 的固定圆孔，垂直方向有对称的长、宽均为 10 mm 的方槽两个。另有倒角、圆角等工艺结构。

(3)技术要求的识读和分析。端盖在装配时，$\phi72$h11 圆柱面与箱体配合。为满足箱盖的安装要求，$\phi70$ 左端面和 $\phi72$h11 圆柱面的表面结构要求为 Ra3.2 μm，$\phi105$ 圆柱左端面结构要求为 Ra6.3 μm；锥坑内表面保持原铸造状态。其余表面结构要求为 Ra12.5 μm。此外，对有接触要求的 $\phi105$ 左端面有几何公差要求，图中几何公差符号是指 $\phi105$ 左端面对 $\phi72$h11 轴线的垂直度要求 0.03 mm。所有未注铸造圆角均为 $R2$。

课后强化训练任务

课后强化训练任务一：图 8-44 所示为离合杆轴承套零件的表达视图，要求正确识读该零件的表达视图。

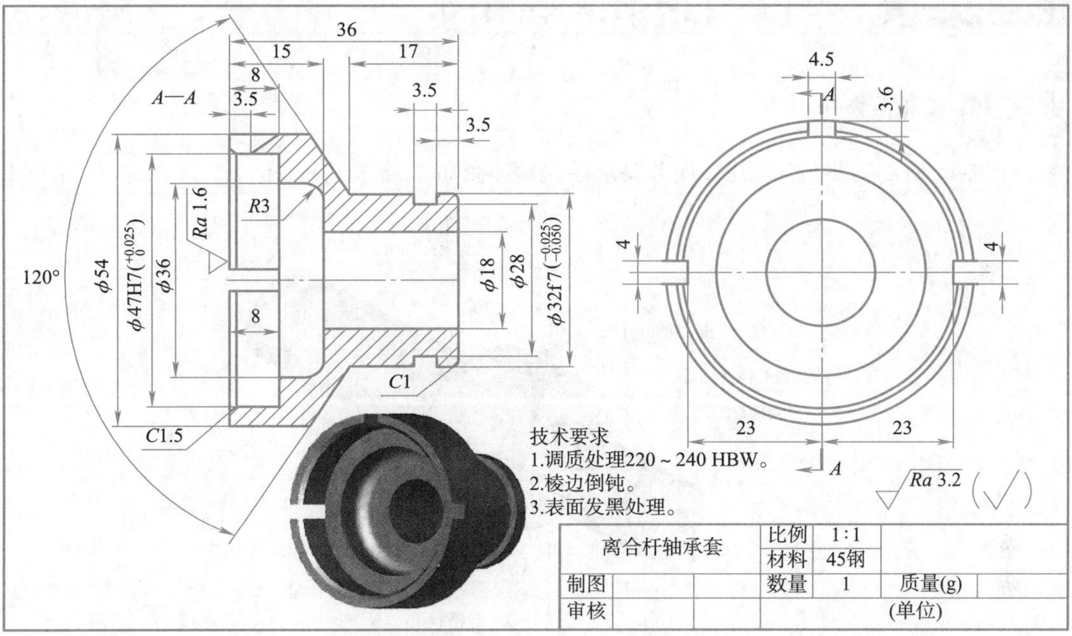

图 8-44　离合杆轴承套零件表达视图

课后强化训练任务二：图 8-45 所示为驱动电机带轮零件的表达视图，要求正确识读该零件的表达视图。

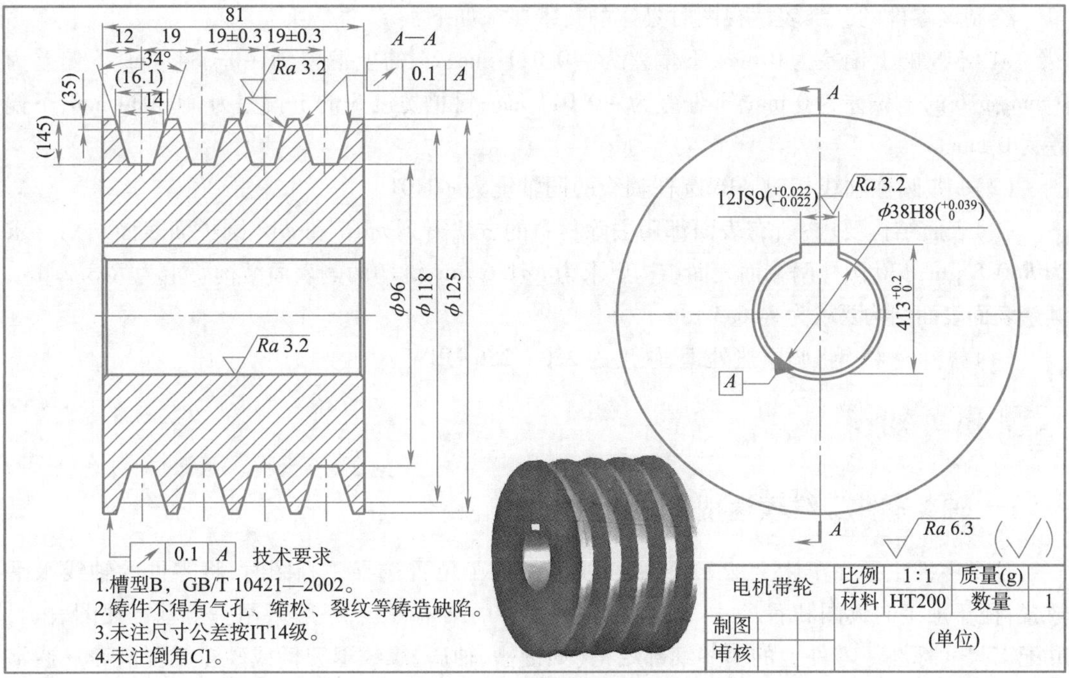

图 8-45　驱动电机带轮零件表达视图

学习笔记

任务四 绘制零件图的表达视图

任务描述

图8-46所示为零件轴测图，任务要求绘制该零件的二维表达视图。

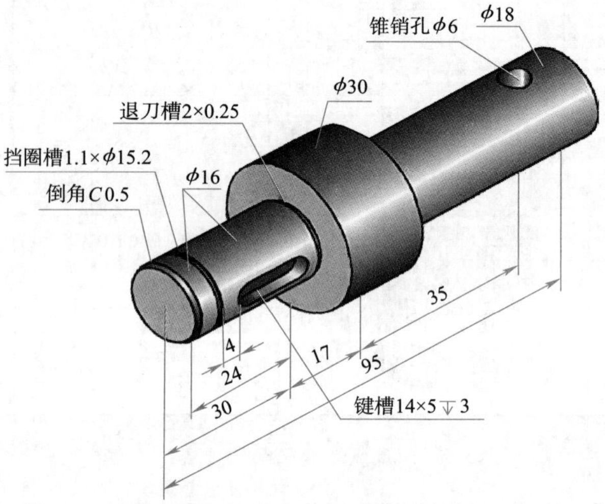

图8-46 零件的轴测图

绘制该零件的二维表达视图时具体的技术要求如下：

(1) ϕ18的上偏差为0 mm，下偏差为−0.011 mm；24的上偏差为+0.084 mm，下偏差为0 mm；ϕ16的上偏差为0 mm，下偏差为−0.011 mm；键槽宽度5的上偏差为+0.034 mm，下偏差为0 mm。

(2) ϕ18圆柱轴线相对ϕ16圆柱轴线的同轴度为ϕ0.01。

(3) 表面结构要求：所有表面都用去除材料的方法得到，ϕ16和ϕ18圆柱面表面结构要求为Ra0.8 μm；ϕ30圆柱两端面表面结构要求为Ra1.6 μm；键槽两侧表面结构要求为Ra3.2 μm；其余表面表面结构要求为Ra6.3 μm。

(4) 材料为45钢，调质热处理，硬度为220～256 HBW。

相关知识

一、轴类零件二维表达视图的绘制方法

轴类零件主要在车床上加工，所以主视图按加工位置选择。画图时，将零件的轴线水平放置，便于加工时读图和看尺寸。根据轴套类零件的结构特点，一般只用一个基本视图表示，并配以尺寸标注。零件上的一些细部结构(如键槽、轴肩、螺纹退刀槽或砂轮越程槽等)，通常采用断面图、局部视图、局部放大图等表达方法表示。

二、叉架类零件二维表达视图的绘制方法

叉架类零件由于加工位置多变，在选择主视图时，主要考虑形状或工作位置。除主视图以外，配以其他基本视图表达主要结构，由于其形状一般比较复杂且不规则，所以经常采用斜视图、局部视图、移出断面图、局部放大图等反映局部结构。

任务实施

图 8-46 所示轴类零件的二维表达视图具体的绘制方法和步骤如下：

（1）表达结构。选小轴加工位置水平放置为主视图，用断面视图表达键槽结构，用局部剖视图表达锥孔。

（2）标注尺寸。选小轴轴线为径向基准，$\phi30$ 圆柱左端面为轴向基准。先标锥孔、键槽、挡圈槽定位尺寸 35 mm、4 mm、24 mm，再根据轴测图逐一标出定形尺寸及公差值。倒角 $C0.5$ 在技术要求中标注。

（3）标注技术要求。$\phi18$ 圆柱外表面结构要求直接标注在轮廓线上，键槽两侧表面结构要求标注在尺寸线上，$\phi30$ 圆柱两侧面及 $\phi16$ 圆柱表面结构要求标在轮廓线的延长线上，其余表面要求标在标题栏附近。$\phi18$ 圆柱轴线相对于 $\phi16$ 圆柱轴线同轴度公差框格的指引线与 $\phi18$ 的尺寸线对齐。

（4）填写标题栏。在标题栏中填写比例 1:1、材料 45 钢等，最终完工的表达视图如图 8-47 所示。

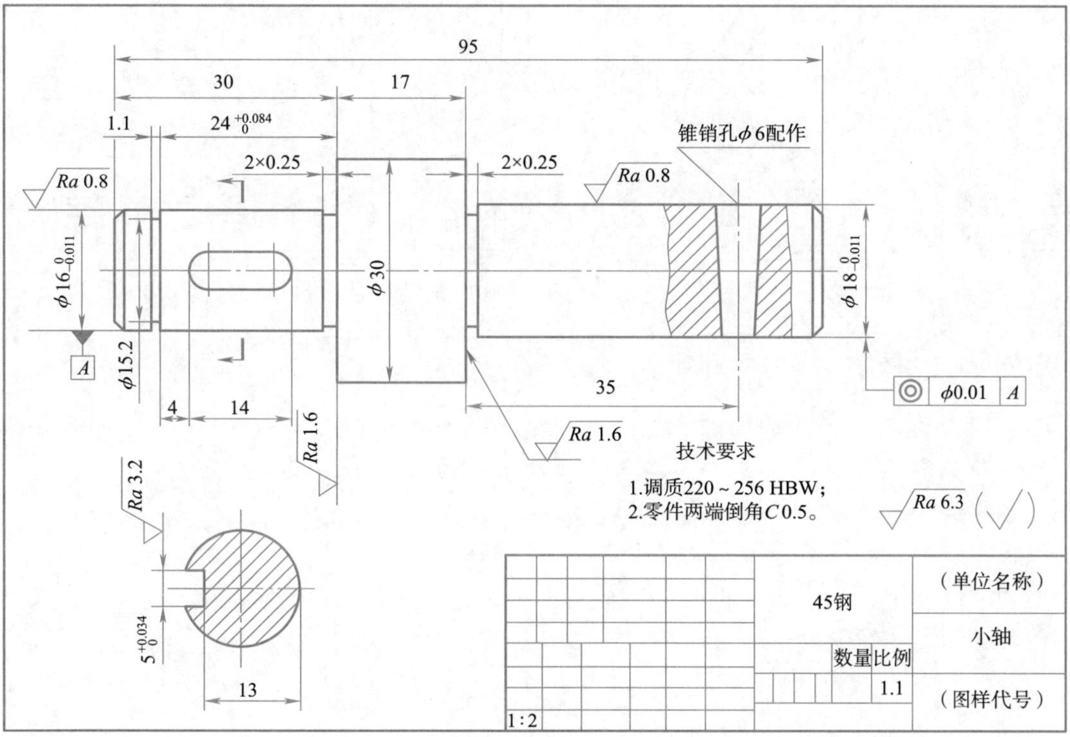

图 8-47　最终完工的零件二维表达视图

学习笔记

课后强化训练任务

图 8-48 所示为拨叉零件的轴测图，对应的技术要求参数如下：

(1) 尺寸 $\phi72$ 和 $\phi25$ 的基本偏差为 H，公差等级 6 级。

(2) $\phi72$ 孔表面结构要求为 $Ra3.2\ \mu m$；$\phi25$ 孔的表面结构要求为 $Ra1.6\ \mu m$；$\phi40$ 圆柱两端面和 $\phi90$ 半圆柱两端面表面结构要求为 $Ra6.3\ \mu m$；其余表面不要求加工。

(3) $\phi25$ 圆柱轴线相对 $\phi40$ 圆柱后端面垂直度要求为 0.05 mm；$\phi25$ 圆柱轴线相对 $\phi72$ 圆柱轴线平行度要求为 0.015 mm。

(4) 未注倒角 $C2$；未注圆角 $R3 \sim R5$。

要求正确绘制出该零件图的二维表达视图。

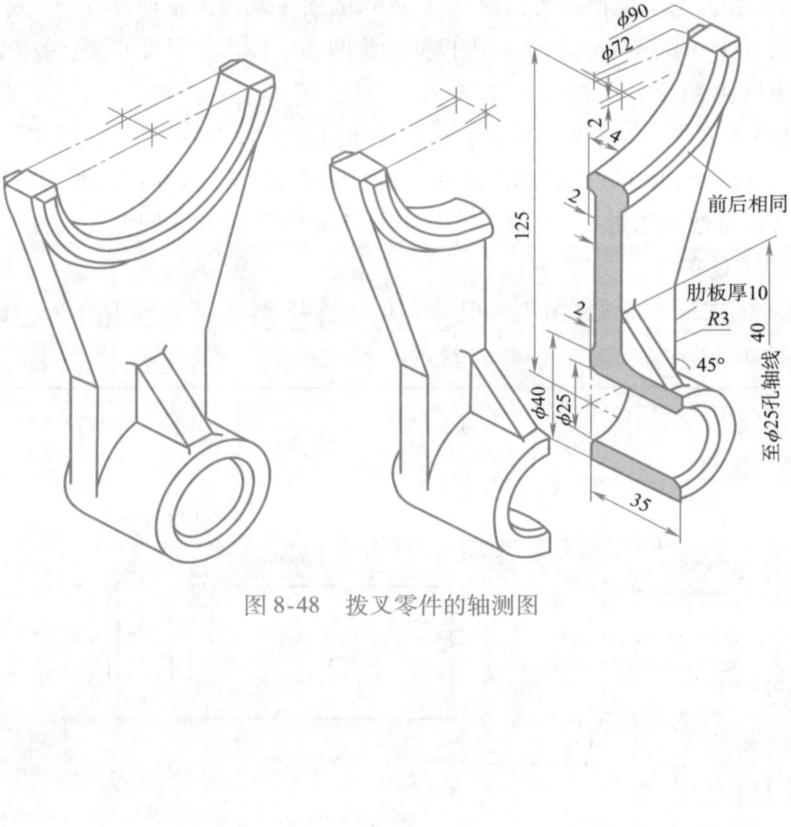

图 8-48　拨叉零件的轴测图

项目九

识读和绘制装配图

装配图是用于表达机器或部件的图样，表示一台完整机器的图样称为总装配图；表示一个部件的图样称为部件装配图。识读装配图的目的如下：

学习笔记

(1)了解部件的功用、使用性能和工作原理。

(2)了解各零件的作用、零件间的相对位置、装配关系及连接固定方式。

(3)读懂各零件的结构形状。

(4)了解装配图中标注的尺寸和技术要求。

识读装配图时，重点是了解部件的工作原理、装配关系及主要零件的结构形状。

知识结构图

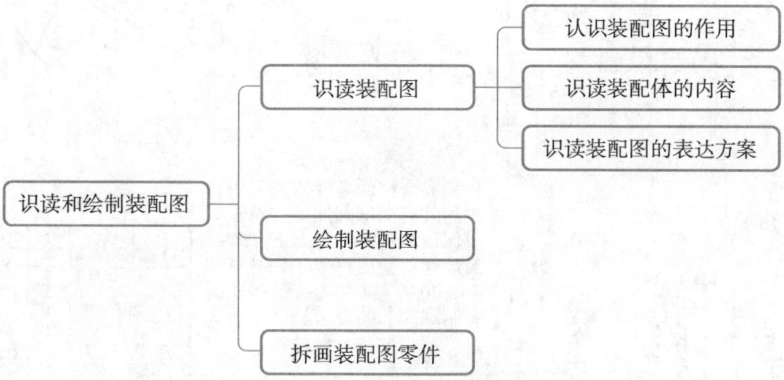

学习目标

知识目标

1. 理解装配图的作用和内容；
2. 掌握装配体的装配结构和作用；
3. 掌握装配体表达方案的选择方法；
4. 掌握识读装配图的方法和步骤；
5. 掌握绘制装配图的方法和步骤；
6. 掌握从装配图中拆画零件图的方法和步骤。

能力目标

1. 能根据装配体的结构选择合适的表达方案；
2. 能正确识读和绘制一般复杂程度的装配图；

学习笔记

3. 能根据装配图正确拆画零件图。

素质目标

1. 具有较强的团队分工协作和创新能力；
2. 具有识图和绘图的规范和标准意识；
3. 具有劳动意识、职业意识和工匠精神。

任务一 识读装配图

任务描述

图9-1所示为球阀装配图，任务要求运用装配图的识读方法正确识读该球阀的装配图。

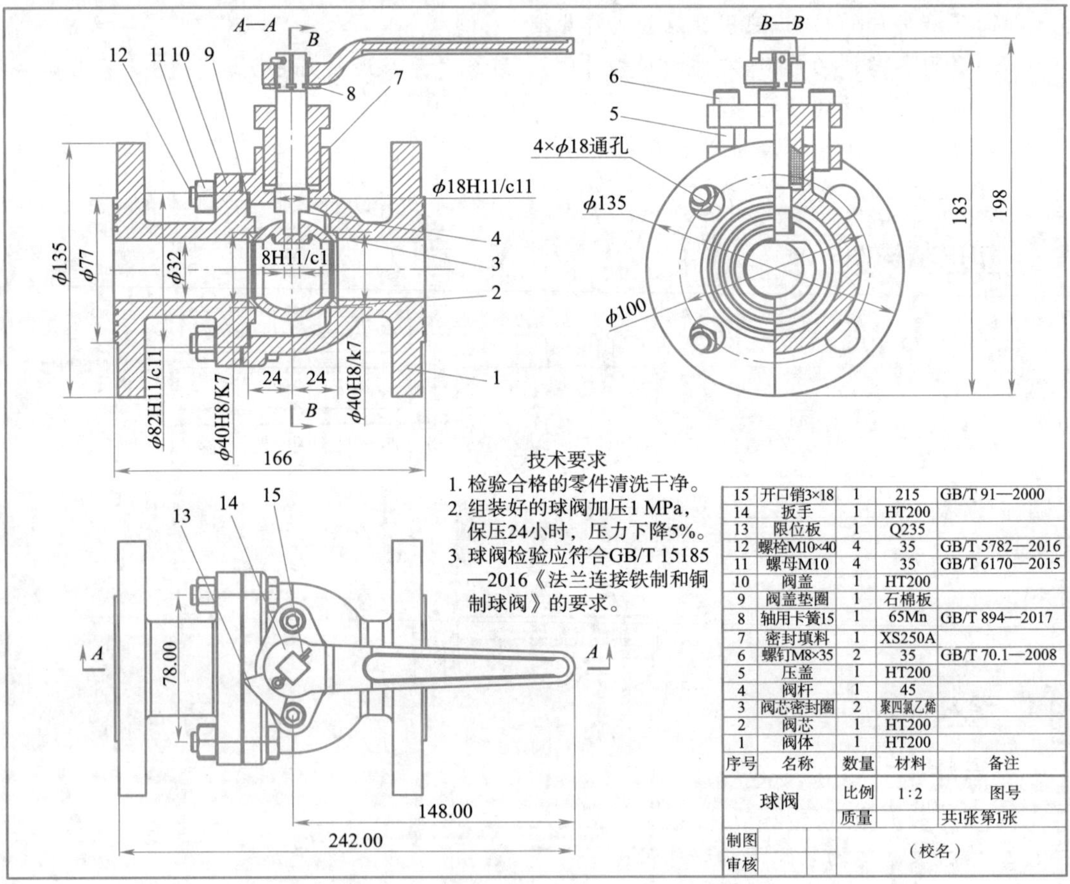

技术要求
1. 检验合格的零件清洗干净。
2. 组装好的球阀加压1 MPa，保压24小时，压力下降5%。
3. 球阀检验应符合GB/T 15185—2016《法兰连接铁制和铜制球阀》的要求。

序号	名称	数量	材料	备注
15	开口销3×18	1	215	GB/T 91—2000
14	扳手	1	HT200	
13	限位板	1	Q235	
12	螺栓M10×40	4	35	GB/T 5782—2016
11	螺母M10	4	35	GB/T 6170—2015
10	阀盖	1	HT200	
9	阀盖垫圈	1	石棉板	
8	轴用卡簧15	1	65Mn	GB/T 894—2017
7	密封填料	1	XS250A	
6	螺钉M8×35	2	35	GB/T 70.1—2008
5	压盖	1	HT200	
4	阀杆	1	45	
3	阀芯密封圈	2	聚四氯乙烯	
2	阀芯	1	HT200	
1	阀体	1	HT200	

球阀		比例	1:2	图号
		质量		共1张第1张
制图			（校名）	
审核				

图9-1 球阀装配图

相关知识

一、装配图的内容

如图9-1所示，装配图包含了以下四个方面的内容：

学习笔记

(1)一组视图。用于表达机器或部件的工作原理,零件间的装配关系、连接方式及主要零件的结构形状。

(2)必要的尺寸。注出与机器或部件的性能、规格、装备和安装有关的尺寸。

(3)技术要求。用符号、代号或文字说明装配体在装配、安装、调试等方面应达到的技术要求。

(4)标题栏、零件序号及明细栏。注明装配体的名称及装配图中全部零件的序号、名称、材料、数量、标准及必要的签署等内容。

二、装配图的规定画法

由于装配图和零件图表达的侧重点不同,因此,装配图有一些特殊规定画法,见表9-1。

表9-1　装配图的规定画法

绘制项目	绘制图例	绘制说明
相邻零件结合面和非结合面的画法	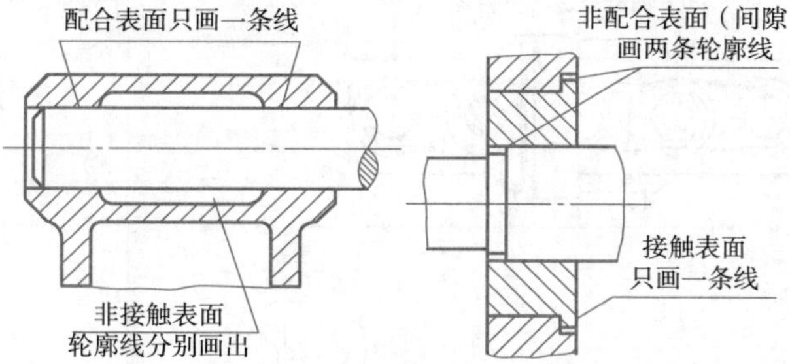	(1)相邻零件的接触面或配合面只画一条线; (2)两相邻零件非接触面或非配合面,不论间隙多小,都应画两条线,以示存在间隙
相邻零件剖面线的画法	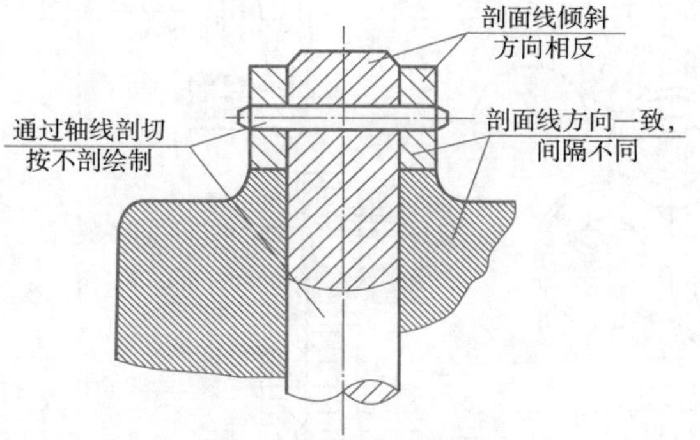	(1)相邻两零件的剖面线方向应相反,若剖面线方向相同,则应间隔不同且相互错开; (2)同一零件在不同视图中的剖面线方向、间隔应一致
实心零件和标准件的规定画法	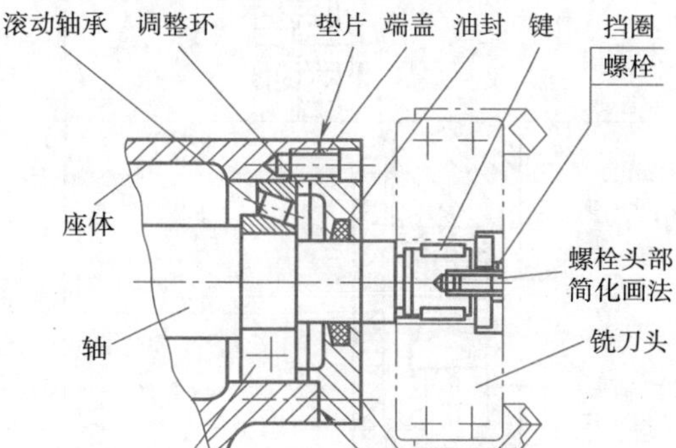	(1)对紧固件、销、键以及轴、手柄、连杆、球等实心零件,若纵向剖切,按不剖绘制; (2)若需表示零件上的孔、槽、螺纹、键、销或与其他零件连接,可用局部剖视

学习笔记

三、装配图的特殊表达方法

为了简便清楚地表达部件，国家标准还规定了一些装配图的特殊表达方法，见表 9-2。

表 9-2　装配图中的特殊画法

特殊画法	绘制图例	绘制说明
拆卸画法	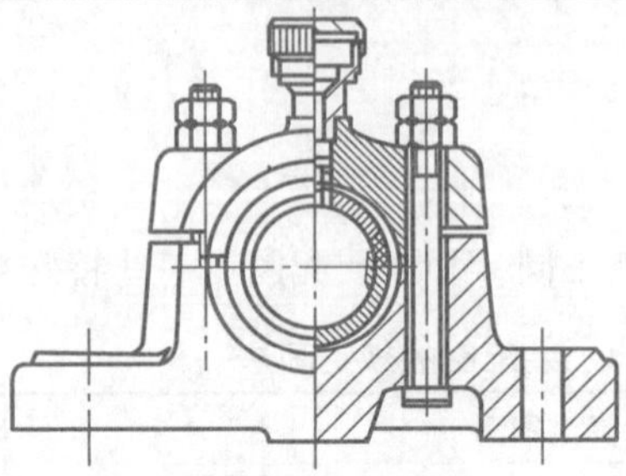 拆去轴承座、上轴衬等 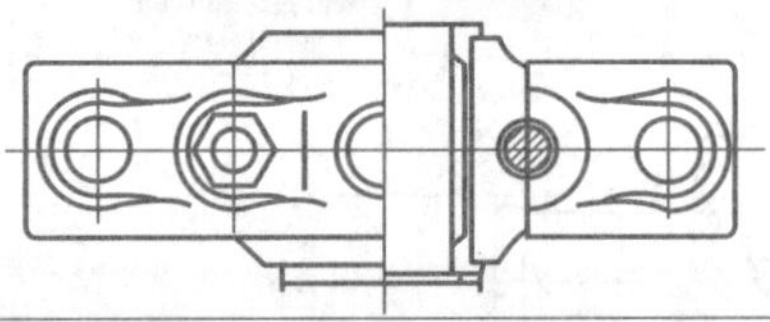	在装配图中，当某些零件遮住了所需表达的其他零件时，可假想将某些零件拆卸后再绘制视图。拆卸后需加说明时，可注上“拆去××”等字样
展开画法	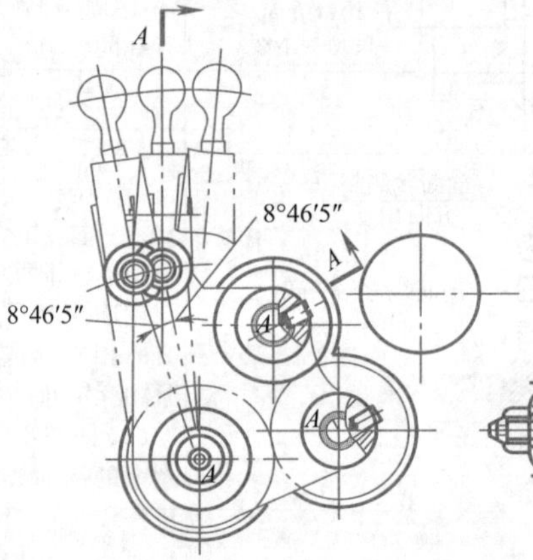 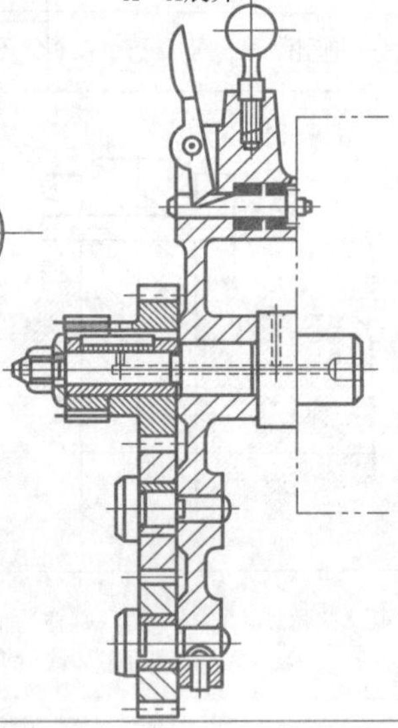	为了表达传动系统的传动关系及各轴的装配关系，可按传动顺序，沿它们的轴线剖开，并展开在同一平面上，在剖视图中应标注“X—X 展开”
简化画法	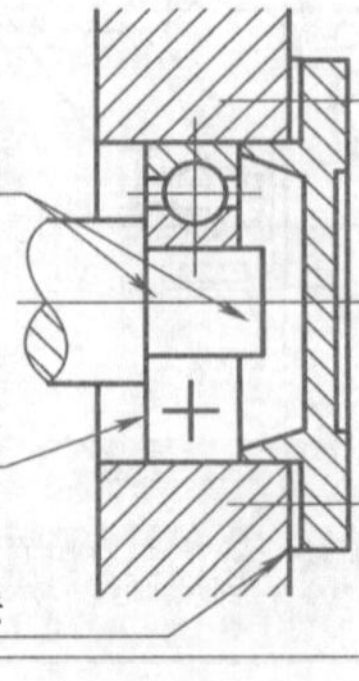	在装配图中零件的倒角、圆角、凹坑、凸台、沟槽、滚花、刻线及其他细节可不画出。滚动轴承、螺栓连接等可采用简化画法

学习笔记

续表

特殊画法	绘制图例	绘制说明
夸大画法	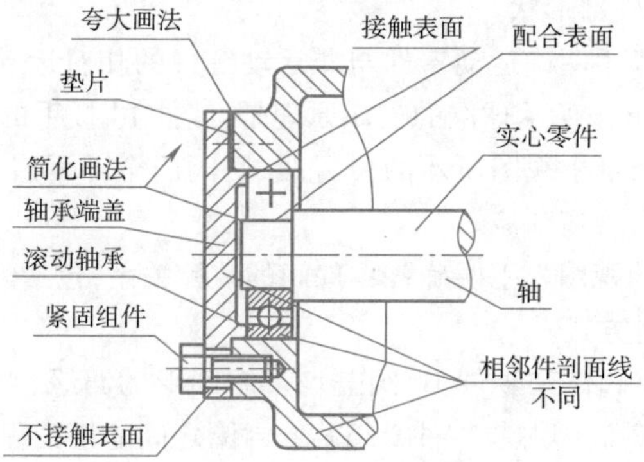	薄垫片的厚度、小间隙等可适当夸大画出

任务实施

识读图 9-1 所示球阀装配图，应对机器或部件的名称、功能、原理、用途、规格及其形状结构和画图比例、数量、材料、标准规格等做大致的了解。

1. 可通过查阅明细栏、标题栏等识读部件的名称、用途和规格

由图 9-1 中球阀装配图的标题栏可知，该装配体的名称为球阀。阀一般是管路系统中负责启闭和调节流体流量的开关装置。因此，球阀是管道中负责启闭和起开关作用的部件，工作时扳动扳手带动阀杆旋转，使阀芯孔改变位置，从而调节通过球阀的流量大小。由于其阀芯是球形的，故取名为球阀。图形采用 1:2 的缩小比例绘制。

2. 识读部件的组成

查阅标准零、部件和非标准零、部件的名称、数量及位置，通过对照零、部件序号，在配图上查找这些零、部件的位置。由图 9-1 中明细栏可知，球阀共有 15 种零件，其中有 5 种标准件，零件 12 螺栓和零件 11 螺母各 4 个，用于连接阀盖和阀体。

通过对以上内容的初步了解，并参阅规格尺寸 $\phi 32$、总长 242、总高 198 等有关尺寸，即可对该部件的大体轮廓与内容有一个概略的印象。同时，还可参阅其他有关资料，如设计说明书、使用说明书或球阀生产单位的资料等，进一步了解部件。

3. 分析视图

通过对应各视图看懂各零件的相互位置、连接形式、配合要求及“主—从”传动关系和“动—静”装配关系，可分析其工作原理，并了解部件的装拆顺序、验收条件和使用、维修注意事项等。

(1) 对各视图进行分析。根据装配图上的表达情况，找出各个视图、剖视图、断面图等配置的位置及投射方向，注意观察是否采用了装配图的特殊画法、规定画法及简化画法等，从而明确各视图的重点表达内容。图 9-1 所示球阀的装配干线有两条：一条为垂直方向，是扳手的动作传到阀芯的传动路线；另一条是沿阀孔水平轴线的通道线。此外还有限制扳手转动角度的限位板。球阀安装在管道中的工作位置一般是阀孔的轴线呈水平位置，且扳手位于正上方，以便于操作，因此主视图采用通过球阀前后的对称平面作为剖切面的全剖视图，清楚地表达了阀的工作原理、两条主要装配干线的装配关系和一些零件的形状，且符合工作位置。

左视图为半剖视图，补充了主视图还未表达清楚的外形结构和装配关系。俯视图为外形

学习笔记

图，进一步表达了另一条次要装配线干线的装配关系、扳手转动的极限位置以及阀体和阀盖的外形，也表达了零件 14 扳手与零件 4 阀杆之间的开口销连接，及限位板（用于控制与之相连的转动件的旋转角度）、压盖的外部形状。

（2）从表达运动关系的视图入手明确运动零件与非运动零件的相对运动关系，从而分析部件的工作原理和传动路线。图 9-1 所示球阀的工作原理是：零件 14 扳手的方孔套进零件 4 阀杆上部的四棱柱，当转动扳手处于主视图所示的位置时，则阀门全部开启，管道畅通；当扳手顺时针旋转 90°时，则阀门关闭，管道断流。

（3）从反映装配关系最清楚的视图入手明确各零件间的装配关系，包括配合关系、各零件的相对位置以及连接、固定和密封方式。

球阀的装配关系包括：零件 1 阀体和零件 10 阀盖均带有圆形的凸缘，采用螺栓连接，并用合适的零件 9 阀盖垫圈调节零件 2 阀芯与零件 3 阀芯密封圈之间的松紧程度。在零件 4 阀杆的下部有凸块，连接零件 2 阀芯上面的凹槽。为了密封，在零件 1 阀体与零件 4 阀杆之间加进零件 7 密封填料，再旋入零件 5 压盖，压紧填料起密封作用。填料压紧的程度，以工作时阀杆转动灵活、流体不渗漏为佳。

球阀的配合面有 3 处：零件 1 阀体、零件 10 阀盖分别与零件 3 阀芯密封圈连接处的 ϕ40 H8/k7 圆柱面为基孔制的过渡配合；零件 1 阀体与零件 4 阀杆的 ϕ18H11/c11 圆柱面为基孔制的间隙配合；零件 1 阀体下部的凸块与零件 2 阀芯上面凹槽连接处的 8H11/c11 平面，也是基孔制的间隙配合。

（4）分析零、部件的结构及尺寸，根据线面关系仔细分析其投影特点，并结合有关尺寸，可以对零件的内、外结构形状有大致的了解。一般先看主要零件，后看次要零件。先从容易区分零件投影轮廓的视图开始，再看其他视图。

球阀中各零件的主要形状，大多可以从图 9-1 中看出，如阀杆是轴套类零件，上部有与扳手方孔相配合的四棱柱，在四棱柱底部有限位板定位用的轴肩和安装轴用卡簧的环形槽，在阀杆底部有与阀芯连接的凸块；阀盖左端为圆形凸缘，右端为带有四个通孔的正方形四棱柱连接板，在连接板右侧有与阀体配合的圆形凸台，阀盖左右结构通过中间的圆筒连接，圆筒孔径为球阀的规格尺寸 ϕ32。

4. 综合想象结构形状

在以上各步骤的基础上，结合尺寸标注及技术要求等有关内容，进一步综合分析总体结构、传动关系和工作原理，想象出装配图的整体结构形状。球阀的整体结构形状如图 9-2 所示。

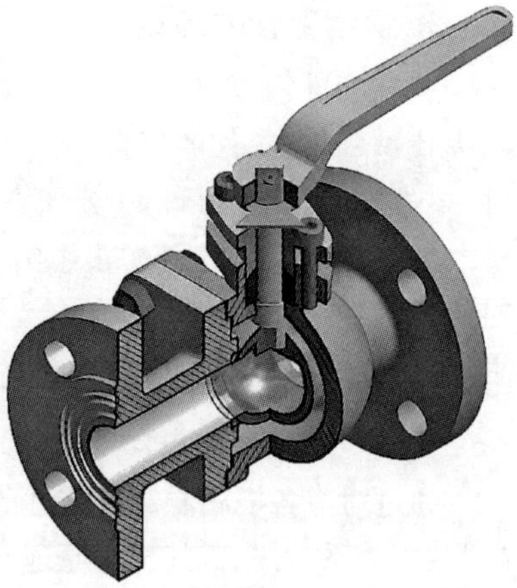

图 9-2 球阀整体结构形状

课后强化训练任务

课后强化训练任务一：图 9-3 所示为回油阀装配图，要求运用装配图的识读方法正确识读该回油阀的装配图。

课后强化训练任务二：图 9-4 所示为机用虎钳装配图，要求运用装配图的识读方法正确识读该机用虎钳的装配图。

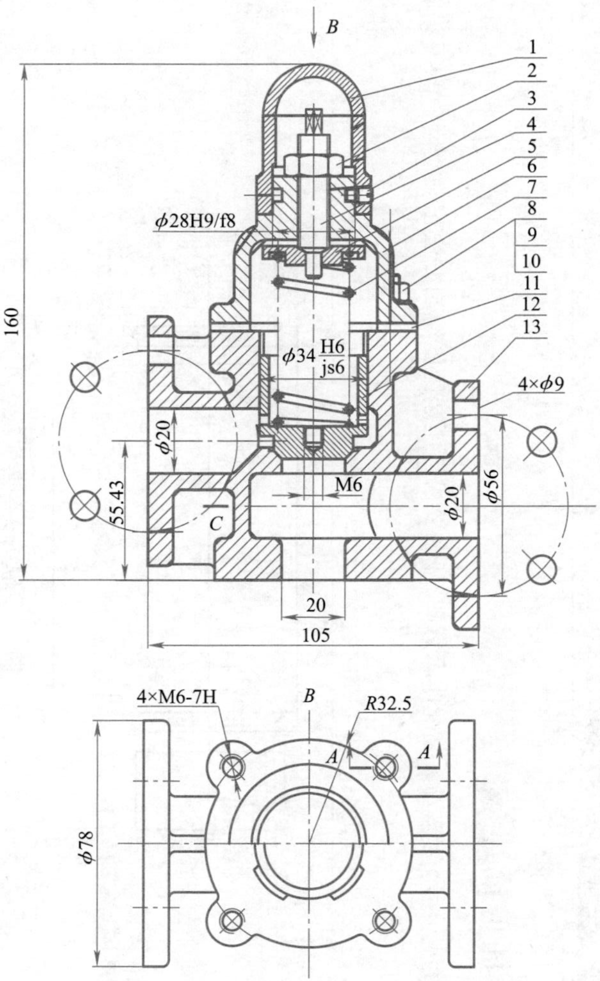

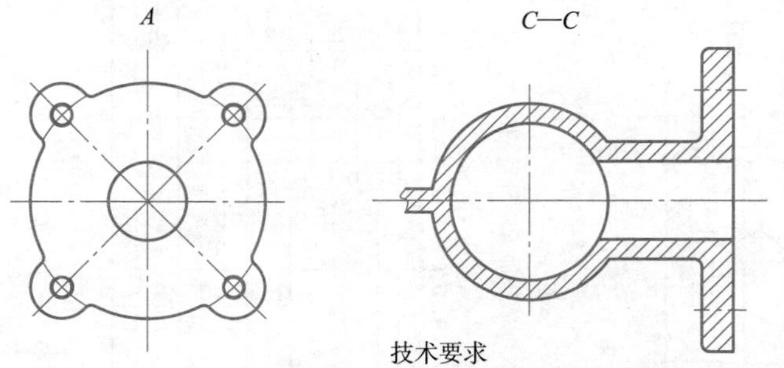

技术要求

1. 阀门与阀体之间的结合面需经研磨，不漏水和气。
2. 当阀门关紧后，高压部分能耐压1 MPa。
3. 未加工表面涂绿色油漆。
4. 安全阀与管道连接处需加石棉橡胶垫（XB350）。

序号	代号	名称	数量	材料	单件质量	总计质量	备注
13		阀体	1	HT200			
12		阀门	1	ZH62			
11		垫片	1	工业用纸			
10	GB/T 6170—2015	螺母M6	4	Q235 A			
9	GB/T 97.1—2002	垫圈6	4	Q215 A			
8	GB/T 899—1988	螺柱M6×20	4	Q235 A			
7		弹簧	1	65Mn			
6		阀盖	1	HT200			
5		弹簧托盘	1	ZCuZn38			
4		螺杆	1	35			
3	GB/T 75—2018	螺钉M5×8	1	Q235 A			
2	GB/T 6170—2015	螺母MI0	1	Q235A			
1		阀帽	1	HT200			

标记	处数	分区	更改文件号	签名	年月日		回油阀
设计	（签名）	年月日	标准化	（签名）	（年月日）	阶段标记 质量 比例	
制图							ZPT21
审核							
工艺			批准			共1张 第1张	

图 9-3　回油阀装配图

学习笔记

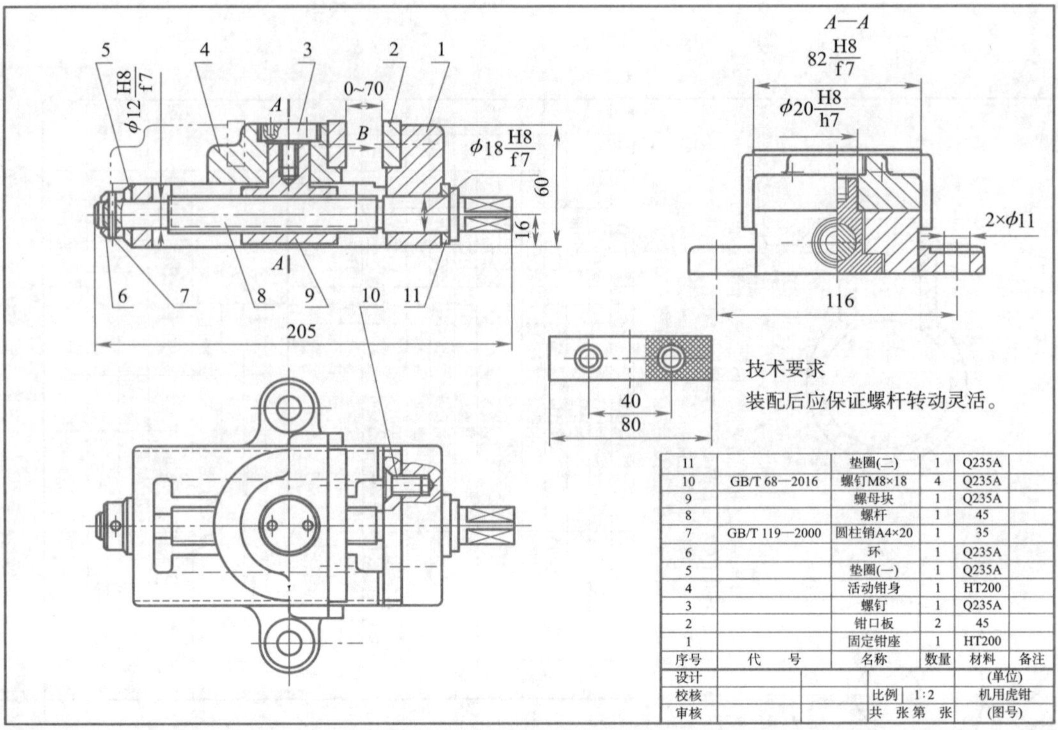

序号	代号	名称	数量	材料	备注
11		垫圈(二)	1	Q235A	
10	GB/T 68—2016	螺钉M8×18	4	Q235A	
9		螺母块	1	Q235A	
8		螺杆	1	45	
7	GB/T 119—2000	圆柱销A4×20	1	35	
6		环	1	Q235A	
5		垫圈(一)	1	Q235A	
4		活动钳身	1	HT200	
3		螺钉	1	Q235A	
2		钳口板	2	45	
1		固定钳座	1	HT200	
设计					(单位)
校核			比例	1:2	机用虎钳
审核			共 张第 张		(图号)

图 9-4　机用虎钳装配图

任务二　绘制装配图

任务描述

图 9-5 所示为铣刀头装配体示意图，任务要求运用装配图绘制方法正确绘制该铣刀头的装配图。

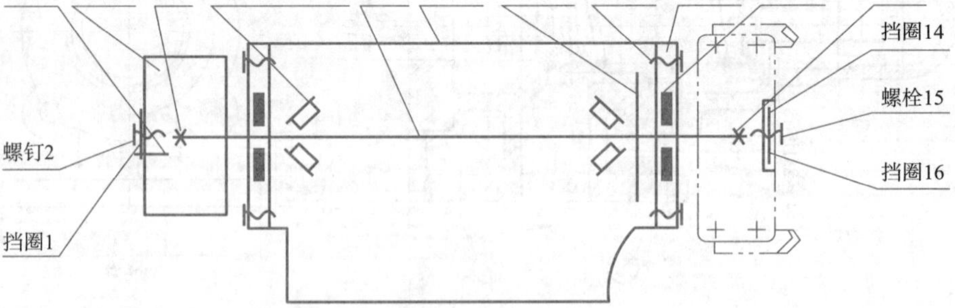

图 9-5　铣刀头的装配示意图

相关知识

一、绘制装配图的方法和步骤

绘制装配图的方法和步骤如下：

学习笔记

1. 确定表达方案

应根据需要灵活选用装配图的各种表达方法，确定最佳的表达方案，包括选择主视图和确定视图数量、表达方法。

(1)选择主视图。主视图的选择应满足以下要求：

①按机器或部件的工作位置放置。工作位置倾斜时，可将其放正。

②应能较多地表达出机器或部件的工作原理、零件间的主要装配关系、传动路线、连接方式及主要零件的结构形状特征。

③通过主要装配干线的轴线剖开机件，画出剖视图以表达内部结构。

(2)其他视图的选择。分析部件中还有哪些工作原理、装配关系和主要零件的结构没有表达清楚，然后确定选用适当的其他视图。至于各视图采用何种表达方法，应根据需要确定，但每个零件至少应在某个视图中出现一次。

2. 确定装配图的绘制顺序

(1)从内向外绘制。即遵循设计过程，从内部主要装配干线开始，逐次向外扩展。这种方法的优点是从最内层实形零件(或主要零件)画起，按装配顺序逐步向四周扩展，层次分明，可避免内部零件被外部零件挡住轮廓线，使图形清晰。

(2)从外向内绘制。即按照装配顺序，从机器(或部件)的主体零件开始，逐次向内画出各个零件。这种方法的优点是便于从整体的合理布局出发，决定主要零件的结构形状和尺寸，其余部分也容易确定。

以上两种绘制方法应根据不同结构灵活选用或结合运用，但不论运用哪种方法，在画图时都应该注意以下几点：

(1)各视图间要符合投影关系，各零件、各结构要素也要符合投影关系。

(2)先画起定位作用的基准件，再画其他零件。这样画图准确、误差小，便于保证各零件间的相对位置准确。基准件可根据具体机器(或部件)加以分析判断。

(3)先画出部件的主要结构，然后再画次要结构。

(4)画图时，随时检查零件间的装配关系是否正确，如哪些面接触，哪些面之间有间隙，哪些面为配合面等；同时，还要注意零件间有无干涉和相互碰撞的情况，并及时纠正。

3. 绘制装配图的具体步骤

(1)确定表达方案，选比例、定图幅、画图框。根据装配体的大小和复杂程度确定表达方案，合理布局各个视图，同时还应考虑尺寸标注、编注序号和明细栏所占的空间，画出各视图的主要基准线，如轴线、中心线。

(2)绘制各视图的底稿。先用细线画出底稿，方便画图过程中进行修改。画图时一般从主视图开始，且几个视图相互配合一起画。根据装配关系和各零件的位置，沿装配干线逐一画出各零件的轮廓及其细部结构；先画出主要零件，再按装配关系依次逐个画出相邻零件。

(3)检查、加深、绘制剖面线。检查、修正所画视图，按照图线的粗细要求和规格类型将图线描深、加粗，完成后绘制剖面线。注意：同一零件的剖面线在各个视图中的间隔和方向必须完全一致，而相邻两零件的剖面线必须不同。

(4)标注装配图尺寸。根据装配图的要求，标注出性能、规格、装配、安装、外形等必要的尺寸。

学习笔记

(5)编写零件序号,填写明细栏和标题栏,注写技术要求。

在画装配图时,以下几个具体问题值得思考:

(1)先画哪个零件。初学者往往会有这样的问题,解决的一般方法是:根据部件的具体结构,确定主要装配干线,然后在这条干线上找出装配基准件,这个基准件就是要先画的零件。通常轴是装配基准件。因此,宜先画轴,然后画轴上的其他零件;再画支承件以及和支承件有关的其他零件等。也可先画出机体零件,再按这种方法绘制。

(2)确定相邻零件的定位关系。一般轴上的轴肩端面、零件上的止口、结合面等都是定位面,应根据实际情况分清真伪,或按设计要求确定。

(3)判别可见性。在沿装配干线逐个画零件时,如能按照零件的相互位置及其大小等关系,由内向外(在剖视图上)、先近后远、先上后下、先小后大的顺序绘制,即可解决可见性的判别问题。但有时也需要根据其他视图,借助投影联系判别可见性。

任务实施

图9-5所示铣刀头装配图的绘制步骤如下:

1. 主视图的选择

铣刀头的主视图按工作位置摆放,通过轴线的前后对称平面剖开,得到铣刀头的全剖主视图,较好地反映了铣刀头零件间的传动路线、装配关系、连接关系和相对位置。在全剖的主视图中,因轴为实心件,全剖时按不剖处理,为了表示其与键的连接以及左右端的中心螺纹孔连接情况,再作两处局部剖。

2. 其他视图的选择

铣刀头左视图采用拆去部分零件的拆卸画法,表达座体的外形轮廓、与端盖连接的螺栓分布情况和轴左端销孔的位置,再用局部剖,表达起加强作用的肋板和安装孔的形状大小。

3. 铣刀头装配图具体的绘制步骤

(1)绘制图框、标题栏和明细栏,绘制出各视图的主要基准线,如图9-6所示。

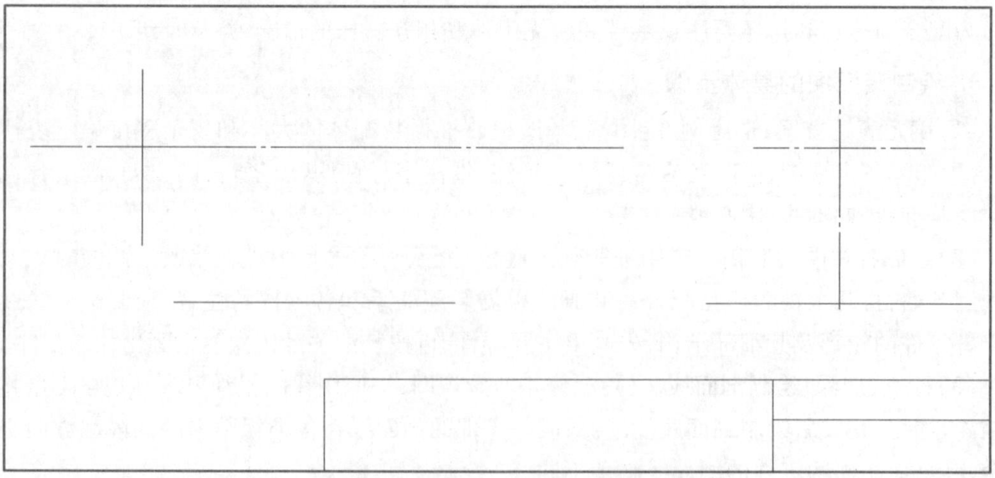

图9-6　绘制图框、标题栏和明细栏及各主要基准线

(2)逐层画出各视图。先绘制出主要零件座体的视图,如图 9-7 所示。

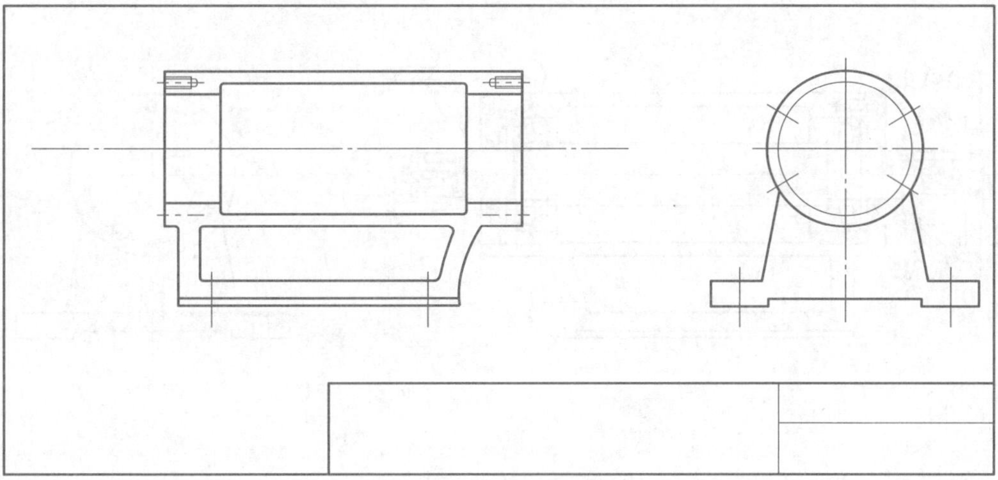

图 9-7　绘制主要零件座体的视图

再由内向外,按装配干线,依次绘制出轴、轴承、端盖等视图,如图 9-8 所示。

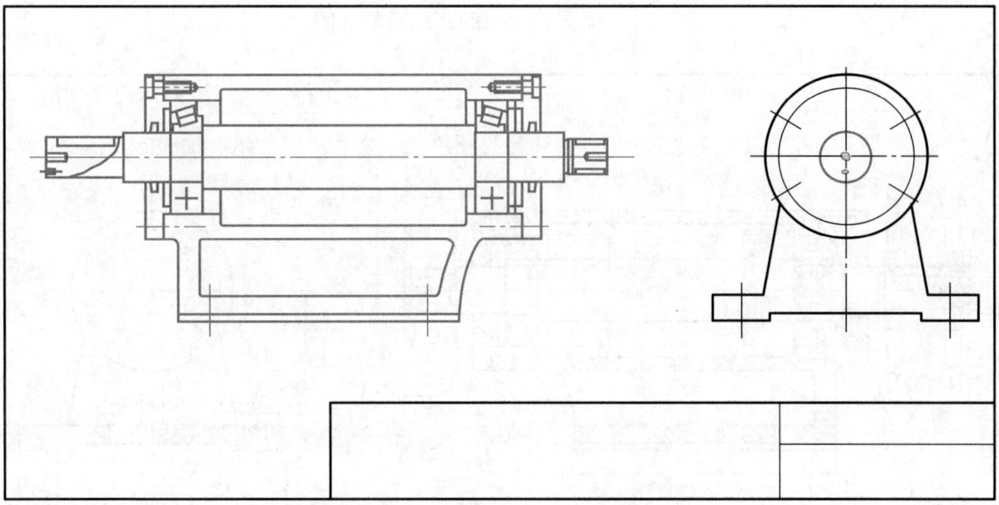

图 9-8　绘制轴、轴承和端盖的视图

(3)校核、描深、画剖面线,如图 9-9 所示。
(4)标注尺寸,编排序号、填写技术要求、明细栏、标题栏,完成全图,如图 9-10 所示。

学习笔记

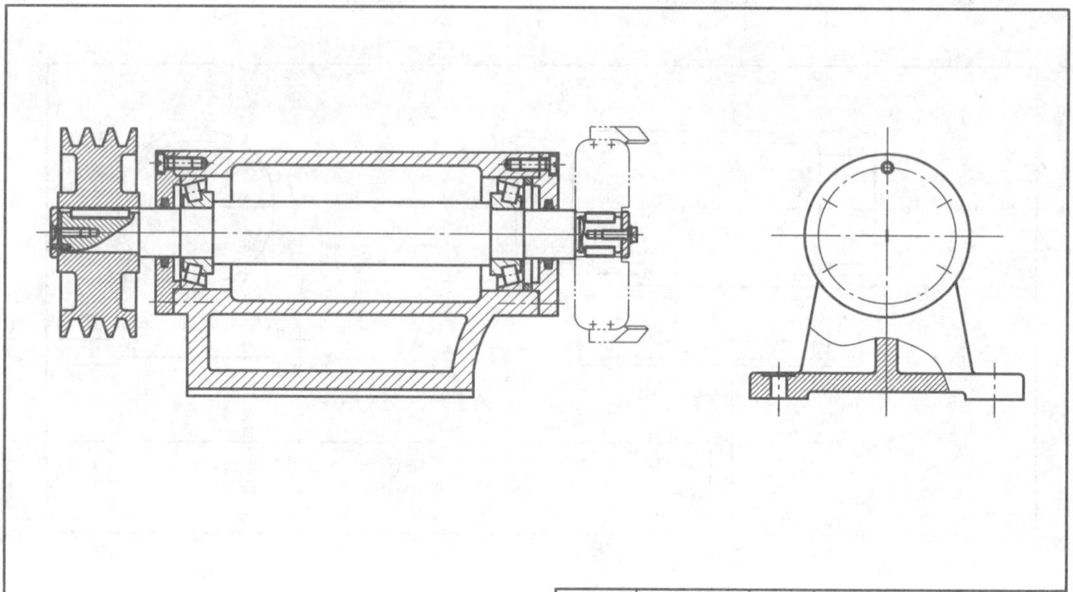

设计				
校核			比例	
审核				

图 9-9　描深和绘制剖面线后的视图

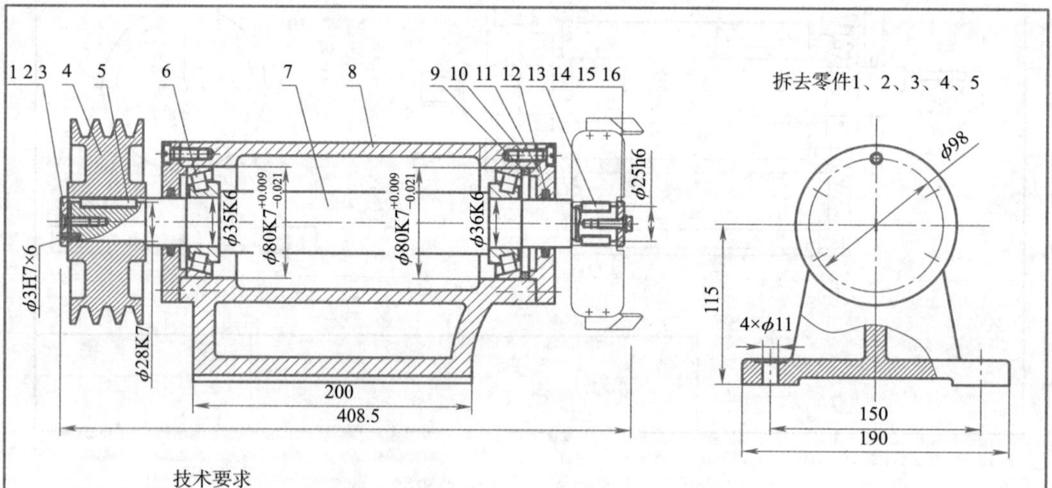

技术要求

1. 主轴轴线对底面的平行度公差值为100∶0.04。
2. 刀盘定位轴颈的径向圆跳动公差值为0.02。
3. 刀盘定位端面对ϕ25轴线的端面圆跳动公差值为0.02。
4. 铣刀轴端的轴向窜动不大于0.01。

16	垫圈6		65Mn	GB/T 97.1—2002	9	调整环	1	35		2	螺钉M6×18	1	0235A	GB/T 68—2016
15	螺栓M6×20	1	0235A	G8/T 5783—2016	8	座体	1	HT200		1	挡圈35	1	35	GB/T 891—1986
14	挡圈B32		35	GB/T 892—1986	7	轴	1	45		序号	名称	数量	材料	备注
13	键6×6×20	2	45	GB/T 1096—2003	6	轴承30307	2		GB/T 297—2015	铣刀头		比例	1∶2.5	图号
12	毡圈	2	T122-32-38	FZ/T 25001—2012	5	键8×7×40	1	45	GB/T 1096—2003			质量		共1张　第1张
11	端盖	2	HT200		4	V带轮	1	HT150		制图		（校名）		
10	螺钉M8×22	12	0235A	GB/T 70.1—2008	3	销A3×12	1	35	GB/T 119.1—2000	审核				

图 9-10　标注尺寸，编排序号、填写技术要求、明细栏、标题栏后的视图

学习笔记

课后强化训练任务

图 9-11 所示为阀体的装配图，要求运用装配图的绘制方法通过 CAD 软件绘制出该阀体装配图的绘制过程图。

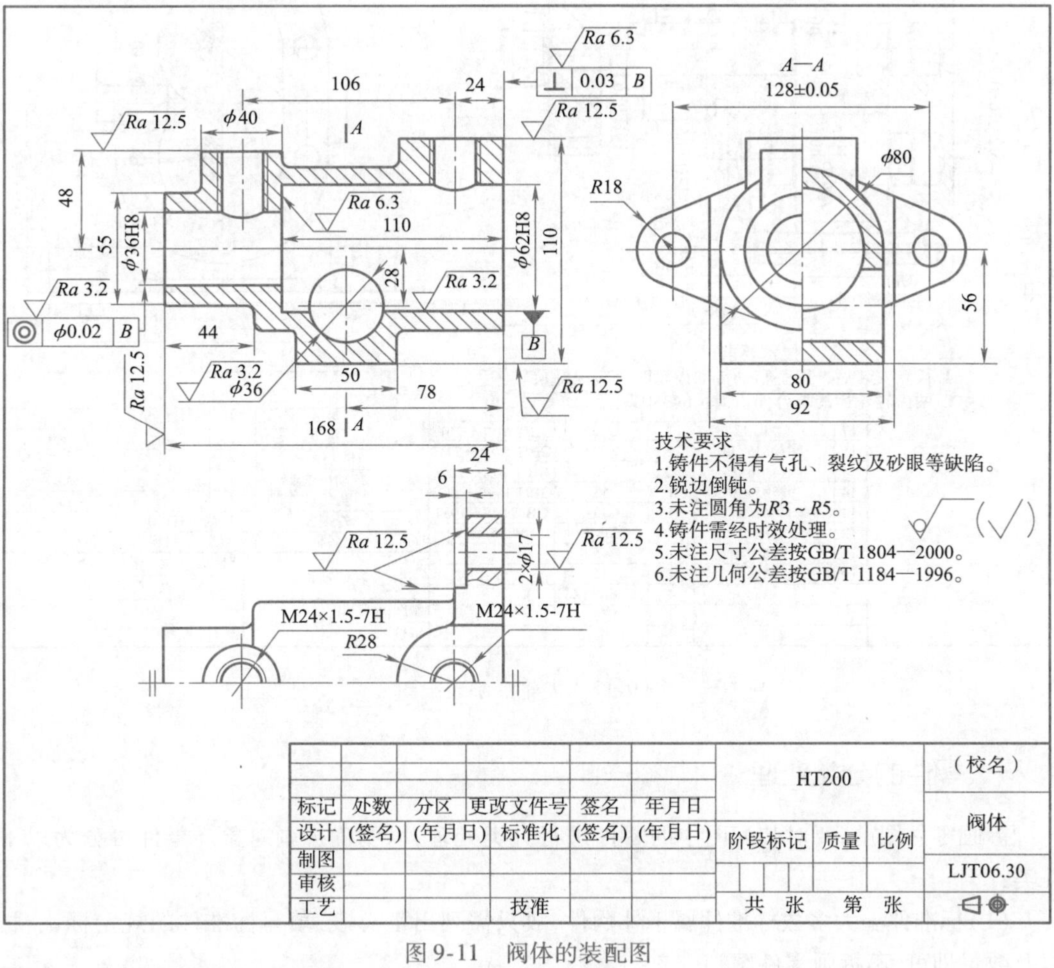

图 9-11　阀体的装配图

任务三　根据装配图拆画零件图

任务描述

图 9-12 所示为齿轮油泵装配图，任务要求在全面识读该装配图的基础上，按照绘制零件图的要求拆画出 7 号零件的零件图。

相关知识

由装配图拆画零件图实际上是设计零件的过程，是设计过程中的重要环节，也是一种检验识读装配图和绘制零件图能力的方法。必须在全面看懂装配图的基础上，按照零件图的内容和要求拆画零件图。

学习笔记

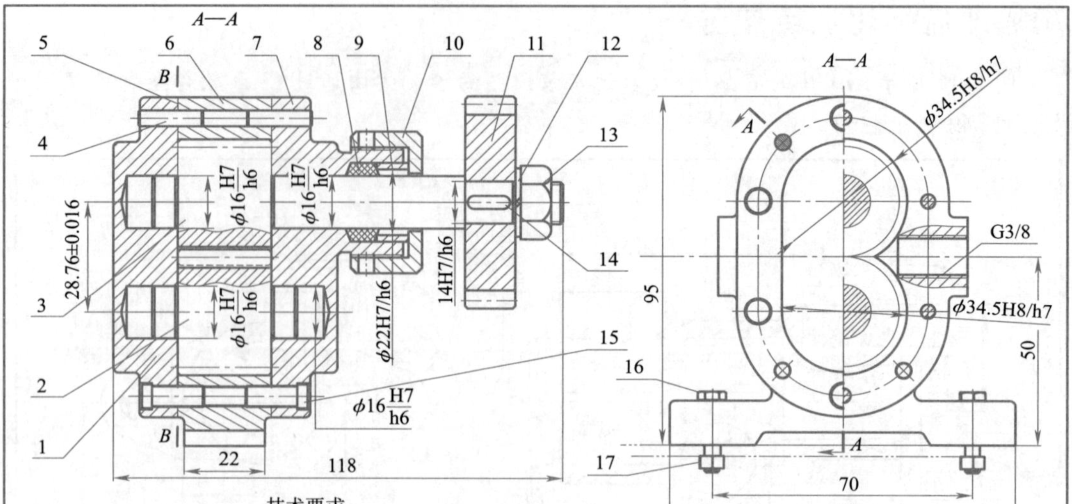

技术要求

1. 齿轮安装后，用手转动传动齿轮时，应灵活旋转。
2. 两齿轮轮齿的啮合面占齿长的3/4以上。

序号	名称	数量	材料	备注
17	螺母M6	2	Q235	GB/T 6170—2015
16	螺栓M6×30	2	Q235	GB/T 5782—2016
15	螺钉M6×16	12	35	GB/T 70.1—2008
14	键5×5×10	1	45	GB/T 1096—2003
13	螺母M12×1.5	1	35	GB/T 859—1987
12	垫圈12	1	65Mn	m=2.5, z=20
11	传动齿轮	1	45	
10	压紧螺母	1	35	
9	轴套	1	ZCuSnPbZn5	
8	密封圈	1	橡胶	
7	右端盖	1	HT200	
6	泵体	1	HT200	
5	垫片	2	纸	t=1
4	销A5×18	4	45	GB/T 119—2000
3	传动齿轮轴	1	45	m=3, z=9
2	齿轮轴	1	45	m=3, z=9
1	左端盖	1	HT200	

齿轮油泵	比例	质量	第 张 共 张	（图号）
制图			（校名、班级）	
审核				

图 9-12　齿轮油泵装配图

一、零件的分类处理

拆画零件图前，要对装配图中的零件进行分类处理，以明确拆画对象。零件可分为以下几类：

（1）标准件。大多数标准件属于外购件，故只需列出汇总表，填写标准件的规定标记、材料及数量即可，不拆画零件图。

（2）借用零件。借用零件是指借用定型产品中的零件，利用已有的零件图，不必另行拆画其零件图。

（3）特殊零件。特殊零件是设计时经过特殊考虑和计算所确定的重要零件，如汽轮机的叶片、喷嘴等。这类零件应按给出的图样或数据资料拆画零件图。

（4）一般零件。一般零件是拆画的主要对象，应按照在装配图中所表达的形状、大小和有关技术要求拆画零件图。

二、常见装配结构

为保证机器或部件能顺利装配，并达到设计规定的性能要求，而且拆、装方便，必须使零件间的装配结构满足装配工艺要求，同时兼顾装配结构的合理性。常见的装配合理结构如下：

(1)两个零件在同一方向上,只能有一个接触面和配合面,如图 9-13 所示。

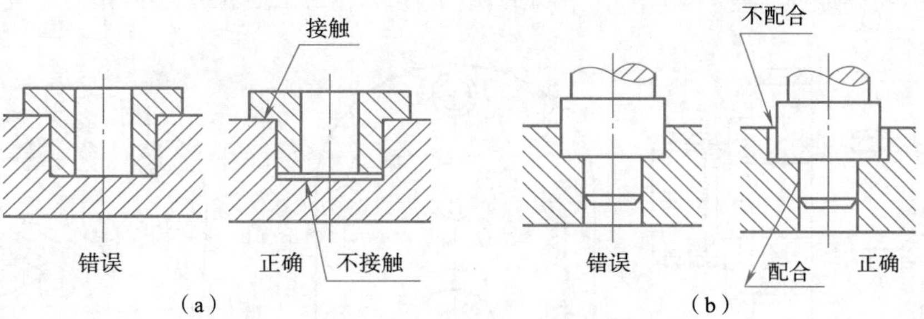

图 9-13　两个零件在同一方向上的定位

(2)为保证轴肩端面和孔端面接触,可在轴肩处加工出退刀槽,或在孔的端面加工出倒角,如图 9-14 所示,退刀槽和倒角的尺寸可按有关标准确定。

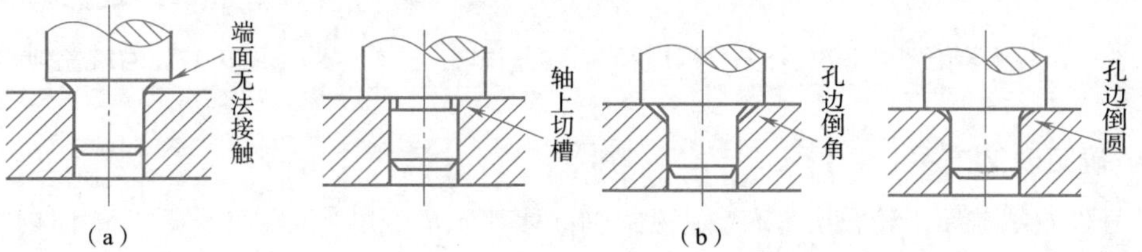

图 9-14　两个零件轴肩和孔断面的接触结构

(3)应便于装拆。例如,在设计螺栓和螺钉的位置时,要留下装拆螺栓所需扳手的空间,如图 9-15(b)所示,及安装螺钉所需要的空间,如图 9-15(d)所示。

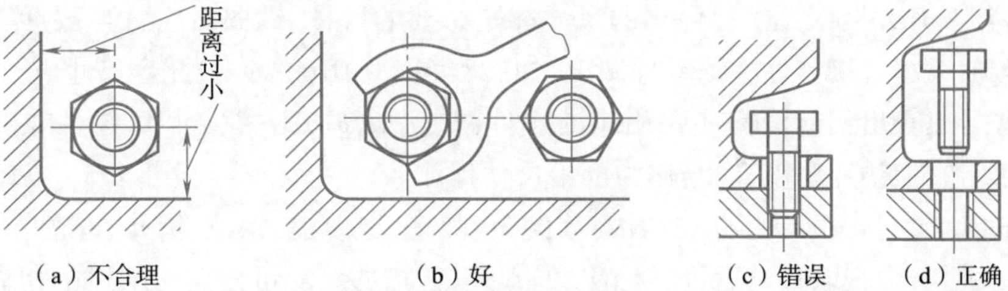

图 9-15　螺栓的拆装空间

任务实施

拆画图 9-12 所示齿轮油泵装配图中 7 号零件零件图的步骤如下：

1. 分离零件、补画结构

读懂装配图,分析所拆零件的作用。结合 7 号件在主视图中的剖面线范围,根据投影关系找出左视图零件的形状,把它从其他零件中分离出来,想象出其大体结构形状,如图 9-16(a)所示;补齐在装配图中被遮挡的轮廓线和投影线,如图 9-16(b)所示;然后对装配图中未表达清楚或省略的结构进行再设计,分析该零件的加工工艺。

由于在装配图的简化画法中规定,零件的一些细小工艺结构如小圆角、倒角、退刀槽等均

学习笔记

可省略不画，因此在由装配图拆画零件图时应补充被省略和简化了的工艺结构，同时还要考虑装配结构的合理性，最终想象出其结构形状，如图9-16(c)和图9-17所示。

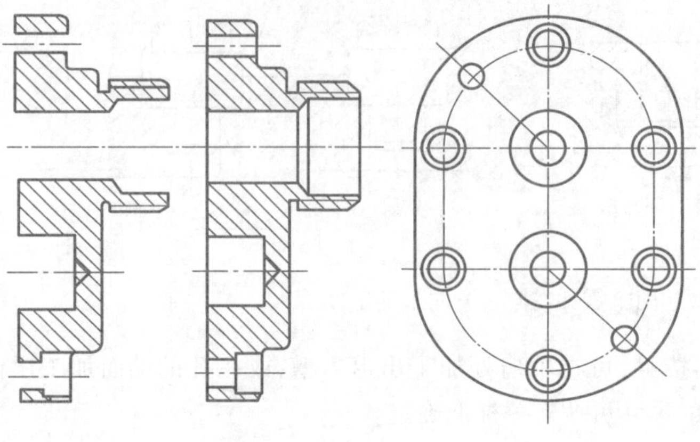

(a)　(b)　(c)

图9-16　从装配图中分离、补充、设计后的右端盖视图

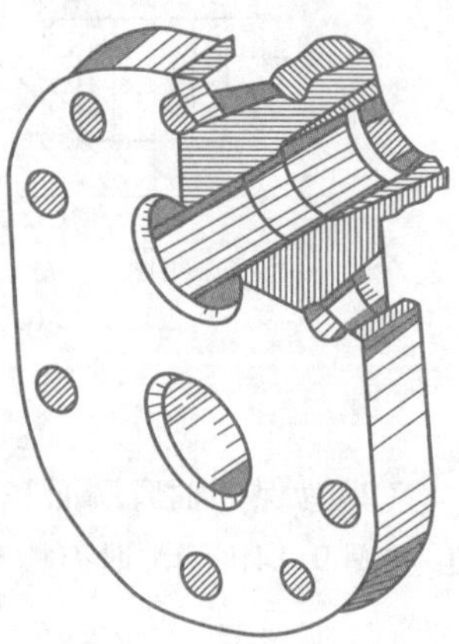

图9-17　右端盖轴测图

2. 确定表达方案

7号件右端盖属于轮盘类零件，主视图轴线水平放置，由于该零件外形简单而内形较复杂，因此主视图采用全剖视图。另外，用左视图表达零件形状和螺钉孔、销孔的位置。

3. 标注所拆零件的尺寸

要按照正确、完整、清晰、合理的要求，标注所拆画的零件图上的尺寸。拆画的零件图，其尺寸来源可从以下几方面确定：

(1)抄注。凡是装配图上已注出的尺寸都是必要的尺寸，拆图时应将与被拆零件有关的尺寸按其数值大小直接抄注在该零件图上，如(28.76±0.016) mm。配合尺寸应分别按孔、轴的公差带代号或查出偏差值标注在相应的零件图上，如ϕ16H7等。某些零件在明细栏中给定了尺寸，如弹簧、垫片厚度，应当作为已给尺寸标注。

(2)查取。零件上的一些标准结构(如倒角、圆角、退刀槽、螺纹、销孔、键槽等)的尺寸数值，应从有关标准中查取核对后进行标注，如螺孔、键槽的尺寸可根据明细栏中相应标准件的标记确定。

(3)计算。零件的某些尺寸数值，需根据装配图所给定的有关尺寸和参数，经过必要的计算或校核确定，且不许圆整。如齿轮分度圆直径可根据模数和齿数或齿数和中心距计算确定。

(4)量取。装配图中没有标注的其余尺寸，应按装配图的比例在装配图上直接量取后算出，并按标准系列适当圆整，使之尽量符合标准长度或标准直径的数值。

根据上述尺寸来源，配齐拆画的零件图上的尺寸，标注尺寸时要恰当选择尺寸基准和标注形式，与相关零件的配合尺寸、相对位置尺寸协调一致，避免矛盾发生，重要尺寸应准确无误。

4. 确定技术要求

根据零件的作用，结合设计要求，查阅有关手册或参阅同类、相近产品的零件图确定所拆画零件图上的表面结构要求、尺寸公差、几何公差等。最后填写标题栏，完成所拆画的零件图，如图9-18所示。

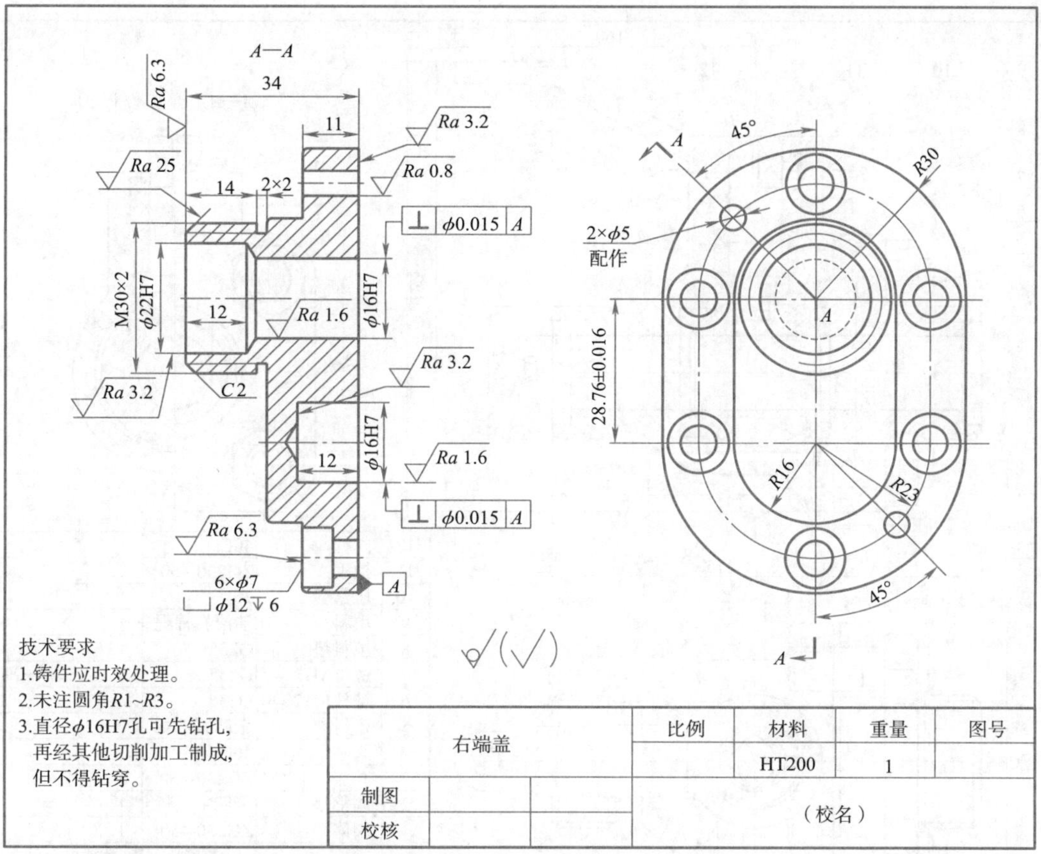

图 9-18 右端盖零件图

课后强化训练任务

图 9-19 所示为球阀装配体轴测剖视图，图 9-20 所示为最终球阀的装配图，要求根据装配图拆画 12 号零件阀杆的零件图。

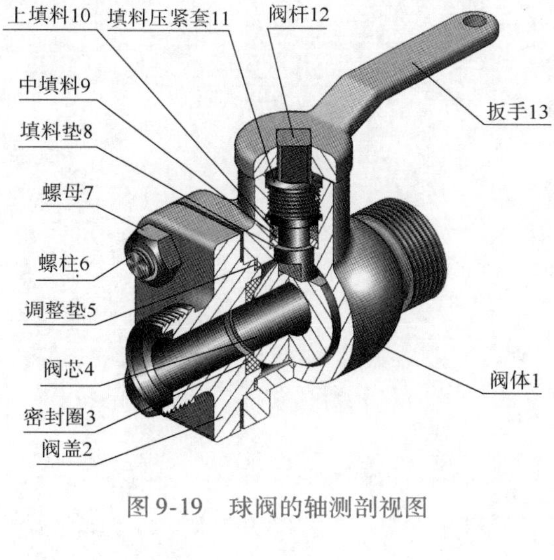

图 9-19 球阀的轴测剖视图

学习笔记

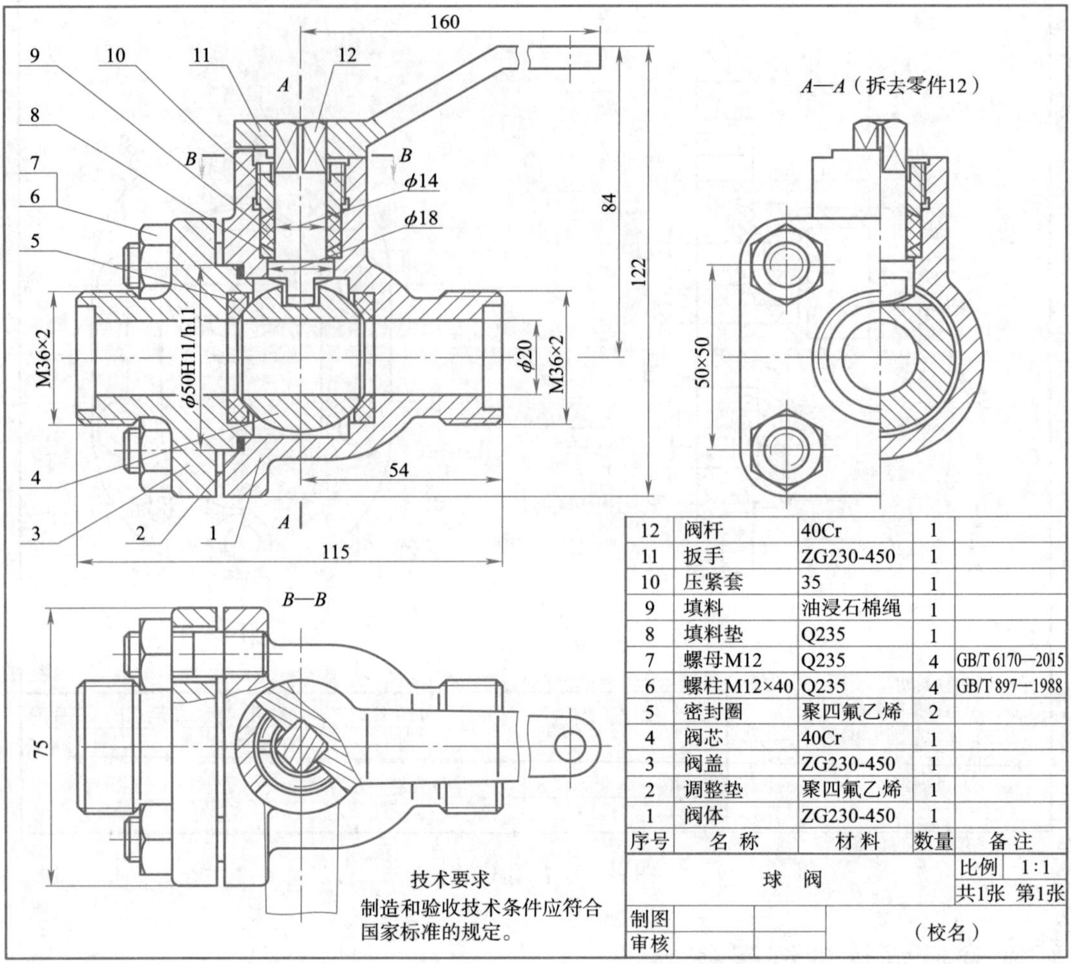

序号	名称	材料	数量	备注
12	阀杆	40Cr	1	
11	扳手	ZG230-450	1	
10	压紧套	35	1	
9	填料	油浸石棉绳	1	
8	填料垫	Q235	1	
7	螺母M12	Q235	4	GB/T 6170—2015
6	螺柱M12×40	Q235	4	GB/T 897—1988
5	密封圈	聚四氟乙烯	2	
4	阀芯	40Cr	1	
3	阀盖	ZG230-450	1	
2	调整垫	聚四氟乙烯	1	
1	阀体	ZG230-450	1	

球　阀		比例	1:1
		共1张	第1张
制图			（校名）
审核			

技术要求

制造和验收技术条件应符合国家标准的规定。

图 9-20　球阀装配图

项目十

AutoCAD机械图样的绘制

AutoCAD 软件是由美国 Autodesk 公司开发的一款通用计算机辅助设计软件，是一款比较流行的绘图软件，该软件能够完成二维平面图形的绘制、三维立体图形的绘制及计算机的辅助设计等功能，由于其具有简便易学、精确高效等优点，目前已成为计算机 CAD 系统中应用最为广泛的图形软件之一，一直深受广大工程设计人员的青睐。

学习笔记

知识结构图

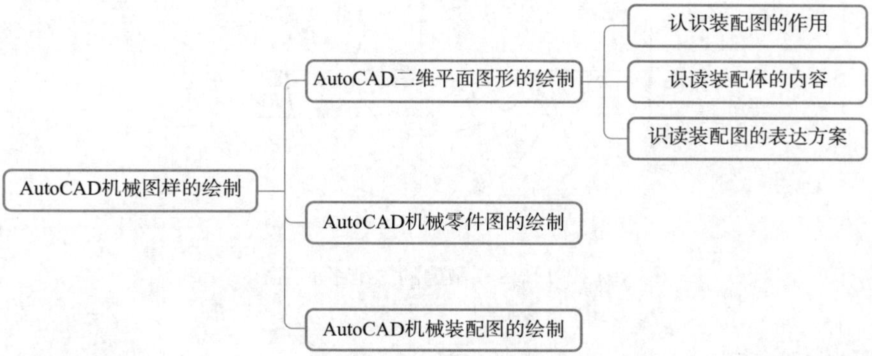

学习目标

知识目标

1. 了解 AutoCAD 的操作界面，理解 AutoCAD 的基本操作；
2. 掌握 AutoCAD 的基本绘图命令和图形编辑命令；
3. 掌握 AutoCAD 的显示控制命令、图层图幅设置及辅助绘图工具的应用；
4. 掌握 AutoCAD 绘制平面图形和简单三视图的方法和步骤；
5. 掌握 AutoCAD 的标注样式、形位和尺寸公差标注等方法和步骤；
6. 掌握零件图和装配图的绘制方法和步骤。

能力目标

1. 能使用 AutoCAD 的绘图及图形编辑命令绘制二维平面图形；
2. 能使用 AutoCAD 的绘图及图形编辑命令绘制机械零件的工程图；
3. 能使用 AutoCAD 的绘图及图形编辑命令绘制机械部件的装配图。

素质目标

1. 具有较强的 CAD 软件的创新应用能力；

学习笔记

2. 具有绘图的规范和国家标准意识；

3. 具有劳动精神和工匠精神。

任务一 AutoCAD 二维平面图形的绘制

任务描述

图 10-1 所示为汽车吊钩二维平面图，任务要求利用 AutoCAD 软件正确绘制该吊钩的二维平面图形。

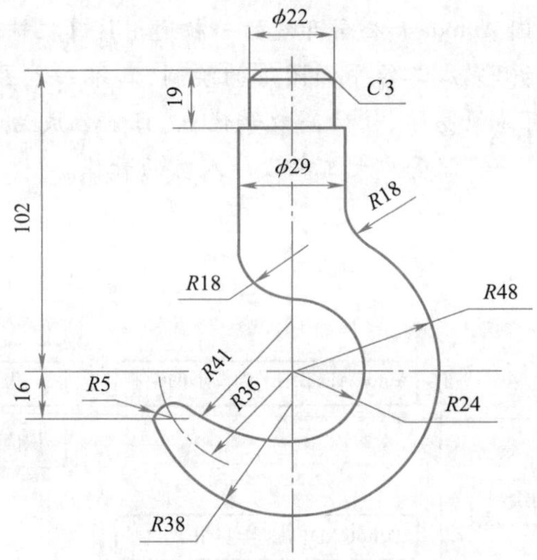

图 10-1 汽车吊钩的二维平面图形

相关知识

一、A4 样板图形文件的建立和绘制

1. 启动 AutoCAD 软件并新建文件

在菜单栏中选择“文件”→“新建”命令，选择 acadiso. dwt 模板文件新建一个空白文件。

2. 设置图形界限

在命令行中输入命令 LIMITS 后按【Enter】键，在命令行提示下输入左下角的坐标值(0,0)并按【Enter】键，接着输入右上角的坐标值(297,210)并按【Enter】键，完成图形界限的设置。

3. 设置图层

图层是图形中的主要工具。一个图形可有许多不同类型的图形对象，使用图层管理创建多个图层，将信息按功能编组，把特性相同的对象绘制在同一图层上，执行线型、颜色及其他标准，还可以将类型相似的对象指定给同一个图层使其相关联。例如，可以将构造线、文字、标注和标题栏置于不同的图层上，方便区分和管理。在工程图样中，图形由基准线、轮廓线、

学习笔记

虚线、剖面符号、尺寸标注、文字说明等元素构成，使用图层管理可使得图形变得清晰有序。国家标准《机械工程　CAD　制图规则》（GB/T 14665—2012）对图层设置的有关标准进行了规定。按照国标的要求建立图层名称、线型、线宽见表 10-1。

表 10-1　设置的图层表

图层名称	线型	颜色	线宽	用途
0	Continuous	白	默认	
轮廓线层	Continuous	白	0. 5 mm	绘制粗实线
细实线层	Continuous	白	0. 25 mm	绘制细实线
中心线层	CENTER2	红	0. 25 mm	绘制中心线
虚线层	HIDDEN2	黄	0. 25 mm	绘制虚线
尺寸线层	Continuous	绿	0. 25 mm	标注尺寸
双点画线	PHANTOM2	洋红	0. 25 mm	绘制双点画线
文字层	Continuous	95	0. 25 mm	书写文字
剖面线层	Continuous	蓝	0. 25 mm	绘制剖面线

单击“默认”选项卡“图层”功能面板中的“图层特性”按钮，弹出“图层特性管理器”对话框，依据表 10-1 设置图层，如图 10-2 所示。

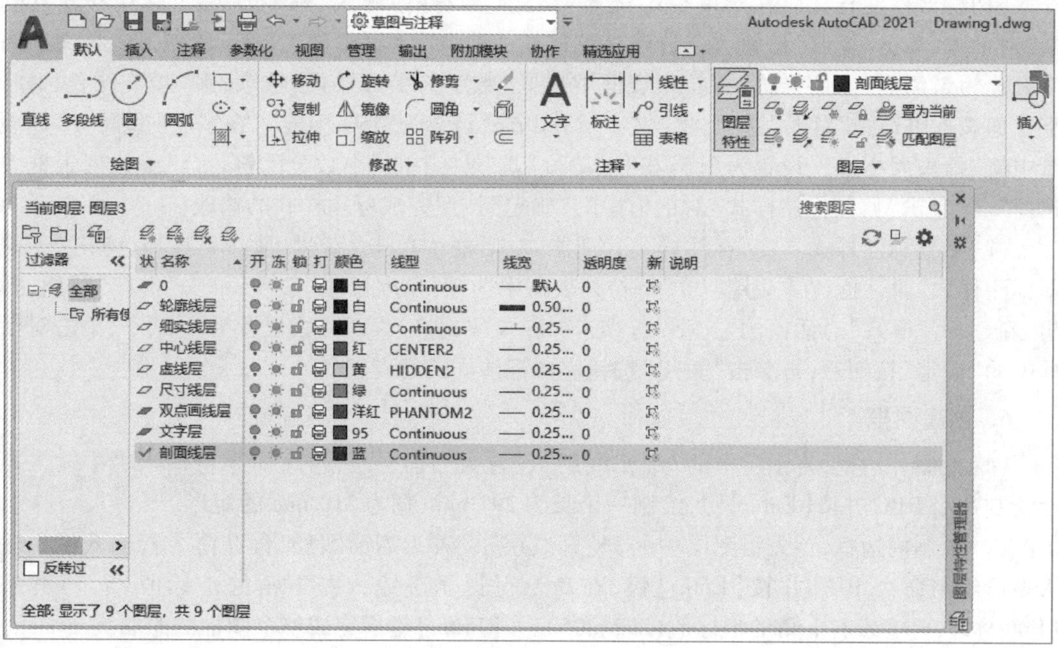

图 10-2　AutoCAD 中设置图层

4. 设置文字样式

（1）设置汉字文字样式。在菜单栏中选择“格式”→“文字样式”命令，弹出“文字样式”对话框（见图 10-3），单击“新建”按钮，在弹出的对话框中输入样式名“汉字文字样式”，在“字体名”下拉列表框中选择“仿宋_GB2312”，单击“文字样式”对话框中的“应用”按钮，完成汉字文字样式的设置。

学习笔记

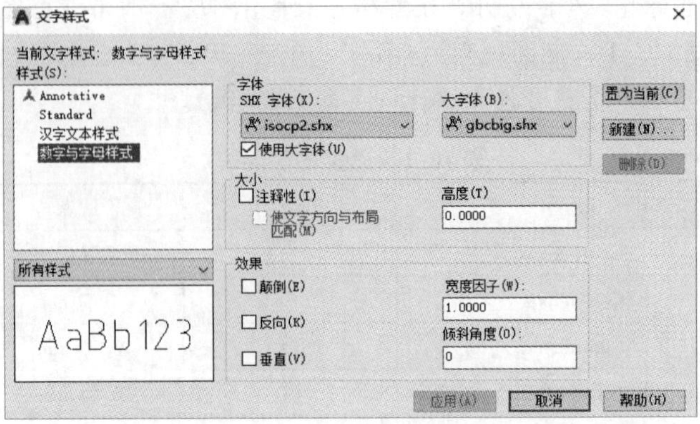

图 10-3 “文字样式”对话框

(2)设置数字与字母样式。在“文字样式”对话框中再次单击“新建”按钮，在弹出的对话框中输入样式名“数字与字母样式”，在“SHX 字体”下拉列表框中选择“isocp2. shx”字体，选中“使用大字体”复选框，在“大字体”下拉列表框中选择“gbcbig. shx”字体，单击对话框中的“应用”按钮，再单击“关闭”按钮，完成数字与字母样式的设置。

5. 设置标注样式

(1)修改标注样式。在菜单栏中选择“格式”→“标注样式”命令，弹出“标注样式管理器”对话框，单击“修改”按钮，在“修改标注样式：ISO-25”对话框的“文字”选项卡中将文字高度设置为 3.5；在“文字样式”下拉列表框中选择“数字与字母样式”选项；在“填充颜色(L)”下拉列表框中选择“背景”选项，将“文字对齐”方式设置为“ISO 标准”，在“符号和箭头”选项卡中将“箭头大小(I)”设置为 3.5；在“主单位”选项卡中的“小数分隔符(C)”下拉列表框中选择“.”，单击“修改标注样式”对话框中的“确定”按钮完成标注样式的修改。

(2)新建标注样式。在“标注样式管理器”对话框中单击“新建(N)…”按钮，弹出“创建新标注样式”对话框，在“应用(U)”下拉列表框中选择“角度标注”选项；单击“继续”按钮，弹出“新建标注样式”对话框的“文字”选项卡，将“文字对齐(A)”方式设置为“水平”，单击对话框中的“确定”按钮后，再单击“关闭”按钮完成标注样式的设置。

6. 创建图框

(1)绘制外边框，将图层中的“细实线层”设置为当前图层，再在命令行输入栏中输入矩形绘制命令 REC 并按【Enter】键，绘制一个长为 297 mm、宽为 210 mm 的矩形。

(2)绘制内边框，首先将图层中的“轮廓线层”设置为当前图层，再在命令行输入栏中输入矩形绘制命令 REC 并按【Enter】键，在命令行提示下输入左下角的坐标值(5,5)并按【Enter】键，再输入右上角的坐标值(292,205)，按【Enter】键后完成整个图框的绘制。

7. 创建标题栏

(1)在菜单栏中选择“绘图(D)”→“表格…”命令，弹出“插入表格”对话框，在“表格样式”选项区域中选择 Standard 表格样式，在“插入方式”选项组中选中“指定插入点(I)”选项，在“列和行设置”选项组的“列数(C)：”文本框中输入数值 7，在“列宽(D)：”文本框中输入数值 20，在“数据行数(R)：”文本框中输入数值 4，在“行高(G)：”文本框中输入数值 1，单击“确定”按钮完成表格的设置。

(2)确定表格放置位置。在命令行“指定插入点：”的提示下选取绘图区中合适的一点作

学习笔记

为表格放置点，完成表格的创建。

（3）编辑表格。选中表格的第一列或第一列中的任意一个单元格，在“特性”窗口的“单元宽度”文本框中输入数值 12，再按【Enter】键完成第一列列宽的设置，按同样的方法设置第二列到第七列的列宽均为 20。

合并单元格：分别选中第一、二行的第一、二、三列，第三、四行的第四、五、六、七列并右击，在弹出的快捷菜单中选择“合并”→“全部”命令，完成单元格的合并。

（4）填写标题栏。双击表格中的单元格，输入相应的文字完成标题栏中文字的填写。

（5）分解表格。在菜单栏中选择“修改（M）”→“分解”命令，将表格作为分解对象，按【Enter】键完成表格的分解。

（6）转换线型。将分解后标题栏的最外侧线条所在的图层切换至“轮廓线层”，其他线条保留在“细实线层”，得到标题栏的最终效果图如图 10-4 所示。

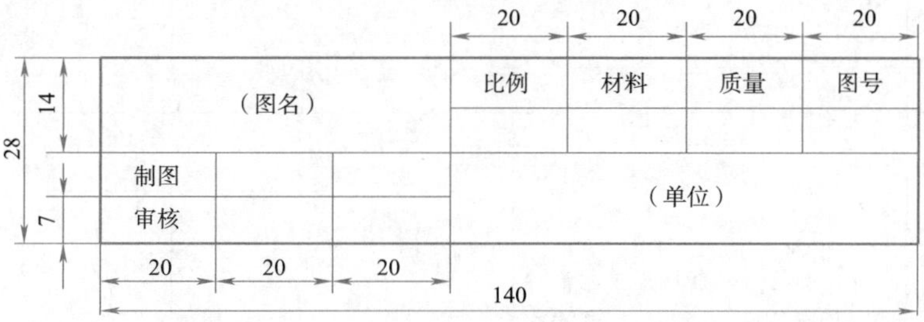

图 10-4　标题栏的最终效果图

8. 保存样板文件

在菜单栏中选择“文件（F）”→“另存为（A）…”命令，将文件命名为“temp_A4. dwg”，单击“保存”按钮完成 A4 样板文件的保存。绘制的 A4 样板图的最终效果图如图 10-5 所示。

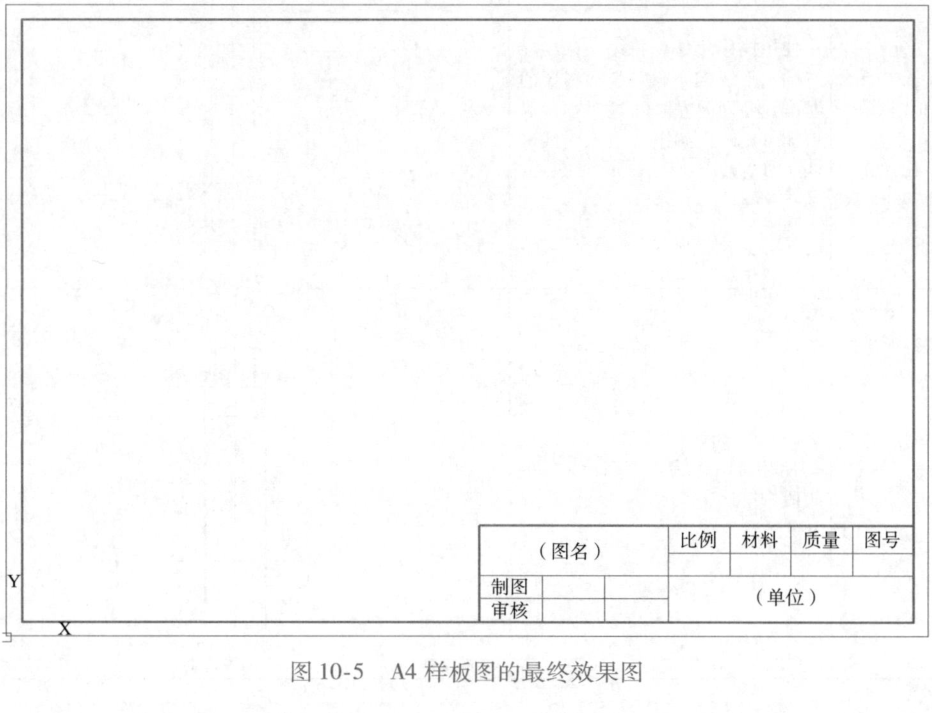

图 10-5　A4 样板图的最终效果图

学习笔记

任务实施

图 10-1 所示汽车吊钩的平面图形的作图步骤、方法和图例见表 10-2。

表 10-2　汽车吊钩的作图步骤、方法和图例

作图步骤	作图方法	绘制图例
绘制基准线	打开 A4 样板文件，使用绘制直线命令 L 绘制基准线	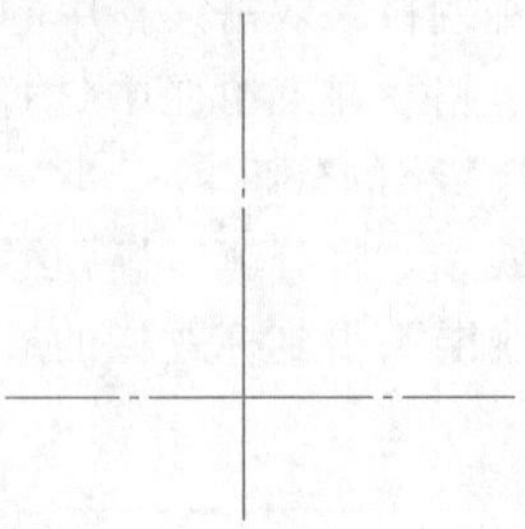
绘制最上边的水平线	使用偏移命令 O 将水平基准线向上偏移 102，得到最上边的水平线	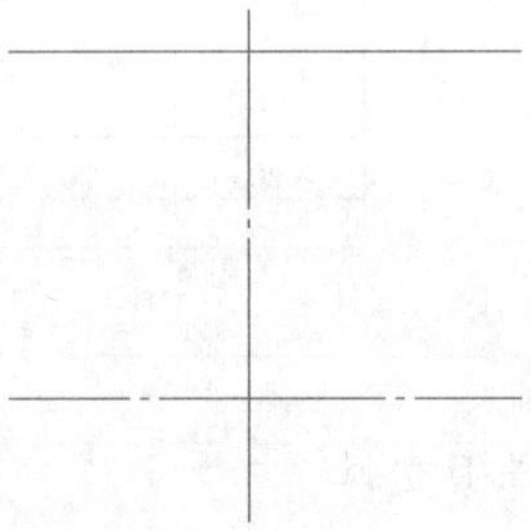
绘制第二条水平线和四条竖直线	使用偏移命令 O 将第一条绘制好的水平线向下偏移 19，将竖直基准线分别向左右两边对称偏移 11 和 14.5，得到第二条水平线和四条竖直线	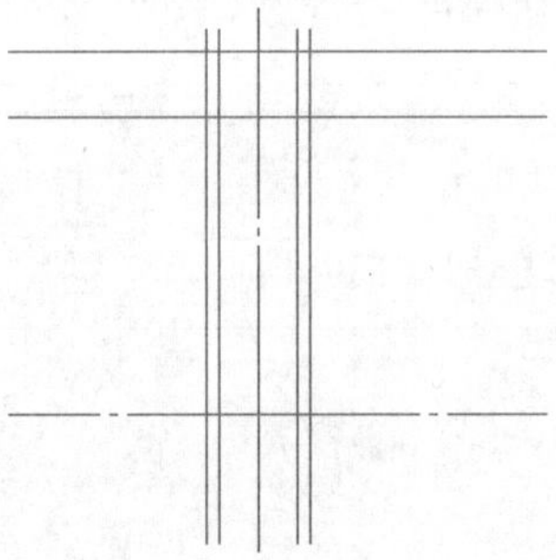
修剪线段	使用 TRIM 命令修剪多余的线段	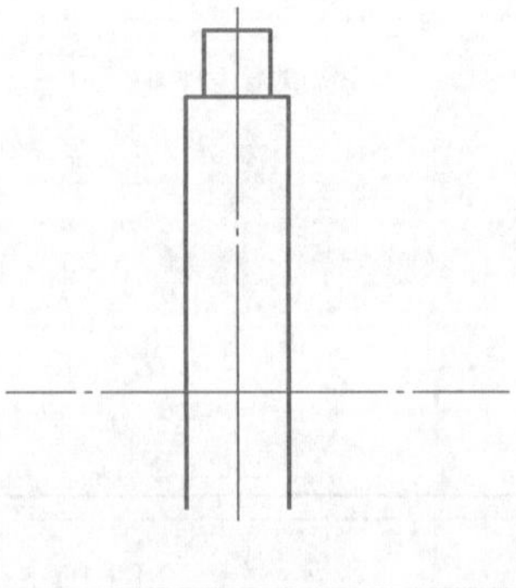

学习笔记

续表

作图步骤	作图方法	绘制图例
倒角	使用 CHAMFER 命令将最上面的水平线与靠竖直基准线里面的两条竖线倒成距离为 3 的倒角	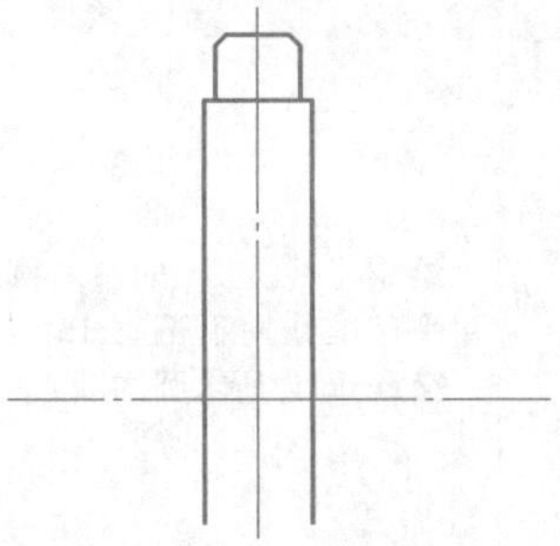
倒角后连线	使用直线绘制命令 L 连接倒角后的两个端点	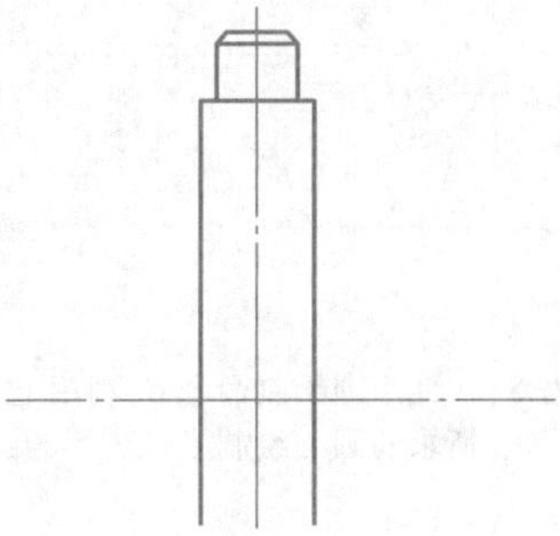
绘制半径为 24 及 48 的同心圆	使用圆绘制命令 C 分别绘制半径为 24 及 48 的圆	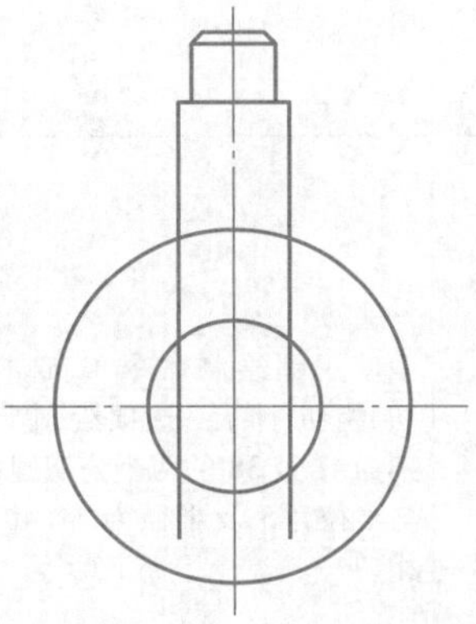
绘制直线与圆的相切圆	使用圆绘制命令 C，选择“相切、相切、半径”选项绘制两个半径为 18 的圆分别相切于直线和圆	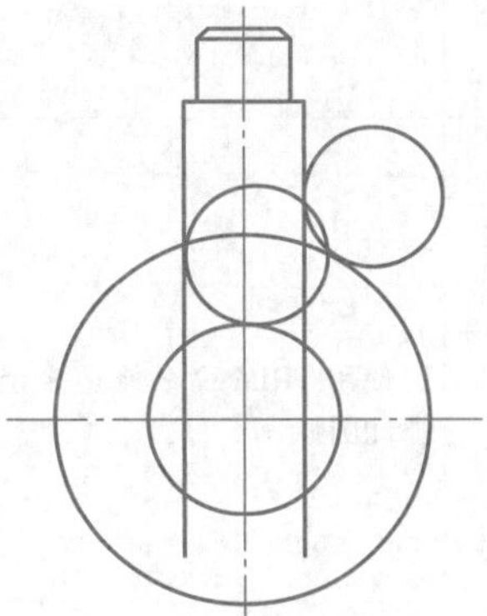

学习笔记

续表

作图步骤	作图方法	绘制图例
求半径为5的圆的圆心	绘制半径为36的参考圆并将水平基准线向下偏移16得左边一交点，即为所求圆的圆心	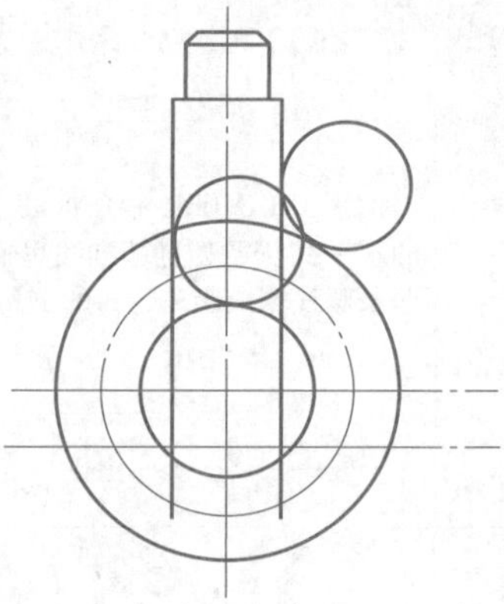
绘制半径为5的圆	使用圆绘制命令C，利用上一步所求的圆心绘制半径为5的圆	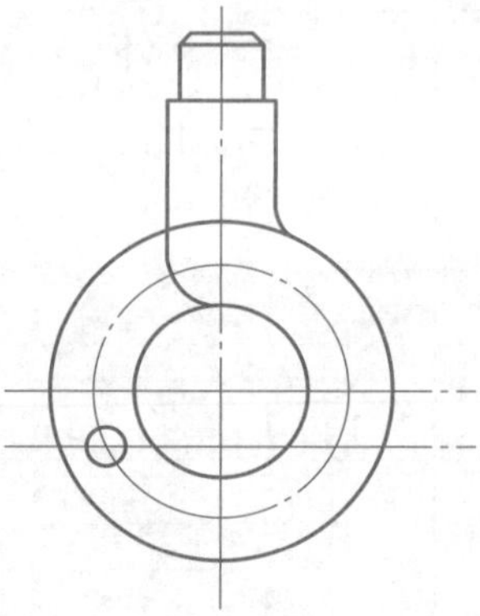
绘制两圆的公切圆弧	使用圆绘制命令C，选择“相切、相切、半径”选项绘制半径分别为41及38的两个公切圆，分别与半径为5及半径为24、48的圆相切	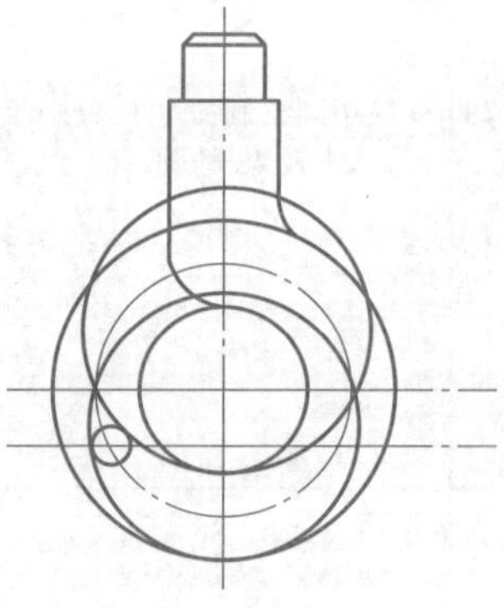
修剪圆	使用TRIM命令修剪多余的线段和圆弧	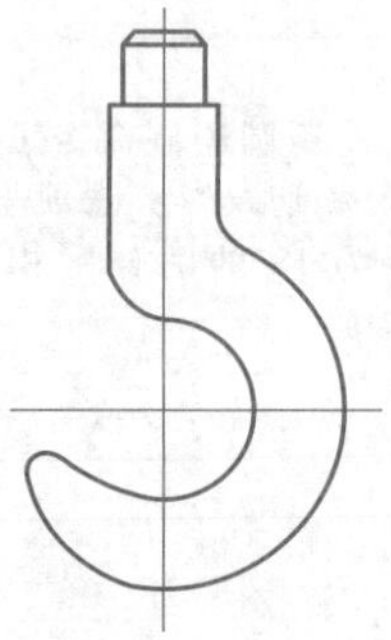

学习笔记

课后强化训练任务

课后强化训练任务一：图 10-6 所示为一卡盘的平面图，要求运用绘图命令和状态栏绘图辅助工具在 AutoCAD 中绘制出该卡盘的平面图形。

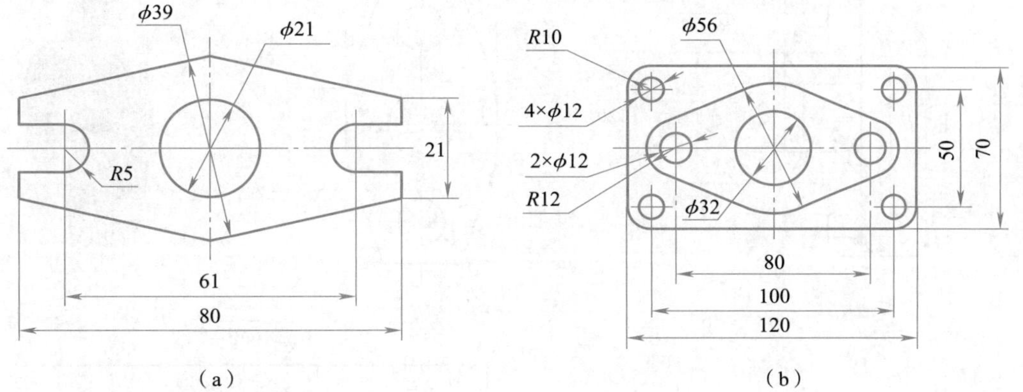

图 10-6　卡盘平面图

课后强化训练任务二：图 10-7 所示为一飞轮的平面图形，要求运用绘图命令和状态栏绘图辅助工具在 AutoCAD 中绘制出该飞轮的平面图形。

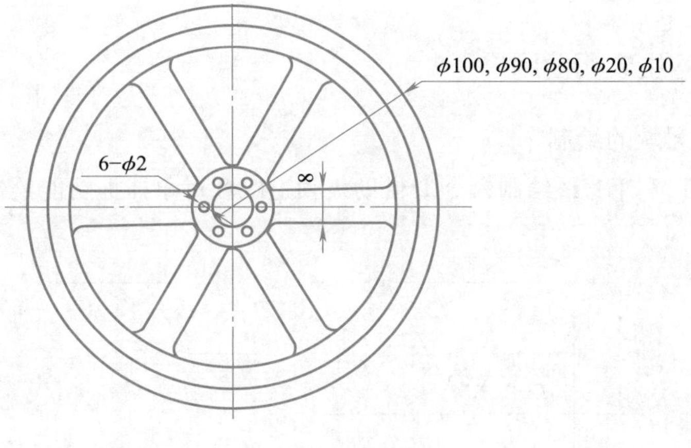

图 10-7　飞轮的平面图

任务二　AutoCAD 零件平面图形的绘制

任务描述

图 10-8 所示为阀体压盖的轴测图、主视图的剖面图及左视图，任务要求利用 AutoCAD 软件抄画该阀体压盖的零件图，完成尺寸标注及技术要求的书写，填写好标题栏。

学习笔记

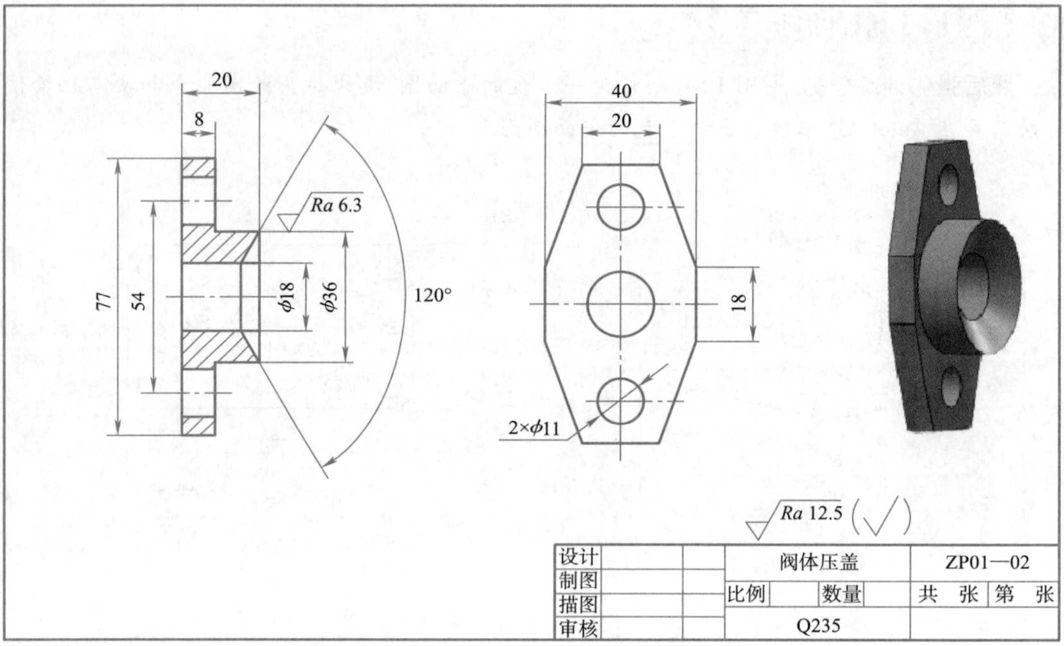

图 10-8　阀体压盖的零件图及轴测图

相关知识

一、图形块的生成和使用

1. 粗糙度符号块的绘制

新建图形文件，利用直线绘制命令 L 借助极轴追踪和对象捕捉功能绘制图 10-9 所示的粗糙度符号。

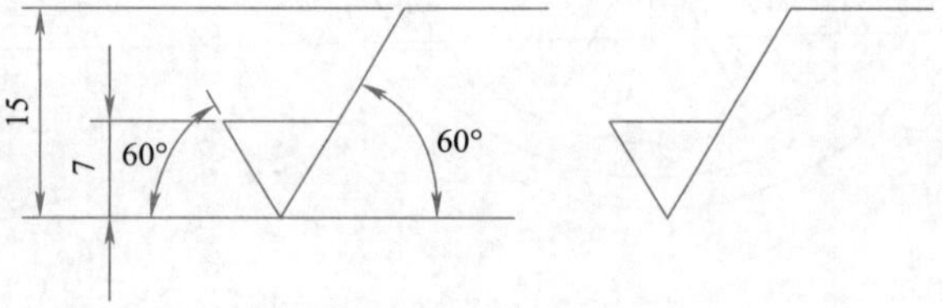

图 10-9　粗糙度符号

2. 块属性的定义

在菜单栏中选择“绘图”→“块”→“定义属性”命令，弹出“属性定义”对话框，按照图中的参数设置相应的属性即可，如图 10-10 所示。

3. 图块的保存

在命令行中输入 WB 即写块命令，打开图 10-11 所示的“写块”对话框，在绘图界面中设置基点、选择图块元素及图块保存的文件名、路径，单击“确定”按钮即可。

学习笔记

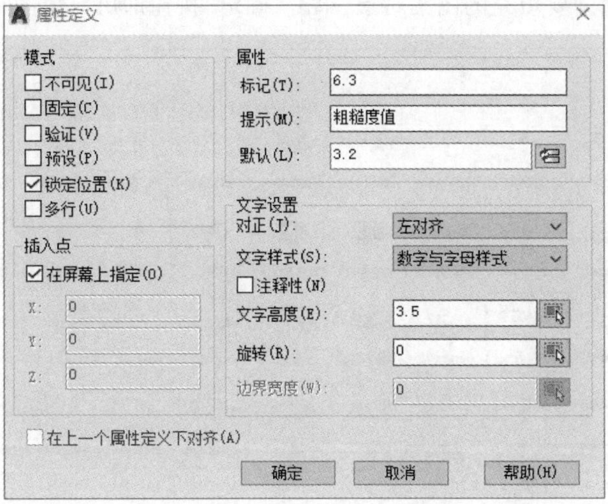

图 10-10　“属性定义”对话框

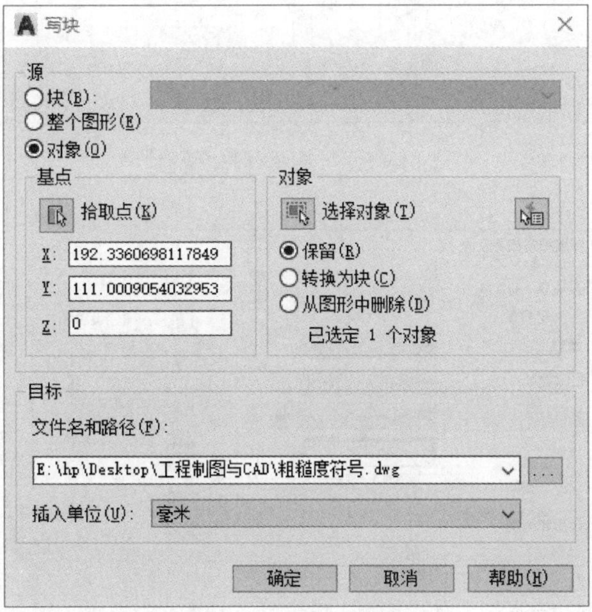

图 10-11　“写块”对话框

4. 图块的使用

打开要使用图块的文件，在命令行中输入 I 后按【Enter】键，打开图 10-12 所示的“图块选择”窗口，从中选择所需的图块并单击即可将图块导入到当前的文件中。

二、剖面线的绘制

1. 图案填充

在命令行输入栏中输入 H 并按【Enter】键，在命令提示符 HATCH 拾取内部点或 [选择对象(S) 放弃(U) 设置(T)]: 的左侧输入 T，在弹出的“图案填充和渐变色”对话框（见图 10-13）中设置好参数并在“边界”选

学习笔记

项中选择好绘图界面中要填充的图案对象，单击“确定”按钮即可完成图案填充。

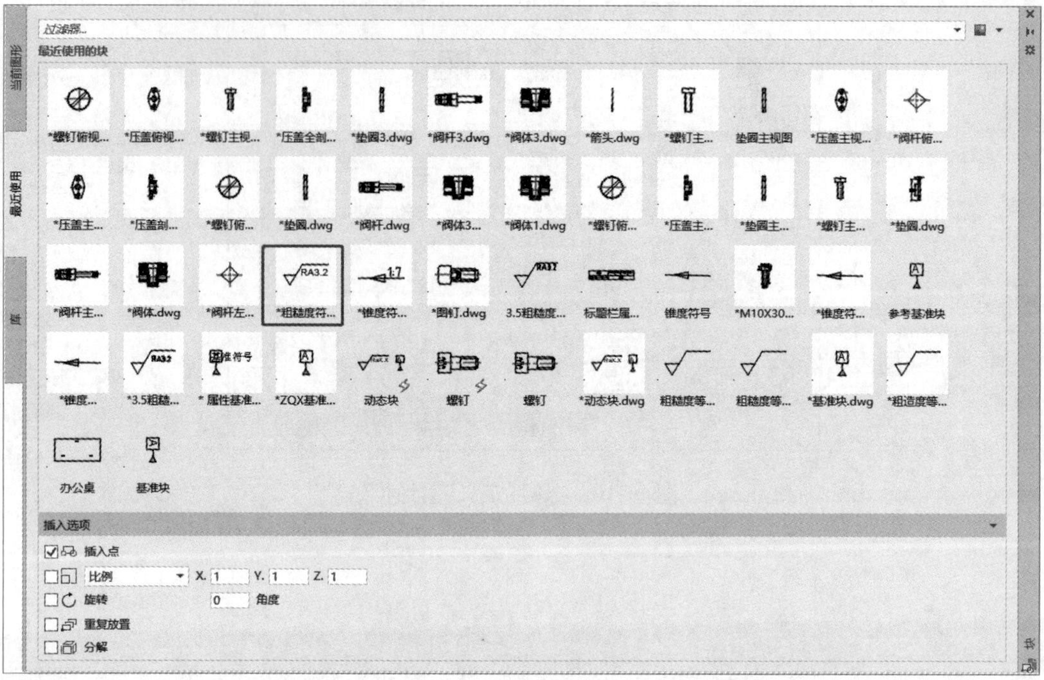

图 10-12 “图块选择”窗口

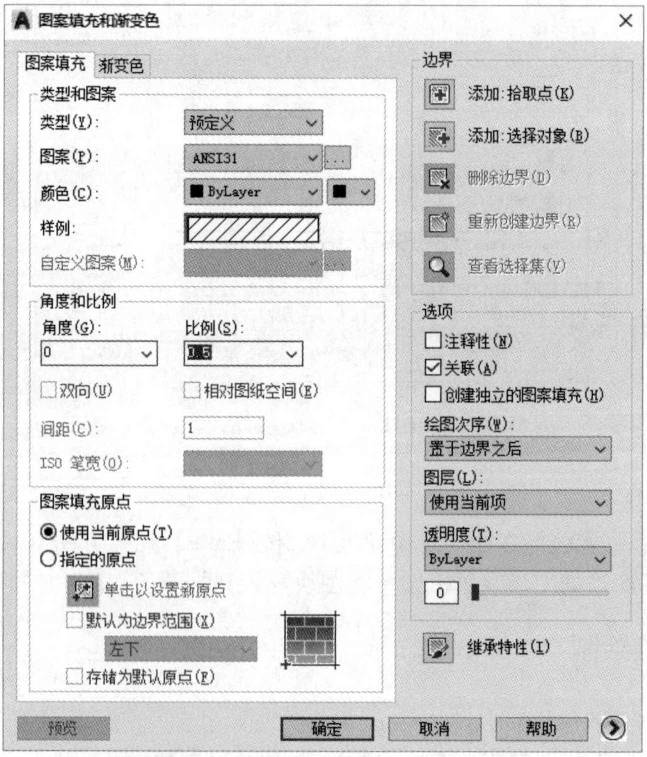

图 10-13 “图案填充和渐变色”对话框

学习笔记

2. 剖切面中剖面线的绘制

如图 10-14(a)所示的剖切图,要绘制出所需的剖切线,可以利用图案填充命令 H,按照图 10-13 设置对应的参数,选择要填充图案的封闭面,单击"确定"按钮后即可得到图 10-14(b)所示剖切线的效果图。

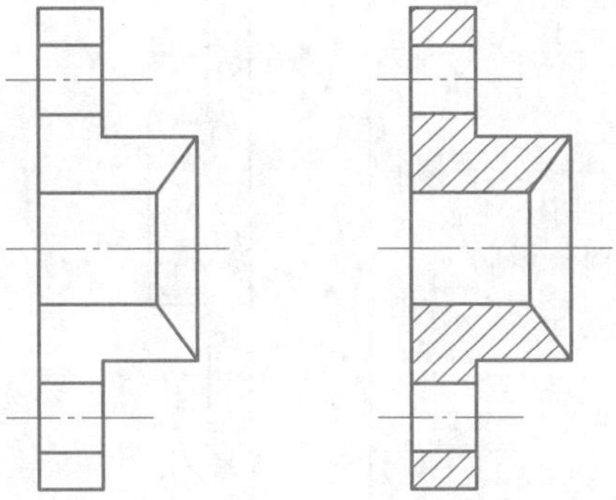

(a)　　　　(b)

图 10-14　剖切面中剖面线的绘制

任务实施

图 10-8 所示阀体压盖零件平面图形的作图步骤、方法和图例见表 10-3。

表 10-3　阀体压盖零件平面图形的作图步骤、方法和图例

作图步骤	作图方法	绘制图例
绘制基准线和主视图上半部分	打开 A4 样板文件,使用绘制直线命令 L 绘制基准线和主视图上半部分	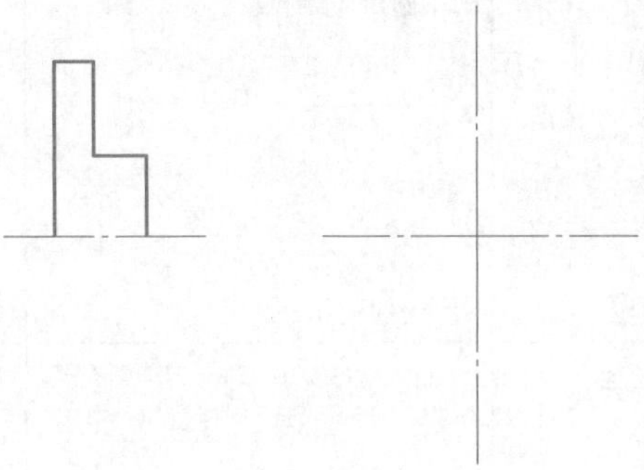
绘制主视图	使用镜像命令 MI 绘制出主视图的下半部分	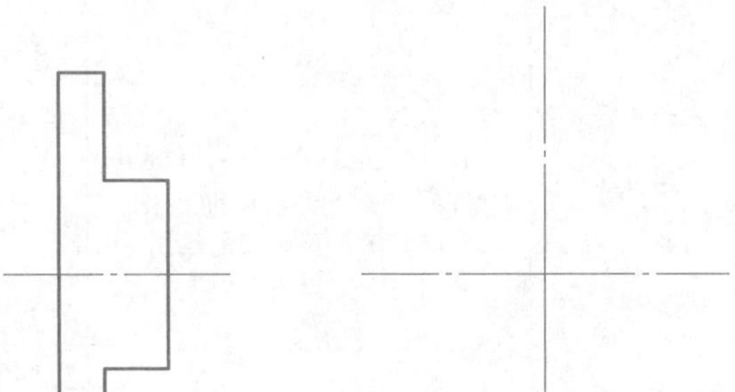

学习笔记

续表

作图步骤	作图方法	绘制图例
绘制左视图的圆	使用偏移命令 O 找到左视图的圆心位置,再利用圆绘制命令 C 绘制出左视图中的三个圆	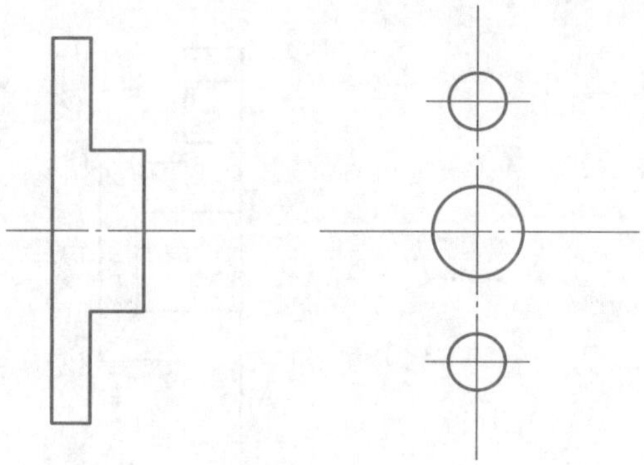
绘制主视图中圆的投影	使用正投影的投影特性中的高平齐及偏移命令 O,绘制出主视图中圆对应的投影	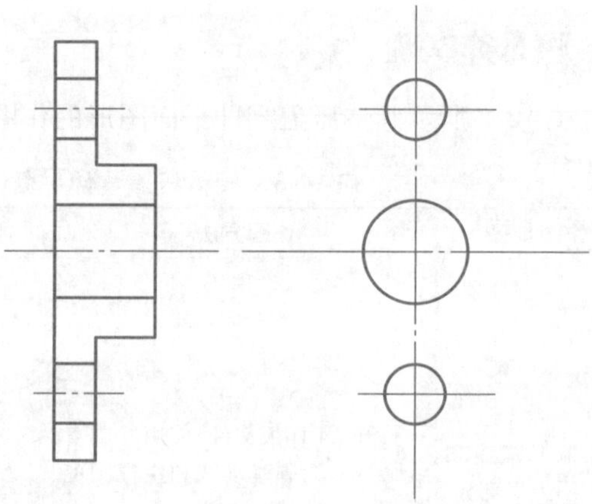
绘制 120° 的斜线	使用直线绘制命令 L 并借助极轴追踪及对象捕捉辅助绘图工具,完成 120°的两斜线的绘制	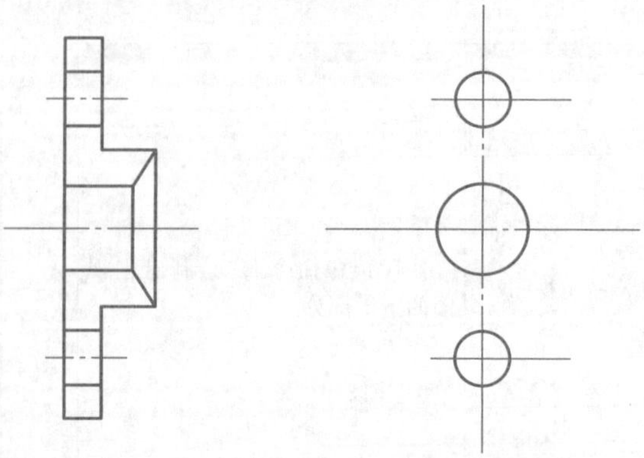

学习笔记

续表

作图步骤	作图方法	绘制图例
左视图其他图形元素的绘制	使用偏移命令 O，以对称中心线为基线偏移绘制出左视图中的其他线段图形元素	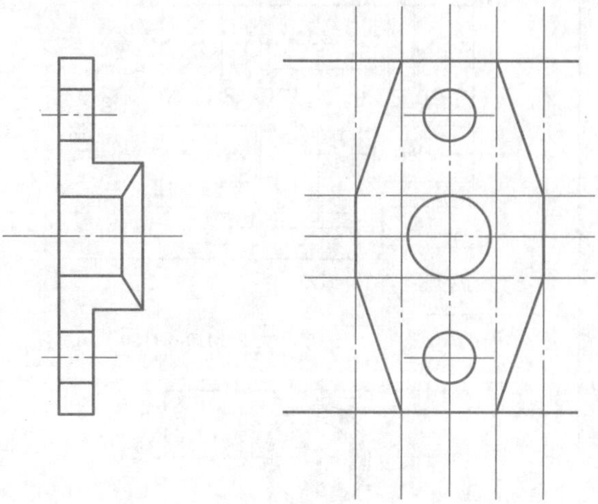
绘制主视图中的剖切线符号	使用图案填充命令 H 绘制出主视图中的剖切线符号	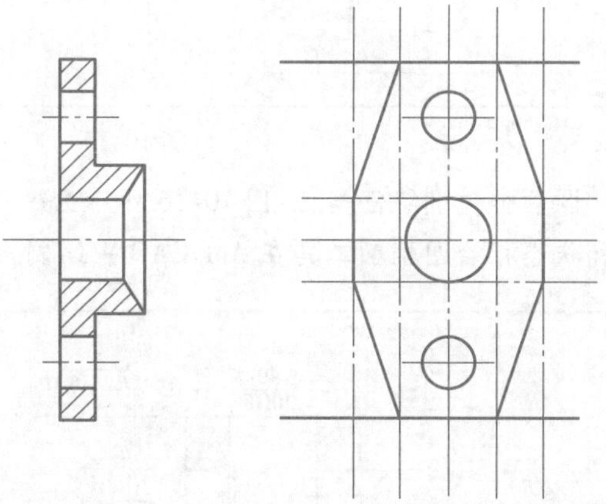
进行尺寸标注	分别采用线性标注、角度标注及直径标注命令，完成零件平面图形的尺寸标注	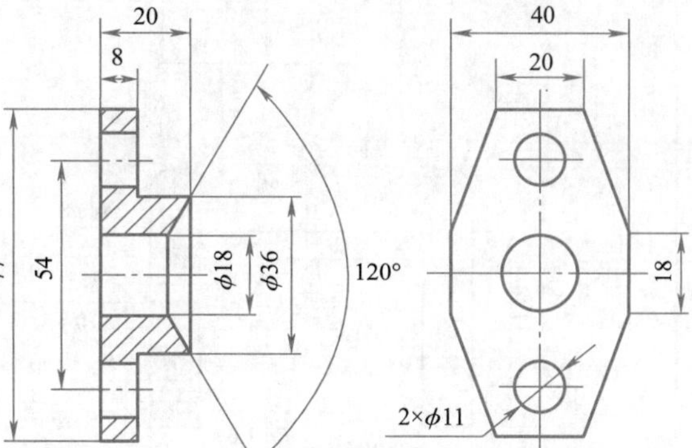

课后强化训练任务

课后强化训练任务一：图 10-15 所示为一旋塞阀阀体零件的平面图形，要求运用绘图命令和状态栏绘图辅助工具在 AutoCAD 中绘制出该零件的平面图形。

学习笔记

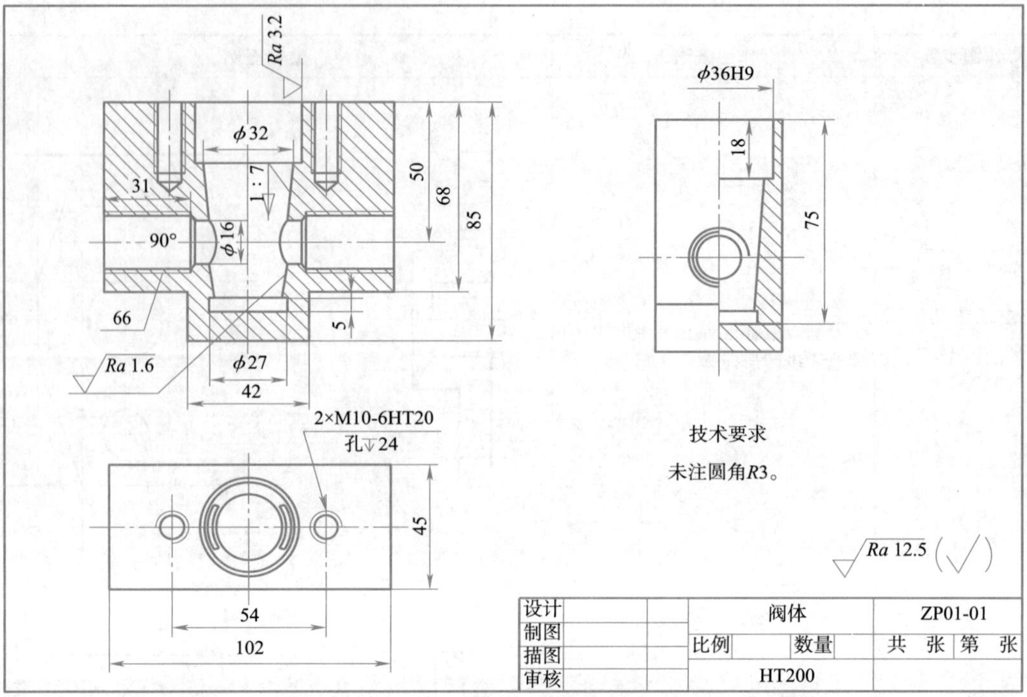

图 10-15　旋塞阀阀体平面图

课后强化训练任务二：图 10-16 所示为一手压阀托架零件的平面图形，要求运用绘图命令和状态栏绘图辅助工具在 AutoCAD 中绘制出该零件的平面图形。

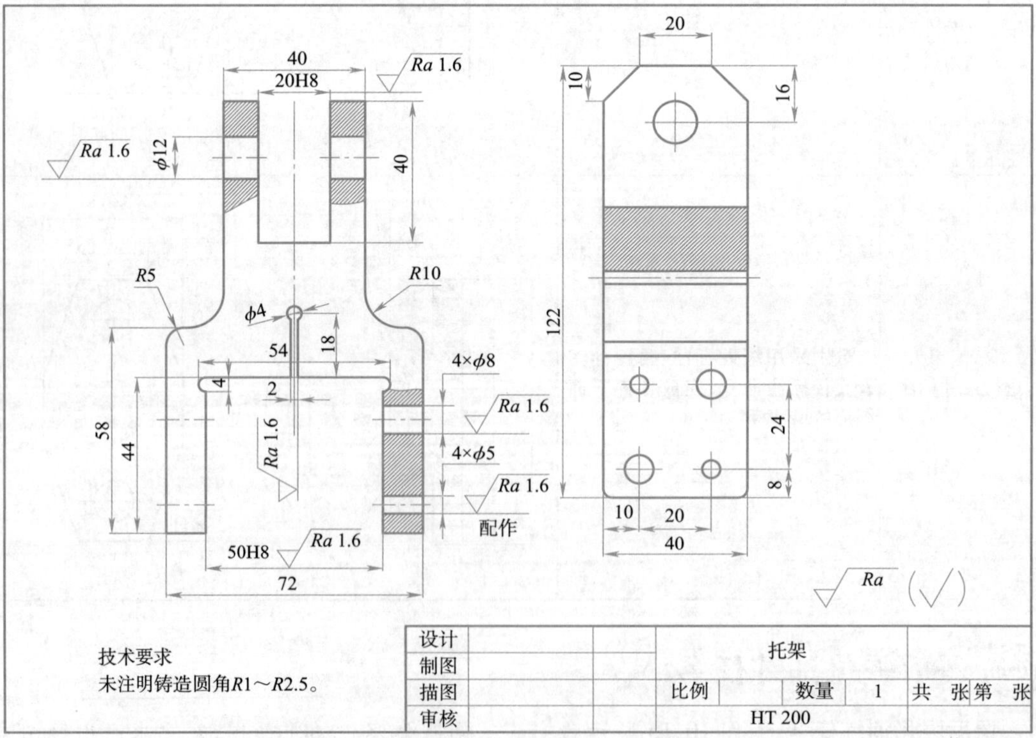

图 10-16　手压阀托架平面图

学习笔记

任务三　AutoCAD 装配体平面图形的绘制

任务描述

图 10-17 所示为旋塞阀的轴测图及装配图，任务要求利用 AutoCAD 软件绘制该装配体的装配图。

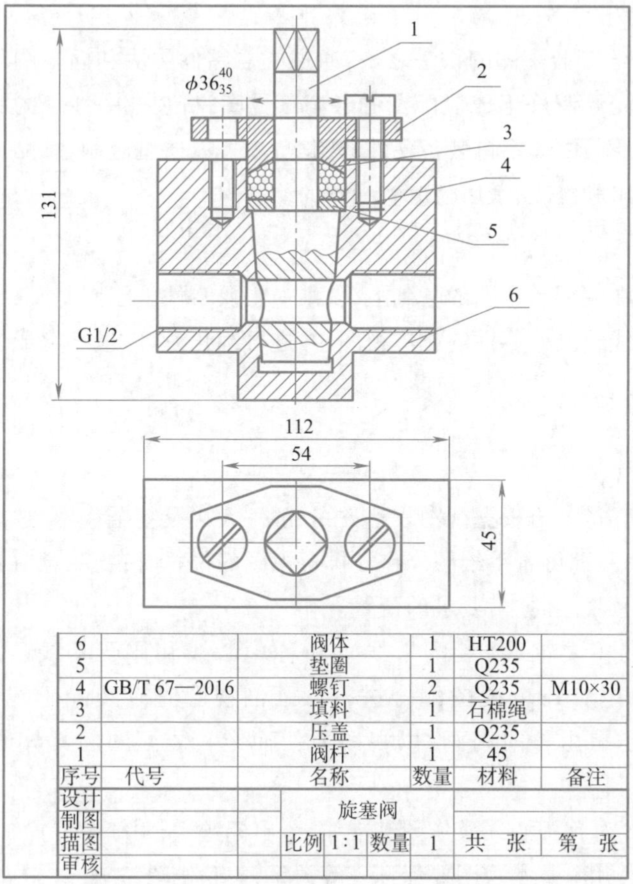

序号	代号	名称	数量	材料	备注
6		阀体	1	HT200	
5		垫圈	1	Q235	
4	GB/T 67—2016	螺钉	2	Q235	M10×30
3		填料	1	石棉绳	
2		压盖	1	Q235	
1		阀杆	1	45	

设计		旋塞阀			
制图					
描图		比例 1:1	数量 1	共　张	第　张
审核					

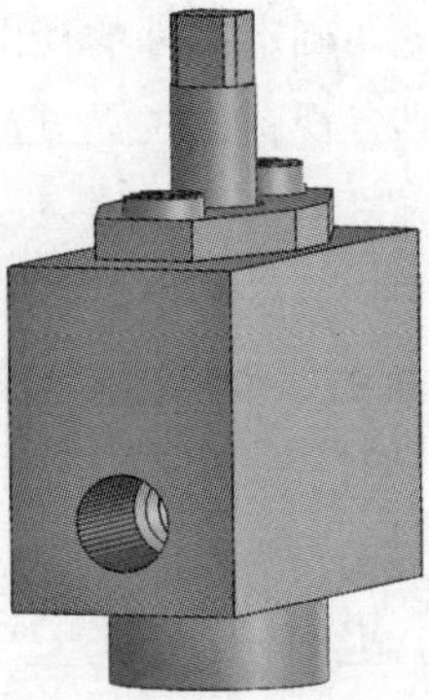

图 10-17　旋塞阀轴测图和装配图

相关知识

一、装配图的定义和作用

装配图是表示产品及其组成部分装配关系的图样，用于表达部件或机器的工作原理、零件间的相对位置、连接装配关系、主要零件的结构，及装配需要的尺寸和技术要求，是进行设计、装配、检验、安装、调试和维修时必要的技术文件。

完成一定功用的若干零件的组合称为一个部件，一台机器由若干个零件和部件装配而

学习笔记

成。在进行机器（或部件）设计时，一般先根据设计要求确定机器（或部件）的工作原理、传动路线、零件的装配关系、润滑、密封等要求，绘制出装配图；再根据装配图分别设计、绘制出各零件的零件工作图；依据零件工作图加工制成零件后，按照装配图将零件组装成机器或部件。表示部件的图样，称为部件装配图；表示一台完整机器的图样，称为总装配图或总装图。

二、绘制装配图的方法

1. 零件图拼画装配图

在AutoCAD中，图块操作是绘制装配图的方法之一，通过建立零件图块和插入图块的方法进行拼画。绘制装配图前，首先绘制好组成装配图的各个零件图，将装配图涉及的零件按有关视图分别作成图块，然后依照装配关系拼装各零件的图块；也可以通过复制、粘贴或移动命令完成，并在此基础上进行编辑和修改，最后完成装配图的绘制。

2. 按设计意图绘制装配图

按设计意图绘制装配图，是在装配示意图的基础上，以某一主要零件为绘图基础，按零件位置关系和装配关系，用简单图线绘制各零件的相应视图，并进行细化设计，最终完成装配图的绘制。

三、绘制装配图的步骤

首先要确定部件的视图表达方案，再根据视图表达方案、部件大小及复杂程度，选取适当比例安排各视图的位置，选取图幅，即可着手绘图。在安排各视图的位置时，要注意留有供编写零、部件序号，明细栏以及注写尺寸和技术要求的位置。

绘图时，应先画出各视图的主要轴线（装配干线）、对称中心线和作图基线（某些零件的基面和端面）。由主视图开始，几个视图配合进行。画剖视图时以装配干线为准，由内向外逐个画出各个零件，也可由外向内画，以视图方便而定。装配图的具体绘制步骤如下：

（1）画出各视图的主要轴线、对称中心线及作图基准线，留出标题栏、明细栏位置。

（2）画出主要零件的轮廓线，几个基本视图要保证三等关系，关联作图。

（3）逐一画出其他零件的三视图，并对零件的结构做合理表达。

（4）检查校核。画出剖面符号，标注尺寸及公差配合、加深各类图线等，最后给零件编号、填写标题栏、明细栏、技术要求。

任务实施

绘制图10-17所示旋塞阀的装配图宜采用拼画法，即先绘制出旋塞阀各组成零件的平面图形，然后再拼装成装配图，具体的绘制步骤如下：

1. 绘制各组成零件的图块

绘制旋塞阀各组成零件的平面图样，如图10-18所示。

学习笔记

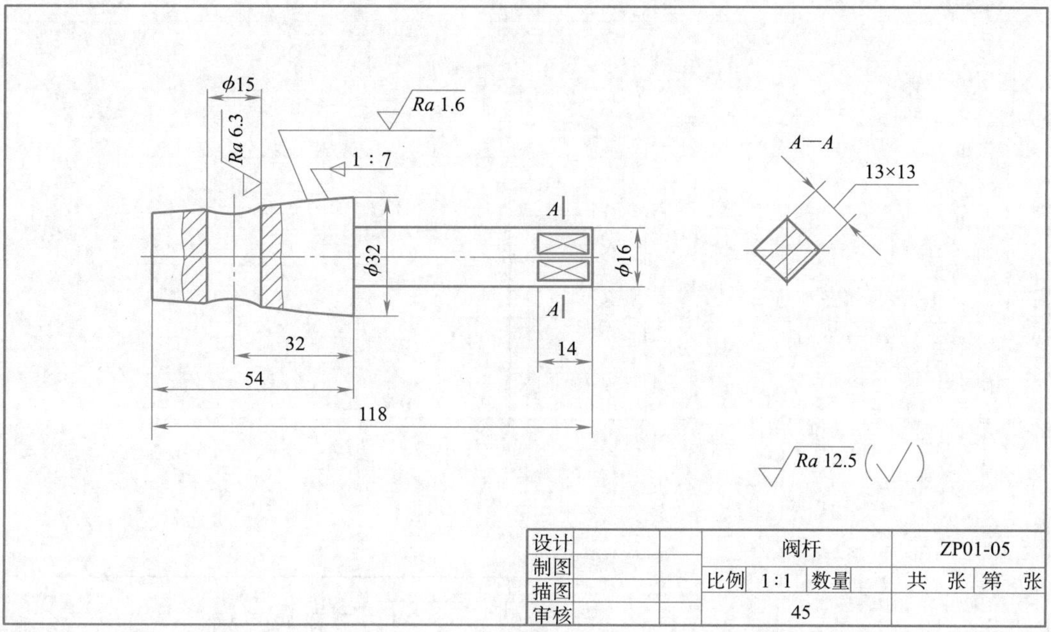

（a）

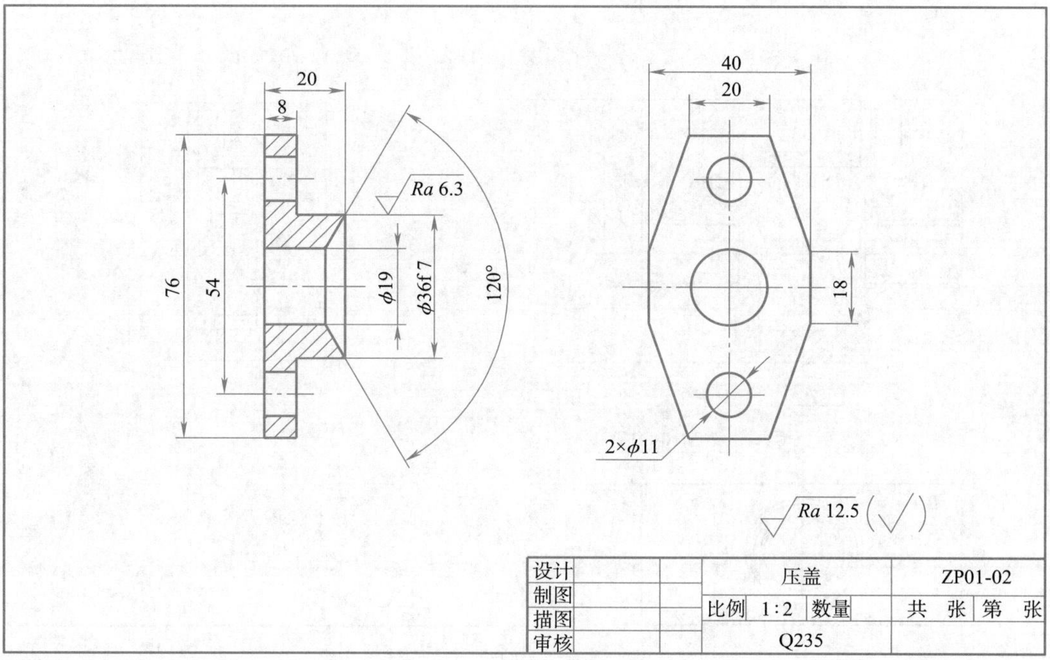

（b）

图 10-18 旋塞阀各组成零件平面图

学习笔记

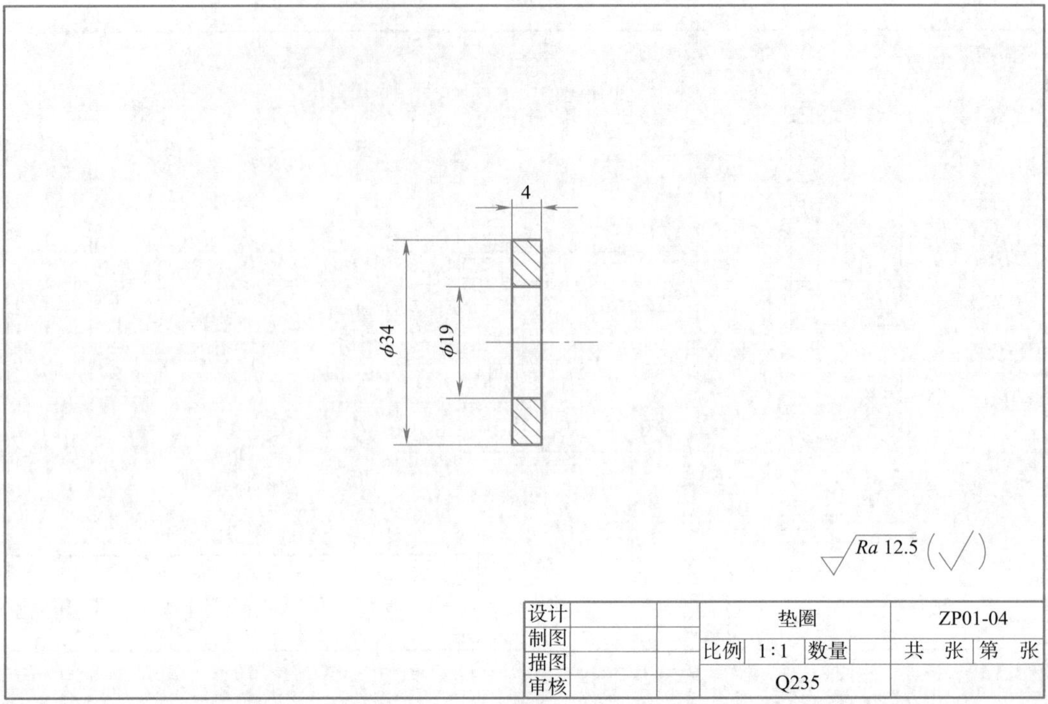

（c）

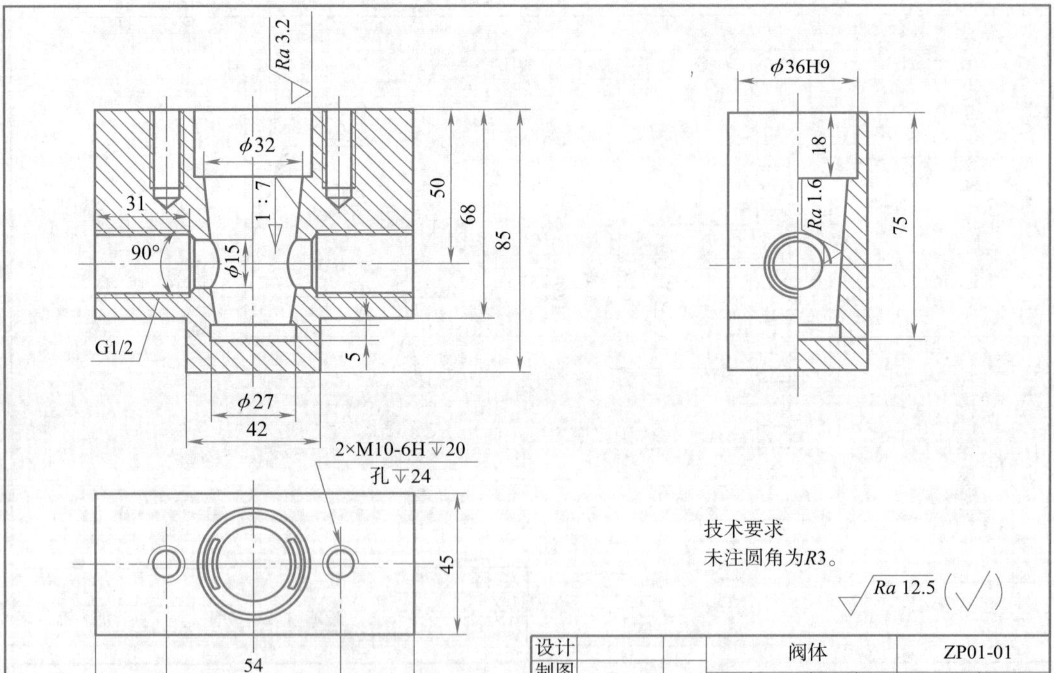

（d）

图 10-18　旋塞阀各组成零件平面图(续)

学习笔记

2. 建立各组成零件的图块

使用 WB 命令，分别将零件的有关视图建立图块保存，如图 10-19 所示。在建立零件图块时，只将与装配图有关的各零件的视图和剖视图作成图块，一般一个视图或剖视图建成一个图块。视图和剖视图中若有标注（如尺寸、文字等），建立图块前应先擦去。在选择各图块的插入基准点时，要选择能方便、准确地在装配图上定位的点，如图 10-19 中用 × 标出的各图块插入基准点。

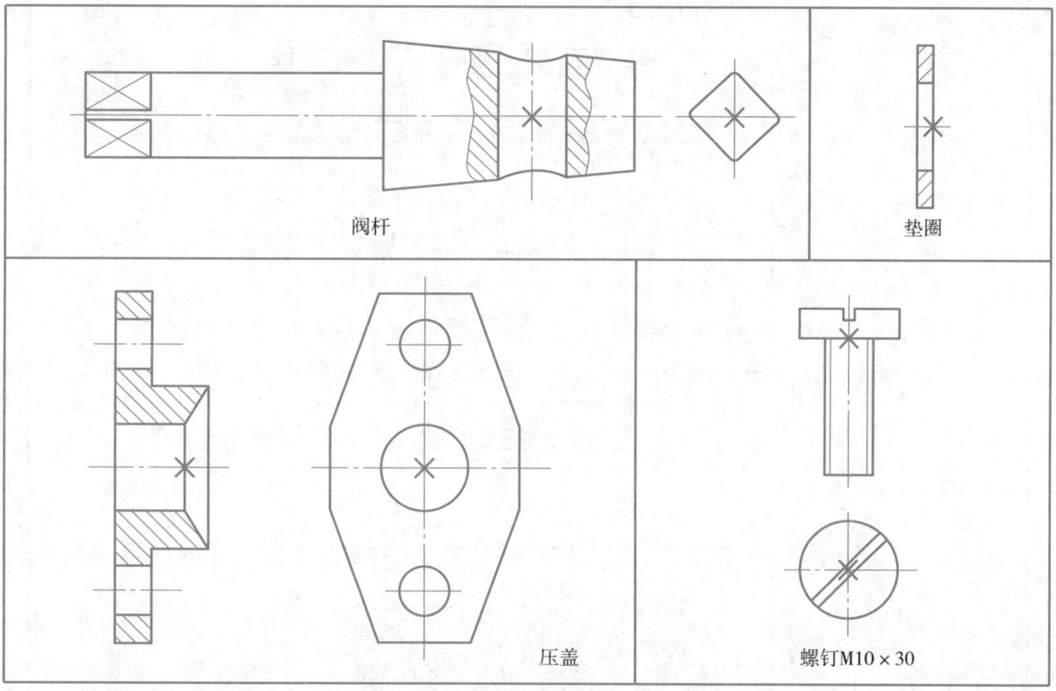

图 10-19　旋塞阀零件图块

3. 拼画装配图

按装配关系和装配顺序插入零件图块。在菜单栏中选择“插入(I)”→“块(B)”命令，或采用 INSERT 命令插入组成旋塞阀的各零件图块，构造未经修改的旋塞阀装配图。

调用样板图 A4 样板文件，绘制竖放的 A4 图框，删除 A4 样板文件中的图框，并把标题栏移到图框的右下角。将“0”层作为当前层→插入“阀体”图块→分解“阀体”图块，调整各视图的相对位置→插入“阀杆装配用主视”“阀杆装配用俯视”图块→插入“垫圈装配用主视”图块→插入“压盖装配用主视”图块→插入“压盖装配用俯视”图块→插入右侧“螺钉 M10 × 30 装配用主视”图块→插入“螺钉 M10 × 30 装配用俯视”图块，完成未经修改的装配图，如图 10-20 所示。

4. 修改装配图

如图 10-20 所示的装配图，被遮挡的图线、螺纹连接处的画法、剖面线的方向和间隔等都需要用修改命令进行修改、整理。

(1)分解图块。图块是一个整体，必须用“分解”命令(EXPLODE)先将图块分解，才能修改其中的图线。

学习笔记

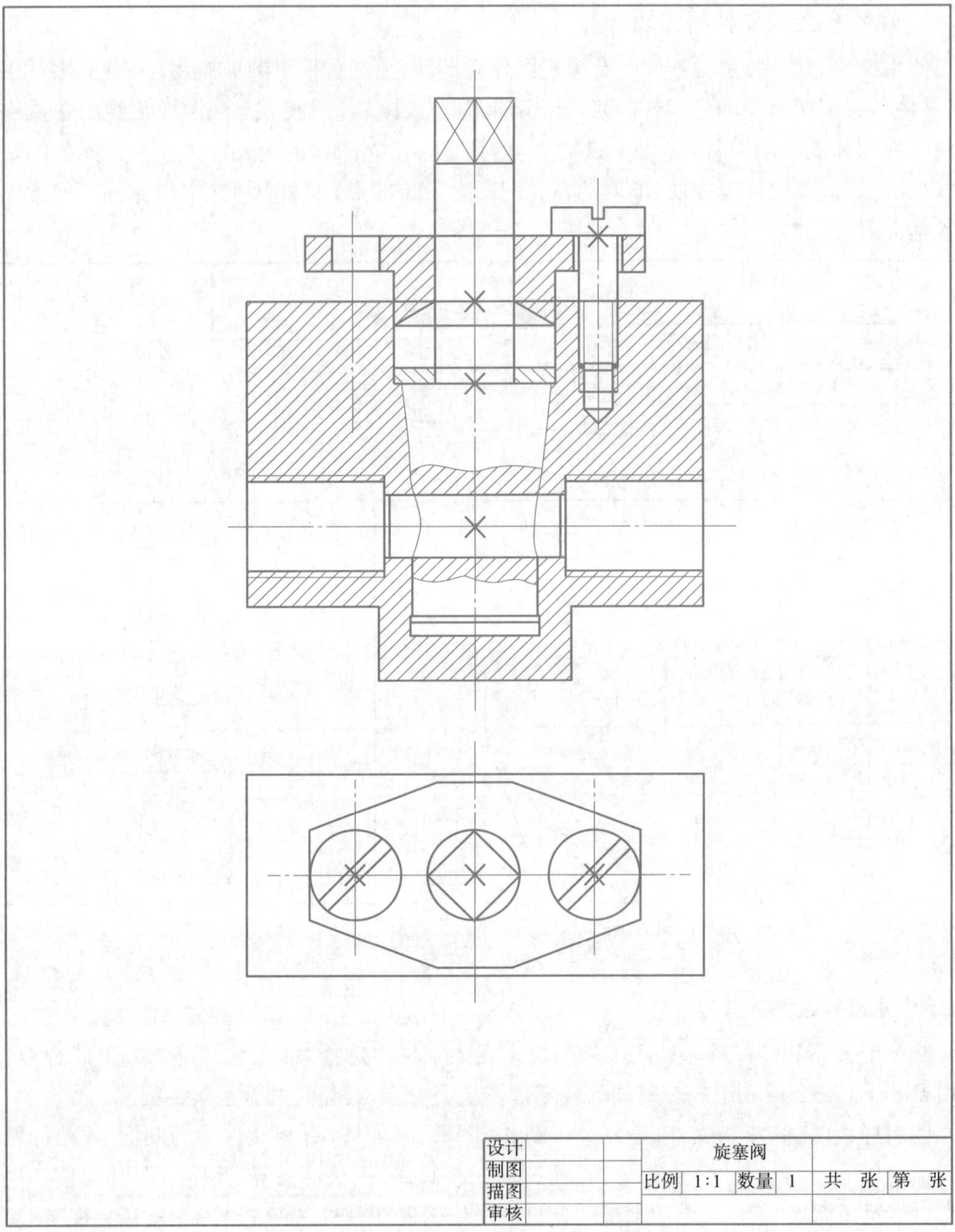

图 10-20 未经修改的旋塞阀装配图

(2)修改剖面符号。若只修改剖面符号的方向和间隔,可移动光标到剖面符号,当剖面符号变虚时双击,调用“图案填充编辑”对话框,根据需要修改参数后单击“确定”按钮。如果对剖面符号进行修剪,修剪前也必须用“分解”命令分解剖面符号,因为剖面符号也是图块。

(3)重叠对象的选取。零件图块插入后,零件之间经常出现重叠或相距很近的情况。在选取编辑修改的对象时,将光标移到目标处,按住【Shift】键不动,可反复按【Space】键交替选择对象,选择正确对象后单击确认。

(4)在“剖面符号”层绘制填料(石棉绳)。在菜单栏中选择“绘图(D)”→“图案填充(H)…”命

学习笔记

令，再在命令行窗口提示符后输入字母 T 并按【Enter】键，弹出“图案填充和渐变色”对话框，在“类型和图案”中的“类型”选择“用户定义”，在“角度和方向”中的“角度”选择 45°，并选中“双向”复选框，然后单击“确定”按钮。编辑和修改后的装配图如图 10-21 所示。

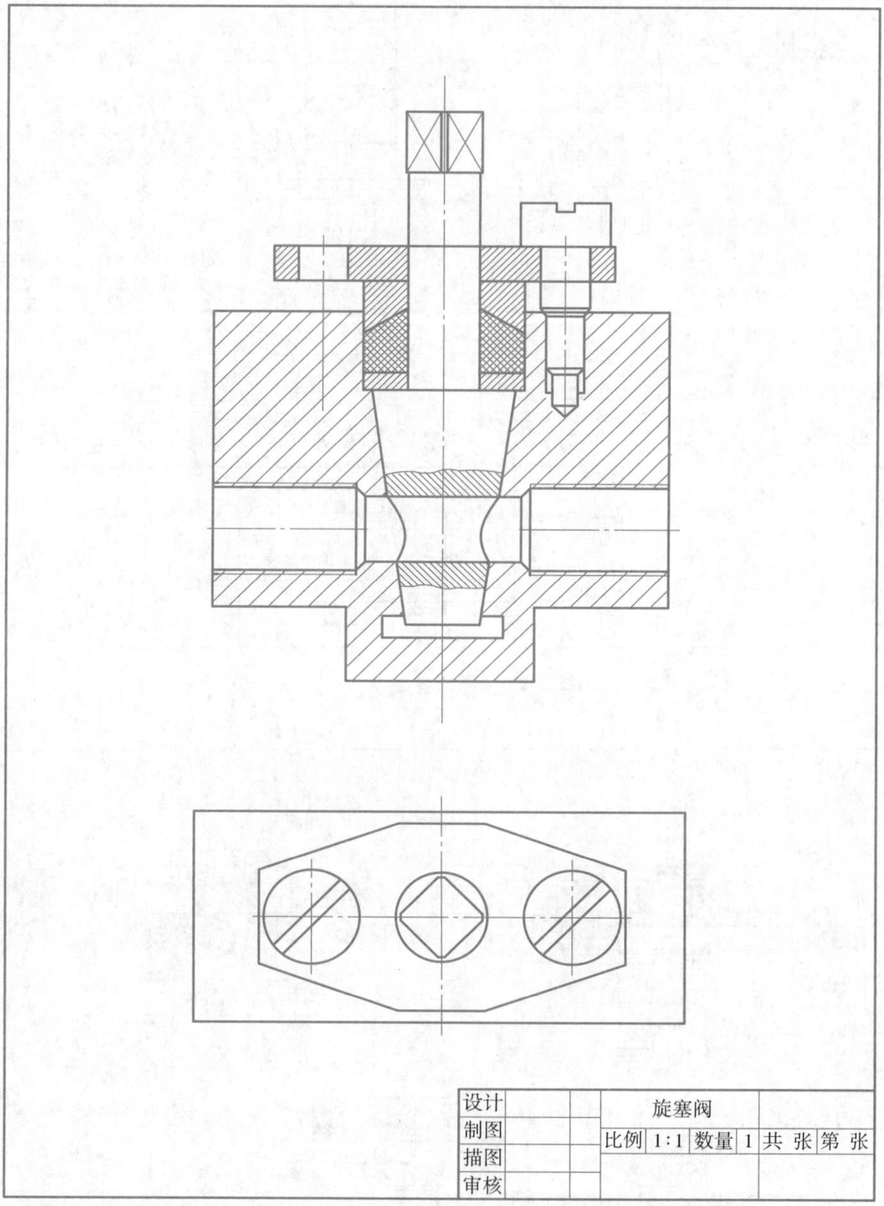

图 10-21　修改后的旋塞阀装配图

课后强化训练任务

课后强化训练任务一：图 10-22 所示为安全阀的装配图，要求运用 AutoCAD 软件绘制出该部件的装配图。

课后强化训练任务二：图 10-23 所示为机用虎钳的装配图，要求运用 AutoCAD 软件绘制出该部件的装配图。

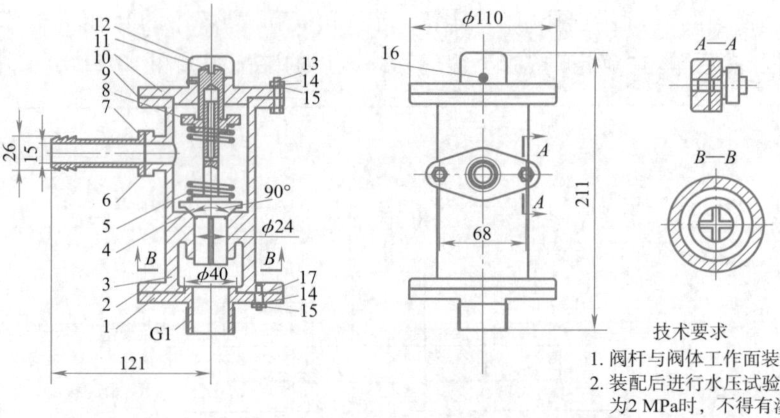

技术要求

1. 阀杆与阀体工作面装配时斜研磨。
2. 装配后进行水压试验，试验压力为2 MPa时，不得有渗漏。

17	GB/T 898—1988	螺柱M8×20	6				
16	GB/T 65—2016	螺钉M3×5					
15	GB/T 93—1987	垫圈8	10				
14	GB/T 41—2016	螺母M8	10				
13	GB/T 5782—2016	螺栓M8×30	4				
12				Q235			
11		杆		Q235			
10		董		HT200			
9		垫片		纸板			
8		弹簧座		Q235			
7		接头		HT200			
6		垫片		纸板			
5		弹簧4×30×60		HT200			

序号	代号	名称	数量	材料	单件	总计	备注
4		阀杆		ZCuSn5Pb5Zn5			
3		阀体		HT200			
2		阀片	1	纸板			
1		下接头	1	HT200			
					质量		

标记	处数	分区	更改文件号	签名	年月日				安全阀
设计	(签名)	(年月日)	标准化	(签名)	(年月日)	阶段标记	质量	比例	
制图									ZPT26
审核									
工艺			批准			共1张 第1张			

图 10-22　安全阀装配图

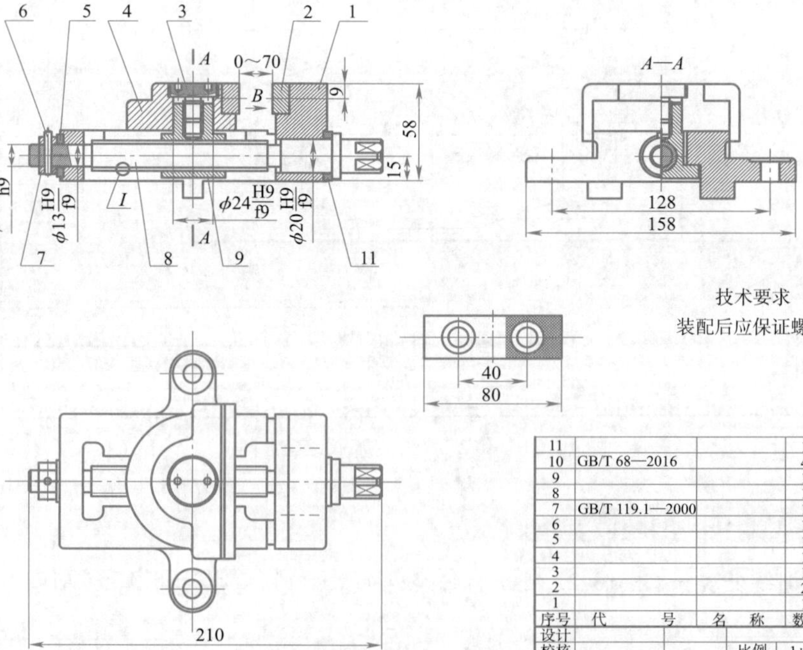

技术要求

装配后应保证螺杆转动灵活。

序号	代号	名称	数量	材料	备注
11			1	Q235-A	
10	GB/T 68—2016		4	Q235-A	
9			1	HT150	
8			1	45	
7	GB/T 119.1—2000		1	35	
6			1	35	
5			1	Q235-A	
4			1	HT150	
3			1	45	
2			2	45	
1			1	HT150	

设计					（单位）
校核			比例	1:2	机用虎钳
审核			共 张	第 张	（图号）

图 10-23　机用虎钳装配图

项目十一

新能源汽车关键零部件机械图样的绘制

学习笔记

新能源汽车采用了全新的动力系统，从传统的燃油动力转变为电力驱动，其对应的关键零部件也由发动机、变速器等变换成了动力电池、驱动电机、电机控制器等部件，本项目主要以新能源汽车中的驱动电机、电机控制器及动力电池包模组的二维平面零件图、装配图及三维立体图的绘制为例，综合运用汽车机械识读与制图中的相关知识、技术，达到提高识读与绘制新能源汽车机械图样综合技能的目的。

知识结构图

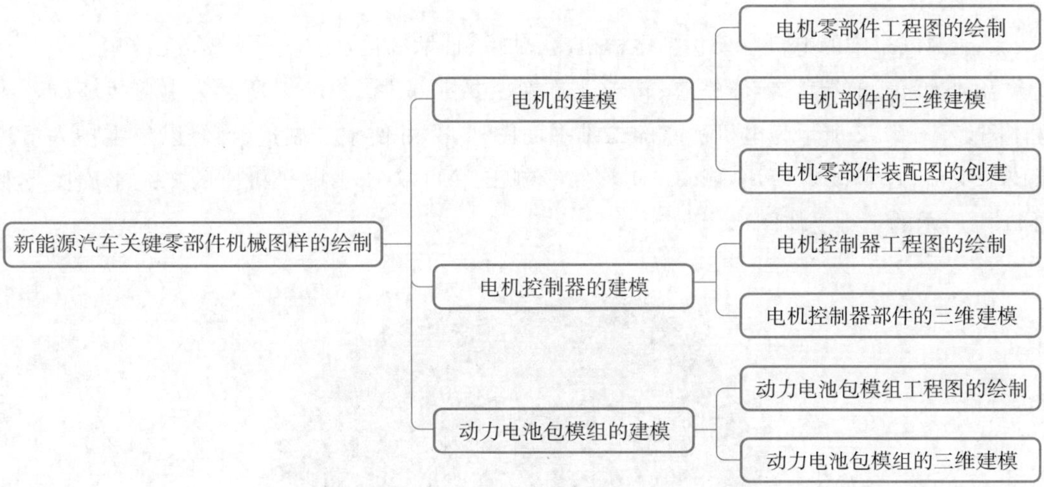

学习目标

知识目标

1. 掌握基本机械制图和技术制图中有关基本图形、图线及符号绘制的相关国家标准；
2. 掌握平面图形的分析方法及绘制方法和步骤；
3. 掌握机械设计中公差与配合的相关知识；
4. 掌握 AutoCAD 中常用的三维建模工具的使用方法；
5. 掌握 AutoCAD 中装配体的装配原则和装配方法及步骤。

学习笔记

能力目标

1. 会依据机械制图及技术制图的相关国家标准正确绘制新能源汽车基本零部件；

2. 具备新能源汽车零部件的组合分析能力；

3. 具备应用 AutoCAD 中的二维平面绘图工具绘制新能源汽车零部件工程图形的能力；

4. 具备应用 AutoCAD 中的三维平面建模工具绘制新能源汽车零部件三维图形的能力；

5. 具备应用公差与配合的相关知识装配新能源汽车关键零部件的能力。

素质目标

1. 具备理论联系实际，会查询并使用机械制图和技术制图的相关知识及 AutoCAD 软件相关绘图、制图工具进行绘图和制图的素质；

2. 具备新能源汽车零部件的空间想象和构型及组合分析素质；

3. 具备创新应用 AutoCAD 相关绘图和制图工具进行新能源汽车关键零部件的二维平面图形及三维空间模型的建模素质；

4. 具备团队协作、合理分工并分析和绘制新能源汽车复杂零部件的素质；

5. 具备科学分析、快速合理表达和绘制新能源汽车零部件的工匠意识和劳模精神。

任务一　新能源汽车中电机机械图样的绘制

任务描述

新能源汽车中的电机主要包括电机机座、轴承、轴承端盖、垫片、吊环螺钉、风扇、风罩、接线盒盖、内端盖、前端盖、定子铁芯、转子铁芯等主要零部件，图 11-1 所示为电机机座的三维立体图形，图 11-2 所示为电机机座的二维平面图形，为方便生产制造、维修以及维护人员进行技术交流，任务要求使用 AutoCAD 软件绘制出图 11-2 所示电机机座的二维平面图形和图 11-1 所示的三维立体图形。

图 11-1　电机机座三维立体图

学习笔记

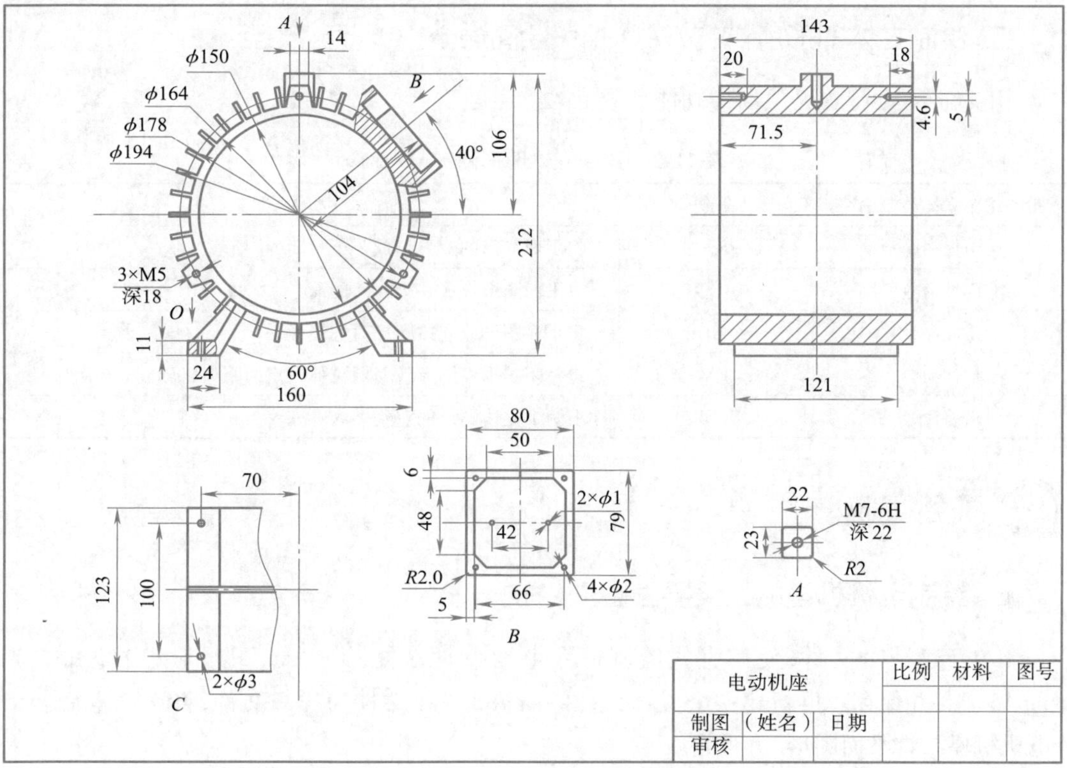

图 11-2　电动机机座二维平面图形

相关知识

一、绘制二维平面图形所需的 CAD 相关绘图命令

相关命令、快捷键及其对应功能见表 11-1。

表 11-1　绘制二维平面图形的 CAD 命令

任务相关二维绘制命令	命令	命令对应的功能
绘制直线命令	L	绘制直线段、对称对心线等
绘制圆命令	C	绘制圆，配合修剪命令绘制圆弧等
修剪命令	TR	修剪多余的线段、圆弧等几何图形
复制命令	CO	复制相同的线段、圆弧等几何图形
环形阵列命令	ARRAYPOLAR	环形阵列复制多个相同的几何图形
分解命令	X	将几何图形整体分解为独立几何图形元素
偏移命令	O	将直线段、圆弧等几何图形偏移一定距离
绘制矩形命令	REC	绘制矩形
倒角和圆角命令	CHA、F	倒角和倒圆角
图案填充命令	HA	对剖切图形进行图案填充
样条曲线命令	SPL	绘制样条曲线
写块命令	WB	将两个以上的几何元素组合成一个整体保存和使用
绘制多边形命令	POL	绘制正三边形、正四边形、正五边形等

二、绘制立体图形所需的 CAD 相关绘图命令

相关命令、快捷键及其对应功能见表 11-2。

表 11-2　绘制立体图形的 CAD 命令

任务相关立体绘制命令	命令	命令对应的功能
边界命令	BO	将平面图形的边界形成一个封闭的图形
面域命令	REG	将平面图形形成一个封闭的面
镜像命令	MI	将平面图形或立体图形对称镜像
拉伸命令	EX	将封闭的平面图形或面域拉伸一定的距离以形成立体图形
求差命令	SUB	求两个立体图形的差集

任务实施

一、绘制电机机座的二维平面图形

（1）新建一个文件，使用直线绘制命令 L 绘制两个矩形和标题栏，将文件重命名为 tempA3. dwt 并保存。再新建一个文件，选择 tempA3. dwt 文件为样板文件，将文件重命名为“电机机座二维平面图形”并保存。

（2）将“中心层”图层设置为当前工作图层，在命令行中输入直线绘制命令 L，绘制出主视图和左视图的对称中心线及俯视图的对称线，如图 11-3 所示。

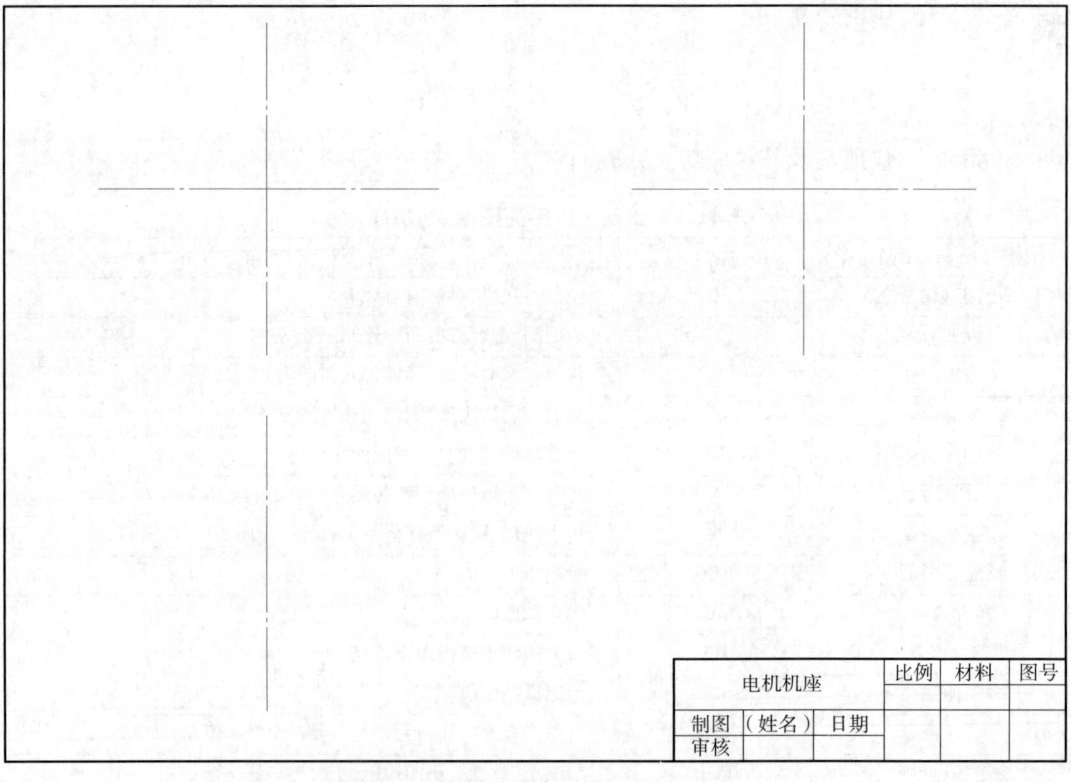

图 11-3　绘制对称中心线后的效果图

学习笔记

(3)采用1∶2的比例绘制图形，在命令行中输入圆绘制命令C，分别在主视图中绘制出半径为48.5 mm、41 mm和37.5 mm的三个圆，并使用直线绘制命令L，从圆心向右追踪1 mm后向上绘制一条长为60 mm的直线段，再向右绘制一段长度为2 mm的直线段，最后再向下绘制一段长度为50 mm的直线段，如图11-4所示。

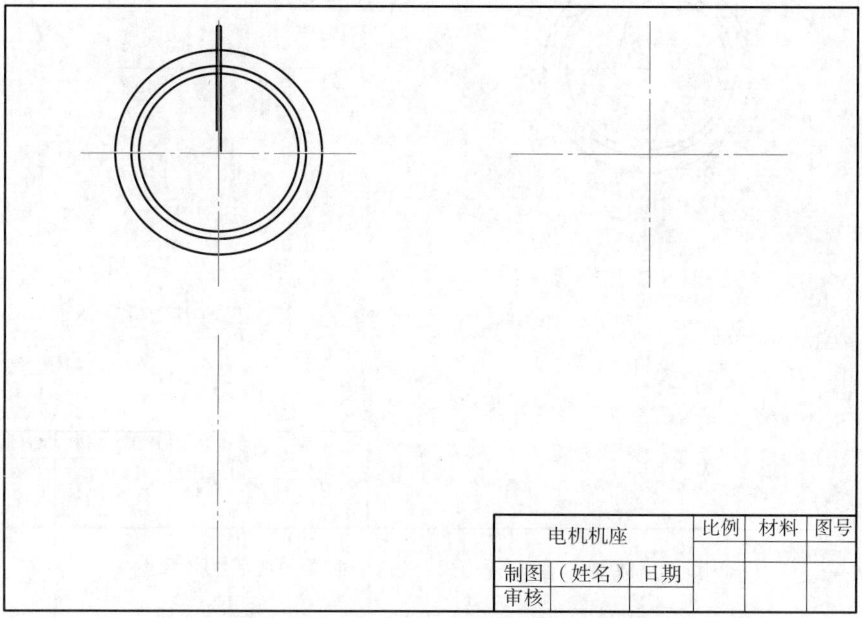

图11-4　三个圆及三条直线绘制后的效果图

(4)在命令行中输入修剪命令TR，将图11-4中多余的线段修剪掉，得到图11-5所示的效果图。

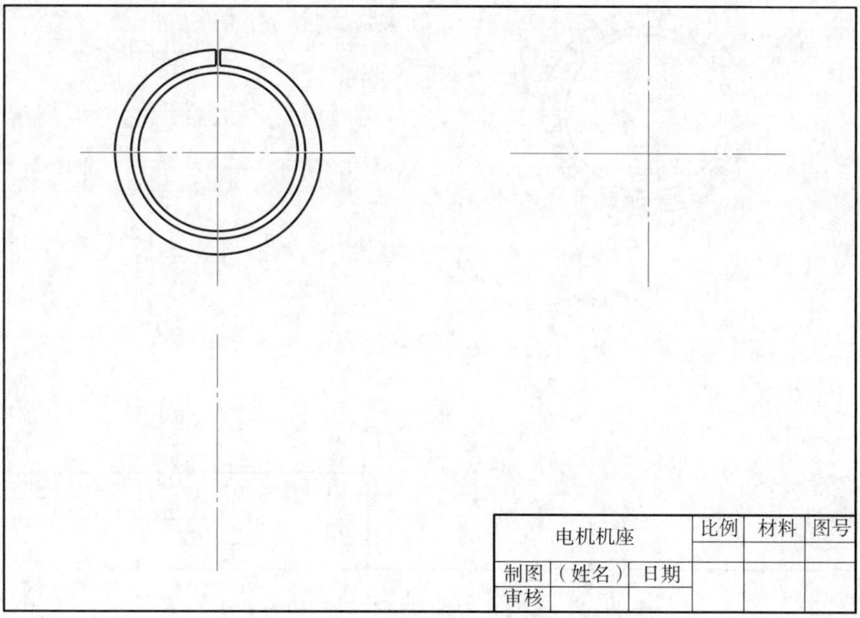

图11-5　修剪圆及直线段中多余线段后的效果图

学习笔记

(5)在命令行输入直线绘制命令 L,以圆心为起点向上绘制一条长度为 60 mm 的直线,再将该竖直线的上端夹点激活,分别向左右方向旋转 15°并复制,得到图 11-6 所示的两条斜线。

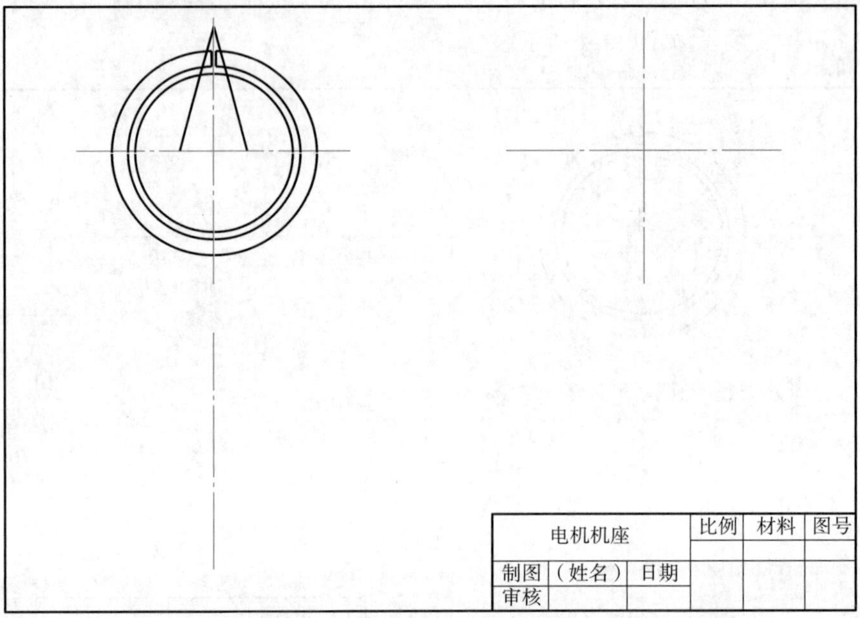

图 11-6　绘制与竖直线成 15°夹角的两条斜线后的效果图

(6)使用修剪命令 TR 将多余的线段修剪掉,在菜单栏中选择“修改”→“阵列”→“环形阵列”命令,将修剪后的“八”字图形以圆心为中心阵列出 3 个相同的部分,将小矩形图形阵列出 36 个,如图 11-7 所示。

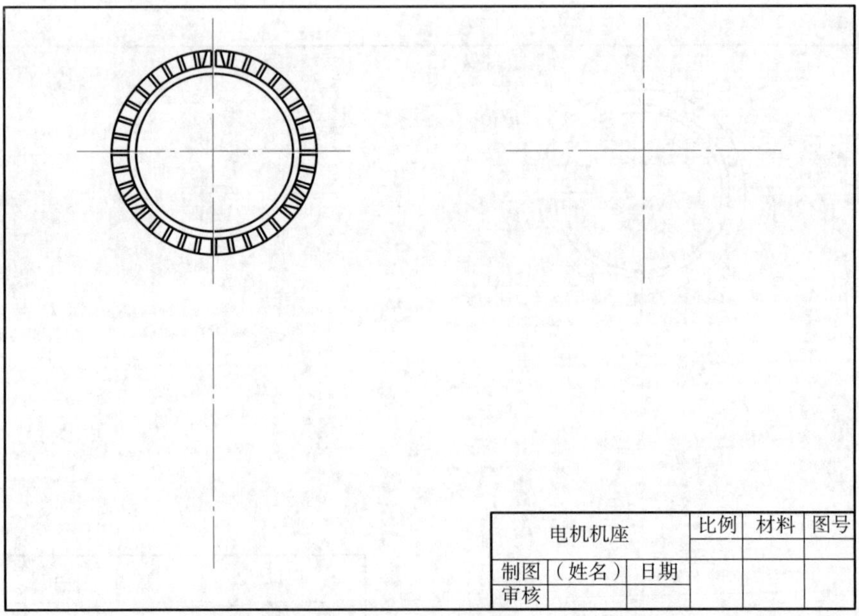

图 11-7　修剪并进行环形阵列后的效果图

学习笔记

(7)在命令输入行中输入 TR 命令，删除多余的线段，使用分解命令 X 将 36 个小矩形构成的环形阵列分解掉，然后将 3 个梯形中的小矩形删除，如图 11-8 所示。

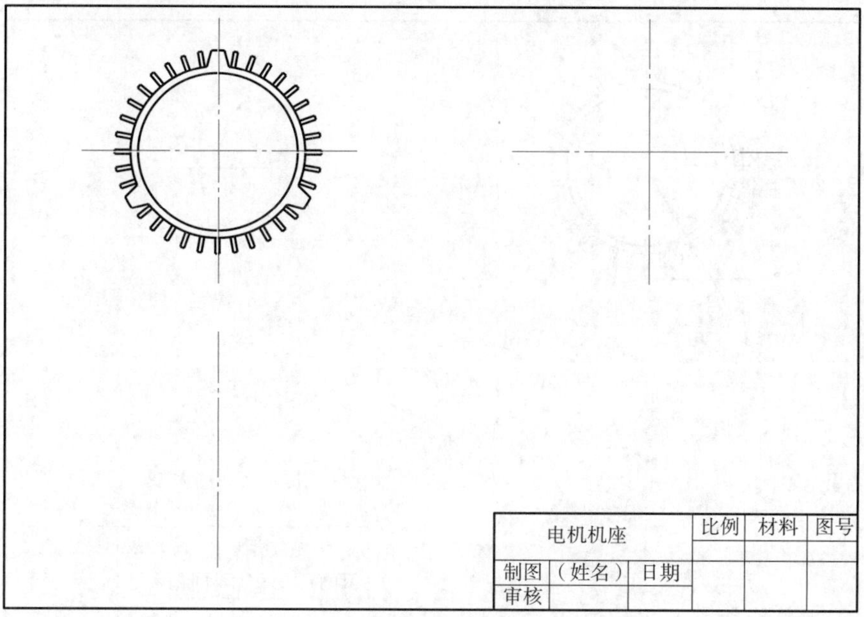

图 11-8　删除多余线段并分解后的效果图

(8)利用直线绘制命令 L 自圆心右侧 6 mm 处为起点向上绘制一条长为 53 mm 的线段，再向左绘制一条长为 12 mm 的线段，再向下绘制一条长为 50 mm 的线段，最后利用修剪命令 TR 将多余的线段修剪掉，如图 11-9 所示。

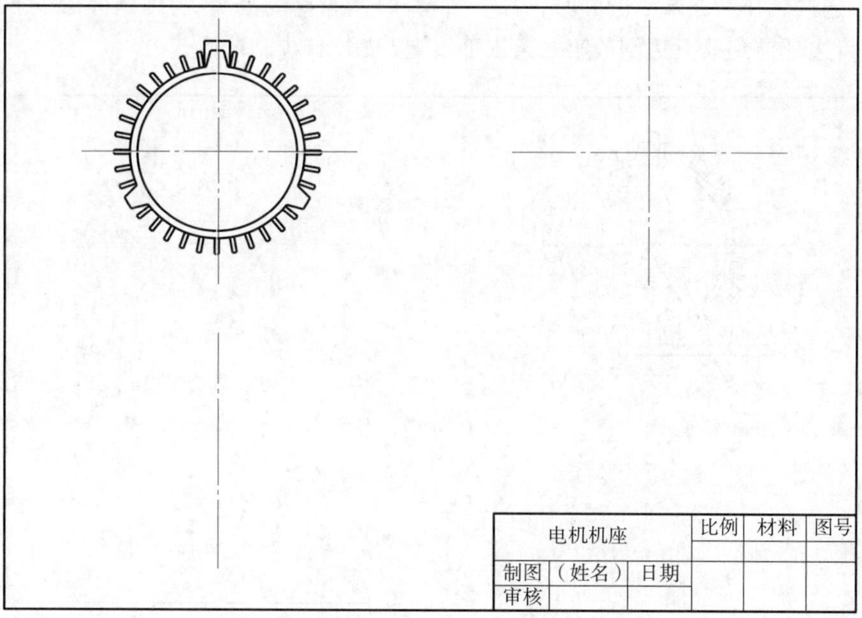

图 11-9　绘制最顶端的矩形并修剪后的效果图

(9)利用直线绘制命令 L，以圆的圆心为起点，分别绘制一条终端点为@ 80 < 120°的斜线

学习笔记

段及终端点为@ 53 <270°竖直向下的竖直线段，再经过竖直线段的终点绘制一条水平向左、长度为 60 mm 的水平线，如图 11-10 所示。

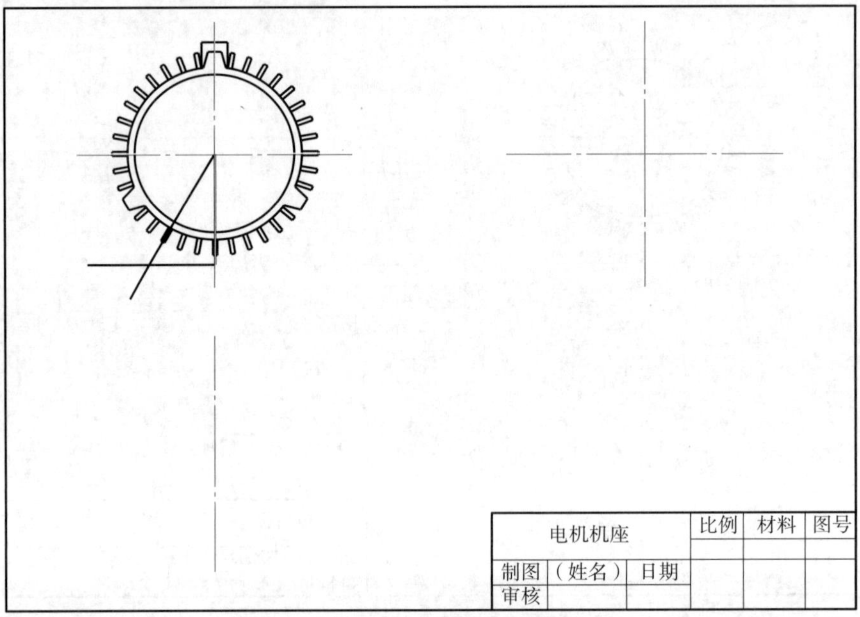

图 11-10　线段绘制后的效果图

（10）利用偏移命令 O，将竖直线向左偏移 50 mm，最下面的水平线向上偏移 5.5 mm，将新形成两条线段的左边交点为起点，向右追踪 10 mm 作为线段的起点，绘制一条终端相对坐标为@ 35 <66°的斜向上的直线段，以最左边竖直直线的下端点为起点，向右追踪 12 mm 作为直线的起点，连接到作为终端点的圆心，构成一条斜向上的直线，最后利用延伸命令 EX 将齿轮上的一个齿边延伸到最下边倒数第二条水平线上，如图 11-11 所示。

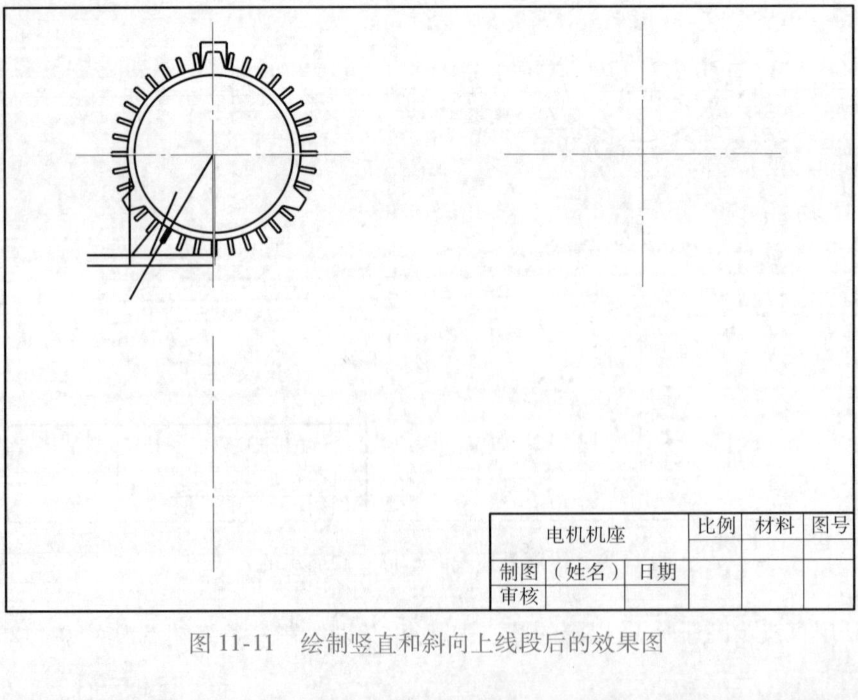

图 11-11　绘制竖直和斜向上线段后的效果图

学习笔记

(11)使用修剪命令 TR 将多余的线段修剪掉,再利用镜像命令 MI 以竖直直线为对称轴将左边的部分镜像复制一部分到右边,如图 11-12 所示。

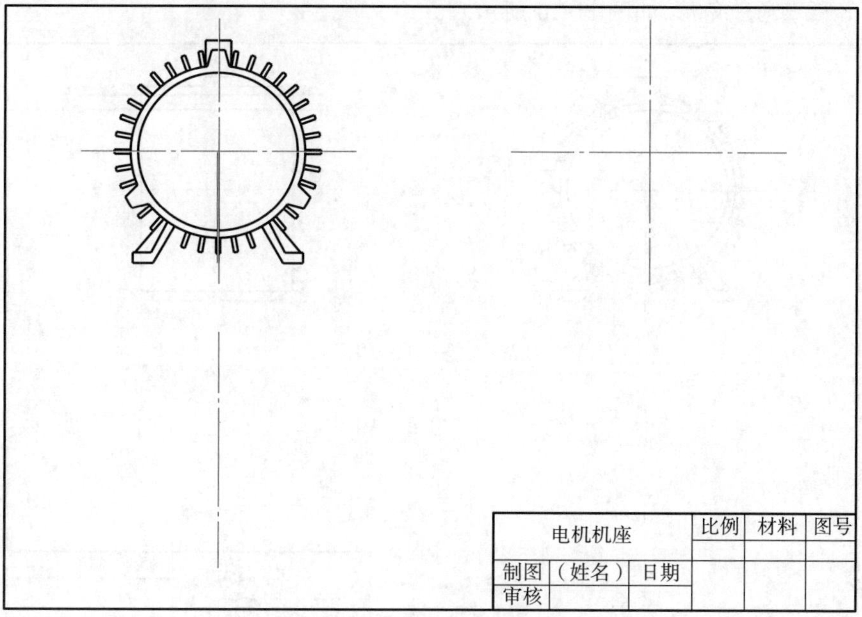

图 11-12　修剪和镜像后的效果图

(12)使用直线绘制命令 L,根据“高平齐”的正投影规律,绘制 4 条水平线,并使用最下边倒数第二条水平线,以竖直中心线为中心,长度保持 71.5 mm,分别以这条水平线的两个端点及中点为起点,绘制出 4 条竖直线,最后将对称中线上边和下边的两条短竖直线分别向左右两边偏移 6 mm 及 30.25 mm,用 TR 指令修剪掉多余的线段后得到图 11-13 所示的效果图。

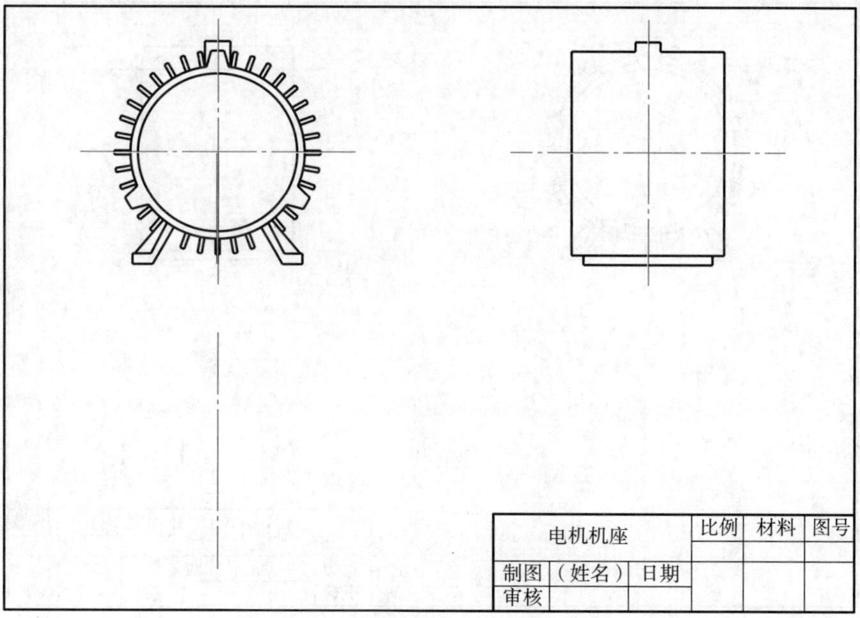

图 11-13　绘制四条水平线和竖直线段后的效果图

(13)使用圆绘制命令 C 在主视图中绘制一个半径为 44.5 mm 的圆,根据“高平齐”的投

学习笔记

影规律，从圆最上边的象限点开始绘制一条向右的水平线，然后以这条水平线为对称线分别绘制长 9 mm、宽 2.5 mm 及长 10 mm、宽 2.3 mm 的两个矩形，最后以最左边的竖直线为斜边绘制一个等腰直角三角形，如图 11-14 所示。

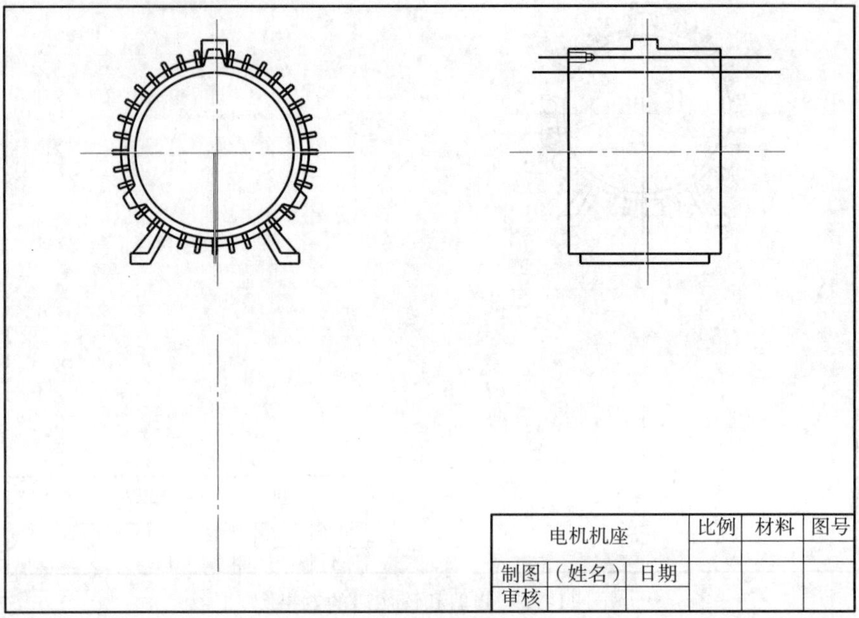

图 11-14　绘制两矩形及一等腰直角三角形后的效果图

(14)使用矩形绘制命令 REC，在左视图中以竖直对称线为中线分别绘制长 11 mm、宽 3.5 mm 及长 12 mm、宽 3.3 mm 的矩形，再以最下边的水平线段为斜边绘制一个顶角为 120°的等腰三角形，最后以竖直中线为轴，将左边部分通过镜像命令 MI 复制一个到右边，如图 11-15 所示。

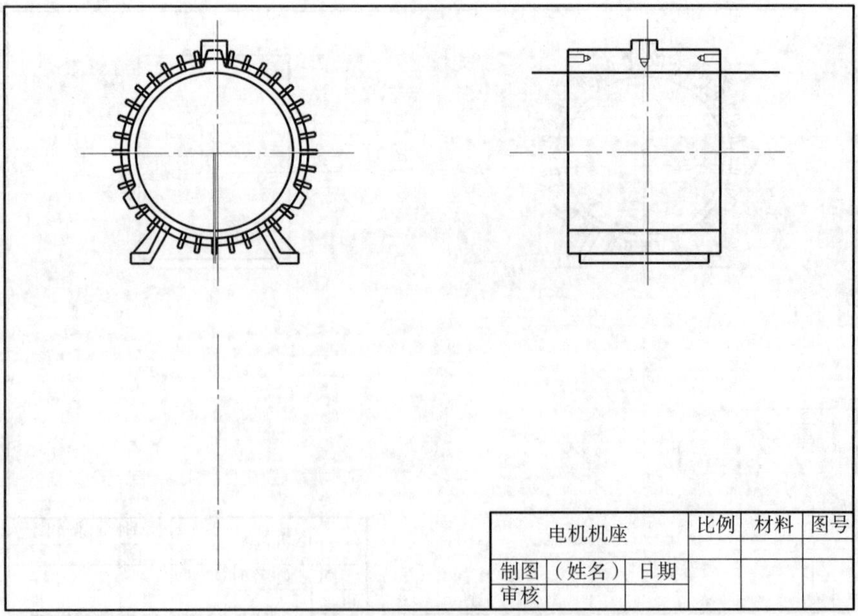

图 11-15　经矩形和镜像对称后形成的效果图

(15)根据"长对正"的正投影规律，在俯视图的位置利用 REC 矩形绘制命令绘制一个长

学习笔记

12 mm、宽 61. 5 mm 的矩形，再在右边距离矩形右侧竖直线 12 mm 处，使用样条曲线命令 SPL 从上向下绘制一段样条曲线，然后捕捉矩形最左边竖直线的中点并利用直线绘制命令 L 绘制一段水平向右的水平线，最后将水平直线上下偏移 1. 25 mm，利用 TR 命令修剪多余的线段后得到图 11-16 所示的效果图。

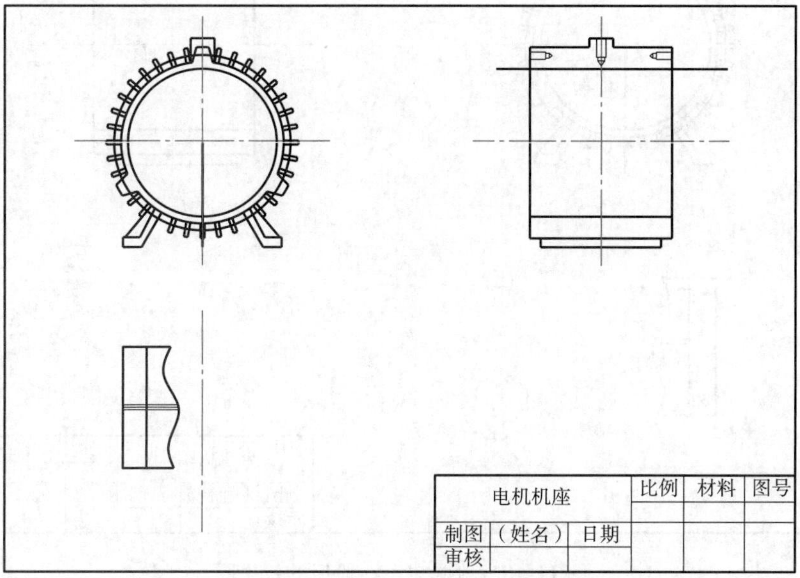

图 11-16　矩形和样条曲线及水平线偏移后的效果图

（16）利用直线绘制命令 L 捕捉矩形最左侧线的中点，从其向左偏移 3 mm 的位置开始向上绘制一条长度为 25 mm 的竖直线，再向右绘制一段长度为 15 mm 的水平线，然后将对称中心竖线向左偏移 35 mm，与刚绘制的水平线交于一点，以该交点为圆心使用圆绘制命令 C 绘制一个半径为 1. 5 mm 的圆，再以水平中心线为镜像线，将圆向水平对称中心线下部镜像一个圆，如图 11-17 所示。

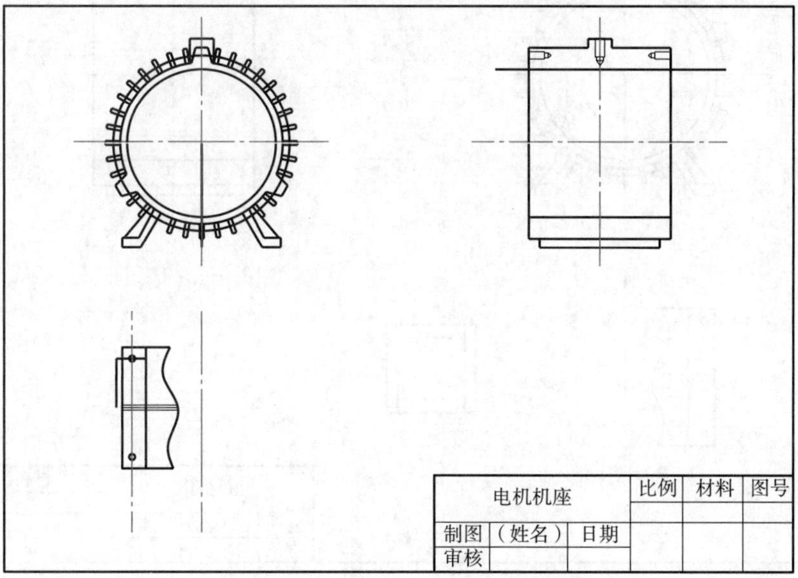

图 11-17　两个圆绘制后的效果图

学习笔记

（17）选中图 11-17 中多余的线段，按【Delate】键将其删除，如图 11-18 所示。

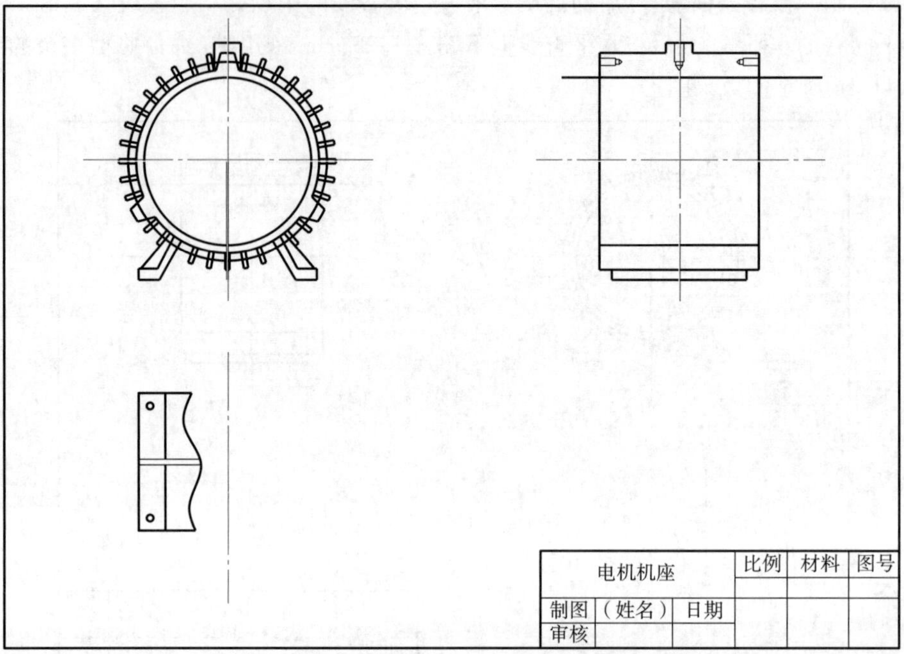

图 11-18　删除多余线段后的效果图

（18）使用直线绘制命令 L 绘制一个长 40 mm、宽 39.5 mm 的矩形，再使用偏移命令 O 将矩形的上下边分别向矩形内偏移 6 mm、矩形左右两边分别向矩形内偏移 5 mm，得到图 11-19 所示的效果图。

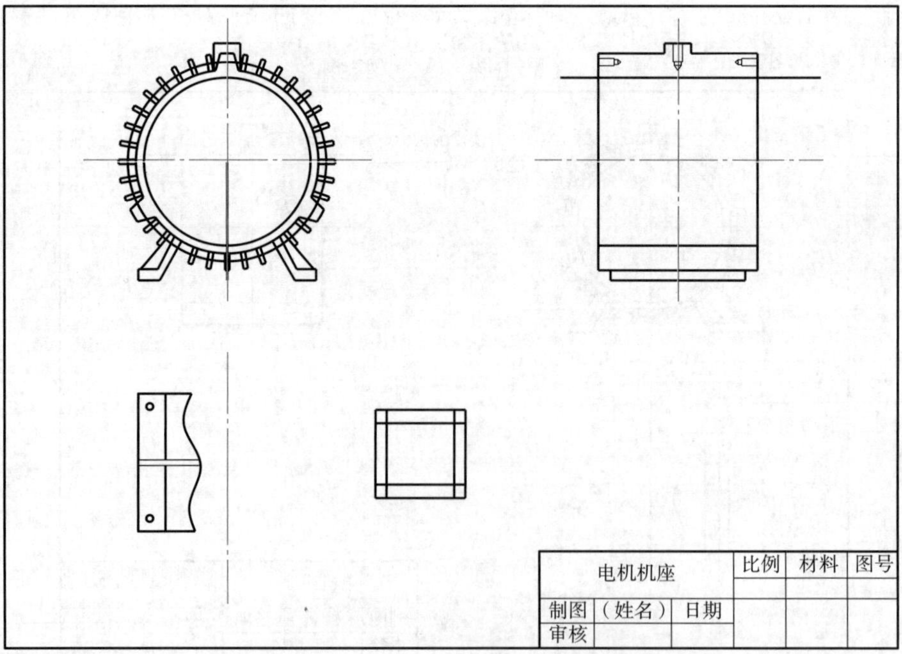

图 11-19　利用直线绘制矩形并偏移后的效果图

学习笔记

(19)使用倒角命令 CHA 将图 11-19 所示内矩形的 4 个角倒成长度方向距离为 3. 5 mm，宽度方向距离为 4. 5 mm 的角，再利用倒圆角命令 F 将外矩形的 4 个角倒成半径为 2 mm 的圆角，倒角后得到图 11-20 所示的效果图。

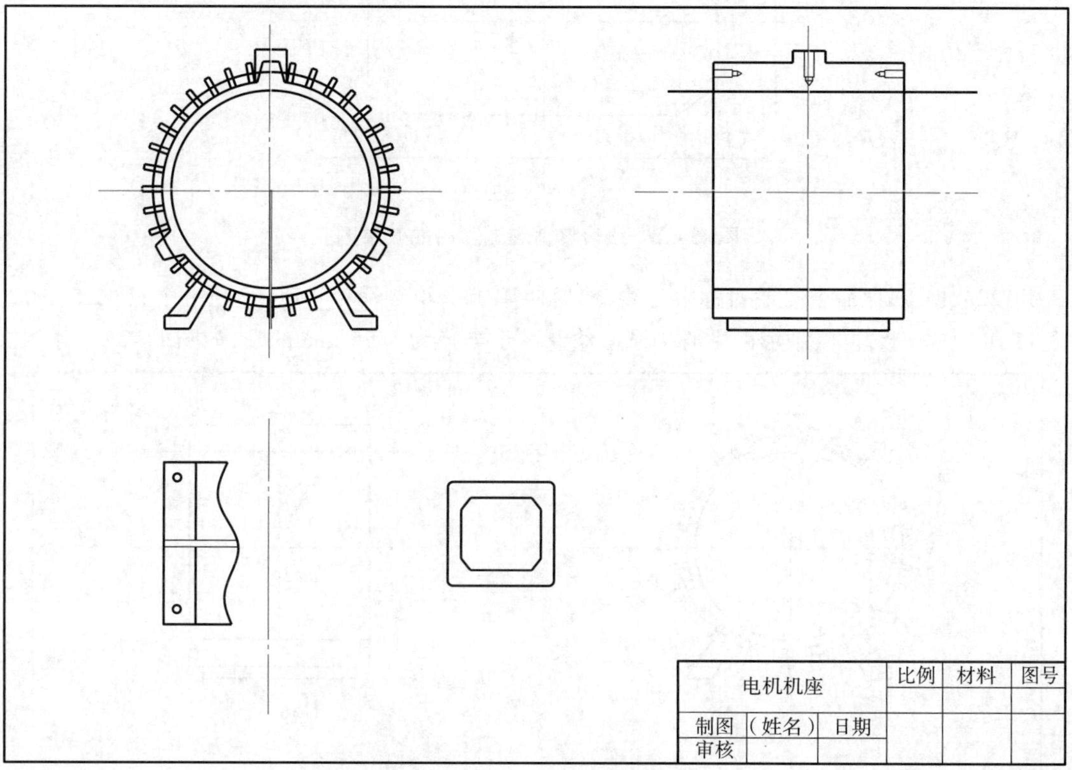

图 11-20　对矩形倒角后的效果图

(20)将图层切换到“中心线图层”，使用直线绘制命令 L 绘制出两条对称中心线，使用偏移命令 O 将水平中心线分别向上下偏移 17 mm，将竖直中心线分别向左右偏移 10. 5 mm 和 16. 5 mm，将图层切换到“轮廓线图层”再以得到的水平线和竖直线的 6 个交点为圆心，利用圆绘制命令 C，分别在 4 个角上绘制出 4 个半径为 1 mm 的圆，在水平对称中心线的两边分别绘制出半径为 0. 5 mm 的 2 个圆，如图 11-21 所示。

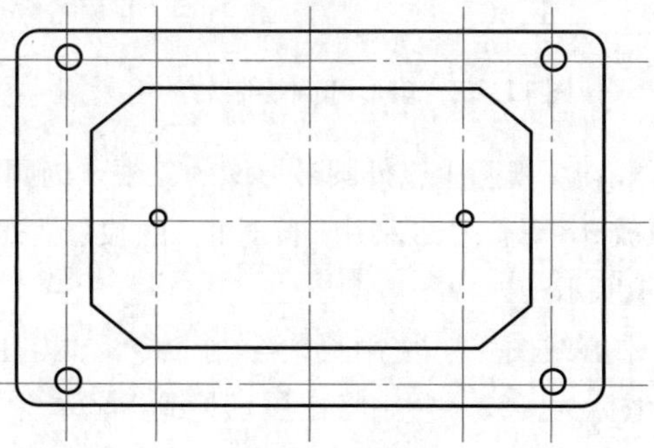

图 11-21　绘制 6 个圆后的效果图

(21)利用线段的修剪和删除命令得到图 11-22 所示的效果图。

学习笔记

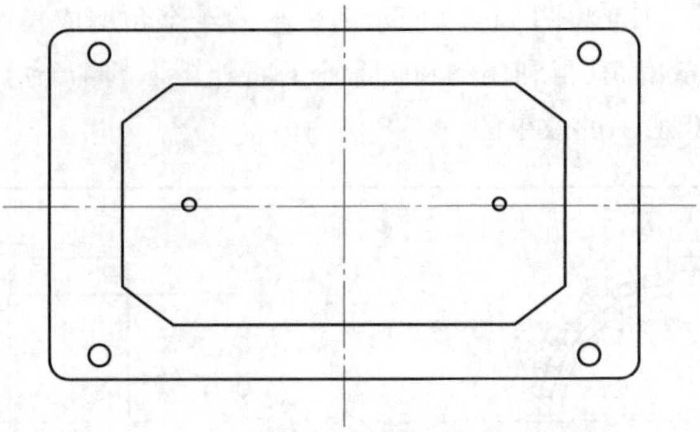

图 11-22　线段修剪和删除后的效果图

(22)使用 CO 命令复制对称中心线,然后使用矩形绘制命令 REC 绘制一个长 11.5 mm、宽 11 mm 的矩形,再以矩形的中心为圆心绘制一个半径为 1.25 mm 的圆,如图 11-23 所示。

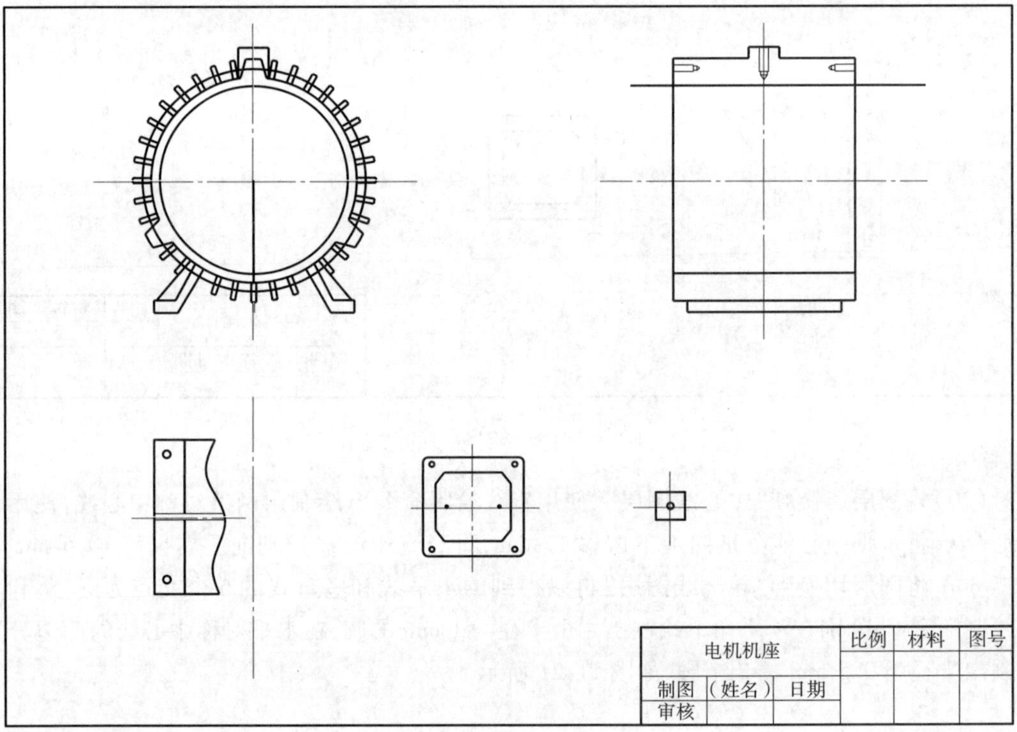

图 11-23　矩形和圆绘制后的效果图

(23)使用圆绘制命令 C 在主视图中以外圆最上面的象限点为圆心绘制一个半径为 1.25 mm 的圆,并将圆进行环形阵列成 3 个圆,最后利用"长对正"的投影原理,将机座底座上孔部分的剖面绘制出来,如图 11-24 所示。

(24)将图层切换到"中心线图层",使用直线绘制命令 L,以主视图中的圆心为直线的起点,终点坐标相对于起点坐标为@52<40°,将图层切换到"轮廓线图层"再以这条绘制的斜向右直线的上端点为起点,向右斜下方绘制一条与之垂直且长度为 20 mm 的斜向右下方直线,然后再绘制一条与其垂直的长度为 30 mm 的斜向左下方直线,利用镜像命令 MI 将这两条斜线相对于斜向右的中心线镜像到左上部分,再使用偏移指令 O 将斜上和斜下方的直线分别向

学习笔记

下、向上偏移出两条直线,偏移的距离为 5 mm,将右侧斜向左方的直线向下偏移出一条直线,偏移的距离为 7.5 mm,最后利用样条曲线命令绘制出一条从左上到右下的样条曲线作为局部剖切面的分界线,如图 11-25 所示。

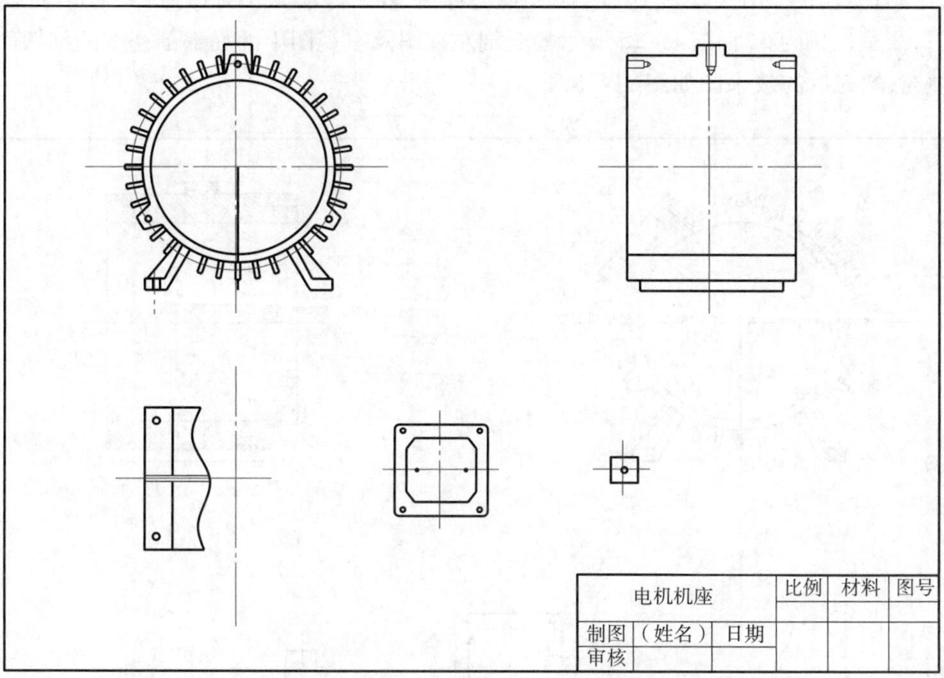

图 11-24　主视图中的圆及底座剖切面绘制后的效果图

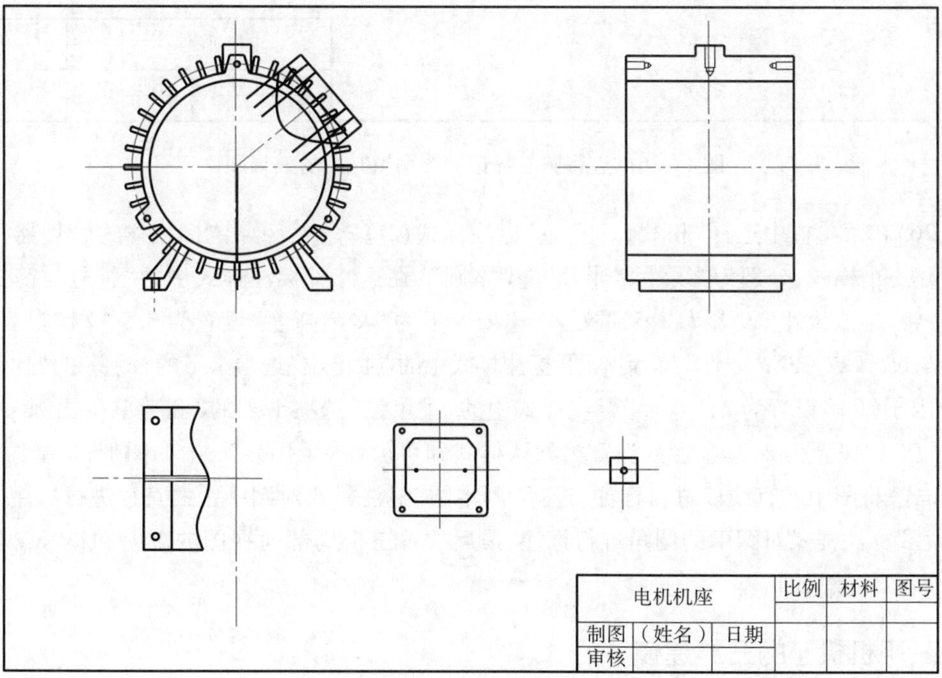

图 11-25　主视图中直线绘制及偏移后的效果图

学习笔记

(25)在菜单栏中选择“标注(N)”→“标注样式(S)”命令,弹出“标注样式管理器”对话框,选择Standard样式进行修改,将“符号和箭头”选项卡中圆心标记的大小设置为2.5,再选择“标注(N)”→“圆心标记(M)”命令,将图11-25中未标记对称中心线的圆添加圆心标记,选择“绘图(D)”→“图案填充(H)”命令或直接在命令行输入HA命令,设置填充样式为ANSI31,线型比例为5,将图11-25所示的全剖左视图及主视图中的局部剖视图的剖切面进行图案填充,填充后的效果图如图11-26所示。

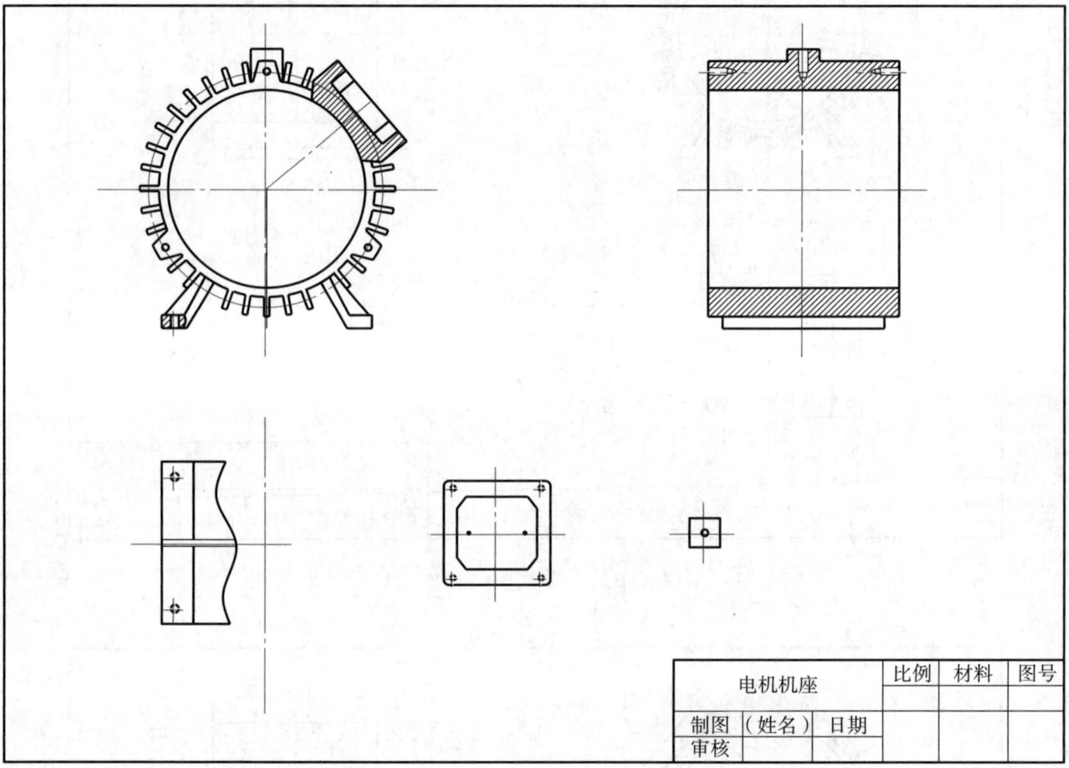

图11-26　进行圆心标记和图案填充后的效果图

(26)在菜单栏中选择“格式(O)”→“标注样式(D)”命令,弹出“标注样式管理器”对话框,新建三个样式,分别为“线性”“半径”“副本圆”,在这三种标注样式中的“符号与箭头”选项卡中将“箭头大小”设置为2.5,“文字”选项卡下的“文字高度”设置为3.5,文字对齐方式选择“与尺寸线对齐”;“线性”和“副本圆”标注样式中的“主单位”选项卡下的“测量单位比例”→“比例因子(E)”设置为2;“半径”标注样式中的“主单位”选项卡下的“测量单位比例”→“比例因子(E)”设置为2,其余参数设置为默认样式即可。针对图11-26中的图形,选择“线性”标注样式,将图中的直线段进行标注,选择“副本圆”标注样式对图中圆的直径进行标注,再选择“半径”标注样式对图中的圆角进行标注,最后放置三个局部向视图的方向和符号,得到图11-27所示的效果图。

二、电机机座的三维建模

电机机座的三维建模,可以通过将主视图中的内槽环形面域和外面的圆形面域拉伸而

学习笔记

成，然后通过求差命令 SUB 将拉伸后的两个立体求差，即可得到电机机座的三维空间模型，具体的建模步骤如下：

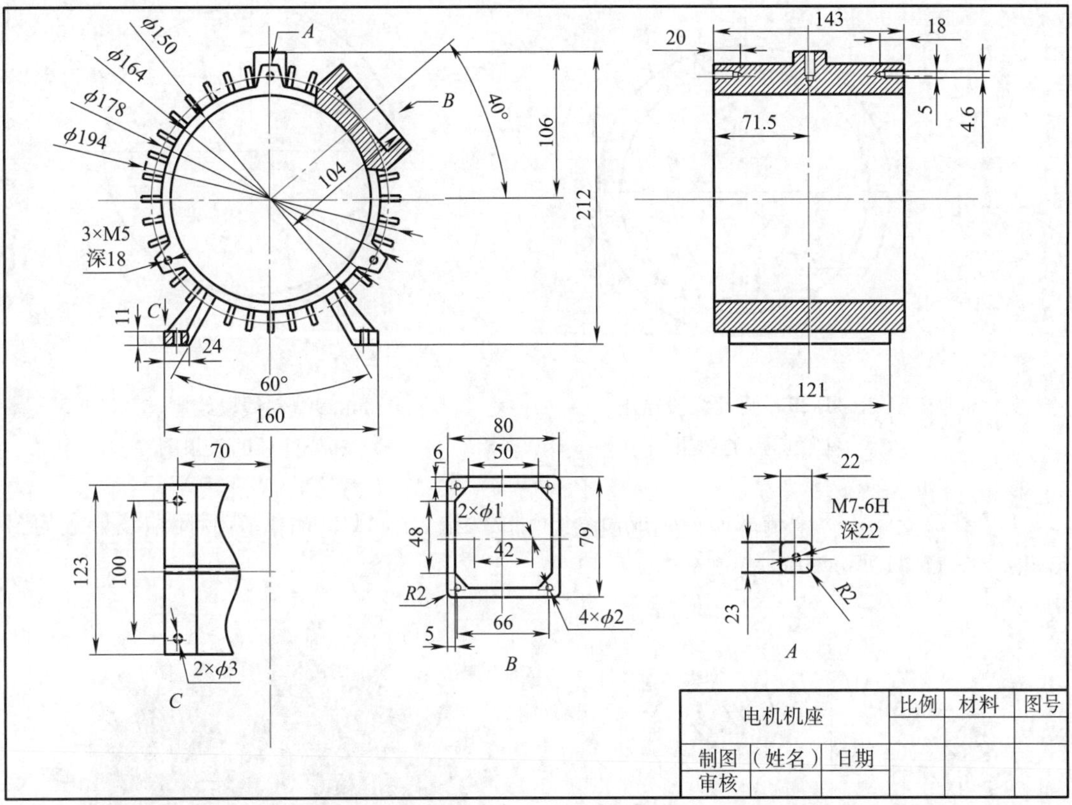

图 11-27　尺寸和符号标注后的效果图

（1）新建一个文件，选择 acadiso3D. dwt 文件为模板文件，将文件重命名为“电机机座 3D. DWG”文件并保存。

（2）选择前视图 *XY* 平面作为工作平面，将图层切换到“中心层”，先使用直线绘制命令 L 绘制出两条对称中心线，再使用圆绘制命令 C 分别绘制出两个同圆心、半径为 82 mm 和 97 mm 的圆，然后使用直线绘制命令 L，从圆的圆心向右捕捉 2 mm 处作为直线的起点，竖直向下绘制一条长为 100 mm 的直线，向左绘制一条长为 4 mm 的水平直线，再绘制一条竖直向上长度为 50 mm 的直线，最后通过修剪命令 TR 将多余的线段修剪掉，在圆环的下部得到一个夹在两圆环间近似矩形的图形，如图 11-28 所示。

（3）在命令行输入栏中输入直线绘制命令 L，捕捉大圆最上边的象限点作为直线的起点，向右绘制一段长度为 7 mm 的水平线，向斜下方绘制一条相对极坐标为@ 50 < －75°的斜向右下方的直线，再使用镜像命令 MI 以对称中心竖直线为对称轴将这条斜线段镜像一条到左边，最后使用修剪命令 TR 修剪掉多余的线段，如图 11-29 所示。

（4）在菜单栏中选择“修改”→“阵列”→“环形阵列”命令，选中上边近似梯形的几何图形作为阵列对象，以圆的圆心作为阵列中心，将阵列对象阵列复制出 3 个，再选中下边近似矩形的几何图形，仍以圆的圆心为阵列中心，将近似矩形几何图形环形阵列复制出 36 个，再使

学习笔记

用修剪命令TR修剪掉多余的线段,如图11-30所示。

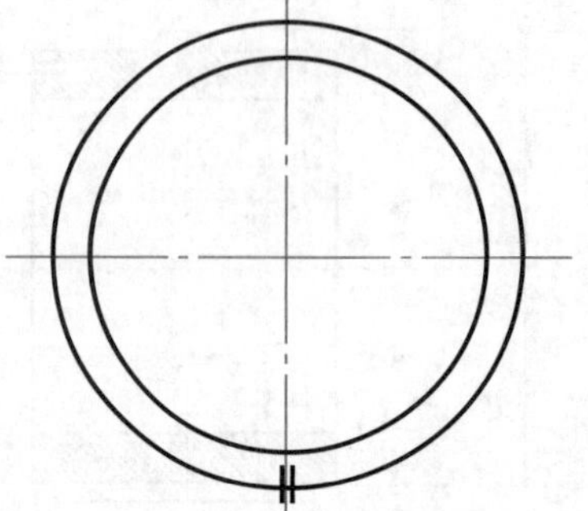

图11-28　圆及线段绘制和修剪后的效果图

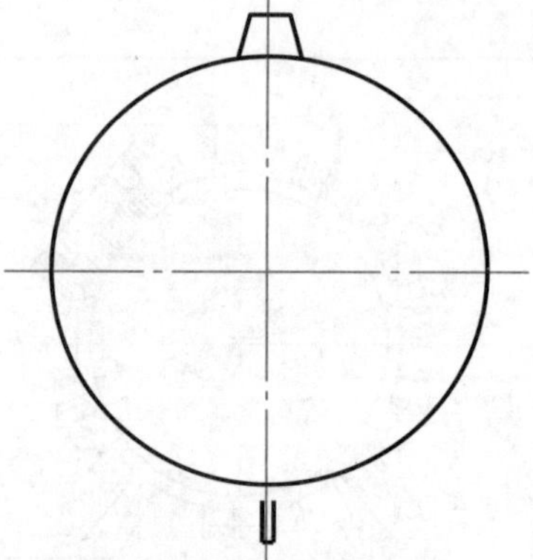

图11-29　斜线段绘制、镜像和修剪后的效果图

(5)在命令输入行中输入面域生成命令BO,依次选中图11-30中所有封闭曲线形成的图形,生成图11-31所示的面域。

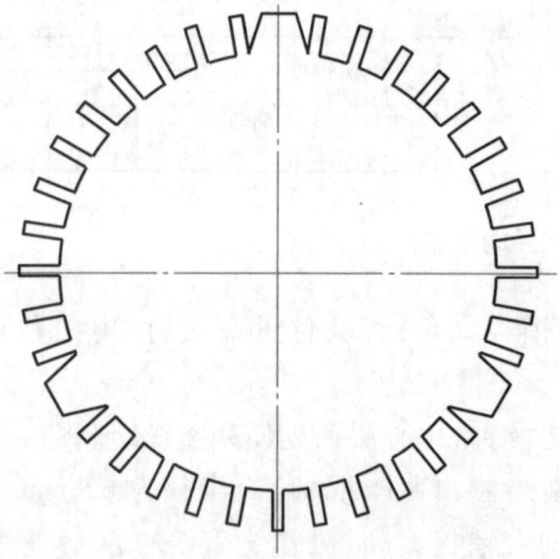

图11-30　环形阵列后的效果图

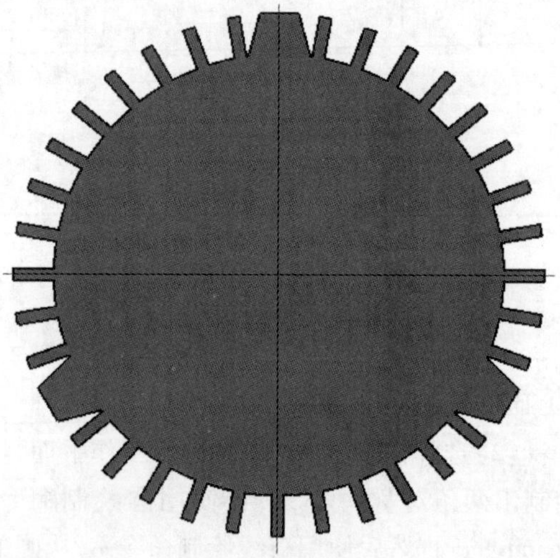

图11-31　封闭曲线面域生成后的效果图

(6)在命令输入行中输入直线绘制命令L,从圆心处向下捕捉距离为105 mm处作为直线的起点,向右绘制一条长度为100 mm的水平线,再经过右下方第三个矩形槽的左边绘制一条长45 mm、角度为-60°的斜向下方的直线,使用TR命令修剪多余的线段后,以斜向下方的直线及水平线的交点为起点向右绘制一条长为24 mm的水平线,向上绘制一条长为11 mm的竖直线,向左绘制一条长为20 mm的水平线,然后再绘制一条相对于上一条直线的终点坐标为@40<120°的斜向上方的直线,接着连接下边第四个矩形槽的左边线与距离长为24 mm水平向左直线的右端点为2 mm的点,最后利用BO命令形成面域后的效果图如图11-32所示。

(7)使用镜像命令 MI,将电机机座底座部分镜像复制一个到左边,再利用直线绘制命令 L,以圆的圆心为起点绘制出一条相对坐标为@104<40°的斜向右上方的直线段,并以该线段的终点为起点绘制一条与之垂直的长度为 40 mm 的斜向左上方的直线段,如图 11-33 所示。

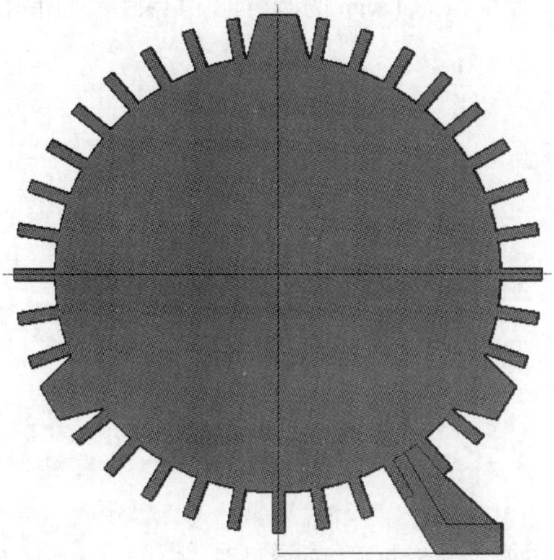

图 11-32　底座线段绘制及形成面域后的效果图

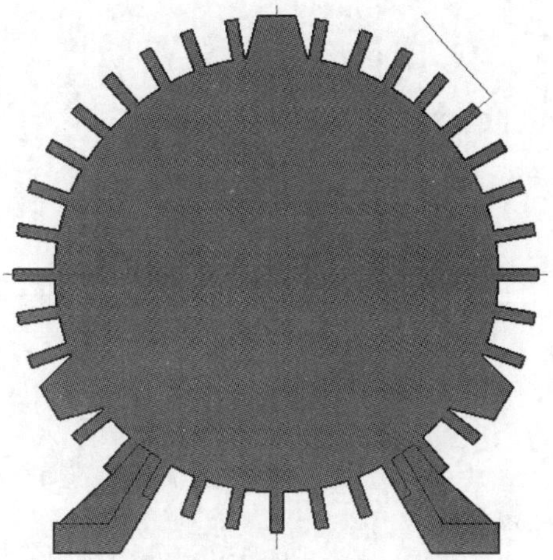

图 11-33　底座镜像和斜直线绘制后的效果图

(8)使用拉伸命令 EXT,将图 11-33 所示的上部圆形部分向前拉伸 71.5 mm,将下部底座部分向前拉伸 60.5 mm,将底座肋板部分向前拉伸 2.5 mm,最后将视图切换到"左视图",以竖直的对称中心线为镜像轴,将整个拉伸后得到的三维图形镜像复制一个到轴线的左侧部分,如图 11-34 所示。

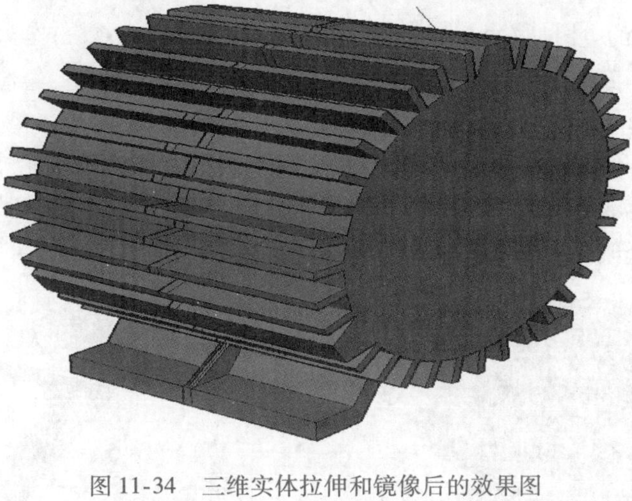

图 11-34　三维实体拉伸和镜像后的效果图

(9)选中图 11-34 所示的三维图形,在绘图区的空白处右击,在弹出的快捷菜单中选择"隔离(I)"→"隐藏对象(H)"命令,将所有三维立体图形隐藏,只剩下两根垂直相交的对称中心线和一条斜相交的斜向右上方的参考线,以该参考线的上端为基准,使用直线绘制命令绘制两条斜向垂直相交的中心线,如图 11-35(a)所示。再以这两条中心线为基准,在菜单栏

学习笔记

中选择“工具”→“新建UCS(W)”→“三点(3)”命令,重新建立一个坐标系,在新建的坐标系中绘制一个长70 mm、宽67 mm的矩形,并将矩形的4个角倒角,倒角的距离分别为10 mm和9.5 mm,得到一个倒角矩形。再将竖直对称中心线分别向左右两边偏移21 mm和33 mm,将水平对称中心线分别向上下偏移34 mm,得到6个交点,分别以这6个交点作为圆的圆心,利用圆绘制命令O分别绘制出4个半径为2.5 mm、2个半径为1 mm的圆,如图11-35(b)所示。

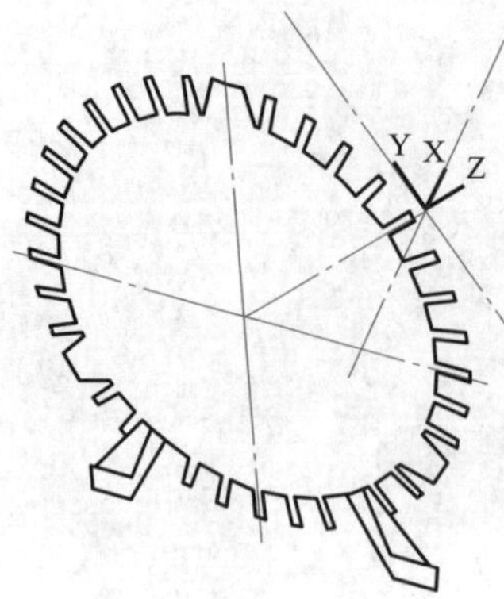

(a)

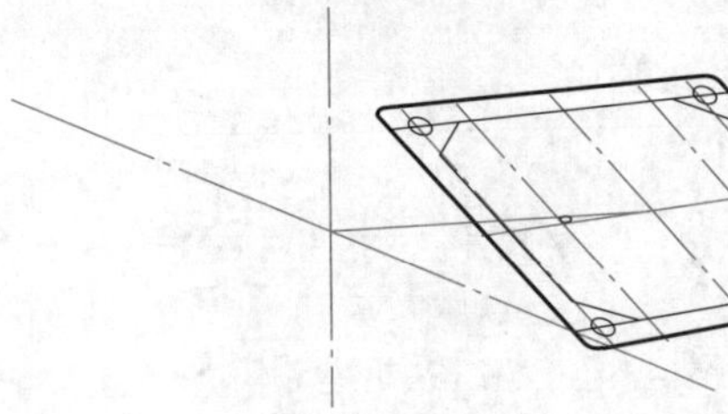

(b)

图11-35　隐藏三维图形并新建UCS创建斜矩形和圆后的效果图

(10)使用面域命令REG,使图11-35中的所有几何图形形成面域,选中斜矩形面域并使用拉伸命令EXT将斜矩形向左下方拉伸18 mm,再选中4个半径为2.5 mm的圆及其内部的倒角矩形,利用拉伸命令EXT向左下方拉伸18 mm,再选中2个半径为1 mm的圆利用拉伸命令EXT向左下方拉伸30 mm,最后利用求差命令SUB将6个圆及其内部的倒角矩形形成的立体从外面的圆角矩形立体中减去,并将用于辅助绘图的虚线删除后得到图11-36所示的效果图。

(11)在绘图区的空白处右击,在弹出的快捷菜单中选择“隔离(I)”→“隐藏对象(H)”命令,将圆形三维实体隐藏,利用直线绘制命令,以对称中心线为中心,绘制一个长22 mm、宽3 mm、圆角半径为2 mm的圆角矩形。再以对称中心为圆心绘制一个半径为2.5 mm的圆,然后利用面域命令REG将圆和圆角矩形形成两个面域后,将两个面域沿Y轴方向整体移动106 mm,最后应用拉伸命令EXT将两个面域向下拉伸18 mm,使用SUB命令将圆角矩形面域减去圆形面域,最终的效果图如图11-37所示。

图11-36　两个三维实体差集后形成的效果图

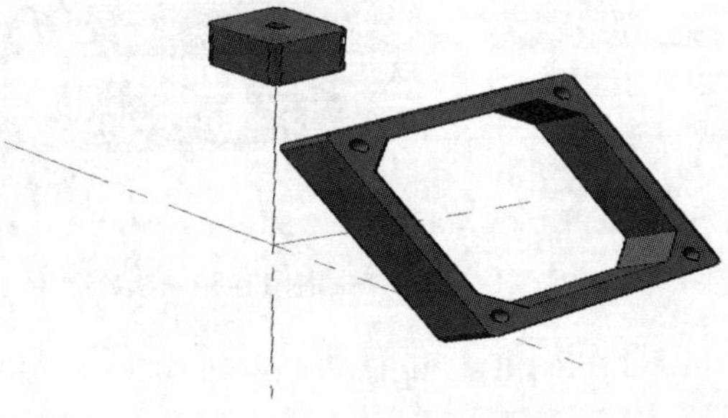

图11-37　圆角矩形和圆形面域绘制和拉伸求差后的效果图

(12)将视图切换到前视图,利用圆绘制命令 C 绘制一个半径为 75 的圆,再利用面域命令 REG 将圆形区域生成面域后,使用拉伸命令 EXT 向后拉伸 200 mm,然后应用求差命令 SUB 将大圆立体减去刚形成的小圆立体,删除辅助中心线后,得到最终的电机机座效果图如图 11-38 所示。

图 11-38　最终的电机机座效果图

课后强化训练任务

课后强化训练任务一:图 11-39 所示为电机定子铁芯的二维平面表达视图,要求运用 AutoCAD 软件绘制出该定子铁芯的平面图形,并依据平面图形绘制出相应的立体图形。

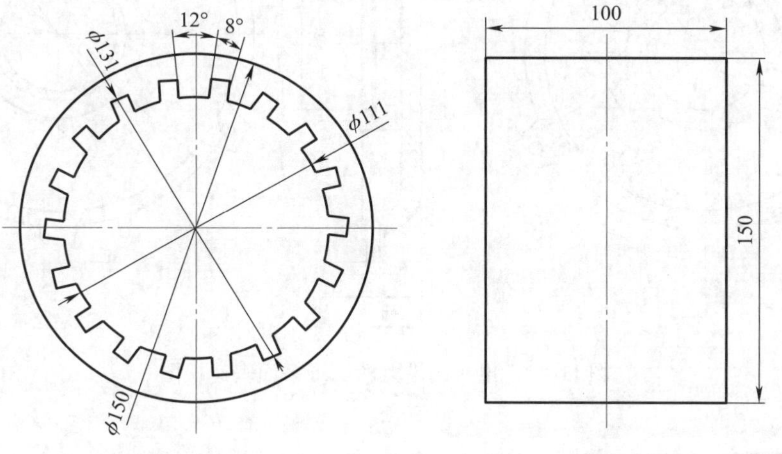

图 11-39　电机定子铁芯的二维平面表达视图

课后强化训练任务二:图 11-40 所示为电机风扇的二维平面表达视图,要求运用 AutoCAD 软件绘制出该电机风扇的平面图形,并依据平面图形绘制出相应的立体图形。

课后强化训练任务三:图 11-41 所示为电机内端盖的二维平面表达视图,要求运用 AutoCAD 软件绘制出该电机内端盖的平面图形,并依据平面图形绘制出相应的立体图形。

学习笔记

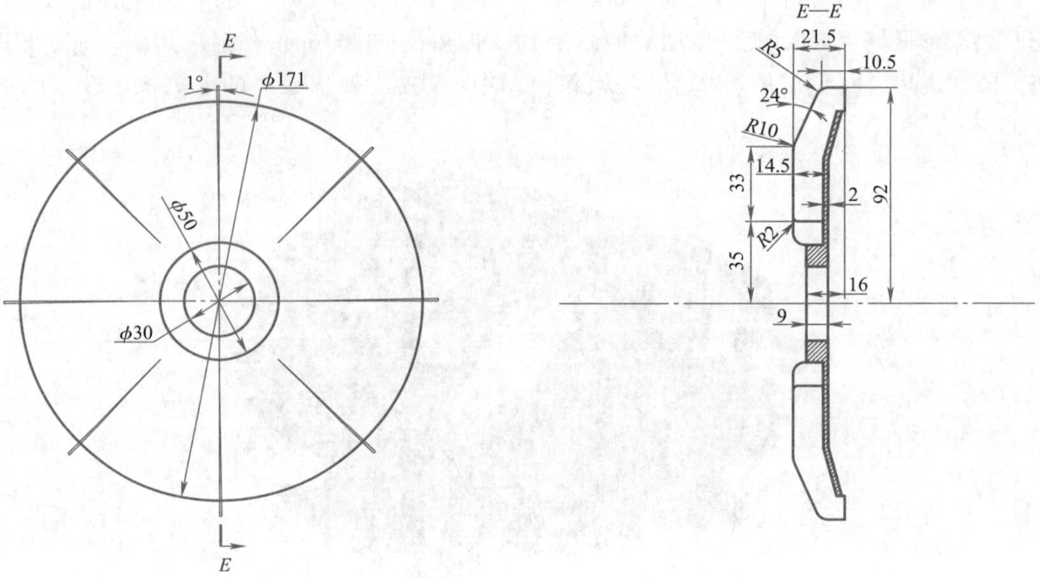

图 11-40　电机风扇的二维平面表达视图

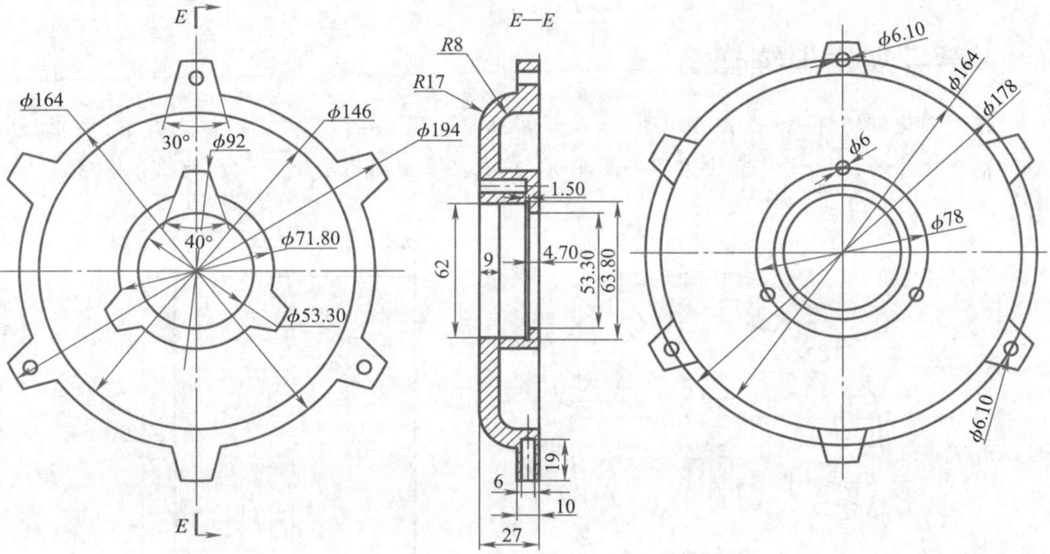

图 11-41　电机内端盖的二维平面表达视图

任务二　新能源汽车中电机控制器机械图样的绘制

任务描述

新能源汽车中电机控制器的二维平面图形及三维立体图形分别如图 11-42 和图 11-43 所示，任务要求使用 AutoCAD 软件绘制出该电机控制器的二维平面图形和三维立体图形。

学习笔记

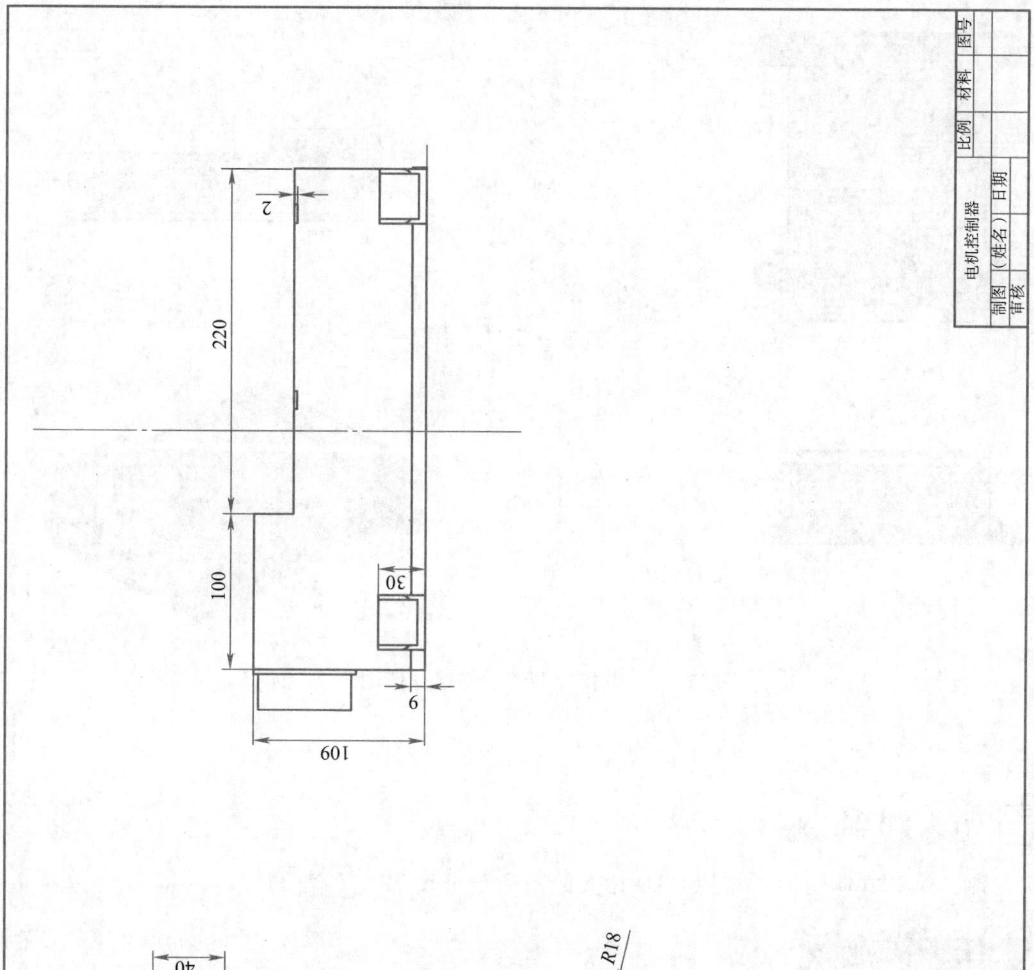

图 11-42　电机控制器的二维平面图形

学习笔记

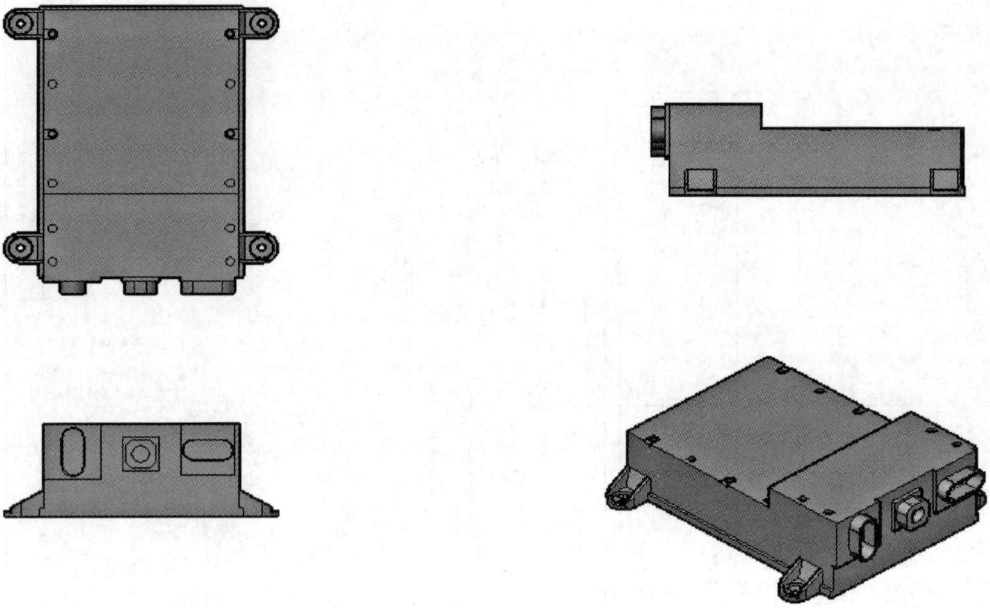

图 11-43　电机控制器的三维立体图形

相关知识

绘制二维和立体图形所需的 CAD 相关绘图命令见表 11-1 和表 11-2。

任务实施

一、电机控制器二维平面图形的绘制

通过图 11-43 可知，图中的电机控制器二维平面图形只需要前视图、后视图和一个左视图即可全面反映出电机控制器的组成结构和形状特点，具体二维平面表达视图的绘制步骤如下：

（1）新建一个文件，选择 tempA3. dwt 文件为模板文件，将文件重命名为“电机控制器的二维平面图形 . DWG”文件并保存。

（2）将“中心层”图层设置为当前工作图层，在命令行中输入直线绘制命令 L 绘制出前视图、后视图和左视图的对称中心线，如图 11-44 所示。

（3）在命令行中输入矩形绘制命令 REC，分别在前视图中绘制出长 324 mm、宽 220 mm 和长 320 mm、宽 228 mm 的矩形，再使用直线命令 L 绘制出半槽形，槽宽为 12 mm，然后以槽竖直线的中点为圆心使用圆绘制命令 C 绘制一个直径为 8 mm 的圆，如图 11-45 所示。

学习笔记

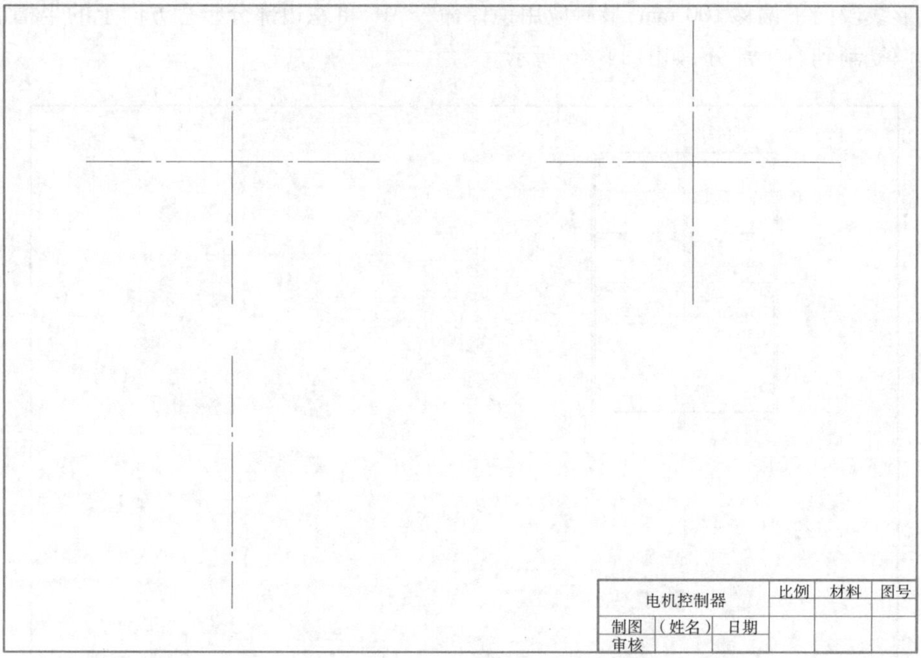

图 11-44　绘制对称中心线后的效果图

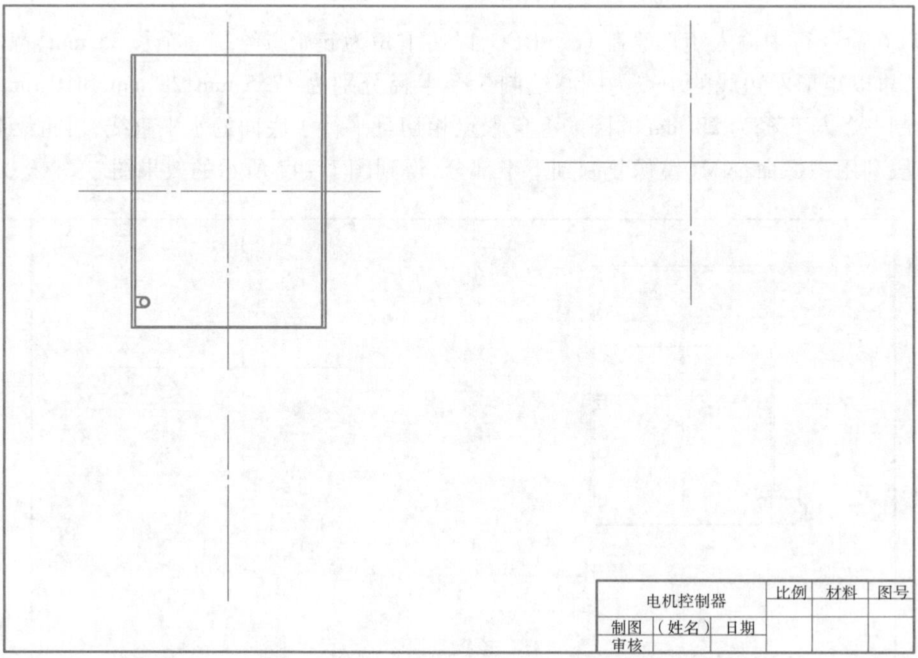

图 11-45　两个矩形及一个半槽形图形绘制后的效果图

（4）在命令行中输入矩形阵列命令 ARRAYRECT 或在菜单栏中选择“修改”→“阵列”→“矩形阵列”命令，选择直径为 8 mm 的圆作为矩形阵列对象，输入阵列距离为 60 mm，阵列的个数为 4，再使用复制命令 CO 将半槽形图形复制到第三个圆上，接着使用 CO 命令将竖直方向上的第四个圆复制并向上分别移动 54 mm 和 94 mm，在竖直方向共得到 6 个圆，再将最上

学习笔记

面的矩形线段向下偏移100 mm,最后应用镜像命令MI,将左边部分竖直方向上的半槽形图形和圆镜像复制到右半部分,如图11-46所示。

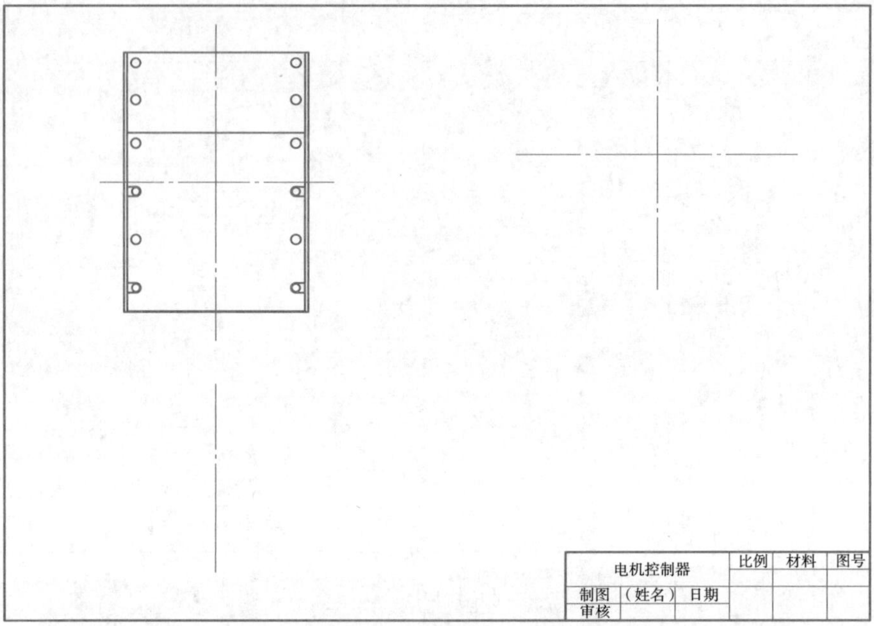

图11-46 槽、圆复制和镜像后的效果图

(5)在命令行中输入矩形绘制命令REC,以右下角为起始点绘制一个长35 mm、宽25 mm的矩形,再以矩形左边线的中点为圆心绘制3个半径分别为17.5 mm、28 mm和10 mm的圆,接着绘制一条与直径为28 mm的圆的上象限点相切且平行于底面的水平直线,再将绘制的水平直线段利用镜像命令MI镜像复制到下半部分,得到图11-47所示的效果图。

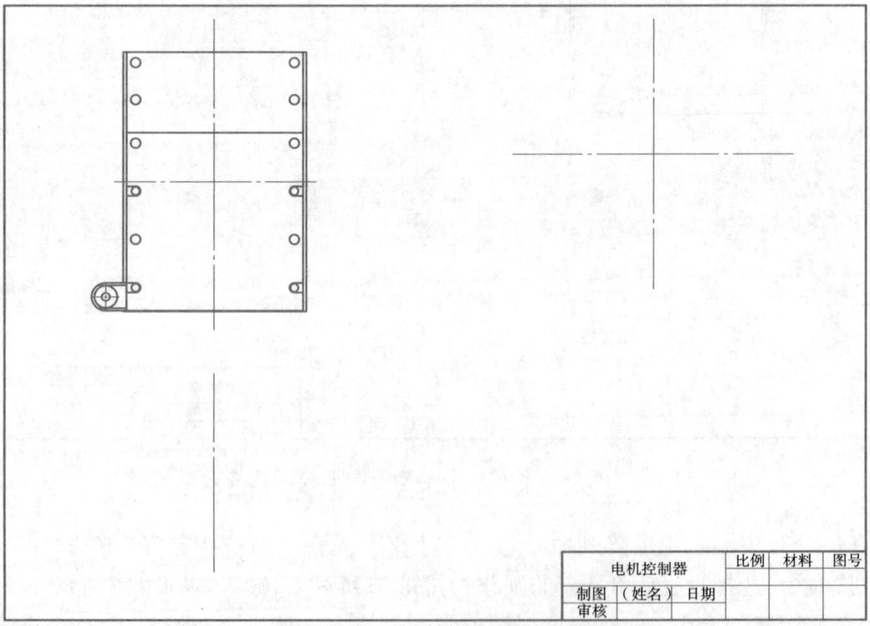

图11-47 矩形和水平直线段绘制和镜像后的效果图

(6)在命令行中输入镜像命令 MI,选择图 11-47 中左下角的图形,以竖直对称中心线为对称轴镜像复制一个到图形的右下角,然后将下部左右两边的图形应用复制命令 CO 竖直向上复制并移动 270 mm,得到图 11-48 所示的效果图。

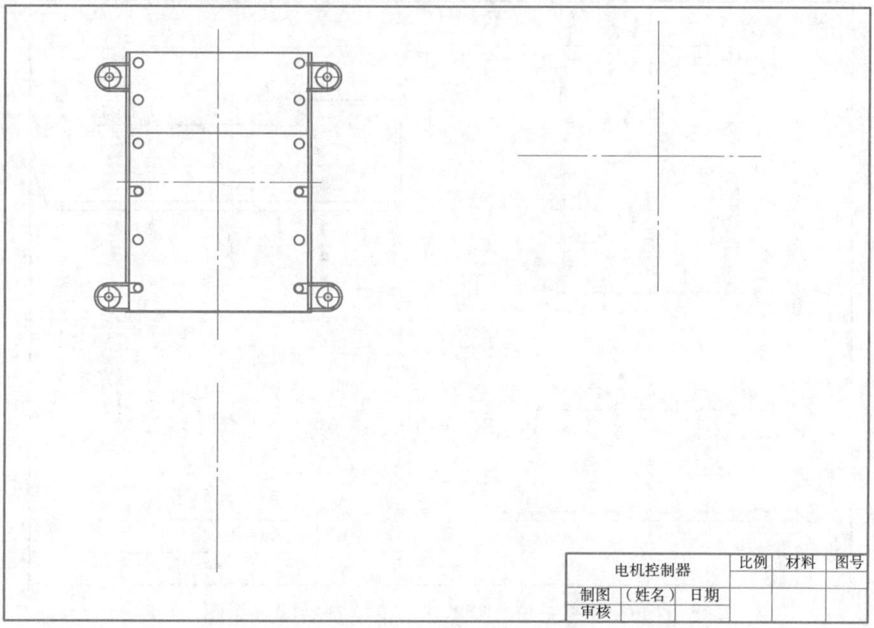

图 11-48　左下角的图形镜像、复制和移动后的效果图

(7)左视图的绘制过程,首先在左视图的位置使用矩形绘制命令 REC 绘制一个高 109 mm、宽 320 mm 的矩形,再以矩形左上角为起点绘制一个高 220 mm、宽 20 mm 的矩形,接着应用修剪命令 TR 将中间重合的线段部分修剪掉,最后在命令行中输入偏移命令 O,将左视图中最底边的直线段向上偏移 9 mm,得到图 11-49 所示左视图的效果图。

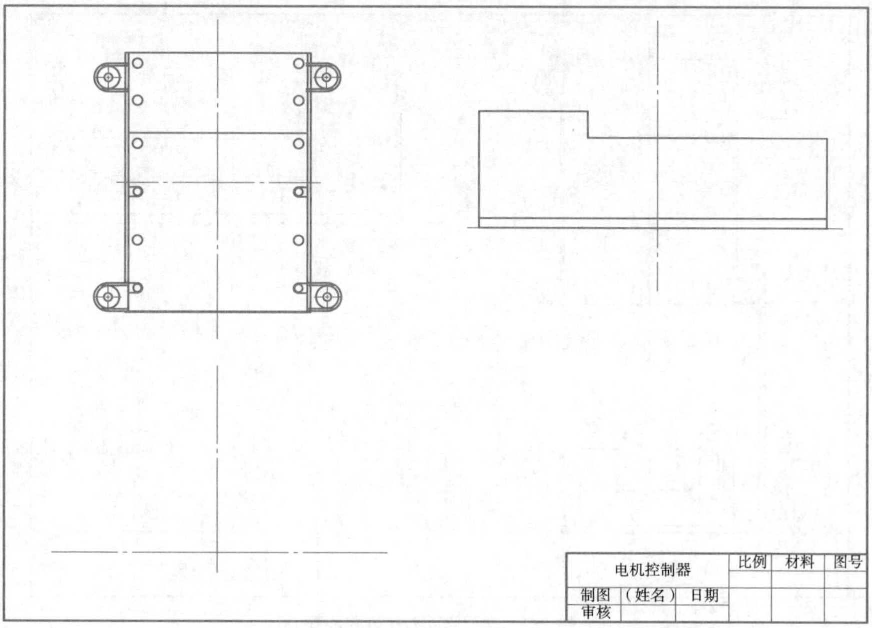

图 11-49　矩形绘制、线段修剪和偏移后的效果图

学习笔记

（8）俯视图的绘制，先在俯视图的位置使用矩形命令REC分别绘制一个长228 mm、宽9 mm和一个长220 mm、宽100 mm的矩形，再以大矩形左上角为起点绘制一个长65 mm的正方形，以正方形的对称中心点为圆心绘制一个长30 mm、宽26 mm半圆形的槽，得到图11-50所示的效果图。

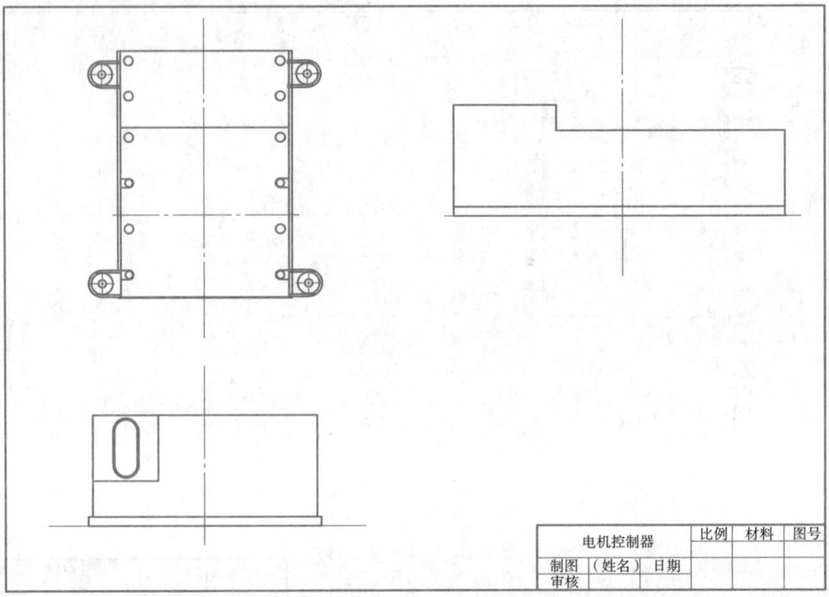

图11-50　正方形和半圆形槽绘制后的效果图

（9）使用偏移命令O将俯视图中最上边的线段向下偏移79 mm，与最左边的线段交于一点，再根据“长对正”的投影规律绘制两条竖直向下的竖直线段，与最下边线段的延长线交于一点，连接这两个交点，即可得到图11-51所示的效果图，应用修剪命令TR修剪掉多余的线段后，再应用镜像命令MI，以竖直对称中心线为镜像线将左下角的图形进行镜像复制，即可得到图11-52所示的效果图。

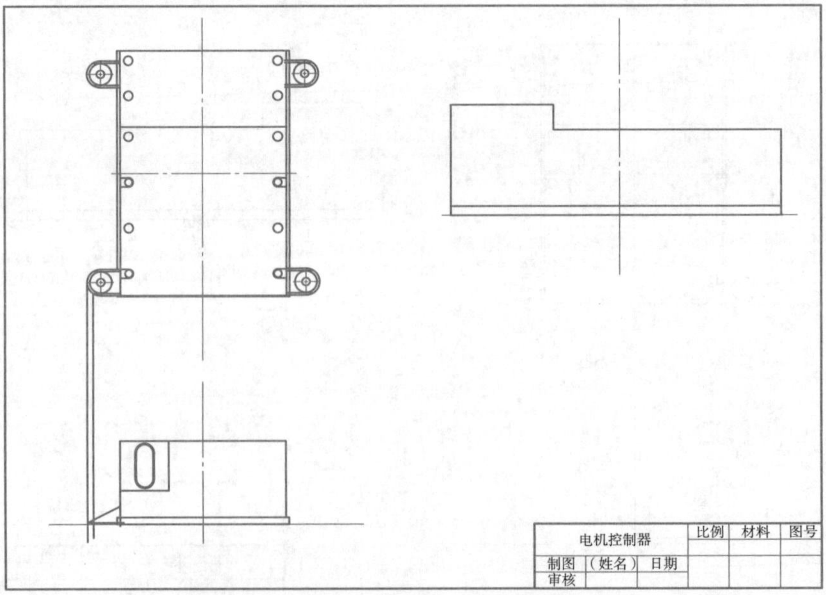

图11-51　线段连接后的效果图

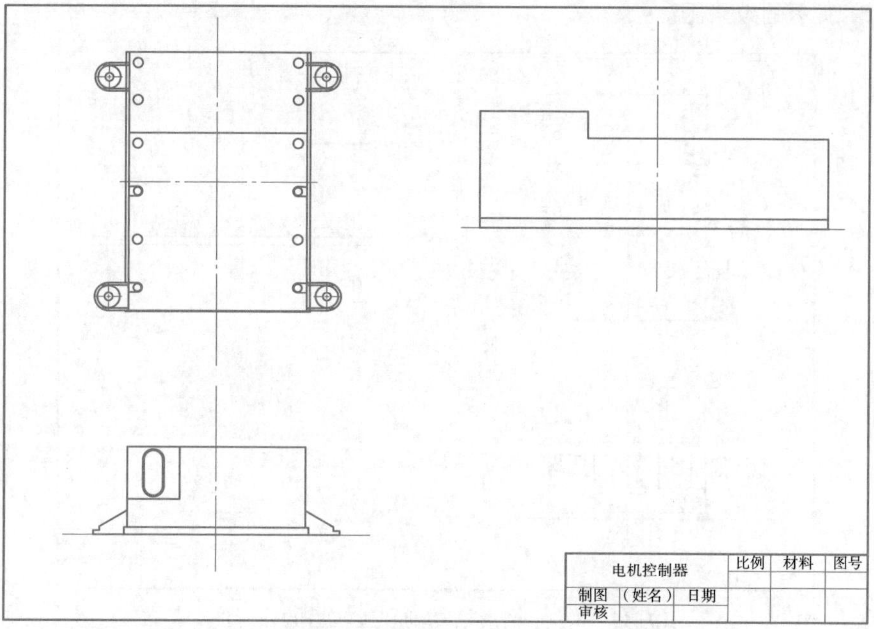

图 11-52　左下角的图形镜像复制后的效果图

(10)以正方形右上角为起点分别向下和向右绘制直线,直线段的长度分别为 15 mm 和 25 mm,再以这两条直线段交点为对称中心点绘制一个长度为 40 mm 的正方形,使用偏移命令 O 将正方形向内侧偏移 3 mm,再使用圆角命令 F 对向内偏移后的正方形进行倒圆角,其中圆角的半径为 10 mm,接着以正方形的对称中心为圆心绘制一个直径 20 mm 的圆,再将正方形右边线向右偏移 30 mm 并延长,与俯视图的上边线相交于一点,形成的效果图如图 11-53 所示。

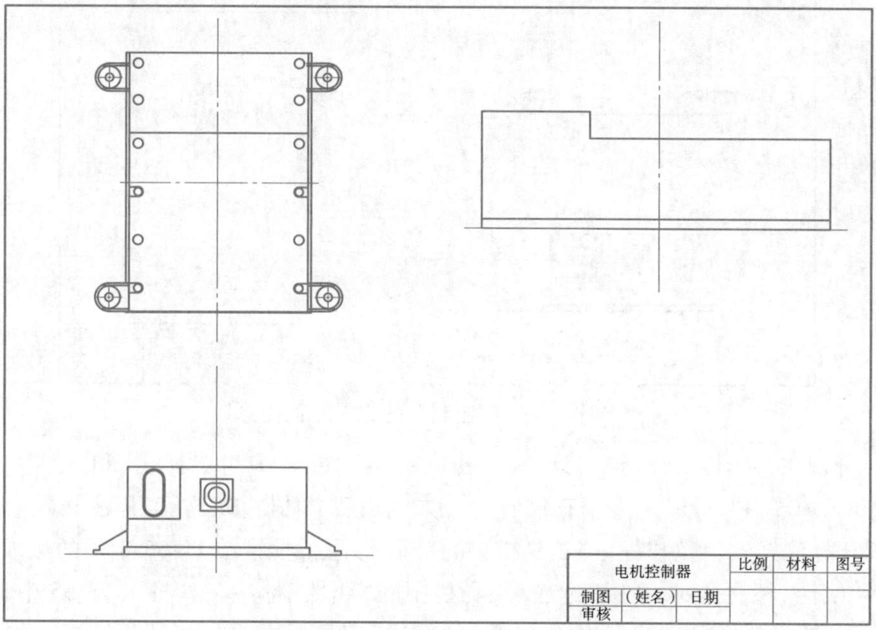

图 11-53　正方形偏移、倒圆角、右边线偏移后形成的效果图

(11)以图 11-53 中间部分的竖直线和最上边线段的交点为起点绘制一个长 61 mm 的正方形,再应用复制命令 CO 将左边的半圆形槽复制到正方形的对称中心处并旋转 90°,即可得

到图 11-54 所示的效果图。

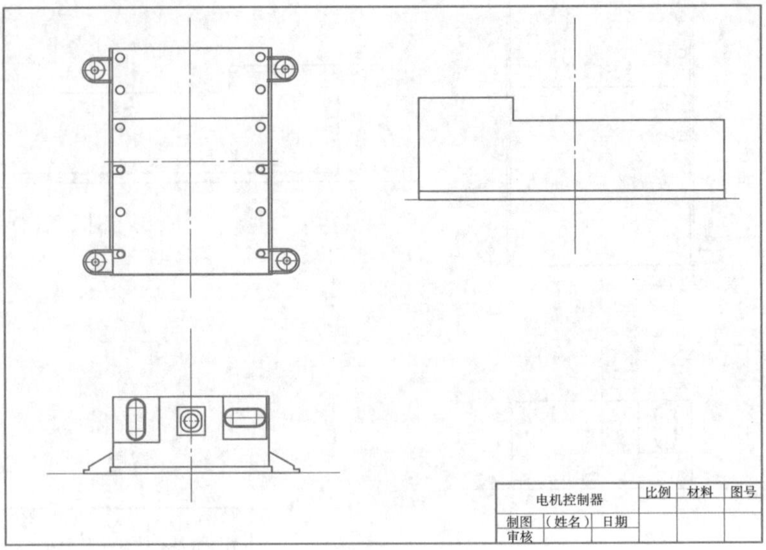

图 11-54　半圆形槽复制和旋转后的效果图

（12）根据“宽相等”投影规律，将图 11-54 中俯视图左下和右下部分支承座的左视图绘制出来，即可得到电机控制器的二维平面图形，如图 11-55 所示。

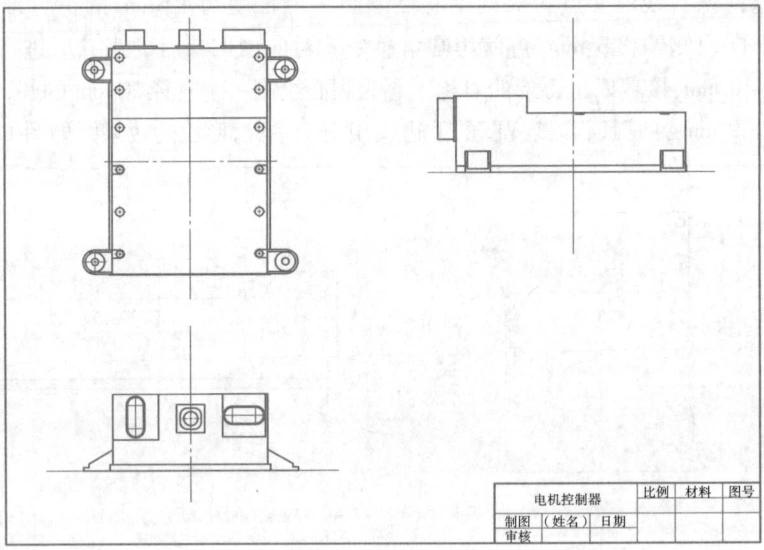

图 11-55　电机控制器的二维平面图形

（13）分别在菜单栏中选择“工具”→“工具栏”→“AutoCAD”→“样式”和“工具”→“工具栏”→“AutoCAD”→“标注”命令，打开“样式”和“标注”工具栏，先选择“标注样式”工具栏中的“ISO-25”标注样式，利用“标注”工具栏中的“圆”标注工具将图 11-55 中圆的尺寸标注好；接着选择“线性”标注样式，利用“标注”工具栏中的“线性”标注工具将图 11-55 中直线段的尺寸标注好，然后选择“半径”标注样式，利用“标注”工具栏中的“半径”标注工具将图 11-55 中倒角的半径标注好，最后选择“线性”标注样式中的“角度”标注工具将图中的角度标注好，尺寸标注后最终得到的效果图如图 11-56 所示。

学习笔记

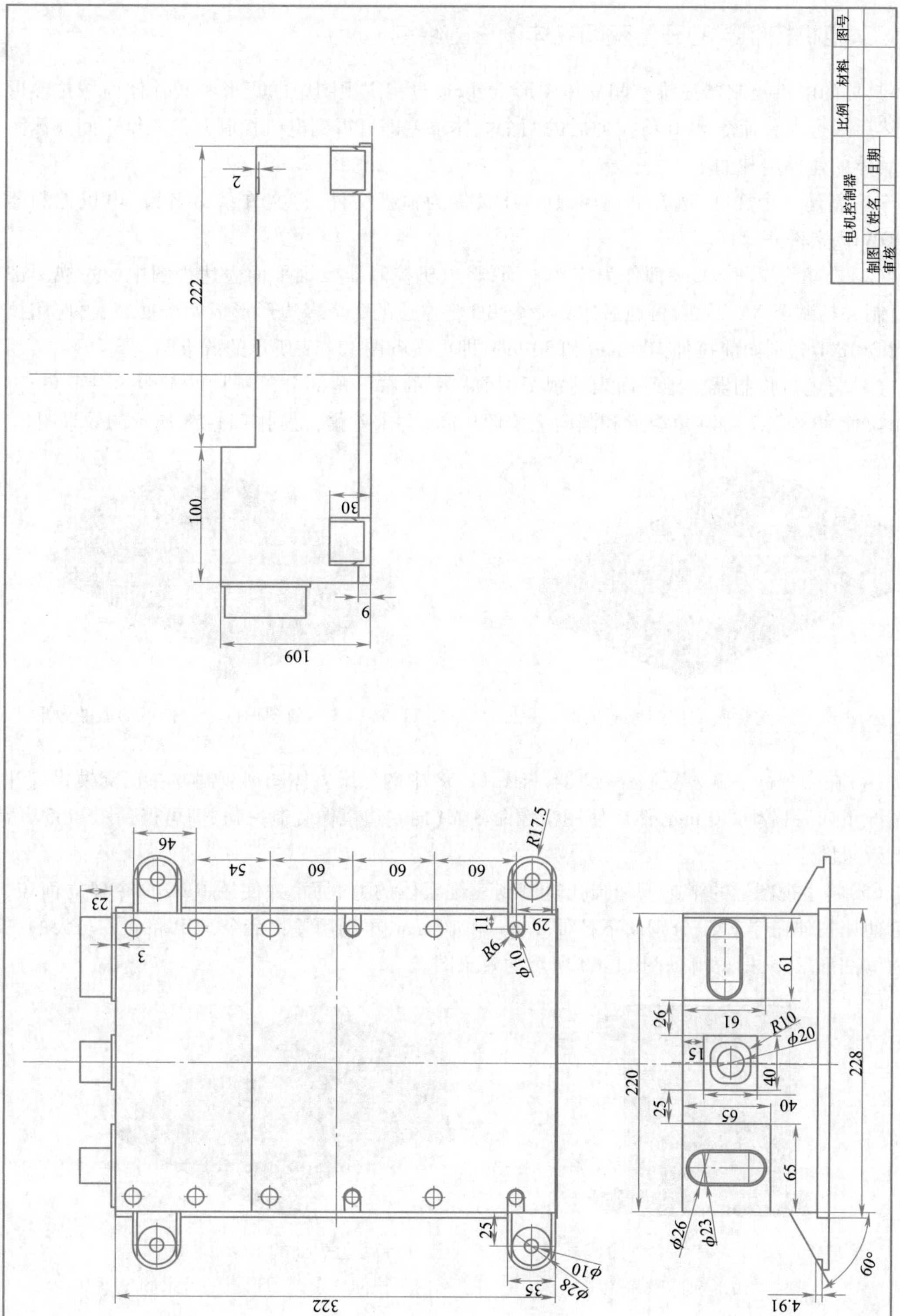

图 11-56　尺寸标注后的电机控制器二维平面图形

学习笔记

二、电机控制器的三维空间立体图形的绘制

具体的电机控制器三维空间立体图形,可以通过将主视图中的矩形和圆柱体面域拉伸形成,然后通过求差命令 SUB 将拉伸后的两个立体求差即可得到电机控制器的三维空间立体图形,具体的建模步骤如下。

(1)新建一个文件,选择 acadiso3D. dwt 文件为模板文件,将文件重命名为“电机控制器3D. DWG”文件并保存。

(2)选择前视图 XY 平面作为工作平面,将电机控制器二维平面表达视图中的左视图部分复制并粘贴至 XY 平面,再通过边界命令 BO 将左边的 2 个多边形形成两个面域,再应用拉伸命令 EXT 分别向前拉伸 100 mm 和 80 mm,即可得到图 11-57 所示的效果图。

(3)将电机控制器二维平面表达视图中前视图的右下角部分复制粘贴至图的右下角,再使用拉伸命令 EXT 将圆角矩形和圆向上拉伸 9 mm 并求差集,得到图 11-58 所示的效果图。

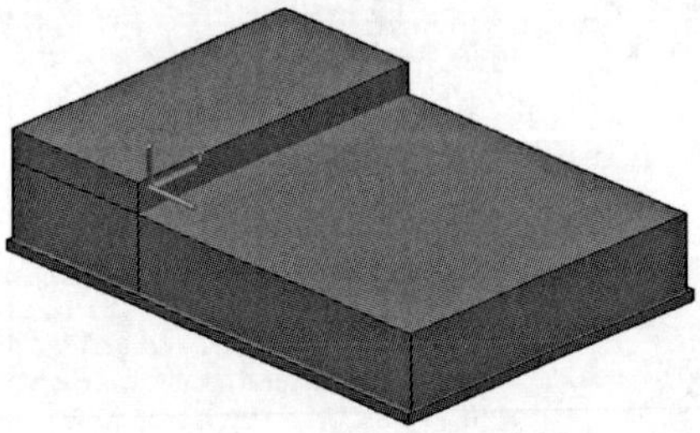

图 11-57　两个多边形向前拉伸后形成的效果图

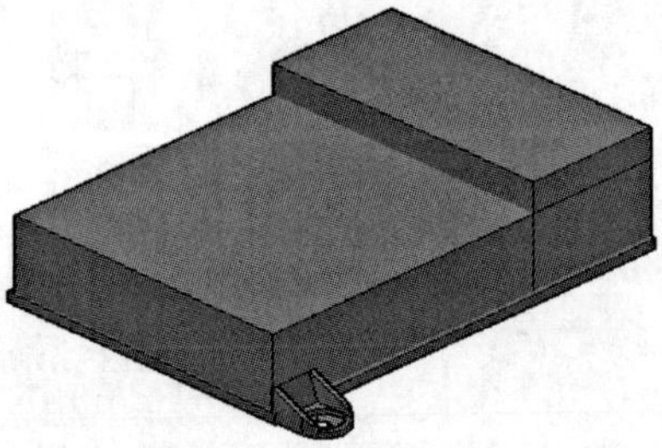

图 11-58　右下角图形向上拉伸后形成的效果图

(4)在命令行中输入复制命令 CO,将图 11-58 中的三维立体图形复制并在正交模式打开的情况下向后移动 270 mm,然后使用镜像命令 MI 向左边镜像复制一份,即可得到图 11-59 所示的效果图。

(5)将主视图上的半圆槽和圆孔复制到三维实体的上表面,并使用 REG 命令建立面域,然后使用拉伸命令 EXT 分别向下拉伸 2 mm 和 10 mm,再利用差集命令 SUB 将它们与大的三维立体图形求差,即可得到图 11-60 所示的效果图。

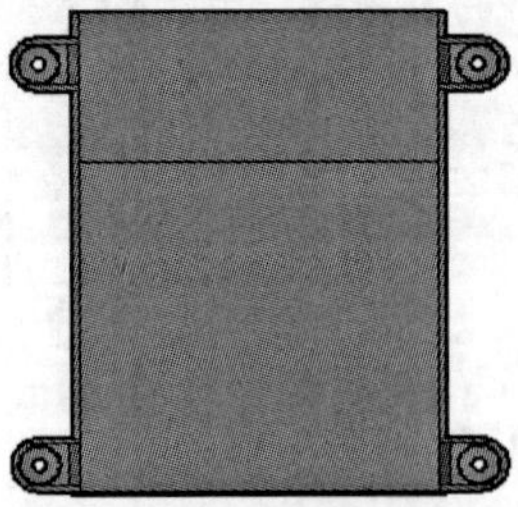

图 11-59　右下角三维立体图形复制并镜像后形成的效果图

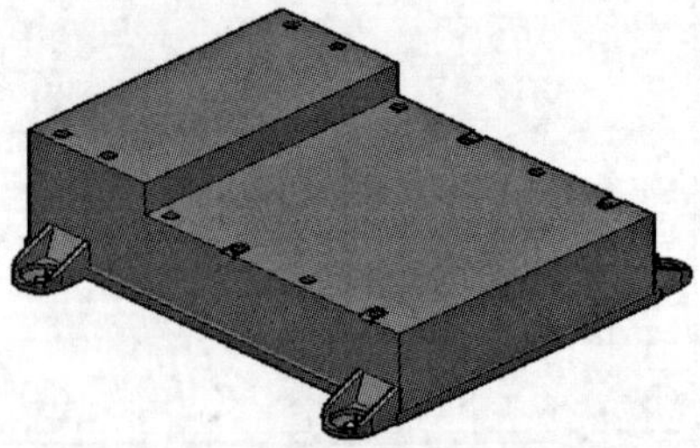

图 11-60　上表面的半圆形槽和圆孔向下拉伸并求差后形成的效果图

(6)将电机控制器俯视图中的所有图形复制至图 11-60 的后端面上,再利用面域命令 REG 形成面域,接着应用拉伸命令 EXT 将它们向后分别拉伸 5 mm 和 20 mm,最后使用差集命令 SUB 将它们从整体中减去多余实体,即得到图 11-61 所示的最终效果图。

学习笔记

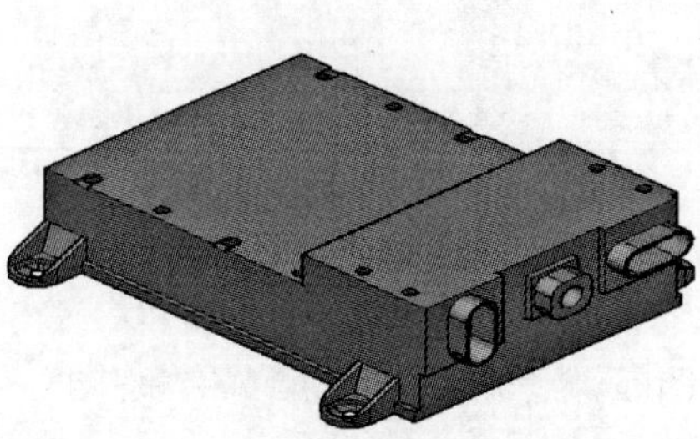

图 11-61　后端面接线端子拉伸后形成的立体效果图

课后强化训练任务

图 11-62 所示为汽车制动踏板支架的二维平面表达视图，要求运用 AutoCAD 软件绘制出该踏板支架的平面图形，并依据平面图形绘制出相应的立体图形。

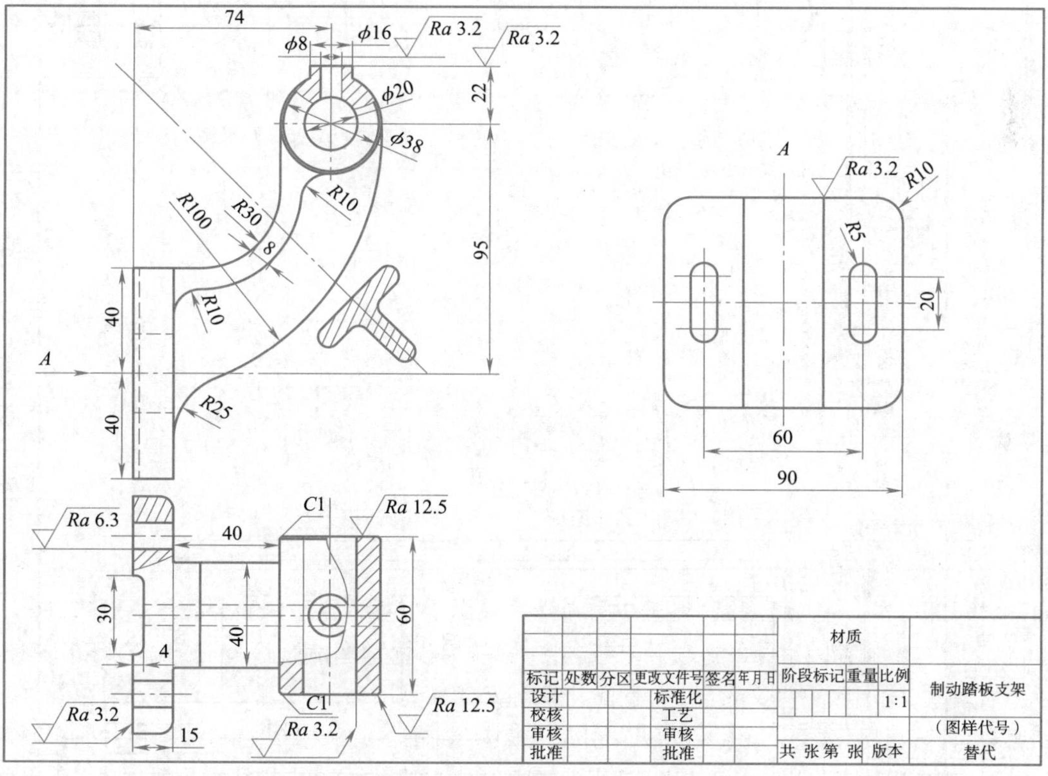

图 11-62　制动踏板支架的二维平面表达视图

任务三　新能源汽车中动力电池包机械图样的绘制

任务描述

新能源汽车中动力电池包的二维平面图形和三维立体图形分别如图 11-63 和图 11-64 所示，任务要求使用 AutoCAD 软件绘制出该动力电池包的二维平面图形和三维立体图形。

学习笔记

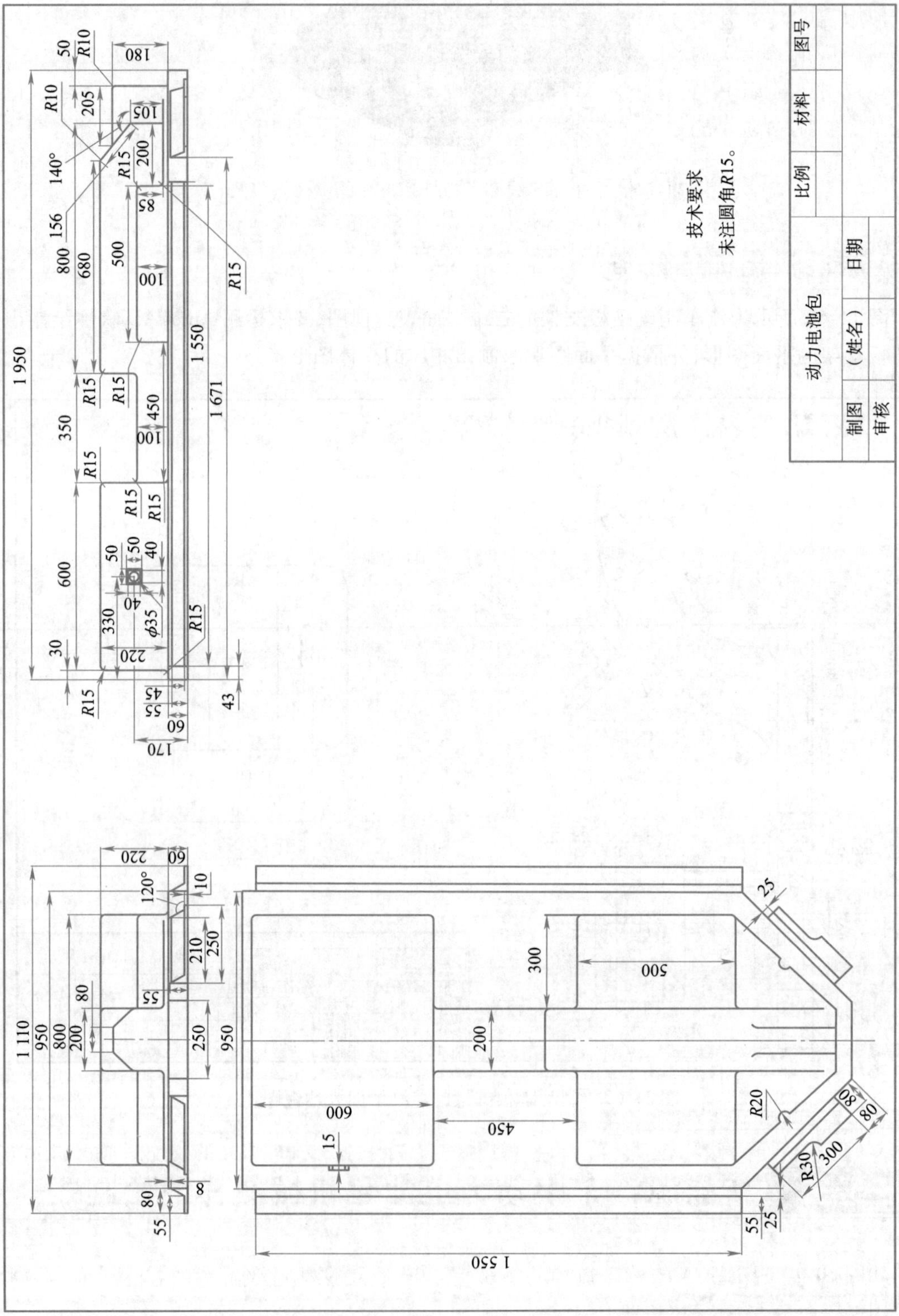

图 11-63　动力电池包的二维平面图

学习笔记

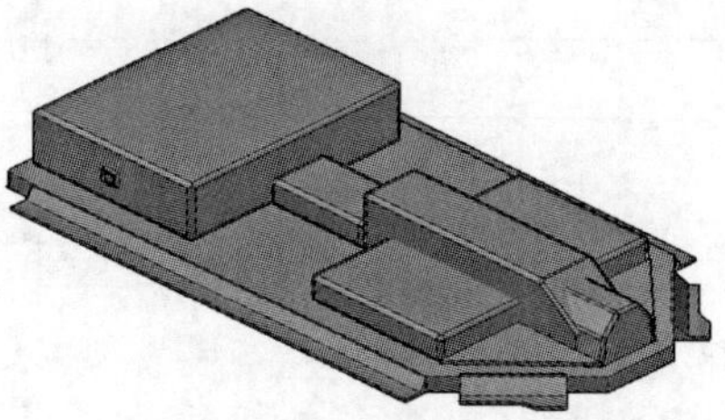

图 11-64　动力电池包的三维立体图形

相关知识

绘制二维和立体图形所需的 CAD 相关绘图命令见表 11-1 和表 11-2。

任务实施

一、新能源汽车中动力电池包的二维平面图形绘制

通过对实际新能源汽车中动力电池及其实际的空间形状以及图 11-64 的分析可知，动力电池二维平面图形对应的视图应选用能直观反映动力电池的真实形状和大小的主视图及一个左视图，俯视图作为辅助表达视图，即可全面反映出动力电池的组成结构和形状特点，具体二维平面表达视图的绘制步骤如下。

（1）新建一个文件，选择 acadiso. dwt 文件为样板文件，将文件重命名为“动力电池 . DWG”文件并保存。

（2）根据绘图需要，在菜单中选择“格式”→“图层”命令，新建 6 个图层，并设置好每个图层的颜色、线型和线宽等参数，具体的参数设置如图 11-65 所示。

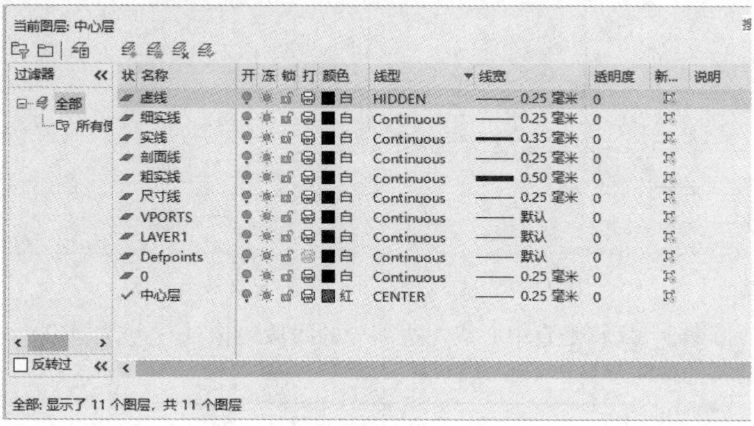

图 11-65　图层参数设置

（3）将“中心层”图层设置为当前工作图层，利用直线绘制命令 L 绘制出主视图的对称中心线和全剖表达视图的对称线，如图 11-66 所示。

（4）将当前使用图层切换到“粗实线”层并使用直线绘制命令 L，从中心点依次绘制向左长度 550 mm、向上长度 10 mm、向右长度 55 mm 的线段；再从中心点上方 60 mm 处，依次绘制向左长度 475 mm、向下长度 60 mm 的线段，如图 11-67 所示。

学习笔记

图 11-66　对称中心线的绘制

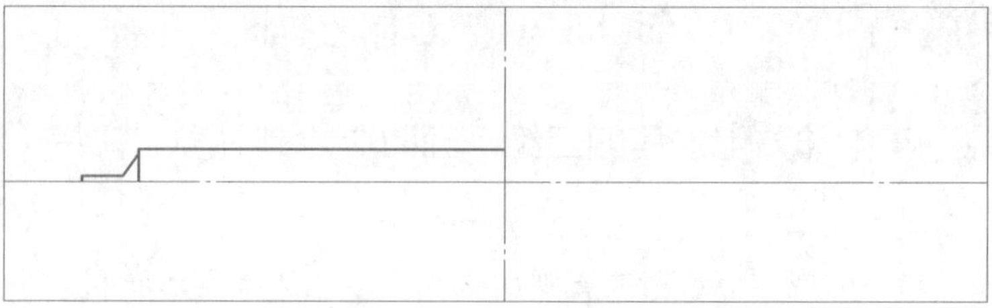

图 11-67　绘制直线后的效果图

(5)利用直线绘制命令 L,从中心点上方 280 mm 处,依次绘制一段向左长度 400 mm、向下长度 220 mm 的直线,并将其向下偏移 120 mm。再从中心点上方 280 mm 处向下绘制长度为 205 mm 的直线,并使用偏移命令 O 向左偏移 100 mm,从此处继续向左绘制长度为 270 mm 的直线,利用圆角绘制命令 F 绘制圆角半径为 15 mm 的倒圆角,绘制效果如图 11-68 所示。

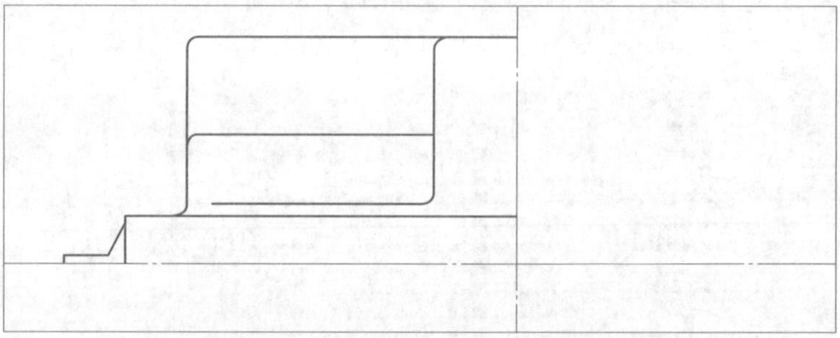

图 11-68　直线绘制并圆角后的效果图

(6)利用镜像命令 MI 将竖直中心线左边部分的线段镜像到右边,如图 11-69 所示。

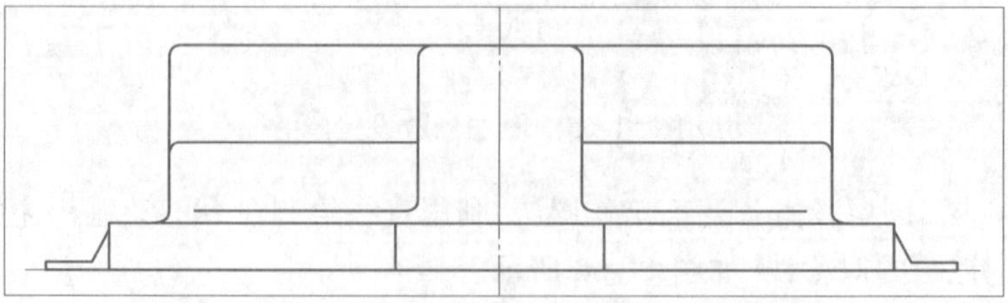

图 11-69　镜像绘制后的效果图

(7)利用直线绘制命 L,在中心点左侧 180 mm 处,依次绘制一段向左长度 250 mm、向上长度 10 mm、向右长度 220 mm、斜右上方向长度 30 mm、角度为 150°的线段，并使用偏移命令 O，以斜右上方向的直线为基准向左偏移 210 mm。再从右上方中心点左侧 180 mm 处，依次绘制一段向上长度 52 mm、向左长度 210 mm 的线段，再利用镜像命令 MI，将竖直中心线左边部分的线段镜像到右边，具体的效果图如图 11-70 所示。

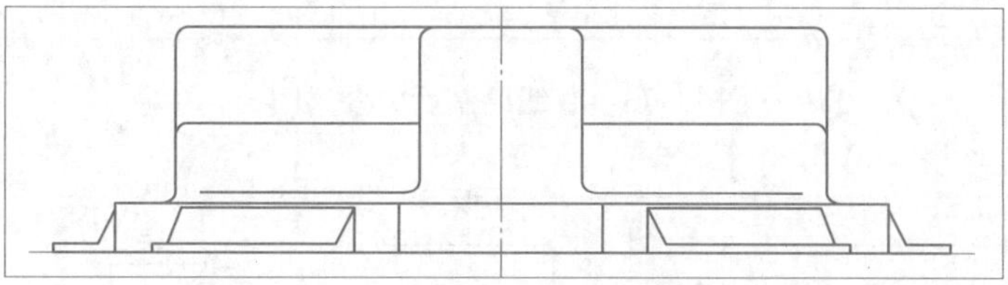

图 11-70　绘制直线并镜像后的效果图

（8）利用直线绘制命令 L 在中心点上方 75 mm 处，依次绘制一段向左长度 100 mm、向上长度 100 mm 的线段；在中心点上方 220 mm 处，向左绘制一段长度为 40 mm 的直线，与上一线段连接；再使用圆角命令 F，将向左 40 mm 的线段与被连接线段的圆角半径设置为 10 mm，向上长度 100 mm 的线段与被连接线段的圆角半径设置为 200 mm，利用镜像命令 MI，将竖直中心线左边部分的线段镜像到右边，具体的效果图如图 11-71 所示。

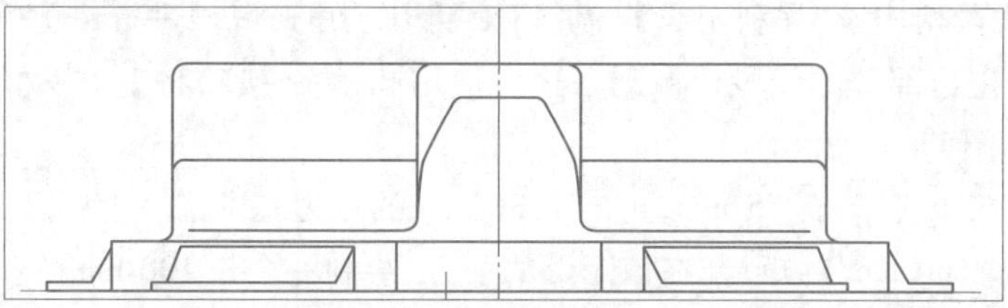

图 11-71　直线绘制、倒圆角并镜像后的效果图

（9）绘制左视图，利用直线绘制命令 L，以中心点为基准依次绘制一段向上长度 60 mm、向右长度 30 mm、向上长度 220 mm、向右长度 600 mm、向下长度 220 mm、向右长度 450 mm、向上长度 100 mm、向右长度 500 mm、向下长度 85 mm、向右长度 225 mm、向上长度 80 mm、斜左上方向长度 180 mm、角度为 180°的线段；再依次绘制一段向左长度 680 mm、向下长度 120 mm 的线段；再以中心点上方 60 mm 处为基准，向右绘制一段长度为 1 950 mm 的直线，在这条直线 1 900 mm 处依次绘制一段向上长度 180 mm、向左长度 205 mm 的线段；再使用圆角命令 F 倒圆角，圆角半径分别为 10、15，具体的效果图如图 11-72 所示。

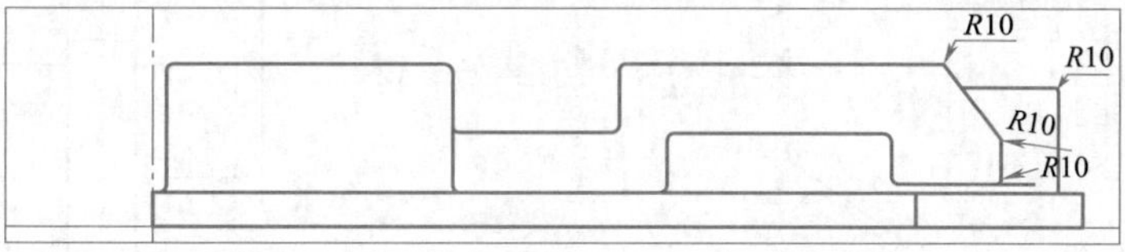

图 11-72　直线绘制并倒圆角后的效果图

（10）以中心点右侧 43 mm 处为基准，利用直线绘制命令 L，依次绘制一段向上长度 52 mm、向右长度 1 600 mm、向下长度 52 mm 的线段；再利用偏移命令 O，绘制与 1 600 mm 处平行的线段，补齐剩余的其他线段，如图 11-73 所示。

（11）以中心点向左 330 mm，向上 170 mm 为基准点，利用矩形绘制命令 REC 和圆绘制命令 C，分别绘制长 40 mm、宽 40 mm 和长 30 mm、宽 30 mm 的矩形以及直径为 30 mm 的圆，如图 11-74 所示。

学习笔记

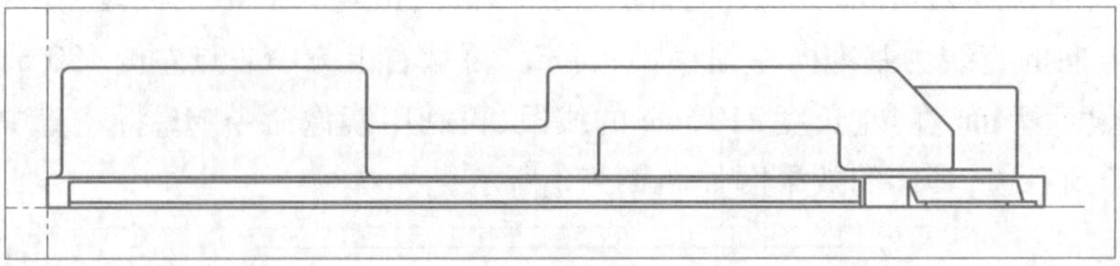

图 11-73　直线绘制后的效果图

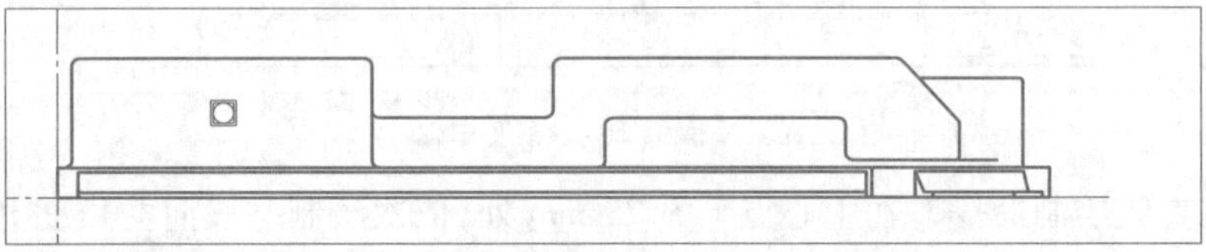

图 11-74　绘制矩形和圆后的效果图

(12)绘制俯视图,利用矩形绘制命令 REC,绘制一个长 1 950 mm、宽 950 mm 的矩形,以左下角的端点为基准点,分别向上、向右绘制一段长度 350 mm 的直线,向上 350 mm 的线段与向右 350 mm 的线段相连接,并利用修剪命令 TR,将其三角形区域进行修剪,再利用镜像命令 MI 将竖直中心线左边部分的线段镜像到右边。使用圆角命令 F,将上方两角进行圆角,圆角半径为 15 mm,如图 11-75 所示。

(13)以左上方端点,向右 75 mm,再向下 30 mm 的点为基准点,利用矩形命令 REC,绘制一个长 800 mm、宽 600 mm 的矩形,在该矩形的下方,绘制一个长 100 mm、宽 350 mm 的矩形。再以该矩形的左下端点为基准,利用直线绘制命令 L,向下绘制一段长度为 900 mm 的直线,再以该矩形的左下端点为基准,在向下 100 mm 处绘制一个长 300 mm、宽 500 mm 的矩形,利用镜像命令 MI,将竖直中心线左边部分的矩形镜像到右边,补齐剩余线段。使用倒圆角命令 F,圆角半径为 15 mm 倒圆角,如图 11-76 所示。

图 11-75　绘制矩形并进行镜像及倒圆角后的效果图

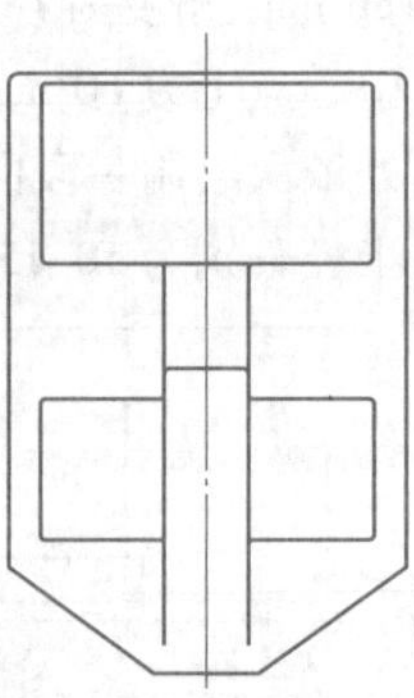

图 11-76　绘制矩形并倒圆角后的效果图

(14)在左上方端点向下 43 mm 处,使用直线绘制命令 L,依次绘制一段向下长度 1 600 mm、向右长度 80 mm 的线段,再使用偏移命令 O,将长度 1 600 mm 的直线向右偏移 55 mm,使用镜像命令 MI,以竖直直线为对称轴将左边的部分镜像到右边,如图 11-77 所示。

(15)使用直线绘制命令 L,以左斜边的下端点为基准点,沿斜边 80 mm 处,绘制一条与其垂直的直线,长度为 80 mm,使用偏移命令 O,将其向上偏移 300 mm,再将斜边向左下方分别偏移 25 mm 和 55 mm,使用修剪命令 TR,将多余线段部分删除,使用倒圆角命令 F,圆角半径为 60 mm,利用镜像命令 MI 将竖直中心线左边部分的线段镜像到右边,如图 11-78 所示。

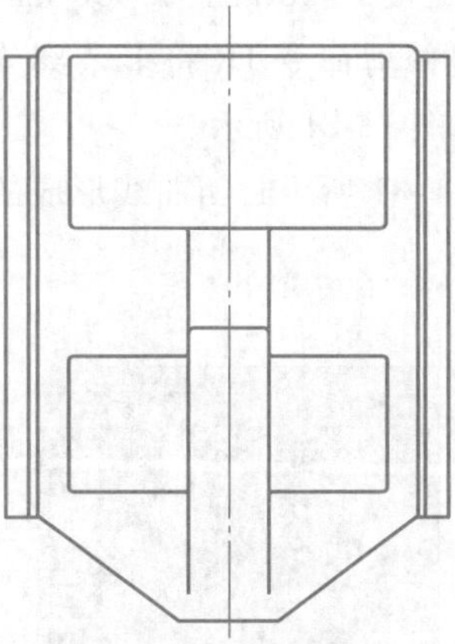

图 11-77　绘制直线并镜像后的效果图

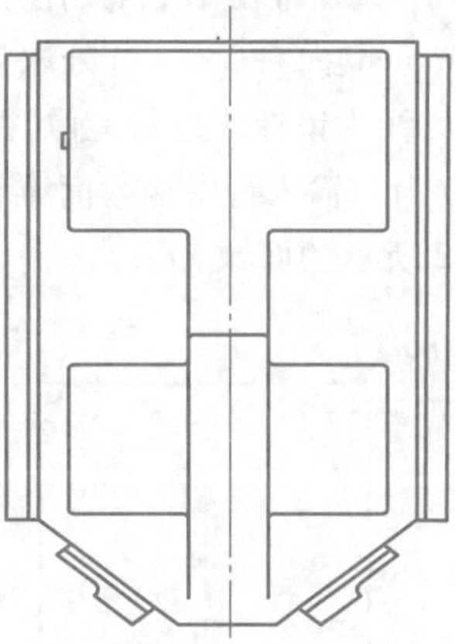

图 11-78　绘制直线并倒圆角及镜像后的效果图

(16)在底部直线上方 50 mm 处,以中心线为基准,使用直线绘制命令 L,绘制一段向左长度 100 mm 的线段,用斜线与左侧矩形的左下端点连接,使用圆绘制命令 C,以斜线的中点为圆心,绘制直径为 10 mm 的圆,使用修剪命令 TR 将多余部分切除,并利用镜像命令 MI 将竖直中心线左边部分的线段镜像到右边,如图 11-79 所示。

(17)使用偏移命令 O,将中心线向两侧各偏移 40 mm,使用修剪命令 TR 将多余部分切除,即可得到动力电池包的二维平面图形,如图 11-80 所示。

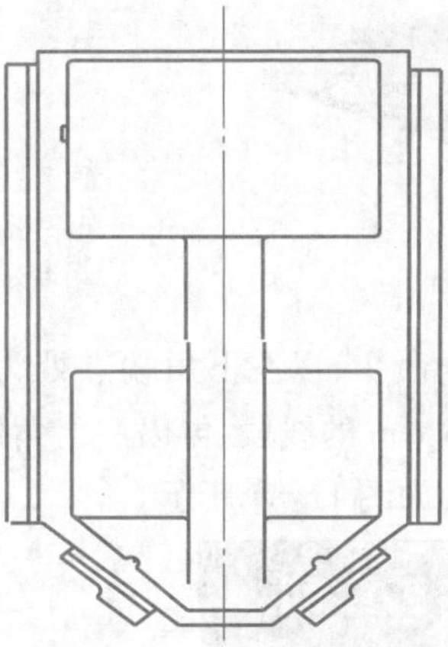

图 11-79　绘制直线和圆并镜像后的效果图

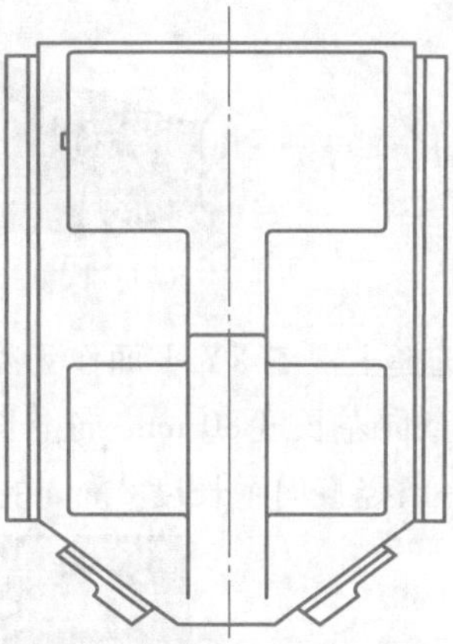

图 11-80　动力电池包的二维平面图

二、新能源汽车动力电池包的三维建模

具体的动力电池包的三维建模,可以通过将俯视图中的长方形面域和主视图的面域拉伸得到,然后通过拉伸命令 EXT 将两个立体求和即可得到新能源汽车的三维空间模型,具体的建模步骤如下。

学习笔记

(1)新建一个文件,选择 acadiso3D. dwt 文件为样板文件,将文件重命名为"动力电池 3D. DWG"文件并保存。

(2)选择俯视图 XY 平面作为工作平面,将图层切换到"中心层"。先使用直线绘制命令 L 绘制出两条对称中心线,再使用矩形绘制命令 REC 绘制出长 1 950 mm、宽 950 mm 的矩形,在向上 307 mm、向右 350 mm 处取点,将两端点连接。通过修剪命令 TR 将多余部分切除,再以竖直中心线为镜像线进行镜像,得到近似梯形的图形,如图 11-81 所示。

(3)在命令输入行中输入面域生成命令 REG,选中图 11-81 所示封闭曲线形成的图形,形成图 11-82 所示的面域。

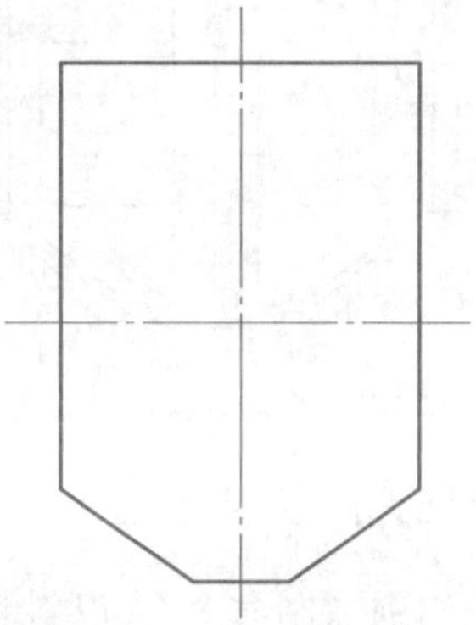

图 11-81　矩形及线段绘制和修剪后的效果图

图 11-82　形成面域后的效果图

(4)使用拉伸命令 EXT,将图 11-82 所示的面域部分向上拉伸 60 mm,得到图 11-83 所示的效果图。

图 11-83　三维实体拉伸后的效果图

(5)选择主视图 XY 平面作为工作平面,使用直线绘制命令,以左下角端点处为基准,依次绘制一条向左长度 80 mm、向上长度 10 mm、向右长度 55 mm 的线段,再以左上角端点为基准,绘制一条竖直向下长度 8 mm 的线段,并与上一条连接,如图 11-84 所示。

图 11-84　线段绘制后的效果图

(6)在命令输入行中输入面域生成命令 REG,选中图 11-84 所示封闭曲线形成的图形,形成图 11-85 所示的面域。

(7)使用拉伸命令 EXT,将图 11-85 所示的面域部分向后拉伸 1 660 mm,使用镜像命令 MI,将拉伸部分镜像复制一个到右边部分,得到图 11-86 所示的效果图。

学习笔记

图 11-85　形成面域后的效果图

(8)在菜单中选择“工具”→“新建 UCS(W)”→“三点(3)”命令,重新建立一个坐标系,使用矩形绘制命令 REC,在新建的坐标系中绘制一个长 800 mm、宽 600 mm 和一个长200 mm、宽 800 mm 的矩形,如图 11-87 所示。

图 11-86　三维实体拉伸及镜像后的效果图

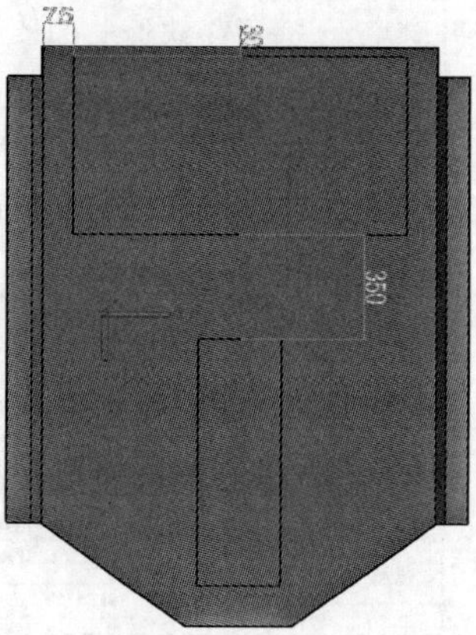

图 11-87　新建坐标系创建两个矩形的效果图

(9)使用面域命令 REG,使图 11-87 中的所有几何图形形成面域,选中矩形面域并使用拉伸命令 EXT,将矩形向上方拉伸 220 mm,得到图 11-88 所示的效果图。

(10)使用矩形绘制命令 REC,在新建的坐标系中绘制一个长 350 mm、宽 200 mm 和一个长 800 mm、宽 500 mm 的矩形,如图 11-89 所示。

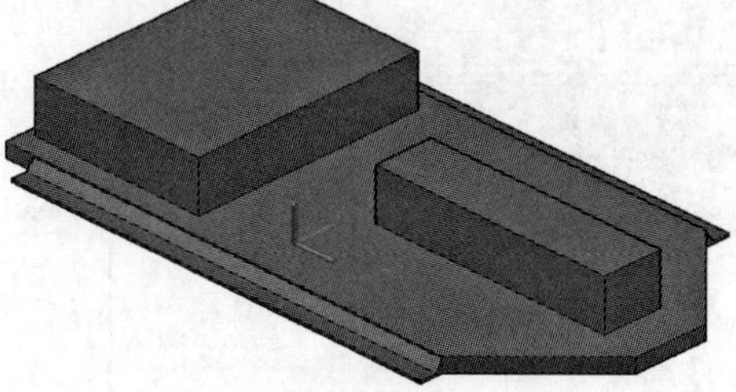

图 11-88　三维实体拉伸后的效果图

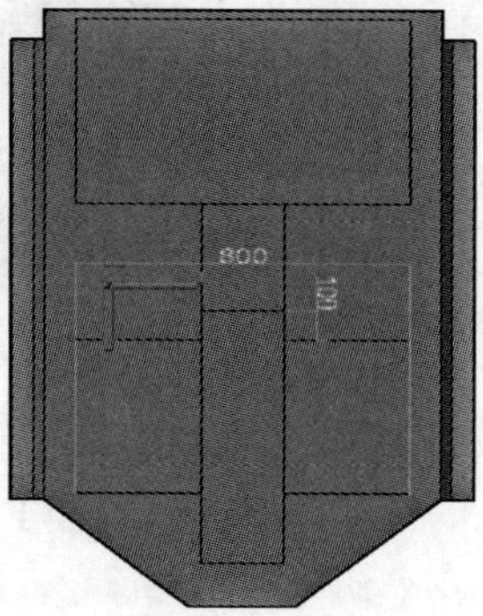

图 11-89　新建坐标系创建两个矩形的效果图

(11)使用面域命令 REG,使图 11-89 中的所有几何图形形成面域,选中矩形面域并使用拉伸命令 EXT 将矩形向上方拉伸 100 mm,得到图 11-90 所示的效果图。

(12)在菜单中选择“工具”→“新建 UCS(W)”→“三点(3)”命令,重新建立一个坐标系,在新建的坐标系中使用直线命令 L 绘制一个底 150 mm、高 190 mm 的三角形,选中三角形区域,使用面域命令 REG 形成面域,并使用拉伸命令 EXT 拉伸 200 mm,再使用差集命令 SUB 求

学习笔记

差，得到图11-91所示的效果图。

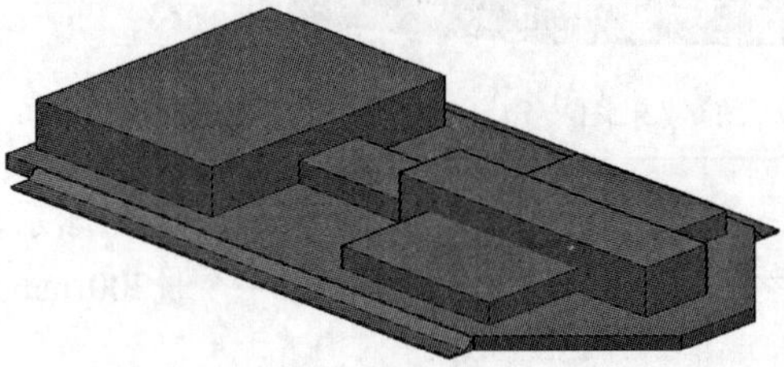

图11-90　三维实体拉伸后的效果图

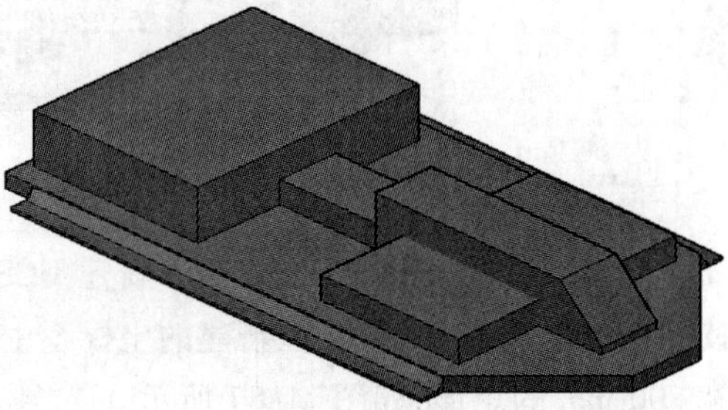

图11-91　三维实体拉伸、求差后的效果图

(13)在菜单中选择“工具”→“新建UCS(W)”→“三点(3)”命令，重新建立一个坐标系，在新建的坐标系中绘制图11-92所示的草图。

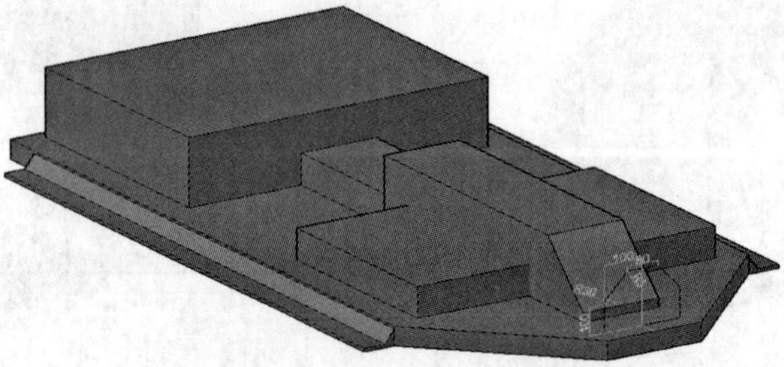

图11-92　绘制草图的效果图

(14)使用面域命令REG，使图11-92中的所有几何图形形成面域，选中矩形面域并使用拉伸命令EXT将几何图形向后方拉伸200 mm，得到图11-93所示的效果图。

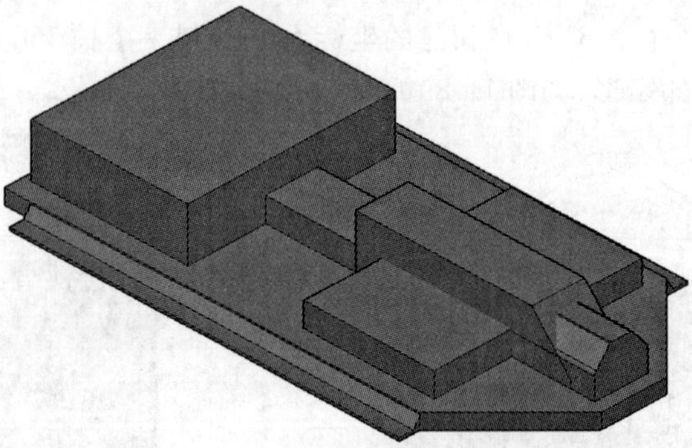

图11-93　三维实体拉伸后的效果图

(15)在菜单中选择“工具”→“新建UCS(W)”→“三点(3)”命令，重新建立一个坐标系，在新建的坐标系中绘制一个长50 mm、宽50 mm和一个长40 mm、宽40 mm的矩形以及一个直径为30 mm的圆，使用面域命令REG，使图11-93中的所有几何图形形成面域，使用拉伸命令EXT，将所有面域拉伸15 mm，再使用差集命令SUB得到图11-94所示的效果图。

(16)在菜单中选择“工具”→“新建UCS(W)”→“三点(3)”命令，重新建立一个坐标系，在新建的坐标系中绘制图11-95左前端所示的几何图形，使用面域命令REG，使绘制的几何图形形成面域，使用拉伸命令EXT，将所有面域向上拉伸15，采用镜像命令MI将左半部分的三维拉伸图形镜像到右边，最后在菜单中选择“三维建模”→“圆角”→“半径(R)”命令，将动力电池进行倒圆角操作，设置圆角半径为 15 mm，得到图 11-95 所示的最终效果图。

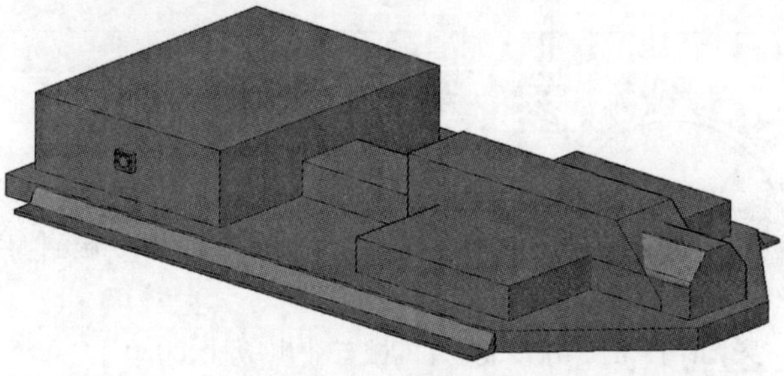

图 11-94　三维实体拉伸及求差后的效果图

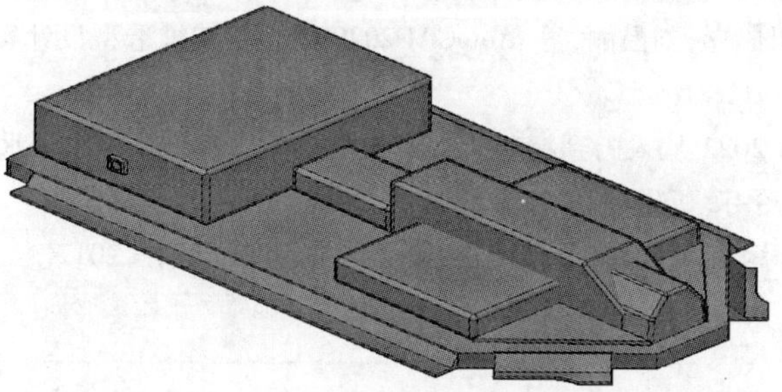

图 11-95　动力电池包三维建模的最终效果图

课后强化训练任务

如图 11-96 所示为汽车千斤顶的二维平面表达视图，要求运用 AutoCAD 软件绘制出该千斤顶的平面图形，并依据平面图形绘制出相应的立体图形。

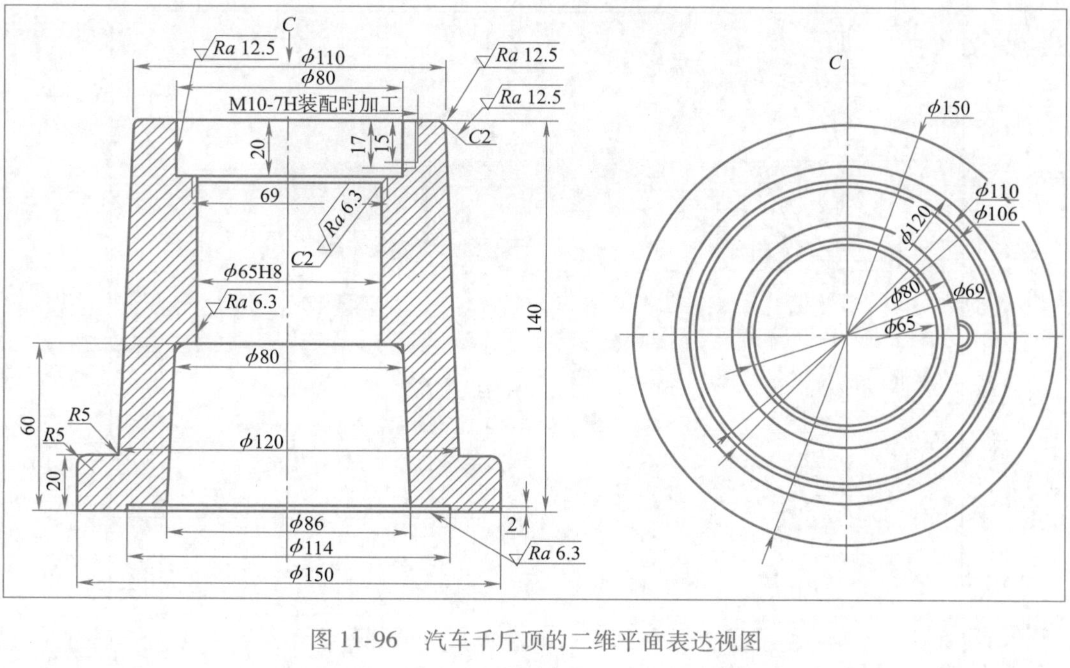

图 11-96　汽车千斤顶的二维平面表达视图

参考文献

[1] 孙衍建,于冬梅. 中文版 AutoCAD 工程制图:上机练习与指导(2018 版)[M]. 北京:清华大学出版社,2021.

[2] 胡建生. 机械制图(少学时)[M].4 版. 北京:机械工业出版社,2020.

[3] 胡建生. 工程制图与 AutoCAD [M].2 版. 北京:机械工业出版社,2022.

[4] 董志勇. AutoCAD 机械制图基础教程(2016 版)[M]. 北京:清华大学出版社,2017.

[5] 三维书屋工作室,胡仁喜,刘昌丽,等. AutoCAD2020 中文版三维造型设计实例教程[M]. 北京:机械工业出版社,2020.

[6] 天工在线. AutoCAD 2022 从入门到精通实战案例版[M]. 北京:中国水利水电出版社,2021.

[7] 谢丽君,冯爱平,张玲芬. 机械制图[M]. 北京:北京理工大学出版社,2017.

[8] 李杰,陈华江,吴桂华. 机械制图[M]. 成都:电子科技大学出版社,2017.